中国近代教育史料学

ZHONGGUO JINDAI JIAOYU SHILIAOXUE

吴洪成·岳五妹 宋娜娜 张珍珍◎著

河北大学部省共建『燕赵文化学科群』学科提升专项经费赞助出版

知识产权出版社

全国百佳图书出版单位

——北京——

图书在版编目（CIP）数据

中国近代教育史料学/吴洪成等著. —北京：知识产权出版社，2020.10

ISBN 978 – 7 – 5130 – 7181 – 9

Ⅰ.①中… Ⅱ.①吴… Ⅲ.①教育史—史料学—中国—近代 Ⅳ.①G529.5

中国版本图书馆 CIP 数据核字（2020）第 176840 号

责任编辑：江宜玲　　　　　　　　　　　责任校对：谷　洋

封面设计：博华创意·张冀　　　　　　　责任印制：孙婷婷

中国近代教育史料学

吴洪成　　岳五妹　　宋娜娜　　张珍珍◎著

出版发行：知识产权出版社 有限责任公司		网　　址：http://www.ipph.cn		
社　　址：北京市海淀区气象路 50 号院		邮　　编：100081		
责编电话：010 – 82000860 转 8339		责编邮箱：jiangyiling@cnipr.com		
发行电话：010 – 82000860 转 8101/8102		发行传真：010 – 82000893/82005070/82000270		
印　　刷：北京九州迅驰传媒文化有限公司		经　　销：各大网上书店、新华书店及相关专业书店		
开　　本：720mm×1000mm　1/16		印　　张：45		
版　　次：2020 年 10 月第 1 版		印　　次：2020 年 10 月第 1 次印刷		
字　　数：736 千字		定　　价：180.00 元		
ISBN 978-7-5130-7181-9				

绪　言

中国近代教育史是中国教育史学科的重要组成部分，由于是古代教育与现当代教育的过渡、衔接及转型，因此带有前后交错、融合及变化的复杂性。但是，这无疑在当前中国注重传统教育挖掘与现代教育国际化趋势变革中占有独特的地位。在目前中国近代教育史众多不同体例、风格的著述成果中，文献史料类的汇编及整理与专业学术内容加以结合探讨的著作极其罕见。考察其他专史学科状况，我们惊讶地发现，除了中国近代教育史之外，相关学科专门史也存在这种状况。当然，其中做了相对比较好的探索努力，并富有成效的学科当属中国近代思想史、中国近代哲学史以及中国近代文学史。

教育是人类目的性、思想性及实践性较强的特殊实践活动。人的培养和发展涉及因素众多，对家庭、民族、国家、社会，乃至人类都有至关重要的意义，因为人类存在和文明延续发展都是人的行为和奋斗的结果。受这种学科特性的影响，教育学直到今天都还没有达到专业化的成熟和规范层面。这对包括教育史在内的其他二级学科的研究及建构都有不同程度的影响或体现。作为教育史学科的一个重要分支，中国近代教育史同样如此。那么我们就要进一步探究该学科的资源依据和已有成果的状况，以及怎样加以分类、总结，呈现主要的素材、内容、观点及方法。这样做的目的不仅是学科专业丰富拓展所需要的，同时也有专业水平深化及提升中工具和文献导向的意义。这样看来，中国近代教育史料学应该具有学科的责任担当和学术资源整理及方法应用的多重使命。

中国近代史历史分期在史学界颇有争议。目前比较流行的是将鸦片战争到1949年中华人民共和国成立作为中国近代史的时限范围。但在事实上，高等学校的文科教材又把1919年五四运动到中华人民共和国成立作为中国现代史对象范围。针对学术问题探讨的观点则更为多样复杂。一种明显的设计方案是将明末清初作为近代中国历史的发端，并以此与西方近代历史加以比较和呼应；同时，中国近代史下限则根据社会历史分支学科，也就是专门史或研究领域的差异分别选择确定，例如，五四运动爆发之前或之后、20世纪20年代末、20世纪30年代初或抗战爆发前，如此等等，不一而足。就中国近代教育史而言，一些学者甚至将洋务运动作为近代教育的开端，而将1922年新学制的推行作为近代教育的末尾。起止年限的规定包含对教育史质性的理解，这是不言而喻的。对一本学术作品而言，这自然就会影响其立论取向、体例设计、内容选材以及层次逻辑的呈现。中国近代教育史料学根据近代教育史自身的内容及文本形态，充分考虑近现代历史分期所蕴含的思想内涵及立论依据进行独特的选择规划，即以明代后期作为中国近代教育史的背景及源流，其重心在鸦片战争爆发以后中国近代社会进入半殖民地半封建社会时期。显然，洋务运动、维新运动、清末新政和宪政、民国初期新文化运动、五四运动都是中国近代教育史学科的重点板块和主要载体。在这期间，一个很明显的现象是许多近代教育历史资源的内容记载并不是戛然而止，而是延续不断的；尤其是五四运动以后的教育与南京国民政府统治初期的教育也很难截然分开。因此，在体例和结构的设计上需加以必要的延续。

中国近代教育史与整部中国教育史一样，属于教育学和历史学的交叉学科。当下中国高等教育学科体系将之归于教育学，组织机构及专业人员，包括学生培养和就业都在教育学的体系结构内进行。其实，从学科本性来说，这并不完全契合。因为，中国近代教育史无论是体裁、内容还是立论的方法与表达的语言风格，都带有极强的人文性和文献解读色彩，这是历史学的范式。与此不同的是，教育学属于科学化较强的学科，就犹如教育行为和方式是带有科学化和操作性的专门行为一样。于是，教育史的问题与内容也离不开教育学的专业性规范。这种教育学专业学科的介入与结合，使得教育学体系的学科价值更为突出，但也容易导致中国近代教育史自身的发展演变过程被淡化。尤其是在历史学范式下，内容论证材料和分析阐述、语言文字所依赖的证据，或者说实证性的史实是什么、从何而来、发挥什么作用等方面受到明显的忽略或者边缘化。因此，中国近代教育史料学的功能一方面旨在梳理中国近代教育史学科的历史脉络及不同阶段的内容与呈现方式；另一方面有助于该学科问题探讨中的史实拓展和挖掘。这与教育学中质性研究的方法论要求是一致的。目前，教育学界有教育学学的名词，又称元教育学的范畴演绎。那么，中国近代教育史料学应该也有中国近代元教育史的意味。如果这个名词成立，但愿我们所做的尝试性构思及初创作品能够为该领域发挥作用，具有抛砖引玉的价值。

中国是四大文明古国之一，而且五千年文明史未曾中断，深深烙印在炎黄子孙的血脉之中。在全球诸多民族之中，唯有中华民族有这样的自信与豪迈。古代文明的重要部分是文献资源，它本身是一种文化，且同时传播文化，又是文化的结晶。中国历史以古代史最为漫长，近代史虽然短暂，却异常复杂和深刻，而且多元纷争。文献资源的形态及实物内容由于近代中国历史的沧桑巨变，虽然大量遗失，但留存至今可供查阅或考察者仍然蔚为大观，用汗牛充栋、深邃深刻来形容并不为过。教育问题是中国近代社会聚焦和争论激烈的核心内容，而且一直贯穿，始终如此。期间所记录的文献资源或历史遗存也十分的复杂多样，其形态、内容与版本等都异常丰富。这一切都成为中国近代教育史学科探讨和建构的基础和立论依托。自近代以来，中国许多学者、专家，尤其是历史学家和教育学家对之进行采掘、开发和利用，取得显著成果。他们在探索教育理论、解决教育困惑的同时，也留存教育史资源的记录，包括探索者的足迹和身影及品格与风范。这些都是弥足珍贵的历史留存，需要后续者整理、分析与重新记录。但仅仅这样还是不够的，因为曲折动荡的岁月已经过去，新一轮的改革大潮扑面而来，学科的发展趋势和时代的要求融合到变迁至今的岁月之中。上述三维因素对教育史学提出挑战和要求，进一步梳理和诠释中国近代教育历史资源正是其中的一环。教育学学科体系内教育史学的学科提升对此发出了深深的呼唤及强烈的诉求。但无论是前人已有资源或历程的探索与回顾，还是文献资源的挖掘与呈现都是艰难而复杂的。这对于初次开展这项工程尤其富有挑战性，而且，作为教育学专业学科背景和知识结构具备者，我们去把握如此浩繁的史籍或其他记载也确常有力不从心之感。这就意味着这项工作处于初步阶段，只是逗号而不是句号，尚有待于今后继续努力或有同行专家做出更好的探索成就。这正是我们内心所期盼的。

中国近代教育史学科有其自身的体系脉络，大致可以分为两种模式：一种是中国近现代史的史学模式在教育领域的延伸或体现，表现出革命史的体例风格，新中国成立后五十年内基本上属于这种体系安排；但近二十年来又出现突出教育专业特色的框架和体系，依循教育制度的传统向现代转型及具体以各级各类学校教育为中心的嬗变历程，甚至以教育问题为核心进行专题史的建构，这又构成了另一种模式。无论是哪一种模式的探讨，都需要以文献史料及相关论著的依据及吸取为前提或条件展开。主题的论述与思辨更需要史实作为论据加以论证，这是毫无疑问的。但是，中国近代教育史学科的专业内容与文献典籍或其他资源两者之间是什么关系，就与中国近代教育史料学的书写方式及内容呈现紧密相关。以前者为中心的中国教育史料学，其重心在学科专业内容文本的呈现，文献资源只是一种衬托或附属。换一种方式，即以近代教育史料文献梳理和解读的体例加以呈现，那么学科专业知识内容本身将会被极大地削弱甚至萎缩。前者难以呈现史料的有效作用，后者则会投入中国近代历史学的怀抱，难以体现教育专史的个性和特点。

有鉴于此，本书的板块设计兼容两者的特色及因素：前两编主要从中国近代历史文献的类型、著述、内容等方面展开，有些典籍或文本内容拓展至中国历史和文化等包容性及综合性更广的典籍。但为了避免与历史文献史料学产生雷同，在具体章节内容介绍和评述中，又尽量结合中国近代教育史的学科专业问题加以例证。后几编则在叙述并列举中国近代教育史文献资源和重要著作背景下，依次讨论从鸦片战争到五四运动乃至 20 世纪 30 年代初各历史时期中国近代教育历程的主要问题及内容，同时在其间以交替、穿插或集中展示等多种灵活方式，呈现中国近代教育史学科专业内容的各种文献来源、史实凭证及立论依据的多种载体。笔者希望通过这样的具体拓展和延伸，藉以加强专业知识内容与文献工具应用及实证之间的过渡与联合、交汇与沟通，而不是走向任何一方形式与内容之间脱节的偏颇；同时，也使文献资料走向学科专业问题的具体化和微观层面。

当然，这样的构思设计也许是作者一厢情愿的构想。事实上，我们在实际操作和文稿写作过程中就已感觉到许多问题难以处理。例如，书写的模式是以中国近代教育史学科资源本身、研究著作成果的状况及认识为主线，还是以专业知识内容为本体加以建构，纠缠难辨，很难统一。中国近代教育史学科内容既可以按照阶段性呈现，以学制系统的谱系表述，也有超出学制谱系的其他方面，而且比重很大，如教会教育、留学教育、科举教育、近代新教育、女子教育以及民族教育等方面相互之间的交叉重叠非常突出，这对于材料的取舍与安排就有多线性的模糊，选择的难度常令人徘徊犹豫。历史文献无论是政书、年鉴、工具书还是文集、年谱，虽然有时期和阶段的不同与领域的侧重、差别，但是同一文献跨越不同时期和不同领域是常见的，如何选择合适的顺序安排，常常难以处理。如《第一次中国教育年鉴》在清末到民国的不同时期以及教育的不同领域都有记录，在教育的不同阶段和部分都能引用，但处处呈现难免重复交叉，乃至混乱繁杂。与此相类似，研究者的著作有教育通史、专史、问题史之分，而所跨的年代阶段大多不是单一的，而是整体的，甚至还延续到近代以后，如何加以安排更为得当，也很让人踌躇。著作版本的选择有历史上的旧版本，也有今天的新编本，其价值和作用在文献学上有所区别，但在中国近代教育史的学科应用中有不同的认识，应该怎样选择处理，是让人犯难的。如此等等，不一而足。这些问题有些属于研究对象本身的难度和要求很高，但也有一些是限于我们的学识能力、人员结构以及时间精力等主观因素造成的。

今天中国近代教育史的研究队伍不断扩大，而且呈现出历史学、教育学、社会学及其他学科的介入或客串。因此，本书在对成果内容梳理和评介的过程中，只能根据我们所掌握的资料及现有的认识水平加以选择编排，某些遗漏和不足是在所难免的，期待专家学者的包容和读者的见谅。该学科专业的成果传播中有大量的学术论文颇有价值，很有深度，但限于篇幅和时限的条件，并未加以整理和收录。只能有待于以后补充该研究领域的文献、著作，在重新组织编写的过程中选择论文加以归类、编排和总结分析。如果机会和条件允许，作者将对此进一步探讨和整理，撰写中国近代教育史料学续编以加以丰富和完善。

我们正处于一个科技革命、文化创新和国力不断增强的中华民族伟大复兴的时代，这同样表现在图书文献的整理创作、流通和传播等方面。学科的研究与问题的探讨都毫无疑问被卷入其中。这就意味着中国近代教育史料学各部分所涉及的项目内容、类型、文本资源以及观点评述等诸多领域都有新的纸质书籍、电子文本和其他网络资源蜂拥迭出，用如雨后春笋不断涌现的传统表述难以形容其状态，用日新月异、知识经济时代的信息爆炸或许更为恰当。在这样的态势下，本书的一些内容有不同的版本或新的文本资源和著作发行问世而并未被收录其中更是难免的。当然，中国近代教育史料学也不是该专业领域所有内容的仓库和各种商品的展览所，不能要求全方位的包揽式聚集，其中的选择是必要的。这在研究方法上属于取样分析与全体普遍意义探讨之间的关系。通过样本推及整体的理论价值和研究意义，同样表现在中国近代教育史料学的文本内容之中。至于样本的多少或是否典型，由于上述所例举的原因，本书肯定存在不足，有待于以后的提高和改进。我们期待来自于学界各方面的真诚批评和建议。如果该著作的初创探索和出版问世产生了有裨于推进教育学科建设的某些价值，并发挥某种意义的工具实证作用，这将是令作者内心慰藉和精神满足的幸事。其间所发生的一切，诸如精力的耗费、时间的投入、身心的疲劳以及物质功利几乎清淡如水，如此等等，又何必去思量、计较和在意呢？

吴洪成

2020 年 6 月 20 日

目　录

第一编

中国近代教育史料概述

第一章 中国近代史料与近代教育史研究

本章将以中国近代史料类型、内容及文本方式为中心加以梳理及述评，揭示其与近代教育专史或相关主题的关联及利用问题。但对丰富纷繁的近代中国历史而言，本章无论是素材的全面性或价值的分析均无法面面俱到或实现理想愿景。这是作者一开始就需要说明的。

第一节 文献与史料述要

文献与史料这两个近义词在学术界运用频繁，但有些随意，对此，应加以界定并为本书中心问题提供依据。史料的存在与查阅、利用是一种自在与自为的关系，中国近代教育史学科的建设与提升，需遵循搜集史料的相关原则，并掌握整理及分析史料的理论、方法及技术等要求。

一、文献的含义

研究历史和教育问题都需要有必要的资源作为依据和认证的素材，否则，无论是项目计划、提纲内容，还是结构思路、论点概括都无法进行。对专题的探索存在主体的理解和认识程度及能力差异，但这只是一个方面；还有另一个方面，就是客体对象自身的素材和资源的具体内容是主体认识的贯彻程度及效果的衡量与参照。同时，专题材料呈现本身又成为认识调整和深化理解的反馈互动的重要一环。例如，洋务运动的办学活动是洋务教育的重要组成部分，我们的基本认识是：洋务派办学服务于自强、求富的动因与追求，是为了挽救面临动摇和挑战的清政府统治。因此，各种活动都会带有强烈的封建官僚和传统的文化色彩，而西学技术和应用只是一种工具或应急的反应，犹如生理学中的刺激反射模式。自然，洋务派办学的结构和层次就会在目的、内容、类型和评价方面突出上述本质问题。而探求本期办学活动的材料，有符合这种认识的方面，但又存在洋务派办学中的抵抗西方侵略，自强、自立的努力和反省。这就在科学技术教育的综合性、科举考试改革和留学教育的拓展等方面体现了探索和创新的成效，也就需要调整认识，使问题的研究变得充分和相对合理。

上述所说的研究资源或材料从学科专业的文本表述而言就是文献，无论是社会科学还是其他种类的科学研究都离不开文献，历史学主要属社会科学，教育学主要属人文科学，教育史则是两者的交叉。文献研究法是基本的、也是最重要的研究方法，即是最具有量化或科学实证的工具手段。如实验研究、观察研究、数理统计等都必须以文献作为基础或穿插其间，否则，量化与客观也就缺乏素材的根源或难以实现质性的本体认识。

文献原指典籍与贤者。《论语·八佾》有言："夏礼吾能言之，杞不足徵也；殷礼吾能言之，宋不足徵也。文献不足故也。足，则吾能徵之矣。"宋代理学家朱熹在《四书章句集注》注释："文，典籍也。献，贤也。"

元代马端临将经史定为文，奏疏、评论为献。他在《文献通考》中指出："凡叙事，则本之经史而考之以历代会要，以及百家传记之书，……所谓文也；凡谓事，则先取当时臣僚之奏疏，次及近代诸儒之评论，以至名流之燕谈，稗官之记录，……所谓献也。"❶

文献浩如烟海，所包罗的范围非常广泛，内容有旧史料，亦应涉及新史料。对于史料的搜集选取，我国史学家、教育家陈垣曾谈到，史料愈近愈繁。凡道光以来一切档案、碑传、文集、笔记、报章、杂志，皆为史料。为此，要从中选取有用的资料，积累丰富的资料进行分析研究。

马克思主义历史科学十分重视史料。马克思本人就重视掌握大量史料，运用阶级分析法与历史分析法，写出《路易·波拿巴政变记》。这是一本光辉的典范资料。他在《资本论》第一卷说："研究必须搜集丰富的材料，分析材料的种种发展形态，并探究这些形态的内部关系。"恩格斯在《卡尔·马克思政治经济学批判》一文中，在论马克思为学的精神时说："即令只是在一个单独的历史实例上发挥唯物主义观点，也是一种需要多年静心研究的科学工作，因为很明显，在这里讲空话是无济于事的，这样的任务只有依靠大量的、经过批判审查了的、完全领会了的历史材料才可解决。"毛泽东在《改造我们的学

---

❶ （元）马端临. 文献通考：自序［M］. 北京：中华书局，1986.

习》中做了如下的教导："详细地占有材料，在马克思列宁主义一般原理指导下，从这些材料中引出正确的结论。"他在《实践论》中也讲过："只有感觉的材料十分丰富（不是零碎不全）和合于实际（不是错觉），才能根据这样的材料造出正确的概念和理论来。"上述革命导师、理论家对研究与文献之间的关系所做的精辟分析，以及他们自身的表率示范所取得的丰硕成果，为中国近代教育史研究提供了理论导向与实际例证。

二、文献与史料的关系

文献是用文字、图形、符号、声频、视频等技术手段记录人类知识的各种载体，主要却不局限于通常所理解的图书、期刊等各种出版物的总和。1996年出版的《中国文献编目规则》提出，文献是指"记录有知识信息的一切载体，包括纸质的图书、报刊等出版物和非纸质的录音资料、影像资料、缩微资料、计算机文档等"❶。作者所讲的文献，是从史料学角度上说的，是指一切原始的文字及其他资料。具体来说，中国近代史上的文献，包括所有谕旨、诏令、实录、圣训、奏折、命令、公告、布告、传单、政策、法规、证件、决议、决定、报告、请示、指示、宣言、讲话、文件、账册、图册、电函、信札、文章、笔记、日记、歌谣、碑刻、约章、契约、合同、单据、外交文书等。中国近代教育史的文献也应该按这样的范围梳理，但限于作者的资源局限以及时间、精力不足，并未能包罗所有，而只能选其要者。

本书探讨的主要是中国近代教育史料内容及相应的搜集方法、分析运用的例证，挖掘学科内容的材料依据，分析学术与现实价值等相关问题。所以，文献与史料大体是同一层面的概念术语，不做细化及区别。但它们之间仍然不能完全等同，应该有所辨析。文献是记录、积累、传播和继承知识的最有效手段，是人类社会活动中获取情报的最基本、最主要的来源，也是交流传播情报的最基本手段。它更偏向于静态、有待挖掘和发挥作用，并且在质性层次上多有经典、精要、品位上乘、曲高和寡的稀罕、珍贵。而史料范围更广，有运用、操作、发挥探究作用的明显取向。具体而言，史料是指可以据以为研究或讨论历史时的根据性东西。一般将史料区分为第一手（一次性或原创性）史料（primary source）、第二手（工具性或综述性）史料（secondary source）以

---

❶《中国文献编目规则》编撰小组. 中国文献编目规则 ［M］. 广州：广东人民出版社，1996：312.

及第三手（研究性论著）史料（third source）。第一手史料是指接近或直接在历史发生当时所产生、可直接作为历史根据的史料；第二手史料是指经过后人运用第一手史料所做的研究及诠释；第三手史料是指在第一手史料、第二手史料基础上，研究者运用一定的理论方法，根据自身的理解和分析，赋予其某种观点加以逻辑认证而撰写的论著或其他文本形式。但后二者的界限经常并不明确，如《中国近代教育大事记》就很难说是第二手史料或第三手史料。本书所称史料，主要是第一手史料，也兼容其他史料。

史料的准确使用，有赖于对史籍、文献深入的研究。当代中国史研究需要搜集、整理、考证和利用文献史料。搜集史料要求"全"，整理史料要求"实"，考证史料要求"真"，利用史料要求"准"。这些直接关系到所出研究成果的科学水平和学术质量。尤其是对根据研究课题或主题所搜求或整理的史料，注重运用马克思主义唯物辩证法理论加以历史考察和具体分析，可加深对其真实性、政治性和现实性的认识。

三、查阅史料的基本原则

史料需要人的主体性发挥，查阅而后获得才能有探索行为。这里的"查阅"一词有两层意义：其一，寻觅，"众里寻她千百度，蓦然回首，那人却在灯火阑珊处"。其二，阅读、选择及吸取利用，犹如蜜蜂采花而酿蜜，树木吸土壤养分而生枝布叶、开花结果。主体查阅史料虽认识不一、理解各异、风格万千，但其中有普遍性要求，这就是可以依据的原则。

（一）利用一次性史料

一次性史料是原始性最初文献，一般未经加工篡改。它是相对于二次性、三次性史料而言的，后两者只能作为参考，不能做准确判断依据。中国近代史中当时人的记载和报告，如公文档案（皇帝的谕旨、臣僚的奏折）、书信、日记、回忆录、诗文等都是一次性史料，从中可以得出可信的结论，而光凭二次性、三次性史料就会搞错。如鸦片战争前夜林则徐在广州禁烟，就应根据他的奏折、道光皇帝的上谕来分析。这可参考《林文忠公政书》《筹办夷务始末》（道光朝）及其他未刊的文稿，还要根据林则徐的批示帖、往来书信及言谈录，二次性史料夏燮《中西纪事》记载的有关素材只能作为辅助及例证参考。史料的价值有高下之分，前者更高，后者可信度稍弱。因为夏氏是根据当时的邸报材料以及传闻信息加以编纂，其真实性未能确凿。同样，作为鸦片战争时期开明封建地主阶级改革派的重要人物，林则徐对传统教育和学术的不适应性以及学习西方科技、军事技术等知识内容的重要性都有深刻的论述，在进行该时期近代教育萌生探讨中，也应该区别上述材料层次和价值的差别。

（二）保证史料的真实性

史料的真实性尤为重要。见闻不一定可靠，传闻更是如此。例如，鸦片战争后期 1842 年秋天，英国的舰队围攻南京，舰队停泊下关，当时有一诗人金和，写过《围城纪事六咏》，其中一首叫《盟夷》❶。这首诗是这样写的：

> 城头野风吹白旗，十丈大书中堂伊。
>
> 天潢宫保飞马至，奉旨金陵勾当事。
>
> 总督太牢喑不鸣，吴淞车偾原余生。
>
> 九拜夷舟十不耻，黄侯自分已身死。
>
> 十万居民空献芹，香花迎跽诸将军。
>
> 将军掩泪默无语，周自请盟郑不许。
>
> 声言驾炮钟山巅，严城顷刻灰飞烟。
>
> 不则尽决后湖水，灌入青溪六十里。
>
> 最后许以七马头，浙江更有羁廖州。
>
> 白金二千一百万，三年分偿先削券。
>
> 券书首请帝玺丹，大臣同署全权官。
>
> 冒死入奏得帝命，江水汪汪和议定。

这首诗有许多与史实不符合。金和当时在南京，但未参与此事，又未见过当时的第一手资料，只凭传闻，故有差错。所以，史料的选择和使用一定要注意真实性的问题。许多史料存在故弄虚假，或有意遮掩，溢美拔高的情况，如讳饰（臣子讳饰皇帝，子女为父所讳）。还有虚报夸张，此类情况在奏折里比较多见。太平天国后期，同治三年六月二十三日曾国藩《金陵克复全股悍贼尽数歼灭折》（《曾国藩全集·奏稿下》），其中就有虚假的成分。奏折称：1864 年夏，湘军轰开金陵城墙，各府侍女或上吊或投水，不下几千人。湘军到湖塾镇，太平军全死，毙敌十余万。其实，当时湖塾镇里只有一万军队。曾国藩的幕府赵烈文在日记中写道，王府着火系由湘军抢掠后放火灭迹。因此，曾国藩多是为自己歌功颂德。这一奏折虽然不全是事实，但也有可信之处，如日期、

---

❶　吴明贤. 近现代诗词［M］. 北京：天地出版社，1997：73.

内中人物以及攻城活动的军事血腥等。我们需要思考哪些可采用，哪些应排除。其中还有一个关键问题是奏折本身与上奏本人有无利害关系，如果没有，则往往较为真实。比如曾国藩的许多奏折，如《应诏陈言疏》《议汰兵疏》《备陈民间疾苦疏》等所反映的军队、民间出现的问题及现状就有真实性。当然，这里说的真实或虚构主要是就记述内容与史实的符合程度而言的，而非指价值取向、立场观点的评述。如果以后者而论，曾国藩指挥湘军扼杀太平天国革命运动，显然带有维护清政府腐朽统治以及为自己捞取政治资本的企图。同样，上述情形也表现在曾国藩对太平天国教育改革加以诋毁和攻击的事例上。太平天国采用反对儒学等级教育和传统伦理道德、纲常名教的政策，并在前期有极端的冲击行为，在后期有删除经典、重编教材、推行礼拜堂宗教教育等活动。所有这些都为桐城派大师、晚清著名理学家曾国藩所不能容忍，因此，他在相关诗文中加以攻击，甚至颠倒黑白，将湘军毁灭文庙、书院的行为强加给太平军，我们对其中的史料真伪在探讨太平天国教育中更应辨析。

日记中所存信息如何使用及辨别真伪的问题同样是需要细心和谨慎的。这涉及日记所记之事是否重要、作日记之人学术水准高低、日记所记之事是否属作者亲身体验或见闻等问题。上述种种都会影响日记使用价值的高低。

（三）史料的阶级性问题

人类历史从原始社会晚期到奴隶社会以后，就一直存在阶级斗争，人类的各种活动不可能不打上阶级的烙印。中国近代史料梳理和分析也避免不了阶级的意识和立场。1915 年，时任中华民国总统的北洋军阀代表袁世凯称帝，梁启超是推动"二次革命"讨袁的主要舆论宣传家之一。梁启超的好友梁士诒造访梁启超，并劝说梁启超拥护袁氏帝制。梁启超予以拒绝，坦言："须知国人所痛心疾首，正以其专操政术以侮弄万众，失信于天下既久，一纸空文徒增恶感耳。以言外侮，在弟等何尝不日怀临渊之惧。积欠相持，非国之福，尽人皆知；然祸源不塞，何由安国人之心，而平其气？弟即欲苟且自卸，岂能回西南诸将之听？诸将即欲苟且自卸，又岂能回全国人之听？项城犹怙权位，欲糜烂吾民以为之快，万一事久不决，而劳他人为我驱除，则耻辱真不可湔，而罪责必有所归。"❶ 袁世凯批曰："敌国忌恨讵非幸人。"❷ 梁启超代表进步立场，

---

❶ 王云五. 新编中国名人年谱集成：第三辑 民国梁燕孙先生士诒年谱 [M]. 台北：台湾商务印书馆，1978：342.

❷ 吴相湘. 民国政治人物 [M]. 北京：东方出版社，2014：37.

谴责袁卖国，而袁氏则不然。从此可见，阶级性表现得很明确了。

　　论及阶级性立场问题，尤需借鉴马克思主义唯物史观。马克思主义史学理论除了唯物史观的基本原理以外，还有自己独立的体系。这种独立是从理论和实践而言的。马克思主义的世界观和方法论是不可截然分开的，这是指根本的方法论而言。为此，要站在马克思主义唯物史观的立场上去研究，保持客观的态度，注意甄别不同阶级立场的史料。以五四运动时期的平民主义教育为例，就能体现不同阶级对这一主题的认识及实践差异。平民主义源于国民教育思想，五四运动时期提倡民主与科学，其中的民主就推动了平民主义的运动，包括政治、经济、文学及教育等多个领域的平民主义。早期的马克思主义者李大钊、陈独秀、恽代英等提倡知识分子走向工农，启发民众思想觉悟，在提高民众知识技能的同时，谋求政治地位的平等和观念的解放。而当时的资产阶级教育家蔡元培、晏阳初等人则将重心放在扩大教育对象、提高权利和机会的比例，以及在知识技能基础上的生活状况有所改善等方面。马克思主义将平民教育引向工农大众教育的实践，并在国民大革命时期为土地革命和工人运动服务，促进工农主体觉悟及解放。而资产阶级教育家成立中华平民教育促进会，在一些城市进行平民识字运动，后来又转向乡村开展教育实验，走教育救国的道路。可见平民主义教育的阶级性分化是非常明显的。

（四）史料的版本问题

　　史料的版本很多，如抄本、批校本、评注本、稿本、印本等。古代史版本尤为重要，但近代史也要注意这一问题。太平天国《颁行诏书》中有《奉天诛妖救世安民谕》。光绪刻本讲"三合会党，同心灭清"，光绪以后版本改为"合力灭妖"，可以看出政策的不同导致版本不同。这样的例子很多。如何注意版本，历史学家章学诚在《论修史籍考要略》中曾言，史籍须知"其所据何本？校订何人？出于谁氏？刻于何年？款识何若？有谁题跋？孰为序引？版存何处？有无缺讹？一书曾几刻？诸刻有何异同？"❶，为版本使用或鉴别提出参考依据。中国近代教育史料所涉及某一专题问题第一手史料、第二手史料的不同时期版本也会有观点、材料及认识的差异。例如，同样是教会兴学，清末民初视为西方人在华的办学活动；革命运动时期就认为是教育侵略；而在国际关系平稳、中外贸易和沟通频繁的岁月，则以中西教育交流或教育关系为基点加以呈现。

---

❶　（清）章学诚. 校雠通义通释［M］. 王重民，校. 上海：上海古籍出版社，1987.

四、史料的搜集与整理

搜集史料是依据主题寻求相关资源并加以汇聚、集中的过程。在此基础上进行整理工作则有时序、逻辑及类别问题。将相关素材排列，并加以分析、思考其内容的新进展，这既是对教育史论题认识的践行，也是通过实际内容调整、丰富原有感知，甚至加以重新思考的重要步骤。

（一）史料的搜集

史料并不是完整存在、显现的，而是分散、隐藏起来的，那么就需要搜集和整理，将其连接、显现出来，或者通过查找引出更多链接内容。这项工作是问题探讨开展的基础，因此显得尤为重要。在具体实施中，可以按目录索引查找、按类书查找，还可以依据论著的参考书目或注释以逆向思维的路径跟踪探访文本来源。

1. 按目录索引工具书查找

近代以来书卷浩繁，为了研究工作的开展，人们编写有多种目录和索引，方便人们按图索骥。目录和索引大都是根据字音、笔画、词语顺序进行编排，注明页码。一般在文末还会附上原文篇目和说明。这些索引和目录可以是近代以来的档案、报刊以及出版的图书、论文。基本信息包括作者、书名、出版社、出版年份、页码等。一般情况下，先通过目录和索引进行查找，再找书目或原文篇目。通过目录和索引按图索骥，大大方便了查找工作的开展。目录索引的种类很多，有的是单独的，如吴保障、陈东原编写的《〈教育杂志〉索引》（第一卷至第二十三卷，商务印书馆1936年版）能为查找该杂志上刊登的论文及其他报道提供极大便利；也有的是附在素材及文本选录之中，如顾明远主编《中国教育大系》（湖北教育出版社1997年版），许多中国近现代教育史专题的拓展和搜求篇目，则在所列举的节选文献之后呈现，便于拓宽和丰富资源范围，发挥其引擎作用。

2. 按研究专题论著查找

史料的搜集可以按书逐步查找。书与书之间有较强的关联，一书中记载的资讯，在他书中会有相关内容的呈现。一般是通过查找注释、参考书目，或者书中正文部分所涉及的相关内容来开展。通过逐步分析书籍与所需材料间的联系，相关性更强。逐书查找相比目录索引而言，虽然时间花费大，收效却较为显著。例如，黄炎培是近代中国职业教育思潮的首要人物，他在清末民国初期发表的一系列职业教育论文、调查报告以及赴欧美日本等国实际考察撰写的著作都是重要的素材，而其中涉及了中国同期相关教育机构、教育团体、教育家以及国际教育学说传播的诸多内容。以此作为依据，进一步寻求积累和分析，能从中找出近代职业思想与实践、中国与外国、思潮与流派以及群体与个体的多元复杂联系。

3. 利用论著的注释文献追踪查找

文献追踪查找，即人文社会科学研究中的逆查法，又称倒查法。这是指按照由近及远、由新到旧的顺序查找。这种方法多用于文献的搜集、新课题的研究，而这种课题大都是需要最近一个时期的较新专题研究论文、专著，不太关注历史渊源和全面系统，易漏检。当我们找到重要的专论或专著后，就能在文后发现一系列参考文献，然后找到这些文献的原文，在原文后又会发现所列出的参考文献。依此类推，就能获得一系列史料，包括各个层次不同类型的资源文本。这种文献查找方法易于掌握，在检索工具不齐全或对检索工具不熟悉，仅获得少数比较有权威的论文或专著的情况下，利用此方法可以节省很多时间。陶行知是伟大的人民教育家，他的生活教育理论形成于20世纪二三十年代，是一种重要的教育思想流派，产生的背景及因素十分复杂多样，有关学说理论的构建也非全都归结为他一人之手，有其他教育家如高阳、张宗麟、邹韬奋以及其他同事或弟子的功劳。对于一个初次涉猎该领域的学者而言，尽管他有相当好的专业素质和能力，仍然会感觉头绪纷繁，无法短期内有所深入思考。而利用《平凡的神圣——陶行知》（章开沅、唐文权著，湖北教育出版社1992年版）、《陶行知生活教育学说》（周洪宇著，湖北教育出版社2011年版）等经典著作相关注释及参考文献，就能尽快进入相关论题计划建构阶段。

（二）史料的整理及分析

史料的整理及分析工作非常重要。史料种类多，数量大，许多史料混杂在一起，难以直接加以使用。对纷繁复杂、头绪万千、"剪不断，理还乱"的史料加以归类排列、层次分析、关系协调、统分结合、时序安排、空间结合等人为的整理加工，可以使茫然无绪的现象得以相对清晰明了，甚至条理井然。剔除掉部分不相关的内容，以主题和观点的立意加以调配和建构，将极大提高史料的使用价值。

1. 按类整理及分析

按类整理就是要打破史料原来的界限，根据标准重新分类和编排。内容上可以按照政治、经济、文化教育、社会进行分类，也可以按照农业、工业、商业、军事、宗教进行划分，时间上还可以按照古代、近代、现代的历史分期进行分类。还可以有地理位置上的分类，国内、国外的分类，内陆与边陲、沿海的分类。通过分类，将类目明确，资料按照类别重新编排，可以将史料集中为一个个类别，接着大类下面分小类，再编排详细资料。在具体过程中，分类搜寻，需要哪部分就查哪类，有时需要翻检好几类，可以分别查找，然后再加以沟通互补。如果就教育史而言，又可以按照不同的体例和方式划分类别，如综合的，制度化教育、非制度化教育，社会教育、学校教育、家庭教育，主流民族教育、少数民族教育，学校教育、师范教育、军事教育、职业教育；纵向的，学前教育、初等教育、中等教育、高等教育、研究生教育；专题的，科举教育、普通教育、留学教育、书院教育、教育法规与政策、教育行政与管理、教育社团及活动；结构与关系的，教育制度、教育思想、教育活动、教育实验；其他的，如农村教育、城市教育、社区教育，等等。这里的分类主要适用近代以来的教育现实及变迁，因为古代教育更为笼统综合，没有那么严密的制度化和具体细化。

2. 分专题整理及分析

在史料的整理中，有时需要按照专题归类，更具逻辑层次的深化。具体可以有纪念性活动或文章的刊发，如论文集、集刊；也可以按照某个人物、思想、制度、活动、某个事件为中心进行编排，或者可以某个时间段加以汇聚。专题整理中需先确定主题，接着搜集相关资料，组织编排。专门性著作、报纸期刊、学术会议的编排有时采用此种方法。分专题整理使史料主题明确，史料间相关度高。与按类整理相比，所涉及外延及范围虽小，内容却要丰富得多。而且，问题类型之间往往有交叉和互动、衔接的关系，可以结合专业理论加以思考并灵活处理。

第二节　国内主要工具书与目录索引

工具书与目录索引是提高专业探索效率的有效性保障，即使发展到互联网电子图书广泛采用的时代，仍有其不可或缺的作用及功能。当然，作为图书的类型之一，工具书与目录索引有其自身的体例、方式及思想内容，中国近代专门史之一的教育史对此的依赖及互动性是明显的。

一、工具书

近代图书资料浩如烟海，而我们所能看到的只是其中极少的一部分，犹如沧海之一粟。那么，在这么多的资料中怎么找到我们所需要的资料呢？这就是研究的初始技术要求，也是探求未知的一种能力表现。当然，其中的手段、技术、途径和方法是多样的，包括上文所述的都与此相联系。但是，工具书的掌握及使用也是必不可少的一环。如果我们不知道如何使用工具书的话，就会难以有效获悉参考资料及获取论据。而且进一步分析，对于我们已掌握的一些文献史料，由于古今的差异以及文辞典故的深奥复杂，要读懂并理解也是相当不容易的，这同样要求我们学会使用工具书。除此之外，如果不知道所研究课题的程度和水平达到的状况，前人经历了怎样的探索历程，现代人对这一问题进展如何，达到了何种前沿境地，将会严重障碍我们的视野，遮蔽创新与突破的路径和方向。任何专题探究要获得这些信息都离不开工具书。以上几方面缘由就决定了熟悉及运用工具书对从事中国近代教育史学科活动是何等的重要！

工具书既是编纂出版的资料书籍，又是科学研究的辅助文献。依据工具书的体例、内容和作用，可以将之分为下面八种：字典、词典、百科全书、类书、年鉴、手册、索引目录、文摘及图谱。

中国近代教育史的研究所囊括的工具书很多，其中大量是属于中国近代史学范畴的，但由于教育史是其中的专门史，自然可以在很大程度上推延及采用。当然，也有本学科专门史特定的专业工具书，对此将在本书的后面章节中加以介绍。需要说明的是，由于编著者时间、精力所限，也有掌握素材的局限，不可能对此做面面俱到的铺陈，只是依照工具书本身的内容及编排方式，从查文字、查词语、查文篇等主题加以排列呈现，并在此基础上进行必要的内容介绍或史实分析。

（一）查文字

民国时期用于查文字的工具书有：商务印书馆编《康熙字典》，上海商务印书馆 1935 年版；欧阳溥存编《中华大字典》，中华书局 1915 年版，1958 年缩印本；陆尔奎等编《新字典》，商务印书馆 1912 年版，1914 年缩印本。

新中国时期用于查文字的工具书有：《中国大辞典》编纂处编，黎锦熙主编，汪怡编校《国音字典》，商务印书馆 1949 年版；《中国大辞典》编纂处编，黎锦熙主编《国音常用字汇》，商务印书馆 1949 年版；《汉语常用字典》编写组编《汉语常用字典》，浙江人民出版社 1973 年版。其中，我国台湾地区出版的查文字的工具书有：高树藩编《正中形音义综合大字典》，台北正中书局增订本，1974 年版；张其昀主修，林尹、高明主编《中文大辞典》，台湾中国文化学院出版部、中国文化研究所 1962—1968 年版。

当今在科学研究，尤其是在人文社会科学领域，常用查找文字的工具书有：

（1）商务印书馆编《新华字典》，商务印书馆 2012 年版；

（2）中国社会科学院语言研究所词典编辑室编《现代汉语词典》（修订本），商务印书馆 2011 年版；

（3）潘晓龙等编《现代汉语实用字典》，南方出版社 2002 年版；

（4）徐中舒主编《汉语大字典》，四川辞书出版社、湖北辞书出版社 1986—1990 年版，1992 年版缩印本；

（5）《古汉语常用字字典》编写组编《古汉语常用字字典》，商务印书馆 1985 年版；

（6）侯赞福等编《古汉语字典》，南方出版社 2002 年版；

（7）高启沃编著《简明通假字字典》，安徽教育出版社 1993 年版。

（二）查词语

民国时期用于查词语的工具书有：商务印书馆编《王云五大辞典》，上海商务印书馆 1930 年版，该词典为单字辞典，并附有词目、释文和插图；翟健雄编《词典精华》，上海世界书局 1947 年版；《中国大辞典》编纂处编《国语辞典》共 8 册（后合为 4 册），上海商务印书馆 1937—1945 年版，1947 年重印。

此外，又有日本学者诸桥辙次所编《大汉和辞典》，日本大修馆书店 1955—1960 年版、1966—1968 年缩印本、1974 年修订本、1984—1985 年最新修订本。该词典参考康熙年间（1622—1722 年）《康熙字典》、东汉文字学家许慎《说文解字》与现代语言学家欧阳溥存编《中华大字典》等 50 多种典籍编写而成，全书按部首排列，并有注释，编有 13 册，索引、附录共 7 种。

当今我国学界常用词典主要可以参考：

（1）陆尔奎、方毅、付运森等编《辞源》，版本有 1939 年正、续编合订本，1976 年修订本，由商务印书馆出版。辞目累积有 40000 余条，为阅读古籍的专用词典。

（2）《辞海》编纂处编《辞海》，上海辞书出版社 1978 年版，以后又多次增订出版发行。全书是在旧版《辞海》基础上，历时十余年修订而成，分三册，收字 14872 个，为部首排列法，释文简明，收入成语、典故、中外古今人物、著作、历史事件、科学成就及各学科名词术语，总计词目 106000 多条。书首有"部首表""部首查字法查字说明""笔画查字表"，可通过笔画、汉语拼音等按表检索查找。❶

（3）华东五省一市编《汉语大词典》10 卷本，上海辞书出版社 1986 年开始陆续出版。全书收入词目包括古今词语及常用的百科词语，进行注音和释义。学者查找词语使用频率较高。

（4）中国社会科学院语言研究所词典编辑室编《现代汉语词典》，商务印书馆出版。1960 年出版吕叔湘编著的"试印本"，1965 年出版丁声树编著的"试用本"，1978—1996 年分别发行三种试用版，2002 年出版增补本。

（5）《新编成语词典》编委会编《新编成语词典》，南方出版社 2002 年版。

（三）查人物

历史是由人的活动创造的，文明和社会的进步都是人类探求与发展的真实反映。一部中国近代历史是近代中国人艰辛奋斗、上下求索、呕心沥血、不屈不挠的精神写照，尤其是教育历史更集中体现了人类有意识、有目的培养社会需要的人才，并促进自我完善的文明活动历程。因此，人物的思想事迹及社会作用都是构成历史的核心。近代史研究中经常碰到人物，近代教育史所涉及的人物十分丰富而复杂，应该利用相关文献有效加以了解和把握。

（1）臧励龢编《中国人名大辞典》，上海商务印书馆 1921 年版，1956 年重印。该书收入自远古至清末人名共 4 万余。书末附有"补遗""姓氏考略""异名表"三篇。

（2）蔡冠洛编《清代七百名人传》，上海世界书局 1937 年版，北京市中国书店 1984 年影印本，收录 260 余年间各界名流 713 人。"谥曰名人传，昭其德

---

❶ 武汉大学图书馆学系编写组. 中文工具书使用法 [M]. 北京：商务印书馆，1982：29.

也。"❶ 全书共分为政治、军事、实业、学术、艺术、革命六编，另添附录。其中，教育在政治编的第三部分，收入武训、张百熙、陆宝忠、叶澄衷、杨斯盛、张之洞以及夏瑞芳。可见，作者对教育人物的理解有独到之处，而将一些更知名的教育家列入其他部分，如孙诒让在学术编，康有为在革命编。这就需要学者利用文献时不能局限于教育类栏目，而应根据人物活动的特点及影响的主要社会领域加以判断和查找。

（3）陈乃乾编《清代碑传文通检》，中华书局1959年版。清代自康、乾以后推行文教，重视理学，并强化科举和书院，以此来巩固其封建王朝的统治。虽然教育与科举出现僵化与脱离实际的困惑，社会逐渐走向衰弱，并面临西方的挑战和冲击，但是各类学校，尤其是书院的数量及社会效应可谓达到历史时期高峰。与此相应，清代学者、士大夫好文作诗者形成群体，刻印业十分发达，文集数量甚众。对此，清人文集中的碑传文收集较全，集中反映在该部著作中，共收入1025种。可按照碑传姓名，查阅清代历史人物的相关文集及传记资料。

（4）杭州大学图书馆资料组编《中国历代人物年谱集目》，1962年杭州大学印。该书收辑年谱书目184种，对谱主生卒年月都做了明确的记录，有的还增补了按语，加以必要考订分析或特别说明。

（5）中国社会科学院近代史研究所中华民国史研究室编《中华民国史资料丛稿：人物传记》（第19辑），中华书局1984年版。

（6）李新、孙思白编《民国人物传》，中华书局1978—2002年陆续出版。该书是中国社会科学院近代史研究所集体合作，耗时长达数十年精心完成的大型文献资料，共11卷。李新、孙思白、宗志文、朱信泉、严如平、熊尚厚、娄献阁等分别担任主编。中国近代教育史与清末民国相关的重要人物生平事迹可以从中查找。

（7）杨殿珣编《中国历代年谱总录》，文献出版社1980年版。该书计收年谱3015种，谱主1829人。后又出版增订本，收录年谱4450种，谱主2396人。

（8）来新夏著《近三百年人物年谱知见录》，中华书局2010年版。全书按时间顺序编排，共10卷，另有卷首、卷尾。编纂体例以人为主的年谱均收，

---

❶ 蔡冠洛. 清代七百名人传 [M]. 北京：中国书店，1984：1.

除自谱、子孙及友生编谱、后人著谱一律收录外，其校书谱、诗谱、图谱、纪年表、合谱、专谱之类均收。该书叙录，一谱一篇，一人多谱则多篇，叙录内容包括谱名、撰者、刊本、著录情况、谱主事略、史料征引、纂谱情况及藏者等项。书中包括了许多明清和近代时期著名的教育思想家和教育活动家年谱，如谭嗣同、曾国藩、蔡元培、颜元、魏源、陶行知、黄侃、李鸿章、吴汝纶等。因此，该书是中国近代教育史参考工具书。

（9）朱保炯、谢沛霖编辑《明清进士题名碑录索引》，上海古籍出版社1980年版。该书分上、下两册，主要收辑明清进士 51624 人，每一个进士为一个条目，按照姓氏的四角号码排列，甲第名次、籍贯分别位于姓名之下，编排清晰。索引前有四角号码检字法、姓氏笔画检字、姓氏拼音检字。❶ 索引后附录按照年份以及名次编排的"历科进士名录"。该书是检索明清两朝人物史料的典型工具书，通过检索可以迅速得知两朝进士的考中年份、名次和他们的籍贯。透过考中的年份，能够确定他们开始参加上层社会活动的主要年份；根据籍贯，从相应的地方志等资料追索传记，有助于发挥史料的衍生价值。因此对于文史工作者而言，这是一部实用的工具书。

（10）中国社会科学院近代史研究所编译室编《近代来华外国人名辞典》，中国社会科学出版社1981年版。该书体例、内容丰富而广泛，时间上囊括自鸦片战争至新中国成立前的来华外国人名共计2000多个，内容上列出来华人员的国别、本名、生卒年、汉名、官方译名，以及在华主要活动、所编译书籍等，为研究近代外国来华人员提供参考资料。由于近代西方传教士在华从事的活动主要在宗教神学、教育文化、出版传播以及医疗卫生四个领域，教会办学的作用及影响十分复杂而广泛。因此，大量教会教育家及办学人物均可从中获得部分信息。该辞典在正文之前"说明"中称："在中国近代史的研究和资料翻译工作中，来华外国人的姓名及其事略是一个比较复杂的问题。许多外国人来华后，为着活动方便，取有中国姓名，由于译例不同和方音的影响，过去译名很不规范，官方译名亦不例外，文献中同名异译、异名同译者屡见不鲜，有的同原来发音相去甚远。而且事迹资料也多东鳞西爪，零碎分散。这就给中、外文资料的查阅和使用增添了不少麻烦。在缺少适当工具书的情况下，要弄清楚这些人名的对应关系及有关史实非常困难。鉴于此种情况，我们汇辑了二千

---

❶ 何忠礼. 中国古代史史料学［M］. 上海：上海古籍出版社，2012：458.

余个来华外国人名，并将有关资料加以编纂，供中国近代史研究者和翻译者，以及其他读者参考，希望能对解决译名困难和中、外文资料中人物'不对号'等问题有所帮助；同时也为一般读者提供一些有关中国近代史的基础资料。"

（11）汤志钧著《戊戌变法人物传稿》（上、下册），中华书局1982年增订版。全书分上下两编，共9卷，另加附录15篇，共有81人评传。戊戌变法运动的重要人物基本都在其间，其中与教育领域密切相关者，上编如康有为、梁启超、谭嗣同、张元济、翁同龢、张百熙、孙家鼐、熊希龄、黄遵宪、张炳麟；下编有李鸿章、袁世凯、盛宣怀、张之洞、李提摩太、林乐知、李佳白等。

（12）《文渊阁四库全书》，台湾商务印书馆1986年影印版，上海人民出版社、香港迪志文化出版有限公司1999年版。该书具有强大的检索功能，其中包含全文检索、分类检索、书名检索、著者检索。除了可以检索到这些资料之外，还可以把检索到的资料加以编排，❶ 从而为读者查阅《四库全书》带来很多方便，而且具有体积小、售价低及易保存的优点。

（13）郑天挺、谭其骧主编《中国历史大辞典》共14卷，从1984年至1994年陆续由上海古籍出版社出版，又有《中国历史大辞典》编纂委员会组织，将14卷分上、下两册出版，之后又有上海辞书出版社2000年版。该书收录了自远古时期至辛亥革命主要历史史实及问题，所记词目67154条，各卷分设主编和编辑委员，依照统一的条例分门别类。如《中国历史大辞典》（科技史）、《中国历史大辞典》（思想史）、《中国历史大辞典》（史学史）等皆为其中佼佼者。书后有附录，附录一至附录五分别是"中国历代世系表""中国历史纪年表""中国历史大事年表""中国历代户籍、人口、垦田总数表""中国历史地图"。该书对中国史研究者考察一些重要史实是很有价值的，但该书局限于条例，未能注明资料的来源。

（四）查地名

事件的发生、活动的开展与人生的遭遇和变迁都有时空的存在，总是以某一个具体的方位和地方所标识，这也是社会环境的重要载体。孔子曰，"名不正，则言不顺"（《论语·子路》），说明正名的必要性。中国近代历史纷繁复杂，人物事件多样，变化十分快速，突发性和周期性明显。在何处出现或展开

---

❶ 何忠礼. 中国古代史史料学［M］. 上海：上海古籍出版社，2012：447.

不仅是历史的真实性问题，而且涉及区域文化和各地人文社会资源的开发，包括教育在内的社会各个领域是地域历史的真实呈现。有关地名的资料可以查阅的工具书如下：

（1）丁瓒庵、葛绥成编《中外地名辞典》，上海中华书局1924年版。

（2）刘钧仁编《中国地名大辞典》，北平研究院出版部1930年版。

（3）臧励龢、谢洪昌等编《中国古今地名大辞典》，商务印书馆香港分馆1931年版。编者收录我国古今地名，包括省府郡县、镇堡山川、名城要塞、铁路港口、名胜古迹、寺观亭园等，收入词条4万余条，词目中对地理位置、古今名称变化进行说明。按照地名的首字笔画排列，在卷首有笔画检字表，卷末有四角号码地名索引，便于使用。除此之外，另附有"各县异名表"，以便于查对古今异名。该书材料丰富，解释得当详细，但因版本过于古老，部分资料已经陈旧，对于现在改变了的地名，需要借助其他的资料校正。❶ 此书查找不到的，可以找刘钧仁编《中国地名大辞典》（北平研究院出版部1930年版）加以补遗。

（4）葛绥成等编《最新中外地名辞典》，上海中华书局1940年版。葛绥成，又名葛康林，字毅甫，浙江东阳人。1918年入中华书局任史地部编辑，从事地理学研究和编撰。20世纪30年代起任震旦大学、大夏大学、英士大学、暨南大学地理系教授，发起成立中华地学会。该书是1924年版《中外地名辞典》的增订本。全书收录洲名、国名、都市名、市县名、设治局名、村镇名、山川湖泊名、关隘名、堡寨名、驿站名、盐场名、寺院名以及矿山、铁路名等，总共25000多条。其中，中国地名占60%，外国地名占40%。全书条目按汉字笔画排列。该书卷首列"中文检字表"；卷末附"西中地名对照索引""英译中国重要地名表""中国行政区域表""中国省市区面积人口表""中国商埠表""世界各州面积人口表""世界各国面积人口表"，并附彩色地图多幅。这是新中国成立前收词条最多、篇幅最大的中外地名辞典。

（5）（清）顾祖禹编撰《读史方舆纪要》，中华书局依据"国学基本丛书"1957年影印本。该书共130卷，约有地名3万条，280万字，主要收辑上古至明代政治变革，历代州域形势、山川分野，并详细分叙了省、府、州、县。每省都有一个总叙，介绍各省在历史上的地位和作用，继至以府、州、县

❶ 武汉大学图书馆学系编写组. 中文工具书使用法［M］. 北京：商务印书馆，1982：39.

等行政区划，记叙山川镇乡，重点分析地形险要、攻守利害，揭示历代兴亡与地理环境的关系。❶ 该书内容丰富，吸收了大量的研究成果，对研究中国历史地理、教育、军事、政治等专业学科而言，确是一部重要的参考书。

（五）查事件

事物很复杂，中国近代史也是如此。研究工作一定要把有关事件弄清楚，否则是不行的。要解决这个问题，就需使用有关工具书查近代史中的事件。一般来说，利用年鉴及大事年表较多。当然，其他可以参考的选项还有很多，如史籍汇编、地方志和报刊。

（1）（清）夏燮编《中西纪事》24卷，有同治十年（1871年）、光绪十年（1884年）、光绪二十四年（1898年）刻版。夏燮，字李理，号谦甫（又作嗛甫），别号谢山居士，笔名江上蹇叟。安徽当涂人，道光辛巳举人，曾任曾国藩幕僚。该书记述明末至清朝同治初年的历史，仿魏源的《海国图志》之纪事本末体撰成。史料取材多样，书中注意运用中外两手资料，论据充分，记述了外国列强侵略中国及中国人民反抗外国侵略斗争事实。❷ 书中饱含作者强烈的爱国情感，对于两次鸦片战争、中外关系及其中教育冲突及变动有重要参考价值。

（2）吴曾祺编辑《清史纲要》，上海商务印书馆编译所校注，1913年版。该书是第一部民国时期清代编年史。全书分为14卷，从顺治帝起，到宣统退位止，资料来源大多是奏报、公牍。该书叙事时间详细至年、月、日，为清代教育文化史研究提供重要资料。但是仅收录清代的一些大事件，难以全面反映清代历史。作者认为民众对官府的反抗，是由于政治不良引起的，故对民众运动不书为寇贼。❸

（3）黄鸿寿著《清史纪事本末》80卷，上海文明书局1915年版。该书整体按照时间顺序编排，是一部纪事本末书籍，主要收录努尔哈赤建立后金至宣统退位期间的有关事件及相关内容，将清代的重大事件分为80个问题详细叙述。作者主要参考《东华录》，也有少部分取材于其他书籍，或者是根据耳闻目睹所记录后编写，对问题的看法比较客观。该书涉及社会领域广泛，较大程

---

❶ 来新夏. 清人笔记随录［M］. 北京：中华书局，2005：270.

❷ 陈恭禄. 中国近代史资料概述［M］. 北京：中华书局，1982：245.

❸ 冯尔康. 清史史料（下）［M］. 北京：故宫出版社，2013：72.

度反映清代的历史概貌，并揭示内在的经验教训。其中有许多关于清代教育史实的内容呈现。

（4）吉林师范大学近代史教研室主编《中国近代史事记》，上海人民出版社1959年版。该书记载上起清道光十九年（1839年），下讫1919年5月4日五四运动爆发，凡八十年之关系较大事件，以资参考。所记史事按年、月、日排列，时间公历表示，注明中历与干支，1852—1868年还注明太平天国历。教育、文化及科学内容比较丰富，书后附有"参考书目举要"可供参考。

（5）陈旭麓编《中国近代史词典》，上海辞书出版社1982年版。

（6）王承杰、曹木清、吴剑杰等编《中国近百年史辞典》，湖北人民出版社1986年版。

（7）李华兴主编、徐矛副主编《近代中国百年史辞典》，浙江人民出版社1987年版。这是一部贯通近代中国一百余年历史的专业辞典，上起1840年的鸦片战争，下讫1949年中华人民共和国成立前，选收历史人物、历史事件、典章制度、社团组织、规章文件、报刊论著、政党派别、财政金融、工商企业、思想文化等专业术语词目，共3265条。该书反映中国近代社会丰富多彩、错综复杂的诸多侧面，除了常见的重要词目外，还收录了较多的社会教育、思想文化等领域的选项，如九三学社、万国公报、大学区、大学院、广学会、广方言馆、马相伯及开明书店等均与教育史内容紧密联系，以帮助读者开阔视野、释疑解惑。作者的释文以事实为依据，寓观点于史实之中，不加空泛过多的评论。该书为近代教育史学者提供便利的参考资源。

（8）苑书义主编《中国历史大事典》，河北教育出版社1988年版。

（9）《中国历史大辞典》编纂委员会编《中国历史大辞典》（清史卷）（上、下），冯永康等主编上卷，荣孟源、陈振江等主编下卷，上海辞书出版社1992年版。该书是研究清代历史，查找历史事件、制度的重要工具书。体例主要分清代的制度、事件、文化、民族、中外关系、人物等。其中人物较多，介绍了人物的生平、主要事迹、著述等内容，叙述简明。

（10）《中国历史大辞典》编纂委员会编《中国历史大辞典》（民族史），上海辞书出版社2000年版。

（11）《中国历史大辞典》编纂委员会编《中国历史大辞典》（历史地理），上海辞书出版社2000年版。

（12）张宪文、方庆秋编《中华民国史大辞典》，江苏古籍出版社2001年版。该辞典选取民国时期（1912—1949 年）的重要科技教育、文学艺术、历史人物、文献著作、社会民俗、宗教寺庙、法令规章、政府组织、党派社团、党政会议、政治运动、军队战争、武装起义、革命根据地、中外关系、财政金融及工矿农商等方面的词条，共约 1.6 万条。全书编排科学，检索方便，是具有较高权威性、集大成式的民国史工具书。其中有关中国近代教育史的词汇丰富、准确，是教育史学者研究的必备工具书。

（六）查典故

在教育史专题研究中，查典故是相当麻烦的，一方面要求学者有古典文学的修养，需要在平时阅读书籍中勤加积累，才能有所获得；另一方面要求学会使用工具书，即学会从辞典中查阅涵泳，体验感悟。

查阅历史典故主要属类书题材工具书。类书专门收辑古代书简并分类摘编排列，可根据目录查找。类书各代均有，其中以宋代的类书为最好，类书从魏晋南北朝开始到清末一共有 600 余种，但大部分已散失，现仅留存有 200 多种，多数未能充分发挥作用。古代编纂类书的目的和作用有以下几点：一是考证文物发生及变革的原因；二是所辑录典故为作古典诗词遣词造句之用，而现代则可作查典故的参考书；三是编辑佚书。许多书佚失，但可从类书中看出某些蛛丝或端倪；四是校勘资料，许多文章发生差误，可从类书中加以校勘。

（1）（唐）欧阳询、裴钜编《艺文类聚》100 卷，中华书局 1965 年影印宋勘本。该书分为 46 部，收录了很多典故，里面分门别类，部下又有细目。查阅时需以目为线索，计分天、日、月、星、云、风、雷、雨等 727 个细目，每目下面都先讲"事"，主要是摘取经、史、子、集有关资料；"事"后是"文"，摘录有关诗文。这部书引证的书都是唐朝以前的，达 1431 种。其编排体例对后代影响颇大，但其门目简略和繁复的划分有失恰当之处。

毛泽东所作《七律·答友人》之"斑竹一枝千滴泪"，此条放到《艺文类聚》中怎么查？

"竹"是什么东西，在什么部、门中查，这是第一个关键问题。《艺文类聚》中有"木"部，木部里有"竹"目，"竹"目在卷 89。再翻开卷 89，《博物志》曰："洞庭之山，帝之二女，舜之二妃，曰湘夫人。舜崩，二女啼，以涕挥竹，竹尽斑"，这样的解释还不够详尽。再查《太平御览》，在卷 962 中有"竹部"，《述异记》载："湘水去岸三十里许，有相思宫、望帝台。昔舜南巡不返，而葬于苍梧之野，尧之二女娥皇、女英追之不及，相与恸哭，泪下沾竹，竹上文为之斑斑然。"毛主席借用这一典故说明女性在旧社会的悲惨遭遇。

（2）（宋）李昉等编《太平御览》共 1000 卷，目录 10 卷。该书也是一本类书，是北宋文史学家李昉为了方便宋太宗皇帝而编的。不过，对我们今天用处依然很大。该书体例编排共 55 部。每目下又分子目，子目下再分为资料，可用此书查找史实和名物典故。❶ 针对北齐《修文殿御览》（已佚）和唐《文思博要》（已佚），为查检方便，后人又为此编了两本索引，一本是钱亚新编《太平御览索引》（商务印书馆 1934 年版），一本是洪业编的《太平御览引注》（燕京大学 1935 年版）。

（3）（宋）王钦若编《册府元龟》1000 卷，目录 10 卷，中华书局 1960 年影印明刊本。该书分部，部下分门，共 1104 门。书中所录自上古至五代，取材以《十七史》为主，限于钦定"正史""正经"，范围较为狭窄，是一部史料性质的类书。❷ 查找此书时可以使用书后的"类目索引"，或者参考陈鸿飞编《册府元龟引得》（武昌《文华图书馆专科学校季刊》第 5 季第 1 期，1933 年）。

典故是中国传统语言文化的智慧结晶，与成语一道传承深刻的哲理及处世态度，形成隽永、深邃而又余味深长的表述风格。其中所涉及的学科广泛，运用更有许多灵活和创新，无论是阅读教育文献，还是写作呈现探讨成果都有必要利用和考求，这是其近代教育文献的价值所在。

（4）（清）陈梦雷编《古今图书集成》共 10000 卷，目录 40 卷。康熙四十年至四十五年（1701—1706 年）由陈梦雷主持完成初稿，《古今图书集成》及盛放书函称《古今图书汇编》。康熙六十一年（1722 年），康熙帝命蒋廷锡主持修订工作。雍正四年（1726 年）定稿，改"汇编"为"集成"，分为 6 编 32 典。雍正年间（1723—1735 年）由武英殿印出铜活字本，有 64 部，故宫博物院存 4 部，1934 年上海中华书局整理再刊，另台湾艺文印书馆出 79 册问世，文星书店在 1964 年分装 100 册。❸ 编者分类详细，编排系统，资料丰富，主要叙述天文、地理、人伦、博物、思想、文化、典章制度等，对教育史研究有重要的参考价值。

---

❶ 武汉大学图书馆学系编写组. 中文工具书使用法［M］. 北京：商务印书馆，1982：46.
❷ 武汉大学图书馆学系编写组. 中文工具书使用法［M］. 北京：商务印书馆，1982：48.
❸ 武汉大学图书馆学系编写组. 中文工具书使用法［M］. 北京：商务印书馆，1982.

该书体例在汇编、个典下面分6109个部。汇编有历象、方舆、明伦、博物、礼乐及经济。汇编下面分典，如历象下有乾象典、岁功典、历法典、庶征典；典下又分部，如历法典下分历法、仪象等六个部，庶征典下分天文气象、变异、水旱、灾荒等50个部。查典故时要将典故与部对上号。

康有为赞誉该书为"清朝第一大书""中国之瑰宝"，西方学者也比之为中国大百科全书。这绝不是偶然的。如《红楼梦》第七十八回，贾宝玉给晴雯写了《芙蓉女儿诔》，其中有一句："洲迷聚窟，何来却死之香。"查《古今图书集成》，可以查到："香"在博物汇编，里面有草木典，草木典里有"香"部（在第315卷第556册），部下有汇考：任昉《述异记》里记载，"香洲在朱崖郡，洲中出诸异香，往往不知名焉。千年松香闻于十里，亦谓之十里香也。"范成大记载，"采香径里木兰舟，嚼蕊吹芳烂熳游。落日青山都好在，桑间荞麦满芳洲"。《海内十洲记》又称："聚窟洲，在西海中。……洲上有大山，形似人鸟之象，因名之为人鸟山。山多大树，与枫木相类，而花叶香闻数百里，名为反魂树。扣其树，亦能自作声，声如群牛吼，闻之者皆心震神骇。伐其木根心，于玉釜中煮取汁，煎如黑饧状，令可丸之，名曰惊精香。……死者在地，闻香气乃却活，不复亡也。"但《古今图书集成》在一般情况下使用频率不高。

（七）查"十三经""二十四史"

历史是有时空存在背景及发生条件的，历史时期重要论著的记录有延续性影响，且会从中衍生普适性内容。历史的主体活动有多样性及层次差别，但统治者及重要官员的活动、言论、观点有其特殊作用。对这些文献有所把握及理解同样有助于中国近代教育史的探索，以下列举其要。

叶圣陶编《十三经索引》，传统文献类型中经、史两部内容居多，史料引证及挖掘的价值很大，研究中国教育史需充分认识其价值和地位。《十三经经文》一册，开明书店1934年版，中华书局1957年和1959年重印，1983年中华书局修订和重新排印。"索引"按句子首字笔画排列，句下注明经名篇目的简称。

"十三经"即儒家的十三部经典著作。从汉代开始确立以今文经学为主的经学教育体制，《诗》《书》《礼》《易》《春秋》称"五经"；到唐代把《礼》分为《周礼》《礼记》《仪礼》，《春秋》分为《公羊传》《谷梁传》《左传》，加上《诗》《书》《易》，此为"九经"。唐文宗开成年间（836—840年）刻

《开成石经》，除以前九部外，再加上《孝经》《论语》《尔雅》列入经部，到宋代把《孟子》加进去，此为十三经。

古、近代教育史论著中经常引证十三经中的词句。如梁启超《变法通议》之《学校总论》说："吾向者所谓变亦变，不变亦变，与其待他人之变，而一切渐灭以至于尽，则何如吾自变之，而尚可以存其一二也。《记》曰：'下无学，贼民兴，丧无日矣。'《传》曰：'小雅尽废，则四彝交侵，而中国微。'忾我儒教，爰自东京，即已不竞。"❶《记》是什么记，《传》是哪个传，要注释，非得查《十三经索引》。查《记》中"下"字，出自《孟子·离娄上》。可见梁启超记错了，做注释时一定要考明出处。查"小"字，注明出处是《诗经·小雅·南有鱼嘉之什·六月序》，可见《传》也错了，应该是《诗》。而《诗经》题目在诗之后，这是不同于其他的。梁启超是近代思想家、教育家，在维新运动中以舆论宣传及传媒鼓动著称，博闻强记，中西汇通，旧学谙熟，对古籍经传尤能背诵如流，但在字句陈述及论著出处方面易出偏差，虽不影响著述立论、鼓动传播的力量，却在文献运用的学术严谨性上需再考究。

再比如严复，《蒙养镜》"序"记曰："教学相长。"查"教"字，《礼记·学记》的原文是："是故学然后知不足，教然后知困，知不足然后能自反也，知困然后能自强也，故曰教学相长也。"

"二十四史"是指历史上正史（官修史）的24部纪传体史书，从《史记》开始，直到《明史》。"二十四史"典籍目录索引可以参考梁启雄编《二十四史传目引得》，上海中华书局1936年版。此书分为"正编""类编"两部分。正编收入的是"二十四史"中一般列传所包括的人物，其排列按人物姓名首字笔画；类编收入的是"二十四史"中包括的其他人物，其排列分别按年代、姓名首字笔画、篇目名称首字笔画等。在人名下面，分别注明书名和卷数，"附传"中人物列出"正传"名称。此书书前列有"笔画检字"和"拼音检字"。此外尚有中华书局等编《二十四史考史人名索引》，中华书局1977—1996年陆续出版；陈乃乾编《二十四史注补表谱考证书籍简目》，初稿刊印于1962年6月，以为"二十四史"点校工作参考之用；修订本刊于《中国历史文献研究集刊》1984年第4集。

---

❶ 陈元晖，璩鑫圭，童富勇. 中国近代教育史资料汇编：教育思想［M］. 上海：上海教育出版社，2007：192.

（八）其他类

工具书的类目及内容范围广泛，而且不同角度的创作文本不断丰富，其亦能发挥补充和多样选择作用。以下举例介绍。

（1）方诗铭编著《中国历史纪年表》，上海辞书出版社 1980 年版。该书主要包括五部分：一是史前社会；二是原始社会；三是奴隶社会；四是封建时期，涉及清朝；五是民主时期，包含 1912 年中华民国成立至 1949 年中华人民共和国成立。

（2）仓修良主编《史记辞典》，山东教育出版社 1991 年版。该书的编写以中华书局标点本《史记》正文为依据，只要是正文出现的词语、人名、地名、民族、职官、著作、天文、历算、音乐、动植物名以及器物典制、历史事件、矿产等，都予以收录，并一一详解，共 16800 余条。在这些释文之后，还标出了词目或字句在中华书局标点本中的页码。书本的编排以笔画为序，书前有"索引检字"与"词目索引"，供读者检索，方便快捷。

（3）施丁主编《资治通鉴大辞典》，吉林人民出版社 1993 年版。该书作为一部专书辞典，分概要、司马光评论、历代贤哲评论、名物典制、民族、人物、地理、典籍、词语、地理等 12 类。选词以中华书局标点本《资治通鉴》为依据，凡书中较为难懂的词语、典故、民族、职官、地理、典籍、人物等，均予收录，约有书词目 6 万条。书后附有相应的检索索引，便于查找。

（4）丁守和等编著《中国历代奏议大典》，哈尔滨出版社 1994 年版。该书是我国第一部精选精编、注释评述、篇幅巨大的历代奏议大典，主要收录先秦至清末的有关奏议史料，共 5000 余篇。每篇都由原文、注释、评述三部分组成。书后附有相应的检索索引，是一部便利而又高质量的工具书。

（5）郭毅生、史式主编《太平天国大辞典》，中国社会科学出版社 1995 年版。该书对太平天国各项建制的思想进行比较全面介绍，主要内容包括凡例、附表（一）至附表（二十），在凡例部分记述编纂设计及体例原则。正文部分共分 7 类：总叙类，词语类，人物类，军事、战争类，地理类，经济类，文物、史料及著作类。探究太平天国文教改革及设施历史主要参考第 3、第 7 类。

二、目录索引

论著的名称编排或其内容纲要呈现序列，均可表达为线索的意味，为掌握相关专题或领域问题提供十分便利的手段及技术，其间所发挥的方法、工具、引导及效率的价值是突出而明显的。为此，中国近代教育史学者需对之加以利用。

（一）查平装书

国内平装书种类较多，数量庞大，资料零散，查找起来难免繁重。从事教育史研究，需要参考许多种文献书目，多种兼顾费工夫，短期难以达到理想的效果，利用目录索引就十分必要。这类目录学书籍一则对相关出版论著分类及专题加以梳理，二则以某种规则或原则共性设计、编排，便于资料搜寻。从现代以来出版的平装书目来看，书目索引内容较全面。此处选取主要书目介绍如下。

（1）平心编《生活全国总书目》，上海生活书店 1935 年版。该书所辑书目自 1911 年起至 1935 年止，计有书籍接近 20000 种之多，1935 年以前平装书大都可查到。所收书目分为 10 类，按学科编排，查找书目可参考文后所附主题、国别、外国著者索引。有关新文化运动、自然科学类英文译著的信息及传播、流行状况均可借助于此作为向导。

同一时期的同类出版书目文献，还可以参考胡愈之主编《全国总书目》，上海开明书店 1939 年版，现代书店 1939 年版；杨家骆编《民国以来出版新书总目提要》，中国辞典馆 1936 年版。

其中《全国总书目》成为新中国成立以后逐年编纂的年鉴性编年总目，收录全国当年出版的各类图书，是出版社、图书馆、情报资料和科研教学等部门必备的工具书。

（2）重庆市图书馆编《抗战时期出版图书书目 1937—1945》两辑（初稿）。该书收入抗日战争、第三次国内革命时期根据地及解放区图书约 6000 余种，共分 17 类，分别按科目编排，部分科目空缺。当然，所录篇目仍有缺失，有待继续补充。

（3）上海图书馆编《中国近代现代丛书目录》1979 年版。该书收录本馆馆藏 1902—1949 年出版的中文平装丛书 5549 种，包括各类图书 30940 种。为更有效利用此书，可以参考上海图书馆编《中国近代现代丛书目录索引》

（上、下册），1982 年版。

（4）商务印书馆编《商务印书馆图书目录》，商务印书馆 1981 年版。该书共两册，1897—1949 年为一册，1949—1980 年为一册。中国近代教育史书目主要参考前一册。全书分为总类、哲学、宗教、社会科学、语文学、自然科学、应用技术、艺术、文学、史地等部分。附录"商务印书馆历年出版小学教科书概况""1902 年至 1950 年出版物的分类总计""历年出版物分类总计"。其中，"社会科学"章中有较多与教育相关的书目，分为教育、教学与训练、初等教育、中等教育、课程、高等教育、教育行政等，该书为中国近代教育史学科提供了极大便利。

（5）中华书局编辑部编《中华书局图书目录》，中华书局 1981 年版。该书共分为两编，其中第二编改名为《中华书局图书总目》。

（6）《全国新书目》，最初由中央人民政府出版总署图书馆出版，最初为季刊，后来改为双月刊，再后来改为月刊，1966 年 7 月停刊，1972 年 6 月复刊，1973 年起定为月刊，以后每月按期出版。

（7）《全国总书目》，新华书店 1955 年之前每年出版一册。从 1956 年以后由文化部出版事业管理局编，中华书局出版。后由新闻出版署信息中心编辑出版。

（二）查历史书

中国近代教育史教学及科研工作查找历史资料需要探访近代历史著述。我国近代以来出版的史书数量庞大，类目繁多，如果不同学科间撒网过宽，会费时费力，有些丛书并不完整，单独寻找平添难度。为了很好地解决这一问题，近代以来人们开始编写历史书目，《七十六年史学书目（1900—1975）》、《八十年来史学书目（1900—1980）》是其中的代表。目前，就已有相关工具书目来看，时间跨度大，所编内容种类丰富，成为了解历史著述的有力工具。

（1）中国社科院历史研究所编《七十六年史学书目（1900—1975）》（上、下编），1981 年出版。共收 9000 多种书，上编为一般史书，下编为历史专史。

（2）《八十年来史学书目（1900—1980）》（上、下编），中国社会科学院出版社 1984 年版。上编包括史学理论和历史研究法、中国史、世界史、考古学和物质文化史，下编包括各种专门史及史料学，搜罗颇全。

（3）北京图书馆编《民国时期总书目》，书目文献出版社 1986—1997 年陆续出版。该书收录自 1911 年至 1949 年出版的中文图书，按学科分为 20 类，分别是哲学·心理学、宗教、社会科学总类、政治、法律、军事、经济、文化科学、艺术、教育·体育、中小学教材、语言文字、中国文学、世界文学、历史地理、自然科学、医药卫生、农业科学、工业技术·交通运输、综合性图书。❶ 该书基本包含了民国时期出版书目的大多数。

（4）姜秉正著《研究太平天国史著述综目》，书目文献出版社1984年版。该书收录1853—1981年国内（除港台地区及海外）发行的太平天国史专著、论文和资料。作者以类目编排：甲、全史；乙、人物评传；丙、文物；丁、史料；戊、学术思想及书志学。该书种类齐全，内容丰富，可为研究太平天国时期的资料作补充之用。

（5）张舜徽著《中国史学名著题解》，中国青年出版社1984年版。该书主要介绍了古史、编年、纪传、纪事本末、实录、制度史、学术史、地理方志、杂史、史评史论……历史研究法、笔记、类书丛书、文编、书目、表谱、索引辞典等200余种史学著作，研究中国近代史书目可以参考。

（6）中国人民大学清史研究所、中国社会科学院中国边疆史地研究中心编《清代边疆史地论著索引》，中国人民大学出版社1988年版。该书主要收录1900—1986年发表或出版的清代边疆史地论文8000余条，著作1200余种，边疆史地内容丰富，时间跨度大，主要涉及的范围包括云南、广西、台湾、海南岛以及东南海疆地区。"索引"类目按总论、政治、自然地理、历史地理、经济、科技文化、宗教、社会风俗、民族与民族关系、军事、对外关系、人物、书评、书目及资料14类编排。

（7）朱士嘉编辑《美国国会图书馆藏中国方志目录》，美国国会图书馆1942年影印本，中华书局1989年出版。该书主要收辑宋至民国间的中国各地方志，主要包括江苏、浙江、安徽、江西、湖北、湖南、四川、河北、山东、河南、山西、陕西、甘肃、福建附台湾地区、广东、广西、云南、贵州、辽宁、吉林、黑龙江、热河、新疆、察哈尔、绥远、宁夏、青海、西康、西藏、蒙古三十个地区。书后附笔画索引与拼音索引。❷ 书中不乏珍本、善本、孤本、稀见本等，因此它对中国地方文化、经济、历史等方面的研究具有极高的资料价值。

---

❶ 赵国璋，朱天俊，等. 社会科学文献检索 [M]. 北京：北京大学出版社，2005：135.

❷ 何忠礼. 中国古代史史料学 [M]. 上海：上海古籍出版社，2012：448.

（8）杨诗浩等编著《国外出版中国近现代史书目》，上海人民出版社 1980 年版。该书主要收录有关中国近现代史的西文、俄文、日文著作和资料书目 3500 余种，是了解外国对中国现代史研究状况的重要渠道，有助于了解他国研究中国近现代史的概貌。关于各国研究情况的记述还可以参考《中国近现代研究国际通讯》《美国中国学手册》《日本的中国学家》，由此对国外包括中国近现代教育史在内的近现代史成果状况当有大概了解。《日本的中国学家》由严绍璗所编，中国社会科学出版社 1980 年出版。"日本的中国学家"是指日本在社会科学领域内从事中国问题研究的学者专家。该书共收录专家 1105人，有关这些专家的著作 10345 种。❶ 这些专家分四部分：第一部分是在中国问题研究中具有权威的各大学著名教授，如吉川幸次郎、贝塚茂树、阿部吉雄等。这些专家大都是"支那学"的第二代或第三代；第二部分是 20 世纪 40 年代日本战败后从各个大学毕业的中国问题研究家，他们中的一部分比较接近民众，又经历了战争的苦难，因此为寻找日本独立、民主的道路而开始研究中国问题，如井上清、安藤彦太郎等；第三部分是在新中国刚刚成立之后从大学毕业的研究者。他们开始从事中国问题研究的时候，正值日美反动势力极大歪曲中国形象，他们得不到有关中国学术界的真实消息，一般都是整理前辈们留下来的有关资料，很少对中国进行考察；第四部分是直至 1980 年的近 15 年来大学毕业成长起来的中国问题研究者，他们中一些人受中国革命发展的影响，提出要研究中国，必须了解中国；要了解中国，一定要到中国去，但这部分学者还没有成为中国问题探索的主要力量。

（三）查线装书

近代以来所编线装书很多，时间跨度长，查找起来比较烦琐。为此有人进行历史著作的分类目录编写工作，如古籍目录介绍、著作、导读、文集篇目、类书等，这些图书类目比较清楚，成为求索近代教育史图书的专门工具书。

（1）（清）纪昀总纂《四库全书总目》200 卷，又作《四库全书总目提要》。《四库全书》集中乾隆以前的线装书，是 18 世纪清代撰修的一部大型丛书，也是从上古时期至清代时期有关传统文化的文献集成，收录的古籍有 3461 种，共 79309 卷，未收入的存目书 6793 种、93551 卷。此书共 4 部 44 类 66 属，因卷帙浩大，藏于深宫之中，人们主要通过《四库全书总目提要》加

---

❶ 夏林根，董志正. 中日关系辞典［M］. 大连：大连出版社，1991：295.

以了解。为该书作提要的有阮元、孙殿、邵懿辰等。乾隆三十七年（1772 年）开馆编纂，共编了十年，按经史子集体例编修，共抄写了七部，分藏七阁，1934 年商务印书馆选印了 232 种，只是其中的一小部分。印刷版本也有多种，1965 年中华书局依据浙江本校订印刷，附录"四库撕毁书提要""四库未收书提要""四库全书总目书名及著作姓名索引"等。❶ 此书繁杂异常，为方便阅读，故删去全部存目书，并简化书目下的提要，于乾隆四十七年（1782 年）作成《简明目录》，中华书局上海编辑所 1964 年刊印，对中华传统文化的研究可以提供直接或间接的文献参考。

（2）《中国古籍善本书目》编辑委员会编辑《中国古籍善本书目》，上海古籍出版社 1989—1998 年版。该书的体例按照经、史、子、集、丛五部编排，分部出版。各部类所收的书以著者的时代先后为序，每部书依次著录其书名、卷数、编著注释者、版本、批校题跋者及统一编号。书中主要收录了各级各类全国各省、市、自治区图书馆，县公共图书馆、博物馆，文管会，文化馆、文献馆、高等院校，科学院系统图书馆，中等学校，寺庙等现存的善本图书。书后附藏书单位代号表和藏书单位检索表，成为古籍研究者寻找古籍善本的好帮手。

（3）（清）张之洞撰《书目答问》，范希曾补正《书目答问补正》，初刊于 1876 年，中华书局 1963 年影印本。《书目答问》原来是为了把初学者引进国学门路而编撰的书，收录古籍有二千二百余种，基本按照经、史、子、集分类编排。每本书下都简单地说明哪种版本较好。这部目录可以作为读旧籍的参考。《书目答问》流传之后，便有很多学者研究此书，其中范希曾就在此书的基础上补正，纠正了原书中的一些错误，补充了漏记的版本和没有收入的新版本，还增加了一些性质比较相似能反映共同特性的新书，作为重要资料。❷ 修改本即为《书目答问补正》。书后附有"清代著述诸家姓名总目"，有助于我们了解清代学术流派的概况。

（4）陈乃乾编《清人文集经眼录》，中华书局 1959 年版。《清人文集经眼录》附在《清代碑传文通检》后。陈乃乾编《清代碑传文通检》，中华书局 1959 年版。据编者所述：该书收录 1025 种清人文集中的碑传文，兼收哀辞、

❶ 何忠礼. 中国古代史史料学 [M]. 上海：上海古籍出版社，2012：443.

❷ 祝鸿熹，洪湛侯. 文史工具书辞典 [M]. 杭州：浙江古籍出版社，1990：299.

祭文、记、序。条目下各列传主姓名、字号、籍贯、生卒年及碑传文作者与书名、卷数，以姓氏笔画排列。所收包括明朝人卒于崇祯十七年（1644 年）后者，及现代人生于宣统三年（1911 年）前者。全书共收 1.3 万余人。附录三种：①《异名表》，列一人两名或更改姓名者；②《生卒考异》，列一人数传而生卒互异者；③《清人文集经眼录》，记所见清人文集并注版本。❶

（5）王重民、杨殿珣等编《清代文集篇目分类索引》，北平图书馆 1935 年版，中华书局 1965 年重印。该书收录三百年来清代别集共 428 种，总集 12 种。内分学术之部、传记之部及杂文之部，学术之部按经史子集编排，分类复分通论、书序、序跋三小类，传记之部分传状、碑记、赠序、寿序、哀祭、赞颂；杂文之部分书启、碑记、赋、杂文。这部书有目录、提要、著者姓氏索引，可从中查文集，更重要的是可以查到篇目。

（6）孙殿起《贩书偶记》，冀县孙氏借闲居 1936 年铅印本，1959 年中华书局重印。孙殿起在北京开通学斋书店，专卖线装书，把所卖的书都记下来，经年累月地积累，按照经、史、子、集四部分类法汇辑成册。该书收录《四库全书》没收录的清代书，《四库全书》之外的线装书可以在此查，其中也有少数其他朝代的书。孙氏读的书不多，但文化上的贡献很大。1936 年以后，他的助手雷梦水帮助整理又编《贩书偶记续编》，由上海古籍出版社 1980 年出版。《贩书偶记续编》所收基本上是清代书，约有 6000 多本。

（7）上海图书馆编《中国丛书综录》（上、中、下册），中华书局 1959—1962 年版，上海古籍出版社 1982 年版。该书汇集全国 41 家图书馆藏书 2797 种，按经、史、子、集分类编排，后附总目。第二册是子目分类索引，一共 70000 多条；第三册为子目书名索引，子目著者索引。

（8）张舜徽撰《清人文集别录》24 卷，中华书局 1963 年版。作者从 1100 多种清代文学书籍里选出 592 人的文集，按照作者生卒年代编，每个人的文集首先列出书名、卷数、版本，其次叙述姓名、字号、学历、业迹。书后附作者姓氏索引。

（9）李灵年、杨忠编《清人别集总目》（上、中、下册），安徽教育出版社 2000 年版。该书共收录 17500 余名作家所撰的 40000 部诗文集，是全面反映现存清代诗文别集著述、馆藏及其作者传记资料的大型工具书，为近代教育

---

❶ 陈乃乾. 清代碑传文通检［M］. 北京：中华书局，1959：932.

史整理研究提供目录传记类文献的部分线索。在体例设计上分为五部分：一是序言、凡例、前言，序又包括钱仲联序与程千帆序；二是别集作者姓氏目录，分姓氏首字索引与姓名目录；三是正文；四是附录、索引，附录包括"明万历至民国中西历史纪年表""别集版本著录所据书目""别集藏书单位简称全称对照说明""别集作者传记参考书目"；索引包含"别集书名索引（书名首字索引与书名索引)""别集序跋题咏辑抄编选刊行者名号索引"以及"别集人名书名首字繁简对照索引"；五是后记。

（四）查论文及期刊

中国近代教育史立论凭据需要参考非常广泛的资源，这其中就包括论文、期刊。就单篇论文或某种期刊逐一查找，会由于材料分散、时间耗费过多而存在偏颇之嫌。为此，出现一类将论文、期刊资料加以分类汇总的工具书，即索引。自现代学科建设及研究广泛开展以来，索引编写工作日益增多。目前就有多本索引可供利用。

1. 查论文

论文为专门领域成果，以论点鲜明、结构完整、论证严密以及有所创新为优势，最为当代学术界所注重及利用，价值突出。

（1）王重民编《国学论文索引初编》，中华图书馆协会 1929 年版。该书收入 1928 年以前 82 种杂志、3000 多篇论文，其中有历史、教育等题材，可以作为参考。

（2）徐绪昌编《国学论文索引续编》，中华图书馆协会 1931 年初版。该书编辑体例和王重民的《国学论文索引初编》大致相同。

（3）刘修业编《国学论文索引三编》《国学论文索引四编》，中华图书馆协会 1934 年、1936 年版。该书收入自 1934 年至 1935 年 12 月的国学论文，全书分为总论、分论，以下按科目划分为语言文字学、考古学、史学、地学、文学、科学、政治法律学、社会学、教育学、宗教学等 17 类目。研究近代教育史、教育思想和其他教育论题均可以查考参阅。

（4）山东大学历史系编《中国近现代史论文资料索引》1960 年印行。该书收录 1949—1959 年报刊论文，分甲、乙两编：甲编中国近代史，乙编中国现代史。

（5）中国科学院历史研究所一部、二部，北京大学历史系合编《中国史学论文索引》，科学出版社 1957 年版。该书收入 1900 年至 1937 年 7 月出版的

1300多种期刊，30000多篇论文，分为上下两编排列。

(6) 华东师范大学历史系编《中国近代史报刊论文与资料篇目索引》，1959年版。该书收论文2700多篇，编排体例分理论、学习与研究、近代社会、思想、人物及社会斗争诸篇。研究近代历史分期、近代人物传记可以参考。

(7) 杭州大学历史系编《中国近代史论文资料篇目索引（1949—1975年)》，1976年油印本。全书分中国近代史通论与分论两部分，各部分又按历史专题分类，再分子目，下列论文篇目。

(8) 中国社会科学院清史研究室、中国人民大学清史研究所合编《清史论文索引》，中华书局1984年版。该书所收入条目源自1903年至1981年6月报刊中的清史论文，史料篇目计有24000余条。尤其表现出色的是新中国成立后港台地区所发表的论文篇目也包括在内。

(9) 北京大学历史系编《中国史学论文索引》，科学出版社1957年版。该书收入1900—1937年1300多种刊物30000多篇有关史学论文的相关资料，内容比较广泛。全书分为上、下编：上编分列为四类，内容主要是通史；下编共分十三类，是历史学科类论文。书后附有索引，分别标示标题、人名、地名索引。《中国史学论文索引》（第二编）（上、下册）由中国社会科学院历史研究所编，中华书局1979年版，收录1937年至1949年9月的杂志960余种，论文篇目共30000多条。

(10) 复旦大学历史系编《中国近代史论著目录索引（1949—1979年)》，上海人民出版社1980年版。该书收论文10000多篇，其中共引用论文集80多种，书籍1200多种。

(11) 北京师范大学历史系编《史学论文索引（1979—1981年)》(上、下册)，内部交流本。该书收录1979—1981年相关报刊论文，篇目共计20000多条，编排较为合理，便于参考查阅。

(12) 复旦大学历史系资料室编《五十二种文史资料篇目分类索引》（创刊号—1981年)。该书的显著特点是所分类别中专列教育类，包括留学教育、大学师范教育、政法教育专业学校及中小学等。

(13) 北京师范大学历史系编《史学论文索引（1982—1983年)》（上、下册)，1984年内部交流本。全书分为史学概述、中国历史总论、中国历史分论。在"历史分论"部分列出史学史、史料学、历史人物等项目，有关清代后期教育论文可以从中查找使用。

（14）余秉权编《中国史学论文引得》（1902—1962年），香港亚东学社1963年版。此书收入的论文刊物达353种，按著者姓名笔画编排，分列著者、论文题目、期刊名称、卷期、年月、起止页码等内容。书前有"作译者姓氏检字表""本引得所收期刊一览表"，书后有"卷期及年月辅助索引""标题检字辅助索引"等项，以便翻检、阅览。

（15）徐立亭、熊炜编《中国近代史论文资料索引（1949—1979年）》，中华书局1983年版。此书收录新中国成立30年来全国报纸杂志上所发表的中国近代史论文，按类排列。

教育学各分支学科包括教育史，它们的工具书索引多表现于教育科学研究方法著作中。此处举例：邰爽秋等编著《教育通论论文索引》（1929年初印本）。彭仁山增订《增订教育论文索引》，上海民智书局1932年版，分教育通论、普通教育行政、学校行政、各种教育问题、教学法等七类。中央教育科学研究所图书资料室编《中文报刊教育论文索引》1982年印，一季出一期，内部刊印发行。兰州大学高等教育研究室、兰州大学图书馆合编《高等教育资料索引》1980年、1983年印行。该书收入自1977年至1982年的有关高等教育的科研论文，内容有：政策方针制度、教育本质、学校领导与管理、教育改革、教学工作、体育卫生美育、教师工作、学生工作、教育科研、各类学校、教育史、外国教育资料、学校介绍等诸多方面，研究中国近代教育史可以参考。

2. 查期刊

期刊以登载论文为主要使命，但也兼及其他有意义的文字内容，体裁丰富多样，风格各异，其包含的意义从传播学延伸至各专门领域，从而发挥多重作用。

（1）全国第一中心图书馆委员会全国图书联合目录编辑组编《1833—1949年全国中文期刊联合目录》（增订本），书目文献出版社1981年版。该书收期刊20000种，收录期刊为我国省市级以上多达50个图书馆所藏新中国成立前资料。

（2）《清季重要报刊目录》，载张静庐辑《中国近代出版史料》（初编），中华书局1953年版。该书共收录杂志24种、报纸266种，报纸采撷、收录资料更显丰富翔实。其中，又对《清议报》等清季报刊进行专门介绍。

（3）阿英著《晚清文艺报刊述略》，古典文学出版社 1958 年版。该书由三部分构成："晚清文学期刊述略""晚清小报录"及"辛亥革命书征"。第一部分收录晚清文学期刊 24 种，考订介绍每种期刊出版情况、思想倾向及主要作品，另载待访文学期刊目录 5 种；第二部分收录晚清文艺报纸 26 种，一一介绍其内容；第三部分收录与辛亥革命有直接关系的史籍多种，按专著、史乘、诗文集、丛书、说部、杂志等分类编次。❶

（4）中共中央马克思恩格斯列宁斯大林著作编译局研究室编《五四时期期刊介绍》（全三集），生活·读书·新知三联书店 1958—1959 年初版，1979 年重印。该书收入并介绍了五四运动时期的期刊 157 种，为我们了解这一时期的报刊提供了大量信息。其中多种报刊资料如《新青年》《新潮》《晨报副刊》《平民教育》中有大量与教育相关资料，从中可查找线索。

（5）丁守和主编《辛亥革命时期期刊介绍》，人民出版社 1987 年版。全书分为五集，时间包括 1900—1918 年，与《五四时期期刊介绍》相衔接。编者从几百种期刊中选出 200 多种重要或有代表性的刊物，介绍了报刊的性质、主要言论和倾向、在重大政治事件和思想斗争中所表现的态度、对中国社会的认识和观点以及社会作用等诸多信息材料，为我们研究辛亥革命时期的教育提供了大量的资料。

（6）《1919—1927 年全国杂志简目》，载张静庐辑《中国现代出版史料》（甲编），中华书局 1954 年版。该书收入 1919—1927 年全国各地出版的杂志数百种，分别为周刊、旬刊、半月刊、月刊、双月刊、季刊等，并在杂志期刊目录部分附上创刊日期、出版日期或者地址未详的杂志，附上注解及考证说明等若干内容。

第三节 国外主要工具书与目录索引

为了提高问题检索的客观可信度，并加强国际比较的宽阔视野，需要查找外国对于中国近代历史及教育的研究资料。国外汉学论著以美国、欧洲、苏联及日本诸国书目出版较多，书目多为国外历史学家、教育家或专门研究机构所

---

❶ 盛广智，许华应，刘孝严. 中国古今工具书大辞典［M］. 长春：吉林人民出版社，1990：402.

编，以辞书、书目、索引、教育、史学等形式分别呈现。例如在近代史研究中会遇到许多人物，包括明清时期的人物，需要使用专门辞典；近代后期，则可以利用许多辞典综合比较，选取采择。我国科研单位及学者综合有关资料，编纂了不少著述。其中综述性的如《国外研究中国问题书目索引 1977—1978》就堪称代表。该书由北京图书馆和中国社会科学院情报研究所合编，书目文献出版社 1981 年出版。其中收辑了 1977—1978 年出版的英、法、德、俄、日 5 种文字的 319 种期刊论文，共 4081 个条目；收录 1974—1978 年英、法、德、俄、日五种文字的有关书目 1903 本。这些典籍都是很有意义的，但不能因此而取代各主要国家具体的相关论著。

一、工具书

近代中国从被强行拉入国际漩涡，到主动探求与学习西方技术及先进文明，其间的历程既曲折艰辛，又义无反顾。总体分析，世界发达国家先有欧美的"泰西诸国"，后有日本"东洋岛国"，而后来的苏联又在近现代之交与中国关联极大。因此，国外对中国社会影响极大的当属美国、日本及苏联。国外中国问题检索也以这三国为著。工具书及目录索引恰是反映这种状况的一扇窗口。

（一）美国

海外中国近代史工具书以美、日及苏联为主，内容有交错、互补性，但也有侧重点及编纂方式的不同。此外，《中国近现代研究国际通讯》由英国伦敦大学亚非学院现代中国研究所出版，主要报道世界范围内研究中国近现代史的动向，❶如学术会议、学者动态、研究项目及研究计划等，有助于加深国际范围内中国近现代史成果的了解。

美国汉学历史及教育史研究突出在近代史，特别是地方史的研究，由于所涉及地方颇多，需要研究者在积累史学认识及能力达到相当程度的背景下参考利用。

（1）恒慕义（Hummel Arthur William）主编《清代名人传略》（两卷），华盛顿美国国会图书馆 1944 年版。该著作由胡适作序，高度评价其为重要的外国论述近代中国的著作，认为从中可以提供很多与历史人物有关的内容线

---

❶ 张宪文. 中国现代史史料学 [M]. 济南：山东人民出版社，1985：270.

索，对于研究清朝的名人有重要的参考价值，所以是中国历代人名辞典的著作。

（2）狄考文（Calvin Wilson Mateer）编《西人论中国书目》（一、二卷），1878年法国初版，1924年修订版共五卷。该书系统汇录了20世纪20年代以前所作，16—19世纪有关中国论题的西方著作。可见，欧美国家很早就开始中国学的关注及探究。

（3）袁同礼（Yuan Tongli）编《西方文献中有关中国书目》，耶鲁大学出版社1958年版。该书是《西人论中国书目》续编，主要收录1921—1957年西方著作中的中国文献（不包括文章在内）。该书仅限于西文著作。

（4）包德华（Howar Lyon Boorman）主编《民国史人名辞典》，哥伦比亚大学出版社1967—1971年版。该书由75名美国学者花10年时间编成，先后共出四卷，人名6000余，被誉为"美国研究中国近代史最好的工具书"。

（5）珀利伯格（Perleberg）编《近代中国人名录》，香港1954年版。该书为收录中国近代人名的工具书，包括民国初年到1953年的主要人物。这表明美国学者在编撰辞典、传记方面成果比较突出，著作很多。

（6）郭正堂（Kuo Cheng－tang Tomas）编《中国地方史目录》，美国匹兹堡大学1969年版。

（7）克莱恩（Crane）、克拉克（Clark）合编：《中共人名录》（1921—1965年）（上、下卷），哈佛大学出版社1974年出版。该书共收录中国共产党有影响的人物433人，书末附录99种，列举各种统计表和各团体的名单，包括历届政府组成人员、青妇团体负责人、驻外使节、出国访问团人员等。

（8）孙仁以都（Sun Ren Etu）编《中国社会史书目》，耶鲁大学出版社1952年版。该书收录了1949年以前中国学者在有关学术杂志上发表的社会历史论文176篇。该书分类编排，分为14部分，包括概论、经济结构、土地关系、对内对外贸易、货币与价格、财政管理、政府经济活动、其他经济状况、封建制度、社会结构、人口、政治组织、边疆关系、杂类。每篇论文均注有英文译名、出处、出版年月、内容简介或目录、评注或说明。书后附"引用期刊一览表""中文作者与标题""专用术语与名称表"及"索引"。❶

（9）邓嗣禹（Teng Suyu）、费正清（John K. Fairbank）等合编《中国对

---

❶ 林铁森. 中国历史工具书指南［M］. 北京：北京出版社，1992：42.

西方的反应：1839—1923 年文献评价》，哈佛大学出版社 1954 年版。该书以年代为纲，分为七部分 28 章。第一部分包括总论两章，第二部分（1839—1860 年）包括三章，第三部分（1861—1870 年）包括四章，第四部分（1871—1896 年）包括五章，第五部分（1897—1900 年）包括五章，第六部分（1901—1912 年）包括四章，第七部分（1912—1923 年）包括五章。

（10）1986 年富兰克林·帕克（Franklin Park）、贝蒂·柏克（Betty Parker）合编《中华人民共和国教育：过去与现在的文献目录选注》，收入以西文、日文出版的研究中国教育论著 3053 种，其中包括 1949 年以前的出版物，但大多数是 20 世纪 50 年代以后的出版物。此书出版以后，国际上关于中国教育的研究更是发展迅速。

（11）中国社会科学院情报研究所编《美国中国学手册》，中国社会科学院出版社 1981 年版。该书主要记述美国研究中国的机构，美国收藏中文资料的图书馆，在美国出版的中国学书目，美国资助中国学研究的基金会、奖学金和补助金，以及美国经常刊发中国问题文章的期刊等。其中以大量的篇幅介绍美国的中国学家和美籍华裔中国学家。由于篇幅的原因，主要收录有助理教授以上或水平相当的中国问题学者 530 余人。书中对每位学者都进行了详细介绍，如学历、学术职位及著作等，有助于了解美国研究中国的概况。

美国出版有关中国书目还很多，如（美）费正清、（日）蒲地典子合编《1953 年以来日本研究近代中国书目》（英文版）1975 年版。费正清、刘广京合编《近代中国中文著作书目指南 1898—1937》，哈佛大学出版社 1950 年版。《关于中国文化、教育与基督教的日文文献目录》，东方图书馆 1955 年版。袁同礼编《美国图书馆所藏俄文中国书目 1918—1960》，耶鲁大学出版社 1961 年版。富兰克林·帕克、贝蒂·柏克合编《中国、美国关于外国教育的博士论文目录与摘要》，其中第六卷收入在美国及加拿大大学中所完成的 339 篇关于中国教育研究（包括中国内地、香港、台湾）的博士论文。

此外，《德国对近代中国知识分子历史的影响：中文出版文献目录》1982 年版、《中国共产主义与教育：文献评注》帕尔莫尔出版社 1971 年版这两部文献介绍书目也有一定影响。

（二）日本

日本现代以来面世很多有关中国近现代史的著作，同时，又不断推出多种中国近现代史学术文化人名及地名辞典。

（1）京都大学东洋文献研究中心编《东洋学文献类目》。1934—1960 年出版的称《昭和×年东洋史研究文献类目》，1961—1962 年出版的称《昭和×年东洋学研究文献类目》。该书每年发行一卷，分门别类编纂，从一年内全世界各种文字中选辑有关中国等各国的著作及文章，收入中国、朝鲜、韩国以及中国台湾、香港地区的文献。截至 1975 年，东洋文献类目收入中文、朝鲜文、日本论文共 3367 篇，著作 563 种；西方文字包括英文、法文、德文、俄文 790 篇，著作 1041 种，当属日本编撰中国目录学典型性书籍。

（2）山崎穗与编《满洲地名大辞典》1936 年初版，1977 年再版。该书编者调查我国东三省、热河省（今分属河北省承德市、内蒙古自治区赤峰市以及辽宁省朝阳市）的都市、矿山、铁道、山川、港湾、湖泊、岛屿等，历时二十载，收地名 5000 条。说明的内容有位置、沿革、市、街、户口、公共设施、交通、物产、教育、工商业、度量衡等。书末附日文、汉文、英文三种索引。❶

（3）佐藤种治编《满蒙历史地理辞典》，东京国书刊行会 1976 年复刻版，东京富山房 1938 年版，1977 年再版。该书对东三省及内蒙古自治区各府郡县、名城要塞、名胜古迹、铁路港口、寺庙园林等信息加以梳理呈现，并对县中地名的变化缘由、地理位置的划分等的分布都有详细解释。

（4）诸桥辙次编《大汉和辞典》，是数十家日本出版商在 1955 年到 1960 年的六年时间里通力合作完成的一部汉日词典。该书共收辞目 50000 余条，所引资料广博，主要出自中国古籍，包括经、史、子、集，古今字书、韵书、类书及词典等 50 余种，其功能类似于《汉语大辞典》。词汇包括成语、熟语、格言、俚语、诗文典故和人名、地名、官职名、年号、动植物名以及政治经济等学术用语、现代汉语词语等。❷ 该书按部首分类，同一部首按笔画多少排列，字头除汉字正字外，兼收俗字、简写字以及日本的国字等。

（5）青木富太郎等编《亚洲历史事典》（十卷），日本平凡社 1962 年版。该书是第二次世界大战前所编的《东洋历史大事典》修订本，收录中国近现代著名人物，人物资料注明出处，并且条目释文详细，包括人物的生卒年月、姓名异文、朝代籍贯、字号别名、亲属关系、科举仕履、主要事迹、思想学

❶ 中国社会科学院近代史研究所. 国内外有关中国近现代史书目一览（1949—1978Ⅱ）［M］. 内部交流版，1978：66.

❷ 周文骏. 图书馆学情报学词典［M］. 北京：书目文献出版社，1991：74.

说、封赠谥号以及主要著作等，释文之后注明主要文献资料来源。它的问世不仅弥补了近代史料的缺失，而且对了解中国近代著名人物有重要作用。日本学界称誉为西方同类字典所无法比拟者。

（6）井泽宽编《中国地名辞典》，东京中国综合研究所 1962 年版。该书主要内容包括说明、检查方法、地名索引、各省自治州、专区级自治区以及辖区表，书末附有笔画检索。该书查找方法比较特殊，先按照笔画数查出所要找的地名，查明它所在的省区和经纬度，在该度数的两条经线和两条纬线所形成的方格内，就可以找到。

（7）京都大学人文科学研究所编《京都大学人文科学研究所汉籍目录》（上、下册），日本同朋舍 1963 年初版，1981 年修订版。上册以经、史、子、集为顺序，记载各书的书目、作者、卷数以及各类丛书所收录的书目；下册以笔画为顺序，分别开列目录和作者通检。该书为研究中国近代教育史学者的重要目录工具书。

（8）星斌夫著《中国社会经济史语汇》，东洋文库近代中国研究中心 1966 年版。

（9）霞关研究会编《推动中国的二百人：最新中国人名辞典》，东京国际图书出版社 1967 年版。

（10）藤田正典编《现代中国人物表》，大安出版社 1969 年版。该书所收为中国 1919—1967 年去世的人物，按人物姓名的日文五十音图排列。每人均从生卒年、出生地、别称、逝世地、略历等方面加以叙述，并附记所据资料。书后有笔画索引。❶

（11）外务省亚洲局监修《现代中国人名辞典》，霞山会 1972 年版。该书（霞山会编　江南堂刊）初版于 1958 年，改订后收录 1972 年 1 月之前中国（含台湾及海外华侨界）各机关、政党、团体、企业中的主要任职者、著名人物，也包括一些特别重要的已故名人。人物按日文五十音图排列，解说至1972 年 1 月。书末附录"姓氏五十音图序索""难解、简化字的笔画索引""ＡＢＣ顺序索引"等。❷

（三）苏联

苏联有关中国问题整理书籍状况呈现于"百科全书"类著作中，也有专

---

❶❷　林铁森. 中国历史工具书指南［M］. 北京：北京出版社，1992：380.

门工具书，但究其内容以综合性为主，专门性分化不明显。

（1）茹科夫主编《苏联历史百科全书》，1926 年初版。1950 年、1960 年、1976 年曾多次修订重版。该书共收 2.5 万多条目，其中近现代史占 2/3，很多内容体现苏联历史学研究的创新成果。

（2）《苏联大百科年鉴》编委会编《苏联大百科年鉴》30 卷，苏联大百科出版社 1957 年初版，1978 年二版，1981 年又再版。该书共收 10.2 万条目，属相应不同学科大型百科全书补编，以补充未及时报道科学技术进展之局限，使百科全书内容能适应形势的发展和变化，完善百科全书的功用。其中 1977 年列宁格勒苏联科学院图书出版局出版《苏联科学院出版物书目年鉴》，属于该年鉴的第 19 号，在社会科学书目的史学类中，有关中国近现代史的书目有 28 条。书后附有该年度博士、副博士论文索引。❶

（3）斯卡季科夫编《中国书目》，1932 年初版，1950 年第二版，1957 年、1960 年修订本。该书从 1730 年到 1930 年 200 年间的俄文著作中选取出有关中国书目、大学讲义、论文等，共 19557 条，不仅有书目、论文题目名称，而且有简要介绍和部分书评。

二、目录索引

与工具书类著述相比，国外关于中国问题论著的索引类书籍稀少，尚未达到编辑论著索引以解决浩繁成果查阅艰难的要求。

（一）美国

在美国汉学历史文化研究中，史料索引相对其他国家受到重视。除了著作书目索引之外，还特别重视论文索引的编辑。以下便是外文、主要是西文中所收集的中国文献资料索引。

（1）饶大卫（Rowe Oavid Nelson）编《筹办夷务始末索引》，美国 Shoe String 出版公司 1961 年版。该书条目从清代《筹办夷务始末》中分 14 类录辑，按罗马拼音排列，分别为：一、自然环境、地貌；二、爵位和官阶；三、组织机构；四、贸易项目；五、汇兑项目；六、官衔；七、人名；八、地名；九、宗教职称和宗教项目；十、船舶；十一、税务项目；十二、部族名称；十三、

---

❶ 杨诗浩，韩荣芳. 国外出版中国近现代史书目（1949—1978）［M］. 上海：上海人民出版社，1980：499.

武器、要塞；十四、其他。❶ 研究洋务运动时期的教育可以参考。

（2）艾力克（Robert L. Irick）编《清季外交史料索引》，1972 年版。可以从中查阅有关清朝从洋务运动开始对外派遣留学生、留学教育及同文馆资料。

（3）拉斯特（Lust John）编《外国期刊有关中国论文索引 1920—1955》，新泽西赛弗出版社 1964 年版。该书收录 1921—1955 年西方期刊、论丛、特刊等 1000 余种出版物中有关中国的论文 19000 余篇，分类汇编而成，书中有"中国对外关系类"，书末附有作者和主题索引。❷ 研究近代中国教育的外国期刊资料可从中利用。

（4）施金雅（G. W. Skinner）主编《近代中国社会研究论著类目索引》，美国斯坦福大学出版社 1973 年版。该书规模较大，由美国 120 个学者以 10 年时间搜罗世界各种文字中有关近代中国社会史资料编辑完成，共采择论著（包括文章）计 31000 余种，分第一册西文篇（13000 种），第二册中文篇（11215 种），第三册日文篇（7169 种）。每种解说包括主要、次要内容，涉及的时代、地区和评价等。

（二）日本

日本在 1953—1969 年十多年间出版了有关中国近现代史索引 56 种，代表性的有《中国近代史论文索引》《光明日报中国论文索引》《中国历史地理研究论文索引》《中国思想宗教文化论文目录》《经世文编总目录》等。此外，还有其他大量类似作品。例如，随笔是重要的思想资料，日本编有《中国随笔索引》《中国随笔杂著索引》；杂志是反映社会现实的窗口，日本编有《〈东方杂志〉索引》《〈清议报〉索引》《〈新民丛报〉索引》《〈国粹学报〉索引》《〈新青年〉索引》，甚至对李鸿章、左宗棠、张之洞、薛福成及张謇等奏议也编有索引。

综上可知，国外有关中国近代史研究的索引资料范围广泛，包括政治、经济、文化等各个方面，拓宽了学者的研究视野，为中国近代教育史提供了重要工具指南的便利来源。

---

❶ 盛广智，许华应，刘孝严. 中国古今工具书大辞典［M］. 长春：吉林人民出版社，1990：1467.

❷ 夏良才. 近代中外关系史研究概览［M］. 天津：天津教育出版社，1991：389.

第二章 中国近代史料的
教育史资源挖掘（上）

历史是对社会真实情况的记录和反映。中国历史上封建王朝政权更迭，战争频繁，大约至清嘉庆朝（1796—1820 年）以后，封建统治走向衰落。特别是西方资本主义国家的入侵，使传统中国发生了巨大变化。各类不同史料的留存，丰富了历史的研究。近代历史内容比古代更为丰富，涉及社会、政治、经济、文化及教育多个层面，从皇宫贵族到行政官员大臣，多有著述；文集或日记的流传更显频繁，其作品文字具有一定的参考价值。另外，近代沿袭古代传统，有纂史、修志的习尚，刻书业繁盛，以及报纸传播业发达，都为近代史籍的出版面世提供了便利条件。清代除档案史料之外，还有许多类别的著述，并具有一定的史料价值，如类书、丛书等。尤其是将清代及以前的书籍进行分类、组织安排，汇编成书，代表性成果逾越明代。无论是社会各项制度，抑或专门领域思想的分析，对大部头的文编著述主要内容加以简介，选取其中素材做详细分析是必要的。正式出版物以官方的记录占大多数，如法令、奏折、谕旨及典志等均是不同题材类型的表现，它们偏重于史实的呈现及整理。当然，其中也有以人物为主的文献，包括传记、年谱、日记、笔记，涉及人物生平的介绍，侧重于活动、思想及业绩，所发挥的作用稍逊于前者。民国以来社会由动荡走向暂时的安定，开展了大规模有组织的调查活动，史料类别以论著作品、调查表、统计资料、文献汇编及期刊论文见长。

第一节　中国近代公文档案史料

清代中央及地方政府的档案史料主要典藏存于中国第一历史档案馆中加以保护，主要包括圣训、实录、谕折汇存、奏折、奏疏、政书六类，留存大量的文字叙述。由于档案体现政府官方意志及行为方式，较之其他资源的原始性更耀眼夺目，例如笔记、日记、年谱、传记及地方志等也是研究者的重要凭借来源，但不及档案的文献规格层次。民国初年以后的政府档案主要存放于中国第二历史档案馆，而此期间文编、报刊参考意义增加，价值提高，大多数作为原创资源加以理解和运用。

新中国成立以后，对以往研究成果进行修订、增补，以论文、著述居多。特别是中国香港、台湾地区，以及日本、美国等地外文资料的发掘，有助于丰富大陆已有的整理成果。

档案名称、种类差异有别，需要从中翻阅所需部分。中国近代教育史所据档案有中央政府和地方的不同层次，也有专门的近代教育档案，主要包括清代学部、民国教育部以及各地教育厅、局、所的档案。

一、公文档案的形成及其典藏

中国近代公文档案以皇帝谕旨及朝中重臣与封疆大吏的奏疏和外交文书为主，有些公文档案没有辑录成书，但它极为重要。公文档案包括公牍和公文，又可分为上行、平行和下行三类。上行公文，清代有奏折、咨呈、禀帖，民国时只剩呈文。对于教育史而言，以奏折的资料价值最大。平行公文，清代有牒、咨、照会、函。照会属国际上往来文书；民国时，统称公函。下行公文，清朝时为札示，皇帝对臣子为谕。民国以后，把札批改为令、训令两种。清代的示改为指示、批示。此外，民国下行公文还有布告、通告，这是政府对民众的下发告示及要求。关于公文档案的历史，档案学家许同莘编著《公牍学史》（上海商务印书馆 1947 年版）一书论述最详。

（一）公文档案的产生及发展

中国历史长期处于封建专制统治的体制下，实施社会层阶性严密管理，尤以明清时期为甚。皇帝给臣下的指示为谕旨、朱旨、圣旨。谕旨由内阁大学士为皇帝草拟。清朝康熙时，翰林院南书房值班大学士为皇帝草拟圣旨，夺了内阁大学士之权。到了雍正时期，设立军机处，军机处军机大臣负责为皇帝拟谕旨。许多圣旨积成卷宗，卷宗即为档案材料。

公文档案中以"奏折类"最具特色，使用频度更高。满族在关外时，物质资料、文化工具很落后，把奏折写在木片上面，木片积累多了，称积累的公文为木质档案。顺治以后采取明制，顺治二年（1645 年）规定奏折不准用木片，改用纸写，积累多了就形成纸质档案。

档案是书写历史的一次性材料。历史资源是广泛的，可以参照比较，加以选择，但也要依据档案。《明史》要用明朝档案，但当时修纂者使用档案很少，主要利用谷应泰编的《明史纪事本末》，而这本书却是根据私家野史来写的。《清史稿》是民国组编的，但同样未充分利用档案材料。民国开设清史馆，召集清遗老纂写，档案的选用比例较低。《明史》《清史稿》中错误较多，部分原因就源于此！中国社会科学院近代史研究所与南京大学张宪文教授分别编纂《中华民国史》，由于克服了上述缺点，故质量比较高。

过去史界对档案材料不重视，很多亡秩。近代历史学家、教育家罗振玉对档案的保存是有功绩的。宣统元年（1909 年），内阁大库房坏了，把文献材料移置在两厢。时任学部大臣为张之洞，罗振玉任学部属官、参事，遂向张之洞说明大库旧藏多属明清档案，应加保存，不可焚毁。他的建言被采纳，档案移置国子监南学，试卷等移置学部大堂后楼。到民国后，旧档案归入北洋政府历史博物馆。1922 年，博物馆经费困难，档案材料被当废纸卖给商人。后来，罗振玉知道这事，他用 12000 银圆赎回，把这些档案藏在天津和北京。罗氏以这批档案为基础整理《史料丛刊初编》10 册。他又编《皇清奏议》68 卷，续编 4 卷，1936 年刊印。该书主要收辑清朝史官所辑成的奏章，其中包括顺治朝 16 卷、康熙朝 8 卷、雍正朝 8 卷、乾隆朝 16 卷、嘉庆前十年 10 卷，涉及社会生活的方方面面，内容丰富。从顺治到光绪年间（1644—1908 年）共 890 册，但顺治三年至十二年（1646—1655 年）、康熙元年至十年（1662—1671 年）、嘉庆五年至十年（1800—1805 年）等都佚失。该书选编众人的奏疏，既体现鸦片战争前夜社会矛盾，又表现政府官员的复杂心态及迟缓反映。未经整理的档案，被李盛铎以 16000 元收购。1928 年中央历史研究院历史研究所成立，以 18000 元买回，买回之后，只有 13 万斤，有 2 万斤已遭损失。中央历史研究所选择一部分编辑《明清史料汇编》，分甲、乙、丙、丁四编。

对罗振玉两次保护档案的事迹有多种书籍记述留存，可以参考：罗振玉著《集蓼编》，上海古籍出版社 2013 年版；王国维著《库书楼记》，载《观堂集林》卷 23，上海书店出版社 1992 年版；郭沫若著《中国古代社会研究·自序》，上海联合出版社 1930 年版。

（二）公文档案的典藏

新中国成立后，建立了国家档案馆，始称明清档案馆，主要是收藏清朝档案，后改称第一历史档案馆。北洋军阀、国民党统治时期档案则集中在南京第二历史档案馆。研究清代、民国教育可以分别前往相应机构探访。

1. 第一历史档案馆

1925 年创设的故宫博物院文献部是第一历史档案馆的前身。1927 年，文献部改为掌故部，1929 年，掌故部改为文献馆。新中国成立后，于 1951 年改成档案馆，专门管理故宫档案。1955 年正式成立第一历史档案馆，由国家档案馆领导。中国第一历史档案馆所藏史料，起自 1410 年，截至 1911 年，有诏书、奏折、题本及有关户口钱粮的明清黄册。以清朝档案为主（除在台湾之外，都集中于此），也有部分明末档案，还有明初永乐时的档案。1642—1911 年的清朝档案基本完整。总的档案数有九千余万件，包括政治、军事、经济、文教、外交各方面材料。档案共分为 74 个专种，分内阁、军机处、礼、户、吏、兵、工、刑，按内容又可分为内政、外交、民族、军事、农业、文教等18 大类。近代教育主要属文教类。第一历史档案馆成就突出，1928 年《清代档案史料》已再版 8 次，还编有专辑，如《戊戌变法档案史料》《义和团档案史料》等。

2. 第二历史档案馆

第二历史档案馆 1951 年 2 月成立于南京，最初称南京史料资料处，由中科院近代史研究所管辖，1964 年改现名，1979 年由国家档案局领导。第二历史档案馆收藏 1912—1949 年的档案，分五个方面：南京临时政府、北京政府、广州国民政府、武汉国民政府档案；北洋政府档案共存 100000 卷；国民党政府档案，占整个档案 80%；汪伪政府及其他汉奸政权档案；著名人物的个人档案。其中，所包含教育类档案分 12 类：总论、高等教育、初等教育、社会教育、边疆教育、华侨教育、专业教育、留学教育、训育、体育、国际文化交流、学潮。

档案材料有些已经出版发表，还有一些档案材料多被作为重要资料保存于档案馆之中。两所档案馆所编写索引材料可为我们提供参考之便利：第一历史档案馆编《中国第一历史档案馆馆藏档案概述》（1985 年）；第二历史档案馆编《民国档案目录索引（总第 1～120 期）》（2010 年）。

二、公文档案的主要类型

以下就目前所编印通行的公文档案加以分类，主要按时间顺序叙述。

(一) 通辑类

这里的"通"意谓"贯通""整体""全体"的意思。那么，通辑类档案也就是指综合、融合或大时段延续性设计、编选、汇辑的档案文献。这类编选问世数量多，具有纵横贯穿及广泛适用的价值，作用明显。

(1) 中国史学会编《中国近代史资料丛刊》，由著名史学家范文澜、翦伯赞、白寿彝、齐思和、邵循正、向达等任各专题主编而成。从1951年开始刊印，有鸦片战争、太平天国、捻军、回民起义、中法战争、戊戌变法、义和团等分册，采用竖排编印，由神州国光社、上海人民出版社1952年以后陆续出版。其中，《鸦片战争》6册，《第二次鸦片战争》4册，《太平天国》6册，《捻军》6册，《洋务运动》8册，《回民起义》4册，《中法战争》7册，《中日战争》7册，《戊戌变法》4册，《义和团》4册，《辛亥革命》8册，《北洋军阀》4册。按中国近代社会发展线索，以阶级斗争等重大历史事件为单元，反映帝国主义与中华民族、封建主义与人民大众的矛盾，选辑和汇录了大量的档案文献、外国文献译著、私家记载等资料。其中，有的是珍本、抄本、孤本。编者在编辑中花费了大量的劳动，第一次把中国近代史的资料分类编辑成书，每种"丛刊"还附有书目解题，部分"丛刊"附录"大事年表"和"人物传记"。

该书系注重原文照录，并标明原著出处。这些史料之前从未被刊布，较为珍贵，因此价值颇高，是教育史学科可资参考的文本。如同治十一年（1873年）正月十九日曾国藩、李鸿章《奏遴派委员携带幼童出洋肄业兼陈应办事宜折》、光绪七年（1881年）五月十二日奕䜣等《奏请将出洋学生一律调回折》，均载《洋务运动》（二）。

(2) 台北"中央研究院"近代史研究所编《中国近代史资料汇编》（1966—1998年）陆续出版。全书10余种，分类资料汇编，共53册。其中有郭廷以等编《海防档》9册，1959年；李念萱等编《中俄关系史料》（1917—1919年）9册，1959—1962年；郭廷以主编《四国新档》；胡秋原主编《近代中国对西方及列强认识资料汇编》；李毓澍主编《中日关系史料》等。《海防档》是清朝总理各国事务衙门档案，其中军事教育内容不少，比如说福州船政学堂的记录大都收录其间。

(3) 中国第一历史档案馆编《清代档案史料丛编》，中华书局1978—1991年排印本，共14辑。每辑刊载的史料按照内容分为几个专题，专题之前对史料概况有简单的介绍。每个专题按照具文时间先后编列，并在文后注明出处。若无具文时间的，能推出大概时间的加注说明，推不出时间的以收文或朱批时间进行排列，并以""符号标注。其中包括太平天国革命时期清政府的财政状况、辛酉政变、光绪二十三年（1897 年）山东教案等内容，对探索清代政治、经济、军事、文化教育有重要价值。

（4）台北"中央研究院"历史语言研究所编《明清史料》共 10 编 100 册，分为甲、乙、丙、丁、戊、己、庚、辛、壬、癸。其中，甲、乙、丙、丁四编 1949 年以前编辑，上海商务印书馆 1931—1951 年陆续出版。戊、己、庚、辛、壬、癸六编是 1954—1975 年在台湾编辑并陆续出版。后来丁编有商务印书馆 1951 年影印本，戊、己、庚、辛有中华书局 1987 年影印本。该书主要收辑明清两朝史料，具体内容包括：顺治元年至十八年（1644—1661 年）的臣僚奏章、台湾的历史档案、清政府与东南亚各国关系的档案、清代奏章等文件，有助于研究明清两朝的政治、经济、军事、文化以及与周边国家的关系，具有重要的史料价值。

（5）中国社会科学院历史研究所清史研究室编《清史资料》，中华书局从 1980 年起不定期陆续出版，共六辑。例如第二辑共选资料六篇，中华书局 1981 年印行，共 236 页。

（6）台北"中央研究院"历史语言研究所编《明清档案存真选辑》，台北"中央研究院"历史语言研究所 1973—1992 年影印本。该书分为初集、二集、三集，共三部，资料来源主要是台北"中央研究院"历史语言研究所收藏的清内阁残档。初集收录了明宣德二年（1427 年）至清道光二十九年（1849 年）的诏敕、沈阳旧档，弘光、台湾以及外国史料等 130 件；第二集收录满文老档中有关清太祖朝"记功簿"的部分，清太宗天聪五年（1631 年）初设六部的记事原档，"大臣传"史料册等 108 件；第三集收录天聪二年（1628 年）至光绪十三年（1887 年）的沈阳旧档中有关镇压李自成起义、三藩之乱、洪承畴史料等 104 件。❶ 该书可为研究明清历史提供依据。

（7）故宫博物馆文献馆李宗侗、单士元主编《史料旬刊》，京华印书局 1930—1931 年版，共 40 册。该书由清代宫中档案、内务府档案、内阁档案及军机处档案史料选编而成，包括大量清代政治、军事、文化、外交、宗教等方

---

❶ 何忠礼. 中国古代史史料学［M］. 上海：上海古籍出版社，2004：247-248.

面的档案资料，❶ 为深入研究清代教育提供了较为全面的背景资料。

（8）罗振玉编《清史料拾零》，自刊，1934 年版。清档案损失严重，流散在社会上的清代档案均被私人占为己有。1922 年罗振玉将北洋政府历史博物馆卖给纸商的 8000 麻袋档案（15 万斤）买入，编印了《清史料拾零》26 种。

（9）《筹办夷务始末》（道光、咸丰、同治三朝），1929—1930 年故宫博物院影印，1964 年中华书局整理出版。这是研究中国近代对外关系的重要史料，为了解中国近代教育发展提供了背景性资料，含有道光朝文庆等主编的80 卷、咸丰朝贾桢等主编的 80 卷、同治朝宝鉴等主编的 80 卷。全书按照时间进行编排。其中《筹办夷务始末》道光朝共六册，书中所辑的档案材料集中在道光十四年（1834 年）至同治年间（1862—1874 年）对外交涉的重要档案，内容包括上谕、奏议、中外照会、条约等。依据《遂翁自订年谱》所述：该书以夷务既无方略，文书复有裁节，与其师杜受田收取一切奏折，悉行钞录，不更改、遗漏一字，汇编成书。该书所辑多为原始资料，颇为珍贵，但编纂中有一些缺陷，如所有文件均无标题，给后人研究史实造成了困难；给地方官吏的奏折，删去原奏折发出去的日期，全都改为军机处收到或奉旨发出的日期，造成时间上的错位混乱。

凡例中记录了编纂此书的目的与选材范围。从有关对外交涉的档案，内阁、军机大臣所奉谕旨，内外臣僚奏章，中外往来之照会，书札等材料加以考察，多为当时的机密要件。清帝在奏文中句旁的批语、批注、圈点、勒抹等一律保存了原貌，对于理解清朝统治者关于筹办夷务的见解主张以及一些历史事件的内幕极有价值。其中不乏教育材料，如同治五年（1866 年）一月初六日奕䜣等《奏请派斌椿等随赫德出国往泰西游历折》，载《筹办夷务始末》同治朝卷 39。1902 年盛宣怀《奏陈南洋公学办理历年情形折》，阐述南洋公学分年办理的状况及主要活动，上院、师范院的教育方案；尤其是教科书编译活动，以及扩充南洋公学译书院的办理作用及影响；并提出在此基础上建立南洋高等公学堂及南洋大学堂的设想。

（10）中国第二历史档案馆编《中华民国史档案资料汇编》，江苏古籍出版社 1991—1994 年版。全书 3000 多万字，共四辑。按照历史分期，第一辑

---

❶ 《中国大百科全书》编辑部. 中国大百科全书：中国历史［M］. 北京：中国大百科全书出版社，1995：598.

《辛亥革命》、第二辑《南京临时政府》、第三辑《北洋政府》、第四辑《南京
国民政府》，后两辑分为政治、军事、经济、外交、文教、群众运动等专题分
册介绍。各辑中教育内容丰富，有 10 册以教育为主，足见其地位之显。

（二）专辑类

"专"与"通"是相对的概念，专门、专题集中的主题论域都属文献选
编，体例设计中"专"的分类档案。专辑类与上述通辑类的差异即在于此。
此类典籍往往在前者基础上，对象、命题更为聚焦与细划，但也因此而愈益深
化及具体。

（1）王彦威、王亮编《清季外交史料》（光绪、宣统朝）242 卷，北平王
希德 1932 年铅印本，北平清季外交史料编纂处 1934 年铅印本，台湾《中国近
代史料丛刊》本也有收录。王彦威，浙江黄岩人，同治年间中举人，曾任工
部主事员外郎、军机章京兼外务部行走。任军机章京期间，他查阅了军机处档
案，收录光绪元年至三十年（1875—1904 年）军机处及外务部档案。其子王
亮又收录 1901 年 5 月至 1912 年的资料，合撰《光绪朝外交史料》共 218 卷、
《宣统朝外交史料》共 24 卷，两者合称《清季外交史料》。王彦威、王亮父子
编光绪、宣统朝外交史料内容广泛，其中有大量教育素材，有关学习西方、留
学等内容多在其间。如《光绪朝中日交涉史料》40 册中就有留学日本记录，
尤其集中于第三册之中，为研究清末留日教育发展提供了宝贵资源。

（2）故宫博物院编《清代外交史料》（嘉庆、道光朝），故宫博物院 1933
年版。该书是清代对外关系资料汇编，补《筹办夷务始末》之不足，自 1796
年开始，到 1831 年止，共分为 10 册。编者收录清代军机处存档中有关对外关
系的谕旨、奏议、照会、书札等资料，按时间顺序进行编排，有目录，但没有
分类。❶ 其中部分内容在《史料旬刊》上发表，题为《道光朝通商案》，为研
究鸦片战争前后清政府的外交提供了重要资料。

（3）北平故宫博物院编《清季教案史料》（第一、第二册），故宫博物院
1937—1948 年陆续出版。该书选录清代军机处存档中有关教案的各国照会，
按案件内容分类，每一案件又按时间进行编排。第一册包括教案 19 件，自
1867 年始，到 1884 年止，从英、俄、法、比四国照会中辑出，计有浙江、江
苏、台湾、福建、安庆、天津、南昌、汉口、武昌等处的教案；第二册包括教

---

❶ 陈恭禄. 中国近代史资料概述［M］. 北京：中华书局，1982：134.

案 10 件，自 1871 年始，到 1883 年止，从美国照会中辑出，计有江西、福建、北京、山东、广东、广西等处的教案。❶ 该书收录的史料多为《筹办夷务始末》及《清季外交史料》所空缺，是研究清代教案及西方在华办学及传教的重要史料。

（4）台北"中央研究院"近代史研究所编《清季教务教案档》，台北"中央研究院"近代史所文史哲出版社 1980 年版。全书依据清总理各国事务衙门有关基督教在华传教和各地反洋教案件的清档案编辑而成，收入时间1860—1912 年，编排七辑，约 1000 万字。除第五辑为四册、第七辑为二册外，每辑均为三册。书中内容包括谕旨、奏疏、函札、照会、咨文、条规、告示，分为通行教务、京师教务及各省教务等专题。除了京师教务以事例编排外，其他以时间或地区编排。各辑末册附"中英文大事年表"。该书内容丰富，反映了第一次鸦片战争之后基督教势力在华传播的曲折过程，是研究教会教育的重要文献。

（5）台北"中央研究院"近代史研究所编《海防档》，台北"中央研究院"近代史研究所 1966 年版。该书分为精装 9 册和平装 17 册两个版本，资料来源为清季总署及外务部誊写清代海防档案，收录范围从咸丰十年（1860 年）起，到宣统三年（1911 年）止，包括：诏谕、奏疏、函札、照会、咨文、合同等。按内容分类编排，条目清晰，包括：甲、购买船炮；乙、福州船厂；丙、机器局；丁、电线；戊、铁路。每一部档案之后附有大事年表，以资参考。❷ 该书为研究中国近代海陆军学堂的发展提供了资料。

（6）国家档案局明清档案馆编《戊戌变法档案史料》（上、下），中华书局 1958 年版。该书体例清晰详细，包括荐举新政人才、添裁机构及官制吏治、文武科举改制、筹设文武学堂及游学章程、练新军及办团练、农工商务、银行币制、开矿筑路、设报馆译书局及其他等 12 类，从中反映各派政治势力对待维新变法的不同态度和相互斗争的情况。书末附录"本编剔除与中国史学会主编的戊戌变法重复文件目录""本编未选辑档案史料目录""康有为追述变法经过并向溥仪谢恩折"。其中有大量奏折与此期兴学设教、派留学、改书院

---

❶ 《中国历史大辞典·史学史卷》编纂委员会. 中国历史大辞典：史学史卷 [M]. 上海：上海辞书出版社，1983：440.

❷ 《中国历史大辞典·清史卷》编纂委员会. 中国历史大辞典：清史卷（下）[M]. 上海：上海辞书出版社，1992：616.

及废八股取士内容相关，例如：《贵州巡抚王毓藻折》（1898 年 7 月 4 日）、《山西巡抚胡聘之折》（1898 年 9 月 5 日）、《直隶总督荣禄折》（1898 年 9 月 6 日）、《山西巡抚胡聘之折》（1898 年 9 月 11 日）、《护理江西巡抚翁曾桂片》（1898 年 9 月 13 日）、《漕运总督松椿折》（1898 年 9 月 15 日）、《管理大学堂大臣孙家鼐等折》（1898 年 9 月 19 日）、《山东巡抚张汝梅折》（1898 年 9 月 21 日）等均散落排列于相关部分，为近代教育史重要篇目。

（7）故宫博物院明清档案部编《清末筹备立宪档案史料》（全二册），中华书局 1979 年版。全书分为"清末统治集团对预备立宪的策划和议论"和"清末筹备立宪各项活动的情况"两编。其中，第一编包括出洋考察政治的情况、预备立宪的宣布和策划、统治集团内部的议论；第二编包括官制、议院、咨议局和地方自治、法律和司法、满汉关系、教育、时政及官报。该书所收辑的档案文件自光绪三十一年（1905 年）至宣统三年（1911 年），包括清廷历次发布的有关预备立宪的诏谕旨令，内外臣工有关预备立宪不同意见争论的奏折，有关筹备立宪的奏折、片、呈文、清单等，共 370 多条，约 70 万字。为了方便阅读，编者对每一件都拟了标题，做了标点和分段。所选文件大多全文发表，只有极少数因内容重复而略作删节。关于各省例报预备立宪情况的文件，因数量较多，且内容千篇一律，故该书只选辑少数几件作为代表，以见一斑。

由于教育是清末立宪运动的重要组成部分，同时也是立宪的其他领域所依赖的基础，因此有关的条文内容及文字篇幅占据重要比例。就教育设计的时间范围而论，延续到了立宪发动时间之后的 20 年左右，而且其中的项目非常细致和具体；就教育的内容而论，立宪的教育篇章广泛涉及普通教育、国民教育、社会教育、女子教育、师范教育及实业教育各个方面，甚至包括了许多教学组织方式和教科书的建设等更细致的问题。可以认为，与新政时期相比，清末宪政时期的教育更为实用、更具操作意义，因此应给予更高的评价。

（8）南京太平天国历史博物馆编《太平天国印书》，江苏人民出版社 1961 年版。这是太平天国出版书籍的统称，时称"诏书"，后代学者称太平天国官书或印书。主要有：《天父上帝言题皇诏》《天父下凡诏书》《天命诏旨书》《旧遗诏圣书》《前遗诏圣书》《天条书》《太平诏书》《太平礼制》《太平军目》《太平条规》《颁行诏书》《颁行历书》《三字经》《幼学诗》《太平救世歌》《建天京于金陵论》《贬妖穴为罪隶论》《诏书盖玺颁行论》《天朝田亩制度》《天理要论》《天情道理书》《御制千字诏》等。该书收入大量太平天国革命教育政策规程及教科书。

（9）梁章钜撰《枢垣记略》16卷，清刊本，中华书局1984年版。该书是对清代军机处有关资料的汇编。梁章钜，福建长乐人，嘉庆进士，曾任军机处章京，历任员外郎、知府、按察使、巡抚、署理总督等职。他在军机处任职期间收集了大量资料，编撰成书，时限范围道光年间（1821—1850年），内容主要包括训谕、除授、恩叙、规制、题名、诗文、杂记七类，每类按照时间顺序编排，集中反映了军机处的性质、前后变化情况，人员升迁调补，典制，以及奖罚制度等。❶ 朱智续编《枢垣纪略》28卷。朱智，浙江钱塘人，咸丰举人，历任工部主事、军机处章京、通政副使、大理寺卿、太扑寺卿、兵部右侍郎等职。他在原书的基础上，将时间下延至光绪元年（1875年），内容约略显示了咸丰、同治年间（1851—1861年）传统教育延续及局部调整，展示了近代新教育的艰难起步。该书是收录有关军机处资料较为全面的一部著作，为研究军机处提供了重要的一手资料，具有较高的史料价值。

（10）中国第一历史档案馆、北京师范大学历史系合编《辛亥革命前十年间民变档案史料》，中华书局1985年版。这部史料系从军机处、宫廷、外务部、端方及赵尔巽等档案中收集，时间从1901年至1911年武昌起义前。其中，内容与教育有关者主要集中在清末地方办学的新旧势力纷争以及民间社会的兴学运动。

（11）中国社会科学院近代史研究所、民国史研究室编《中国现代政治史资料汇编》（全四辑），内部资料。该书系由中华民国档案整理，汇编成册。主要有：《中华民国大事记》《中华民国人物志》《中华民国史丛刊》《专题资料》。其中《中华民国史丛刊》由中华民国的创立、北洋军阀及南京国民政府等编组成，书末附"大事记""专题研究资料摘要"等。部分材料曾在《近代史资料》《历史档案》发表，如清末留学生的材料、鲁迅参与反对袁世凯复古主义教育的斗争等均在上述刊物中登载。

（12）中国社会科学院历史研究所等编《曲阜孔府档案史料选编》，共四编24册，齐鲁书社1980年至1988年排印本。该书的编排依照明、清、民国三个历史时期，每个时期又按专题分类，每类中按时间排列。四编的主要内

---

❶ 何忠礼. 中国古代史史料学 [M]. 上海：上海古籍出版社，2004：250.

容：一编是孔府档案全宗分类目录索引；二编至四编是明代、清代、民国时期的档案史料。该书从孔府 20 万件档案中选录 9025 件，内容多涉及孔府的管理、机构、历史、地租剥削与清政府的关系等，● 对研究明清的政治、经济、思想、儒学教育及宗法关系等方面具有重要的史料价值。

第二节　中国近代政府政书文件

将有关典章制度都汇集起来，这类典籍称政书。政府文件对政治机构团体、社会组织及个体的支配、引领或影响直接而巨大。政书是政府文件的主要内容，清代前期王朝政府、晚清政府和民国政府发布的各种规程、政策及法令等均属政府文件，包括社会各个领域内容。教育史有关教育的诏令、奏议、政书、谕旨、章程、规程、条例、命令、通令、通告、训令及细则等均属政府文件。从中得知，其中部分素材与档案所录文本存在交集关系。

清朝后期，出现了一批思想家、教育家，加之清朝注重编写史书，使上至皇帝贵族，下至朝臣权贵、文人学者的生活故事、社会事件及思想活动都得以留存。清朝政书，以"通典""十通"比较全面。这是由史官或学者专人记录或撰写而成，有较大可信度，但不免有溢美之词、恭维之嫌，对科举、学校的记载颇有参考价值。

一、政书的主要典籍

古代有十种政治典章制度的史籍，简称"十通"。唐朝杜佑的《通典》、宋朝郑樵的《通志》、元朝马端临的《文献通考》称为"三通"，后又有《续通典》《续通志》《续文献通考》《清朝通典》《清朝通志》《清朝文献通考》《清朝续文献通考》，合称为"十通"。以下以近代史相关性为中心对此加以叙述。

（1）（清）嵇璜、刘墉等奉敕编撰《清朝通典》（100 卷），成书于乾隆五十二年（1787 年），原名《皇朝通典》，商务印书馆 1935 年《万有文库》十通本、中华书局 1986 年《万有文库》十通本影印本、上海古籍出版社 1988 年影印本。《通典》共有三本，最早是唐朝杜佑编的，属唐朝以前的许多典章制

● 何忠礼. 中国古代史史料学［M］. 上海：上海古籍出版社，2004：248.

度汇编，有关科举、察举、选举、太学等内容都可从中体现。《续通典》汇辑唐肃宗到明朝末有关典章制度，这是清朝嵇璜编的，该书 150 卷，刻本 200 卷。《清朝通典》是《续通典》的再编。该书主要收辑清代开国至乾隆年间（1616—1795 年）有关的社会典章制度，反映这一时代的历史变革。其体例编排同《续通典》，共九典。具体包括：食货典 17 卷、选举典 5 卷、职官典 18 卷、礼典 22 卷、乐典 5 卷、兵典 12 卷、刑典 10 卷、州郡典 7 卷、边防典 4 卷，卷首有凡例四则。❶编者取材主要来源于《大清通礼》《大清会典》等书。子目中依据所行的典制，删掉了"封禅""榷酤""算缗"等未行之事，但内容与《清朝文献通考》重复比较多。书中材料主要反映乾隆时期以前的历史内容，但乾隆时期是康乾盛世的重要时期，也是清代文治辉煌的标志，无论教育制度还是书院办学、科举考试或者思想流派都对晚清有深远的影响。因此，也就与近代教育史有不解之缘。

（2）（宋）郑樵编《通志》，记载上古至隋唐的典制。嵇璜、刘墉等编纂《续通志》，清朝乾隆三十二年（1767 年）官修书，后经清代纪昀等校订，共 527 卷，续录唐初至明末的典制。《清朝通志》展现清初至乾隆末年的典制。三书并称"三通志"。对中国近代教育史而言，《通志》的参考价值相对较低。

（3）（元）马端临编《文献通考》（四部）348 卷。该书文献引证经史，参考奏折，注重资料的真实性；范围包括自上古至宋宁宗时期的历代典制沿革，包括选举、学校、宗庙等 24 门；并采取经史、会要、传记、奏疏、当时人的论议和其他文献等，内容比《通典》丰富，所记宋朝制度也更加详备。该书内分很多条目，查典章制度是需要参考的。近代中国教育历程一个重要渠道源于传统教育，因此就中国近代教育史而言，该书仍有某种参考价值。《清朝文献通考》《续文献通考》是清朝乾隆年间的官修书。《清朝文献通考》共 266 卷，《续文献通考》共 250 卷，两者均据《文献通考》体例编成。前者范围包括宋宁宗到明末时期的历代典制沿革，包括选举、学校、宗庙等部分，有关明朝的文献应到这部书里面查。后者包括了清朝初期的相关历史内容。就制度来说，《续文献通考》比《清史稿·职官志》要详细全面，但收录的史料未能注明来源，对原文也有所删减，这是一种缺陷。

以上"九通"所述材料基本上是乾隆以前的，从直接的文献价值而论，

---

❶ 何忠礼. 中国古代史史料学［M］. 上海：上海古籍出版社，2004：304－305.

乾隆以前同近代不够密切，但中国的封建时代典章制度和思想文化有极强的连续性。尤其是清代康乾王朝是满族王朝统治采用汉化方针、发展官学书院和私学教育、抬高科举考试地位的确立时期，与近代传统教育的延续以及西方教育的冲突仍有内在的不可分割的关系。如果从明末清初西方基督教文化传播中国、西方工业化早期教育模式开始渗透古老的东方大国这一视角考察，其价值就会提高。

（4）（清）刘锦藻编《清朝续文献通考》400卷，上海商务印书馆1936年版。该书时限范围从乾隆五十一年（1786年）开始到宣统三年（1911年），为《清朝文献通考》续编，对近代史意义超出上述文籍。该书有关选举、学校、礼制这几部分包含有丰富的教育题材，如《清朝续文献通考》卷106就收入《京师大学堂沿革略》《安徽巡抚冯熙奏多设半日学堂》的教育篇章。

（5）（清）德保等修纂《钦定科场条例》67卷，乾隆四十四年（1779年）刊本。该书分正文54卷、卷首5卷，还有磨勘条例4卷，翻译科场条例4卷。这部书内容集中于清朝科举制度，诸如科举政策、考试资格、科目内容、规则要求、科举名额、管理规章以及考期等均有记载。

（6）（清）光绪敕撰《钦定大清会典》100卷，1899年御制本。该书内容有推行科举、变革科举争议与学堂办学相关资料。

（7）（清）昆冈奉敕纂《钦定大清会典事例》1220卷，光绪年间（1875—1908年）御制本。教育主要在"礼"部。"会典事例"记录各级行政机构的职掌及因革事例，凡有关清朝的政治、军事、民族、宗教、土田、户口、钱法、盐法、赋税收支、驿递邮政、行政区划、科举学校、刑名律例、外交边务、天文历法、工程营建、桥道船政以及河工水利等法令制度及其沿革无不备载，为研究清代典章制度的重要资料。

（8）（清）席裕福编《皇朝政典类纂》500卷，光绪二十八年（1902年）刊本，台湾文海出版社影印本，其中的礼、选举、学校、科举都是十分重要的近代教育资源。

（9）（清）麟桂等修纂《科场条例》60卷，道光十四年（1834年）刊本、同治六年（1867年）江宁藩署活字本。该书对乡试、会试、考官、执事官员、试题、阅卷、回避、冒籍、揭晓、闱墨、殿试、朝考等都有明确规定。书中有各种关于科举考试的规定及具体条文内容，对研究晚清科举变动有重要的参考价值。

（10）许国英著《清鉴易知录》，上海朝记书庄 1917 年印行。后由沈文浩重编，题《重编清鉴易知录》，大成书局 1931 年印行，台湾文源书局 1981 年影印，并附"十朝大事表"。该书资料来源主要为《东华录》《圣武记》《满汉名臣传》和各种政书等。全书按时间编排，题名醒目，且有眉注，标注重点，阅读方便，篇幅不大，包含内容较多，是研究清代历史较为重要的史料。

（11）《大清光绪新法令》44 册，商务印书馆宣统元年（1909 年）版。收辑 1895—1908 年 13 年间法令，内分许多类别，如宪政、官制、任用、民政、财政、教育、交通、典礼、旗务、藩务、调查统计。第 13 册第七类为教育法令，其中有学堂课程、教科书、劝学所、教育会、留学生等。光绪末年有关教育资料从中查阅比较确凿。

（12）《大清宣统新法令》24 册，上海商务印书馆清宣统二年（1910 年）印。该书收辑清光绪三十四年（1908 年）至宣统二年（1910 年）的法令。

（13）北京宪政馆辑《大清法规大全》50 卷，政学社编印出版。该书选辑清光绪二十七年（1901 年）至宣统元年（1909 年）各种法规章程及有关奏折、咨文而成，内容分法律部、宪政部、吏政部、外交部、民政部、交通部、财政部、教育部、军政部、实业部等，各分正、续两编。教育部正编 31 卷，续编 12 卷。教育材料较完整，主要在续编，其他部类也需参考。

其中教育部分有：学堂总章程、大学堂、中等学堂、艺徒学堂、简易识字学塾、女子学堂、译学馆、进士馆、医学馆、陆军贵胄学堂、实业学堂、法律法政学堂、财务税务学堂、巡警学堂、方言满蒙文学堂、速记学堂、改良私塾、学堂管理、学堂考试奖励、学堂假期修业文凭、学堂服饰禁令、游学生、游学官绅、劝学社、教育会、教科书教育用品、图书馆等共 27 类。

（14）清宪政编查馆官报局编《政治官报》，自光绪三十三年九月（1907 年 10 月）始至宣统三年闰六月（1911 年 8 月）止，每日出版一号，共约 1300 号，北京宪政编查馆官报局陆续印行。这是清末政府应御史赵炳麟之请，为使朝廷立法行政公诸国人，参照东西各国官报体制而设立的官报。每号分类刊载政府一切有关立法、行政、经济、外交等官方文件。内容共分 10 类，前三类主要包括谕旨、批折、电报、奏折等内容，其中奏折类最为重要，计有宪政、外务、吏政、民政、财政、典礼、学校、军政、法律、农工商政、邮电、航路政、藩政 13 门，多附有御批"钦此"字样；有关学校的内容尤为集中，是了解清末教育活动的重要来源。

（15）《内阁官报》，内阁印铸局发行，为清廷公布谕旨、奏章及法律命令的法定媒体。宣统三年七月（1911年8月）创刊，宣统三年（1911年）清廷皇族内阁成立，《政治官报》改名为《内阁官报》，宣统三年七月一日（1911年8月）第1号到宣统三年12月25日（1912年1月）第173号，所载内容大多属政治、外交、军事，但其中也有教育史料。

（16）南京大总统府公报局主编《临时政府公报》，南京临时政府机关刊物。宣统三年（1911年12月24日）清朝《内阁官报》停刊，1912年1月29日《临时政府公报》创刊，随之在南京出版，日出一册。该刊以"宣布法令，发表中央及各地政事"为主旨，分令示、电报（后作附录，增设咨文类）、法制、纪事、抄译外报、杂报六大门类，发布一系列有关取消封建等级制度、保护人权、发展实业教育、转变习俗等政治重建和教育变革的法令。

1912年4月30日，袁世凯任大总统的北京政府成立，《临时政府公报》改为《政府公报》，1912年5月1日出刊，至1928年6月12日停刊。《政府公报》收录民国初年教育部的有关文件及规程材料。

二、政书中教育史料举例

政书是国家政府政策规章的政体体裁文本。中国作为一个有悠久历史的大一统国家，拥有统一管理和发挥作用的国家制度，包括教育在内的社会诸多领域受国家政策法规的导向、规范的影响最为深刻。在政书中所记录的教育专题主要属于教育政策学或管理学的范畴，但也涉及具体内容的要求和测评等管理调控方面的素材。尽管教育只是其中的一部分，或许与政治、经济、军事、商业及宗教文化等方面相比比例并不高，但其史料的价值应给予充分的挖掘和肯定，以下以《大清光绪新法令》《大清法规大全续编》《大清宣统新法令》《临时政府公报》为例加以说明。

（一）《大清光绪新法令》教育史料征引

（1）《大清光绪新法令》第12册。1904年9月15日，学务部、学务大臣《奏准游学西洋简明章程》：有鉴于英、美、德、法诸国在"武备、制造、农工商诸学，各有专门，一时推重。比利时路矿工艺，素所擅长"，故应派遣学生赴西洋留学。先选派沿海学生，有西方语言文字基础者"必收事半功倍之效"；边省腹省，游学必先通西文，严格选派某国，为了取得实效必须加强管理，"由使臣随时约束考察，毋得沾染习气，不求实学，买椟还珠，为世诟病"。

（2）《大清光绪新法令》第13册。1906年5月13日，学部《奏酌拟学部官制并归并国子监事宜改定额缺折》：学部奏定学部官制，除尚书、左右侍郎外，设左右丞、左右参议各一员，参事官四员；分设五司十二科，视学官暂无定员，谘议官不设额缺。其一切翻译图书、调查学制以及督理京师学务与本部会议研究教育之事，皆分设局所，派员兼理。归并国子监于学部，设国子丞一员，总司一切仪礼事务。此外，又特别提出专设教育专业事务的特色分支机构，以提升教育管理及研究的科学化水平。如拟设视学官"专任巡视京外学务"；拟设谘议官"凡学部有重要筹议之件，随时谘询"；拟设编译图书局"于局中附设研究所，专研究编纂各种课本"；拟设京师督学局"置师范教育、中等教育、小学教育三科，每科设科长一人"；拟设学制调查局"专研究各国学制，以资考镜"；拟设高等教育会议所，议员由"京外官绅之学识宏通于教育事业素有阅历者充任"；"拟设教育研究所，以教育原理及教育行政为主"；"延聘精通教育之员定期讲演"。

1907年3月8日，清学部颁布《女子小学堂章程》，含立学总义、学科程度、编制设备、教员管理员4章共26条。首次允许各地单独设女学堂，责成地方官管理、保护。女学堂分初等、高等两级，修业年限均为4年。初等小学堂收7～10岁女童，课程为修身、国文、算术、女红、体操，音乐、图画为随意科，每周授课24～28小时；高等小学堂收11～14岁女子，课程为修身、国文、算术、中国历史、地理、格致、图画，女红、体操、音乐为随意科。章程规定女子小学堂以"养成女子之德操与必须之知识技能并留意使身体发育"为宗旨。女子小学堂与男子小学堂分别设立，堂长、教习一律由女子充之。

1907年3月8日，清学部颁布《女子师范学堂章程》，含立学总义、学科程度、考录入学、编制设备、监督教习管理员、教职义务6章共39条。章程以"启发知识、保存礼教"为原则，规定女子师范学堂以养成女子小学堂教习、蒙学堂保姆及有益家庭教育之贤母为宗旨。规定每州县必设一所，分官立、民立两种，修业4年。课程有修身、教育、国文、历史、地理、算术、格致、图画、家事、裁缝、手艺、音乐、体操等（其音乐一科，生徒中察有实在学习困难者，可不课之）。其中，设附属女子小学堂及蒙养院一所，供师范生实习。

此外，刊载于《大清光绪新法令》第13册的教育文献还有很多，如光绪三十二年（1906年）《学部通行京外考核各学堂学生品行文》《学部札各省提学使年暑假期表照印转发各学堂遵办文》《学部第一次审定高等小学暂用书目凡例（附书目表）》《关于审查初等小学暂用教科书凡例》，光绪三十三年（1907年）《学部颁订京师初级小学划一课程表》《学部会同礼部遵议学堂冠服程式折》（附各学堂学生冠服式）、《学部通札各学堂学生如有久假不归半途退学者应照章严罚文》，光绪三十四年（1908年）《学部通咨改订各学堂考试章程文》《学部通咨颁行中学堂学生履历分数表》。由此看来，该册主要版面均为教育资源。

（二）《大清法规大全续编》教育史料征引

（1）《大清法规大全续编》卷1。1910年12月26日，学部《奏复陈普及教育最要次要办法折》：教育普及有赖于地方兴学责任的分担及权力的下放，从而实现普及教育、地方发展和国家昌盛的愿景："盖必自治分职，而后地方有办学之人；确定基本财产，而后地方有办学之费。调查户口，统计学龄，使设立学堂与就学人数相符，而后义务教育乃能实行。"具体内容包括：改订两等小学堂课程、改正部颁小学堂教科书、订定地方学务章程施行细则、改订劝学所章程、拟订国库补助小学经费章程、拟订试办义务教育章程、扩充初级师范、规定小学各项经费程式、拟订单级教授二部教授办法等为最要之事；以拟订小学教员优待任免俸给各项章程、裁节已设学堂冗员浮费办法、养成小学临时教员，并拟订章程等为次要之事。

（2）《大清法规大全续编》卷3。1911年1月26日，学部《奏改订中学文实两科课程折》：提出改订中学堂文实两科课程及每星期授课时刻表。中学堂文科课程有：读经讲经、国文、外国语、历史、地理、修身、算学、博物、体操、图画、理化及法制理财等科；实科课程有外国语、算学、博物、读经讲经、修身、国文、历史、地理、图画、体操、法制理财等。

（3）《大清法规大全续编》卷4。1910年12月30日，学部《奏改订两等小学堂课程折》：立宪政治必须以国民教育为基础，而这又需要有适宜的学制，以前的学堂章程初等教育应加以变通。该奏折规定了修订后的高初两等小学科目课程及每星期教授时刻表：如关于课程，高等小学以修身、读经讲经、国文、算术、历史、地理、格致、图画、体操为必修科，以手工、乐歌、农业、商业为随意科；初等小学以修身、读经讲经、国文、算术、体操为必修科，图画、手工、乐歌为随意科。

（4）《大清法规大全续编》卷12。1911年，学部《改良私塾章程》共分总则、调查、劝导、改良办法、认定办法、考试六章，下分 22 条。改良私塾的目的是将传统私塾逐渐合并为学制体系内的小学教育，应该认真加以筹划办理，"在京责成督学局分饬局员，各省责成提学司督饬地方官、劝学所认真经理"。穷乡僻壤学堂一时未能遍及者应加紧增设，非穷乡僻壤设有私塾者亦应照章改良。改良私塾分初等、高等两种。改良方法各分为第一级、第二级两种。如能达到一定等级、学生在 30 人以上、常年经费有着落者，应请提学使司准作为私立初等小学或私立高等小学。

（5）《大清法规大全续编》卷 18。1911 年 1 月 26 日，学部《奏改订劝学所章程折（附章程）》共 4 章 22 条：确定劝学所为府厅州县教育行政辅助机关。除佐理官办学务之外，在自治职未成立地方，对于自治学务有代其执行之责；其在自治职已成立地方，对于自治学务有赞助、监督之权。

（三）《大清宣统新法令》教育史料征引

宣统元年（1909 年）正月二十四日，礼部《奏酌拟变通保送举贡折》，同年学部《奏学堂考试严定分数并重考试关防功令片》，载《大清宣统新法令》第 1 册。

学部《奏酌改毕业考试主课分数有不及格者分别降等片》《奏各省毕业高等各学堂嗣后一律调京复试并拟定办学不实处分折》《奏各省中学堂毕业生嗣后均由提学使调省复试等片》，载《大清宣统新法令》第 9 册。

宣统元年（1909 年）十二月十七日，学部《奏颁布初等小学教科书折》、学部《札饬各省提学司翻印部编印各种教科书文》、学部《札发简易识字学塾课本样式通饬翻印文》、学部《札发高等、初等小学各种教科、教授书通饬翻印遵用文》，载《大清宣统新法令》第 12 册。

宣统二年（1910 年），学部《第一次审定中学堂、师范学堂暂用书目凡例》，载《大清宣统新法令》第 20 册。

（四）《临时政府公报》教育史料征引

《临时政府公报》第 13 号。1912 年 2 月 11 日，蔡元培《对于新教育之意见》："教育有二大别，曰隶属于政治者，曰超轶乎政治者。专制时代（兼立宪而含专制性质者言之）教育家循政府之方针以标准教育，常为纯粹之隶属政治者。共和时代，教育家得立于人民之地位以定标准，乃得有超轶政治之教育。"他对清末学部制定的忠君、尊孔、尚公、尚武、尚实的教育宗旨加以修正："忠君与共和政体不合，尊孔与信仰自由相违"，应改为军国民教育、实利教育、公民道德、世界观、美育五项。他特别注重公民道德的纲领，揭法国革命时代所标举的自由、平等、友爱三项，用古义证明说："自由者，'富贵不能淫，贫贱不能移，威武不能屈'是也，古者盖谓之义；平等者，'己所不欲，勿施于人'是也，古者盖谓之恕；友爱者，'己欲立而立人，己欲达而达人'是也，古者盖谓之仁。"

三、《圣训》《实录》《东华录》《东华续录》

清史的一次性文献广采清代诸帝王本纪、实录、谕旨、圣训、方略、会典、御制诗文、国史大臣列传等，这是对历史的负责，为后人还原历史裨益良多。清代皇室事件、活动内容有关素材的编录带有持续性联系，其中以《东华录》为代表。蒋良骐编《东华录》，续到雍正朝止，使清史记录呈若断若续之状，整体性设计非常困难。光绪后期湖南绅士、理学家王先谦按照《实录》体例编《东华录》，他从头开始，编天命（清太祖努尔哈赤的年号）、天聪（清太宗皇太极的年号）、崇德、顺治、康熙、雍正（1616—1735年）共120年。后来的文人学者又不断编写清代《东华续录》。

1. 《圣训》

《圣训》指封建帝王谕旨、诏旨及其他旨意内容的汇编。清帝谕旨是维持并巩固统治权及封建社会秩序，欲其子孙遵守的法典。因而把谕旨选编成书，名《圣训》。祖宗成法不变，以《圣训》训诫子孙，以求帝王基业万代相传。

清代《圣训》起自清太祖，终于清穆宗，共有十帝，世人称为《十朝圣训》。关外，清太祖努尔哈赤、清太宗皇太极、清世祖顺治帝福临、清圣祖康熙帝玄烨、清世宗雍正胤禛、清高宗乾隆帝弘历、清仁宗嘉庆帝颙琰圣训，这七朝圣训不属近代史范围。从清宣宗道光帝旻宁至清穆宗同治帝载淳止有圣训，清德宗光绪、清宣统溥仪两帝没有圣训，因为圣训是上代皇帝死后，下代皇帝将上代皇帝的圣旨分类汇编而成的。《十朝圣训》只有三朝属于中国近代史的范围，编辑圣训以"上彰祖德，下启孙谋"，目的是不但教育子孙，而且教育臣民，巩固清王朝的政权。

研究教育史需要查阅《圣训》。太祖圣训分28门，太宗圣训分23门，世祖圣训分32门，圣祖圣训分40门，仁宗圣训分36门。宣宗圣训130卷、文宗圣训110卷（完成于同治或光绪年间）、穆宗圣训160卷（完成于光绪五年，1879 年）。

《圣训》编辑体例主要是先立若干门类，然后选择谕旨，同属于一类的，按照年月日先后排列。关于"礼""学校"都属教育门类。《圣训》没有目录，需要花大量时间去查。但《圣训》保存了第一手资料，《圣训》所录谕旨缺遗很多，密诏却又未收录，不够全面。从史料学角度来说，这是重大的缺陷。

2.《实录》

明朝有明实录，清代有清实录。《实录》是后一朝编的，除个别有改动外，基本未变。《实录》材料多，又有价值。由于具体内容与《圣训》有交集，因此已查阅《实录》，不一定全都要翻检《圣训》。《实录》卷帙浩繁，内容丰富，涉及政治、军事、财政、文化、教育等方面，有可供参考的普遍历史价值。

清代有十一朝，除了上述的十朝之外，还增加了德宗实录（光绪朝）。清太祖、太宗实录在关外，清世祖实录、清圣祖实录、清世宗实录，此为五朝实录，即太祖、太宗、世祖、圣祖、世宗五朝实录辑成《东华录》（因在东华门誊录而成），高宗（乾隆）、仁宗（嘉庆）、宣宗（道光）、文宗（咸丰）、穆宗（同治）、德宗（光绪）即为六朝实录。宣统朝没有实录，而只有政记，即《宣统政记》。清代编写实录以谕旨为主，奏折未收，将有关奏折的转述材料纳入圣旨中。实录没有分门别录，仅按时间编序，按旧历天干地支编码，故使用时应结合《中西历史纪年对照表》之类的工具书。

3.《东华录》《东华续录》

《东华录》合计共有十朝，书商谬误为十一朝。蒋良骥编《东华录》，王先谦、潘颐福重订《东华录》，并以高宗、仁宗、宣宗、文宗及穆宗实录为根据，续编《东华录》，合前编俗称《十朝东华录》。《东华续录》主要有：潘颐福编《咸丰朝东华续录》，光绪十八年（1892 年）上海图书集成印书局版；宣统元年（1909 年）朱寿朋编《光绪朝东华续录》。《咸丰朝东华续录》编得简单，书商印行后，流行不广，价值不大。《光绪朝东华续录》220 卷（中华书局1958 年版），编辑时因德宗实录未完成，据其他资料编纂，参考资料丰富，颇有价值。道光、咸丰、同治、光绪朝为近代范围。除此之外，还有王祖显、刘念曾两人合编《十一朝东华约录》，编述较简单，大体如大事记之类。

属于近代史的三朝《东华录》《东华续录》对近代教育史晚清时期的探讨颇有意义。如《咸丰朝东华续录》卷六记载：1851 年，咸丰帝尊崇儒学防止

"聚众滋事"谕：以"近来邪教流传，蔓延各省"，特谕各省督抚会同学政转饬地方官及各学教官，以御纂《性理精义》《圣谕广训》教授书院、家塾生徒，并"使之家喻户晓，礼义廉耻油然而生，斯邪教不禁而自化"。

四、《谕折汇存》

谕折是皇上圣旨。与谕折相类似的体裁是邸钞，虽同为传播重要消息的圣旨，但含义不同。邸钞是为了沟通消息，把圣旨、奏折刻印出来。邸钞留存下来不多，不可能完整汇编。

《谕折汇存》22 册，北京撷英书局 1892 年版，台湾文海出版社影印本 1967 年版。该书主要据邸钞整理而成，收录的材料从同治十三年至光绪二十八年（1874—1902 年），对查阅奏折、上谕有重要参考价值，中国近代教育史学科可以从中挖掘可信资源。如《谕折汇存》卷 17 以及其他分卷当中就有以下办学篇目：孙家鼐《筹办京师大学堂并拟学堂章程折》（1898 年）、《礼部遵议乡会试详细章程疏》（1898 年）、《江苏巡抚聂缉椝遵改书院为学堂折》（1902 年 1 月 13 日）、《闽浙总督许应骙奏筹设大学堂折》（1902 年 4 月 9 日）、《陕西巡抚崧蕃奏筹办学堂情形折》（1902 年 5 月 1 日）、《广西巡抚丁振铎奏改设学堂筹办情形折》（1902 年 5 月 13 日）、《四川总督奎俊筹办大学堂折》（1902 年 5 月 26 日）、《贵州巡抚邓华熙遵旨改设贵州大学堂折》（1902 年 7 月 31 日）。这些材料对理解维新、新政时期的教育转型与斗争意义匪浅。

五、《方略》《纪略》

清政府实施军事战争后，把经过记录下来，又把圣旨、奏折采纳进去，以收歌功颂德之效。此类书名为《方略》《纪略》。政府设立方略馆，由大臣编纂《方略》，当中的许多资料有参考价值。《方略》从康熙朝开始，康熙朝编过两种：《钦定平定三逆方略》60 卷、《亲征平定朔漠方略》48 卷。乾隆时有十种：《钦定平定金川方略》32 卷，《钦定平定准噶尔方略》172 卷，《临清纪略》16 卷，《钦定平定两金川方略》152 卷，《兰州纪略》20 卷，《五峰堡纪略》20 卷，《台湾纪略》70 卷，《安南纪略》32 卷，《廓尔喀纪略》54 卷，《巴布勒纪略》26 卷。嘉庆朝三种：《钦定平定苗匪纪略》52 卷，《钦定剿平三省邪匪方略》，《钦定平定教匪纪略》。道光朝一种：《钦定平定回疆剿擒逆裔方略》86 卷。同治朝两种:《钦定平定粤匪方略》420 卷,《钦定剿平捻匪方略》320 卷。光绪朝三种:《钦定平定陕甘新疆回匪方略》320 卷,《钦定平定云南回匪方略》50 卷,《钦定平定贵州苗匪纪略》40 卷。可以从中发现有关清朝中后期社会矛盾战争冲突背景下民族地区教育的状况及挫折、师生的迁徙和科举的凌乱艰难、太平天国革命的教育等相关资料。

六、奏稿、奏折、奏疏

洋务运动开展前后的咸丰、同治至光绪年间(1851—1908 年),政府要员、封建大吏及部分官员所呈奏稿、奏折、奏疏、电稿中包含大量近代教育史记录。

1. 汇编类

(1) 王延熙、王树敏编《皇清道咸同光奏议》64 卷,光绪二十八年(1902 年)刻印。该书主要根据各名家刻本选编而成,分为治法类、变法类、财务类、洋务类、吏政类、户政类、礼政类、兵政类、行政类以及工政类共十大类别,涉及财务、矿物、屯垦、养民、农政、理财、仓储、八旗生计、马政等诸多方面,因为是奏章,故而叙事较详,线索清晰,是清史研究难得的宝贵资料。有关教育的内容集中在洋务类和礼政类,但在其他门类中也有所包含。

(2) 故宫博物院文献馆编《清道光朝秘奏专号第一》《清道光朝秘奏专号第二》《清道光朝秘奏专号第三》《清道光朝秘奏专号第四》《清道光朝秘奏专号第五》,原件藏于北京故宫永寿宫,京华印书局 1931 年印行。其中部分载于《史料旬刊》第 35～39 期中。

(3) 毛佩之辑《变法自强奏议汇编》20 卷,上海书局 1901 年石印本。该书收录的材料从乙未(1895 年)到戊戌年(1898 年),对研究维新运动很有参考价值。但由于此时恰逢戊戌变法失败,康有为、梁启超作为叛逆者受清政府通缉,正流亡日本,故康、梁的材料未收进去。此三四年兴学育才,变法图强蔚为潮流,教育设想或提议叠相出现,如《变法自强奏议汇编》卷 3:1896 年 6 月 12 日,刑部左侍郎李端棻《奏请推广学校折》,奏请推广学校,自京师以及各省府州县,皆设学堂。府州县学,选民间俊秀子弟年 12～20 者入学。诵四书、通鉴、小学等书,而辅之以各国语言文字及算学、天文、地理之粗浅者,万国古史、近事之简明者,格致之平易者,3 年为期。省学选诸生年 25 岁以下者入学,诵经、史、子及国朝掌故诸书,而辅之以天文、舆地、算学、格致、制造、农桑、兵矿、时事、交涉等书，以 3 年为期。京师大学，选举贡生监年 30 岁以下者入学，课程一如省学，惟益加专精，各执一门，不迁其业，以 3 年为期。其省学大学所课，可仿宋胡瑗经义、治事之例，分斋讲习。另有与学校之益相需而成者数事：设藏书楼、创仪器院、开译书局、广立报馆以及选派游历等。

（4）李宗棠辑《奏议辑览初稿》16 卷，光绪二十七年（1901 年）刻本。该书收辑的奏议是从乙未（1895 年）到戊戌年（1898 年）朝野官员有关富国强兵的奏议，共 162 篇，各篇年、月、日均十分清楚，可以与上述毛佩之的辑书参照使用。

2. 专辑类

个人奏稿的专门汇编，独立成书，这就属专辑。以下结合中国近代教育史主题加以举例。

（1）毛鸿宾撰、孙葆田等编《毛尚书奏稿》16 卷，宣统二年（1910 年）刊本。毛尚书，即毛鸿宾，毛氏是山东济南历城人，道光十八年进士，曾任湖南巡抚、两广总督。这部奏稿中有关于京师同文馆、广州同文馆等相关资料。

1864 年，毛鸿宾《请开设教习外国语言文字学馆折（附章程）》：奏请广东成立外国语言文字学馆，名为广州同文馆。王镇雄为该馆提调，谈广坍、汤森为馆长，吴嘉善为汉文教习，美国人谭顺（Theos Sampson）为西文教习，并拟议广东省开设教习外国语言文字学馆章程 15 条。规定招收年在 20 岁以下14 岁以上学生 20 人，其中广州驻防满汉旗人 16 人，汉人世家子弟 4 人。如在馆 3 年学习有成，能将西洋语言文字翻译成书者，即派充将军、督抚、监督各衙门翻译官，准其一体乡试。

（2）张之洞撰、许同莘编辑《张文襄公奏稿》26 册 50 卷。张之洞是晚清政府嫡系阵营最著名的教育家，早期在山西、四川任乡试考官，中期在湖北、广东、江苏任总督，积极兴办地方教育事业；同时，又以教育促进以军事、机械制造为中心的实业发展；晚期至北京掌管全国学务，实际主持制定清末"新教育制度"，被西方学者赞誉为晚清"最通晓学务之人"。因此，该书中必然有大量教育类奏议。

该书卷 15、卷 26、卷 29 分别收入《创建广雅书院折》《奏请设立存古学堂折》《咨送存古学堂课表课程》《选派学生出洋肄业折》。如 1889 年，张之洞《办理水陆师学堂情形折》：奏准在广东水陆师学堂内添设矿学、化学、电学、植物学、公法学五所西艺学堂，各招生 30 名。延聘英人赫尔伯特教公法学，葛路模（Perey Groom）、骆丙生（H. H. Robinson）、巴庚生分别教授植物学、化学、矿学。此外，在卷 18、卷 26、卷 36 及卷 37 分别有《选派水陆师学堂学生出洋肄业折》《请奖励职官游历游学片》《专议约束代励游学生示录折》等。如 1896 年，张之洞《创设陆军学堂附设铁路学堂折》：在南京创设江南陆军学堂，延请德国精通武事者 5 人为教习，招收年13～20 岁聪颖子弟，文理通顺、能知大义者 150 人入学，分马队、步队、炮队、工程队、炮台各门，尤重炮法。各门学习约以二年为期。二年后再令专习炮法一年，学习内容为"兵法、行阵、地理、测量、绘图、算术、营垒、桥路各种学问，操练马步炮各种阵法"。1898 年，张之洞《设立农务工艺学堂暨劝工劝商公所折》：奏请准于湖北省城设立农务学堂，租民田为种植五谷树木及畜牧之所，招收绅商士人有志讲求农学者入学。又请准于洋务局内设立工艺学堂，选聘东洋工学教习 2 人，分教理化学及机器学，招集绅商士人有志讲求商学者入学。

（3）吴赞诚撰《吴光禄奏稿》3 卷，光绪十二年（1886 年）刻本。吴赞诚，安徽庐江人，拔贡。咸丰二年（1852 年）代理广东永安知县，1862 年调任天津制造局，后任顺天府尹，1876 年任福建船政大臣。任内参与创办福州船政学堂，授轮船制造新法、兵轮操练等课程；筹划前后学堂、派遣学生出国留学等事宜。1879 年选调严复充当学堂教习，并借督办天津机器局经验用于督办福建船政。1882 年 7 月，任天津水师学堂督办。任内仿照福州船政学堂建校，调严复为学堂总教习主持教务，聘请英国军官为教练。❶ 其中有关船政的奏稿23 篇，船政学堂的材料在这当中有集中体现。

（4）左宗棠撰《左文襄公奏稿》64 卷，光绪十六年（1890 年）刻本。

（5）丁宝桢撰《丁文诚公奏稿》26 卷，光绪二十二年（1896 年）刻本。丁文诚公，即丁宝桢，光绪三年（1877 年）任四川总督，后又任职福建船政局、江西巡抚。其中有很多吏治民生记载，也有宝贵的教育史资料，尤其反映洋务派在福州的办学活动以及之后在江西主政期间的教育方案和实施活动。

（6）徐致祥撰《嘉定先生奏议》2 卷，宣统二年（1910 年）刻本。徐致祥，江苏嘉定（今属上海市嘉定区）人，清朝官吏，咸丰十年进士，选庶吉士，授编修，典试山东。累迁内阁学士，督顺天学政。他反对新政改革，有关

❶ 周川. 中国近现代高等教育人物辞典［M］. 福州：福建教育出版社，2012：273.

新教育的怀疑论调材料可从中查阅。

（7）张树声撰《张靖达公奏议》8 卷，光绪二十五年（1899 年）刻本。张靖达公，张树声，安徽合肥人，曾任江苏巡抚、两广总督，重视教育，支持新学堂的兴办。如卷 5《筹议设立西学馆事宜折》，针对守旧派的责难，提出"学以致用为贵，本无东西之殊"，这是对儒学教育包容异质文化特点在新条件下的发挥。

（8）康有为著、麦仲华集辑《戊戌奏稿》，宣统三年（1911 年）铅印本。这是康有为戊戌年间的变法奏疏辑录。1898 年戊戌变法以前，康有为一共写了 63 份奏折，许多奏折是人家请他写的。维新变法思想渗透其间，可以看出康有为在戊戌变法期间的教育思想。

（9）袁世凯撰、沈祖宪辑《养寿园奏议辑要》44 卷，项城袁氏宗祠刻本。编者沈祖宪曾为袁世凯的幕僚。该书共刊辑奏章 197 篇，长期以来，"辑要"流行广泛，但显然有局限。廖一中、罗真容先生整理"奏议"改名为《袁世凯奏议》（上、中、下册），由天津古籍出版社 1987 年出版。该 6 册奏议所收的奏章从光绪二十四年（1898 年）开始，至光绪三十三年（1907 年）结束。即袁氏被光绪帝任命为候补侍郎专办练兵事宜时起，至清廷免去直隶总督兼北洋大臣，授为外务部尚书、军机大臣止，是他在清政府任职最重要阶段。袁世凯重视教育，曾在天津、保定办军事学堂，任山东巡抚期间，制定《山东大学堂章程》，在直隶总督期间从事教育改革，制定师范、中学、小学学堂章程，对清代制定学制有所作为。

（10）屠仁守撰《屠光禄疏稿》4 卷，宣统二年（1910 年）潜楼校刻。光禄是屠氏官名，屠氏保守，反对革新，排斥学习西洋。从中可发现维新运动中反对派的政治及教育主张。如在代山西巡抚胡聘之写《奏陈变通书院章程疏》中，反映了他反对西学东渐的意见。

（11）盛宣怀撰《愚斋存稿》100 卷，武进思补楼刻本 1939 年版。盛宣怀是近代实业家、教育家，所办的天津中西学堂、南洋公学为中国现代名校，且在实业教育、师范教育及大学教育领域有深刻的思想见解。该书卷 2《请饬各省积储备荒并讲求农学折》，卷 8《奏留奏派南洋公学总办提调片》，卷 11《南洋高等商务学堂移交商部接管折》《请奖南洋公学教员片》《拟奖南洋公学洋教习片（中西各教习清单、洋教习清单并附）》，卷 12《请设铁路法文速成学堂片》《请奖电报局员学生折》，卷 19《筹办商船学校大概情形折》《上海实业学堂购置民屋地亩零用银两片》等均是极具典型性的教育文献。

此类奏稿人物文集及汇编有许多，与教育相关者还有陶澍《陶澍奏疏》、林则徐《林则徐集》、贺长龄《贺长龄集》、黄爵滋等《黄爵滋奏疏许乃济奏议合刊》、王茂荫《王少宰奏议》、郭嵩焘《郭嵩焘奏稿》、刘坤一《刘忠诚公遗集》、李星沅《李星沅集》、周馥《秋浦周尚书集》等。其中尤以倭仁撰《倭文端公遗书》8卷最具代表性，有清同治年间（1862—1874年）刊本，有光绪元年（1875年）六安求我斋刊本。

第三节　文编、文集

文编、文集是清代以人物创作综合性的作品选录或汇编，按照各种不同类别来分，存在便利性与合理性矛盾，有的分类很难以某种清晰名目类别命名，所包容材料的利用及开发往往会因此受损。清朝有很多文编与文集留于后世，既有丰富制度史功能，更具思想史论辩价值，并以此昭著于后世。

一、文编

文编又叫文选，如魏晋南北朝的梁太子萧统《昭明文选》，南宋刘克庄《千家诗》以及当前流行的陈学恂《中国近代教育文选》等均在编辑体裁上与文编相似，主要是将作品选辑排列而成。与文集不同的是，文编往往精心采集许多人的材料；而文集主要是个人著述总集。

（一）《皇朝经世文编》

（1）魏源编、贺长龄辑《皇朝经世文编》120卷，道光七年（1827年）刻本。该书收入范围涵盖清初到19世纪初共160年左右，著名学者、官僚400余人作品。体例编排8纲63目，8个总目。总目包含：一、学术6卷；二、治体8卷；三、吏政11卷；四、户政20卷；五、礼政16卷；六、兵政20卷；七、刑政5卷；八、工政25卷。学术与治体也是综合性的，其他是专门化的，教育材料在礼政中。可以从中发现清初到鸦片战争前后教育资料。

张鹏飞辑《皇朝经世文编补》续编本力图补充资料。

（2）《皇朝经世文续编》共有三部，三位不同阶段学者分别编撰，但书名一样。

① 饶玉成编《皇朝经世文续编》104卷，光绪八年（1882年）刻印。该

书收入从道光初年开始到同治朝50多年的文章519篇，主要包括道光、咸丰及同治三朝（1821—1874年）著名人物奏书、奏议及私人作品。

②葛士濬编《皇朝经世文续编》120卷，光绪十四年（1888年）图书集成局铅印本。该书收入文章1368篇，主要也是道光至同治年间作品，于八纲之外增洋务一门，体例编排呈现不同：按照一洋务通论，二邦交，三军政，四教务（宗教、教案），五商务，六边疆，七培才（教育在此卷中），分类编排。

③盛康辑《皇朝经世文续编》120卷，光绪二十四年（1898年）刊本。盛康是盛宣怀之父，他未编完，由盛宣怀接着编。该书内容为1820—1897年，从鸦片战争到维新运动早期77年历史，将期间重要材料尽收。编者参考200多种专集，花7年时间完成，收录奏稿、论文等约2085篇，并附550人小传，体例同魏源编的《皇朝经世文编》差不多，查阅教育素材主要在礼政之中。

（3）陈忠倚编《皇朝经世文三编》80卷，光绪二十四年（1898年）浙江书局石印本，光绪二十七年（1901年）上海书局石印本。中日甲午战争以后，清政府割地赔款，士大夫论述如何使国家富强，颇多转移心志，从事西学、时务。因此，所编文章主要谈如何使中国富强。总纲是为了开源节流，富国强兵，主要体现中日甲午战争以后，教育上发生的改革议论，可以反映这时期教育特点。光绪二十二年（1896年）完成，两年后校勘补正刻印。该书分学术、治体、吏政、户政、礼政、兵政、刑政、工政、洋务九纲，与葛编上述文献相同。于子目有所损益，较之葛编所增改之子目有变法、约章、聘使、邮政、操练、制造、工程、船政、矿务、外洋沿革、外洋国势等。尤其是书中收集了许多外国传教士如李提摩太、林乐知、李佳白的材料。要了解甲午战争以后忧国忧民、改革教育、废科兴学及传教士介入教育文化事业，均可参考此书。

（4）何良栋辑《皇朝经世文四编》52卷，光绪二十八年（1902年）鸿宝书局刊本。1900年义和团运动以后，八国联军侵华，清政府面临赔款割地、内外交困局面。许多学者写了文章，探讨如何学习西学，"中学为体，西学为用"成为教育文化的主潮。《辛丑条约》签订以后，清政府设立外务部，被迫推行新政改革。何氏乃继葛士濬《皇朝经世文续编》、陈忠倚《皇朝经世文三编》，搜辑新出救时济世之文完成"四编"。编者按照"西人论说亦采入"的原则，分治体、学术、吏政、户政、礼政、兵政、刑政、工政、外部九纲，仍依二、三编旧例，改洋务为外部。"较二、三编所增改之子目有：富强、国债、税则、钞法、银行、赛会、公司、公法、议院、善举、埠政、治道、史传、地志。"❶ 所选的文章有的没有作者,有的只有作者,缺乏生平介绍,需要通过考证及对照其他相关文献校读加以确定。

麦仲华辑《皇朝经世文新编》21 卷,光绪二十四年(1898 年)上海大同译书局石印本。麦仲华是康有为的学生,他所编的"新编"比三编、四编要早。这是根据梁启超创意,配合戊戌变法宣传与变法改革的需要而开展的一项工作。具体内容分九纲,包括通论、君德、官制、法律、学校、国用、农政、矿政、工艺、商政、币制、税制、邮运、兵政、交涉、外史、会党、民政、宗教、学术、杂纂 21 门。其中,学校、工艺、兵政、农政、矿政、学术中都集中收录了教育史料,学校门类尤为重要。该书编于光绪帝推行"百日维新"颁布《定国是诏》纲领之前,"百日维新"中的教育改革资料缺失。编者选文多出自《时务报》《知新报》《湘报》等维新报刊,旨在转移风气、鼓吹变法,编排上打破此前"经世文编"的体例,代替以具体的子目,每卷前有目录。随后,甘韩又编《皇朝经世文新编续集》21 卷,光绪二十八年(1902 年)绛云斋书局石印本,收录光绪二十七年(1901 年)元月至二十八年(1902 年)五月的文章 557 篇。该书旨在补充前者篇名内容,其他无所创新。

(二)《皇朝蓄艾文编》

于宝轩编《皇朝蓄艾文编》80 卷,上海官书局光绪二十九年(1903 年)铅印本。于宝轩,字子昂,江苏江都(今扬州市)人。清末国子监监生,留学日本,归国后任民政部主事、承政厅员外郎。辛亥革命后,任内务部次长。1919 年去职。为什么叫蓄艾?蓄艾典故出于《孟子·离娄上》:"今之欲王者,犹七年之病,求三年之艾也。苟为不蓄,终身不得。"艾是一种艾草,蓄艾的意思是以收藏多年干透的艾草治疗疾病。此书辑录清光绪年间内外大臣疏牍及中西学者著作,分君德、官制、法律、学校、财政、农政、矿政等类,所选文章旨在救国救民。于氏在"前言"中称自己在读报刊所载中西文稿时,把有价值的部分抄录下来,然后加以分类编排,共分 23 目,体例同麦氏所编的类似。

---

❶ 《中国历史大辞典:史学史卷》编纂委员会. 中国历史大辞典:史学史卷 [M]. 上海:上海辞书出版社,1983:349.

（三）《皇朝经济文编》《皇朝经济文新编》《皇朝经济文统编》

求自强斋主人编《皇朝经济文编》128 卷，光绪二十七年（1901 年）上海慎记书庄石印本。该书选收清末经国济世之文为主，大多为戊戌变法失败后的文章，由于戊戌变法后个人牵连的顾虑，作者多不署名。

上海宜今室主人编《皇朝经济文新编》62 卷，25 门，光绪二十七年（1901 年）石印本。该书主要收入经国济世、政农工商的论文，共 846 篇。由于出于书贾之手，编选层次不够清晰，又多不署作者，影响了应有功能。

邵之棠编《皇朝经济文统编》102 卷，光绪二十七年（1901 年）上海慎记书庄石印本，上海宝善斋石印本。该书在各种经世文编中属收文最多、内容最广、子目最细的一种。选文自清初至光绪二十七年（1901 年），共 2481 篇，主要作为维新运动以后科举考试废除之前士人参加经济特科考试的参考教材。但从近代教育史学科分析，却可以从中探析科举制改革中旧学和新学交错冲突过渡形态特征。

其他清代文选主要还有《皇朝文颖》《国朝文录》《国朝文录续编》《国朝文汇》。其中以《国朝文汇》规模最大，分甲、乙、丙、丁四集，凡 200 卷，选作家 1300 余人，选文 10000 余篇。丙、丁属近代史，甲、乙属近代以前。

民国时期大概是个人著作出版盛行、期刊及报纸问世增多，且传播迅速的一个时期，因此文编作品不显著，主要是《民国经世文编》，具体编目为政治、法律、教育、实业、内政、外交、军政、财政、交通、宗教、道德等。对此，不再赘述。

（四）《皇朝经世文编》所载教育文献征引

（1）《皇朝经世文三编》卷 3。1895 年北洋大臣王文韶《奏开设天津中西学堂疏》，倡议利用博文书院校舍创办天津中西学堂："自强之道，以作育人才为本，求才之道，尤以设立学堂为要。"

（2）《皇朝经世文新编》第六册"学校上"。1895 年，颁布《天津头等二等学堂章程》，内容包括学堂章程与学堂功课两大部分。学堂章程主要涉及学校建筑、教师与学生的要求、学校招生与考试、学校设备及实验以及经费的管理；学堂功课主要是西学自然科学与技术科学，如重学、微分学、绘图、化学、金石学、地学、电学、工程学、机器学、矿务学等。规定分年课程计划，但其中也规定要讲读经之学和《圣谕广训》，认为要造就军事、外交、制造工艺各种人才，即应广开学堂，因此主张赶紧设立头等、二等学堂。头等学堂课程四年，第一年为通习科目，余三年为专门科目，专门科目分为法律学、土木工程学、采矿冶金学和机械工程学。二等学堂课程亦四年，不分科，学生按班次递升，习满四年，即可升入头等学堂。天津中西学堂系仿照西洋普通学校学制，分级、分班逐步递升，并且具体建议天津中西学堂的章程、功课、经费，提名伍廷芳为头等学堂总理，蔡绍基为二等学堂总理，聘请丁家立为总教习。

1896年8月，孙家鼐《议覆开办京师大学堂折》，分为六条："一曰宗旨宜先定也"，"二曰学堂宜造也"，"三曰学问宜分科也"，"四曰教习宜访求也"，"五曰生徒宜慎选也"，"六曰出身宜推广也"。他强调大学堂宗旨"自应以中学为主，西学为辅，中学为体，西学为用"，"以中学包罗西学，不能以西学凌驾中学"。并提出先建大学堂一区，四周分建小学堂四所，课程分天学、地学、道学、政学、文学、武学、农学、工学、商学、医学十科，收学生100人，年龄以25岁为限。

1896年，张汝梅、赵惟熙《陕西创设格致实学书院折（附片）》：书院必须调整改制，转向应用型的教育模式，以洋务学堂的办学活动为经验，在陕西泾阳创建格致实学书院，"延聘名师，广购古今致用诸书，分门研习，按日程功，不必限定中学西学，但期有裨实用，如天文、地舆、吏治、兵法、格致、制造等类，互相讲求，久之自能洞彻源流"。

1897年，总理衙门《议覆皖抚筹添学堂折》：对之前安徽巡抚邓华熙提出的开办安徽省二等学堂予以批准，并就学堂西学教习的聘任及教学业绩考核提出意见，学生的毕业出路在相似科举考试中有正当名分和优先资格，力图沟通并变革西学教育与科举考试的矛盾关系。

1897年，《时务学堂功课详细章程》内容共分十五节，其中包括课程编制、课堂教学、学生学习与讨论、练习与作业、教师辅导、考试考核的命题及评分标准、学生的日记、札记及课卷的评点。

（3）《皇朝经世文新编续集》卷5教育篇目举例如下：《浙江任道镕奏陈改设学堂办理情形折》（1902年2月14日）、《江南派办处禀陈筹办江南各学堂情形详文》（1902年春）、《湖南巡抚廉三奏湘中改设学堂及派人出洋游学情形折》（1902年）。

二、文集

晚清开始步入近代社会，文集骤增，并有近代中外冲突、社会危机及图谋自强的寓意。睁眼看世界的魏源撰写《海国图志》，林则徐、龚自珍之作，不乏批评科举流弊的文章，以单篇著述或文集、全集形式出现。洋务运动时期围绕中体西用之论题，以冯桂芬《校邠庐抗议》开端，张之洞、左宗棠、薛福成、郑观应之作就中体西用之辨，展开讨论。他们强调西方军事技术之用以图自强振兴，引领时代风潮。民国以后，近代教育推进的同时，向现代教育转移，教育主题亦发生变化。这些均从文集中可以一窥。

（一）晚清文集

清代统治崇尚文治，推行科举，重视理学，尤其是乾隆王朝更自称是"文治"昌盛时期。其间集中编写大型丛书，以河北沧县纪昀主持编纂《四库全书》最具影响。在这种背景下，清代学者文集最多。而从鸦片战争以后，社会风云多变，不同阵营政坛的派别及学者文集著述更为复杂，明显体现出时代阶段特点与立场、态度及观念。近些年对此专门探讨的相关著作如何明星著《著述与宗族——清人文集编刻方式的社会学考察》，中华书局 2007 年版。作者在"结语"中写道："本书从清人六百部文集的编辑方式入手分析，着重考察了清代状元著述情况，清人九个著名的科举宗族中文集著述、编刊、传播活动，梳理了著名清代学术世家 102 个学人的学术研究著述轨迹，并与宗族的象征——族谱的编刊活动进行分析比较。尤其是通过清代后期，1860 年之后的清代图书出版在著述编辑主体图书加工主体、销售形式和图书品种的衍变等前后巨大变化来对比分析，对清代图书著述编刊、出版、传播的基本特征做了一个大致判断。"❶ 全书共 7 章，附录有 600 部清人文集名录，并特别涉及清人科举家族、学术活动和有史以来的中国宗族文化活动研究，史料丰富，为中国教育史学研究打开了新门户。

以下先对晚清文集作概要性描述，再作重点举要介绍。

袁枚《小仓山房文集》35 卷，随园全集之一，清刊本；朱琦《小万卷斋文稿》24 卷，道光壬寅年（1842 年）刊本，光绪十一年（1885 年）重刊本；潘德舆《养一斋集》25 卷，道光二十九年（1849 年）刊本；程廷祚《青溪文

---

❶ 何明星. 著述与宗族：清人文集编刻方式的社会学考察 [M]. 北京：中华书局，2007：172.

集》12 卷，道光十七年（1837 年）刊本；陶澍《陶文毅公全集》66 卷，道光二十年（1840 年）刊本；陈寿祺《左海文集》10 卷，嘉庆年间（1796—1820 年）刊本；周凯《内自讼斋文集》10 卷，又年谱 1 卷，道光庚子年（1840 年）爱吾庐刊本；龙启瑞《经德堂文集》内集 4 卷，外集 2 卷，光绪四年（1878 年）刊本；孙星衍《平津馆文稿》2 卷，岱南阁丛书本；任兆麟《蒲松龄集》上下册（中华书局 1962 年版）、《有竹居集》16 卷，嘉庆己卯年（1819）两广节署刊本；李兆洛《李养一先生文集》24 卷，咸丰元年至三年（1851—1853 年）维风堂刊本；沈垚《落帆楼文集》24 卷，吴兴刘氏嘉业堂刊本；龚自珍《定盦集》文集 3 卷，续集 4 卷，续录 1 卷，古今诗体二卷，杂诗 1 卷，词选 1 卷，词录 1 卷，文集补编 4 卷，光绪二十三年（1897 年）万本书堂刊本；龚自珍《龚自珍全集》（上、下册），中华书局 1959 年版；魏源《古微堂内外集》内集 2 卷，外集 8 卷，宣统元年至二年（1909—1910 年）国学扶轮社铅印本；魏源《魏源集》（上、下册），中华书局 1976 年版；冯桂芬《校邠庐抗议》2 卷，光绪十年（1884 年）豫章刊本；吴定《紫石山房诗文集》文集 12 卷，诗钞 3 卷，光绪十二年（1886 年）重刊本；苏源生《记过斋文稿》2 卷，咸丰三年（1853 年）刊本；钱仪吉《衍石斋记录稿》2 卷、《衍石斋记事稿》10 卷，道光甲午年（1834 年）刊本；钱仪吉《衍石斋记事续稿》10 卷，咸丰四年（1854 年）刊本；黎庶昌《拙尊园丛稿》6 卷，光绪十九年（1893 年）醉六堂石印本；陈澧《东塾集》6 卷，光绪十八年（1892 年）菊坡精舍刊本；郭嵩涛《养知书屋文集》28 卷，光绪十八年（1892 年）家刊本；李联琇《好云楼初集》28 卷，咸丰十一年（1861 年）恩养堂刊本；萧穆《敬孚类稿》16 卷，光绪丙午年（1906 年）刊本；张文虎《舒艺室杂著》甲编 2 卷，乙编 2 卷，光绪五年（1879 年）刊本；甘熙《自下锁言》3 卷，光绪庚寅年（1890 年）筑野堂刊本；刘寓生《世载堂杂忆》，中华书局 1960 年版。

毫无疑问，有些今人编辑的文集，包括主人公所处时代的若干著述，原名及内容包容于其间。如《魏源集》中收录《海国图志》是其中的代表作。《海国图志》50 卷，1841 年刻本，1847 年刻本增订为 60 卷，1852 年又扩编为 100 卷，刊于扬州。魏源是我国近代著名的爱国者和地主阶级的革新派。该书是我国较早的系统介绍世界各国地理历史的书籍，也介绍了世界各国的交通贸易、军事生产技术和文化教育等情况。序文中写道："是书何以作？曰：为以夷攻夷而作，为以夷款夷而作，为师夷长技以制夷而作。"该书记述了世界各国的地理分布和历史政绩，分析鸦片战争的经验教训，探求富国强兵抵御外辱的方法；热情歌颂了三元里人民的抗英斗争；强烈谴责"夷兵不可敌"的卖国论，和顽固派视坚船利炮为"奇技淫巧"的昏聩；主张避敌之长，攻敌所短等。❶该书是近代国人自编的思想启蒙作品，更有助于人们了解西方，生发弃弱图强的信心。

上述文集在清代文人学者的作品汇编中只是冰山之一角、沧海之一粟，恰如"弱水三千，但取一瓢"。其中内容涉及社会诸多领域，而且文学艺术及诗歌创作所占比例最高。因此，教育论题有价值论著相对较少。但是，这并不构成与中国近代教育史毫无关系的说辞，或演绎出避而不谈的正当理由。以下列举与教育关系密切的文集。

1.《龚自珍全集》

龚自珍著，王佩诤校，上海古籍出版社 1975 年初版，2007 年第 3 版。全书共 11 辑。该书据龚氏自刻本《定盦文集》，吴刻本《定盦文集》，朱刻本《定盦文集补编》，风雨楼本《定盦别集》《定盦集外未刻诗》，娟镜楼本《定盦遗著》《定盦先生年谱外纪》，《龚自珍集外文》稿本，《孝拱手抄词》，以及诸书引载与海内外公私诸家旧藏佚文等，整理编辑。第一辑为政治和学术论文，第二辑为碑传和纪事，第三辑为书序和题录，第四辑为金石题跋，第五辑为表、咨、笺，第六辑为佛学论著，第七辑为韵文，第八辑为语录，第九辑为编年诗，第十辑为己亥杂诗，第十一辑为词。龚自珍，又名巩祚，更为易简，字璱人，一字伯定，又字尔玉，号定盦，晚年又号羽琌山民。浙江仁和（今杭州）人，道光进士，19 世纪初期启蒙思想家、文学家，清末进步思潮的代表人物之一，著述甚富，惜多散佚。《龚自珍全集》成为目前最完备的龚氏全集，可为研究龚自珍教育思想提供诸多方便。

2.《曾文正公全集》167 卷

曾国藩撰，李鸿章编辑，光绪二年（1876 年）刊本。其中 30 卷是奏折，收录时限范围从 1850 年到 1872 年。曾文正公，即曾国藩，洋务派早期领袖人物。他的奏稿及其他文献是研究太平天国教育、洋务运动教育及留美学生的重要参考资料。例如，该书卷二记载曾国藩于 1854 年发布《讨粤匪檄》，诬蔑

---

❶　（清）魏源. 海国图志［M］. 李巨澜，评注. 郑州：中州古籍出版社，1999：19－26.

太平天国"举中国数千年礼义人伦、诗书典则,一旦扫地荡尽""乃开辟以来名教之奇变"。

3.《左文襄公全集》110 卷

左宗棠撰,光绪十六年(1890 年)刻本。其中奏稿 64 卷为其中最具特色的内容,有单行本刻印。左文襄公即左宗棠,曾经任两江总督、闽浙总督、陕甘总督,主持福建马尾船政学堂。该书对研究洋务运动时期的教育颇有价值,尤其是有关福州船政学堂的材料相当丰富。

如《左文襄公全集·奏稿》卷 20 载,1866 年左宗棠《奏呈船政事宜折》:奏请在福州马尾设船政局制造船舰,以江西巡抚沈葆桢总司船政,聘宁波税务司法人日意格和退伍军官德克碑担任正副监督,机器设备全部由法国进口。同时筹办前后两学堂:前学堂学制造,后学堂学驾驶。初名为"求是堂艺局",挑选本地子弟入局学习英法两国语言文字、算法、画法。学生称为艺童。左宗棠当时已调任陕甘总督。《左文襄公全集·说帖》含《艺学说帖》:提倡开设艺学学科专业,尤其是机器制造与军事技术。但培养人才的课程应该拓宽,以便学生"能兼中西之长,旁推交通,自成日新盛业"。

上述左宗棠奏折中所说的洋员日意格,为法国军官,1861 年任浙江宁波海关税务司,1866 年左宗棠委派他筹建福州船政局,任正监督。1877 年,他率领第一批官费生赴欧洲留学,著有《福州船政局》(1874 年)。德克碑,法国军官,协助日意格筹建福州船政局,1866 年任副监督。

4.《张文襄公全集》229 卷

张之洞撰,王树楠编,民国十七年(1928 年)新城王氏刊本。其中奏议 72 卷,电奏 13 卷,电牍 80 卷。张文襄公,即晚清封疆大吏、洋务派后期领袖张之洞,他的奏稿、文集中有很多教育资料。例如"奏议"中的《奏创办水陆师学堂折》:奏请就原设博学馆创办广东水陆师学堂,以吴仲翔总办水陆师学堂事务。其规制略仿天津、福州水师学堂及北洋武备学堂成法。水师学英国语文,分管轮、驾驶两项。陆师则学德国语文,分马步、枪炮、背造三项。水陆师名额各 70 名。先挑选博学馆旧生通晓外国语文、算法者 30 名,为"内学生";再遴选曾在军营历练、胆气素优之武弁 20 名,为"营学生";再选业已读书史、能文章,年 16 以上、30 以下之文生 20 名,为"外学生"。无论生监俱准就学。堂中课程,限定每日清晨,先读"四书""五经"数刻,以端其本,每逢洋教习歇课之日,即令讲述书史,试以策论。管轮学习机轮理法,制造运用之源，驾驶学天文、海道和驾驶攻战之法。水师学堂学成以后，拨入练船练习，一年后择优选送外国学堂或兵船学习。陆师学堂三年学成后，择优出洋学习。

其他如《张文襄公全集》卷28、卷34、卷41、卷43、卷47、卷48、卷52、卷54、卷58、卷61、卷68及卷70"奏议"分别载有：《办理水陆师学堂情形折》《增设洋务学片》《设立自强学堂片》《创设储才学堂折》《创设陆军学堂及铁路学堂折》《选派学生出洋肄业折》《设立农务工艺学堂暨劝工劝商公所折》《自强学堂改课五国方言折》《两湖经心两书院改照学堂办法折》《酌拟变通武科新章折》《妥议科举新章折》《变通政治人才为先遵旨筹议折》《筹议变通政治人才为先折》《创建三江师范学堂折》《选派水陆师学堂学生出洋肄业折》《厘定学堂章程折》《请奖励职官游历游学片》《请专设学务大臣片》《酌定新进士入馆办法片》《请试办递减科举折》《奏请递减科举注重学堂片》《请定学堂冠服程式折》《筹办陆军小学变通部章折》《请奖各学堂毕业生及管理员教员折》；《张文襄公全集》卷102、卷105、卷106、卷107、卷109、卷118、卷121、卷178及卷186"公牍"分别载有：《札两湖经心江汉三书院改定课程》《札学务处改修两湖师范学堂》《札学务处办敬节育婴学堂》《札学务处立学堂应用图书馆》《札学务处分设六科》《札学务处开设师范传习所》《创办水陆师学堂折》《札学务处考验出洋游学生》《札学务处改办武师范学堂》《札北藩（臬）司酌定仕学院大纲章程》《创建广雅书院折》《札学务处考验出洋游学生》《札各学堂酌定学生冠服程式颁发试办》《札知府廖正华办驻东铁路学堂》《咨学部录送湖北存古学堂课表章程》《批武昌府黄以霖禀筹设农工商小学堂》《招考农务工艺学生示》《招考工艺学生示并章程》《致京张冶秋尚书》《致京管理大学堂张尚书》《致保定袁宫保》；《张文襄公全集》卷220"书札"载有：《致张野秋》《致瞿子玖》等文献。以上所列举者均能展现晚清教育历史风云动荡之片段或侧面。

5.《李文忠公全书》165 卷

李鸿章撰，吴汝纶编，光绪三十四年（1908 年）刻本。其中奏稿80 卷。李鸿章历任大学士、北洋大臣等职，从事洋务运动20 多年，办过许多洋务学堂，并组织派遣留美学生和留欧学生。研究洋务运动时期教育必须认真研读该书。如该书"奏稿"卷24 载同治十三年（1874 年）李鸿章撰写的《筹议海防折》《建议增设洋务科折》。有关留学生史材料，如该书"奏稿"卷27《奏派武弁往德国学习水陆军械技艺折》：乘洋员李励协（Lehmayer）任满回国之便，派天津武弁卞长胜等七人随同赴德国军营学习兵技，陆军以三年为期。并称："卞长胜等，久历行阵，素谙洋器，更令出洋精求博览，兼有李励协援引照料，遍赴德国各厂局军营及炮台兵船，切实考究，以增益其所不能，似亦造就人材之一法。"

6.《籀膏述林》等

孙诒让撰《籀膏述林》等，杭州大学（今浙江大学西溪校区）图书馆藏本。孙诒让撰，孙孟晋编《经微室遗集》，杭州大学图书馆藏本。孙诒让，字仲颂，一作仲容，号籀庼，浙江瑞安人，清季朴学大师，著名经学家、文字学家，也是一位热心地方教育事业的教育家，曾任清政府学部咨议官、浙江学务议绅和浙江教育会会长。1905 年，孙诒让任浙江省学务总处在温、处特设学务分处总理，主持温、处二府 16 县的教育事宜。次年创设温州师范学堂、处州府中学堂。在他的倡导和主持下，温、处各县至 1908 年开办各级各类学校达 300 余所，使浙南地方教育得到很大发展，对浙江近代教育产生了重大的影响。他的教育论著较为分散，见于不同材料之中。例如，1907 年《温州办学记》，载《孙诒让手写稿》；1896 年《瑞安新开学计馆叙》，载《籀膏述林》卷 5；1899 年《记瑞平化学学堂缘起》《瑞安天算学社序》，载《经微室遗集》卷 4；1905 年《东瀛观学记叙》，载《籀庼遗文》卷上；《学务本议》（瑞安光明印刷所石印本）、《学务枝议》《议学部署正罗振玉〈教育计划草案〉》《与省学务公所议绅书》《致省学务公所及省教育总会书》《致江苏教育总会书》《致省教育总会书》《致浙江学政禀》《创办瑞安算学书院向府县申请立案文》，载《孙诒让遗文辑存》（张文宪辑，浙江人民出版社 1990 年版）。

其中《东瀛观学记叙》表达学习外国教育之长以改革中国旧教育的思想，认为清政府多年来的"兴学"收效甚微的根本原因在于只办高等学堂，企望青年学子"转晌而蔚成通才"，忽视东西洋各强国重视国民普通教育的经验。他主张学习日本改革教育的做法，办好师范，发展蒙学，切切实实地从发展国民普通教育做起。《学务本议》是他针对清政府"兴学"中的问题，向学部提出的教育改革的具体建议，包括本议四条、枝议十条，是他在多年办学实践基础上总结概括而写成的。其具体、详尽而实际，但它仍然是一个改良主义的教育方案。

近来，孙诒让佚散文章陆续被发现。张宪文辑、温州市政协文史资料委员会编《孙诒让遗文辑存》（温州文史资料第五辑），浙江人民出版社 1990 年版。全书分为论议、书札、杂著、碑传铭赞、记序、叙跋、白话演说辞及诗词联语 8 类 10 卷。前人介绍孙诒让生平事迹之文辞，编为附录；又有《孙仲容先生年谱简编》置于书末。

7. 《康有为全集》12 册

康有为著，姜义华、张荣华编校，中国人民大学出版社 2007 年版。康有为的著作丰富，主要有《长兴学记》（上海求思阙斋版）、《戊戌奏稿》（广智书局宣统三年铅印本）、《大同书》（古籍出版社 1956 年版），后有当代历史学家、复旦大学教授汤志钧编《康有为政论集》（中华书局 1981 年版）等版本。相比较而言，该书是迄今为止有关康有为论著最完整的一部文集。通过历史文献的考察和分析，把康有为的研究大大向前推进一步。作为维新派领袖和清末民初重要教育家、社会改革家，康有为的社会影响和学术地位都非常受人关注，因此，不同历史时期都有其著作版本的出版和问世。除上述之外，尚有代表性的如《公车上书记》《新学伪经考》《孔子改制考》《日本政变考》《万木草堂遗稿》《杰士上书汇录》等。

8. 严复著，王栻主编《严复集》（1～5 册）

"中国近代人物文集丛书"，中华书局 1986 年版。另有孙应祥等编《严复集补编》，福建人民出版社 2004 年版。《严复集》收录《天演论》《原富》《群学肄言》《社会通诠》等作者论著。其他版本还有不少，如《严几道诗文选》（上海中华书局 1922 年版）、《严复诗文选》（人民文学出版社 1959 年版）。

9. 《梁启超全集》20 册

梁启超著，汤志钧、汤仁泽编，中国人民大学出版社 2018 年版。梁氏论著早期辑集发行的是周退盦辑《梁任公书牍》2 卷（上海图书局 1921 年版）、林志钧编《饮冰室文集》20 册（中华书局 1932 年版），以后各种不同主题或方式编选文本很多。而现今出版的该书是目前为止规模最大、最全面的梁启超著作集，内容包括哲学、教育学、文学、史学、经学、法学、伦理学、宗教学、美学等领域，对于研究梁启超、戊戌变法、近代思想、文化史均有重要价值。梁启超的身份地位与其师康有为并驾齐驱，但在思想及建树贡献方面超越康有为，尤其是在新闻出版和教育学领域都是一代大师。

10. 《谭嗣同全集（增订本）》（上、下册）

谭嗣同撰，蔡尚思、方行编，中华书局1981年初版，1998年第3次印刷，收入"中国近代人物文集丛书"。谭嗣同，字复生，号壮飞，又号华相众生、东海褰冥氏、通眉生、通眉苾刍、寥天一阁主等，湖南浏阳人，近代资产阶级维新派的主要人物之一。该书收录谭嗣同生前已编专集、自定稿本，一律保存原貌，并按照撰成或发表时间排序；未经辑集的书简，或散见书刊的论文、讲义等，则另行专辑。全书共分为12部分：《寥天一阁文》《莽苍苍斋诗》《远遗堂集外文》《石菊影庐笔识》《思纬氤氲台短书》《兴算学议》《秋雨年华之馆丛脞书》《仁学》《报章文辑》《壮飞楼治事十篇》《书简》《拾遗》。该书所辑，一般根据最初发表时所用的标题，为研究谭嗣同教育思想提供便利。

11. 《张謇全集》（1～8册）

张謇著，《张謇全集》编委会编，上海辞书出版社2012年版。该书内容包括：①公文；②函电（上）；③函电（下）；④论说、演说；⑤艺文、杂著；⑥说略、账略、规约、告启；⑦诗词、联语；⑧日记、年谱。全书涉及政治、经济、实业、金融、教育、文学、科技等领域，涉及面广泛。收录的范围主要有：张謇著、怡祖编《张季子九录》（上海中华书局1931年版），张謇《张謇日记》（南通市图书馆），张謇《未刊函稿》（南通市档案馆），《大生企业档案资料中保存之张謇文稿》（南通市档案馆），1895年至1926年《申报》《大公报》《时报》《通海新报》《东方杂志》等报刊刊载的张謇文电、演说词等，张謇《啬翁自订年谱》（上海商务印书馆1925年版）。

张謇是晚清时期科举状元，后成为儒商，其企业家与教育家、政治家集于一身的形象，在清末新政到立宪运动时期演绎得轰轰烈烈。他以家乡江苏省南通作为基地，打造集教育、实业与社会管理于一体的区域早期现代化模式，直到民国早期都引领前驱，甚至可以说奠定了今天南通市发展的基础。而南通地处苏北，毗邻扬州、南京、常州等江南重要城市，又连接山东、河北，其影响力自然广阔而深刻。教育是张謇社会改革模式的两翼之一，他的办学活动和诸多教育领域的思想都成为区域办学中的先进代表。而其中包含的内容既有传统思想、欧洲工业化强国德国教育模式的元素，更有东亚后起之秀日本教育的精神，色彩斑斓，价值意义都不容小觑。他有关教育方面的论述和观点主要集中于《张季子九录·教育录》，如：《金陵文正书院西学堂章程》《学制宜仿成周教法师孔子说》《论国文示师范诸生》，载该书卷一（以下仅标明卷数）；《师范奖励约束补助说呈学部》《扶海垞家塾章程》《正告通五属办学诸君文》《论通州乡镇初等小学事寄劝学所教育会函》，卷二；《初等小学教育必须改良之缘起》《致黄任之论师范及小学函》，卷三；《南通博物苑品目序》《南通纺织专门学校旨趣书》《女工传习所记事序》《敬告全国学生》，卷四；《中国科学社年会欢迎词》《为杜威博士介绍词》，卷五；《暑期讲习会演说》《南通教育年鉴》，卷六。

12. 《唐文治文选》

唐文治撰，王桐荪、胡邦彦、冯俊森等选注《唐文治文选》，上海交通大学出版社2005年版，收入"上海交通大学校史研究专著系列"。唐文治，字颖侯，号蔚芝，生于江苏太仓市的浏河，晚年定居无锡。近代经学家，光绪进士，1901年随专使出使日本，后游学欧美诸国。唐文治以14年时间办成国内第一所工科大学即交通大学，以30年时间办成无锡国学专修学校，培养一批国学人才。该书共收录唐文治各类文篇190篇，按写作时间先后编排，较多反映他办学、治学及读书的活动及主张。其中重要的篇目有《咨陈重订章程和宗旨》《咨陈增设电机邮政两专科办法》《学校培养人才论》《咨邮传部转咨学部文》《学生格》《师友格》《致教育部总次长函缕陈经费艰窘》《上海工业专门学校图书馆立础记》《大学大义》《学易大旨》等。

13. 《黄遵宪集》

黄遵宪撰，吴振清、徐勇、王家祥编校整理，天津人民出版社2003年版。黄遵宪，字公度，号人境庐主人，近代著名爱国诗人、学者和维新思想家。全书分为上、下两卷。上卷为诗集，分为《日本杂事诗》《人境庐诗草》《补遗》三部分；下卷为文集，分为赋序跋、论说、书函、公牍、墓志铭文行述等部分。此书收录迄今为止所发现黄遵宪的全部诗文，并在国内首次结集印行。书中有较多反映教育和维新变法的内容，如《日本杂事诗（二百首）》《陆军官学校开校礼成赋呈有栖川炽仁亲王》《出军歌（八首）》等。黄氏作品以前有不同主题集结版问世，如《日本杂事诗广注》（湖南人民出版社1981年版）、《人境庐诗草笺注》（古典文学出版社1957年版）。他的诗文内容丰富，涉及近代文学、史学、教育学、中外关系、社会民俗、政治思想等诸多领域，具有极高的价值。

（二）民国时期文集

民国社会政体变革，社会各领域以民主共和面貌出现。文集数量虽有逊色，但内容及旨趣却承载新时代特征。当然，其间新旧过渡及思想观念冲突仍十分明显。

（1）章太炎著，上海人民出版社编《章太炎全集》（1～6集），上海人民出版社1982—1986年版。该书收录章氏文学著作、政议文、散文、诗歌等。第一集包括《皋兰室札记》《诂经札记》《七略别录佚文征》；第二集包括《春秋左传读》《春秋左传读续录》《驳箴膏盲评》；第三集为《訄书》；第四集包括《太炎文录初编》五卷；第五集为《太炎文录续编》七卷；第六集为《齐物论释》。该书对于探讨章太炎的思想及中国近代的学术流派有重要价值。章太炎是国学大师、教育家，在辛亥革命的宣传及组织活动中有积极的贡献。在教育领域，他以国学教育和社会教育为论述的中心，在教育功能本体和教学课程编制方面有较深的见解。但他对民主教育，尤其是女子教育的观点颇有些偏狭。辛亥革命成功后，民国初建，他曾经与蔡元培共同被提名为教育总长任职，可见他的声望和影响力较大。他有关教育方面的论著：第三集有《原学》《学变》《议学》《訄书》重订本；第四集有《程师》《驳建立孔教议》《论汉字统一会》《与人论国学书》《无神论》《太炎录》初编；第五集有《救学弊论》《太炎文录》续编。有关章太炎著述文字他本书籍甚多，主要有《章太炎的白话文》（泰东图书馆1921年版）、《章太炎诗文选》（上海人民出版社1976年版）、《章太炎政论选集》（中华书局1977年版）等。

（2）中国社科院近代史所等编《孙中山全集》11卷，中华书局1981年版。孙中山是中国近代民主革命的先行者、卓越的政治家，也十分重视人才的培养和教育的作用，在他漫长的革命活动中，发表了许多教育的论文和演说，内容涉及民主革命教育、社会教育、女子教育、国民教育和大学教育等诸多领域。作为中华民国第一任临时大总统，他支持蔡元培实施民主共和国体制下的封建教育改造，奠定中国教育从传统转向现代的历史基础。由此，作为教育家的孙中山，其历史地位同样是十分重要的。他的教育篇章集中于"全集"之中。择要介绍如下：《致郑藻如书》《在上海青年会的演说》《与留法学生的谈话》《在广东省第五次教育大会的演说》（第1卷）；《在广东女子师范第二校的演说》（第2卷）；《在桂林学界欢迎会的演说》（第6卷）；《在广州全国学生评议会的演说》（第8卷）；《在广东第一女子师范学校校庆纪念会的演说》《在岭南大学黄花岗纪念会的演说》（第10卷）。例如，孙中山1912年5月6日发表《在广东女子师范第二校的演说》一文，论述女子教育的重要："今民国既已完成，国民之希望正大，然最重要者为人格……今日欲回复其人格，第一件事，须从教育始"；"中国女子虽有二万万，惟于教育一道，向来多不注意，故有学问者少，处于今日，自应认提倡女子教育为首要之事。"他希望教育振兴、男女平权可造就共和民国，因此，必须上下一心"巩固教育"，实现民主社会。

（3）秋瑾著《秋瑾集》，中华书局 1960 年版。新中国成立之前出版的相关著作有：王芷馥《秋瑾诗词》，1907 年版；王绍基《秋瑾遗集》，明日书店 1929 年版；王燦芝《秋瑾女侠遗集》，上海中华书局 1929 年版；长沙秋女烈士追悼会印行《秋女烈士遗稿》。

秋瑾，字璇卿，号竞雄，自称"鉴湖女侠"，浙江山阴人，民主革命家，近代中国民主革命派重要负责人之一，妇女解放运动的先驱，积极从事反清革命斗争。1904 年夏东渡日本留学，翌年先后加入光复会、同盟会。曾在上海创办《中国女报》，又在浙江湖州、绍兴从事教育活动，主持绍兴大通师范学堂校务。1907 年，她壮烈就义于绍兴古轩亭口，被孙中山誉为"巾帼英雄"。

该书教育篇目颇多，如《演说的好处》《普告同胞檄文》《致徐小淑绝命词》等均以教育论说为主，有关教育主张集中于女子教育领域。1905 年，她发表《致湖南第一女学堂书》，认为日本注重女学，女子学习知识和技术，使男女无"坐食之人"，中国应发展女学，才能使女子得以自立，从而打破男子压制的格局，提出建立共爱会，帮助女子求学。1907 年其《〈中国女报〉发刊词》主张女性独立求学是社会解放的重要表征，克服"三纲五常"的束缚，打破黑暗的牢笼，女子必须自立、自强，而欲达到此目标则又必经教育和文明开化。《中国女报》的创刊就是女界的总机关，有助于女子的自身发展和社会进步，文章结尾非常自信地称："使我中国女界中放一光明灿烂之异彩，使全球人种惊心夺目，拍手而欢呼。"

此外，当前流行的还有上海古籍出版社编《秋瑾集》，上海古籍出版社 1991 年版。此书收录秋瑾的杂文、启事、书信、诗、词、歌、弹词、译著等多种类型的作品。书末附录"秋瑾传（陶成章）""鉴湖女侠秋君墓表（徐自华）""记秋女侠遗事（吴芝瑛）"。

（4）邹容著《革命军》，上海大同书局 1903 年版。内容分 7 章，约 2 万字。其中第三章为"革命之教育"，指出"革命是国民之天职"，"除奴隶而为主，人的必由之路"；主张"教育与革命并行"。革命教育应该养成四种品格：

"一曰养成上天下地，惟我自尊，独立不羁之精神。一曰养成冒险进取，赴汤蹈火，乐死不避之气概。一曰养成相亲相爱，爱群敬己，尽瘁义务之公德。一曰养成个人自治，团体自治，以进人格之人群。"

当前流行的版本有邹容著、冯小琴评注《邹容——革命军》，华夏出版社2002年版，收入罗炳良主编"影响中国近代史的名著丛书"。书前有冯小琴对《革命军》的评介，文末附有冯小琴所著的《邹容评传》，正文部分是《革命军》全文。《革命军》共7章，在中国近代史上首次明确而且系统地提出资产阶级民主共和的纲领，不仅主张用资产阶级共和国取代封建专制制度，而且抛弃资产阶级君主立宪制度方案，极大丰富了资产阶级民主革命理论，被誉为近代中国的《人权宣言》。《革命军》中详细论述"革命之教育"，具体分析"当今之时局"教育的重要作用和目的等。该书语言通俗，笔锋犀利，发行量大，流通面广。孙中山对其给予高度评价。

（5）张元济著，商务印书馆编辑《张元济诗文》，商务印书馆1986年版。此书收集张元济的部分代表性诗词文章，有些属于未发表或已发表却极难查到的。大部分诗文没有标题，标题均为编者所加。编者对于诗文的写作时间做了慎重考查，注于文末。其中张元济哲嗣张树年提供了大量未发表的诗文原作抄件，极大充实该书内容。书末附录"通艺学堂章程""总理衙门奏稿""张元济己丑乡试卷四份"。

（6）任鸿隽著，攀洪业、张久春选编《科学救国之梦》，上海科技教育出版社2002年版。任鸿隽是中国近代著名的科学教育家，中国现代科学事业的倡导者、组织者，"中国科学社"和《科学》杂志主要创建者之一，曾任北京大学教授、东南大学副校长、四川大学校长、中华教育文化基金董事会干事长、中央研究院总干事，新中国成立后任全国政协委员、上海图书馆馆长、上海市科协副主席。全书分为追问"科学之为物"（1914—1918年）、播撒"科学种子"（1918—1926年）、运筹"因材而笃"（1927—1935年）、痴情说"国策"（1935—1959年）、漫述"前尘"五部分。书末附"插图目录""任鸿隽年表"。编者对作者的论著、总结性回忆文字、演讲词、书信或手稿等加以收集整理，按发表时间排序汇成书，为中国近现代科学史、教育史学科提供重要参考。

（7）上海理工大学档案馆编《刘湛恩文集》（上、下编），上海交通大学出版社2011年版。该书是呈现刘湛恩教育思想与教育实践的原创性资料，具有较大的利用价值。书前有刘湛恩手稿图片多幅、序文三则。上编收入刘湛恩关于公民教育、职业教育、国外教育、非战建设运动的部分文章，也包括他当年撰写的部分序文、信函，反映刘湛恩的学术志趣、爱国情怀和作为上海沪江大学校长的功绩；同时也从一个侧面反映了20世纪二三十年代现代教育的概貌。下编收录刘湛恩在美国哥伦比亚大学师范学院博士论文《非语言智力测验在中国的应用》。书末附录"中国人非语言智力测验样本A""保存下来的记录样本"。

（8）许纪霖、田建业编《杜亚泉文存》，上海教育出版社2003年版。王元化在代序中介绍了《杜亚泉与东西文化问题论战》，接着从哲学与思想、政治与经济、教育与社会、东西文化之研究与论辩等角度收录杜亚泉的作品，这些作品大多发表在1911—1919年商务印书馆的《东方杂志》上，在当时的教育界、思想文化界产生了重大影响。书末附录"杜亚泉生平著作""译著及编著目录""杜亚泉生平大事年表"。该书所收录的教育文献主要包括：论述国民道德，如《论社会变动之趋势与吾人处世之方针》《国民今后之道德》《吾人今后之自觉》《个人之改革》《破除享福之目的》《说俭》等；探讨教育行政，如《论今日之教育行政》《论今日之教育行政（续）》《浔溪公学开校之演说》《教育之指导》等；分析农村教育现状，如《农村之娱乐》等。从中足以看出杜亚泉对中国近代教育问题的关注与未来的希冀。

（9）范源濂著，欧阳哲生、刘慧娟、胡宗刚编《范源濂集》，湖南教育出版社2010年版，收入"湖湘文库"。范源濂，字静生，近代著名教育家，曾先后出任民国教育部次长、三度任总长，是中国教育界的主要领导人和决策者。晚年出任北京师范大学校长、中华教育文化基金会董事长等职，是北京教育界的领衔人物。该书是范源濂著作的第一次结集出版，共分三卷：卷一"言论辑录"，收录范氏发表的文章、演讲、部分公函和报道，共164篇（内含同文异稿2篇）；卷二"函电"，共36件（另附1函）；卷三"未刊遗稿"，分为会务、荐函、捐启函、答谢函、吊唁函、文、诗、联及约束等。书末附录"范源濂签署批示""公文目录""悼念范源濂挽联挽词""追忆范源濂文章"。

（10）戴建兵编《吕碧城文选集》，天津古籍出版社2012年版。吕碧城，字圣因，号遁天，晚年法号莲因，安徽旌德人，著名教育家、作家，有"近三百年来最后一位女词人"之称。早年游学日本，回国后创办私立北洋女子公学，担任校长并执教。1918年赴美留学，回国后，1926年再游欧美。全书收录吕碧城所著主要文章，分为"教育与女性解放""动物保护及素食主义""旅行及不同文化""宗教佛学研究"四部分，每部分之后附有时人记录的吕氏相关活动或评论。其中，在"教育与女权"中有许多反映近代教育的文章，如"论提倡女学之宗旨""教育为立国之本""兴女权贵有坚忍之志""女子教育会章程序""兴女学议——碧城""吕碧城女士为郑教习开追悼会之演说"等，附录中更有一些官方的文件和时人的评论，如"天津府详公立女学堂开办章程并批（录《北洋官报》)""碧城女史《论提倡女学之宗旨》书后""各学堂学生书目""在京考试女生"等。此书为近代中国女学和女学堂的发展提供直观资料。

（11）余定邦、牛军凯编《陈序经文集》，中山大学出版社 2004 年版。陈序经，海南省文昌县清澜港瑶岛村人，著名教育家、社会学家和历史学家。陈序经幼时随父侨居新加坡，1924 年转入复旦大学社会学系，之后留学美欧，获得硕士和博士学位。回国后曾任教于岭南大学、南开大学、西南联合大学，1948 年任岭南大学校长。全书分为文化学、社会学、教育学、东南亚与华侨问题四部分。书末附录"陈序经学术评传""陈序经著作目录"。在"教育学"篇中，共收录五篇文章，分别为《对于现代大学教育方针的商榷》《与胡适之先生论教育》《论国立大学与私立大学》《论留学》《教育的中国化和现代化》。此书为讨论陈序经的大学教育思想和教育实践提供材料。

第三章　中国近代史料的
教育史资源挖掘（下）

中国近代史料及体裁复杂多样，文体风格不一，自然作为论据的信度也会存在差别。本章所述内容大体分为以人物或事件为中心，以地域为主题以及以传媒方式为凭借的诸多类型及名称，并分析、举例及实证中国近代教育史的资源功能与作用。

第一节　日记、笔记、书札、回忆录

日记、笔记、书札均属当事人主体行为存录的信息。回忆录则有当事人自述作品，但更多则是他人怀念深思的文本，其价值稍逊于一次性文献，却也有独特之处。

一、日记

日记所记一般都是当事人亲自经历过的事情，可补许多材料的不足，也可纠正一些错误。以日记考订及评述中国近代教育史的事实或思想资源是研究者常用的方法，而且日记中所记之事还有许多是别处查找不到的，这就更弥足珍贵了。以下举要中国近代与教育关系密切的日记略作介绍。

（1）海宁冯氏撰《花溪日记》（上、下卷），钞本。该书主要记咸丰十年（1860年）至同治二年（1863年）作者于浙江海宁乡间见闻，涉及太平天国乡官、土地政策、田赋、税捐、商业贸易、设绅董局、修海塘、道路、义学、文庙及科举，以及与清军在南京、苏州、杭州、绍兴、嘉兴一带的战事和洋枪队镇压太平军事。

《花溪日记》记载太平天国军事行动。同时，书中也有反映军事战争之于旧有教育机构及办学活动的冲击。同样体裁素材尚有徐日襄撰《庚申江阴东南常熟西北乡日记》（上、下篇）钞本，鲁叔容撰《虎口日记》，等等。这些日记中可以反映太平天国当时的军事、政治、经济及文化教育的情况，研究太平天国教育要重视日记中的资料。

（2）管庭芬著、张廷银整理《管庭芬日记》，中华书局 2013 年版，收入"中国近代人物日记丛书"。管庭芬，原名怀许，字培兰，又字子配，号芷湘，晚号笠翁、芝翁、甚翁，亦号渟溪老渔、渟溪钓鱼师、渟溪病叟，浙江海宁路仲人，清代学者、画家、著名藏书家和校勘家。该书记事始于嘉庆二年（1797年），止于同治四年（1865 年）十二月三十日，前后共六十九年。这样的长时段记录在现存的古人日记中十分罕见。管庭芬虽然以诸生功名终其一生，但他参加过很多次科举以及其他各种考试，从考试的日期、地点到考试科目、题目以及答题过程、周围环境等都有非常详细的记录。这对于读者全面把握浙江省历次科乡试题目变化和详细内容有一定的价值。同时，该日记还记录管庭芬对于科举考试制度的深刻理解和感受、民生和时局的变化、管庭芬及其友人的诗文作品等，由此为读者加深理解中国教育早期现代化起步时期乡村私塾的生活世界以及教育改革的起步维艰和步履蹒跚提供了一扇窗口。

（3）李慈铭撰《越缦堂日记》（1853—1889 年）64 册、《越缦堂日记补》13 册（1863 年前）。李慈铭阅读典籍广泛，熟悉掌故，他的这部大部头日记较有参考价值。李氏记事时限起自咸丰三年（1853 年），止于光绪十五年（1889 年），逐日记事。书中所涉内容广泛，举凡政治、学术、文化变迁、科举书院教育及西学影响下传统教育的动摇等均有涉及，对了解当时政情、人物及文化教育转型有重要参考价值。《越缦堂日记》与《翁同龢日记》《湘绮楼日记》《缘督庐日记》齐名，并称"晚清四大日记"。

（4）王闿运撰《湘绮楼日记》，上海商务印书馆 1927 年出版。王闿运，字壬秋，咸丰七年（1857 年）举人。王氏是著名学者，日记学术价值很高，内容涉及晚清早期政治变革、经济转型下的教育转移问题，尤其是书院与官学、私学的复杂关系，以及书院教学的课程考试管理等相关素材相对集中。作者早岁游幕四方，历访名流公卿，自负奇才，所如多不合；后乃专以教学为事，历任四川尊经书院、长沙思贤讲舍、衡州（今湖南衡阳）船山书院讲席。另撰有《湘军志》《湘绮楼诗文集》，后人又集结为《湘绮楼全书》。

（5）赵烈文撰《能静居日记》54 册，台湾学生书局 1964 年版，长沙岳麓书社 2013 年再版。赵烈文，字惠甫，自称能静居士，江苏阳湖（今常州）人。日记范围起咸丰八年（1858 年）五月四日，迄光绪十五年（1889 年）六月二十日。他曾为曾国藩幕友，是曾国藩事业高峰时期的核心幕宾，从湘军攻克安庆至克复南京以及其后一段时间，都在曾氏兄弟幕中，其所参谋、赞画的事务，"往往关天下大计"。后经曾氏保奏，先后出任直隶省（今河北省）磁州、易州知州。曾国藩去世后，力请辞官，退居常熟虞山，营宅舍曰能静居。《能静居日记》跨度长达 32 年，记录了作者 27 岁至 58 岁这一人生阶段的重要经历。其中所记咸丰、同治年间（1851—1874 年）时局、政事、军情、科举及教育以及晚清朝廷的情况，尤具价值。从学科专业角度考察，在历史、地理、文学、教育、艺术、宗教、民俗等方面的内容也多有涉及。

（6）曾国藩撰《曾国藩手书日记》40 册，同治元年（1862 年）五月初刊，宣统元年（1909 年）中国图书公司印行，南京凤凰出版社 2010 年再版。日记内容起自道光二十一年（1841 年）正月初一至同治十一年（1872 年）二月初三，长达 30 多年，前 18 年比较简单，后 13 年比较详细。其主要内容涉及问学、省思、治道、军谋、伦理、文艺、鉴赏、颐养、品藻及游览，尤其详细记载工作和生活。由于曾国藩是洋务派早期领袖，又是晚清理学大师，因此，他的活动及思想会涉及理学教育与西学教育的冲突、桐城派学派教育传承、晚清洋务运动早期教育的革新及留学教育的开展等诸多传统教育转型与新教育起步的问题，有较高的教育历史文献价值。

（7）李棠阶撰《李文清公日记》16 册，1915 年天津铅印本，长沙岳麓书社 2010 年重版。李棠阶，字文园，号强齐，谥文清，由廪生中试嘉庆巳卯科举人，道光壬午科进士，授翰林院编修，荐升国子监司业、太常寺少卿。历任四川、山西乡试正考官，云南、广东学政大理寺少卿、正卿，都察院左都御史，礼部左侍郎，工部尚书、礼部尚书，实录馆总裁，癸亥恩科会试总裁官。李棠阶一生仕途春风得意，人生境遇顺畅，而且主要任职科举与教育部门，官宦生涯与教育选士相关度极高。笔记中所记录的材料对鸦片战争前后至洋务运动发端时段内传统教育的延续、西方知识技术对士林风气的转移、学术文化的震撼以及新教育因素的产生等多方面问题有不同程度涉及。

（8）翁同龢撰《翁同龢日记》（《翁文恭公日记》）40 册，中华书局 1989 年排印本。翁同龢，江苏常熟人，又称翁常熟，咸丰状元，官至刑部、工部、户部尚书，军机大臣，同治、光绪两朝为帝师。1898 年 9 月末因戊戌政变，牵涉支持维新变法而被罢职。日记范围起自咸丰八年（1858 年）六月二十一日，迄于光绪三十年（1904 年）五月十四日，共 40 多年。作者有强烈的民族主义情感，贯穿反对帝国主义侵略的立场及观点，对西方对华的侵略及中国面临的危机有真切客观的记录。作为状元和帝师，他的日记写作文笔生动，用词叙事简明准确、生动形象；寓理于词，深刻而有洞察力。同时，他关注学术和思想的变动、科举教育的改革和新教育的发展。其间，对倭仁反对同文馆的情况、洋务学堂的开办以及科举制的调整、经济特科的设立以及维新变法时期的普通教育兴办等多有记载。翁氏学通汉、宋，文宗桐城，工诗、擅书，亦能画，有《瓶庐诗钞》《瓶庐词钞》等留存于世。

（9）张佩纶撰《涧于日记》14 册，1926 年涧于草堂石印本。日记时间始于光绪四年（1878 年），止于光绪十八年（1892 年），其中缺少 1881 年至 1884 年。前面第一册较简，最后 11 年记载较详细，重点记述了读书心得、经办大事、活动交往及时事掌故。张佩纶，字幼樵，直隶省丰润县人，进士出身，与宝廷、黄体芳、何金寿等评议朝政，号称晚清清流派。除政务管理，他还注重引进西方科技，举办军事工艺技术学堂，整饬局章，提高船政学堂的教学工作质量。如他提出学生应尽快入学，"一切悉循往制"；命洋教习邓罗严格教学，"将水师将弁应读之书、应学之技，增购洋籍，加定课程"；聘请英国上等格致和管轮教习来闽任职，加强师资建设。他的日记除了洋务派开办洋务学堂的资料之外，还涉及铁路、电报、开矿、改革科举等诸多方面。

（10）赵彦俏编《三愿堂日记》，镇江市图书馆藏手抄本影印版。该日记是赵彦俏几十年的见闻心得记录，起于 1839 年，止于 1881 年。赵彦俏，字记楼，号君举，别号辛庵。兄弟八人都以文学称世，独他潜心经传诸子，又精于天文、数学、金石等实用之学，曾在浙江、江西、河南从事私家讲学并做幕僚十余年。生徒多绩学知名人士，晚清小说家刘鹗就是他的学生，其代表作《老残游记》记载："入学后从镇江人赵君举读书。"

赵氏见识宏博，著述甚富，为邑中文人翘楚。生平重行谊，为士林所称道，其诗文尤受曾国藩大力赞赏。国学大师柳诒徵先生在"日记"的序文中称："近人嗜读李越缦、王湘绮、翁瓶庐日记……吾乡赵君举先生，绩学攻文，见闻无巨细，排日书之，缲缲绳绳，年竟一册，或二三册，没齿不懈。其关于朝章国故者，虽较瓶庐为逊，而谈艺稽古，觏缕佚文，旁及民生物力之消息，可备史料，不在越缦、湘绮下，其文学之谨严深厚，尤可与三家颉颃。"

从一个侧面反映作者经史学问造诣深厚，擅长金石文字，又长期从事私家讲学。他的日记恰好记录了鸦片战争到洋务运动时期的私塾、书院以及洋务派办学的素材，可补正史材料之不足，修正正史中之缺失。

（11）吴汝纶撰、吴闿生辑《桐城吴先生日记》16 卷，清保定莲池书社刻印本，民国十七年（1928 年）铅印本，河北教育出版社 1999 年版。吴氏日记始于清同治五年（1866 年），迄光绪二十九年（1903 年）正月，日记时间凡 38 年，分为十二门十六卷，十二门分别为经学、史学、文艺、考证、时政、外事、西学、教育、制行、游览、品藻、篆录。吴汝纶的日记，其内容既有与当事人直接接触的记忆，也有公牍、邸报、奏疏、友人的函件介绍及认识，以及任李鸿章幕僚时所撰的奏议等。吴汝纶，字挚甫，安徽桐城（今枞阳会宫）人，同治四年（1865 年）进士，官至内阁中书、直隶深州及冀州知州，晚清思想家、教育家，桐城派大师。他受李鸿章支持管理并主讲保定莲池书院，力行书院改革，将桐城学派思想与西学科知识内容融合，使莲池书院成为清代后期北方具有新潮学派内容特征的典范，培养了大批近现代诸多领域有影响的名流学者，与后期的保定陆军军官学校齐名，文治武功交相辉映。1901 年，吴氏应管学大臣张百熙之邀赴京师受任京师大学堂总教习。同年，赴日考察教育，遍访日本各类学校教育机构，深入访谈，细心记录，撰写《东游丛录》，成为清末教育制度化——新学制和教育行政管理改革的重要参考。又于安徽安庆筹办桐城学堂，即今桐城中学之前身。日记基本伴随吴汝纶入仕直到去世的人生历程。而且，吴氏勤于日记写作，记述翔实，认真严谨。该书对研究清代后期河北地方教育、书院教育、京师大学堂办学、留日教育以及安徽桐城地方教育都有不可小觑的价值。

（12）叶昌炽撰《缘督庐日记》16 册两函，上海蝉隐庐 1933 年石印本。日记前目录表明时限范围，始自同治庚午，终于民国丁巳。叶昌炽，字鞠裳，晚号缘督庐主人，江苏长洲（今属苏州）人，光绪十六年（1890 年）进士，官职甘肃学政，学识渊博，精于金石、版本目录之学。叶氏长期任职甘肃学政，而且日记的记录时间漫长，跨越清末洋务运动至民国初期，基本上涵盖了晚清新教育的起步到民国实用主义教育在华开始传播的重要历程。他虽然偏居西北，但在中央政府集权领导推行教育改革的浪潮中，仍然孜孜以求地对相关的教育变革内容有所记录，尤其是反映西北区域甘肃省教育的传统与向近代转型的艰难历程。

（13）严修著，武安隆、刘玉敏点注《严修东游日记》，天津人民出版社1995 年版。严修，字范孙，天津人，光绪癸未（1883 年）进士，选庶吉士。后授翰林院编修、国史馆协修、会典馆详校官、各省直乡试试卷磨勘官。光绪二十年（1894 年），任贵州学政，为借鉴教育经验，于1902 年自费游日，回国后写成《壬寅东游日记》。1904 年 5 月 21 日偕张伯苓等又扬帆出海，续写《第二次东游日记》。该书汇集《壬寅东游日记》《第二次东游日记》，翔实记录明治三十年代日本教育的实况，评述了日本留学生和日本教习的情况，同时反映清末中国人日本观和日本人中国观的嬗变。

（14）胡香生辑录，严昌洪编《朱峙三日记（1893—1919）》，华中师范大学出版社2011 年版，收入"辛亥革命百年纪念文库——人物文集系列"。朱峙三，湖北鄂城县人，1904 年考中秀才，1905 年考入一年制武昌县师范学堂，1906 年秋考取两湖总师范学堂，直至1911 年 10 月毕业。民国成立后，他长期活跃于教育界与政界。该套日记比较具体地记述了历次重大事件在民间教育中的反应，保存了不少当年乡土社会原生态教育状况，具有独特史料价值。同时，他又以一位生活在小县城里的青年学子的所见所闻和亲身感受，展示了大变革时代青年学子从传统士人向现代知识分子转变的心路历程。由于作者长期从事教育工作，所以日记较多保留了具体办学场景的素材，诸如私塾教育礼节、教学组织、课程内容、教学方法等，师范学堂的学习期限、课程设置、教学内容、教学方法、师资状况、学生来源、课外活动等。所有这些对于研究清末教育改革大有助益。

（15）恽毓鼎著、史晓风整理《恽毓鼎澄斋日记》，浙江古籍出版社2004年版，收入"国家清史编纂委员会·文献丛刊"。恽毓鼎原籍江苏常州，任晚清史官 19 年，担任过日讲起居注官，翰林院侍讲，在国史馆、文渊阁、咸安宫、编书处、功臣馆、讲习馆等多处任过职，是清廷为数不多的皇帝近臣之一，曾随侍光绪皇帝。该书按年编排，自光绪八年（1882 年）恽毓鼎中举始，至其逝世前一年（1917 年）止，其间偶有残缺，共分为文献、时事、读经史子集笔记、论古文诗词、民俗风情、家庭琐事六部分，附录四则。恽毓鼎以日记的形式记下了自己当时当地的真实感受，对晚清变革更是多发议论，为后人留下了认识、理解清末教育大变革中士人心态的生动记录和鲜活材料。书中恽毓鼎的言论、行动所表现出来的种种矛盾和悖论，是 20 世纪初中国知识分子复杂面相的一个缩影，反映了剧变时代知识分子普遍面对的一种文化困境。

（16）詹同济编译《詹天佑日记书信选集》，珠海出版社 2008 年版，收入"容闳与留美幼童研究丛书"。詹天佑是 19 世纪 70 年代留美幼童的 120 人之一，以主持修建京张铁路称誉铁路工程领域。詹同济作为嫡孙，继承祖业，曾任土木工程高级工程师，在铁路工程局、铁道部机关从事技术及秘书工作；后在铁道出版社担任编辑组长等。全书包括詹天佑博士生平事略、詹天佑英文日记译文、京张铁路修筑时期书信译文、商办四川省川汉铁路及商办广东省粤汉铁路修筑时期书信译文四部分，共收录了 225 封书信，对研究洋务运动时期的留美教育具有宝贵的史料价值。

二、笔记、书札、回忆录

笔记、书札是随笔记载及书信体作品，文字不多，却透露某些真实史实及经历者心态，补充其他记录不足。回忆录往往源于亲近人或门人故旧，感怀追忆，多有情感渲染，但其正向细微信息都能呈现。

（一）笔记

笔记是一种记载文体史料。自魏晋南北朝以来很多史料从笔记中保存下来，可补正史之不足，但笔记记录素材也存在流传、琐谈或街头、巷尾、杂说或民间传闻趣说的随意性。因此，就严谨求实的历史观而论，会存在失误之处。

笔记多是文人记述情感、史事、社会生活、阅读书籍后的心得体会，以及对所处年代实事的评论。从作者自身用意而言，是无心留存的，仅用来对自身行为的检醒，修养自身的品性；或对生活中与人交往之事，包括幸事、乐事的描述；也有因仕途、人生的不顺遂借此抒发自身的愁苦情感。清代以来，居于要职的文人比较注重读经学著述，时政类文章居多。大多数笔记文笔较为清新自然，活泼流畅，笔记的史料价值高低不等，须以作者的身份特征、所记之事真伪以及后人收录情况等进行考辨。

1. 晚清笔记

晚清笔记的著述作品很多，如陈其元撰《庸闲斋笔记》12 卷，同治十三年（1874 年）刊本，又光绪乙巳年（1905 年）刊本；李慈铭撰《越缦堂读书记》2 册，中华书局 1963 年版；陈康祺撰《郎潜纪闻》初笔 14 卷、二笔 16 卷、三笔 12 卷，光绪六年（1880 年）刊本；钱泳撰《履园丛话》24 卷，载"笔记小说大观"第三辑第 26～33 册；梁章钜撰《制义丛话》24 卷，咸丰九年（1859年）广州刊本；徐珂编《清稗类钞》48册，上海商务印书馆1917年版；薛福成撰《庸庵笔记》，江苏人民出版社出版罗振玉撰《扶桑两月记》1卷，光绪壬寅年（1902年）教育世界社印；王景禧撰《日游笔记》，光绪甲辰年（1904年）冬月学印局铅印本。斌椿著《乘槎笔记》，湖南人民出版社1981年版。

近些年来，一些出版机构注重编辑出版或影印晚清笔记作品，如上海古籍书店、福建人民出版社、中华书局、岳麓书社等，尤其以中华书局《近代史料笔记丛刊》、岳麓书社《近代湘人笔记丛刊》最著名。以下是部分著作介绍：

（1）徐珂编《清稗类钞》48册，上海商务印书馆1917年刊。徐珂在平日阅读报刊、笔记、著作过程中，摘录其中的精华部分，如果有所见闻也会随笔记录。后来将其汇编成书，1916年完成。该书字数浩繁，一事对应一条，有13500余条，分为92类。其中，教育类、考试类对研究近代教育史有关问题有一定的参考价值。

（2）包世臣撰《安吴四种》36卷，有道光二十六年（1846年）刊本、咸丰元年刻本（1851年）、同治十一年（1872年）湖北注经堂重刻本。包世臣，字慎伯，晚年号倦翁，生于乾隆四十年（1775年），卒于咸丰五年（1855年），安徽泾县人，家近古安吴，故名安吴。他毕生致力于经世致用之学，所撰笔记丛书四种分别是：《中衢一勺》三卷、附录四卷，论述河、漕、盐、水利等；《云舟双楫》论文四卷、论书二卷、附录三卷，评论文章和书法，附录为志铭、传记、杂文；《管情三义》赋三卷、诗三卷、词一卷、浊泉编一卷，为作者在江西做官时的日记和诗；《齐民四术》农三卷、礼三卷、刑二卷、兵四卷，是有关农、礼、刑、兵等的文章。道光二十四年（1844年）将四部书合在一起刊印，总名为《安吴四种》。该书文学艺术价值较高，一些篇幅涉及鸦片战争时期的书院、科举、文庙以及在其影响下的社会民风士习的相关内容材料。

（3）毛祥麟撰《对山书屋墨余录》16卷，同治九年（1870年）醉六堂吴氏刊本。毛祥麟，字瑞文，号对山，籍贯江苏松江县，国子监监生。他出身诗礼之家，于诗文、绘画、音乐诸方面均有造诣，官浙江候补盐政使，著述有《三略汇编》《史乘探珠》《亦可居吟草》等。《对山书屋墨余录》主要记述清朝道光、咸丰、同治年间苏松地区的政治、经济、文化教育和社会风俗等各方面的情况。其中，对苏南、浙北区域内的书院、私学及科举等传统教育的松动和新教育的兴起有不少生动而具体的史实记录，如作者记录1864年，他到金陵，一路看到战争破坏导致的民不聊生景象和南京城毁坏的惨状，许多书院、文庙因"城门失火、殃及池鱼"而师生零散、荒草萋萋。该书不仅为研究鸦片战争后清王朝在江南地区治理的社会状况提供了宝贵的资料，而且在教育文化方面有助于加深对近代早期教育转型矛盾斗争的认识。

（4）陈其元撰《庸闲斋笔记》12卷，同治年间（1862—1874年）吴氏刻本。陈其元，字子庄，号庸闲老人，海宁（今浙江海宁）人，诸生。曾任职浙江金华县学训导，旋擢富阳县学教谕，后官至江苏南汇、上海县令，晋阶知府，加道员衔。该书记载左宗棠、李鸿章之间复杂的矛盾斗争，以及交往的复杂关系，其中对互相妒忌的记录尤为淋漓尽致。由于左、李都是洋务派的重要代表人物，涉及此期的洋务学堂、西学引进、科举变革以及留学生派遣等诸多方面，当中相关素材可以补其他材料之不足，而且这种材料是比较可靠的。但其记载曾国藩是神蟒投身，这就是无稽之谈了。

（5）刘成禺撰《世载堂杂忆》，中华书局1960年排印本。刘成禺，字禺生，笔名壮夫、汉公、刘汉，湖北武昌人。他幼长于粤，又入武昌经心书院、两湖书院学习，先后受教于梁鼎芬、辜鸿铭，官至两广监察使、国史馆总编修。至民国，又为湖北省参事。他工诗善文，撰有《先总理旧德录》《中国五大外交学者口授录》《洪宪纪事诗》《世载堂诗集》《散原先生松门说诗》《史学广义》等。该书涉猎颇广，含部分民间传说故事材料，文笔幽默诙谐。内容大量涉及清代的历史事件以及科举、学派、教学、人物活动、典籍创作等方面，包括清代之科举、清代之教学、沈葆桢与其师、晚清朝士风尚、张之洞遗事、两湖书院血湖经等。其中不少素材呈现了历史变动时期的教育问题，如传统教育的清代延续、近代教育的曲折进程、著名人物与教育事件的多方复杂关系等，这些对认识近代教育的艰难变革有一定价值。

（6）陈康琪撰《郎潜纪闻》14卷，又称《初笔》，清光绪六年（1880年）琴川刊本。陈康琪，字钧堂，号缘士，别署槃园居士，浙江鄞县人，官至刑部员外郎。辞官后家居苏州，有别墅"洴园"，藏书颇丰。博学多识，尤熟悉清代掌故。该书是作者集历年积累所成之作，以词林掌故、典章制度、人物逸事见长。清初以来的顾炎武、全祖望、陆陇其、王士禛、王杰、朱筠、李光地、蒋士铨、孙星衍、洪亮吉、王鼎、林则徐、陶毅、曾国藩等著名人物事迹均记录在册；对于声名稍逊者，则进行增补。该书之特色在于它将其他书中资料集中于一处，搜罗材料丰富，所录事迹广泛，内容完善，便于检阅。❶由于作者所涉及的人物有不同的流派和思想内容，尤其注重反映实学思想家、启蒙教育家以及近代具有革新思想观念人物的事迹和主张，对挖掘西方冲击下中国社会价值理念近代因素生长和初步形成的内发力量有参考作用，因此有助于揭示中国教育近代转型的自我内生能力，而非全由西洋入侵造成的被动反应。

（7）尹德新主编《历代教育笔记资料》（清代部分），中国劳动出版社1990—1993年陆续出版。该书从自有历史体裁笔记的魏晋南北朝开始，至清代结束，共四册，分别为：魏晋南北朝部分、宋辽金元部分、明代部分、清代部分。古籍中的笔记是指历代私人就其见闻及亲知实历的随笔杂记，内容有小说、故事、历史琐闻和考据辩证等。该书清代部分从800多部笔记著作中摘录了历代有关教育工作的论述、政策、制度、学校和师生的教与学、科举考试、书院、社会教育、家庭教育、妇女教育、蒙养、神童等。资料作分类编排，每条设有标题，对清代社会史、教育史研究有重要史料价值。

（8）福建师范大学历史系华侨史资料选辑组编《晚清海外笔记选》，海洋出版社1983年版。该书收录涉及外事的华侨日记，包括华侨在东南亚、日本、澳洲、北美洲、拉丁美洲、欧洲、南非洲七部分。各个部分的事件按发生时间进行编排，每个事件之前均有编者对日记作者的简介。其中有薛福成《出使英法意比四国日记》、崔国因《出使美日秘日记》、容闳《西学东渐记》、张德彝《航海述奇》等著述，为研究中国近代早期西方教育在华传播情况提供资料，更为研究中国近代留学教育提供了生动的素材。

2. 民国笔记

笔记体裁著作在民国以后已经日渐消磨，甚至稀少出现，这大概是缘于各种新媒体及传播途径的多样及开放所致。而且，笔记呈现方式已经向自述式的文本转移。例证如下。

（1）章太炎著、倪伟选编《章太炎生平与学术自述》，江苏人民出版社1999年版，收入"中国学人自述丛书"。章太炎，名炳麟，字枚叔，初名学乘，因仰慕顾炎武（名绛），改名绛，别号往太炎，浙江余杭人。全书共分为"沉潜于国学""从改良到革命""令人神往的战斗""被羁北京""在政治的

---

❶ 来新夏. 清人笔记随录 [M]. 北京：中华书局，2005：465.

漩涡里""九泉应笑老儒迂"等九章，由"自定年谱"和"自述学术次第"两部分组成。书末附录"章太炎年谱简编"。作者从家世、开蒙汉学、诂经精舍、师友交游四个方面对自身"沉潜于国学"的活动及思想进行详尽的论述。章太炎是著名的国学大师，其国学成就大致可分为小学、音韵学、经学、史学、诸子学等多方面，他常言"用宗教发起信心，增进国民的道德；用国粹激励种性，增进爱国的心肠"。该书为章太炎教育思想及活动的探讨提供宝贵的资料。

（2）罗振玉著、黄爱梅编选《雪堂自述》，江苏人民出版社1999年版，收入"中国学人自述丛书"。罗振玉，字叔言，号雪堂，浙江上虞人，近代著名教育家，古文字、古器物研究专家。他曾与王国维合称为"罗王之学"。罗振玉因为政治上的原因，不大被人提起。全书分为生平自述、群书叙录、雪堂诗存、罗振玉年谱四部分，书末附录"罗雪堂先生传略"。

（3）邹韬奋著《经历》，中国工人出版社2007年版。邹韬奋，祖籍江西，生于福建，著名新闻出版家，社会活动家，爱国民主人士。他因倡言抗战，参与领导救国会，卒以文字获罪，与李公朴、沈钧儒、章乃器等人被捕，史称"七君子事件"。该书在作者被捕期间完成，他回想自己二十年来就学就业的经历片段，撰成此书。全书分为"二十年来的经历"和"在香港的经历"两部分，其中有大量描写邹韬奋求学时期的文章，如《大声疾呼的国文课》《课外阅读》《写作的尝试》《英文的学习》《修身科的试卷》《苦学时代的教书生涯》《英文教员》《外国文和外国教师》。这些生动的材料真实地反映了近代教育变革在学生中的影响，为学者探讨中国近代教育史提供了可供参考的资料。

（4）叶圣陶著《过去随谈》，大众文艺出版社2000年版。叶圣陶是我国著名的教育家、出版家和作家。该书是叶圣陶的散文作品集，分为记人篇、记事篇、读书篇、随笔篇、教育篇和教学篇等。其中众多篇目记载了与近现代教科书的渊源，《我和商务印书馆》记载了作者任职商务印书馆参与的编撰教科书工作；《关于语文课本的练习题》表达了作者对语文课本练习题的思考；《关于编教材——跟江苏农村教材编辑人员的讲话》《向善读善写方面的努力——在人教社业务学习会上讲话的提纲》《课文的选编》《谈识字课本的编辑》等，揭示教科书编辑、出版等方面的思想及经验。该书是研究叶圣陶教育思想、教育实践、近代教科书编辑出版的重要资料。

（二）书札

书札又称信札、尺牍，往往能反映真实历史情况。这其中许多材料可以补充奏议、奏折的薄弱或不足，有重要参考价值。上述书札类文献中与近代教育密切相关的不少。例如，《弢园尺牍》中《王韬呈邵筱村观察书》记录上海格致书院办学的情况并体现与旧式书院的差别，证明近代新创书院有明显的西学教育模式采用，其史料价值十分珍贵。

近代主要书札列举如下：林则徐《林文忠公尺牍》，1919 年北京懿文斋影印；吴锡麒《有正味斋尺牍》2 卷，申报馆铅印；李鸿章《李文忠公尺牍》32 册，上海商务印书馆 1916 年影印；吴汝纶《吴挚甫尺牍》，上海文明书局石印本；吴闿生编《桐城吴先生尺牍》，光绪二十九年（1903 年）刊；翁同龢《翁松禅相国尺牍真迹》12 册，中华书局 1920 年版；王韬撰《弢园尺牍》12 卷，光绪十九年（1893 年）铅印，中华书局 1959 年版；缪荃孙著，顾廷龙校阅《艺风堂友朋书札》，上海古籍出版社 1980 年版；严修《严范孙先生手札》，北京文化学社 1930 年石印本；周亮工《尺牍新抄》12 卷，上海商务印书馆 1936 年版；颜光敏《颜氏家藏尺牍》4 卷，上海商务印书馆 1935 年版；曹溶《倦圃尺牍》2 卷，含晖阁藏版；陈豪《冬暄草堂师友笺存》6 册，上海中华书局 1937 年版；吴长瑛《清代名人手札甲集》6 卷，上海华南印书社 1926 年版；吴经祥等《清二十家手札》，清稿本；吴锡麒等《钱塘吴氏旧藏名人书简》，1925 年影印；谢景惠《谢氏家藏同光诸老尺牍》6 卷，1927 年影印；曾国藩《曾文正公手札》8 册，1933 年拓印本；胡林翼《胡林翼公手札》，1933 年拓印本；张迈《瑶华集》光绪二十八年（1902 年）刻本；于敏中《于文襄手札》，北平图书馆 1933 年影印；许思湄《秋水轩尺牍》2 卷，杭城有容斋重刊；周天爵《周文忠公尺牍》2 卷，同治七年（1868 年）苏松太道署刊；文明书局辑《明清名人尺牍墨宝》6 卷，文明书局刊印；周骙良《清代名人书札》，北京师范大学出版社 1987 年版。

（三）回忆录、纪念集

回忆录、纪念集是相近文本，其历史资源功能相近。相较而言，前者更有"信史"成分，后者增扩信息较多。其不同之处在"回忆""纪念"与"录""集"间词语差异，并由此体现出语义内涵之间的区别。

1. 回忆录

回忆录在近代史中所存文献数量不大，而且教育领域的比例更小。但由于回忆者往往与人、事以及活动等以往有影响史实及迹象有亲身经历、体验深刻，故有独特价值。新中国成立后，全国及各地省、市为单位建立文史委员会，编辑、出版地方文史资料，有关教育专题的回忆录是其中重要部分，可惜缺乏整理。以下举例介绍与此相类作品若干，以发挥举一反三的推论功用。

（1）吴玉章著《吴玉章回忆录》，中国青年出版社 1978 年版。该书共收录十篇吴玉章的回忆文章，按照历史顺序编排，附录有吴玉章年谱。吴玉章，四川荣县人，曾任鲁迅艺术学院院长、延安大学校长、边区文委主任。新中国成立后，任中国人民大学校长、中国文字改革委员会主任等职。其中，从甲午战争到辛亥革命的回忆占了全书一半的篇幅：维新变法运动犹如昙花一现，他浮槎东渡，在日本成城学校求学，经历革命派和改良派的斗争以及开办《四川》杂志的始末等诸多事件。该书对于深入了解清末留日教育、民主革命派的教育思想和教育活动具有重要意义。

（2）左森、胡如光主编《回忆北洋大学》，天津大学出版社 1989 年版。北洋大学创办于 1895 年，是中国近代的第一所新式或西化大学。北洋大学自始即以美国哈佛大学和耶鲁大学为蓝本，应兴学救国之目的而兴办，旨在培养通晓西语、懂得科技的新式人才。该书收录回忆文章近 50 篇，作者多是卓有成就的北洋大学学子。其思想旨趣如编者"内容提要"中所述："文章资料翔实，笔调亲切感人，都是关于北洋大学历史和'实事求是'之校风的真实记载。本书不仅是五万余名校友切盼读到之书，同时也是大中学师生致力教育的参考书，更是近代教育史的宝贵资料。"❶

（3）叶宋曼瑛著，张人凤、邹振環译《从翰林到出版家——张元济的生平与事业》，商务印书馆 1992 年版。张元济是近代中国历史上卓有成就的典型人物之一，见证了清末、民国到中华人民共和国的变迁。全书除引言外，共10 章：引言介绍张元济在中国历史上的地位；第一章记叙张元济早年在广东和浙江的生活；第二章至第十章记述 1892 年至 1959 年张元济的事业，尤其是在出版与教育两大领域的贡献。

（4）中国社会科学院近代史研究所《近代史资料》编译室主编《五四运动回忆录》，知识产权出版社 2013 年版。该书收录了五四运动的亲历者王统照、于力、刘清扬等人所撰写的回忆文章，共 41 篇，其中 23 篇此前曾在报刊上发表

---

❶ 左森，胡如光. 回忆北洋大学 ［M］. 天津：天津大学出版社，1989.

过，18篇是首次发表的特约稿和采访口述记录。回忆录按照五四运动的酝酿爆发、运动在全国各地的发展、先进知识分子在五四时期的作用等顺序编排。这些回忆录较多反映了五四时期的学生运动及对教育的影响，如王统照《回忆北京学生五四爱国运动》、于力《北京高师参加五四学生游行示威的情况》、何长工《长辛店学生参加五四爱国运动的情况》、刘清扬《我对五四前后天津学生运动的几点回忆》、周新民写的《五四时期的安徽学生运动》、杨松写的《五四时期的武汉学生运动》、顾仲彝写的《一个教会中学的学生爱国活动》等文章。由亲历者具体生动地描述了五四时期的学生爱国运动，对于人们了解五四运动的历史意义，进行近现代教育历史研究，都具有重要的价值。

（5）叶至善著《父亲长长的一生》（修订本），四川文艺出版社2015年版。叶至善是叶圣陶长子，著名少儿科普作家、优秀编辑、优秀出版工作者。该书是在《叶圣陶集》撰成之后写作的，配合《叶圣陶集》并使之拓展丰富而构建完成的评述文本。作者记叙近代著名教育家、文学家叶圣陶的教育活动，尤其是教科书编写所作出的杰出贡献，内容详尽丰富。书中穿插叶圣陶各个时期的相关图片，图文并茂、形象生动，具有较强的可读性。叶至善在85岁高龄时写成该书，饱含儿子对父亲的深深怀念与敬仰。

（6）石鸥著《百年中国教科书忆》，知识产权出版社2015年版，收入"中国教科书发展史丛书"。该书是作者《百年中国教科书论》（湖南师范大学出版社2013年版）的姊妹篇，主要收录23套相对边缘、零散、没有处于历史舞台中央的课本。诚如作者在"前言"中对其写作思路及价值评议所称："这些教科书的编写者既有张之洞、蔡元培、陈独秀、刘师培等一度活跃在历史舞台中央的大家，也有虽然一直处于历史舞台的边缘，很少入今人法眼，但在教科书发展和教育发展中非常值得挖掘和纪念的旧学新人，如杜亚泉、陈子褒、蒋智由、施崇恩、辜天佑等。它们是对历史、对现实、对理想的记录，梳理它们，对于了解和研究我国教科书发展史以及教育发展史具有重要意义。本书图文并茂，澄清了一些教科书研究的误区，也尝试对某些教科书发展之谜进行破解，资料可靠，可读性强。"❶

（7）吴小鸥著《文化拯救——近现代名人与教科书》，商务印书馆2015年版。该书主要探讨近现代著名学者张之洞、严复、张元济、蔡元培、杜亚

---

❶ 石鸥. 百年中国教科书忆：前言［M］. 北京：知识产权出版社，2015.

泉、沈心工、刘师培、陆费逵、陈独秀、胡适、任鸿隽、陈衡哲、林语堂、陈立夫、叶圣陶等，与中小学教科书之间直接或间接的联系。书末附录"中国近现代教科书的部分编撰校订出版者名单""杜亚泉编译、编撰、编辑、译订、校订的部分教科书"。作者通过描述呈现近现代著名学者的中小学教科书或密切或偶然的不同角色扮演及作用发挥，反映在家国落后之际学者对中小学教育的重视及国家培养人才的重视，同时管窥大动荡大变革时代的知识分子对中国文化的传承与创新。书中附有大量人物图片与教科书插图，彰显厚重的史实基础，既能增强文本阅读兴趣，又加深了读者的体会与感悟。

2. 纪念集

中国近代教育史中纪念集类体裁的情形颇有雷同于回忆录状况或情形。不过，纪念集在校史资源中多见，学校办学既有制度、思想、活动，又有人物事迹，是相对集中的教育史料荟萃。在此略作描述：《邮传部高等实业学堂附属高等小学堂十周年纪念册》（上海文明分局 1911 年刊）、《通州师范三十周年纪念册》（南通师范 1923 年刊印）；《北京高等师范十周年纪念刊》（1918年）、《广东一中十周年纪念册》（1921 年）、《浦东中学二十周年纪念刊》（1926 年）、《交通大学四周年纪念刊》（1936 年）、《南菁六十周年纪念册》（1942 年）；《上海美专新制第十届毕业纪念专刊》（上海图书馆藏）、《浙江省杭州高级中学八十周年校庆纪念册》（杭州省立一中藏）、《北大二十周年纪念刊》《北大五十周年纪念刊》（均由北京大学档案馆藏）、《无锡私立竞志女学三十周年纪念刊》（无锡市图书馆藏）。此外，独立成册的纪念集一般集中于著名教育家，如蔡元培、王国维、陶行知、梁漱溟、杨贤江、晏阳初以及叶圣陶等，因其历史地位隆耀以及于当代影响很大，召开的学术会议成果以纪念集发行。此处不赘。以下举例若干纪念集以说明之。

（1）张明、李增珠主编《武训研究论集——第一、二次全国武训研讨会》，山东大学出版社 1996 年版。武训，清末山东堂邑（今山东冠县）柳林镇武庄人，靠乞讨敛金，先后兴办柳林、杨二庄和临清三处义学，成为举世闻名的"行乞兴学"的平民教育家。该书是对 1991 年第一次全国武训研讨会和1995 年第二次全国武训研讨会文章的收集和整理。"第一次全国武训研讨会"对武训的生平、历史地位、精神内涵、行乞兴学的影响及其现实价值等方面进行广泛热烈的磋商。"第二次全国武训研讨会"分为照片、题词、贺电、贺函、歌曲、前言与正文等部分，主要就如何正确评价武训、弘扬武训的兴学精神等主题进行全面深入的探讨。

（2）李增珠、张金光主编《丰碑永留人间——纪念武训先生逝世一百周年文集》，山东友谊出版社 1998 年版。1996 年 10 月在武训故乡——冠县隆重举行武训先生逝世一百周年纪念活动，该书是对此次会议文献的收录与整理。文集中作者对武训的兴学精神高度赞扬，并将其与当代的科教兴国战略相结合，阐述武训精神对当代教育的现实意义。武训不只是历史上的平民教育家，更是对今天教育大众化发展有亲和力的教育实践者。

（3）李泉、邢培华著《千古义丐武训》，山东文艺出版社 2004 年版，收入"齐鲁历史文化丛书"。全书分"少年时代""行乞积资""办学三县""纪念武训""后世评说"五部分，介绍并探讨"千古奇丐"武训的成长经历、艰辛办学的努力、地域社会的影响以及后人评说的多种声调。其中，"办学三县"篇对武训备尝艰辛创办义学的过程、资金筹集、学校管理、教学内容、教育产生的作用与影响等方面进行详细的阐述。该书有利于读者客观理解武训对中国近代教育事业的作用和武训精神的历史影响与现实价值。

（4）许纪霖、田建业主编《一溪集：杜亚泉的生平与思想》，生活·读书·新知三联书店 1999 年版。全书收录 26 篇记录杜亚泉生平与思想的文章，共分三部分：第一部分是杜亚泉的挚友、学生和家人的回忆、悼念性文章；第二部分是 20 世纪 90 年代以来对杜亚泉文化教育活动探讨的论文，反映学术界不同的观点和看法；第三部分是对杜亚泉生平、事业的考证性作品。书末附录"杜亚泉学术年谱简编""杜亚泉著作一览表""杜亚泉译著一览表""杜亚泉主编的刊物""辞典及编写的部分教科书一览表"。该书较早论述杜亚泉生平及活动，为杜亚泉教育思想的思考提供了参考资料。

（5）周武著《张元济：书卷人生》，上海教育出版社 1999 年版，收入"20 世纪文化名人与上海"。全书共九章，按照时间顺序记叙了张元济的书卷一生，每章列有标题，分别为：从京师到上海、走上现代出版之路、教科书革命、多事之秋、老新党与新潮流、新时代的旧学家、图书馆之梦、在国难中、迟暮情怀。在"教科书革命"中，论述了张元济以扶助教育为己任、谋划出版"最新教科书"、强调修身教育与人格关怀。书前附有张元济照片及手稿等图片 8 页。该书是探讨张元济教育思想与教育活动的重要文献，更为研究近代教科书史提供参考。

（6）海盐县政协文史资料委员会、张元济图书馆编《出版大家张元济》，学林出版社 2006 年版。该书收录两次研讨会（1987 年 10 月举办的"纪念张元济诞辰 120 周年学术讨论会"和 1992 年 4 月举行的"张元济学术思想讨论会"）的相关纪念文章和有关学术论文，共 79 篇。开篇是林尔蔚先生所作"发扬张元济精神"讲话稿。该书是纪念张元济诞生 140 周年和商务印书馆创立 110 周年的代表性作品，对扩大交流张元济的编辑出版及教育思想业绩，促进近代教育史、出版史的研究有一定意义。

（7）周秋光著《熊希龄与慈善教育事业》，湖南教育出版社 1991 年版。熊希龄，字秉三，原籍江西丰城县，先世屡官湖南湘西州县，遂入籍凤凰直隶厅（今凤凰县），故又名熊凤凰。全书共七章，书前有熊希龄相关图片多幅。历史学家、湖南师范大学资深教授林增平在"序言"中写道："熊希龄所从事的政治活动，也许有若干难免被人指责的瑕疵。然而，综其一生，权衡功过，可以用维新—济世—救亡作为主线来表述他的业绩。他是一位应充分加以肯定的历史人物。"第一章、第二章论述熊希龄政治生活和投身社会慈善事业的背景；第三章至第七章分析熊希龄北京香山慈幼院的创办、发展、教育实验活动、慈善观及教育思想。

（8）章华明主编《刘湛恩纪念集》，上海交通大学出版社 2011 年版。该书收录刘湛恩信件遗嘱，中外友人、学生的纪念及研究文章及诗词、部分纪念活动记录、信件、研究文章、附录等部分。刘湛恩在宗教界、教育界声誉很高，任沪江大学的第四任校长、第一任华人校长，是当时沪江大学在特殊时期合适而关键的人选，在沪江大学办学史上发挥了承前启后、沟通中外的关键作用，确保了沪江大学 10 年的快速发展。书前有刘湛恩的图片多幅。附录中收录传略及纪念活动概览。在日本侵华、国难当头之际，作为上海抗日救亡的领袖人物之一，刘湛恩不幸被暗杀。该纪念集对研究刘湛恩教育思想与教育活动、沪江大学校史有重要参考作用。

（9）房芸芳著《遗产与记忆——雷士德、雷士德工学院和她的学生们》，上海古籍出版社 2007 年版。该书为纪念亨利·雷士德先生逝世 80 周年而作。全书共四篇，包括：大亨雷士德的生前身后事，介绍雷士德在上海的 60 年、德和洋行的建筑遗产、大亨的遗嘱遗产及执行情况；雷士德工业职业学校和雷士德工学院的诞生，阐述第一所英国模式的技术学校、上海近代特色学校的发生过程；雷士德工业职业学校和雷士德工学院的创建和发展，叙述这两所兄弟学校工作情况、奠基和建造及教育成果；雷士德工业职业学校和雷士德工学院的学生们，探讨 Lester Boy 及其学校生活，还有建校 70 周年纪念特展。书末附录"亨利·雷士德先生遗嘱"、雷士德工业职业学校及雷士德工学院招生简章（1939/1940 学年度选摘）。书中多处附有插图。作者详细记述雷士德及其所创建的学校，在浩瀚的历史中选择细节感动世人，为研究中国近代传教士及教会职业学校提供可贵的资源。

第二节　传记、年谱

传记与年谱两者体裁风格及书写方式有别，可以分为传主或谱主自撰，或是后人追述、记录与探究以后撰述两种类型，前者的文献首创性更明显。这里的叙述传记与年谱内容主要是社会著名人士或教育领域之外其他专家学者的相关著述文字，直接属教育家身份角色的人物材料将在下编呈现。

传记是一种常见的文学体裁形式，古称"亦文亦史"或"文史不分家"，因此与历史关系密切，某些写作年代久远的传记常被人们当作史料看待。传记主要记述人物的生平事迹，根据各种书面的、口述的回忆以及调查访谈所得等相关材料，加以选择性的编排、描写与建构而成，包括一般的传记、自传、评传、人物小传、人物特写、回忆性及文艺小说化的传记，等等。自传体传记是传记的一种，是某人自己写的记载自己生活经历的文章，也叫自传，如《马克·吐温自传》、卢梭《忏悔录》，末代皇帝爱新觉罗·溥仪的《我的前半生》，还有《胡适自传》《沈从文自传》等。有些自传则是以记载自己生活中的某些片断或某一方面的经历为主，这一般称为自述，如《彭德怀自述》。年谱，是按年编著生前主要事迹，即哪一年发生在谱主身上的重要事情，与人交往，或是从事主要活动功业。通过年谱可以了解其生平事迹、思想及价值理想等多方面内容。许多政治家、文人、教育家有多部年谱留存，可以加以选择利用。

一、传记

传记，多为传主本人或其后人及门生弟子所作，对其生前事迹进行记述，包括家世、生平功绩、交友、喜恶及他人评价等。由于传主自身或其他作者对史实及历程了解较深，所记之事失实者少，较为真实可信。

中国纪传体史书发达，源远流长，历代都有传记流传下来，其中包含丰富的教育史料。以清代为例，《清史列传》80 卷，记录从清初到清末 3129 人的传记，分为宗室王公、大臣、忠义、儒林、文苑、循吏、贰臣、逆臣八类；李桓编《国朝耆献类征初编》720 卷，附《国史贤媛类征初编》12 卷，搜求清初至道光朝一万余人传记；李元度编《国朝先正事略》60 卷，包括 1108 人传记；中华书局、辽宁人民出版社组编《清代人物传稿》，中国书店版《清代七百名人传》等同样是人物传记的煌煌巨作。其他近代人物传记著名者有：郑云山等编《中国近代名人小传》、中华书局编《民国人物传》、苏同炳编《中国近代史上的关键人物》等。人物传记中与教育史较有关系的有：湖南教育出版社组编《中国现代教育家传》、冯天瑜著《张之洞评传》、王栻著《严复传》、刘厚生著《张謇传记》、章开沅著《张謇传》、朱昌峻著《近代中国改良派张謇（1853—1926）》、夏东元著《郑观应传》、周天度著《蔡元培传》、王有为著《章太炎传》、丁韪良著《李提摩太》、科维尔著《丁韪良：在中国的一个进步先驱者传记》、顾长声著《从马礼逊到司徒雷登》以及余子侠著《山乡走出的人民教育家：陶行知传记》，等等。这些材料对于了解近现代教育家的生平和事业很有帮助。上述介绍的文本有些属于重要历史人物而关注教育者，有的则是专业或职业教育家。

有些传记并非独立成册，而是依附或登载于其他典籍书刊之中，这是不能忽略的。如《第一次中国教育年鉴·戊编》"教育杂录第九，教育先进传略"（开明书店 1934 年版）分别记录：姚名达《康有为传略》；贺昌群《严复传略》；范源濂《范源濂传略》；袁嘉谷《卧雪堂文集》卷 12《王静安国维列传》（光绪三十四年（1908 年）石印本）；朱树人《记梅溪学校》卷 18《张焕纶传》（《中华教育界》1914 年 11 月号）；齐如山《记同文馆》附《北京大学五十周年纪念特刊》及《齐如山自传》（1954 年）；沈恩孚《张焕纶传》（《沈信卿先生文集·摹悟轩文存》卷 4）；黎晋伟《容闳传——中国第一个留学生之一生》（（台北）《传记文学》第 23 卷第 3 期，1973 年 9 月）；范寿康《经亨颐先生传》（《范寿康教育文集》，浙江教育出版社 1989 年版）；郑鹤声《张之洞氏之教育思想及其事业》（《教育杂志》第 25 卷第 2～3 期）；周邦道《近代教育先进传略》（初集）（中国文化大学出版部 1981 年版）。清末教育改革源于日本，出版日本教育家传记及经由日本介绍的欧洲教育家传，如：横山健堂《嘉纳先生传》（1941 年）；增田实《松本龟次郎先生传》（1951 年）；平野日出雄《日中教育之桥梁——松本龟次郎传》（1982 年）原版，北京时事出版社 1985 年版；下田校长先生传记编辑所《下田歌子先生传》（1943年）。德国海尔巴脱（赫尔巴特）派阶段教授法理论和实践大都译自日本大濑甚太郎、汤本武比古著《德国教育学大家海尔巴脱传》（1904 年）等。

（一）清代人物传记

清代人物传记材料比较丰富，清代传记资料中有相当大比例属近代史范畴，尤其是许多名臣与教育有关，如李鸿章、左宗棠、沈葆桢、张之洞等，别传或其他人物资料可补正传之遗漏。由于人物传记复杂多样，拟加以必要分类，分别叙述。

以下拟分主要时段及类目对近代教育家及教育人物传记加以举要呈现。

1. 综合类传记

（1）阮元等编《畴人传》，初创于嘉庆四年（1799 年）；之后，阮氏门人罗士琳编《续畴人传》，完稿于道光二十年（1840 年）；又有诸可宝编《畴人传三编》，完稿于光绪十二年（1886 年）。至 1898 年，黄钟骏编撰《畴人传四编》。后来这四本书合刊，统称《畴人传》，总计 46 卷、续传 6 卷、三编 7 卷、四编 12 卷，有"国学基本丛书"本。商务印书馆 1955 年出版各书的排印本。阮元等编《畴人传》是中国第一部记录自然科学家的传记集，自传说中的上古伏羲起，到清代中期戴震止，共 243 人，末卷 4 附有传教士 15 人和西方科技人物 22 人。该书是探讨中国古代科技史、古代职业教育史的重要史料，更是中国近代私学教史资源的前期积累。

（2）清史馆组编，赵尔巽主修，柯劭忞、缪荃孙等总纂《清史稿》536卷。该书按《史记》纪传体纂修，体例编排大致依照《明史》，但又有所创新，主要收辑自清太祖努尔哈赤在赫图阿拉建国称汗，至 1912 年清朝灭亡史料。其中，"本纪"25 卷，"志"142 卷，"表"53 卷，"列传"316 卷。后附有清史稿发刊"缀言""清史馆职名""清史稿校刻记"。该书不仅详细地记载皇朝的军国大事，而且创建"宣统纪"的新格局。该书为清代历史积累了丰富的素材，这些都是值得称赞的。但作者基本上站在清王朝的角度书写历史，所以在参考时要注意内容的客观性。另外在编辑时，参与人数众多，彼此沟通不够，完稿后没有经过仔细的统稿及修改，全书体例不一，史实、人名、地名、年月日的错误遗漏很多。编者的大部分材料选编《清实录》《清会典》和一些档案等资料，汇集之后，又加以初步整理，便于读者能够详细系统了解有关清代历史变迁。如《清史稿》"选举志二"记录洋务运动时期京师同文馆、上海广方言馆、福州船政学堂、天津水师学堂、天津武备学堂、广州水陆师学堂的办学背景、科目设置以及办学者等相关内容。1901 年后，袁世凯等封疆大吏提议以学制融合科举，并进一步废科举、开学堂，得到新派官绅及知识界的响应，政府教育官员如张之洞、张百熙等制订学堂章程，并经政府下诏执行。废科举兴学堂，科举最终瓦解，学制建立并在各地推广。与之相应，西方近代的教育理论、课程、组织方法及评估标准引入中国教育，教育宗旨的制定与教育机构的重建，标志着近代教育制度的确立。

赵尔巽主修《清史稿·列传》316 卷，中华书局 1977 年版。这是中华民国初年由北洋政府设馆编修的记载清朝历史的正史《清史稿》最重要部分，以纪传为中心。晚清著名教育家如李鸿章、李端棻、张之洞及张百熙在里边都有其独立的传记。以张之洞为例，《清史稿》列传第二百二十四《张之洞列传》第一段如下：

> 张之洞，字香涛，直隶南皮人。少有大略，务博览，为词章，记诵绝人。年十六，举乡试第一。同治二年，成进士，廷对策不循常式，用一甲三名授编修。六年，充浙江乡试副考官，旋督湖北学政。十二年，典试四川，就授学政。所取士多俊才，游其门者，皆私自喜得为学途径。光绪初，擢司业，再迁洗马。之洞以文儒致清要，遇事敢为大言。俄人议归伊犁，与使俄大臣崇厚订新约十八条。之洞论奏其失，请斩崇厚，毁俄约。疏上，乃褫崇厚职治罪，以侍郎曾纪泽为使俄大臣，议改约。六年，授侍讲，再迁庶子。复论纪泽定约执成见，但论界务，不争商务，并附陈设防、练兵之策。疏凡七八上。往者词臣率雍容养望，自之洞喜言事，同时宝廷、陈宝琛、张佩纶辈崛起，纠弹时政，号为清流。七年，由侍讲学士擢阁学。俄授山西巡抚。当大祲后，首劾布政使葆亨、冀宁道王定安等黩货，举廉明吏五人，条上治晋要务，未及行，移督两广。

（3）王钟翰校阅《清史列传》80 卷，上海中华书局 1928 年印行。此书记录了自清朝开国功臣费英东、额亦都起，直至清末李鸿章等为止的 2894 篇传记，其根据大多出自清史馆《大臣列传稿本》《满汉名臣传》《国朝耆献类征初编》。《清史稿》的多数传记叙事简略，《清史列传》一般要详尽得多，在某些方面还可纠补《清实录》的缺失。所收录的人物有不少属于办学、主管教育、科举考试以及书院讲学的学者或教育家，如刘沅、毕沅、毕振姬等都不同程度与上述相关领域有关系，其作用和影响以正向积极为主。一些人物传记中还采编了教育文献，补充其他记录之局限。例如《清史列传》卷52收录同治九年（1870年）《英桂、沈葆桢奏请特开算学科》，反映了19世纪70年代洋务运动新教育活动，提倡引进西学以改革科举的选士模式。

（4）李恒撰《国朝耆献类征》720卷，光绪十年（1884年）刻本。同治六年（1867年）开始编写，光绪九年（1883年）完成初稿，历经17年成书。李恒是世家贵族子弟，家中有大量藏书。该书的体例编排设计为凡清史馆有本传者采入首列，然后再选编私家文集中的碑传、墓志铭等素材。其中记载清太祖天命朝（1616—1626年）起至道光三十年（1850年）200余年的近万名人物事件，虽然近代史只是开了一个头而已，但查阅道光年间的人物仍是十分有价值的。

作者编排内容宏富，既有官方的人物传记，也包括其他各种体裁的人物思想及活动资料，涉及朝政、典制、德行、艺能、言行的满汉臣工士庶等，只要有记录皆收录。❶ 该书总目20卷，分为3册；通检10卷，附满汉同姓名录一卷，分为6册，总计全书720卷，294册，后附增《国朝贤媛类征初编》12卷。该书史料翔实，规模庞大，是一部大型的人物传记汇编。

（5）李元度撰《国朝先正事略》60卷，同治年间（1862—1874年）刊本，民国山东官印局排印本。李元度，汉族，湖南平江人，字次青，又字笏庭，自号天岳山樵，晚年更号超然老人，清朝大臣，学者。他少年得志，18岁中秀才，青年步入官宦仕途，23岁以举人官湖南黔阳县教谕，著有《天岳山馆诗集》12卷、《四书广义》64卷、《名贤遗事录》2卷、《南岳志》26卷等。《国朝先正事略》完稿于同治五年（1866年），由曾国藩作序，荟萃清朝一代有关文献材料，堪为巨著。还主纂同治《平江县志》《湖南通志》。

该书收录清朝年间的有关文献材料，取材偏向于私家传志、家谱、地方志等，还参考史馆列传、诸家文集及郡邑志乘等，分为名臣、名儒、经学、文苑、遗逸、循良、孝义七类。内容丰富，具体囊括清朝开国至同治年间248年的1108位重要人物，其中正传500人，附传608人。作者写作风格对人物的描写主要采用生平活动、勋绩议论、嘉言懿行等结构体例加以呈现，每人单列传记加以叙述，如范文肃公文程、子忠贞公承谟、承勋、孙时崇、时绎、张问

---

❶ 冯尔康. 清代人物传记史料研究［M］. 天津：天津教育出版社，2005：103－111.

陶、林则徐、顾炎武、王夫之、戴震、黄宗羲等人传略皆在其内❶。这是咸丰以前清代著名人物的传记综合性史料文本，对近代教育史研究而言，道光、咸丰朝教育界名流朔望可从中发现较多的原始资料，对于研究清史，尤其是研究清代中期人物很有参考价值。

（6）缪荃孙撰《续碑传集》86 卷，宣统二年（1910 年）江楚编译书局刊本。该著体例仿钱仪吉《碑传集》（164 卷），台北艺文印书馆影印江苏书局校刊本，收录清初至嘉庆年间共 1680 人。该书比较早，与近代史关系不大，但分类又略有不同。其中删宗室、功臣、逸民三类，合并理学、经学为儒学一类，易曹司、方术为曹属、艺术类，增客将一类，收华尔、戈登等四人。1923 年闵尔昌又撰《碑传集补》60 卷，1932 年燕京大学国学研究所铅印本。该书继钱仪吉《碑传集》、缪荃孙《续碑传集》编纂而成，是前两本书的续编，计收清初至民国人物 786 人，而以清末人物居多，试图弥补其不足。

缪荃孙，字炎之，字筱珊，号艺风老人，原籍江苏江阴（今江阴市）人，光绪二年（1876 年）进士。曾任京师大学堂学监，奉命创办京师图书馆。清帝逊位后，流寓上海。著有《艺风堂文集》8 卷、《近代文学大纲常州词录》等。闵尔昌，字葆之，号黄山，江都（今江苏扬州市）人，秀才出身，文史名家，近代诗人。清末任袁世凯府幕僚，民国时期任北京总统府秘书，张作霖任军政府大元帅时辞职，转任北京辅仁大学（后并入北京师范大学）中文系讲师。

《续碑传集》为道光、咸丰、同治、光绪四朝人物传记，共收入 1111 人。起自光绪七年（1881 年），迄于宣统二年（1910 年），收录道光至光绪四朝宰辅、部院大臣、内阁九卿、翰詹、科道、曹属、督抚、河臣、监司、宁令、校官、武臣、忠节、藩臣、客将、儒学、文学、孝友、义行、艺术、列女等各类人物。《碑传集补》为作者穷 10 年之力，补辑清代人物传记，分宰辅、部院大臣、内阁九卿、督抚、守令、忠节等 26 类。素材资源源自清末民国初年人物碑铭、传记为主。较钱、缪二编所增类目有使臣、党人等：使臣一类收入薛福成、黄遵宪等人；党人一类收入秋瑾、林觉民、陶成章等人。三书汇集清代民初重要人物碑传文因素，内容详细，时间明确，可补史传不足，为探索近代教育家生平活动必不可少的资料。

---

❶ 冯尔康. 清代人物传记史料研究［M］. 天津：天津教育出版社，2005：41.

（7）清史编委会编《清代人物传稿》（上、下编）10 卷，1984 年中华书局陆续出版。该书为新中国成立以来的清代大型人物传记著作。该书确立以叙事为主的写作原则，采用寓观点于事实的写法，尽量写事，避免空发议论。每篇传记的编写，依据大量的原始资料，力求翔实可靠。所收人物时间，起于努尔哈赤在东北兴起迄于清朝覆亡 300 余年间约 2000 名重要人物，各人物传字数由 1000 至 50000 不等。其范围主要包括：皇室贵族、军机大臣、大学士、部院大臣、出使大臣、总督、巡抚等；少数民族、宗教界、华侨、金融、工商代表；著名思想家、科学家、文学家、艺术家、教育家等；资产阶级改良派、革命派的重要人物；知名外国传教士、使节等。由此可见，立传对象比清代官修传记和《清史稿》编写传记的思路都要开阔，在大臣、名人、学者之外，对民族、宗教、民众运动、科学技术、中外关系、金融工商、女性各个领域人士多加关注。其中，上编收入 1840 年以前的清代人物，与近代教育史关系疏远；下编收入 1840 年以后的清代人物，属近代教育史重点查阅范围。这是新中国成立以来学术界对清代人物的研究成果，可供梳理中国近代教育思想、制度及人物活动的参考。

《清代人物传稿》所收的人物有大量的教育家或与教育事业紧密相关者，下编十卷所列的人物均属近代史的范畴，其中的教育家或教育人物也是教育专史的重要资源。以下按照该书卷次的顺序设计并围绕教育史的相关度加以遴选，列举其中的重要人物：林则徐、左宗棠、沈葆桢、郭嵩焘、谭嗣同、秋瑾、邹容、陈天华、容闳、龚自珍、郑观应、黄宗宪、詹天佑、徐寿、徐建寅、马礼逊、赫德、李提摩太、李鸿藻、刘坤一、张之洞、张佩纶、宋恕、李善兰、廖寿丰、端方、章太炎、丁韪良、刘铭传、张百熙、夏曾佑、叶澄衷、陈兰彬、丘逢甲、袁世凯、康有为、汪康年、汤化龙、于右任、章士钊、王国维、吴昌硕、马相伯、荣德生、经元善、林乐知、奕䜣、劳乃宣、岑春煊、魏源、欧榘甲、黄宗宪、欧阳竟无、倭仁、荣庆、锡良、蒋方震、孙中山、华蘅芳、盛宣怀、唐文治、严修、汪凤藻、徐世昌、吴雅晖、莫友之、辜鸿铭、叶德辉、刘师培、武训、卫三畏、伯驾、威妥玛、日意格、德克碑、李鸿章、洪秀全、蔡元培、梁发、陈礼、冯桂芬、王韬、王先谦、梁启超、黄侃、裨治文、李佳白、福开森、毛鸿宾、刘春森、孙家鼐、翁同龢、洪仁玕、马君武、俞樾、杨守敬、缪荃孙、陈炽、严复等。从中可以看出，时间上从鸦片战争至清末各历史时期教育运动的方方面面都有相关人物的演出，角色不一、作用不等、影响各异，但时代教育弄潮儿的鲜活个性及事业作为却同样栩栩如生，其中不少还影响至民国时期，贯穿整个近代历程。内容和专题领域大凡此期的书院教育、私学教育、留学教育、科学教育、古典人文教育、教育法规政策、学制建立、各项教育制度或办学类型以及教育实验、教会教育等方面都有精彩的呈现。

（8）蔡冠洛编著《清代七百名人传》（上、下册），中国书店 1984 年版。该书介绍许多清代及近代知名的教育家和思想家。例如在康有为传中写到："有诗家所不敢吟，不能吟者，以狂荡豪逸之气，连偃强奥衍之笔，如黄河九曲。浑灏流转，崖激波飞，跳踉啸怒，诗外常若有人也。自负先知为文章，誉己不容口，喜以孔子学说衡量欧美宗教道德政治风俗。虽不免过当而要期于转世长民拂俗匡时足以资论证备考镜。"❶ 附编有帛黎、日意格、赫德等外人传。附录有清代大事年表、清代各朝名人分配表、清代名人地域分配表、清代名人分类统计表、清代名人异名谥法检查表。该书是研究清末教育家及教育思想的重要工具书。

2. 断代、专题类传记

断代、专题的用词有一定的模糊和相对性。这里的语义取近代中国某一时段及在此时空范围之内聚焦某一问题及对象所作探索文本的呈现。

（1）朱孔彰撰《咸丰以来功臣别传》30 卷，光绪二十四年（1898 年）渐学庐石印本。朱孔彰，江苏吴县（今苏州）人，字仲我，原名孔阳，字仲武，晚号圣和老人，光绪举人。父骏声，通经学、小学，少承家学。咸丰十年（1860 年）任曾国藩幕僚，留营读书，旋襄校江南官书局（后改组为江楚编译局）。在研治儒学经典之余，留心掌故实事，搜求咸丰、同治以来名臣将帅事迹，撰成《中兴将帅别传》。光绪年间（1875—1908 年），刘坤一聘修《两淮盐法志》，冯煦聘修《凤阳府志》，兼主淮南书局。历任江楚编译局、江南通志局协修等。宣统元年（1909 年）掌教安徽存古学堂，民国后受清史馆聘请撰《清史稿》传记数十篇。

书中撰述咸同年间（1851—1874 年）重要人物，如李鸿章、曾国藩、胡林翼、左宗棠等近 200 人传记，歌颂其中兴功绩。由于作者生平活动处于洋务运动、维新运动以及清末新政历史剧烈变迁和教育波澜壮阔运动热潮间，所涉

---

❶ 蔡冠洛. 清代七百名人传：下册［M］. 北京：中国书店出版社，1984：1916.

猎的内容事件素材与近代教育的西化转向和传统冲突十分密切，因此，特别有助于丰富近代教育史专题的认识。其中，江楚编译局是维新运动以来官方编译局中西学术交流与抗争的汇聚之地，所刻印和流通的作品前期以经典和理学著作为主，后期则逐渐转向西学传播和日文书籍的翻译。同时，还编印了不少新式学堂的教科书，对清末学校教育新课程计划的实施产生促进作用。这些活动对清末1902年京师大学堂编译书处和1906年学部编译图书局的官方教科书出版审查活动都有延续关联的内在脉络。

（2）徐世昌主编《清儒学案》208卷，上海文明书局1938年印行。该书收录从明清之际至清末民初的1169人，分为"正案""附案""诸儒案"三部分。"正案"包括孙奇逢、黄宗羲、顾炎武、王夫子、颜元、戴震、龚自珍以及曾国藩、张之洞等179人。"附案"包括傅山、惠栋、刘宝楠等922人。"诸儒案"包括费密、唐甄等68人。该书作为探讨清代教育学术史和清代名儒思想家的重要史籍，应予高度重视。

（3）陈作霖编纂《金陵通传》45卷，补遗4卷，光绪三十年（1904年）刊本。陈作霖，字雨生，号伯雨，晚号可园，江苏江宁（今属南京市）人。光绪元年（1875年）举人，历任南京奎光书院、尊经书院、崇粹学堂等处主讲、堂长。著有《可园诗存》《词存》《文存》《寿藻堂诗集》等。《金陵通传》末附其子诒绂撰《金陵通传姓名韵编》。该书博征史乘、志谱、笔记和小说，记叙先秦至清光绪年间金陵（辖境相当今江苏南京市和江宁、句容、溧水、溧阳、高淳等县地）代表人物生平事迹，以仕宦、儒林、文学、孝悌等类别，辑为通传。凡事迹相近者编为一卷，为金陵地方人物资料汇编。

南京自古繁盛，号为六朝古都，李白诗篇《登金陵凤凰台》对此做了描述："凤凰台上凤凰游，凤去台空江自流。吴宫花草埋幽径，晋代衣冠成古丘。三山半落青天外，二水中分白鹭洲。总为浮云能蔽日，长安不见使人愁。"钟山风雨，大江浩荡，实为南北东西交汇之锁钥。自明代以后或为皇都或为陪都，清代虽定都北京，但此地仍然是文史教育昌盛，蔚为南国的第一都市。近代洋务运动南京也是一个中心，洋务学堂以及维新教育次第兴办，都发挥表率和引领的作用。端方、张之洞任两江总督期间所举办的教育事业影响全国。义和团运动时期北方陷入战乱以及新教育的停滞状态，而南京却因"东南互保"而得以超然世外，新教育尤其是教会教育呈现发展态势。同时，南京又是一个古典文化浓厚、传统文化教育顽强存在的地域，孔尚任的剧作

《桃花扇》所描绘的科举教育和书院教育以及士人的习尚风气之保守就是一个典型的例证。如《金陵通传·朱氏传》所载："朱胤昌，字嗣宗。其先吴人，父廷佐，字南仲。他与周顺昌友善，以诸生应南都乡试，为胤昌缔姻何氏，遂移居金陵，著有《孝经》《左传》《史记注》《海运备考》《春雨堂集》。胤昌读书以实践为本，深虑有远识。"

（4）汤志钧编《戊戌变法人物传稿》（上、下册），中华书局 1982 年版。研究戊戌变法人物活动、事迹及著述非参考该书不可，而维新教育的素材在其中比重较高，显示教育改革的作用被高层统治者重视。

（5）方豪著《中国天主教史人物传》，宗教文化出版社 2007 年版。天主教自从明末清初在中国传开，来华传教士甚多，其中颇有一些人深知如何结合中国国情进行传教，使西方教会于清代在中国立稳脚跟，也有一些华人教徒成为知名之士。作者于 20 世纪六七十年代陆续撰写天主教在华人士的传记，每写一篇，即在香港《公教报》发表，每星期一篇，开始每篇约一千二百字，后来写得多了，字数大增，每篇有达几千言的。1967 年汇编成《中国天主教史人物传》第一册，1970 年汇成第二册，1973 年汇成第三册。其中，有的传记是在汇编成书时所写，并未在报纸刊出过。书的内容，第一册为明代人物，第二、第三册则是清代人物，或虽生于明末，然而主要事迹在清代。后两册分别收录相关名人 72 位、154 位，计 226 位。周骏富于 1985 年将后二册合编，题名《中国天主教史人物传·清代篇》，收入《清代传记丛刊》印行。方豪所指的在华天主教徒，主要是指西洋人，凡清代在华的著名传教士大多能在书中找到他们的身影；亦有佟国器、佟国纲、王者佐等华人信徒。编者所作传文充实，对史实加以考辨求证。该书属研究中国天主教史的直接素材，更是研究中国教会教育史的重要文献。

3. 专人类评传

（1）罗光著《利玛窦传》，辅仁大学出版社 1959 年初版。该书是一本文学传记，在查阅大量史料、以史实为根据的基础上，运用小说家的观察力与描写力，剪裁历史，生动地记叙了利玛窦的一生，使利玛窦的性情嗜好、言语行事、思想学识等跃然纸上。罗光，湖南衡阳人，早年留学意大利罗马传信大学、拉德朗大学，获神学、哲学、法学三科博士学位，在传信大学任教 25 年。1961 年任台南天主教主教，1967 年任台北总主教，1978 年任辅仁大学校长。该书是研究利玛窦的宝贵参考资料。

（2）刘厚生著《张謇传记》，上海书店出版社 1985 年出版。全书共五章，论述了幼年、少年、中年和老年时期张謇的活动业绩，尤其是教育成就。全书涉及与主人公人生及办学事业直接或间接联系的国际形势、政治背景、社会经济情况以及政治人物等大量材料，可供中国近代教育史研究之参考。

（3）朱鹰著《武训传》，中国戏剧出版社 1997 年版。全书共 15 章，附录有 1949 年以前、解放初期、"文革"以后三个时期对武训的评价，以及武训先生年谱和武氏世系。作者在充分占有可查考的文献基础上，立体展示 100 多年来被称为"千古奇丐"武训的内心世界，描绘其一生办学的曲折经历。

（4）王韬著、孙邦华编选《弢园老民自传》，江苏人民出版社 1999 年版，收入"中国学人自述丛书"。该书第一部分为"综述"，概述王韬大半生的经历；第二部分至第五部分，按照时间为经、事件为纬的顺序，描绘其生平、家世、活动及思想等方面内容；第六部分选取王韬早年和晚年学习和生活的典型素材，从而再现一个真实多彩、至诚至性的王韬。书末附录"王韬年谱"。作者对自身的教育经历着墨较多，如"随父读书""科举考试的心路历程""评汉、宋之学（争）""译书、交游、信教（日记摘录）""漫游泰西""牛津大学演讲""佐译儒经""东游扶桑""掌院格致书院"等，从中反映新旧交替时代教育转型中复杂因素的影响。该书材料主要来源于《弢园尺牍》《弢园文录外编》《王韬日记》《漫游随录》《淞滨琐话》《格致书院课艺》《西学辑存六种》以及王韬晚年致友人书信中的记录，内容翔实丰富。

（5）卫春回著《张謇评传》，南京大学出版社 2001 年版，收入"中国思想家评传丛书"。全书共 11 章，分为生平篇和思想篇两部分，约 30 万字。生平篇再现了张謇从一个传统士绅向新兴产业阶层转变的过程；思想篇则从政治、教育、哲学、文化、经济诸多领域深入分析其辉煌事业及其思想基础。附录人名索引和词语索引。作者注重探讨张謇的教育活动及思想主张：创办通州师范，以求普及教育，对南通和周边地区教育的发展起到了重要的推动作用；"图存救亡，舍教育无由"的认识；对师范教育、普通教育、实业教育的若干看法，教育观和教育管理等。同时作为一个转型期人物，作者对张謇思想行为中创新与守旧俱存的矛盾冲突也进行了深入分析，以恰如其分地厘定他在思想史上的地位。

（6）范继忠著《孤独前驱——郭嵩焘别传》，人民文学出版社 2002 年版，收入"近代名士别传丛书"。全书共九章，描摹晚清湘人郭嵩焘孤傲的一生。

他有着颇为复杂的人生经历和较为丰富的精神世界，可称为中国职业外交家鼻祖、近代洋务思想家、特立独行的诗人兼学者等。作为近代中国倡行洋务的第一人，他力倡"夷语""一诚可使豚鱼格"；在其海西之游中，作为东方的儒者，主张洋务派"格物致知"，提出"伤哉！中国"。郭嵩焘复杂多变的人生经历，是晚清社会中西矛盾、新旧价值观念剧烈冲突的缩影。作者在严格挖掘史实的同时，用细腻的笔触深刻展示郭嵩焘的事迹与真性情，文字表达感人至深。

（7）王章涛著《阮元评传》，广陵书社出版社 2004 年版。全书共五章，评述阮元一生的经历及活动业绩。阮元出生并世居扬州府城（今属江苏省扬州市），一生活动及资望可概括为"九省疆吏，三朝阁老，一代名儒"，融"政事、要位、学绩"为一体。作者详尽评述了传主教育思想和教育实践，认为阮元否定科举制度和八股文，选拔实学奇士，重用专门人才。阮元又主张实学、实用，推行实政、实事及实行的教育思想方法，强调因人施教，重视自然科学知识教育。

（8）谢放著《张之洞传》，广东高等教育出版社 2004 年版，收入"近代历史与社会文化转型丛书"。作者在《中体西用之梦——张之洞传》（四川人民出版社 1995 年版）的基础上，进一步挖掘史料，增写三章，并对其他章节也做了较多的修改、增补甚至重写。全书共 17 章，勾勒张之洞波澜壮阔的一生，当中有较多对张之洞教育思想和教育实践的评述，如"学官开风气"章节中，主张创办尊经书院、协调经世之学与西学的关系；在"育才求新学"章节中，创办自强学堂、发展实业教育、派遣留学生；发表《劝学篇》；废科举与订学制；讨论"中体西用"与文化教育等。该传记资料对晚清名臣、清流派自居的张之洞思想研究而言，意义重大，为研究张之洞教育思想和教育实践提供宝贵资料。

（9）虞和平主编《张謇——中国早期现代化的前驱》，吉林文史出版社 2004 年版，收入国家清史编纂委员会编撰"清史研究丛刊"。全书共九章，第一章、第二章从张謇自身的现代化素质层面探讨其潜在的现代化素质及养成过程；第三章至第六章从个人现代化事业及其价值意义层面分析张謇的大生资本集团、盐业改革、教育活动和民主政治活动等多方面业绩及成效；第七章至第九章从教育与国家现代化进程层面论述张謇担任农商总长时期的实业教育与经济改革贡献。作者通过张謇以教育为中心区域社会现代化及其影响所进行的探索，建构近代张謇领导教育与南通区域现代化模式，不仅具有地方社会发展的经验价值，而且拓宽近代人物史的视野。

（10）郭明道著《阮元评传》，社会科学文献出版社 2005 年版，收入"扬泰文库"。全书分为"生平篇"和"学术篇"两部分，共 19 章，论述阮元这位享年 86 岁、颇带传奇色彩的学者型官员的官场生涯与学术成就，书末附阮元年表。阮元怜才爱士、奖掖寒俊，曾任会试副总裁，而且重视藏书、传播文化。作者详尽探讨阮元创办清代乾嘉时期考据学派代表性书院——浙江杭州诂经精舍、广东广州学海堂的教育实践，深入分析其"经世之具"的人才、德育、经学教育，因材施教、自由探讨的教学方法，破旧立新的教育体制等诸多方面教育思想，并对阮元在清代教育史上的重要地位给予充分肯定。

（11）顾长声著《从马礼逊到司徒雷登——来华新传教士评传》，上海书店出版社 2005 年版。全书收录了 29 名基督教新教传教士的活动业绩，在中国近代社会的大背景下对他们的生平进行述评，分析了他们在近代中国社会的活动及其影响，内容涉及教育、文化、慈善、哲学、军事等多个领域。该书是研究近代传教士来华传教兴学的资料。

（12）杨自强著《学贯中西——李善兰传》，浙江人民出版社 2006 年版。李善兰是晚清浙江著名的教育家、翻译家、科学家。该书将李善兰的一生分为硖川岁月、天算名家、海上异民、墨海译事、书馆译友、幕僚生涯、算学教习几个重要节点进行论述。书末附录"李善兰大事年表"。在墨海译事篇中，记叙李善兰在墨海书馆工作时采用西译中述之模式，翻译《几何原本》《重学》《代数学》《代微积拾级》《谈天》《植物学》《奈端数理》，首创译名等实绩。在幕僚生涯篇中，描述李善兰在金陵书局的经历。在算学教习篇中，论述李善兰进入京师天文馆担任教习，并在任教期间考数理四法、合中法为一法等事迹。李善兰对中国近代数学、天文、植物学等学科建设与发展作出重要贡献，被称为"中国近代科学的先驱者"。作者在纷繁复杂的史料中，抽丝剥茧般抽离出李善兰的一生，是研究中国近代科技教育及课程史的重要参考资料。

（13）郑海麟著《黄遵宪传——附黄遵楷传》，中华书局 2006 年版。全书共 11 章，系统勾勒近代著名教育家、诗人黄遵宪的人生经历。作者征引黄遵宪著作、传记、年谱、档案、史料、相关论著、译著、外文著作以及相关论文等文献，加强了论据的力量。该书对教育思想及活动进行重点论述，例如在"黄遵宪与戊戌维新运动"章节中，着重探讨他参加强学会、创办《时务报》、参与维新派兴学运动及地方教育的各种实践。

（14）夏春涛著《从塾师、基督徒到王爷：洪仁玕》，社会科学文献出版社2007年版。1978年上海人民出版社出版郦纯《洪仁玕》，1982年上海人民出版社出版沈渭滨《洪仁玕》。在前辈学者成就基础之上，夏书以共十章篇幅，对洪仁玕的一生及其历史地位和影响做了全面深入的考察。附录有洪仁玕著作目录、主要参考书目。从塾师、基督徒到太平天国的王爷，构成洪仁玕的人生三部曲。该书在大力挖掘中外文资料的基础上，对洪仁玕的人生轨迹和心路历程做了迄今最为详细的考察和分析。作者更是对洪仁玕的文化思想进行了详细阐述，他尝试糅合儒耶、反省中国传统文化，极具时代特色。同时，作者对洪仁玕与洪秀全的思想进行了比较研究，提出了不少新论点。该书为有志于研究洪仁玕思想的学者提供了材料。

（15）梁启超著《李鸿章传》，百花文艺出版社2008年版。全书共12章，叙述李鸿章一生的经历。书末附录"李文忠公鸿章年谱"。该书仿照传记体例，记载李鸿章一生行事，并加以论断，使读者知其为人。近代从洋务运动至清末新政改革许多重大事件都与李鸿章有关系，故为李鸿章作传，能在一定程度上反映中国近代社会的变迁。作者在综述时代特点和李鸿章历史地位的场景下，着重分析兵家之李鸿章、洋务时代之李鸿章、中日战争时代之李鸿章、外交家之李鸿章、投闲时代之李鸿章等，最后论述李鸿章之末路和李鸿章与古今东西人物比较、李鸿章之轶事、李鸿章之贡献等。该书对研究清末新教育历史有重大价值。

（16）詹同济著《詹天佑评传》，珠海出版社2008年版。全书共三编。第一编介绍詹天佑由被选派留美到归国的人生经历、留美学习的活动及时代风云；第二编阐述詹天佑归国后，运用所学工程技术专业为铁路工程建设作贡献的事迹；第三编分析了詹天佑的创业观念与振兴中华的历史作用。书末附詹天佑生平年表。该书史料翔实丰富，为有志于研究詹天佑与早期留美幼童教育者提供重要资料。

（17）董丛林著《曾国藩传》，人民出版社2011年版。全书共十章，系统描绘了曾国藩的一生。曾国藩是百科全书式的人物，涉及政事、军事、人事、德事、学事、家事……有着"蟾宫折桂"的拼搏进仕之路，对部队进行俚俗宣教，提高了部队的识字率，增强了部队的凝聚力。他自身更是羽檄交驰而不废学，读书是常课；任直隶总督时，极为关心莲池书院的教务和学事，认真为莲池书院的考课拟题，亲到考棚巡视，关怀教学细节等；重视对儿辈修身说教，有《不求》《不忮》等作品。曾国藩学识渊博，重视教育，体现一代桐城派大师在晚清社会剧变中教育思想更新的典型心路历程。

上述传记人物大都有精深的学术专业造诣和独特的思想文化见解，并且饱读诗书，步入仕途，又接受新知。他们拥有不同程度的管理实践或教学经历，因此对近代教育历程和教育活动多有记述。例如，黄遵宪作为维新运动时期到清末新政广东南部地区兴学的典范，为新教育新驱人物之一，并对近代台湾教育和留学日本教育都有深刻论述。秋瑾被孙中山称为巾帼英雄，其悲壮的就义诗句"秋风秋雨愁煞人"，催人泪下，感天地、泣鬼神。同时她又是提倡女子教育、国民教育和民主革命教育的著名诗人，还在浙江湖州、绍兴创办女学和大通师范学堂，开展教育改革活动。

（二）民国时期的人物传记

民国传记丰富，内容多，价值很大。袁世凯、胡适、晏阳初等大批名流贤达人物材料研究同教育制度、教育内容都很有关系。如胡适著《四十自述》，东亚图书馆 1939 年版；陶菊隐著《蒋百里先生传》，上海中华书局 1948 年版等。其中一些职业政治家评传更显突出，如袁世凯的热度颇高；李宗一著《袁世凯传》（中华书局 1980 年版）；侯宜杰著《袁世凯的一生》（河南人民出版社 1984 年版），侯宜杰著《袁世凯评传》（河南教育出版社 1986 年版）等均十分流行。鉴于篇幅所限，以下对上述传记不再介绍。如何从中国近代教育史视域思考、利用传记资源，这是一个新课题。

（1）中国社会科学院近代史研究所编《民国人物传》多卷本，中华书局 1978 年陆续出版。各卷主编主要有李新、孙思白、严如平、宗志文、朱信全等。由于该书卷帙浩繁，与中国近代史及教育史的关联度以前四卷更显著，同时也为了节减篇幅，所以主要介绍前四卷的人物名录。

第一卷选录自 1905 年同盟会创立至 1949 年南京国民政府灭亡 45 年的著名人物，包括资产阶级重要的革命活动家、烈士、改良派人物、议员、北洋政府时期的军政人物等，但不包括中国共产党内的著名人物。每卷人物按政治、军事、经济、文化分类编排，本卷汇辑孙中山等 21 人、袁世凯等 17 人、张謇等 12 人、康有为等 15 人，共 65 人。

第二卷辑录国民党政府首脑、重要的院长，部长、省长、市长和集团军司令、军长、师长；国民党反对派政府的重要人物等。汇辑廖仲恺、邹容、陶成章、吴樾、何香凝、续范亭、李烈钧、林森、谭延闿、王宠惠、吴鼎昌、黎元洪、冯国璋、吴佩孚、陈嘉庚、盛宣怀、章太炎、梁启超、张伯苓、杜重远、沈钧儒、李公朴、齐白石、林语堂、曾琦、张君劢等。

第三卷收录民国时期文化、教育、科技、医药卫生、金融、工商界等各界重要人物和知名人物，有邓铿、张澜、李鼎铭、唐生智、黄琪翔、赵寿山、龙云、卢汉、陈炯明、章宗祥、陈济棠、左舜生、鲁迅、闻一多、严复、欧阳予倩、徐志摩、汤用彤、马约翰等62人。

第四卷收录林觉民、谢晋元、詹大悲、张振武、阎宝航、章士钊、萨镇冰、阎锡山、戴季陶、朱家骅、蒋鼎文、董显光、郑孝胥、郭琳爽、陈望道、舒新城、钱玄同、詹天佑、黄宾虹、丰子恺、梅兰芳、程砚秋、蔡楚生等68人传略。❶

上述人物有许多在清代的人物传中也有涉及，这表明人物活动在相临近的历史阶段是无法截然断裂的，人的生命平均年龄只有70多岁，并不算长，但在近代中国剧烈纷争和变革动荡的峥嵘岁月中，人生经历跨几个时期是难免的。不过，在当中交错重现的人物活动和思想内容会有所变化，这在教育专门问题探索中也同样如此。同时，民国时期一些新的教育类型和问题有所呈现，在人物传记的材料中会有表现，例如，20世纪初美国进步主义教育模式的引入和实验、近代教育思潮与运动的曲折变化、新文学与语体文教育的关系以及乡村教育与乡村建设的开展等均是此期的新论题。

（2）卞孝萱、唐文权编辑《辛亥人物碑传集》15卷，团结出版社1991年版。该书收录的资料既来自已经出版的图书、报刊文献，更有稿本、拓片等。该书收录了清末民初的人物，不仅包括参加辛亥革命的人物，也包括不问政治的人物。以人物的政治表现为纲，进行分类，共15卷、250余篇，每篇一个人物，约250余人。第一卷至第六卷是革命人物，第七卷至第十一卷是民初政治军事人物，第十二卷至第十四卷是清廷人物，第十五卷是其他人物。该书所收集的信息皆尽量以原貌呈现，为研究清末民初的人物活动、人物思想提供了重要史料。

（3）尚明轩著《孙中山传》，北京出版社1979年版。孙中山，名文，字载之，号日新，又号逸仙，化名中山樵，常以中山为名，中国近代民族民主主

---

❶ 盛广智，许华应，刘孝严. 中国古今工具书大辞典［M］. 长春：吉林人民出版社，1990.

义革命的开拓者，中国民主革命伟大先行者，三民主义的倡导者，首举彻底反封建的旗帜，"起共和而终二千年帝制"。全书共 7 章，清晰地描绘了孙中山波澜壮阔的一生。附宋庆龄所著"关于孙中山与列宁之间的联系及其他"和孙中山年谱简编。孙中山高度重视教育的作用，注重提高知识者的地位和待遇且对教育教学问题多有论述。书中"青少年时代"一章，详细介绍了孙中山的求学经历，12 岁于檀香山读"西学"，后入香港中央书院、香港西医书院就读，这段求学经历开拓了孙中山眼界，为其以后的政治、教育活动奠定了基础。

（4）郭剑林、郭晖著《翰林总统徐世昌》，团结出版社 2010 年版。徐世昌，字下五，号菊人、镜斋，直隶天津（今天津市）人，生于河南汲县（今新乡卫辉市）。清光绪进士、翰林院编修，协助袁世凯创办北洋军。曾任东三省总督、邮传部尚书、军机大臣、内阁协理大臣和北洋政府国务卿。1918 年由段祺瑞的安福国会选为总统，1922 年被直系军阀赶下台。抗日战争爆发后拒任伪职。编著有《清儒学案》等。❶ 全书共 24 章，记叙徐世昌风云变幻的一生。书末附录"徐世昌生平大事年表""徐世昌家族概况"。其中专列一章着重探讨徐世昌在北洋新政期间，积极引进西方教育制度、改革中国近代教育的思想及活动。他将教育摆在经国要图的首位，坚信得人才者得天下的治世之道，知人善任地重用同窗好友严修。

（5）刘烜著《王国维评传》，百花洲文艺出版社 1997 年版，收入"国学大师丛书"。王国维，字静安，浙江海宁人，中国杰出学者。该书分三个部分：第一章至第六章探讨王国维从事的哲学、美学、教育学及历史学等学科学术研究及其成效；第七章至第十章论述王国维的人生经历，真实地展现了他与哲学、文学、教育学界朋友的交往与生活情趣；最后三章分析了王国维国学教育及历史学研究的历史性贡献、学术研究的方法以及以身殉学术的高尚品格。该书对王国维在清华园中的教授生活进行详尽的描述，分析他迁入清华园的始末、作为国学院导师的谦逊、生活中的情趣、教学风采以及丧子之痛与挚友之情等，从生活、教学和情感等方面全面展示了王国维的教育生涯及研究活动。书末附录王国维学术行年简表、《人间词话》手稿。

（6）周一平、沈茶英著《中西文化交汇与王国维学术成就》，学林出版社

---

❶ 夏征农，陈至立. 大辞海：中国近现代史卷［M］. 上海：上海辞书出版社，2013：250.

1999 年版。该书从中西文化冲突的大背景中阐述王国维的学术成就，分为哲学、美学、心理学、教育学、文学、史学六章，资料翔实，观点新颖，可谓独具一格。书末附"王国维著述年表"。作者在"教育学"章节中分析王国维翻译及著述中有关教育学思想观点，揭示出传主作品教育学的比例较之哲学、伦理学及心理学任何学科都多。因此，王国维对中国近代教育学的贡献不亚于哲学、史学及文学。同时，作者以显著标题突出传主培养"完全人物"的教育方针，从中体现他关于尽快办好高等教育和改革学校管理等内容的进步性。

（7）钱剑平著《一代学人——王国维》，上海人民出版社 2002 年版。王国维，字静安，字伯隅，号观堂，又号永观，著名的国学大师、教育家。王国维学贯中西，著作等身，在教育学、哲学、文学、史学、古文字学、考古学、美学诸方面均有重要创见，被誉为我国"新史学的开山"。全书共八章，探讨一代学人王国维的一生。书末附录"王国维学术著述简表"。书中有许多对王国维求学、教育改革和教育实践的论述，如在记叙求学经历时，写到"发蒙读书与科举'正道'""初叩科举之门""甲午战起绝意科举""留学东洋睁眼看世界"；在论述教育改革时，写到"论宗旨开改革之先河""阐理论主笔《教育世界》""身体力行奔忙'新学'""任教最早的'师范学堂'"；在阐述教育实践时，写到"北京大学通讯导师""受聘清华国学院""执教清华和脑后辫子"等。

（8）陈鸿祥著《王国维全传》，人民出版社 2003 年版。全书共 20 章，再现传主"五十之年"中经历的时代风云、事变沧桑，记述了他从"寒门布衣"成为一代大师的历程。作者从宏观与微观层面对王国维的求学和执教经历进行了详尽的阐述，如少年求学的私塾和家学、无奈舍弃科举寻觅新路、在"变法"激流中坚持求学、赴日本留学、任教通州师范学校、任南书房行走、应聘清华研究院导师等。该书参阅了大量海内外著作，以崭新的人文视野、凝重的历史笔触，展现了王国维气势恢宏、跌宕多彩的一生。

（9）窦忠如著《王国维传》，百花文艺出版社 2007 年版。全书共六部分，附录"王忠悫公遗书序""别传""王国维先生墓碑记""学术活动年谱"。书中对王国维求学和教学的经历进行了详细阐述，例如幼时求学私塾和家学传统，科举制及其废除时的求学与入仕，辗转留学历程和创办《教育世界》，任通州师范学堂教员，北京大学研究院通讯导师及清华大学国学研究所导师等。全书文字严谨细致又不失激情飞扬，理性而客观记述和解读了国学巨人王国维的一生，掩卷沉思，令人如沐惠雨，又似有钟吕之音震颤心鼓，共鸣不绝。

（10）孙庆茂著《辜鸿铭评传》，百花洲文艺出版社1997年版，收入"国学大师丛书"。辜鸿铭，原名汤生，生于南洋，自幼留学欧洲，获得西方大学多种学位，但归国后一生致力于弘扬中国传统文化。他将我国儒家典籍《论语》《中庸》等译为英文，对西方社会产生很大影响。全书共五章，描摹辜鸿铭的一生经历。书末附录"辜鸿铭学术年表"。作者在书中分"在传统文化中寻找出路""尊王之旨——辜鸿铭的反洋教思想""东方文化的代言人""最后的希望与幻灭"等部分，对辜鸿铭一生的国学活动进行详细的阐述，有利于进一步思考辜鸿铭的国学教育思想，并认识我国国学教育在近代社会的变迁。该书是国内第一部辜氏评传，观点新颖独到、分析透彻深刻、语言生动流畅，给人耳目一新之感。

（11）薛玉琴、刘正伟著《马相伯》，河北教育出版社2003年版，收入"百年家族丛书"。全书共14章，书末附录"马相伯家族世系简表""马相伯年表""主要参考书目"。该书将马相伯家族阐扬文化学术和在儒教之外信奉天主教的精神传统熔铸一体，通过探讨马相伯和马建忠这两个中心人物，充分展现百年间这一家族成员活动的历史图景。作者描述百年家族的起伏波动，按照家族成员的历史影响谋篇布局，从而描绘百年家族的真实生活场景。其中，就马相伯家族求学徐家汇的经历进行详尽论述，分为昆季齐名、业余"国文先生"、账顶上的"数学家之梦"、所谓"礼教"问题四个方面。在此基础上，又翔实阐述马相伯毁家兴学的经历：创立震旦，震旦学潮，从震旦到复旦，"相伯夫子"与"复旦孝子"共四部分。该书以家族和传记的视角研究人物，具有较高的学术价值。

（12）朱纬铮等著《马相伯传略》，复旦大学出版社2005年版，收入"复旦大学校长传记系列丛书"。全书分为两部分：第一部分是马相伯的传记，包括近代中国的历史见证——百岁政治家马相伯（朱纬铮撰）、站在两个世界之间——马相伯的教育思想与实践（陆永玲撰）、信仰与传统——马相伯的宗教生涯（李天纲撰）、"函夏考文苑"考略（张荣华撰）、马相伯生平年表（廖梅撰）等内容；第二部分是马相伯期颐大寿之际的庆贺电文、辞世以后的吊唁祭悼诸作、马相伯亲友门生的追思回忆，以及由王建平收集提供的有关照片等。该书从专题研究、资料辑录、亲历回顾三个不同的角度，详尽评述复旦大学创始者马相伯的生平事迹，具有实事求是、深入细致的特点，有较强的学术性和研究性。

（13）孙永如著《柳诒徵评传》，百花洲文艺出版社1993年版，收入"国学大师丛书"。全书共7章，以流畅的笔调较为全面地叙述柳诒徵的生平事迹和学术成就。柳诒徵，字翼谋，江苏省镇江丹徒人，现代儒学宗师、图书馆学家。曾任教江南高等商业学堂、北京明德大学，并一度主持镇江府中学堂校政。1929年重返南京后任教中央大学，并任南京图书馆馆长。抗战期间，先后任教于浙江大学、贵州大学和重庆中央大学，兼任国史馆纂修。新中国成立后，执教于复旦大学，任上海市文物管理委员会委员。全书立论充分，分析中肯，观点新颖，作为一本颇具学术价值的人物评传，它填补了中国近代学术史研究的一个空白。其中，作者集中对柳诒徵为学为师的活动（1900—1927年）和主持国学图书馆的经历（1927—1937年）进行较为全面的叙述，为学者理解柳诒徵的教育业绩提供素材。

（14）屈新儒著《关西儒魂——于右任别传》，人民文学出版社2002年版，收入"近代名士别传丛书"。全书共10章，描写于右任一生的风采。书末附录"三原于右任先生墓表"。于右任一生的活动在该书内容简介中做了扼要的概括："于右任先生出身寒门，励志向学，早年以报业倡革命，以书生统重兵，名噪一时，厥为民国元勋，监察之父。孙中山延之为友，蒋介石敬之若师。垂暮之年，他以生命的最后张力，发出痛彻肺腑的绝唱：'山苍苍，野茫茫，似黄钟大吕；山之上，国有殇'，若杜鹃泣血。"❶其中，作者更着重探讨于右任"兴学助教，化育人才"的事迹：治学商州中学堂、振兴复旦、收容学子、改革上海大学、催生西农、创办陕西中山军事学校等。这些办学活动在民国教育史中占有一定地位。

（15）汪荣祖著《陈寅恪评传》，百花洲文艺出版社1997年版，收入"国学大师丛书"。全书共16章，梳理陈寅恪一生的经历。书末附录"陈寅恪与乾嘉考据学""纪念陈寅恪教授国际学术讨论会闭幕式讲话""胡适与陈寅恪"。陈寅恪，字鹤寿，江西修水人，史学家、教育家、国学家。该书以春秋笔法对近代闻名的学者陈寅恪家世、生平、人品风骨、治学风范和学术成就，以及陈寅恪与胡适等学者名流的交往进行了细致入微的描述和入情入理的评介。"治学为人"与"精诚爱国"两条基线贯穿全书，读来使人感动不已。其

---

❶ 屈新儒. 关西儒魂：于右任别传［M］. 北京：人民文学出版社，2002.

中作者着重阐述陈寅恪在清华园、西南联大及中山大学的任教经历，使读者对他的教育思想和教育实践有了深刻的理解。

（16）徐登明著《编辑出版家叶圣陶》，中国书籍出版社 1994 年版。叶圣陶是我国著名的文学家、教育家、语言学家和编辑出版家。全书分为上、中、下三篇。上篇为叶圣陶编辑出版思想初探，阐述叶圣陶编辑出版活动与思想的滥觞、成熟、各种出版活动和为新中国的编辑出版事业建立的功勋；中篇为叶圣陶编辑出版活动纪事；下篇为叶圣陶编辑出版论著篇目。作者查阅《叶圣陶年谱》，以及《编辑之友》《出版工作》等图书、报刊，撰写文本扎实充分，为教育史、编辑出版史相关领域提供宝贵的资源。该书出版正值叶圣陶 100 周年诞辰，具有特殊的纪念意义。

二、年谱

年谱是按照年、月、日顺序记载谱主的生平事迹，内容包括谱主字号、生卒年月、籍贯、家世、学业、工作经历、学术成就以及种种社会交往等，内容丰富、系统，比较全面地反映谱主的一生。其中也涉及谱主当时所处的社会、政治环境以及政治事件。编著者常从日记、书信、论著及各种历史记载、口述资料中搜集有关谱主活动的史料。如果年谱记载的史实是经过编著者仔细认真考订过的，就能成为重要的信史依据。

谱系的许多资料按时间排列下来，仍然可以说是一次性文献。研究具体人物，年谱可为我们提供难得一见的内容，据作者提供注解深入下去，可以得到更多的信息。编年谱要通过家人、朋友、师长及弟子等亲近人提供不同方式的帮助，否则是无法完成的。年谱的利用应与其他资料结合，尤其是文集与传记。例如，探析维新派所办著名学堂万木草堂，就应综合分析《梁启超年谱长编》《梁启超传》及《长兴学记》等重要参考书。研究谱主教育思想及活动，还应该虑及其他因素影响程度及大小。由于年谱是亲近人编的，里面往往隐恶扬善，故应该注意溢美夸大这一问题。

（一）晚清年谱

年谱的体例始于宋代，明代逐渐增多，清代尤盛，不下 1000 种。北京图书馆 1999 年影印出版《北京图书馆藏珍本年谱丛刊》200 册，收录明清及以前大量历史人物的年谱，包含较多教育史料的年谱著作不在少数。杨殿珣《中国历代年谱总录》（书目文献出版社 1980 年版）收入近代许多重要年谱。

晚清年谱很多，例如《曾国藩年谱》《李鸿章年谱》《左宗棠年谱》《张之洞年谱长编》《吴汝纶年谱》《钟鹤笙征君年谱》均是十分常见的年谱。但是，仍应随时注意新出版的年谱，如《梁启超年谱长编》《蔡元培年谱》等。年谱有谱主自作的，也有他人编纂的。前者如梁章钜《退庵自订年谱》、张謇《謇翁自订年谱》、康有为《康南海自订年谱》、章太炎《章太炎自订年谱》，后者如吴昌授《定庵（龚自珍）先生年谱》、胡均《张文襄（张之洞）年谱》、丁文江《梁启超年谱长编》、汤志均《章太炎年谱长编》、陶英惠《蔡元培年谱》《胡适先生年谱简编》等。

以下将部分人物年谱加以介绍，将非代表性教育家先行选择，而典型教育家则放在下章列出。当然，其中的区分是相对而言，必然带有笔者主观理解，这是不言而喻的，但并不违背历史探讨本质追求及还原客观性的愿景或原则。

1. 阮元年谱

阮元虽是嘉庆、道光年间重要人物，却与近代学术思想及教育制度相关甚大。他曾在浙江、广东兴学育才，在杭州西湖办诂经精舍，广州办学海堂，均属新式书院，主要学经史及考据之学。

（1）阮元主编《雷塘庵主弟子记》八卷，咸丰二年（1852 年）阮氏家塾刻本。门人张鉴著第一卷和第二卷，其子阮常生著第三卷和第四卷，其子阮福著第五卷和第六卷，其子阮孔厚著第七卷，门生柳兴厚著第八卷。该书是弟子与家属合编年谱的代表作。❶ 阮元为一代学者，曾经担任乾隆、嘉庆、道光三朝疆吏枢臣，故此书记载了较多居官先后、治学始末，各地农民、会党起义等内容，较多涉及此期的政治和学术。除了书院办学活动之外，书中比较详细记载了《四库全书》《佩文韵府》《续文献通考》《康熙字典》《经籍纂诂》等书籍的成书过程。

（2）汪宗衍编《陈东塾先生年谱稿》，载中山大学语言历史研究所周刊1992—1993 年合刊。❷ 陈澧，字兰甫，号东塾，是清代前后期广东区域教育重要人物，阮元的学生。就学期间，成为阮元的及门高业门徒。继学海堂之后，同治年间办菊坡精舍，自任山长。书院教育卓有成效，闻名岭南及国内。阮元

---

❶ 来新夏. 中国的年谱与家谱［M］. 北京：商务印书馆：51.

❷ 王德毅. 中国历代名人年谱总目［M］. 台北：华世出版社，1979：328.

在广东任两江总督，办学海堂（一所新式书院），陈澧著有《学海堂志》。

（3）（清）张鑑等撰、黄爱平点校《阮元年谱》，中华书局出版1995年版。全书开篇有黄爱平所作的点校说明，全书共八卷，附录有后人对阮元评述的相关内容。阮元出生并世居扬州府城，一生被概括为"九省疆吏，三朝阁老，一代名儒"，融"政事、要位、学绩"为一体。该书系统梳理了阮元一生的经历，其中有大量关于阮元教育思想的评述和教育活动的记叙。黄爱平在点校说明中写到："这部年谱的特点还在于它搜集的资料比较丰富。收录范围上自皇帝谕旨，下至笔记谈丛，旁及政书、碑传、书信、诗文。特别是谱中大量收录阮元奏疏，许多不见于阮元文集，更是我们研究清代中叶社会、政治、经济的宝贵资料。"❶

（4）王章涛著《阮元年谱》，黄山书社2003年版。书前有祁龙威、黄爱平、冯尔康、毕季龙等所作"序言"，附录"阮元著述知见录""阮元传记资料""年谱部分有关人物名录""征引文献目录"等。全书描绘了阮元波澜壮阔的一生，首述政绩，次记学术、著述活动，再次为行踪与交游诸项，既反映了当时政治、经济、文化诸方面的史实，又记叙了与阮元相关的人物情况。全书资料详备，将近100万字，是年谱中少见的。作者不仅关注了谱主的事功和恩荣，更注重谱主的教育、文化、学术、社会生活方面的实迹，富有较高的学术价值。如在阮元主编大型图籍一事的记叙中，作者叙述了阮元的具体研究活动，揭示了阮元深厚的儒学功底和"学者"的真实身份。黄爱平在"序言"中写到"笔者深感作为个人编年体传记的年谱对人物研究的重要性"❷。该书对阮元学术活动研究具有重要意义。

2. 孙诒让年谱

（1）宋慈襃编《孙籀庼（孙诒让）先生年谱》，载《东方杂志》32卷，1926年。

（2）朱芳圃编《孙诒让年谱》，上海商务印书馆1934年版。

（3）孙延钊撰，徐和雍、周立人整理《孙衣言孙诒让父子年谱》，上海社会科学院出版社2003年版，收入"温州文献丛书"。孙衣言，字劭闻，号琴西，浙江瑞安人，道光二十四年（1844年）举人，道光三十年（1850年）获

---

❶ （清）张鑑. 阮元年谱［M］. 黄爱平，点校. 北京：中华书局，1995.

❷ 王章涛. 阮元年谱：序言［M］. 合肥：黄山书社，2003.

殿试二甲第三名进士，入翰林院，散馆授编修，精通经史，全力发扬永嘉之学，搜辑遗佚文献，编成《永嘉集》74卷，校刻《永嘉丛书》13种、254卷，收录乡贤遗文佚事，编有《永嘉学案》及《瓯海轶闻》57卷。孙诒让，字仲容，号籀庼，浙江瑞安人，父衣言，官至太仆，专精"周官经"，承家学渊源，好六艺古文，著述颇丰；撰《周礼》《墨子间诂》15卷，1907年写成教育代表作《学务平议》。孙延钊，又名孟晋，字勖庵，浙江瑞安人，毕业于北京法政大学，孙诒让之子、孙衣言孙子。书前有章炳麟所作"序言"二则，孙氏源流及家世、瑞安盘谷孙氏世系，附录"孙衣言遗文""孙诒让遗文"以及各个时期的题名录。该书主要在孙延钊编《征君籀庼先生年谱》基础上整理，内容丰富，几乎每事每段都附有各种资料，如禀报、日记、信札、序跋、眉批、札记等，其中不少属第一次出版，极其珍贵。同时，主要以新发掘的资料编排，带有编年史特色，实为研究孙衣言和孙诒让教育思想及教育改革运动的宝贵素材。

3. 张謇年谱

张謇著《啬翁自订年谱》二卷，谱主自编纂至1922年止，由其子张孝若续补四年于1926年终卷，上海中华书局1930年版。书末附"南通张季直先生传记"，记载张謇参与政治活动和创办实业等事。❶ 此外，尚有张孝若编《张季子简谱》；沈依民编《张季子先生年表》，载《江苏文献》1942年第7～8期。

4. 其他人物年谱

（1）《澄怀主人自订年谱》6卷，张廷玉自订，张绍文重校，清末张绍文刻本2册。今人戴鸿义点校《张廷玉年谱》，中华书局1992年版。张廷玉，字衡臣，桐城人，康熙三十九年（1700年）进士，官至保和殿大学士兼吏部尚书，雍正年间赐居澄怀园。该书记叙康熙十一年（1672年）至乾隆十四年（1749年）的事，较详细地记载了《四库全书》《佩文韵府》《续文献通考》《康熙字典》《经籍纂诂》等近现代常用文史典籍的编辑过程。

（2）蒋彤编《武进李先生年谱》3卷。这是李兆洛的年谱。李兆洛，江苏武进人，道光年间名士、学者，学问渊博，曾任多所书院山长，研究鸦片战

---

❶ 《中国历史大辞典：清史卷》编纂委员会. 中国历史大辞典：清史卷（下）[M]. 上海：上海辞书出版社，1992：627.

争前后的学风、书院可作参考。

（3）吴宇礼编《陈恭甫先生父子年谱》。陈寿祺，字恭甫，福建侯官人，清代儒学家。陈氏于道光年间（1821—1850 年）任福建鳌峰书院山长。

（4）赵万里编《王静安先生年谱》，清华学校研究院《国学论丛》第 1 卷第 3 号（1928 年刊）。

（5）《包慎伯先生年谱》1 卷。包世臣，字慎伯，清代学者、书法家。包世臣思想进步，研究鸦片战争时期的科举学校须参考。

（6）吴昌绶编《龚定庵先生年谱》，载《龚吏部集》附录三，光绪朱印本。

（7）黄丽镛编《魏源年谱》，湖南人民出版社 1985 年版。

（8）李俨编《李善兰年谱》，载《中算史论丛》第四集，科学出版社 1954 年版。

（9）陈乃乾编《浏阳谭先生嗣同年谱》，载《谭浏阳全集》，上海文明书局 1917 年版。

（10）王先谦自编《葵园自订年谱》，长沙王氏家刻本。

其他如王宝仁、钱泰吉、黄爵兹、汪世铎、陶澍、栗毓美、周凯、林则徐、姚莹、梅曾亮、钟天纬等都有年谱。栗氏、周氏年谱等与清代义学、社学关系极大。

（二）民国年谱

相比较而言，民国人物年谱较少，可能是书籍体裁方式变化所致，更因公众传媒及接收渠道已经转向其他文本。此处同样以非典型教育家年谱为范围加以选择叙述。

（1）陈锡祺主编《孙中山年谱长编》，中华书局 1991 年初版，2003 年第 2 版。全书共上下两册，共三卷。第一卷（1866—1911 年），记叙谱主家世，早年生活；第二卷（1912—1918 年），记叙谱主任南京临时政府大总统后，为建立民国、保证民主共和革命成果所开展的活动；第三卷（1919—1925 年），记述谱主在新民主主义革命时期的活动，以及北上、辞世的史事。该书着重记述谱主生平思想活动，兼收与谱主活动有关的资料。在充分占有史料的基础上，该书对谱主的一生进行了详尽的论述，为研究者查阅资料提供了方便。

（2）汤志钧编《章太炎年谱长编》，中华书局 1979 年初版，2013 年修订版。作者在谢樱宁著《章太炎年谱摭遗》（中国社会科学出版社 1987 年版）

基础上重新撰写；同时参考章太炎《太炎先生自定年谱》（《近代史资料》1957 年 2 月）及马叙作编《太炎先生自定年谱补遗》（《近代史资料》1958 年 1 月），兼之汤氏学术功底极高，因此，该书质量及内容均有极大提升。

（3）宋广波编著《丁文江年谱》，黑龙江教育出版社 2009 年版。丁文江，字在君，江苏泰兴人，中国地质学家，中国地质科学事业奠基人之一。早年留学日本和英国，格拉斯哥大学毕业，著有《云南东川府铜矿》《中国之造山运动》《论丰宁系的地层》等。耿云志在序言中写道："丁文江还是一位特别优秀的教师。丁文江从 24 岁游学归国，25 岁即开始做教师，以后在地质研究所，实际上也还是担当着教师的工作。其间，他曾在其他高等学校做过兼职教师，为学生讲遗传学之类的课。再后来，又做过数年的北大地质系的研究教授。"❶ 全书编辑体例完备，分为"谱前""年谱""谱后"三个部分，系统记叙了丁文江的一生，及其历史贡献和历史地位。该书材料来源广泛，包括政府公报，公私档案，报纸期刊，丁氏及其家人、朋友们的书信，相关人士的著述，日记，回忆录，访谈录等。同时，作者在充分占有史料的基础上，完全用事实还原历史，对谱主有争议的记载、评说，皆予并存。

（4）司马朝军、王文晖合撰《黄侃年谱》，湖北人民出版社 2005 年版。正文分为碑传、正谱、谱后三部分，附录有黄侃笔名别名录、黄侃著作目录（已出版部分）、黄侃研究论著目录。黄侃，原名乔馨，字梅君，后改名侃，字季刚，晚号量守居士，湖北蕲春人。他在小学、经学、文学等方面均卓有建树，被公认为清代朴学的殿军。作者查阅了大量史料，包括谱主的著述、信札、日记、批注、题跋等第一手资料以及相关报道，谱主的老师、学生和朋友的笔记、回忆文章等，加以整理分析，编纂而成。同时，按照"其文直，其事核"的原则，对相关史实进行了缜密的考证。该书重视学术性，以谱主的学术活动为主，力图完整反映其学术观点；以谱主的师承授受为主线，突出谱主与其师章太炎之承前启后的关系和作用，从而反映谱主在中国学术史上的地位与影响。

（5）袁英光、刘寅生编著《王国维年谱长编（1877—1927）》，天津人民出版社 1996 年版，2005 年第二版。全书以 1913 年为界，大致分为两个部分。第一部分主要论述王国维的家世、学术渊源、师承关系，"特别是他青年时代

---

❶ 宋广波. 丁文江年谱：序言［M］. 哈尔滨：黑龙江教育出版社，2009.

至上海，进入《时务报》馆工作，随后又进入东文学社学习日文、英文，系统接受西方文化科学知识，以及后来他从事西方哲学和中国文学、中国戏曲史的研究和著述情况"❶。第二部分主要反映王国维从事史学、教育学、美学研究的过程及其所取得的巨大成就。该书是在原有王国维年谱（赵万里编《王静安先生年谱》，清华学校研究院《国学论丛》第1卷第3号，1928年刊）基础上撰著的，不仅参考了王国维的著述，而且利用王国维与师友互相往来的信札、海内外学者有关王国维治学资料，有裨于提高对清末民国教育大师王国维学术研究的水平。

（6）李良明、张运洪、申富强编著《韦卓民年谱》，华中师范大学出版社2010年版，收入"华大学人研究书系"。全书共八编，系统梳理了韦卓民一生的经历和思想脉络。附录有关于韦卓民的回忆性文章以及韦卓民的著述、译著目录。其中，作者对韦卓民1916年至1929年9月留学欧美前后的经历做了详细的阐述。书中还收录了一百多幅反映韦卓民生平事迹和思想的珍贵图片资料，使全书图文并茂，更具时代感。韦卓民，华中大学（华中师范大学前身之一）老校长，饮誉海内外的著名哲学家、教育家、翻译家和宗教学家。他学贯中西，一生潜心学术，笔耕不辍，为后人留下了近百种著作或译著。

（7）张树年主编，柳和城、张人凤、陈梦熊编著《张元济年谱》，商务印书馆出版社1991年版。该书由顾廷龙先生提签，前页有陈原、顾廷龙、王绍曾、宋原放的序文。其体例结构按年月日顺序编排，并采用章节形式，每章冠有标题。附录张元济著述、编校、辑印书刊目录，《百衲本二十四史》各书出版日期及所用版本情况一览及人名索引等。引用资料大多采用原件或原书，清晰标出资料来源，史料价值较高。张元济一生嗜书、寻书、藏书、编书、出书，对中国近代教科书出版事业做出了极大的贡献。1901年以"辅助教育为己任"，投资商务印书馆，并主持编译工作。1903年任编译所长，1916年任经理，1920—1926年改任监理，1926年任董事长直至逝世。❷ 在任期间编撰出版了很多有影响力的教科书，如《最新教科书》《实用教科书》《新学制教科书》等，在教育界、出版界都引起了极大的轰动。该书是研究张元济教育思想、商务印书馆出版教科书状况、中国近代新教育变革的重要参考文献。

---

❶ 袁英光，刘寅生. 王国维年谱长编（1877—1927）：序言［M］. 天津：天津人民出版社，2005.

❷ 王余光，徐雁. 中国阅读大辞典［M］. 南京：南京大学出版社，2016：1183.

（8）商金林著《叶圣陶年谱长编》，人民教育出版社 2004 年版。叶圣陶是我国近现代著名的教育家、编辑出版家、作家、社会活动家。该书为纪念他 110 周年诞辰而作，包括谱文和附录两部分。谱文是谱主从 1894 年 10 月 28 日（阴历九月三十日）出生至 1988 年 2 月 16 日逝世为止的正谱；谱主逝世后有关他的著作的出版和纪念活动，作为附录排在正谱后面。全书共四卷，谱文分期，即为分卷依据：1894—1935 年；1936—1949 年；1950—1965 年；1966—1988 年。第一卷属中国近代教育史范围，通过大量珍贵的第一手资料系统阐述了叶圣陶办诗社、任教师、编教科书、出版社任职等一系列教育出版及新闻传播，从中确立他促进中国近代教育发展的贡献，是研究中国近代教育史的重要资料。

（9）其他年谱。民国时期致力教育且颇有建树的人物年谱还有不少，实难穷尽。其间知名者如山石编《秋瑾年谱》，载《史学月刊》1957 年 6 月号；朱羲冑编《林畏庐先生年谱》，世界书局 1948 年铅印本；张若谷编《马相伯先生年谱》，上海商务印书馆 1939 年版；复旦大学、上海师大编写组《鲁迅年谱》，安徽人民出版社 1979 年版。

第三节　地方志

地方志是指记载地方的史籍，又通称方志，主要记录省、府、州、县及其他地域变迁的文献。以省为单位方志叫通志，如《江苏通志》《浙江通志》《四川通志》等；除省的通志外，省以下地方行政区划分府、州、县及镇或乡，以府志、县志为主。方志的艺文志与教育、文化、学术题材紧密联系，价值明显，但有的是空有虚名，内容或名声和实际不相符，对此加以鉴别及选择很有必要。方志分门别类记载，经过若干年或更长时间修缮一次。道光、咸丰年间出版的通志，由于经历鸦片战争的战乱及太平天国运动的革命，社会及统治秩序受到严重冲击，往往要经历更长的时间重修。地方志是社会各相关部门以区域为单元设计、搜求编制的一类文献，对近代区域教育史的挖掘意义颇为突出。

一、地方志概述

通志里记载的内容，除了舆地之外，有大量其他历史专题。当中包括教育专史部分。府、州、县的方志较为普遍，前者称为地方志之府志，如《江宁府志》《保定府志》《广平府志》等；后者称为州县志，以县志居多。这是有特定原因的，中国的典型地方行政单位及管理机构是县，民众活动的中心区域范围是以县城为中心的数十里之内，大多数传统乡下人足迹未出过县境，而县官称为父母官、县太爷、县尊，都是这个用意。当代人的籍贯也往往是某省某县人士，而忽略地级市。因此，几乎全国每个县都有县志，而且很少中断，县志中有关教育的记载最为微观和翔实，某人捐资兴学、某地乡镇私学、某地文庙学宫建筑的兴废以及具体学田的位置和数量，甚至田租收入数量等都有实录。在某些大县志下面乡志镇志都有，不过这是较少的。地方志的工具书主要参考：朱士嘉《中国地方志综录》上海商务印书馆1935年版，1958年增订本。其中收入地方志共5832种，到1958年又补充1730种，作为补编。后来又经过增订，又增1581种。❶有关方志的专著颇丰，代表性的例如李濂镗编《方志艺文志汇目》，载中华图书馆协会印《图书馆学季刊》第7卷第2期（1933年6月）。该书依据北京图书馆1932年收藏的方志编辑而成，收录方志书目1295种，按照省份排列，而省内的排列没有固定的顺序。方志下面都有注明艺文志所在的卷数以及刊刻的年代。❷这些方志中的艺文志书目现存很多，这是目前考察地方文献的重要索引工具。

二、地方志与近代教育史研究

教育活动既有国家政府的目的和需求，又与国家政府的规划及设计、投入和管控是一致的，或是相伴而生的。但与此同时，人类个体不仅是社会国家的主体组织者，也是家族、家庭的成员，更是个人的生命体独立存在者，当然就有个人的需求、兴趣和愿望要求。这与国家社会的方向和目标不应该是分裂和对抗的，而是辩证统一，并趋向一致的。无论是社会国家的趋向，还是个体满足及发展的愿景都需要一定的环境空间，依存于特定场景和时空下的地域环境。就此而论，教育是从属于地域而存在的。地方志是地域历史的翔实可靠记录，那么教育自然是地方志当中的重要组成部分。这种教育的理解向度是纵向历史形态的。以此为视角透析，近代教育史的研究与地方志的依托和动态关系就顺理成章，两者可谓结下不解之缘。以下是部分方志的名目举例，沧海一

---

❶ 朱一玄，陈桂，李士金. 文史工具书手册 [M]. 沈阳：辽宁教育出版社，1989：465.
❷ 申畅，陈方平，等. 中国目录学家辞典 [M]. 郑州：河南人民出版社，1988：342.

粟，寥寥数例，却可发挥闻一知十的作用。

李鸿章修、黄彭年纂《畿辅通志》300 卷，光绪十年（1884 年）刊本；田文镜修、孙灝纂《河南通志》80 卷，雍正八年（1730 年）刊本；清王士俊等修纂《河南通志》80 卷，同治八年（1869 年）补修本；王镇修、成璋纂《济南府志》72 卷，道光二十年（1840 年）刊本；李培祜修、张豫凯纂《保定府志》80 卷，光绪七年（1881 年）刊本；恩联修、王万芳纂《襄阳府志》26 卷，光绪十年重修本；戴肇辰等修、史澄等纂《广州府志》163 卷，光绪五年（1879 年）刊本；吕燕昭修、姚鼐纂《江宁府志》56 卷，嘉庆十六年（1811 年）刊本；汪士铎纂《续纂江宁府志》15 卷，光绪六年（1880 年）刊本；阿克当阿修、张世浣纂《扬州府志》72 卷，嘉庆十五年（1810 年）刊本；英杰修、晏端书纂《续纂扬州府志》24 卷，同治十三年（1874 年）刊本；龚嘉儁、吴庆坻修纂《杭州府志》，1922 年刊印；莫祥兰修、甘绍盘纂《上元江宁两县志》19 卷，同治年间刊本；王宗濂修、俞樾纂《上海县志》32 卷，同治十一年（1872 年）刊本；吴馨、姚文枬等修纂《上海县续志》，上海南园志局本 1918 年刻本；姚子让等纂《民国上海县志》，1935 年刊本；卢思诚等修，季念诒等纂《江阴县志》30 卷，光绪戊寅年（1878 年）刊本；张允高、钱淦等纂《宝山县续志》，1921 年刊本；民国方鸿铠修，黄炎培纂《川沙县志》，1940 年铅印本；陈衍纂《闽侯县志》，1933 年刊本；李斗撰《扬州画舫录》18 卷，申报馆丛书正集第 56 函；李家瑞编《北平风俗类征》（上、下册），上海商务印书馆 1936 年版；柳诒徵修《首都志》，正中书局 1934 年版；吴秀之、曹允源等修纂《吴县志》，1933 年版；刘约真修纂《醴陵县志》，湖南省文献委员会 1948 年版。

根据上述理解，研究近代教育很多资料应运用地方志。例如，思量浙江地方教育问题一定要取材浙江 11 府的志书，微观的或细微的内容还要找县志，光靠《浙江通志》是不够的。地方志一般是过去记载下来的，经过若干年以后有续编、修纂，例如研究道光时教育，不只要着眼于道光时期的志书，还须追溯嘉庆年间以及后延至同治年间修的志书。

我们探讨古代教育，如书院、私学、科举、社学、家族教育、宗教教育等内容以及在近代的延续，同样需要采用地方志素材。清代江宁钟山书院的材料除了书院志及章程外，主要在《江宁府志》中记录。《续纂江宁府志》是光绪七年（1881 年）修订的，由著名学者汪士铎担任主编，蒋启勋、赵佑宸参修，与《江宁府志》相差 70 年的时间。这段时间可谓沧桑巨变，从嘉庆到光绪几任王朝封建统治，由独立主权完整到半封建半殖民地社会性质转移，欧风美雨开始侵袭渗透古老的封建帝国，真有恍然之感。该志书内含政治、经济、军事、文化、教育及人物等丰富的内容，如研究钟山书院、太平天国教育及洋务运动教育都须参考。

直隶莲池书院设于省会保定，这是清代直隶省著名的书院，其影响波及黄河流域以北诸省。除了办学者的文集著作记录外，主要的资料存在于《畿辅通志》《保定府志》《清苑县志》中。其他地方书院的论据也大多如此，如《河北广泽书院新定条规》、张春熙《广泽书院兼试院碑记》、赵应辰《广泽书院储书记》均载于《钜鹿县志》卷 12，光绪十二年（1886 年）刻本。

县志的价值在基础教育领域更加突出。清代义学、社学设置十分普遍，但由于是民间地方的初级教育，不受文人雅士关注，材料很难寻找。这种教育形态与民众的生活、生产以及社会活动关系最为密切，在今天看来是一种草根民族化教育的代表，而记录最多的却在各地的县志中。

进一步拓宽而言，宏观和微观是互动的。教育政策法令及规程推行一方面是上行下效，另一方面是地方的主体性及差异性存在对国家统一性的发挥及演绎才是真实有效的。同样近代教育的政府层阶推动与社会响应力量之间的关系依据地方志资源加深理解，这是有意义的。国家的教育政策法规、文件、学制章程、改革法令等都需要在各地实施，才能构建整个社会教育历史画卷，形成色彩斑斓的蓝图。这恰似江河浩渺奔腾，需要有涓涓细流、小溪支脉湾湾流淌，最后奔流至浩瀚无垠的海洋。更何况上述宏观的教育战略涉及法令政策还有首都的"首善之地"之意味，无论是京师北京，还是国民政府的南京，作为地域据点和空间环境依托，这在区域教育的范畴内可以理解为京师教育与南京教育的历史组成部分。比如说，格致书院、梅溪书院都是近代在港口通商城市上海设立的新式书院，其实是学堂的模式，其资料来源主要在《上海县续志》（吴馨、姚文枬纂修，1918 年刊）。其中卷 9《上海创设格致书院》条文称："由徐寿、傅兰雅发起，在上海公共租界内创设格致书院。延聘王韬为监院，延聘四士教化学、矿学，并请中西名人学士讲演格致学。全院事务，公举华洋董事经理。"卷 10 邵友濂《梅溪书院记》记录了该新式书院由旧的课程教育向西学教育的转向，对其中的办学历程、经费筹集、师资聘任进行梳理，尤其推崇创办者张焕纶的新教育意识与办学精神，"张君用志之闳，任道之毅，而虑其力之或不继也，遂乃为之廓讲庐，辟精舍，筹经费，立常制。又旁建洋文书馆，聘士之通西学者，官为饩廪而分肄之"。

澄衷学堂是浙江宁波籍实业家叶成忠捐资办学早期的典范，属于中国近代民办新式学堂的代表之一。该所新式学堂在办学思想、课程设计、教学方法及教材编写等方面都明显扮演了近代办学西化先驱者角色。对此《上海县续志》卷10就记录了其办学史实：学堂在虹口西华德路北塘山路，光绪二十五年九月浙江镇海人叶成忠创办，"捐道契地二十四亩八分五厘四毫为校址，规银十万两充费，即以己字定名焉"。二十七年正月落成虹口西华德路北塘山路，二月开学。县志中又收录刘树屏所撰的《上海澄衷蒙学堂记》，回顾了学堂创办者的艰辛与敬业，描述学堂的建筑、课程立意，并期待求学者发奋自强、勇当社会责任，以无愧办学的初衷："感造就之盛心，恐年岁之不吾与，相与淬厉奋发，以无负乎君之所期。"

当然，史料的搜求和采用应该是广泛而多元的。每种地方志里都有教育资料，不过其记载详简不一。有些还比较简单粗糙，这就需要其他材料来补充。如地方志中对教育家及其思想记录薄弱，利用价值相对不足。方志优势在教育制度和地方兴学活动的史学意义，而不在教育思想、教育人物、教育实验及推广等方面。这是需要我们格外注意的事项。

方志类史籍主要是中国古代后期至民国早期盛行的体裁文本或史作类型。新中国成立以后，政府仍高度重视。全国各地成立方志办公室，省志、市志及县志不断编辑出版，其中不乏教育志的著作。它们往往以省志之一种或分册设计，也有独立教育志问世。笔者学习、工作的三地就有这种情形。家乡故里及求学所在地的浙江早在20世纪80年代就由浙江人民出版社出版《浙江教育简志》作为"浙江简志"之一种；后来先到重庆西南大学工作，该市教育委员会下设教育志办公室，在21世纪初组织编写教育志；2004年到河北大学工作，该省教育厅组织编写《河北省志·教育志》并于20世纪90年代问世。从中可以看出从20世纪80年代至21世纪头10年各地教育志书陆续出现，成为一股潮流。这些方志，尤其是教育史著述对区域教育史价值很大，需要留意和利用。以下简要介绍《重庆教育志》情状：

重庆市教育委员会编《重庆教育志》，重庆出版社2002年版。全书共15章，按照专题进行编排，主要设计的教育专门领域包括：幼儿教育、小学教育、中学教育、特殊教育和工读教育、职业技术教育、中等师范教育、普通高等教育、成人教育、教育行政、教师、教育经费及教学设备、教育科研、教育社团、报刊、电化教育、国际交流 16 个方面，并从清末时期、民国时期和中华人民共和国成立后三个阶段分别进行叙述和总结。其中，对清末和民国时期的教育状况记载详尽、完备。书末有教育人物、大事记和四个附录。该书是第一部重庆市教育专志，采用志、述、记、传、图、表、录等多种体裁，具有较强的思想性、科学性和资料性。

第四节　报刊史料

报刊是报纸与刊物的合称。从文献学的价值而言是等量齐观的，但前者倾向于时政要闻、社会现实及事件记载；后者偏于问题探讨、专业思想呈现及技术探究。在中国近代教育史上，报刊的历史溯源较短，而其作用及传播效果则呈加速度的变化，尤其刊物的力量日益明显。

鸦片战争以后，西方传教士作为列强势力的急先锋大批涌入中国，早期主要在五口通商口岸活动，后来向内陆逐渐渗透。除了宗教神学的扩张之外，又以新闻报纸、医院西医及学堂办学三项世俗工作作用于中国社会。其中新闻报纸的早期地位十分突出。甲午战争以后，康有为、梁启超陆续办有《中外纪闻》《强学报》《时务报》。这些报纸刊载有维新运动资料。"百日维新"失败后，梁启超亡命日本，《清议报》《新民丛报》成为宣传媒体，《政论》《国风报》作为改良主义重要舆论阵地或宣传喉舌。资产阶级民主革命派以《中国日报》《苏报》《国民日报》等作为传播工具，与改良主义相对立。与此同时，《京报》《政治官报》《内阁官报》则代表晚清政府意愿发挥维持政治秩序的作用。中国人主办的其他报纸以上海《申报》、广州《广报》、汉口《昭文新报》著名。

近代专业性杂志出版最早同样是传教士创办的，如米怜（William Milne，1785—1822）《察世俗每月统记传》、麦都思（Walter Henry Medhurst，1796—1857）《特选撮要每月统记传》。尤其是郭实腊（Karl Friedrich August Gützlaff，1803—1851）《东西洋考每月统记传》，主要记载宗教、军事科学等内容。后来期刊很多，应查阅"期刊介绍""出版资料"类的工具书，其中突出的是上海图书馆编《中国近代期刊篇目汇录》（上海人民出版社 1965 年版），以及汤志钧编《戊戌时期的学会和报刊》（台湾商务印书馆 1993 年版）。由于近代报纸的材料比较难找，主要是期刊《东方杂志》《万国公报》等都有丰富教育文献。此处需要说的是，教育官报及教育专业刊物如《直隶教育官报》《教育世界》《教育杂志》《中华教育界》等期刊将在下编专门叙述。

一、报纸

报纸是当代传播媒体的重要方式和渠道，今天虽然被新媒体所部分代替，或受到冲击而有所退潮，但总体而言，其宣传传播社会主流思想理论以及专业学术价值等方面所占有的独特优势依然存在。这种传媒方式，从近代历史上开始显示其时效性，现当代历史中所发挥的作用日益明显，无论数量、内容，抑或受众群体的影响力都是如此。本书是近代中国教育史料的挖掘和整理，因此报纸的内容及容量相对较低。刊物，又称期刊，其传播手段和意义与报纸相似，只是编排体例、文稿类型以及思想内容更趋向学科专业化特色，装订组织的方式有卷期或号，类似书籍，分年或月，以周期性出版，它的功能和作用在现当代的传播学或学术交流中呈上升，甚至热潮的态势。

（一）概述

报纸在唐代已经出现，时称《邸报》，宋元以后若存若亡，处于低迷萎缩状态，清朝重新抬头。

鸦片战争以后，欧美传教士与商人在中国活动频繁，办有《中国丛报》（The Chinese Repository，1836 年创刊，广州版）；《中外新报》（美国传教士玛高温、应思礼发起，1854 年发行）。此外知名的尚有《中外杂志》《教会新闻》《华字日报》（1872 年创刊）、《上海新报》（1861 年创刊）、《天津时报》等。

教会的译书机构广学会关注画刊，《孩提画报》《训蒙画报》影响力颇大，销量可观，1888 年至 1890 年刊行数量，参考表 3 - 1。

表 3 - 1　画刊 1888—1890 年销量　　　　　　　　　　　单位：份

画刊	1888 年	1889 年	1890 年
孩提画报	6000	4112	1600
训蒙画报	3500	27500	19500

中国近代兴学热潮出现于维新变法时期，至民国早期的近 30 年间可谓新教育运动的第一阶段，主要是西方近代教育制度移植、改造和建立；第二阶段是五四运动以后教育实验基础上教育的现代化探索及观念变革。依据近代教育

专题的特色，并考虑到清末时期报刊特殊性，以下主要就此期间部分报纸作介绍，有些材料与上文之间有互补交错性。

由于文字篇幅限制，以及本书后编将对五四运动后的教育以报纸媒体角度加以分析，故主要列举第一阶段加以描述。该阶段重心在维新运动。

康有为等维新派为了宣传维新变法主张，启发教育群众，非常重视组织学会和创办报刊。据梁启超在《戊戌政变记》中的总结，从1895年到1897年，设立学会有20多处，创建报馆8所。这是中国近代知识分子群体意识觉醒的标志。梁启超说："阅报者，其人愈智，报馆愈多者，其国愈强。"❶事实上，维新人士所办报刊，如《时务报》《国闻报》《知新报》《求是报》《湘学报》《实学报》在传播新思想，介绍西方资本主义的经济、政治、文化以及鼓动教育改革等方面都起了一定作用。

维新运动至民初的报纸主要有：《苏报》，1896年6月26日创刊，上海出版；《强学报》，上海强学会编，1896年创刊，上海强学书局发行；《知新报》，1897年2月创刊，何廷光、康广仁总理；《国闻报》，1897年10月26日创刊；《实学报》，章太炎等撰述，上海实学报馆发行；《求是报》，陈季同等创办；《译书公会报》，恽积勋、恽毓麟总理，章太炎、杨模主笔；《蒙学报》，上海蒙学公会编印；《湘报》，唐才常主编；《女学报》，1899年创刊，原名女报，1903年改为女学报，陈撷芬主编，上海出版；《顺天时报》，1901年创刊，北京出版；《选报》，光绪二十七年十月，即1901年11月由蒋智由、赵祖惠创办，上海出刊；《大陆报》，1902年12月创刊，载翼翚、杨廷栋主持，上海出版；《时报》，1904年6月12日狄葆贤等主持创刊，上海出版；《警钟日报》，1904年创刊，蔡元培主编，上海出版；《政治官报》，宪政编查馆发行，光绪三十三年九月二十日，即1908年10月26日创刊，至宣统三年闰六月二十九日，即1911年8月23日第一千三百七十号止；《民立报》，1910年10月1日创刊，于右任、宋教仁主编，上海出版；《政府公报》，1912年创刊，政事室印铸局北京出版；《环球》，1916年5月创刊，上海出版。

（二）代表性报纸举要

（1）《申报》，1872年4月30日由英国商人合资在上海创办。1907年，

---

❶ 中国近代史学会. 中国近代史料丛刊：戊戌变法（四）［M］. 上海：上海人民出版社，1957：523－540.

席裕福从外国人手中收回自办。1912年秋，近代报人史量才收购，自任总经理。《申报》重视对国内外大事的采访和反映，注意市井琐闻和社会变化，成为具有现代意义的中国大报。❶ 其中《申报》副刊《教育与人生》之于教育情况反映尤为集中，如《北京新教育研究会近讯》刊于该报1918年8月25日。

（2）《时务报》，1896年8月9日，梁启超、黄遵宪、汪康年等在上海创办，宗旨是"变法图存"。梁启超在其发表的《西学书目表·序列》一文中宣称："国家欲自强，以多译西书为本；学子欲自立，以多读西书为功。"其中列有300多种西学书目。该报第四十九册刊载梁启超《湖南时务学堂学约十章》。《湖南开办时务学堂大概章程》载《湘学报》第25册。

（3）《蒙学报》，1897年在上海出版，叶瀚主编，每7日出1册。该报为儿童启蒙读物，分5～7岁为一阶段，8～12岁为一阶段，13～18岁为一阶段，18岁以上为一阶段。内容刊载通俗儿童作品，供儿童阅读。并详列备具教育儿童方法之图书，广译东西各国教育儿童新法，以资采择。梁启超："人莫不由少而壮，由愚而智"；"教育小学急于教大学"。在他看来，"他日救天下者，其在今日十五岁以下之童子"，"故教小学教愚民，实为今日救中国第一义"。《蒙学报》主要面向小学，《蒙学会简章》称"本报以启蒙为主"，具体内容包括"字课""数理""方名""智学""史地""时势"等部分，❷ 可见，有丰富的小学教育内容。

（4）《时报》，清光绪三十年四月二十九日（1904年6月12日）狄葆贤等在上海出刊。该报具有改良革新思想，特辟时评专栏，并增加教育、实业、妇女、儿童、文艺、图画等周刊。中间曾因经营失误发生转让，此后销路骤增，后因社评减少，读者数量下降，于1929年停刊。❸

（5）《清议报》，光绪二十四年十一月十一日（1898年12月23日）在日本横滨发刊。1898年9月戊戌变法失败后，梁启超逃亡日本，三个月以后创办该报。该报为旬报，每月两次编印，半月40页，分论说、名家著述、新书译丛、外论汇译、群报撷华等，延续三年后停刊。

（6）《民国日报》，1916年1月22日创刊，叶楚伧主编。《民国日报》在新文化运动时期以登载教育论文著称，如《博文女学附属幼儿园》（1916年8

---

❶ 赵国璋，朱天俊，等. 社会科学文献检索 ［M］. 北京：北京大学出版社，2005：43.

❷ 毛礼锐，沈灌群. 中国教育通史：第4卷 ［M］. 济南：山东教育出版社，1988：188－189.

❸ 赵国璋，朱天俊，等. 社会科学文献检索 ［M］. 北京：北京大学出版社，2005：44.

月 25 日)、《小学教育研究会纪事》(1917 年 8 月 24 日)、《幼儿教育会续记》(1918 年 8 月 16 日)、《理科教授研究会纪事》(1917 年 8 月 24 日)、《图画手工讨论会纪事》(1918 年 3 月 26 日)、《中华新教育社成立》(1918 年 12 月 24 日)、《北京新教育研究会之试验学校》(1918 年 8 月 26 日)均载于此刊不同时间段内。

(7)《湘报》，1898 年 3 月由谭嗣同、唐才常等创办，长沙校经书院编辑出版。该报 1898 年第 93 号收录 1898 年 6 月 22 日《湖广总督张之洞湖北巡抚谭继洵晓谕湖北设立农工各学堂讲求农学工艺告示》，提出农业生产在中国历史悠久、水利设施齐备、工艺成就较早成熟，但在西洋科技与商贸倾销的冲击下已经落伍，应该仿效列强各国。农学需要科学提升效益和质量，专设农务学堂培养技术人才，提高农业产业的质量和效益，同时需要与工学相互促进。为此，在湖北设立农工学堂，"招选绅商士庶子弟或有志讲求农学者，或有志讲求工艺者，准于农工两学堂肄业，庶教导既专，心智自启，将来成效渐著，收回利权，富强之基，实有赖焉"。

二、刊物

相对于报纸而言，近代刊物（当代惯称"杂志"）的发行及收藏更为广泛而持久，而且各种刊物所载教育类材料专题性及研究性尤为突出。当然，全面考察殊为不易，也非作者能力所及，只能选择部分及样本介绍，庶乎有典型推演嬗变至一般之意义。

（一）概述

近代期刊有多少，很难完全统计出来，以下一些或许是其中的主要部分：《中西闻见录》，月刊，1872 年 8 月，丁韪良、艾约瑟主编；《格致汇编》，1876 年 2 月，初为月刊，第五年起改为季刊，傅兰雅编辑，格致书室发售；《集成报》，旬刊，1897 年 5 月陈念萱倡设，上海版；《农学报》，初为半月刊，次年改旬刊，1897 年 5 月罗振玉等主办；《经世报》，旬刊，1897 年 8 月，章炳麟、陈虬、宋恕等主编；《浙江潮》，1903 年 2 月，浙江同乡会编辑发行；《江苏》，1903 年 4 月，江苏同乡会编辑发行；《日游汇编》，光绪二十九年（1903 年）；《好世界》，1904 年 1 月，上海大同书局发行；《南洋官报》，1904 年 1 月，江宁发行；《四川官报》，1905 年 3 月，成都发行；《商务官报》，1906 年，商务官报局编辑，商务工艺局发行；《复报》，1905 年 5 月，日本东京出版复报社编辑发行;《内阁官报》,1907 年 8 月,内阁印铸局发行;《交通官报》,1909 年,邮传部图书通译局官报处编辑发行;《政府公报》,1913 年 2 月创刊;《甲寅》,1914 年 5 月,日本东京创刊,月刊,章士钊主编,不久停刊,1925 年复刊,改为周刊,1927 年 2 月停刊;《新青年》,1915 年 9 月,上海出版;《南洋》,1915 年,上海出版;《科学》,1915 年,中国科学社编;《环球》,1916 年 5 月,上海出版;《中国与南洋》,1918 年,暨南学校编辑;《美术》,1919 年,上海图画美术学校丛刊;《读书月刊》,1931 年 10 月,北京图书馆读书月刊编辑处;《北洋周刊》,1987 年,天津西沽北洋工学院编;《萃报》,周刊,1897 年 8 月;《新学报》,半月刊,1897 年 8 月;《岭学报》,旬刊,1898 年 2 月;《湖北商务报》,1899 年 4 月,汉口商务处主办;《政艺丛书》,1902 年 2 月;《湖南官报》,1902 年。

更多期刊不再搜寻罗列、呈现具体。但无论列出与否,其中大多载有教育类文献,只是比例不同。对其中有些素材论述,作者将在后编陆续结合专题列出。此处略作举证。

佚名:《光绪三十年四川泸州半日学堂招生广告》,载《四川官报》1904 年 29 号。端方:《晓谕阖省绅商士民筹设半日学堂示》,载《湖南官报》第 947 号。汤华龙:《对于海外留学事宜之办法(1914 年 5 月 11 日)》,载《政府公报》,1914 年 5 月 13 日,第 724 号。幼儿教育研究会:《幼儿教育研究会启事》,载《中华新报》,1917 年 11 月 13 日。胡适:《工读主义试行的观察》,载《新青年》第 7 卷第 5 期,1920 年。

(二)代表性刊物举要

(1)《万国公报》,1868 年 9 月创刊,(美)林乐知主编,上海华林书院刊发。该刊登载教育时论颇多。1874 年 11 月 5 日,徐寿《为上海设格致书院上李爵相禀并条陈》叙述了上海格致书院作为西式书院机构的创办背景,尤其对西方传教士伟烈亚力、傅兰雅的活动作为及角色作用予以高度评价,并拟定了格致书院的六条章程,其中规定上海格致书院的创办欲中国士商深悉西国之事,彼此更敦和好。先在上海通商码头购地建院,以便访求新法,格致机器小样,并购买西新出书籍,邀同西士,讲解理法。并且院中陈列旧译泰西格致诸书,各种史志,上海制造局新译诸书,各处旧有及续印新报、西国文字,各种格致机器新旧之书,格致机器新报,格致机器新式图册,以及天球、地球各种机器。书院早十点开门,晚七点关门,管理明确规定"院中不准闲人噪杂;

游戏、赌博，更应严禁，院旁另设耳房，如欲商议他事，可以入内谈论，以昭肃静"。该刊第二十二册记载1890年《江南水师学堂简明章程》，内容主要有以英国海军专业教育模式为参照，培养水师专业技术及实用人才，驾驶、管轮两个专业西学知识和技术课程设置门类，教学与实习要求以及学生的业务考核和行为规范管理，并规定其优异者的奖励办法："由北洋大臣一体考验中式分别等次，并照海军定章随时分别咨部给奖，以千总把总候补或调回南洋量材器使，其才艺出众者派赴泰西再求精进，以备大用。"

当代学者出版《万国公报》专门著作。王林著《西学与变法——〈万国公报〉研究》，齐鲁书社2004年版。该书是在王林同名博士论文基础上修改出版的。开篇是当代历史学家、北京师范大学著名教授龚书铎所作"序文"。作者介绍中国近代极其重要报刊之一《万国公报》的创办与经营，并阐述在西学传播、教育主张、宣教与护教、中西文化观以及新办女学问题等方面的内容，揭示上述活动对近代中国社会的积极影响。书末附录八则，将《万国公报》文章按主要作者、类别列出一览表。该书评价客观公允，切合实际，不仅对近代中国新闻传播史有开拓价值，而且有助于中国近代教育史的探讨。

（2）《格致汇编》，（英）傅兰雅编辑，格致书院发售。1876年2月创刊，初为月刊，1890年3月改为季刊，1892年冬终刊，共7卷28期。1892年第7卷第4期收录《南洋水师学堂考试纪略》，对该学堂考试的科目内容、层次要求做了描述，并分别对有关西学技术课程的考试练习和实习的多种测评方式加以说明，同时，对考试的程序和阶段构成以及权重比例都有所涉及。

（3）《东方杂志》。从综合性期刊与教育关系的密切程度以及影响力方面加以考察，《东方杂志》是独一无二的。发表的教育论文无论是体裁类型还是思想方法十分广泛，论及的领域众多，一一列举是不可能的，有兴趣和需要可进一步查阅《东方杂志》目录索引。举例来说，黄炎培《教育前途危险之现象》、杨端六《罗素先生去华感言》，分别刊载于《东方杂志》第9卷第12号（1913年）及第18卷第13号（1925年7月10日）。黄文反映的内容是民国初期教育的应用性与工商业趋向之必要，以此来缓解新教育的困惑。杨文所反映的内容是杜威之后的美国现代教育家来华考察和讲演，对中国科学教育、职业教育和教育测量的评述以及作者的理解与感言。李书田《北洋大学五十年之回顾与前瞻》，载《东方杂志》第41卷第20期，叙述北洋大学前身天津中西学堂的创办情况及办学活动，认为其头等学堂所设"法律学门，土木工程学门，采矿冶金学门，及机械工程学门，均四年毕业。课程编排，讲授内容，授课进度，教科用书，均与美国东方最著名之哈佛、耶鲁等大学相同"，并描述了八国联军入侵北洋大学的灾难以及清末民初学堂的振兴，尤其评述了丁家立校长的贡献以及学校毕业生的社会影响。此外，张之洞《奏请设总理学务大臣折》，载《东方杂志》1904年第1期。蔡元培《学生之自觉及其修养方法——在广东高等师范学校之演说》，《在江苏教育总会之演说》，均载《东方杂志》第14卷第1号，1917年1月。《莅教育部演说词——现代教育之弊病》《学生自修之三大要义——在清华学校之演说词》，载《东方杂志》第14卷第3号，1917年3月；蒋维乔《中国教育会之回忆》，载《东方杂志》1936年第1号。

（4）《新青年》1915年9月在上海创刊。第一卷名《青年杂志》，月刊。自1920年8月第8卷起成为上海共产主义小组机关刊物。陈独秀主编，李大钊、胡适、鲁迅等为主要撰稿人。1922年7月休刊。1923年6月改为季刊，成为中共中央理论性机关刊物，迁广州出版。1925年4月起不定期出刊，次年停刊。《新青年》作为五四运动高举"民主""科学"大旗的思想舆论主阵地，云集大批激进民主主义、马克思主义人士批判封建教育，宣扬、传播西方现代教育，推动中国现代教育历程。其中主编和主要撰稿人的教育檄文均产生波涛激浪的影响。

（5）《人文月刊》1930年2月创刊，人文月刊社版。该刊物登载了不少有关教育方面的专文，如有关天津开设学堂的历史渊源，《人文月刊》1931年4月第2卷第3期所载陈宝泉《天津设学之发起》一文做了叙述：洋务派开办洋务学堂之后，天津作为港口城市，设立普通学堂、师范学堂以及旧式书院改建学堂的诸多内容，其中突出了袁世凯、严范孙（严修）的办学活动，同时，反映清末国民教育发展中单级复式教学的试验，认为这在北方处于领先地位。"清光绪三十年，严公以四乡设学招生，学生之年龄程度至不齐一，经济亦感缺乏，单级编制之学校最为需要，乃委托陈君筱庄、邓君澄波在天津西门城隍庙内，筹设单级小学堂一处，以邓君澄波为该堂堂长兼教员，是为北方提倡单级教授之发端。及袁君观澜掌教北直，复有直录单级教员总所及各县分所至之设，单级教授始循行于大河以北各省份。"

第二编
中国近代教育史料
及内容介绍（上）

第四章　中国近代教育史直接史料

中国近代教育在清末新政之前，传统教育的延续无论制度，还是思想均十分明显，例如以科举为中心，学校为科举服务的格局并未根本转变。由此，也影响教育文献的分布、体例及方式。而在新政改革背景下，近代教育体制得以建立，文献作品所载近代教育变动的内容及资源不仅丰富系统，而且日渐专门独立化，并与国际世界接轨。

第一节　教育政策规程

教育政策规程是政府教育意志的表现，带有法制化特点。传统教育有文教方针，但教育专业性不足，影响教育文本的呈现方式。如书院没有统一典籍记录，主要通过书院志、地方志搜求，义学、社学、私塾及蒙馆，相当于现代的小学教育，也主要从地方志去寻找。近代制度或体系化的教育记载到 1902 年《钦定学堂章程》《奏定学堂章程》以后便十分充实多样。这种转型及新特点出现有赖于"教育宗旨"为核心的教育政策规程的制定及颁行。民国建立以后，近现代教育的载体也是如此。

一、清末教育政策规程

清末教育政策规程以《钦定学堂章程》《奏定学堂章程》及其他补充规程为主，其他文献记录素材为辅。也就是说，"学堂章程"属学制系统文件，是近代以降教育制度化和法制地位确立的标志，而在此前后或期间其他资源则发挥补充作用。

（一）学堂章程

（1）张百熙等奉敕定《钦定学堂章程》，分卷刊录上谕奏折以及各学堂章程，湖北学务处翻印线装木刻版。该书包括《京师大学堂章程》《大学堂考选入学章程》《高等学堂章程》《中学堂章程》《小学堂章程》《蒙学堂章程》共六个章程。在目前通行的中国近代教育史史料选编或汇编中，大多有收录，如舒新城编《中国近代教育史资料》大多收入，但《大学堂考选入学章程》未编进去，需要通过其他文献补充。

（2）张之洞、张百熙等重订《奏定学堂章程》，分卷刊录上谕、奏折以及各章程，湖北学务处版。该书内含上谕、奏折、章程。这个章程，资料内容十分丰富，包括从学前到通儒院以及横向的师范和实业教育等多样化的文件，还有《奏定各学堂考试章程折》《奏定各学堂奖励章程折》等。这些在许多相关专业工具书或资料文编中都有介绍，只是往往分散在各章程中，原样的完整性有些肢解，应该根据需要自己整合。以下对章程的主要文件及内容加以介绍。

① 1904 年 1 月 13 日，张百熙、荣庆、张之洞《重订学堂章程折》，章程规定"立学宗旨，无论何等学堂，均以忠孝为本，以中国经史之学为基，俾学生心术壹归于纯正，而后以西学瀹其知识，练其艺能，务期他日成才，各适实用"。章程包括：初等小学堂、高等小学堂、中学堂、高等学堂、大学堂附通儒院、蒙养院及家庭教育法章程；初级师范学堂、优级师范学堂章程；初等农工商实业学堂附实业补习普通学堂及艺徒学堂、中等农工商实业学堂、高等农工商实业学堂及实业教员讲习所章程；译学馆、进士馆章程；另附有学务纲要、各学堂管理通则、各学堂考试章程、奖励章程等。同日，清政府颁布该学堂章程，谕即次第推行。此即《奏定学堂章程》。

② 1904 年 1 月 13 日《奏定蒙养院章程及家庭教育法章程》颁布，包括蒙养家教合一、保育教导要旨及条目、屋场图书器具、管理人员事务四章共 21 节。规定蒙养院附设于育婴堂及敬节堂内，以堂内识字妇女为教养员，招收 3～7 岁儿童，"专在发育其身体，渐启其心知，使之远于浇薄之恶风，习于善良之轨范"。教育方法为游戏歌谣、谈话、手技等，使幼儿教育与教养员教育相结合。幼儿教育仍以家庭教育为主，使女教与家教相结合。教养员学习的内容为《孝经》《四书》《女诫》《女训》《教女遗规》及与中国妇道妇职不悖的外国家庭教育书。1912 年后废止。

③ 1904 年 1 月 13 日《奏定初等小学堂章程》颁布，包括立学总义、学课程度及编制、计年就学、教员管理员、屋场图书器具五章共 58 节。以"启其人生应有之知识、立其明伦理爱国家之根基，并调护儿童身体，令其发育"

为宗旨，分官立、私立、公立三种，招收 7 岁以下儿童入学，毕业后可直接升入高等小学堂。分完全科、简易科。完全科修业年限 5 年，课程分必修科和随意科。必修科为修身、读经讲经、中国文学、算术、历史、地理、格致、体操 8 科，随意科为图画、手工依地方情形设一科或两科。每周授课不得超过 30 小时，其中读经、讲经 12 小时，课外每日半小时。简易科课程为修身、读经、中国文字、历史地理与格致算术、体操 5 科。1909 年 5 月 15 日，学部奏改完全科课程为修身、读经讲经、中国文学、算术、体操 5 门，将历史、地理、格致 3 科并入中国文学，并附设乐歌一科，增加国文课时，每周授课增至 36 小时；简易科课程为修身读经、中国文学、算术 3 科。体操在城镇为必修科，在乡村为随意科。在教学方法上规定"讲授不可紊其次序，误其指挥，尤贵使互相贯通印证，以为补益"，又"讲授儿童，须尽其循循善诱之法"，"不宜操切以伤身体"，"以讲解为重要"。

④ 1904 年 1 月 13 日《奏定高等小学堂章程》颁布，包括立学总义、学科程度及编制、计年就学、教员管理员、屋场图书器具五章共 49 节。以"培养国民之善性，扩充国民之知识，强壮国民之气体"为宗旨。修业年限 4 年，分官立、公立、私立三种，招收初小毕业生。规定课程为修身、读经讲经、中国文学、算术、中国历史、地理、格致、图画、体操 9 科，另为不愿升中学堂者设手工、商业、农业等随意科，视地方情形加授。每周授课 36 小时，其中读经 12 小时，每日课外半小时，古诗歌列入功课，于课外进行。1910 年 12 月 30 日，学部奏改两等小学堂课程，规定增乐歌一科为随意科，加农业、商业科者，自第三年始；设于通商口岸的学堂得于第三、第四年加习英文，每周读经讲经减少 1 小时，算术增加 1 小时。1912 年新学制颁布后废止。这是清政府颁布并首次实施的高等小学堂章程。

⑤ 1904 年 1 月 13 日《奏定中学堂章程》颁布，这是清政府颁布并首次施行的中学堂章程。包括立学总义、学科程度、计年入学、屋场图书器具、教员管理员五章共 35 节。以"施较高深之普通教育，俾毕业后不仕者从事各项实业，进取者升入各高等专门学堂均有根柢"为宗旨，分官立、公立、私立三种。招收高等小学毕业生及同等学力者，课程为修身、读经讲经、中国文学、外国语（东文、英文、德文、法文、俄文）、历史、地理、算学、博物、物理及化学、法制及理财、图画、体操 12 科，法制及理财可不设，每周授课 36 小时，其中读经讲经 9 小时，外国文 6～8 小时，古诗歌作为乐歌列入课程。

1909 年 5 月 15 日，学部以高一级学堂分科的需要、学生资历兴趣不同及德国中学分科的成法为由，奏改中学堂课程为文实两科，课程仍 12 门，分为主课与通习两类。1911 年 1 月 26 日，学部又根据教师、设备条件及中学仍以养成国民常识为主，减少主课课时，增加通习课时数，1912 年新学制颁布后废止。

⑥ 1904 年 1 月 13 日《奏定高等学堂章程》颁布，这是清政府颁布并首次实施的高等学堂章程。包括立学总义、学科程度、考录入学、屋场图书器具、教员管理员五章共 29 节。规定以 "教大学预备科为案育"，学习年限 3 年，招收中学堂毕业生及同等学力者。分三类：第一类为经学科、政法科、商科的预备，第二类为格致、工科、农科的预备，第三类为医科的预备。课程分主课与通习科两类，第一类主课为外国语（英文、德文或法文）、历史、地理、法学、理财；通习课为人伦道德、经学大义、中国文学、兵学、体操、心理及辨学；欲入政法科者设拉丁文，为随意科。第二类主课为外国语、算术、物理、化学、地质与矿物、图画；通习科为人伦道德、经学大义、中国文学、兵学、体操；欲入工科的土木学门、机器学门、电气学门、采矿及冶金学门、造船学门、建筑学门，格致科的算学门、物理学门、星学门，农科的农学门、农艺学门、化学门、林学门，均加习测量；欲入格致科的动物学门、植物学门、地质学门，农科的普医学门，设拉丁语为随意科。第三类主课为外国语、算术、物理、化学、动物及植物、拉丁文；通习课分人伦道德、经学大义、中国文学、兵学、体操。

⑦ 1904 年 1 月 13 日《奏定大学堂章程》颁布，这是清政府首次施行的大学堂章程。包括立学总义、各分科大学科目、考录入学、屋场图书器具、教员管理员、通儒院、京师大学堂现在办法等七章共 72 节。规定先在京师设立大学一所，渐推及各省，大学堂内设分科大学堂和通儒院。分科大学堂招收高等学堂或大学预科毕业生，3 年或 4 年毕业，通儒院招收分科大学毕业生或非分科大学毕业生，由分科大学教员会议选定，经总监督考验合格者，5 年毕业。分科大学设经学、政法、文学、格致、医、农、工、商 8 科，要求京师之大学堂 8 科全设，各省大学堂不必全设，但不少于 3 科。各科又细分多学门，每一学门科目又分主课、补助课和随意科。每日课时 4 小时，以自行研究为主，规定各科大学堂设置实验、实习场所。1912 年新学制颁布后废止。

⑧ 1904 年 1 月 13 日《奏定初级师范学堂章程》颁布，这是清政府首次施行的师范学堂章程。包括立学总义、学科程度、考试入学、毕业效力义务、屋

场图书器具、教员管理员六章，共 46 节。规定初级师范学堂以培养高等小学堂及初等小学堂教员为目的。学堂设完全科，修业 5 年；别设简易科，25～30岁入学，修业 1 年；另设预备科，为欲入师范学堂而普通学力未足者补习功课。设置旁听生，以便乡间老生寒儒欲从事教育者来堂听讲。设小学师范讲习所，为已是小学教员者补足学力；为蒙馆塾师补普通科和教授法。设置旁听生。未设师范学堂的州县，设师范传习所。初级师范学堂招收学生数，省城以300 人、州县以 150 人为足额，并可收私费生。完全科学习科目有修身、读经讲经、中国文学、教育学、历史、地理、算学、博物、物理及化学、习字、图画、体操，简易科免读经讲经、习字，其他科目均讲大要，每年授课 45 周，每周 36 小时。初级师范学堂需附设小学堂，以便师范生实习。师范生毕业有从事小学堂教员之义务，年限完全科为 6 年（私费生 3 年），简易科 3 年（私费生 2 年）。义务年满，奖给官职。1912 年新学制颁布后废止。

　　⑨ 1904 年 1 月 13 日《奏定优级师范学堂章程》颁布。包括立学总义、学科程度、考录入学、毕业效力义务、附属学堂、教员管理员等六章，共 45 节。规定：京师和各省城均设一所优级师范学堂，"以造就初级师范学堂及中学堂之教员管理员为宗旨"。学生选自初级师范学堂及中学堂毕业者，学科分三节：一、公共科，课程有人伦道德、群经源流、中国文学、东语、英语、辨学、算学、体操，修业 1 年；二、分类科，有中国文学和外国语、地理和历史、算学、物理及化学、植物、动物、矿物及生理学等，按学业所长任选一类，3 年毕业；三、加习科，加习人伦道德、教育学、教育制度、教育政令机关、美学、实验心理学、学校卫生、专科教育、儿童研究、教育演习十科，修业一年。加习科学生若有不由分类科毕业，而经本学堂监督之特许入学者，学费自备。学生毕业后，需效力义务 6 年，规定优级师范学堂附设中学堂和小学堂为师范生实习和研究教育之场所，附设教育博物馆，陈列中外学堂建筑模型、学事统计规则、教学图书、学生成绩品等，供学生考效，任外人参观。1912 年新学制颁布后废止。

　　⑩ 1904 年 1 月 13 日《奏定实业学堂通则》颁布，是中国近代由国家颁布并首次施行的农、工、商等学堂章程的总纲。包括设学要旨、入学资序、学堂职务 3 章 16 节。规定：实业学堂的意义"在振兴农工商各项实业，为富国裕民之大计"。种类有实业学堂教员讲习所、农业学堂（包括水产学堂）、工业学堂（包括艺徒学堂）、商业学堂及商船学堂。各分初、中、高三级。各省应

酌量地方情形随时择宜兴办。1912 年后废止。

⑪ 1904 年 1 月 13 日《奏定初等农工商实业学堂章程》颁布。包括初等农业学堂立学总义、学科程度；初等商业学堂立学总义、学科程度；初等商船学堂立学总义、学科程度、计年入学、教员管理员、屋场图书器具等九章 16 节。规定：初等农业学堂"以教授农业最浅近之知识技能，使毕业后实能从事简易农业为宗旨"，课程分普通科与实习科。普通科有修身、中国文理、算术、格致、体操，亦可酌加地理、历史、农业、理财大意及图画；实习科分农业、蚕业、林业、兽医科，分别设有实习科目。初等商业学堂"以教授商业浅近之知识技能，使毕业后实能从事于简易商业为宗旨"，课程有修身、中国文理、算术、地理、簿记、商品学、商事要项、商业实践、体操 9 门，招收初小毕业生，3 年毕业。初等商船学堂以"教授商船最浅近之知识技能，使毕业后实能从事于商船之简易执务为宗旨"，分航海与机轮两科。航海科课程有修身、中国文理、算术、地理、航海术、商船应用术大意、海上气象学大意、实习及体操；机轮科课程有修身、中国文理、算术、物理、化学、机轮术大意、机器制图实习及体操，招收初小毕业生，两年毕业。《壬子癸丑学制》颁布后废止。

⑫ 1904 年 1 月 13 日《奏定中等农工商实业学堂章程》颁布，这是中国近代最早由国家颁行的中等实业学堂章程。规定：中等农业学堂以"教授农业所必需的知识、技能，使将来实能从事农业为宗旨"，分预科、本科。预科课程有修身、中国文学、算术、地理、历史、格致、图画及体操，可加外语；本科分农业、蚕业、林业、兽医、水产五科，各科分设普通科目及实习科目。中等工农学堂"以授工业所需之知识技能，使将来能从事工业为宗旨"，分为预、本科。预科科目与农业学堂同，本科分土木、金工、造船、电气、木工、矿业、染织等十科。中等商业学堂"以授商业所必需之知识技能，使将来实能从事商业为宗旨"，分预、本科。预科增设外语；本科分普通科目和实习科目，普通科目为修身、中国文学、算术、体操。中等商船学堂以"授驾运商船之知识技术，使将来实能从事商船为宗旨"，分预科、本科，本科分航海及机轮两科。各类学堂本科均招收高等小学毕业生，3 年毕业；预科招收初小毕业生，2 年毕业，开设本科。另设专攻科，招收本科毕业生，12 年毕业。1912 年后废止。

⑬ 1904 年 1 月 13 日，《奏定高等农工商实业学堂章程》颁布，这是中国

近代最早由国家颁行的高等实业学堂章程。规定：高等农业学堂以"授高等农业学艺，使将来能经理公私农务产业，并可充各农业学堂之教员、管理员为宗旨"，分预科、本科。预科科目为人伦道德、中国文学、外国语、算学、动物学、植物学、物理学、化学、图画及体操；本料分农学、森林学、普医学 3 科；殖民垦荒区可设土木工学科。高等工业学堂"以授高等工业之学理技术，使将来可经理公私工农事务及各局厂工师，并可充各工业学堂之管理员、教员为宗旨"，分应用化学、染色机织、土木、矿业等 13 种，均设普通及专门科目。普通科目为人伦道德、算学、物理、化学、一切应用化学、应用机器学、图画、机器制图、理化实验、工业法规、工业卫生、工业簿记、工业建筑、英语及体操。高等商业学堂"以施高等商业教育，使通知本国外国之商事商情及关于商业之学术法律，将来可经理公私商务及会计，并可充各商业学堂之管理员、教员"为宗旨，分预科、本科。科目有商业道德、书法、商业文字、商业算术、商业历史、地理、簿记、理财学、商业学、商品学、统计学、民法、商法、交涉学、外语、体操等。高等商船学堂"以授高等航海机关之学术技艺，使可充高等管驾船舶之管理员，并可充各商船学堂之管理员、教员为宗旨"，分航海、机轮两科。科目除人伦道德、中国文学、外国语、算学、物理、化学、救急医术外，航海科设有商船应用术、商业学、商业地理、法学通论等；机轮科设有汽机术、汽炉术、电气工学、实习等。《壬子癸丑学制》颁布后废止。

⑭ 1904 年 1 月 13 日《奏定实业补习学堂章程》颁布，这是中国近代最早由国家颁行的实业补习学堂章程。包括立学总义、学科程度、教员、管理员四章 16 节，为已从事各业及欲从事各业的儿童而设。"以简易教法授实业所必需之知识技能，并补习小学普通教育为宗旨"，课程分普通科目、实业科目。普通科目为修身、中国文理、算术、体操；实业科目分农业、商业、工业、水产四科，3 年毕业。附设于中小学或实业学堂内。1912 年新的学制颁布以后废止。

⑮ 1904 年 1 月 13 日《奏定实业教员讲习所章程》颁布，这是中国近代最早由国家预行的实业教员讲习所章程。包括立学总义、学科程度、入学资序、毕业效力义务四章 13 节。以"教成各类实业学堂及实业补习普通学堂艺徒学堂之教员为宗旨"，分农业、工业、商业 3 种。工业分完全科、简易科，各科又分 6 科，附设于各科大学或高等实业学堂内。农业教员讲习所 2 年毕业，工

业教员讲习所 3 年毕业。毕业后尽义务 6 年，各类讲习所除设有各专门科目外均设教育学、教授法及实习。1910 年农业及商业讲习所亦增设简易科。

⑯ 1904 年 1 月 13 日《奏定译学馆章程》颁布。规定以"译外国之语文并通中国之文义"为宗旨，"以办交涉教译学之员均足供用，并能编纂文典，自读西书为成效"。招收中学堂 5 年毕业生，初期暂取文理明通、粗解外国文者入学。设英、法、俄、德、日文五科，每人任习一科。此外，须习普通学（人伦道德、中国文学、历史、地理、算学、博物、理化、图画、体操）及专门学（交涉、理财、教育），修业 5 年，毕业考验后奖给科甲出身，分别录用。为广育人才，馆内特设附学科，5 年毕业。另设文献编纂处，"以品汇中外音名、会通中外词意、集思广益、勒成官书"为宗旨。

⑰ 1904 年 1 月 13 日《奏定进士馆章程》颁布。"以养成初登仕途者皆有实用"为宗旨，"以明彻今日中外大局，并于法律、交涉、学校、理财、农、工、商、兵八项政事，皆能知其大要为成效"。学科设有史学、地理、教育、法学、理财、交涉、兵政、农政、工政、高政、格致 11 门，另有随意科：西文、东文、算学、体操。每周课时 24 小时，修业 3 年，毕业考及格者分别录用，按考试等级给予奖励。1904 年 9 月又颁布更订进士馆章程 8 条。

⑱ 1904 年 1 月 13 日《奏定艺徒学堂章程》颁布。这是中国近代最早由国家颁行的艺徒学堂章程。规定艺徒学堂"以授平等程度之工业技术，使成为良善之工匠为宗旨"；"以各地方粗浅工业日有进步为成效"。课程普通科目有修身、中国文理、算术几何、物理、化学、图画、体操。除修身、中国文理必学外，余可选择教授。工业科目斟酌地方情形选择开设。招收 12 岁以上粗知书算的贫民子弟，工余学习。6 个月至 4 年毕业。

⑲ 1904 年 1 月 13 日《学务纲要》颁布。主要内容有：规定各学堂办学宗旨，要求所有学生应"以端正趋向，造就通才为宗旨"，实行"学校选举德行道艺四者并重"；各省首先办各级师范学堂，速设农工商实业学堂，劝谕绅富广设小学堂；提出"造士必以品行为先"，专设品行一科，以言语、容止、行礼、作事、交际、出游六项作为考核标准；课程中注重读经，规定小学堂勿习洋文，严禁私立学堂教授政治、法律、兵操；规定各学堂皆学官音，练官话，相互之间讲授各学科；提出培养学堂管理人员；学堂教员列作职官，确定任期；学生除初等小学师范学堂外，均需交纳学费；设置中央及地方教育行政机构，京师设总理学务大臣，省城设学务处；对京师大学堂设科、规模、各省中

小学堂建造规制及各省所办之警察监狱学堂、邮电铁路矿务学堂、武学堂、海陆军大学堂等的建设规模、设科要求等，都一一做了规定。

（二）其他

除了学制章程之外，其他教育规程不太集中与系统，尚未整理及挖掘。

（1）文庆、李宗昉等修纂《钦定国子监志》82 卷，卷首 2 卷，一共 84 卷，道光十四年（1834 年）刊本，北京古籍出版社 2000 年版。该书记载清代国子监监制、设官、典守、仪制、铨除、题名、员额考校甄用，以及外藩入学者，并记经费、金石、图籍以及学校礼乐等，记载国子监衙门整个运转情况。首为《圣谕·天章》二卷，以褒崇先圣，训示儒学。卷 1 至卷 8 为《庙制·祀位图说》，详载殿庑及崇圣祠诸位号。卷 9 至卷 18 为《学志》，分别展示建筑、乡试、经学、数学以及外藩儒学等内容。卷 19 至卷 24 为《辟雍志》，描述了建置、祀学、临雍以及建筑方案。卷 25 至卷 34 为《礼志》，分记释奠、释菜、释褐、献功、告祭诸仪及祭器图说。卷 35 至卷 40 为《乐志》，载乐制、乐章、律吕、舞节二表，及礼乐诸器图说。卷 41 至卷 49 为《官师志》，载设官、典守、仪制、铨除、官师表。《艺文志》列诸臣章奏诗文及诸谕者，《志馀》包括《纪事》《缀闻》，具载赐书及版刻之目，国家重道崇儒、作人训俗之盛。还有《经籍志》《艺文志》《金石志》《禄廪志》等多方面的资料。由于国子监是明、清两朝官学教育的最高机构，且兼作中央教育行政机构，其延续时限直至 1897 年京师大学堂成立之时，因此清末教育国子监办学材料可以从中体会及呈现。

（2）汪廷珍等修纂《钦定国子监则例》45 卷，道光四年（1824 年）刊本。该书不同时期有不同的版本。蔡新等编的版本 30 卷，乾隆三十七年（1772 年）刻印；承光等编的版本 44 卷，嘉庆二年（1797 年）刻印。但与近代教育关系最密切的则是汪廷珍等人修纂的版本。该书体例与"科场则例"一样，呈现具体事例。项目主要包括亲诣释奠典礼、亲诣释奠执事、临雍典礼、绳衍厅、典薄厅、六堂、八旗、档房、算学等内容。清末国子监基本制度的状况可从上述两本书的资料中获得确切信息。

（3）清学部总务司案牍科编《学部奏咨辑要》，1910 年（宣统二年）春刊行。清末新学堂章程颁布以后，当时主管教育行政的叫学务大臣。1906 年成立学部，改为学部尚书，首任尚书为满族官学荣庆。其中分各司，大学司、实业司等。把学部的奏折、咨文汇辑起来，存四卷本，收辑学部成立后

1906—1909 年的重要奏文和咨文共 98 件，按年代顺序编为四卷：卷一，光绪三十一年十二月至三十二年六月；卷二，光绪三十二年七月至三十二年十二月；卷三，光绪三十三年正月至三十三年十二月；卷四，光绪三十四年正月至宣统元年正月。❶ 其中包括丰富的原始资料，如《学部奏咨辑要》卷二，光绪三十二年（1906 年）六月八日《学部奏定各省教育会章程》、七月初七日《学部奏变通进士馆办法遴派学员出洋游学》、八月十五日《学部奏定考验游学毕业生章程折（附章程）》；该书卷三光绪三十三年（1907 年）十一月初五日《学部奏请钦派大臣会考进士馆游学毕业各员并酌拟考试章程折》、十二月二十日《外务部、学部会奏游学毕业廷试录用章程》等。

（4）《大清教育新法令》两册，上海商务印书馆宣统年间（1909—1911年）版。该书以供学堂教员、管理员及一切办理学务之人与留心教育者检阅参考为宗旨，收入清光绪二十七年（1901 年）后清政府颁布的各种教育法令。卷首为谕旨，下分官制、行政、学堂总则、普通教育、师范教育、专门教育、实业教育、女子教育、外国游学、教员、教科书、图书馆、附录十三编。法令多自官报及各报章中摘出。后又有《大清教育新法令续编》出版，编辑目的、方法同上，分十一编，较上少女子教育与图书馆两编。❷ 例如，第十编收录了《学部遵拟检定小学教员章程》《奏定任用教员章程》。

（5）清末教育统计图表

数字图表对教育学的研究有实证化的价值，因为这可以看出教育发展实情，某省份教育的具体状况。例如，清末到民国的教育统计有好多次，其中清末有三次。第一次是光绪三十三年（1907 年）统计，同年公布；第二次是光绪三十四年（1908 年）统计；第三次是宣统元年（1909 年）统计，宣统三年公布。最后一次不知是何原因中间隔了两三年才公之于世。

以学部第一次教育统计图表为例，全名《光绪三十三年学部第一次教育统计图表》。上述第二、第三次只是时间不同，名称表述是一致的。这是中国近代第一本由国家教育主管部门编制的教育统计资料集。1907 年由学部总务司根据各省提学使呈报的学务情况表汇制而成，按学部、京师、各省总情况、各省之顺序，分别统计了学部经费来源及开支，各省各级各类学堂及教育处所，教职员人数、资格及薪俸，学生数及平均费用，学堂财政收入及资产等方

面的具体数字，首次用数量反映了当时全国教育的发展状况。虽因地方官敷衍、统计手段落后等原因，所列数字与事实有一定出入，但仍为后人研究清末教育的主要依据。❶

受其影响，有关省份积极响应，陆续开展省域内统计工作，以增加管理及办学的客观有效及科学性。如直隶学务处《宣统元年直隶教育统计图表》；湖北学务处《湖北全省学堂统计图表》；黑龙江省公署《黑龙江第二次统计年表》（1916 年）等。这些统计数据是可信的，能反映受中央教育政策引领与规范下，地方教育的动态嬗变及教育地理格局。

此外，尚有不少典籍可进一步挖掘教育政策资源，如沈桐生等辑《光绪政要》34 卷，崇义堂宣统元年（1909 年）刊；《北洋公牍类纂》，京城益森印刷有限公司光绪三十三年（1907 年）版等。

二、民国初期教育政策规程

民国初期教育政策规程同样突出《壬子癸丑学制》《壬戌学制》，但一则此时这些内容的创新性及历史价值已有下降，再则本书以后章节将详述相关内容，故此处不以专论。

（1）教育部总务厅文书科编《教育法规汇编》，1919 年 5 月印行。该书收辑 1912 年至 1918 年 12 月民国早期的教育法规，分官制、官规、本部总务、学校通则、普通教育、专门教育、社会教育、教科书、各种会议、展览、杂项十一类。如了解中学教育的情况，可按归属到普通教育查，或专门教育类目中翻检。探索民初教育规章制度，"汇编"是最重要的。

该书第一部分收录 1913 年 1 月 20 日《教育部公布视学规程》，其中规定：全国划分为八个视学区：一、直隶、奉天、吉林、黑龙江；二、山东、山西、河南；三、江苏、安徽、浙江；四、湖北、湖南、江西；五、陕西、四川；六、甘肃、新疆；七、福建、广东、广西；八、云南、贵州。蒙古、西藏作为特别视学区域。视学官员的任用资格须满足下列条件之一：① "毕业于本国外国大学或高等师范学校，任学务职一年以上者"；② "曾任师范学校中学校校长或教员三年以上者"；③ "曾任教育行政职务三年以上者。" 每区域派视学二人视察该区教育行政、学校教育、学校经济、学校卫生、社会教育及其设

---

❶ 《教育大辞典》编纂委员会. 教育大辞典［M］. 上海：上海教育出版社，1991：386.

施状况，以及教育总长特命视察事项。各区域视察分定期及临时两种：定期视察每年自8月下旬起，至次年6月上旬止。

（2）教育部总务厅统计科编《民国教育统计图表》。第一次是1912年8月到1913年7月，第二次是1913年8月至1915年12月，第三次是1918年5月18日公布，第四次是民国八年（1919年7月30日公布），第五次是民国十一年（1922年3月18日公布）。从第五次以后，由于军阀混战，统计就不系统了。第五次在陶行知等编《新教育》上有刊载，而前四次则未发现，不过《第一次中国教育年鉴》里有前四次总图表，可资补充。

《民国教育统计图表》与清末学部三次教育统计图表相衔接。举凡当年度全国及各省各级各类学校数、学生数、毕业生数、辍学生数、死亡生数、教员数、职员数、教育经费岁入数、岁出数、资产数均有统计与比较。例如：据1915年第三次统计，1914年8月至1915年7月，全国学校总数为2万余所，学生总数为400万余人，其中私立学校的学生数为105万余人，女生为17万余人。❶

（3）宋恩荣、章咸选编《中华民国教育法规选编》（修订版），江苏教育出版社2005年版。全书分类编排，共十四部分，分别包括：教育宗旨方针、教育组织、通则、国民教育、中等教育、高等教育、师范教育、职业教育、社会教育、边疆教育、华侨教育、留学教育、教职员、抗战教育等方面内容。同类专题按公布时间顺序排列，书末附录"中华民国重要教育法规览目"。其中，资料主要来源于中华民国各个时期的教育部公报、大学院公报、教育法规汇编、中国教育年鉴和档案资料等原始文献。该书适应教育史、中华民国史和法制史研究与教学的需要。

此期教育法规章程可查阅教育杂志社编《教育法令选》《教育新法令》，上海商务印书馆1925年发行；《教育部行政纪要》单印本等。商务印书馆编《中华民国法规大全》，1936年辑印。此外，上述《临时政府公报》《政府公报》也刊载民初教育部文件，需加以留意。

第二节 教育家文集、传记及年谱

教育家是一个难以明晰界定的概念，但教育史中的聚焦人物应属教育家，

---

❶ 《教育大辞典》编纂委员会. 教育大辞典［M］. 上海：上海教育出版社，1991：388.

这是毫无疑问的。此处所称教育家以有关论著为依托，并兼容作者的理解而列。所述内容无疑与上面有交织之处，有些可作相互呼应理解。

一、教育家文集

教育家文集是以该教育家为中心的论著集合之作，所选文集体裁不一，内容多样。有作者本人选编成册的，有后人将代表作集结成册的，不一而论。教育家文集有教育实事的评论及教育学说，有作者意见观点和言论等，均在其中，其价值大小要看作者的论述水准、深度及作用。个体人生经历、社会时代、教育问题、教育事件，甚至作者的处境都会对教育家创作产生影响。整体而论，教育文集在教育史料中的价值较高。不过在文集中，也有部分涉及教育政策及教育制度。在中国近代教育文献中，除档案外，较为可信的还有教育家传记、年谱类。教育家传记和年谱均是以人物为中心进行编写的。教育家传记是作者本人作，后辈人写或名家学者所记，评价或褒奖或贬低。教育家年谱，对人物生卒年、家庭、事迹、重要活动及论著等进行记载。严肃认真的传记和年谱少有篡改或作假之事，内容较为真实可信。许多重要教育家都有传记和年谱，他们或在教育界位高权重，参与教育变革；或者教育学术造诣深厚，教育思想自成一派。许多教育言论或教育思想存在于文集、年谱之中，仍然具有较大研究价值。

（一）晚清教育家文集

教育学科综合性很大，这样会导致专业界限模糊难辨，教育家、教育人物、其他领域"客串"的教育人物，均在圈子内，故先综述相关人物及作品：陈炽撰《庸书》《续富国策》，光绪二十二—二十三年（1896—1897 年）刻本。何启、胡礼垣撰《新政真铨》，光绪二十七年（1901 年）上海格致新报馆。马建忠著《适可斋记言》，中华书局 1960 年版。郭嵩涛撰《养知书屋遗集》，光绪十八年（1892 年）刻本。王韬编《弢国文录外编》《弢园尺牍》，中华书局 1953 年版；《格致书院课艺》，格致书院 1890—1893 年版。薛福成撰《庸盦内外编》19 卷，光绪二十四年（1898 年）刊；薛福成著《出使四国日记》，湖南人民出版社 1981 年版。经元善撰《居易初集》《中国女学集议初编》，光绪二十九年（1903 年）上海同文社编印；虞和平编《经元善集》，华中师范大学出版社 1988 年版。郑观应撰《盛世危言》，光绪三十二年（1896年）上海书局石印本。陈子褒撰《陈子褒先生教育遗议》，文海出版有限公司印行。唐才常撰《觉颠冥斋内言》，光绪二十四年（1898年）长沙刊本；曾纪泽撰《曾惠敏公全集》17卷，光绪十九年（1893年）江南制造总局刊行。中国科学院历史研究所主编《锡良遗稿》，中华书局1959年版。刘坤一撰，欧阳辅编《刘忠诚公遗集》63卷，宣统元年（1909年）刊。该书后由中华书局以《刘坤一遗集》于1959年出版，并收入"中国近代史资料丛书"。钟天纬编《刖足集》，光绪二十七年（1901年）刊本。罗振玉撰《扶桑两月记》，光绪壬寅年（1902年）教育世界社印；吴汝纶撰《贞松老人遗集》，吴闿生编《桐城吴先生尺牍》《桐城吴先生文、诗集》，光绪二十九年—三十年（1903—1904年）吴氏家刻本。陈宝泉撰《退思斋文存》，1933年版。特别需要说明的是在古代向近代教育转型中颜元的地位十分突出，因此须重点介绍。

1. 颜元

颜元著，王星贤、张芥尘、郭征点校《颜元集》（上、下册），中华书局1987年版，共计55万余字。这是第一部以合集的方式介绍颜氏之学的论著。该书不仅收录颜元的主要作品，同时也适当收录李塨和钟錂等颜氏弟子为其整理的体现颜元思想的著述。颜元的著作主要有《四存编》11卷、《四书正误》6卷、《朱子语类评》5卷、《礼文手钞》5卷、《宋史评佚文》等；颜氏弟子的作品主要包括：《颜习斋先生年谱》2卷（李塨编纂，王源校订于康熙四十六年，即1707年）；《颜习斋先生言行录》2卷（钟錂编于乾隆二年，即1737年）、《颜习斋先生辟异录》2卷（钟錂编于乾隆三年，即1738年）、《习斋记余》10卷（钟錂编于乾隆十五年，即1750年）。另外还有《习斋先生记余遗著》11卷，未署编者，中华书局编辑部推测为"四存学会"编。颜元生平及活动年代在清初，但其实学思想与近代西学东渐暗相统合，甚至比拟为中国式的实用主义教育家杜威。此处选列正源自此意。

2. 康有为

近代历史学家、复旦大学教授汤志钧先生以研究戊戌变法著称，他编辑《康有为政论集》（上、下册），由中华书局1981年出版。该书成为近年来研究康有为教育思想、实践的常用史料。例如，《康有为政论集》收录光绪二十四年五月康有为《请广译日本书派游学折》《请饬各省改书院淫祠为学堂折》《镇江政学两界欢迎会演说》等重要教育文献。

章锡琛点校《新学伪经考》共14卷，初刊于清光绪十七年（1891年），后有中华书局版。此书在思想上打破泥古守旧，学术上批判古文经传，政治上打击顽固派的"恪守祖训"，为维新变法造势，在当时引起很大的轰动。周振甫等点校《孔子改制考》，上海大同译书局清光绪二十四年（1898 年）刊行。此书力证"六经"皆孔子为托古改制所作，并非史实，认为孔子改制精义在"通三统""张三世"，中国社会发展必会由乱世（君主专制时代）而升入平世（君主立宪时代），最终进入太平世（民主共和时代），而进入平世，必须经过变法。周振甫等点校《大同书》共十部，上海中华书局 1935 年印本。此书糅合儒教、佛教、西方民主思想和部分空想社会主义的思想，揭示人类社会发展的进程和前景，人类必将进入太平世，即大同社会：无国界、无种界、无家界、无产界、和平民主、人人幸福、自由、平等的社会。康有为著《长兴学记》上海思求阙斋刻本，光绪壬辰年版，后与《桂学答问》《万木草堂口说》以《康有为学术著作选》的名称由中华书局 1988 年出版。

3. 梁启超

梁启超的有关著作单行本很多，此处不一一罗列介绍。在他去世后不久，弟子林志钧收集其著作加以编纂，形成系列丛书《饮冰室合集》，上海中华书局 1932 年版，1941 年再版。其中与教育相关的论著十分丰富，列举如下：文集第一册之一《论科举》《学校余论》，文集第二册之二《万木草堂小学学记》《倡设女学堂启》《湖南时务学堂学约》，文集第二册之三《公车上书请变通科举折》，文集第二册之四《日本横滨中国大同学校缘起》，文集第四册之十《论教育当定宗旨》，文集第五册之十四《答某君问办理南洋公学善后事宜》，文集第十三册之三十六《自由讲座制之教育》，文集第十三册之三十八《趣味教育与教育趣味》《教育与政治》，文集第十四册之三十九《教育家的自家田地》《教育应用的道德公准》，文集第十五册之四十三《呈请确定教育经费事》《学校读经问题》。另外，还有专集第六册之二十六《德育鉴》。《饮冰室合集》，梁启超撰，林志钧编，中华书局 1941 年 6 月再版。文集第一册，梁启超《上南皮张尚书论改书院课程书》，是 1897 年梁启超晋谒湖广总督张之洞后写给他的信，感谢"赐以燕见，许以尽言"之情，并劝张之洞就两湖书院的规模提倡政法之学。文中称："其为学也，以公理（人与人相处所用谓之公理）公法（国与国相交所用谓之公法，实亦公理也）为经，以希腊罗马古史为纬，以近政近事为用。其学焉而成者，则于治天下之道及古人治天下之法，与夫治今日之天下所当有事，靡不融贯于胸中。"

4. 严复

严复是近代中国第一代实证论思想家，被毛泽东称为"向西方寻求真理"的新晋中国人之一，更是科学教育家。他的教育学视野及论辩在清末最为突出。民国初期的王国维、蔡元培对其有所吸收与超越。上章所述，《严复集》中有大量的教育篇章。例如，《论教育与国家之关系》（第一册）；《道学外传》《〈蒙养镜〉序》（第二册）等。

严复译《天演论》（上、下两卷），由上海商务出版社出版。原书是19世纪英国科学家赫胥黎所著《进化论与伦理学》的一部分，共30篇。译者以物竞天择来说明历史发展，为维新变法提供了理论依据，在当时影响很大。《原富》是对英国经济学家亚当·斯密经济学的译作，原著共2卷，增加按语，阐发个人意见，此书旨在总结近代初期各国资本主义发展经验，阐述国民经济运动过程，强调经济自由主义。《群学肄言》译自英国科学教育家赫伯特·斯宾塞的著作，无按语，常在段落之首加注概述大意。《社会通诠》是对英国爱德华·詹克斯所著《政治史》一书的翻译，是一本简明、通俗的社会发展史。上述书籍是研究严复教育思想的重要史料。

《救亡决论》是有关废除八股取士的重要文献，着重剖析了八股取士的危害性，论述了学习西学的必要性。文中指出，八股取士的危害在锢智慧、坏心术、滋游手，使中国无人才。而传统的考据、书法、词章之学和程朱、陆王之学，则"无用""无实"，无补于挽救国家的危亡。只有"大讲西学"，特别是学习西方的自然科学和重实证的治学方法，才能使中国"转机"而富强。"救亡之道在此，自强之谋亦在此。"

5. 张之洞

苑书义等主编《张之洞全集》（1～12册），河北人民出版社1998年版。该书包括张之洞奏议、电奏、公牍、电牍、著述、诗文、书札等。附录包括传记资料、著录序跋、著述编纂与流传，以及版本纪要。张之洞是晚清政府阵营内著名的教育改革家和思想家，被西方学者称为在他生活的时期内"最通晓学务"的教育学家。他以封疆大吏的头衔开展活动，活动经历跨越洋务运动、维新运动和清末新政几个时期，教育事业是其中重要的组成部分，无论是在四川、广东、湖北、江苏还是在京师学部任内，都有大量的教育活动，并提出引领前驱的教育思想主张。其中的《劝学篇》更是奠定了近代新教育方针的理论基础。他的论著影响极大，各历史时期刻印出版种类繁多，难以一一细举，择其要者如下：《劝学篇》光绪二十四年（1898 年）中江书院重刊；许同莘编辑《张文襄公公牍稿》3 册 28 卷，庚申年（1920 年）八月铅印本；王树枏编《张文襄公全集》《张文襄公奏稿》1928 年刊；陈山榜编《张之洞教育文存》人民教育出版社 2008 年版。如在《劝学篇》有《变科举第八》《游学》《农工商学第九》等篇章；《张文襄公公牍稿》卷 3 有《札司局设局讲习洋务条》，卷 28 有《招考武备学堂学生示》《招考自强学堂学生示》；《张文襄公函稿》卷 5 有《致瞿子玖书》等论著。

（二）民国教育家文集

民国教育家身份角色确立类似于晚清，但在专业化有所明晰的同时，革命进步抑或保守、复古的分野加剧；政治党派意识及争论更为昭显。举数例人物及作品如下：林纾著《畏庐三集》，上海商务印书馆 1924 年版；袁希涛撰《义务教育之商榷》，上海商务印书馆 1921 年版；陈独秀撰《独秀文存》，上海亚东书局 1922 年版，安徽人民出版社重编后于 1987 年再版；《陈独秀文章选编》，生活·读书·新知三联书店 1984 年版；李大钊著《李大钊诗选集》，人民文学出版社 1959 年版；《李大钊文集》，人民出版社 1984 年版。

从教育学专业视野，兼顾教育领域特色，笔者拟对以下教育家加以重点介绍。

1. 蔡元培

蔡元培撰，高平叔编《蔡元培全集》4 卷，中华书局 1984 年版。此外，还有其他多种流行版本，如蔡元培撰，编委会编《蔡元培全集》8 卷，浙江教育出版社 1997 年版；蔡元培撰，孙常炜编《蔡元培先生全集》，台湾商务印书馆 1968 年版。蔡元培是近代民主革命家、教育家和思想家，中国新文化运动的先驱。他为发展中国现代教育事业，建立民主制度做出了重大贡献，堪称"学界泰斗、人世楷模"。蔡先生一生著述颇丰，其著述主要收录于后人编纂的文集中。以下以高平叔所编《蔡元培全集》进行简要介绍。

《告嵊县剡山书院诸生书》《剡山二戴两书院学约》，卷 1；《对于新教育之意见》《全国临时教育会议开会词》，卷2。1912 年 7 月 10 日，蔡元培发表《全国临时教育会议开会词》，称这次会议是全国教育改革的起点，指出："前清时代承科举余习，奖励出身，为驱诱学生之计"，其目的在于"使受教育者皆富于服从心、保守心，易受政府驾驭"。"现在此种主义，已不合用"，民国教育"须立于国民之地位，而体验其在世界、在社会有何等责任，应受何种教育"，教育家的任务就是"促使教育者养成对社会克尽其种种责任的能力。完成此任务，必须提倡五种主义，其中'以公民道德为中坚，盖世界观及美育皆所以完成道德，而军国民教育及实利主义则必以道德为根本。'"

2. 黄炎培

黄炎培著，中华职业教育社编《黄炎培教育文集》，中国文史出版社 1995 年版。黄炎培是清末民国时期著名的职业教育家和社会活动家，曾任中国民主同盟会负责人，新中国成立后又任国务院副总理，深得毛泽东、周恩来等第一代党和国家领导人的尊重和信任。作为职业教育的领袖和代表，他的活动业绩呈现中国近现代职业教育曲折而生动的历史进程。著作丰富，绝大部分都是关于职业教育的内容体裁，其他少部分属于社会政治方面。所以，除了旧中国独立出版或发表他的论著外，新中国所编辑的有关文集都是教育专题的。代表性的如：黄炎培著，中华职业教育社编《黄炎培教育文选》，上海教育出版社 1985 年版；黄炎培著《黄炎培考察教育日记》（1～4 集），商务印书馆 1914—1916 年版；黄炎培著，田正平等编《黄炎培教育论著选》，人民教育出版社 1993 年版。这些资料所涵盖的内容基本包揽了黄炎培各历史时期的教育言论文字。有关代表性论著举例如下。

黄炎培著《黄炎培考察教育日记（第一集——安徽、江西、浙江）》，上海商务印书馆 1915 年出版。作者在敬告读者中谈到："本书内容四之二写教育状况，其一社会状况，又其一则山川名胜也。本书之末有结语，苟未获读全书而欲惠。本书内容大概者可先读之。本书记皖赣浙三省之行游踪所及次第刊布为此预白。"该书以地域为单元，图文并茂，记叙了各个地方的教育状况和社会状况，对研究黄炎培思想、地方教育史有重要价值。《黄炎培考察教育日记（第二集——山东直隶）》，上海商务印书馆 1915 年初版，1916 年再版。著者在敬告读者中写到："本书内容略如前集，但记教育现状与对作教育意见处较多，着社会现状山川名胜仅占其四之一。本书记山东直隶两省之行径时青岛战云已由雾寸而弥满。本书可记则其时津浦胶济两线沿途状况也。本书之末最后此行闻见与感想括为结语，如之则如前集例。"表明前后考察内容的联系与差别。

1917 年，黄炎培《中华职业教育社宣言书》，原载《教育杂志》第 9 卷第 7 号，收入以上多数论著集中。该文列举了清末兴学以来"学生之毕业于学校而失业于社会者比比"的社会现实状况，说明沟通教育与职业对个人生计、实业发达、国家前途都有莫大关系。《宣言书》还介绍了欧美职业教育的盛况，提出了实施职业教育的建议：①"推广职业教育"；②"改良职业教育"；③"改良普通教育，为适于职业之准备"。

黄炎培《清季各省兴学史》，原载《人文月刊》第二卷第五期（1931年），收入上述文集中。黄炎培经过6个月时间，最后辑为《清季各省兴学史》，对多个省自洋务运动以后的新式教育推广开展情况进行梳理，包括有陕西、甘肃、新疆、广东、广西、云南、贵州、湖北、湖南、江西、安徽等省份，记录相关各地学校办学情况，对研究清末民国各省的兴学历史及特点有重要价值。例如，有关广州时敏学堂的记录：1898年4月，陈芝昌、邓家仁、邓家让等捐资创办广州时敏学堂。初分大学、小学两部。小学部又因其程度，分为四班。大学部课程有修身、国文、经史、地理、宗教、政治、格致、算学、英文、日文、体操等科。小学部减宗教、政治、格致、日文，第三、第四班更减英文。1904年1月公布《癸卯学制》后，按照《奏定中学堂章程》办理，改名为时敏中学堂。

3. 经亨颐

经亨颐著，张彬、经晖、林建平编《经亨颐集》，浙江大学出版社2011年版，收入"浙江文献集成"。经亨颐，字子渊，号石禅，晚号颐渊，浙江上虞人，近代著名教育家。该文集的主要内容在编者的前言中有明确的介绍："《经亨颐集》共分五个部分。第一部分'论说'，是经亨颐投身教育界时发表于《教育周报》《教育潮》《浙江第一师范学校校友会志》《教育丛刊》《春晖》等刊物的文章，以及离开教育界后的著述。第二部分'演说'，是经亨颐在浙江省立第一师范、北京高等师范学校及上虞春晖中学等校任职时的演说辞。第三部分'文牍'，主要是经亨颐任浙江省教育会会长时所写的公文。第四部分'颐渊诗集'，是经亨颐1927年至1936年所写的诗，生前刊印成册，1984年由浙江古籍出版社重印。第五部分'日记'，是经亨颐仅留的日记，为浙江图书馆藏稿本，共7册：丁巳年第一册（1917年元旦至3月18日），封面署名石禅；戊午年第一、二册（1918年2月14日至7月11日），封面分别署名亨颐顾、石禅；第四册（1918年10月17日至1919年1月31日），署名临渊阁士；己未年第一、二、三册（1919年2月1日至11月15日），分别署名石禅居士、石禅、临渊居士。"❶ 该书不仅对研究浙江近代地方教育史有重要价值，而且可对探讨教师教育历史资源提供宝贵的借鉴。

4. 张伯苓

王文俊、杨珣等编《张伯苓教育言论选集》，南开大学出版社1984年版。该书主要收录散见于历年南开各种出版物中张伯苓有关教育的演讲和文章，共计107篇。内容能集中反映张伯苓的办学理念、品德与能力的培养，论人才、重体育等教育思想，是研究张伯苓教育思想与实践、南开校史不可或缺的重要史料。作为补充资料，尚有梁吉生、杨珣辑录《张伯苓先生函稿》，载《天津文史资料选辑》第8辑，天津人民出版社1980年版。该书收录了张伯苓先生自1926年10月19日至12月31日、1927年12月8日至1928年4月9日、1931年11月14日至1932年3月9日这段时间的书信（手抄稿），共计310余篇。这些信件反映了其办学思想和政治态度，以及经营南开教育事业的主要活动。

5. 胡适

胡适著，欧阳哲生编《胡适文集》，北京大学出版社1998年版。这是北京大学出版社出版的一套胡适文章合集。胡适是中国近现代史著名文学家、教育家和哲学家。早年先后受传统私学教育、上海梅溪学堂、中国公学新式教育，民国初庚子留美运动选派赴美国留学，主攻哲学、社会学和教育学。他师从现代主义教育大师杜威，回国后任职北京大学，以博士和教授的身份在五四运动中叱咤风云，吸引众多青年学生，论著作品传播广泛，影响深刻，但也有诸多评论的分歧。作为教育家的胡适，对文学教育、科学教育、中国教育史、近代新学制以及平民教育和工读主义教育都有诸多论述和各种活动。他的著作民国时期版本发行众多，传播甚广，著名的如《胡适文存》（上海亚东图书馆1930年版）。新中国成立后，经历了批判胡适文学、教育、学术等领域自由主义和实用主义思想的运动，其影响有所削弱。但在近30年来，胡适作品的出版和热潮又呈上升趋势，如《胡适四十自述》分别有合肥黄山书社1986年版、海南出版社1995年版；比《胡适文集》收录内容更为丰富的《胡适全集》共42卷，国学大师季羡林先生主编，安徽教育出版社2003年版。有关教育方面的论著选编也有多个版本，如：白吉庵、刘燕云编《胡适教育论著

---

❶ 经亨颐. 经亨颐集：前言 [M]. 杭州：浙江大学出版社，2011.

选》，人民教育出版社 1994 年版；姜义华主编《胡适学术文集》，中华书局
1998 年版。1925 年发表的《爱国运动与求学》，1928 年的《治学的方法与材
料》等都收录其中。新中国成立前夕，胡适辞别临近解放的北京城、他的工
作单位北京大学，前往美国和台湾。晚年他生活在台北，主要从事教育学术研
究和其他社会活动。编有《胡适作品集》，台北远流出版事业股份有限公司
1986 年版。第 26 册收录了 1952 年 12 月 19 日发表的《教育学生培养兴趣——
台北市中等以上学校校长座谈会上答问》。

6. 晏阳初

宋恩荣总主编《晏阳初全集》（1~4 册），天津教育出版社 2013 年版。该
书主要整理了 1919 年至 1936 年晏阳初发表的文章、演说、会议讲话记录等从
事平民教育的论著。1919 年 1 月，晏阳初在法国白朗为参加第一次世界大战
的华工办《华工周报》，开始发表文章，其后绝大部分文献都是在中国各地开
展平民教育活动，特别是定县实验期间所创作的作品。

晏阳初是著名的国际平民教育家、爱国知识分子，将毕生的精力献给了平
民教育事业。他自 20 世纪 20 年代至 40 年代在国内多地致力于推行农村平民
教育，做出了卓越的贡献，有关他平民教育的理论和实践，不仅在我国教育
界，在国际上也产生极大的影响。中国大陆出版晏阳初作品在 20 世纪 80 年代
以后开始，主要围绕他 20 世纪 20 年代至 40 年代有关平民教育和乡村建设运
动的文章加以选辑，如宋恩荣编《晏阳初文集》（教育科学出版社 1989 年
版），詹一之编《晏阳初文集》（四川教育出版社 1990 年版）。有关教育论著
选有马秋帆、熊明安编《晏阳初教育论著选》（人民教育出版社 1993 年版）。
由于晏阳初主要的人生关注点及倾力奉献活动都聚焦于乡村运动和平民教育，
他的论著也集中反映上述题材的思考与总结。例如，他所发表的《平民教育》
《平民教育三问题的解答》《平民教育运动术》《中国的新民》《定县社会概况
调查·序》《定县实验》《农民运动与民族自救》《定县农村工业调查·序》
《平教会工作的新进展》《中华平民教育促进会定县工作大概》《乡村运动成功
的基本条件》《中华平民教育促进会定县实验工作报告》《中国农村运动与农
村建设问题》《定县实验工作概略》《十年来的中国乡村建设》《抗战建国的根
本问题》《平民教育运动的回顾与前瞻》《开发民力建设乡村》《九十自述》
《乡村改造运动的十大信条》等均见宋恩荣编的《晏阳初文集》，部分选文也
呈现于上述《晏阳初教育论著选》中。

7. 陶行知

中国陶行知研究会编《陶行知全集》共 10 卷，四川教育出版社 1991 年版；华中师范学院教育科学研究所主编《陶行知全集》共 6 卷，湖南教育出版社 1984—1985 年版。陶行知与胡适都是安徽南部皖南丘陵山区交错地域的才子，钟灵毓秀，文化深厚，徽商风云峥嵘，缔造了许多思想家与各个领域的英才。这两位就是其中的佼佼者，不过与胡适相比，陶行知的影响和作为不在文学和历史，而更汇聚于教育改革及理论建构。

可以肯定地说，在近现代中国教育史上，陶行知与蔡元培是双子星座，同时可以媲美于古代的孔子和朱熹。陶行知金陵大学毕业后留学美国，主攻政治学与教育学。回国后，他在南京高等师范学校和东南大学任教授和教务长，开始从事教育、教学的研究和实践。五四运动波澜壮阔的思想洗礼促使这位留洋博士脱下皮鞋穿草鞋，走向南京郊外的晓庄，实验乡村师范教育与乡村社会的建设。随后，又于上海创办工学团，到重庆从事抗战教育和民主教育运动。他的生活教育理论不仅影响国统区的教育界，而且为共产党领导的革命根据地教育所推崇，甚至波及日本、韩国及东南亚地区，成为对他的老师杜威实用主义教育学本土性改造和应用的典范。

由于陶行知在教育领域无论是思想理论的建构，还是实践活动的推进，都充满正义、阳光、积极和不屈不挠的向上精神，所涉猎的问题也十分广泛，对社会教育、家庭教育、学校教育，教育学、教学论、教育管理及评价，教育史、教育体制和教育实验等都有精辟的论述。从民国中期直到当今，他除了在 20 世纪 50 年代的思想学术批判运动中受到冲击之外，一直受人关注和赏识。他的有关作品整理出版以及研究论著的问世都十分丰富和繁茂，不胜枚举。择要介绍如下。

陶行知著《中国教育改造》（上海亚东图书馆 1928 年版），《教学做合一讨论集》（上海商务印书馆 1931 年版），《古庙敲钟录》（上海儿童书局 1933 年版），《普及教育》《普及教育续编》《普及教育三编》（上海儿童书店 1934 年 10 月、1935 年 6 月、1936 年 6 月出版），《中国大众教育问题》（上海大众文化社 1936 年版），《育才学校手册》（时代印刷出版社 1944 年版），白桃（戴伯韬）编《教学做合一概论》（上海中华书局 1932 年初版），王洞若编《生活教育论集》（上海生活书店 1936 年初版），延安解放社编《行知教育文选》（延安新华书店 1946 年出版），方与严编《陶行知教育论文选辑》（重庆民联书局于 1946 年 9 月出版、1947 年再版），延安新教育学会编《行知教育论文选集》（大众书店 1947 年 9 月出版），方与严编《生活教育简述》（生活教育社 1947 年初版），中央教育科研所编《陶行知教育文选》（教育科学出版社 1981 年版），江苏省陶行知教育思想研究会等编《陶行知文集》（江苏人民出版社 1981 年版）。

上述各种版本及类型文献呈现的内容和专题论述均有差异，不能一一列举，这里选择历年版次重印版本最多的《陶行知教育论文选辑》为例加以说明。该书收录陶行知先生创造新教育——生活教育有关的论著代表作，共计 33 篇。所选作品集中反映陶行知"生活即教育""社会即学校""教学做合一"的教育思想。这是一部比较全面收录陶行知生活教育论著的选集，是研究陶行知教育思想的重要史料。

8. 梁漱溟

中国文化书院学术委员会编《梁漱溟全集》（1~8 卷），山东人民出版社 1989 年、2005 年版。该书收录了梁漱溟的专著、论文、讲演、札记、日记及书信，编为八卷。第一卷专著，第二卷自述，第三卷中国文化要义，第四卷礼记大学篇伍严两家解说，第五卷散篇论述，第六卷散篇论述，第七卷散篇论述，第八卷思索领悟辑录。梁漱溟是中国现代著名思想家、教育家和国学大师，主要研究人生、教育、文化和社会问题，现代新儒家的早期代表人物之一，有"中国最后一位儒家"之称。梁漱溟只有中学毕业文凭，却被蔡元培请到全国最高学府北京大学教印度哲学，在辛亥革命时期，曾热衷于社会主义，著《社会主义粹言》小册子，宣传废除私有财产制。20 岁起，他潜心于佛学研究，经过几年的沉潜反思，重振追求社会理想的热情，又逐步转向了儒学。他的学术思想和社会活动在海内外有广泛影响，深为人们所关注。

梁漱溟的学术贡献主要在哲学与教育方面，在儒学复兴运动中，是国学教育的先驱和代表；而在社会实践活动方面，以乡村建设运动的一派领袖著称。抗战以后，他又奔走于反抗日本侵略、团结抗战、振兴国家民族的各种活动。同时，他在重庆市北碚区从事"勉仁"系列教育机构教育活动，以勉仁文学院最著影响。解放战争期间，作为民主人士的代表，他力图调和国共两党之间政治纷争及国内矛盾，但反复斡旋终未成功。新中国成立以后，作为一代学者和民主人士代表的梁漱溟从事政治活动、教育活动、学术研究并未停歇，有《中国文化要义》《人心与人生》等新著问世。漫长而复杂的经历，造就了梁漱溟在民国初期到新中国改革开放早期诸多领域的不凡形象和业绩，备受人们关注和多元评价。梁漱溟的乡村运动主要在 1931—1937 年这七年之间，而专门的国学教育则在抗战以后隐居于重庆北碚区嘉陵江畔金刚碑所从事的办学育才工作。但是他的思想历程有前期的基础。乡村运动的核心内容或主要途径和方式都是教育，既有学校教育也有非制度化教育，其中学校的社会化和技术化是内在的核心。从近代教育史的角度分析，山东邹平乡村建设研究院及邹平为中心的乡村教育实验之前大约 15 年时间，成为梁漱溟在近代教育探索中理论建构和实践活动的集中岁月。其中包括北京大学的讲学及国学教育的高层次人才培养、山东曹州（今菏泽市）中学与曹州重华书院改革的实验、广东广州农村自治运动理论构思及培训活动与广东省立中学的中等教育实验、河南村治学院农村社会教育改造实验，所有这些表明他在近代教育史上也有重要的地位。

有关梁漱溟的论著出版涉及多个领域，无论是单行本还是选编本都十分多样。此处以教育家的身份进行衡量，列举其部分教育论著如下。

唐现之编《梁漱溟先生教育文录》，山东乡村建设研究院 1935 年版。该书是第一本收录整理梁漱溟教育论著的文集，共计 22 篇，书前有"编者赘言"（《教育杂志》上发表的《梁漱溟教育思想述略》），称道梁漱溟的为人、治学与教育观，是研究梁漱溟教育思想与实践、乡村建设运动的重要史料。❶ 其他还有《重华书院简章》《目前中国小学教育方针之商榷》《孔子学术之重光》《论广西国民中学制度》。宋恩荣编《梁漱溟教育文集》，江苏教育出版社 1987 年版。其中收录《东西人的教育之不同》《办学意见述略》《抱歉——痛苦——一件有兴味的事》《今后一中改造之方向》《山东乡村建设研究院设立旨趣及办法概要》《精神陶炼要旨》《吾人的自觉力》《欲望与志气》《调整自己必亲师取友》《求学与不老》《谈合作》《启发社会的力量》《真理与错误》《成功与失败》《三种人生态度》《一般人对道德的三种误解》《道德为人生艺术》《杜威教育哲学之根本观念》《社会教育与乡村建设之合流》《人类建设社会应有的原则》《人的性情、气质、习惯、社会的礼俗、制度》《谈人类心理发展史》等作品。另有马秋帆编《梁漱溟教育论著选》，人民教育出版社 1994年版。

---

❶ 唐现之. 梁漱溟先生教育文录：前言 [M]. 邹平：山东乡村建设研究院，1935.

9. 陈鹤琴

陈鹤琴著，陈秀云、陈一飞编《陈鹤琴全集》（1～6卷），江苏教育出版社2008年版。第一卷为儿童心理；第二卷、第三卷为幼儿教育、家庭教育；第四卷为小学教育；第五卷为师范教育、活教育理论、智力测验；第六卷为文字改革、在国际会议上的发言、考察欧洲教育报告、自传、青年修养及书信等。

陈鹤琴是民国早期庚款留美归国的学前教育家，他的教育实验内容具有科学主义教育的完整思想方法，《家庭教育》《一个父亲的日记》都是儿童教育的代表作。南京鼓楼幼稚园、江西泰和幼稚教育师范学院，开创了学前教育科学化实验的前期道路，学前教育思想受欧洲和美国的不同派系综合影响。前者以德国的福禄贝尔、意大利的蒙台梭利为代表，后来的日内瓦学派领袖皮亚杰也是一个重要的推进者；而后者则主要是美国现代实用主义教育派的杜威。如果说，同期探究学前教育知名的教育家张雪门、张宗麟以及陶行知或偏向于欧洲派或将美国现代教育与中国乡村社会实际结合，那陈鹤琴则以美国派学前教育为主，而同时吸纳欧洲学前教育的理论及方法。兼之他十分擅长用标准的实验法和观察法研究教育问题，所以，学前教育的贡献与其活教育的理论一样闪耀于近现代乃至当代的教育苍穹之中。虽然相对于上述知名教育家而言，他年龄较轻而年寿又长，新中国成立直到改革开放以后都活跃于教育界，其作品展现当代的范围内容较多，但仍不乏20世纪30年代之前的创作成就。甚至可以说，20世纪30年代初南京国民政府学制体系中的学前教育部分从目标、体制、课程到组织方法和评价都源于他的实验研究报告。

陈鹤琴的作品集中于教育领域，学前教育的特色十分浓厚。他的创作除了些单行本独立印行外，主要有北京市教育科学研究所编《陈鹤琴教育文集》，北京出版社1983年版。该书搜集陈鹤琴所创作教科书、讲义、专著、论文、实验报告、儿童课文以及儿童课外读物等，大部分发表于20世纪20～50年代的刊物、杂志等，分两卷出版。上卷包括儿童心理之研究和家庭教育等部分；下卷包括幼儿教育、小学教育、师范教育和文字改革等部分。如《幼稚教育之新趋势》《活教育与死教育》《从幼稚教育说到幼稚师范教育》《训育的基本问题》《战后中国的幼稚教育》《活教育的教学原则》《怎样做人民的幼稚园教师》《幼儿教育的新动向》均载于其中。此外，由浙江大学吕静、周谷平教授编《陈鹤琴教育论著选》（人民教育出版社1994年版）也是有关该人物教育专论选编本。

10. 陈嘉庚

王增炳、陈毅明、林鹤龄编《陈嘉庚教育文集》，福建教育出版社 1989 年版。有关陈嘉庚的思想及历史地位，我国当代著名教育学家潘懋元做了精彩深刻的评议："陈嘉庚在中国现代教育史上占有一个特殊的地位。这不仅由于他毕生致力于教育事业，在国内和南洋兴办了几十所大、中、小学，树立捐资办学的典范，更由于他具有现代中国特色的、对发展中国教育事业有其深邃意义的教育思想。陈嘉庚的办学事迹，已有颇多记载，他的办学精神，广为后人颂扬；但是对于他的教育思想，相对来说，论述较少。这是因为他的教育言论，散见于 60 余年办学历程中的演讲、函电、文稿、谈话之中，非经精心整理，难以窥其全貌，抉其精微。《陈嘉庚教育文集》，对他一生的教育言论广征博集，认真校勘，系统辑录，提供后人学习、研究陈嘉庚教育思想以翔实、丰富的原始资料。这本文集除辑自己公开发表的专书、文章外，大多摘自尚未发表的书札、文稿中，从中我们更可以了解这位教育事业家的教育思想。"❶

作为华侨领袖的陈嘉庚注重教育，在南洋各地兴办华侨教育、国学教育，具有浓厚的华夏民族情感，即使生活在海外都以炎黄子孙的拳拳之心回馈祖国、乡梓故里。在厦门创办集美系列教育机构，尤其是厦门大学作为东南沿海地区的顶尖级高等教育机构，在 20 世纪 40 年代就被英国科学史家李约瑟称为"东方的剑桥"。直到今天，集美大学在地方高校办学中名声不菲，而厦门大学则一直是我国重点高等院校，作为 985 院校和"双一流"大学建设高校，气势蓬勃，都体现了陈嘉庚办学成效的显著与辉煌。他的教育思想和言论主张与上述办学活动紧密联系，如《集美小学记》《在集美学校开学式上的训词》《谈厦大——在怡和轩饯别会上》《畏惧失败才是可耻》《集美学校与厦门大学创办的经过——在漳州崇正中学对集美厦大校友演讲词》《福建会馆振兴教育》《教育统一与华侨团结》《对集美学校侨生讲话》，以上均见《陈嘉庚教育文集》。

11. 许崇清

许崇清著，中山大学学报编辑部编《许崇清教育论文集》，1981 年印。许崇清是中国近现代教育家，1905 年留学日本，先入中学，后考入东京帝国大

---

❶ 潘懋元. 潘懋元论高等教育［M］. 福州：福建教育出版社，2000：651.

学学习哲学和教育学。他在学生时代便从事反对清朝封建统治的革命活动，参加孙中山领导的同盟会。回国后与陈独秀主持广东省教育委员会，1924 年负责起草《中国国民党第一次全国代表大会宣言》教育部分，1925 年后多次出任广东省教育厅厅长，主张收回教会学校管理权。1946—1948 年于中山大学、江苏社会教育学院讲授《教育哲学》《哲学概论》专业课程。1951 年重任中山大学校职，直至逝世。

该书收录许崇清 1917 年至 1957 年的教育论文，共计 35 篇。其中反映了许崇清对于教育本质、教育方针和人的全面发展、教育制度的改革、教育内容和方法、教师的修养和教育的研究方法等方面的观点和论述，对于许崇清教育思想研究和中国近代教育史研究，提供了重要史料。例如《自述：关于我的学术思想》《国民教育析义》（1917 年 4 月）、《美之普遍性与静观性——主张以美育代宗教说者之二大谬误》（1920 年）、《欧美大学之今昔与中国大学之将来》（1920 年）、《论第五届教育联合会改革师范教育诸案》（1920 年）、《学校之社会化与社会之道德化》（1920 年 10 月）、《新教育思潮批判》（1925 年 4 月）、《教育方针草案》（1926 年 10 月）均收于《许崇清教育论文集》。

12. 林砺儒

中央教育科学研究所编《林砺儒教育文选》，北京师范大学出版社 1984 年版。林砺儒是中国近现代教育家，1911 年中学毕业后留学日本，入东京高等师范学校学习。1918 年回国，任北京高等师范学校教授兼附属中学主任，积极推动学制改革，首先试行小学与中学"六三三"学制。为教育事业争取宪法上的保障，他曾两次提出教育立法草案。自 1931 年起，先后任中山大学教授兼教务长、广东省立教育学院院长、厦门大学教授。他提倡思想自由、学术研究自由，热忱支持学生爱国民主进步活动。中华人民共和国成立后，任中央人民政府教育部中等教育司司长，1950 年兼任北京师范大学校长。

该书收录林砺儒 1925—1964 年的教育论文、演讲、杂文随笔等总计 37 篇，以及为广东文理学院校歌所作的歌词并附录"林砺儒大事年表"，反映作者对教育改革、学制改革、中等教育、师范教育、课程与教学等问题的见解。全书按发表或写作时间排序，部分章节有省略或编者另加标题，是研究林砺儒教育思想及其活动的重要文献。

林砺儒的论著《我对道尔顿制的态度》《子弟入学之请托运动》《日本师范教育的特点》《从批评中学新法令说到未来的改造》《对于读经的意见》《中

国师范教育之检讨》《对于中学课程中军事训练的一个建议》《中国教育与国难》《民族建国与国民教育》《筹措国民学校基金问题》《儿童保育与人性改造》《世界师范教育运动史之战斗性》《从"教育救国"说到"救救教育"》，均收入《林砺儒教育文选》。

13. 叶圣陶

叶圣陶著《叶圣陶语文教育论集》，教育科学出版社 2015 年版。全书分为六部分，共收录自 1919 年以来叶圣陶有关语文教育文章 112 篇，书简 36封。主要内容包括：语文教育和语文学习的论述，编辑和参加编辑各级学校语文课本的例言、序言等，阅读和文章分析，写作、写作教学和作文评改，语言文字和修辞以及语文教育书简。各部分材料按出版或发表年代排序，编入书中的各篇文章均经过作者校定。叶圣陶从 1912 年即开始从事语文方面的教学、编辑、出版工作，60 余年间留下了大量有关语文教育的宝贵资料，他亲自选编整理及校对，汇成该书。此书涉及面宽泛，性质多样，是了解中国近现代语文教育史的绝佳材料。

以上教育家的文集是从各种文献中选择整理而成的，但系统性不强，大约 20 年前我国教育史学界陆续开始编写相关丛书，这项工程迄今仍在继续，以下将以教育家文集汇编的书系加以介绍。

叶立群、吴履平总主编《中国近代教育论著丛书》，人民教育出版社 1991年之后相继出版。本套丛书注重选辑中国近代著名教育家各个历史阶段有代表性的重要教育论著，以反映当时的教育学水平、教育思潮的趋势，以及教育流派的论争。选辑内容包括论文、演讲、书信、日记、序跋、教育改革建议、教育实验或调查报告，以及专著节录等。除尽量搜集已经公开发表的教育论著外，还大力访求未公开发表的遗文或手稿。该丛书主要包括：《蔡元培教育论著选》《陶行知教育论著选》《俞子夷教育论著选》《廖世承教育论著选》《俞庆棠教育论著选》《雷沛鸿教育论著选》《梅贻琦教育论著选》《郑晓沧教育论著选》《晏阳初教育论著选》《经亨颐教育论著选》《陈鹤琴教育论著选》《黄炎培教育论著选》《李建勋教育论著选》《傅葆琛教育论著选》《张伯苓教育论著选》《陈宝泉教育论著选》《陆费逵教育论著选》《陈独秀教育论著选》《梁漱溟教育论著选》《胡适教育论著选》《蒋梦麟教育论著选》《孟宪承教育论著选》《舒新城教育论著选》《庄泽宣教育论著选》。

吕达、魏运华和刘立德编《中国近现代教育家文库》，人民教育出版社

1991 年之后相继出版。本套丛书一般以文章首次发表的时间为序，并采用原标题，个别标题由各卷编者或出版社编辑略加改动或根据文章另拟，原无标题的，由编者或编辑酌加，均加注说明。文库系统、完整地搜集、整理、保存我国近现代有价值的教育理论文献，以便读者全面了解和研究中国近现代教育的发展历程、各个阶段的主要教育思想、不同流派的教育观点。通过文库所选录教育家的作品，使读者了解我国近现代教育史上波澜壮阔的、丰富多彩的教育理论、实践，特别是富有创造性的教育教学改革、实验，并批判民族虚无主义和历史虚无主义，增强民族自尊心和自豪感。编者选辑文库内容包括论文、演讲、书信、日记、序跋、评论、教育改革建议、教育实验计划、总结、教育调查报告、教育专著节录等，除尽量收集已公开发表的教育论著外，也鼓励访求未公开发表的遗文或手稿。

目前已出版问世的有：潘乃谷、潘乃知编《潘光旦教育文存》，人民教育出版社 2002 年版；郭戈编《李廉方教育文存》，人民教育出版社 2006 年版；陈山榜编《张之洞教育文存》，人民教育出版社 2007 年版；董乃强编《董渭川教育文存》，人民教育出版社 2007 年版；商金林编《夏丏尊教育文存》，人民教育出版社 2016 年版；顾明远编《鲁迅教育文存》，人民教育出版社 2017 年版。

二、教育家传记、年谱、回忆录及纪念集

有关标题所示几类体裁史籍的特色及价值理解已见上章，此处突出教育家的身份限定。同时，教育家之众也并非罗列方式描绘所适合采用的，选择性列举式是设计的举措。同时还需要说明的是一些教育家的相关题材著作已在前面有所综述，此处不赘述，只是选择代表性的加以示例。

（一）教育家传记

在研究中国近代教育史的过程中，当进一步梳理清末至民国初期这段时间的教育变革，不难发现这样一个现象，即制度的变迁和创立其形成过程是自下而上的。这种变革主要得益于当时有进步意识的朝廷官员或乡绅。他们参加教育实践，洞察时务，为近代教育制度的变迁与创立打下思想基础。在教育家传记专题领域综述性著作有：

周邦道著《近代教育先进传略初集》，中国文化大学出版部 1981 年版。其中《郭秉文教育传略》介绍传主生平及留学经历，回国后在南京主持南京

高等师范学校和东南大学校政的贡献，郭秉文与同时代大学校长及著名教育家有大量交往活动，内容涉及国内高等师范教育和普通高等教育名校的改革，辞去校长职务以后，他致力于中华教育基金董事会所开展的教育交流，开展大量工作，被誉"才识渊闳，学问淹博，仁慈宽厚""表率群伦，钧陶多士"。马建强著《追寻近代教育大师》，教育科学出版社 2008 年版，收入"教育寻根丛书"。该书选录 20 位中国近代教育大师，记叙他们的教育事迹。书末附录"清末民初一位小学校长的教育纪事""教育短波""中国 20 世纪 30 年代乡村小学教师的福音"。作者叙述深入浅出、激情灵动，内容把握提纲挈领，阅读期间将感受到教育大师们的智慧与情怀。

1. 清末教育家传记

清末的教育变革处于一个世纪过渡的时代，无论是洋务运动，还是早期的改良派都把教育置于首位。时势造就了一批教育改革家，而他们的努力又推动了时代教育的变革。他们的思想很大程度上代表了当时改革浪潮走向的主流思想，对教育制度产生了深刻影响。但截至目前，教育家传记较之整个社会，或政治经济、文化及文学艺术史卓有成效者传记而言，数量较少。这是令人遗憾的。

（1）康有为著，姜义华、张荣华编校《我史》，中国人民大学出版社 2011 年版。该书是康有为 1899 年初所著的自传体回忆录，1953 年以《康南海自编年谱》为题出版，与康有为《戊戌奏稿》、梁启超《戊戌政变记》一起，成为研究戊戌变法运动的重要资料。该书的内容及写作风格，编校者在内容简介中做了很好的概括："康有为以一介书生，年方四十，即在民族危亡的时刻，领导了救亡图存的戊戌变法运动。本书作为一本编年体自传，虽稍带夸张，却为我们展示了康有为本人颇具传奇色彩的经历和当时波光诡谲的历史变幻，是观察晚清史事的极佳窗口。所附梁启超、张伯桢风格各异的《南海康先生传》，条分缕析，要言不烦，文字动人，亦可增益读者对晚清之认识。"❶

（2）蒋广学、何卫东著《梁启超评传》，南京大学出版社 2005 年版，收入"中国思想家评传丛书"。全书共 12 章，书末附录"人名和重要词语索引"。梁启超的思想随时代而变化，故他的思想变化历程体现 1890—1930 年

---

❶ 康有为. 我史：内容简介［M］. 姜义华，张荣华，编校. 北京：中国人民大学出版社，2011.

40 年间中国思想史的缩影。作者对梁启超"民主主义"教育思想的孕育和形成、西方近代自由主义教育观的认同以及"新民"教育目的观等均做详尽深入分析。这些对于理解梁启超的教育思想和教育实践大有裨益。

（3）马勇著《严复学术思想评传》，北京图书馆出版社 2001 年版，收入戴逸主编"二十世纪中国著名学者传记丛书"。全书共 11 章，系统梳理严复学术思想的发展演变脉络，书末附录"严复年谱简编""严复研究主要参考文献"。其中对他的教育思想作详细的阐述，如"新教育的理念与实践"篇描述其任复旦公学监督和安庆高等师范学堂监督的活动业绩；"新旧教育之转轨"篇就其接办北京大学及其维持教育及设计改革的内容加以挖掘；"局外人的观察与思考"篇则就严复点评老庄、评骘康梁、评论时局、反省传统等主张及学术观点加以分析。在中国近代思想史上，不论是他以独特方式翻译介绍的西学近代学说，还是他那些具有批判性的犀利文字，都发挥重要作用与贡献。该书为研究严复教育思想提供了宝贵资料。

2. 民国教育家传记

就教育家传记而论，民国比起前期清末而言，要热闹些。如将专门领域教育家列入会更明朗。如陶菊隐著《蒋百里先生传》（台北文海出版社 1972 年版）呈现了民国军事教育家蒋百里人生业绩。这类情形还有不少。而教育家之间传记比例也有疏密差异，反映出世人关注点的冷热度。

（1）蔡元培

蔡尚思著《蔡元培学术思想传记——蔡元培与中国学术思想界》，棠棣出版社 1950 年版。全书共 20 章，前三章概述蔡元培在中国史上的地位与价值、事迹背景和学术方法；后 17 章详细论述了传主在经济学、政治学、教育学、哲学、历史学、新闻学、人类学、美学、文学、语言文学、宗教、经学、法律学、社会学和科学等领域的诸多贡献。其中的教育学思想占有较大篇幅。作者查阅与蔡元培同时代人物访问见闻、书报杂志、文稿以及传主的著作等，详尽地分析蔡元培与近代中国教育发展历程的积极关系，全面展示蔡元培的教育思想与教育活动，尤其是表现在教育宗旨、教育行政、教育经费、教育团体，学校系统、学校管理、教学方法、高等教育、普通教育，以及留学教育、女子教育、社会教育和家庭教育等方面的不平凡业绩。

周天度著《蔡元培传》，人民出版社 1984 年版。全书共 7 章，系统梳理蔡元培的生平事迹和思想脉络。书末附"蔡元培生平活动年表"。作者对蔡元培的教育事业（包括活动及思想）进行重点阐述：辛亥革命时期改革封建旧教育旧习惯，召开全国临时教育会议，提倡向西方学习；出任北京大学校长时期对北京大学的整顿和改革，主张教育革新，试行大学院和大学区制等。蔡元培是我国近代著名的教育家和民主革命家，他一生发表了大量的教育论述，有着丰富的教育实践，这些都是宝贵的精神财富，对我们今天教育改革仍有重要的借鉴意义。

（2）陶行知

戴伯韬著《陶行知的生平及其学说》，上海三联书店 1948 年初版，生活·读书·新知上海联合发行所 1949 年影印版，人民教育出版社 1982 年版。戴伯韬，曾用名戴邦，笔名白韬，江苏丹阳人。早年就读于南京晓庄师范学校，毕业后创办儿童科学通信学校，组织国难教育社，1937 年加入共产党，同年发起成立全国战时教育协会。中华人民共和国成立后，历任上海市人民政府教育局局长兼党组书记，中央教育研究所所长，中国教育学会副会长，全国教育学研究会会长，1981 年 3 月病逝于北京。全书分为晓庄时代、国难时期、抗日和民主斗争时期三部分 60 章，记述了陶行知先生一生的辉煌历程和教育学说。

周洪宇著《陶行知大传——一位文化巨人的四个世界（上卷）》，人民教育出版社 2016 年版。作者将传主一生的活动和事迹分为四个世界：生活世界、精神世界、创造世界、接受世界，以此探讨陶行知在中国近现代教育史上的探索与贡献。在论述精神世界的篇章中，着重分析他的教育学说，即生活教育学说，概述了生活教育学说的来源、形成与发展、基本范畴和三大命题、根本原则、具体主张、性质与特征、历史作用及其现代价值等丰富的思想资源，从而进一步拓宽和加深陶行知学的认识。

（3）晏阳初

吴相湘著《晏阳初传——为全球乡村改造奋斗六十年》，台北时报文化出版事业公司 1981 年版，岳麓书社 2001 年版。

晏鸿国编著《晏阳初传略》，天地出版社 2005 年版。全书共 14 章，系统梳理晏阳初一生的历程，尤其是对其求学经历和教育活动进行详细的阐述。书末附录"晏阳初年谱""祖籍初考""生平考""美国前总统里根和布什的生日贺电"。晏阳初，字东升，四川巴中人，著名教育家、社会学家，被誉为"世界平民教育之父"和"向愚昧贫穷开火的斗士"，早年就读于香港圣保罗书院和美国耶鲁大学。1926 年 10 月，他以河北省定县作为实验区，推行乡村平民教育，并为此进行了长达十年的艰苦实验，内容包括文艺教育、生计教育、卫生教育和公民教育四个部分，学校式、社会式及家庭式三个方面，对中国近代农村和社会建设产生了重要影响。

（4）陈鹤琴

柯小卫著《陈鹤琴传》，江苏教育出版社 2008 年版。开篇有顾明远先生所作"序言"。全书共 23 章，具体而深入地探讨我国著名的教育家、幼儿教育的先驱陈鹤琴一生的人生经历和教育事业。作者参阅大量传主的相关史料，包括历史资料、回忆文章、照片等，为研究陈鹤琴教育思想与活动提供有价值的内容。

陈鹤琴著《我的半生》，上海三联书店出版社 2014 年版，收入张玉法、张瑞德主编"中国现代自传丛书（第一辑）"。这套丛书最早是 20 世纪 80 年代台湾龙文书局首次出版的现代中国人物自传。全书共八章，开篇有著者卷头语。序文八则，皆为作者的朋友、同事所作的有关陈鹤琴的相关事迹，例如郑宗海《行年五十尚婴儿》、俞子夷的《永远微笑的儿童教育家》等。作者记叙回国之前的半生经历，在一定程度上反映了 20 世纪前半期的历史面貌、人文特色及习惯，是研究陈鹤琴教育思想与活动的重要资料。该书以故事式的体裁进行书写，活泼生动，引人入胜，可读性强。

（5）陈独秀

陈利明著《陈独秀传》，团结出版社 2011 年版。全书共 15 章，分别记述陈独秀的家乡岁月、不安分的年轻人、封建婚姻叛逆者、辛亥风云中的革命党、新文化运动主将、五四运动总司令、创建中国共产党、中共中央局总书记、上海三次武装起义、建党初期的艰难、创建者被开除出党、四年零十个月又八天之牢狱之苦、反蒋抗日终不渝、流落江津度余生、生命尽头等。陈利明是著名传记文学作家、国家一级作家，长期致力于写伟人长篇传记。作者依据真实的史料，还原历史的本来面目，以"实事求是"为原则，对国内颇有争议的重要人物陈独秀试图做出客观公正的记述与评价。该书不仅是人物传记创作的成果，对于近现代教育史及中共党史研究亦具有重要意义。

（6）李大钊

《李大钊传》编写组编《李大钊传》，人民出版社 1979 年版。李大钊，字守常，河北乐亭人。早年入天津法政专门学校学习，1913 年考入日本早稻田大学。回国后任北京《晨报》主笔。1918 年任北京大学经济系教授兼图书馆主任，积极宣传马克思主义，是中国共产党创始人之一。这是我国第一部比较翔实的党史人物传记，打破多年来的党史"禁区"，记录我国最早的马克思主义者李大钊光辉的一生。全书共九章，分别介绍李大钊青少年时代、最早在中国传播马克思主义、领导五四运动和为创建中国共产党所进行的革命活动，以及他在中国共产党成立之后为建立革命统一战线而进行的斗争、领导北方地区党的工作和他为共产主义事业壮烈牺牲的情景。其中有不少篇章反映出中国近现代教育的史实内容。书末附录"李大钊生平活动简表""李大钊著作目录""李大钊生平活动和手迹等照片 31 张"。

朱文通主编《李大钊传》，天津古籍出版社 2005 年版。全书共八章，描绘李大钊波澜壮阔的一生，书末附"李大钊生平大事年表"。其中，编者对李大钊的求学生活与教育活动进行重点论述，如他摆脱科举考试的桎梏、在永平府中学堂的求学生活、赴天津投考新的学堂、求学津门、编译书刊、评论时事、入早稻田大学求学、"调和"的思想及其实践、受聘北大、学术思想的发展等。该书对于全面了解李大钊的教育人生和教育思想具有重要意义。

有关李大钊的评传出版流行的还有很多，主要有：朱志敏著《李大钊传》，山东人民出版社 1998 年版，红旗出版社 2009 年版；董宝瑞、裴赞芬、谢福临、王小梅著，主编朱文通，副主编王小梅《李大钊传》，天津古籍出版社 2005 年版；郭德宏、张明林著《李大钊传》，红旗出版社 2016 年版；高占祥主编，王珊珊著《李大钊传》，北京时代华文书局 2016 年版。

（7）梁漱溟

马勇著《梁漱溟评传》，安徽人民出版社 1992 年版。梁漱溟，蒙古族，字寿铭，生于北京，因系出元室梁王，故入籍河南新乡。中国著名的教育家、思想家、哲学家、社会活动家、国学大师、爱国民主人士，主要研究社会问题和人生问题，现代新儒家的早期代表人物之一，有"中国最后一位大儒家"之称。他受泰州学派的影响，在近代中国发起了乡村建设运动。全书共 20 章，系统梳理梁漱溟一生的政治活动和思想发展脉络。作者搜求资料勤奋认真，真正做到"充分占有史料"，展示较多在其他同类著作中不曾看到的材料。其中，作者用三章的篇幅对梁漱溟的乡村建设理论进行详尽叙述和分析，首先从中国问题的症结、中西社会的差异和中国社会的特殊性三个方面分析乡村建设的文化哲学依据；其次从解决中国问题的必由之路、乡村建设的理想蓝图和乡村建设成功的关键三个方面详尽阐述乡村建设理论；最后对山东和其他实验区的乡村建设实践进行评价。梁漱溟是我国近代著名的思想家和学者，对我国传统文化有着深刻的认识，研究分析梁漱溟的思想，对我们今天宣扬"文化自信"亦具有重要意义。

吴福辉、钱理群主编《梁漱溟自传》，江苏文艺出版社 1998 年版，收入"名人自传丛书"。全书共五章 25 篇文章，分别为：我的自传、我的人生态度、我的主要经历、纪念师友、暮年有感。书末附录"美国学者艾恺访谈录（摘录）""梁漱溟年谱简编"。其中，有较多反映传主教育实践和教育思想的文章，如"我的自学小史""自述早年思想之再转再变""我早年思想演变的一大关键""我从事乡村工作的简略回顾""纪念蔡元培先生""纪念梁启超先生""忆熊十力先生"等。

马勇著《中国圣雄——梁漱溟传》，河北人民出版社 2010 年版。梁漱溟的思想非常庞杂，或以为他是一个文化保守主义者，被誉为中国"最后一个儒家"；或以为其深研儒释道三家学术，被推崇为东方学大家，视为学术中人。该书是作者在其已有研究的基础上，对梁漱溟思想进行新的阐释。全书共十章，按时间顺序系统概述了梁漱溟一生的经历和思想演变史，主要包括：家族史与童年记忆、天生不是革命者、非战主义、游走在激进与保守之间、寻求立国之道、重建乡土中国、怎样抗战、内忧与内耗、跑偏的中间路线和"中国的圣雄甘地"等，为梁漱溟教育思想的探讨提供新的启示。

李渊庭、阎秉华著，梁漱溟亲修《梁漱溟》，群言出版社 2011 年版。该书在《梁漱溟先生年谱》的基础上增订完成，全面展现梁漱溟的生平及活动：从治学之历程到乡村之实践，从情感之所依到思想之嬗变，从怀抱以天下兴亡为己任的理想为抗日斗争、民主和平积极奔走于重庆、延安，到为新中国建设直言不讳、殚精竭虑。书末附录梁漱溟专著、主要文集及论文的目录索引。全书引用大量梁漱溟的著作以及作者与其谈话的内容，为探讨梁漱溟教育思想和民国教育乡村运动提供丰富的资源。

（8）胡适

李敖著《胡适评传》，文汇出版社 2003 年版。全书共十部分：可怜的县太爷（1841—1895 年）、可怜的小寡妇（1873—1918 年）、半个台湾人（1891—1895 年）、被拧肉的时代（1895—1904 年）、努力做徽骆驼（1904 年）、依跟我来（1904—1906 年）、《竞业旬报》（1906—1908 年）、少年诗人

（1907—1909 年）、无忘城下盟（1908—1909 年）、上北京（1909—1910 年）等，基本囊括了胡适波澜壮阔或起伏波动的一生。李敖在书中写到："这部《胡适评传》，不该单是胡适之个人的评传，它是时代的评传，它是以胡适为主角之一的时代的评传。……从正文来看，它可能是文学的；从脚注来看，它可能是历史的；从夹缝来看，它可能是无孔不入、惊世骇俗的。"❶ 作者充分占有史料，较为客观地评介胡适的一生，既无过度颂扬，亦无刻意贬低。该书既适用于中国近代教育史学者参考，又为近现代其他诸多领域提供思考素材，受众面较广。

沈卫威著《无地自由——胡适传》，安徽教育出版社 2005 年版。全书共两卷八章，书末附"胡适年谱简编"。作品细述一代教育大师胡适的生命历程，以实用主义教育在中国近现代教育史中的价值取向和困境为中心线索，以胡适在传统与现代教育夹击下的选择为资源展示，通过教育叙事及思想史的理性分析，揭示胡适个人与中国近现代教育史的复杂关系。叙述中融入较多史料与新近教育学术观点。书中穿插较多对胡适求学及教学经历的评述，以求在宏观背景下把握时代背景，全面深入地解读胡适的教育思想和教育实践。

罗志田著《再造文明的尝试：胡适传（1891—1929）》，中华书局 2006 年版。全书共 12 部分，以时间顺序为纲，记叙 1891 年至 1929 年胡适的生活经历、思想转变以及在社会诸多领域的影响。作者挖掘大量较少为人注意的史实，有较多有关胡适求学与教学经历的述评，为研究胡适教育思想提供了新材料。主要组成结构为：语境，"从西学为用到中学不能为体"；受学，"率性与作圣的徘徊"；留学，"再造文明的准备"；尝试，"再造文明的起步"；讲学，"但开风气不为师"。为了接近传主自身清新浅显的语言风格，全书文笔流畅简洁，具有较强的可阅读性。

（9）蒋梦麟

孙善根著《走出象牙塔——蒋梦麟传》，杭州出版社 2004 年版，收入"浙江文化名人传记丛书"。全书共 13 章，书末附"蒋梦麟大事年表"。作者对蒋梦麟一生的教育经历和教育成就进行详尽的叙述与分析，内容包括：少年的求学历程、留学时代、为新教育的努力、挽救北大、重振北大、抗战时期为

---

❶ 李敖. 胡适评传 [M]. 上海：文汇出版社，2003：4.

教育事业的努力、西南联大的岁月等诸多部分，从而再现了一代教育家的风采。蒋梦麟一生经历丰富，所参与或主持的活动是中国近代教育史的缩影，通过这一典型人物个案，有助于更为细微、形象地掌握中国近代教育史后期变化的脉络。

（10）夏丏尊

夏弘宁著《夏丏尊传》，中国青年出版社 2002 年版。夏丏尊是中国近代教育出版事业的先驱代表，编写《新时代丛书》、创办开明书店、创刊《中学生》杂志、编辑出版大量优秀读物；又具有强烈的社会责任感，创办的开明书局出版大量教科书。这些活动不仅为青少年儿童的成长提供精神食粮，而且促进民众的启蒙与觉醒以及中国近代思想文化的进步。全书记录、探索传主一生立足教育和出版岗位，淡泊名利、着力编辑译著、传播精神文化、务实教育的艰辛历程及高风亮节精神，尤其确立其为近代中国教育出版事业作出的重要贡献。该书首页有叶圣陶、柯灵的"代序"，书末附录"夏丏尊先生年表"，是研究近代开明书局、中国近代教育史的重要文献。

清末新教育运动进入学制轨道，如火如荼地展开于维新运动及其以后岁月，时间不到 20 年。因此，许多投身教育崭露头角或卓然成家者均有跨越时代社会的特点，这一方面导致教育家主要活动年代归属的判断有分歧，另一方面人物的活动在不同个体间延续与群体结合构成新团队结构。这里以王国维、胡适和钱穆三人指向课程领域的团体性活动为例加以例证。

周勇著《文化转向与课程改革——以王国维、胡适和钱穆为中心》，华东师范大学出版社 2015 年版，收入"教育、文化与社会：新教育叙事研究丛书"。全书包括导论和结语共五部分：第一部分导论，阐述现代中国教育的文化转向与文化认同；第一章至第三章分别分析中国教育遭遇文化认同危机，独上高楼的寂寞先驱及其文化开拓与课程贡献，"文艺复兴"一代的文化重建与课程改革努力；结语部分探讨教育学、课程改革与未完成的现代文化转向。作者在"后记"中写到："民国前辈的经历让我觉得自己有过的专业困惑实在微不足道，我也因此总是留恋前辈们的历史世界。本书即是过去十年'民国之旅'的总结，其所描述的正是几代前辈的意义建构努力。对当代教师而言，如果他们能像许多前辈那样，致力于以自己的教育、学术和写作实践，为国家创造并传播一点有价值的现代'科学'或'艺术'文化，那便是在过一种有意义的教育人生。"

（二）教育家年谱

教育家年谱也以晚清为主，除了上面所述有些素材可检阅先前所列文字之外，还受限于学界成果出版问世情况，这是需加以说明的。

1. 晚清教育家年谱

晚清教育家年谱数量不多，有待进一步收集发现，例如，钟天纬和陆费逵就属不同时期各具特色的教育家，他们的年谱分别是：钟天纬撰《钟鹤笙征君年谱》载《刖足集》；郑子展编《陆费伯鸿年谱》，台湾中华书局 1977 年版。以下是主要教育家年谱举要。

（1）康有为相关年谱

《南海康有为自编年谱》（至 1898 年止）、《康南海自编年谱补遗》（1899—1927 年），中华书局 2012 年版。康文佩编《南海康先生年谱续编》（1899 年起），1972 年台北市文海出版社影印本。赵丰田编《康长素先生年谱稿》，载《史学年报》第 2 期第 1 卷（1939 年 9 月）。人民文学出版社编辑部编《康有为年谱简编》，收入该社编《康有为诗文选》1958 年版。张启煌《朱九江先生年谱集注》1 卷，朱九江先生，即康有为的先生朱次琦，弟子的思想受其影响颇深，康有为年谱中许多活动与之相连，可交互对照。

（2）梁启超相关年谱

郑振铎编《梁任公先生年表》，载《小说月报》第 22 卷第 2 号，1929 年 2 月。杨复礼编《梁任公先生年谱》新河南日报 1941 年铅印本。"中国近代史料丛刊"《戊戌变法》第四册，有节录本，下限至 1898 年戊戌变法止。梁启勋编《梁启超年谱补遗资料》《戊戌政变》本，该部补遗的资料也很值得参考。

丁文江、赵丰田编《梁启超年谱长编》，上海人民出版社 2009 年版。梁启超，字卓如，号任公，又号饮冰室主人，广东新会县人，近代中国著名思想家、教育家，近代历史有影响而又较为复杂的历史人物。编者丁文江是谱主学生，所采内容多为第一手资料，其中尤以信件材料为主，共 700 余件，约占全书的十分之八。谱主与其师友的来往书信较之公开言论更能真实地反映作者的思想观点和政治倾向，这有裨于学者更为深入研究梁启超教育活动及思想。该书的格式采用平叙和纲目体并用的方式，有学术研究的特色。

（3）严复相关年谱

高凌雯撰《严范孙先生自定年谱 · 年谱补》，天津严氏刻本 1943 年版；

王蘧常编《严几道年谱》，商务印书馆 1936 年版。严璩编《先府君年谱》1卷，中华书局版（时间不详）。

孙应祥著《严复年谱》，福建人民出版社 2003 年版。该年谱对严复各时段生平活动均有翔实记载，尤其是对严复留学英国、创办《国闻报》、出版发行《天演论》、担任开平矿局华部总办、抵制美货运动、出任安徽高等学党监督、参与南北和谈、执掌北京大学、民初依附袁世凯等方面，提供了厚实材料，其中部分至今为学界闻所未闻。该书史料展示历史恢宏，不仅征引严复各类已版译著，更搜集了大量佚文、手稿、书信等罕见资料，对相关国内外档案、大型资料汇编、近代报刊，近代人物的文集、日记、年谱、杂记、碑传、碟谱以及研究论著等，均进行了查阅，各类资料共计 200 余种。尤其是对以前未厘清的重要史实进行了翔实梳理，对相关史实讹误加以纠正，具有较高的学术价值。

（4）郭立志编《桐城吴先生年谱》，载《雍睦堂丛书》1933 年刊本；张江裁编《吴挚甫先生年谱》，载《双肇楼丛书》刊本。

吴汝纶在维新运动至清末新政刚揭开帷幕之前发挥独特作用，其闪光点有三方面：直隶莲池书院的西学化改制；安徽桐城近代地方教育发展；清末废科举，兴学堂。惜乎其未及就任北京大学堂总教习遽尔离世，否则其教育文献将更突出。上述年谱对此将会有所披露。

2. 民国教育家年谱

民国教育家在近代中国历史长河中璀璨光芒，但成书者比例不高，近年来正在补修创作之中。

（1）高平叔撰著《蔡元培年谱长编》4 卷，人民教育出版社 1998 年版。第一卷记述蔡元培的家世、幼年时代（1868—1882 年）、旧学时代（1883—1897 年）、游学时代（1907—1911 年）、教育总长时代（1912 年 1～7 月）、第二游学时代（1912 年 9 月—1916 年）；第二卷记述北京大学校长时代（1917—1926 年）；第三卷记述大学院院长时代（1927—1928 年）、中央研究院院长时代（1929—1940 年）；第四卷记述中央研究院院长时代（1929—1940 年）（续）。全书按年撰写，逐月逐日摘录蔡元培的言行，包括重要文章与演说、手札、日记、文件、学术活动与社会活动的记载、有关人士的文章、回忆录等，新增了许多全集、文集所未收入的史料。全书囊括蔡元培先生一生的重要活动、重要文章和思想发展历程等，忠实详尽地记录蔡元培辉煌的一生，具有较高的历史价值和学术价值。此外，陶英惠编《蔡元培年谱》（台北中外印刷厂 1980 年版）也有相当影响度。

（2）许汉三编《黄炎培年谱》，文史资料出版社 1985 年版。该书所叙事实以谱主的著作、日记、讲演、谈话、公牍、函电及报纸杂志的报道为依据，附录有谱主著作目录。其中内容集中于 1902—1937 年（黄炎培从事教育研究和倡导办职业教育的时期）、1937—1949 年（黄炎培参加爱国民主运动的时期）、1949—1965 年（黄炎培从事政治活动、社会活动，领导中国民主建国会工作的时期）三个时期。该书为研究黄炎培教育思想活动及中华职业教育史的学者提供了宝贵的第一手资料。

（3）梁吉生撰著《张伯苓年谱长编（上卷 1876—1927）》，人民教育出版社 2009 年版。张伯苓，中国近现代著名教育家，毕生献身教育事业，创办天津南开中学、南开大学、南开女中、南开小学及重庆南开中学，担任南开大学校长 30 余年。该书记叙张伯苓前半生（从出生到 51 岁）的人生业绩，展示他从事教育、政治活动与文体和宗教事功的主要经历。当代著名历史学家张岂之在"序言"中写到："《年谱》涉及伯苓先生的讲演、函件、报告、文章、谈话、题词、手迹等，比较全面地反映了伯苓先生毕生为中国教育、为民族复兴所做的业绩。"❶ 张伯苓一生的教育经历及办学理念和思想，更是我国近现代教育史的宝贵积淀资源。

（4）李渊庭、阎秉华编写《梁漱溟先生年谱》，广西师范大学出版社 1991 年版。年谱前有梁漱溟"自序"两则，书末附录梁漱溟先生生平，李渊庭、吴梅、周新民、萨空了等人所著与梁漱溟相关的文章。该书按时间顺序编排，始于 1893 年，止于 1988 年，系统梳理梁漱溟先生的一生，是了解梁漱溟教育思想和教育活动的基础性参考书。

（5）复旦大学、上海师大、上海师院《鲁迅年谱》编写组编《鲁迅年谱》，安徽人民出版社 1979 年版。

（三）教育家回忆录及纪念集

与年谱类著述相对，回忆录及纪念集作品以民国时期为著。这在教育家这一角色视角下表现得尤为明显。当然，教育家的符号各人理解有别，许多内容可与本书前文联系思考。在对已往史迹及文本内容梳理中，类目的分化梳理甚

---

❶ 梁吉生. 张伯苓年谱长编：上卷 1876—1927 序 [M]. 北京：人民教育出版社，2009.

为勉强，不可截然划分及强行分割。教育家大多与学校紧密结合，一些校史记录，尤其实验学校探索教育文本内容更有此类素材。如《尚公记》，上海商务印书馆 1916 年版；教育部普通司编《优良小学事汇》第一辑，上海商务印书馆 1919 年版；俞子夷著《一个小学十年努力记》，上海中华书局 1928 年版；万竹小学编《万竹小学概况》，万竹小学 1957 年版。此外，也有其他回忆录涉及教育家角色担当的状态，可作丰富及补充理解利用。如胡思敬撰《戊戌履霜录》，南昌退庐刻本 1913 年版；黄仁济撰，《黄氏历事记》，仁济书刊本等。

1. 清末教育家回忆录及纪念集

（1）梁启超著，程华平编选《饮冰室主人自说》，江苏人民出版社 1999 年版，收入"中国学人自述丛书"。全书共 15 部分，大体按时间线索记述梁启超一生的经历。书中用较多篇幅记叙梁启超的教育经历，如"求知问学""域外游学""热心讲学""潜心学术""佛学徜徉"等章节。该书资料主要来源于《饮冰室合集》和《梁任公先生年谱长编》以及大量刊出与未刊出的梁启超和亲朋师友之间的信札。程华平在后记中写到："一个人思想的最好的材料，无疑是他自己的记载；一个人的生平，他自己的话语理应最为可靠；了解与研究一个人的最好材料，同样也是他对于自己的剖析。"❶ 这段概括文字是比较中肯的。

（2）钟叔河主编《走向世界丛书》，岳麓书社 1984 年以后陆续出版。30 余年前，笔者在浙江大学教育学院求学，当时这套《走向世界丛书》在社会上颇有反响，学界沸扬。该书由钟叔河主编，体现晚清民国早期，及近代中国先进开明官绅及其他人物，部分属教育家，远涉波涛前往世界工业化强国考察游历的记录，作为亲历记有原始性文献的价值，发挥出考察报告或回忆录的作用。编者对每部所收入作品均作导论式的评述，文字长篇大论，精辟深入。后来这些评述又汇编成册，分别由中华书局、上海人民出版社出版。后者名为《从东方到西方——走向世界丛书叙论集》（1989 年版）。后经作者修改、校订，又由岳麓书社 2002 年重版。

---

❶ 梁启超. 饮冰室主人自说 [M]. 南京：江苏人民出版社，1999：279.

2. 民国教育家回忆录及纪念集

（1）陈宝泉

陈宝泉著，《陈筱庄五十自述》，载《退思斋文存》"叙记类"，1923 年版。陈宝泉自身的教育活动和办学实践长达半世纪之余，岁月变迁、人事纷繁。书中，他进行追忆和描述，其间突出北京高等师范学校校长任内所从事管理和努力，叙述北京高等师范学校的成绩，尤其是校园文化和社会服务职能的发挥。同时，也叙述自身亲往国内外教育考察和交流的活动体会，提出教育改进的几点意见：一是"设置各种教育研究委员会"；二是"注重调查统计及教育计划"；三是"编辑教育指导书籍"；四是"视学应分科视察，注重指导"；五是"优待教员"；六是"教育部特定考试入官方法"。

（2）李大钊

李星华著《回忆我的父亲李大钊》，上海文艺出版社 1981 年版。李星华，生于河北乐亭县大黑坨村，是李大钊的长女。全书共分为"父亲的童年时代""革命纪事""父亲对我们的教育""牺牲"四部分。在"父亲对我们的教育"篇中，作者记叙 9 件事情，反映李大钊的家庭教育思想。书前有多幅关于李大钊生活的照片，形象真切，栩栩如生，生动感人。

（3）梁漱溟

梁漱溟著《我的努力与反省》，漓江出版社 1987 年版。这是近现代哲学家、教育家梁漱溟的自我追忆及反思作品。该书主要包括"我的自学小史""自述""我努力的是什么""纪念蔡元培先生""纪念梁启超先生"等十二部分，不仅有作者对个人经历的回顾，也有作者对师友的纪念、个人家庭生活的记述和新中国成立后的个人生活记录，内容详尽、真切、感人。书末附录"梁漱溟先生访问记""梁漱溟先生在批林批孔运动中""梁漱溟先生年谱简编"。其中，"我的自学小史"较为详尽地记载了作者的自学经历，包括作者的家庭、父亲、入小学、入中学、中学时期的自学、入社会、学佛又学医及东西文化问题等。

梁培宽编《梁漱溟先生纪念文集》，中国工人出版社 2003 年版。书前有费孝通所作序文"梁漱溟先生之所以成为思想家（代序）"。该书经过 5 年的收集整理，汇编而成，共收录 75 篇文章，一部分是邀请作者撰写的专稿，一部分选自书刊报纸。就文字内容看，有的偏于忆往叙旧，较为具体，多有一定史料性质；有的偏于剖析评说，较为概括，虽见仁见智，或褒或贬，不尽相同，但对于梁漱溟的中国教育本土化探索及乡村教育实验均能给人以启发。

梁漱溟著《人生的哲学：忆往谈旧录》，陕西师范大学出版社 2008 年版。书前有梁漱溟所作代序"为全国团结合作而奔走"。全书分为抗日战争时期之前和抗日战争时期之后两编，书末附录"梁漱溟年谱简编"。其中，有较多反映作者教育活动和教育思想的文章，如"五四运动前后的北京大学""纪念蔡元培先生""纪念梁任公先生""回忆李大钊先生""略谈胡适之""河南村治学院和山东乡村建设研究院"及"回忆我从事的乡村建设运动"等。该书可视为作者从事教育活动、社会活动和参与现实政治的实录，其中辑录有其自述数十年间的亲身经历，与若干历史人物的交往，以及个人见闻等。这些内容多有一定写实性质，对了解中国近现代社会变革及教育实践有拓展和丰富的作用。

重庆社会科学院哲学研究所编《文化与人生——梁漱溟先生诞辰 110 周年纪念文集》，重庆出版社 2004 年版。全书共收录 33 篇文章，纪念梁漱溟先生110 周年诞辰。

（4）胡适

胡适著，抒忱编《胡适——四十自述》，海南出版社 1995 年版。该书共收录胡适先生的作品 57 篇。其中，有较多反映中国近代教育的作品，如"中国公学十八年级毕业赠言""慈幼的问题""赠与今年的大学毕业生""教育破产的救济方法还是教育""写在孔子诞辰纪念之后"等。该书为研究胡适和近代教育提供较为重要的参考。

罗尔纲著《师门五年记·胡适琐记》，生活·读书·新知三联书店 2006年版。罗尔纲，广西贵县人，历史学家，主要从事太平天国史与晚清兵制史的研究，在青年时期曾师从胡适。作为罗尔纲在世时撰写的最后作品，该书对研究胡适教育思想及学术建树有重要价值。全书分为"师门五年记""胡适琐记""世人记述"三部分，书末附录"胡适自记"。"师门五年记"记述他向胡适求学问道，师生相处五年情谊至深的经历。其间煦煦春阳的师教与虚心笃实、毫不苟且的为学协调互动组成一幅充盈师友切磋乐趣的图景。"胡适琐记"记叙传主治学、从政、社会交往与生活的情形。"世人记述"阐述世人对胡适的回忆和评价。其中有关胡适施教过程、从教经历真切记述，如"煦煦春阳的师教""胡适对吴晗的栽培""胡适论《木兰诗》""胡适庚午除夕给我的教导"等都细致翔实。

（5）蔡元培

蔡元培著，朱鸿召编选《孑民自述》，江苏人民出版社 1999 年版，收入"中国学人自述丛书"。全书共 12 部分，主要以时间为线索回顾蔡元培峥嵘不凡的一生，亦有蔡元培对自己"婚姻爱情""性情主张"的专题论述。书末附"蔡元培年谱"。书中对蔡元培求学、办教育的经历进行详细的阐述，如少年时期的童学与科举、经办新式学校、在欧美的留学和游学、出任教育总长、主持北京大学、从大学院到"中央研究院"等。最后，蔡元培概述自己的"美育人生""对学生的希望""读书的经验"等思想，颇具价值。同时，该书文笔优美，具有较强可读性。

（6）陆费逵

俞筱尧、刘彦捷编《陆费逵与中华书局》，中华书局 2002 年版。陆费逵，字伯鸿，祖籍浙江桐乡，是中国近代著名出版家和教育家。全书分为怀念与研究、六十年前的悼文、陆费逵著作选载三部分，书末附录"陆费伯鸿行年纪略"。该书既有评述性文章，又有著作选载，生动地体现了陆费逵生平思想和创办中华书局的经历，以及他管理中华书局期间教科书编辑和业务经营的情况。

（7）晏阳初

李志会编著《晏阳初在定县的足迹》，河北人民出版社 2008 年版。书前有照片多幅，真切地反映了今天定县的发展。全书共四章，分别为乡建十年、平教记忆、论坛回声和文章书信，详尽记述了晏阳初在定县大地上进行平民教育运动的点点滴滴，集中反映了晏阳初的教育实践和教育思想。该书的出版对于推进定县文化遗产的挖掘和探讨民国定县教育试验具有较大意义。

晏阳初纪念文集编辑委员会编《晏阳初纪念文集》，重庆出版社 1996 年版。书前有雷洁琼所作代序"晏阳初——平民教育运动的开拓者"。全书共从晏阳初的同事、学生、亲属、研究者和事业继承人等处收集作品 56 篇，从各自不同的角度回忆晏阳初的一生。其中，有较多反映晏阳初教育思想和教育活动的文章，如"乡村建设的先驱——缅怀我的良师益友晏阳初""晏阳初先生与定县调查研究""访晏阳初先生谈苦力、农民、乡村改造和知识分子""晏阳初先生与定县景慧学校"，等等。

（8）舒新城

舒新城著，文明国编《舒新城自述》，安徽文艺出版社 2013 年版，收入

"二十世纪名人自述系列"书系。舒新城，湖南溆浦人，原名玉山，字心怡，号畅吾庐，近现代著名编辑、教育家。全书共三篇，第一篇是"学生生活"，论述幼年时代在私塾、书院、县立高等小学、常德长沙武昌三校、岳麓高等师范学校的求学经历；第二篇为"教师生活"，叙述教师初期面临的挑战，作为教育学讲师、教务主任、师范教员、中学主任、暑校讲师和高师教授的复杂教育经历，其中交织着有关教育问题的认识；第三篇为"教育著述生活"，概述初期写作、尝试教育著述，以及将教育著述由副业转为正业的转变及提升。该书以作者的生活历程作线索，反映中国近代教育的变迁，由于作品以"客观真实"为写作原则，所提供的史实较为真实可信。

第三节　教育刊物

教育刊物是以教育专业性为特色的期刊。中国近代教育刊物种类繁多，大体可以分为官办和民营两大类。清末中央官办的期刊主要是学部 1906 年以后出版的《学部官报》，与现在《人民教育》《教育研究》类似。其中，尤以奏折、咨文最具特色。当时各省还有自办的教育官报，如《浙江教育官报》《四川教育官报》等。清末的教育刊物沿至民国以后，有些直接继承，有些发生变化。民初，《学部官报》结束，而反映民国教育以《教育公报》为代表。民营期刊渠道种类繁多，有文化出版机构的，如《学生杂志》1914 年 7 月创刊，商务印书馆编辑发行；也有西方教会办的，如《中国基督教教育季刊》，1925年创刊，等等。

一、官方教育刊物

官方或官办教育刊物，带有政府管理、主持及发行性质，偏向教育政策规程、教育宏观设计及主流教育思想导向的特质。其中有国家和地方层阶不同，教育刊物也因之有别。

（一）国家教育刊物

国家教育刊物在中国近代，尤其是清末民初，比较稀少或单一，主要是《学部官报》《教育官报》等。这一层次教育刊物最为集中反映国家教育意志力量，其权威及影响力堪为佼佼者，而且在地方教育的导向及教育政策趋势的指引方面，堪为风向标。这在近现代乃至当代教育传播上均是公理，当无疑议。

1. 《学部官报》

光绪三十二年七月七日（1906 年 8 月 26 日）创刊，学部编辑及发行，为我国早期的教育行政公报。宣统三年（1911 年）停刊。第 1、2 期为月刊，第 3 期改为旬刊。内容主要有谕旨、奏章及文牍等。还有按内容归类的合订本，分文牍、本部奏章、京外学务报告、京外奏稿、审定书目、选译东西各国书报、谕旨等。

清末教育资料见该刊的如：《陆宝忠条陈学务折》，载《学部官报·汇录京外奏稿》。《学部奏准修改各学堂考试章程》，载《学部官报·章奏》第 1 册第 13 期。李浚《经学亟宜注重请立存古学堂折》，载《学部官报》第 60 期。《学部编译图书局章程》《学部编译图书局备览》（署名：学部编译图书局局长袁嘉毂；委员王国维、高步瀛），载《学部官报》第 68 ~ 70 期。《学部编译图书局编译已成未成书目表》，载《学部官报》第 99 ~ 100 期附录。《学部奏准增订各学堂管理通则十三章》，载《学部官报·章奏》第 4 册第 115 期。

2. 《教育公报》

1914 年 6 月 28 日创刊，教育部总务厅编印，教育部编审处编辑出版。北洋政府的教育行政公报，以公布教育律令、登载教育理论、观察现时教育状况、促进教育发展为宗旨。初为月刊，1914 年 6 月 28 日出第一册，以后每月一册。一年 12 册，每册 60 页左右。内容分命令、法规、公牍、专件、讲演、报告、记载，还有译述。1927 年改为双月刊。根据需要，有时发行《教育公报》临时"增刊号"，作重大教育事件、会议教导或学说理论的专题探讨。

《教育公报》刊载民国时期教育文件、专题、资讯及其他资料，内容多样而广泛。此处略加引述：1914—1915 年《教育公报》第 1 ~ 8 册均有《视察学务报告》，按学区来分类，第一、第二、第三学区等逐个分别整理。视察报告很详细，内容分为：甲、教育行政；乙、普通教育、师范教育、蒙养教育、聋哑教育等特殊教育以及其他教育在各省办理情况；丙、教育经费；丁、学务职呈；戊、社会教育；巳、专门教育（专门学校，留学生包括在内）。这两年该刊登录大量会议报告，如《全国教育行政会议》《教育部行政纪要》，研究教育部里的行政纪要须参考，很多详细的内容都有所包含。

《教育公报》第 9 册，1915 年 2 月。1915 年 1 月 22 日，袁世凯《特定教育纲要》，共分"总纲""教育要言""教科书""建设"及"学位奖励"五项。"总纲"规定教育宗旨为注重道德、实利、尚武，并运之以实用。仿德国学制，改革中小学学制；初等小学分为义务教育者而设的国民学校及专为升学而预备的预备学校；中学分文科、实科。"教育要言"强调："各学校均应崇奉古圣贤以为师法，宜尊孔以端其基，尚孟以致其用。""教科书"项内规定："中小学均加读经一科，按照经书及学校程度分别讲读。"小学校初等小学讲读《孟子》，高等小学讲读《论语》，中学校节读《礼记》和《左氏春秋》。"建设"项主张在大学外单独设立按经分科的经学院及"提倡各省各处设立经学会，以为讲求经学之所"。"学位奖励"项主张应该按照所习学科给予学士、硕士等学位，博士学位应另行组织机构审查授予。

《教育公报》1919年第9期载《记国语统一筹备会》《国语统一进行方法的议案》《拟请教育部推行国语教育办法五条》，上述规程是新文化运动时期国语运动与白话文教科书事件中的政府行为表现，对中国的近现代教育内容及语言方式的转变产生剧烈震荡和深刻的导向作用。第一个规程提出了国语统一的主要内容，并以议案的方式列出实施的举措：① "加添闰母"；② "编辑国语辞典及国语文典"；③ "拟请教育部推行国语教育办法五条"；④ "行注音字母"；⑤ "请颁行新式标点符号议案"。第二个章程认为国语统一的办法有四个方面：①编辑国语词典；②编辑国语文法；③改编小学课本；④编辑国语会话书。其中第二方面需要注意三点，即简易、求合现代、求其普遍，并认为应该作为初等师范学校、高等师范学校必修科目之一。第三个规程主要包括两方面内容：第一，在师范学校处理好国语课程与国文课程的比例关系，加强国语教育及其多种方式的培训，认定教师资格评定需有国语资格证明；第二，此后数年，国民学校、高等学校及部分实业学校，国文功课三分之一甚至一半以上教授国语，由此，中国教育尤其是教科书或讲义进入了语体文时代。

虽然上述《教育公报》中的记录只是此期片段，却也能展示民初教育新旧冲突的尖锐复杂，尤其是德国教育体制影响中国近代教育的早期见证。

（二）地方教育刊物

地方政府所办教育刊物除反映全国统一的规程制度、政策文件内容及精神之外，往往呈现区域教育推行以及实际存在的主要问题，是全体共同性教育的地方个性或差异性的统一图景，重心当在后者。

1. 《直隶教育杂志》

1904年12月创刊，直隶学务处编，天津出版。中国近代最早的省级行政刊物。初名《教育杂志》，光绪三十二年（1906 年）改名《直隶教育杂志》。宣统元年（1909 年）改名《直隶教育官报》，直隶学务处（后改称学务公所）编辑发行。

2. 《四川教育官报》

清光绪三十一年二月（1905 年 3 月）创刊，初名《四川学报》，光绪三十三年（1907 年）改名《四川教育官报》，四川学务处（后改称四川学务公所）编辑发行。1905 年创刊，成都出版。

其他较为流行的地方政府所属教育刊物主要还有：《河南教育官报》，1907 年创刊。《云南教育官报》，1908 年创刊。《湖南教育官报》，光绪三十四年二月（1908 年 3 月）创刊。《浙江教育官报》，光绪三十四年七月（1908 年 8 月）创刊，浙江学务公所编辑发行，杭州出版。《湖南教育杂志》1912 年 6 月创刊，湖南教育杂志社编辑；初为半月刊，1913 年 10 月起改为月刊。《教育周报》1913 年 4 月创刊，浙江教育会编辑发行；周刊，至 1919 年 4 月改为《教育潮》。《江苏教育行政月报》，1913 年创刊。《都市教育》1915 年 4 月创刊，北京教育会编辑。《福建教育行政月刊》，1915 年创刊。

二、民间教育刊物

如果说教育的大方向、政策规章主要见诸官办教育刊物，那么有关教育理论探讨及教育实际问题研究则更多由民间教育刊物承担。这里"民间"一词概指非政府统辖的团体、组织、机构、学会，乃至个人的各种途径或方式，教育刊物门类及数量由此大增。以下就代表性刊物中择其要者加以介绍，以起到由样本推及全体一般意义的作用。

（一）《教育世界》

《教育世界》，清光绪二十七年四月（1901 年 5 月）创办于上海，月刊，罗振玉主编，教育世界社发行。内容含各学科规则、学校法令、学校管理法、教授法、教育学和教科书六类，成为日后制定清末第一部颁行全国现代性学制"癸卯学制"的依据。该刊自第 69 期起改半月刊，系统介绍欧美各国教育理论、教育法规、教育历史和现状、著名教育家传略及著作。

扩充栏目有：论说、学理、教授管理、学制、传记、小说、中外学事等。

《教育世界》刊载的教育论文很多，举其要者如下：《鄂省普及学塾章程并示》（1906 年第 64 号），《奏定经学科大学文学科大学章程书后》（1906 年第 118、119 号），《孔子之美育主义》（1904 年第 69 号），《教育偶感》（1904 年第 73、81 号），《叔本华与尼采》（1904 年第 84、85 号），《论近年之学术界》（1905 年第 93 号），《论新学语之输入》（1905 年第 96 号），《论平凡之教育主义》（1905 年第 97 号），《论哲学家及美术家之天职》（1905 年第 99 号），《去毒篇》（1906 年第 129 号），《纪言》（1906 年第 135 号），《论普及教育之根本方法（条陈学部）》（1906 年第 136 号），《教育小言十则》（1906 年第 137 号），《古雅之在美学上之位置》（1907 年第 144 号），《人间嗜好之研究》（1907 年第 146 号），《自序》（1907 年第 148、152 号），《教育小言十则》（1907 年第 150 号）。

（二）《教育杂志》

《教育杂志》，清宣统元年正月（1909 年 2 月）创刊，陆费逵编辑，商务印书馆发行。《教育杂志》，按年分卷，以"研究教育、改良学务"为宗旨，内容分图画、论说、学术、教授管理、教授资料、史传、教育人物、教育法令、章程、文牍、纪事、调查、评论、文艺、诗话、杂纂、质疑问答、介绍批评、名家著述、附录 20 门。该刊是商务印书馆与近代中国新教育休戚相关，本属一体、互动互利的重要媒介及方式，被誉为"执教育界舆论之牛耳"的"教育喉舌"。

《教育杂志》刊载的教育论文很多，例如，《江苏教育总会呈学部请变通初等小学堂章程文》（第 1 卷第 5 期，1909 年），《江苏省教育总会开己酉常年大会》（第 1 卷第 10 期），庄俞《论学部之改良小学章程》（第 3 卷第 2 期，1911 年），《参议院议决修正教育部官制》（第 4 卷第 6 号），《公立私立专门学校规程（1912 年 11 月）》（第 4 卷第 10 号，1913 年 1 月），《大学规程（1913 年 1 月 教育部公布）》（第 5 卷第 1 号，1913 年 4 月），《注重德育整饬学风令（1913 年 6 月 大总统袁世凯颁）》（第 5 卷第 4 号，1913 年 7 月），《预备学校令（1915 年 11 月 教育部公布）》（第 7 卷第 12 号，1915 年 12 月），黄炎培《东西两大陆教育不同之根本谈》（第 8 卷第 1 号，1916 年），黄炎培《职业教育实施之希望》（第 9 卷第 1 号，1917 年），蒋梦麟《历史教授革新之研究》（第 10 卷第 1 期，1918 年），蒋梦麟《欧战后世界之思想与教育》（第 10 卷第 5 期，1918 年），蒋梦麟《进化社会的人格教育》（第 10 卷第 6 期），（英）J. H. Badley 著、蒋梦麟译《战后之教育》（第 10 卷，第 7、8、10、12 期），教育部《第一次重行审定教科书书目》（第 10 卷第 5 号，1918 年），辛西（1921 年）《学制草案》（第 13 卷第 12 号，1921 年 12 月），俞子夷《视察设计教学的标准》（第 14 卷第 2 号，1922 年 2 月），沈百英《江苏一师附小设计教学法实施报告》（第 14 卷第 1、2、3 号，1922 年 1、2、3 月），舒新城《什么是道尔顿制》（第 14 卷第 11 期，1922 年 11 月），俞子夷《读了十二本设计教学法专书的书后》（第 16 卷第 10 号，1924 年 10 月），盛朗西《重估海尔巴脱派五段教学法之价值》（第 16 卷第 11 期，1924 年 11 月），郑鹤声《三十年来（1904—1934 年）中央政府对于编审教科书之检讨》（第 25 卷第 7 号），（美）丁韪良撰、傅任敢译《同文馆记》（第 27 卷第 4 期）。

（三）《中华教育界》

《中华教育界》，1912 年 1 月创刊，中华教育社编辑发行，上海中华书局印行。该刊旨在广泛探讨新的教育思想、教育内容、教育政策、教育设施和教学方法等，设计教育评论、教育论著、中小学教育研究、国外教育译述、国内外教育新闻等比较固定的栏目。1937 年 8 月第 25 卷第 8 期时，因日本侵略军进攻上海停刊，1947 年 1 月复刊，由《中华教育界》杂志社编辑，舒新城为社长。此后，致力于"教育普及于全国""文化深入于民间"，以及传播新的教育学说和方法。除介绍资本主义国家教育理论和经验外，还提倡科学教育、电化教育，以及卫生与健康教育、生活教育等。同时，也传播解放区的先进教育经验。❶

以下篇目是其中的片断，可见其一斑。《上海张经甫先生兴学事汇录》（第三年第十一号，1914 年）；《建设新国家之教育观念》（第 4 卷 7 期，1915 年）；《调查美国教育报告》（第 8 卷 1 号，1919 年）；《美国教育行政谈》（第 8 卷 2 号，1919 年）；《中国教育的统一与独立》（第 12 卷第 8 期，1923 年）；《新国家主义与国民教育的改造》（第 14 卷第 3 期，1924 年）；《中国教育宗旨问题》（第 14 卷第 7 期，1924 年）；俞子夷《小学实施道尔顿制的批评》、廖世承《中学实施道尔顿制的批评》（第 15 卷第 5 期，1925 年 11 月）；《教育建国论发微》（第 14 卷第 7 期，1925 年）；《留学教育宗旨与政策》（第 15 卷第 9 期，1926 年）；《师范教育宗旨》（第 15 卷第 11 期，1926 年）；《如此中国，如此中国教育》（复刊第 2 卷第 12 期，1948 年）。

---

❶ 《教育大辞典》编纂委员会. 教育大辞典：第 10 卷 [M]. 上海：上海教育出版社，1991：394－395.

近年已有专门著作探讨该刊对民国教育历史的贡献。主要是喻永庆著《大众传媒与教育转型——〈中华教育界〉与民国时期教育改革》，华中科技大学出版社 2014 年版。全书共七章。第一章和第二章考察《中华教育界》创办的原因及其发展运作；第三章分析《中华教育界》的撰稿人，及其聚合的途径；第四章将《中华教育界》与《教育杂志》进行比较研究；第五章和第六章讨论《中华教育界》在民国教育改革中的一些具体活动；第七章探讨《中华教育界》在民国时期教育发展中的地位和作用；余论分析近代教育期刊与中国教育现代化的同步发展及相互促进的关系。附录有《中华教育界》历年专号目录。《中华教育界》是我国近代教育期刊中刊行时间最长、影响最大的刊物之一。教育史家周洪宇教授在序言中写到："本书系统梳理了《中华教育界》发展的内在纹理，再现了中国近代办刊人的生存状况与教育活动场景，考察了《中华教育界》在近代教育思想、教育内容、教育方法等方面所扮演的重要角色，着重探讨了近代大众媒体与中国教育现代化的关系问题。"❶ 作者主要采用了文献分析法、统计分析法和个案研究与群体分析相结合的方法，拓展了教育史研究的新视野，开阔了教育史期刊传播研究的新领域。

此外，《中华教育界》还于 1915 年 1 月创办了《中华学生界》，只是命运短暂，发行一年半后便匆匆结束了。

（四）《教育研究》

《教育研究》由江苏省教育总会于 1913 年 5 月上海创办，主编王朝阳，以"面向教育实际，总结经验，介绍新理论促进教育界学术交流，鼓舞全国研究精神"为宗旨。初为月刊，1916 年 4 月起改为季刊。该刊较早系统介绍德国、日本等国教育理论，特别是有关教育实验和教学方法的知识，反映国内教育界大量实况。1931 年 12 月停刊，共出 32 期。❷ 以下是《教育研究》所发表的部分教育资讯。

张睿《发刊词》（第 1 期，1913 年 5 月刊）；《教育研究会办法》（第 5 期，1913 年 9 月）；沈君孚、黄炎培《拟组织教育研究会意见书》（第 5 期，

---

❶ 喻永庆. 大众传媒与教育转型：《中华教育界》与民国时期教育改革 序言 [M]. 武汉：华中科技大学出版社，2014.

❷ 《教育大辞典》编纂委员会. 教育大辞典：第 10 卷 [M]. 上海：上海教育出版社，1991：395.

1913 年 9 月）；《孟禄参观上海各学校情形书》（第 6 期，1913 年 10 月）；《吴家煦报告发起组织理科教授研究会书》（第 16 期，1914 年 10 月）；《英文教授研究会报告成立并选举职员修正章程九条》（第 17 期，1914 年 11 月）；《英文教授研究会报告》（第 19 期，1915 年 1 月）；《蒙铁梭利教具研究会通告及纪事》（第 23 期，1915 年 7 月）。

（五）《留美学生季报》

1914 年 3 月由《留美学生年报》改办而成。季刊，逢三、六、九、十二月出版，上海中华书局发行。朱起蛰、任鸿隽等历任主编。内容分立言、诗词、译述、杂文、传记、调查等栏目。多有记载留美学生学习、生活和活动的文章和史料。

（六）《教育与职业》

《教育与职业》，1917 年 11 月创刊，中华职业教育社编辑发行。初为双月刊，至第十七期起改为月刊。主要内容有国内外职业教育的理论，各省推行职业教育的计划或意见，各国职业教育制度或状况，实施职业教育的研究或参考资料，职业知识或修养，实业界的调查报告，国内外职业教育消息，及有关中华职业教育社和中华职业学校的报道。

举其篇目碎片若干如下：《美国圣路易的之兰根职工学校》（第 1 期）；《职业界之人才问题为教育界所当注意者》、《蒋梦麟先生演讲职业教育之原理》（第 2 期）；《配司泰洛齐生辰凯善西泰奈工业教育之演说》、《美国康纳克省木工之养成》（第 3 期）；《英国之工业与其所受德美两国之影响》、《读英国裴特来氏〈战后之教育〉有感》（第 5 期）；《英国国币补助职业教育之历史》（第 6 期）；《与李石曾君谈职业教育》（第 25 期）；《职业教育之礁》（第 41 期）；《设施职业教育新标准》（第 79 期）；《办职业教育须下三大决心》（第 83 期）；《职业教育机关惟一的生命是什么》（第 113 期）；《国难中之职业教育》（第 176 期）。

（七）《新教育》

《新教育》是 1919 年 2 月由新教育共进社创办的月刊，蒋梦麟主编，在上海出版发行。1921 年 12 月交中华教育改进社接办，委托东南大学编辑，陶行知等先后任主编。以提倡民主主义、介绍欧美新教育、促进教育改革为宗旨，曾出版介绍"杜威专号"，宣传平民教育，提倡自动主义，一时风闻教育界。

该刊对中国封建教育制度与思想的改革和 1922 年新学制的制定发挥了重要作用。以下是选自该刊物的部分论文篇目等信息，从中可略窥五四运动时期教育的部分实况。

《新教育》所载部分文章如下：《南京高等师范学校概况》（第 1 卷第 1 期，1919 年）；《今后世界教育之趋势》《英国教育之大宪章》（第 1 卷第 2 期）；《杜威之伦理学》《杜威之道德教育》（第 1 卷第 3、4 期）；《美国教育行政谈》《调查美国教育之报告》（第 1 卷第 4 期）；黄炎培《陈嘉庚毁家兴学记》（第 1 卷第 5 期，1919 年）；《托尔斯泰人生观》《学潮后青年心理的态度及利导方法》《学生自治》；《我们对于学生的希望》（第 2 卷第 5 期）；《对于新学制的感想》（第 4 卷第 2 期，1922 年）；陶行知《中国建设新学制的历史》（第 4 卷第 2 期，1922 年 1 月）；《孟禄专号》（第 4 卷第 4 期，1922 年）；《英美德法四国人民之特性与大学之特点》（第 5 卷第 3 期）。

（八）《通俗教育丛刊》

《通俗教育丛刊》于 1919 年 5 月北京创刊。通俗教育研究会编辑出版，1925 年 5 月停刊。

（九）《教育丛刊》

《教育丛刊》由北京高等师范学校编，1919 年 12 月创刊，上海中华书局出版。该刊作品主要内容是：介绍国外教育的最新思潮，批评本国现时教育及调查各地教育现状，建议本国教育今后各种革新的计划，辟有论述、调查、附录等栏目。例如，《我的中等教育见解》（第 3 卷第 5 集，1922 年 9 月），《环境中心的课程改造》（第 3 卷第 7、8 集，1923 年 2 月）。

（十）《新教育评论》

《新教育评论》于 1925 年 12 月由高仁山、陶行知等共同创办，半月刊，以"批评本国的教育政策、建议教育革新计划、介绍外国最新的教育制度和学说、报告各地教育调查结果"为编辑方针。该刊促进了美国现代教育在华传播，尤其是教学方法实验刊文突出。如高仁山《对艺文中学学生讲道尔顿制（连载）》（第 1 卷第 11、12 期，1926 年 2 月），邱椿《评道尔顿制（连载）》（第 2 卷第 4、5 期，1926 年 6 月、7 月）等。

或许一些组织机构或团体所办的教育刊物知名度或影响力并不大，但就刊发作品的水平、质量衡量，不乏上乘之作。在这方面，应有"英雄不问出处"

的心胸，不存过多芥蒂。例如，赵郭《清末安徽的实业教育》一文，1935 年发表于安徽大学教育学社主办的《教育新潮》第四卷第一期与第二期合刊，是最早研究职业教育史的单篇论文。

此外，一些知名教育机构创办的教育刊物究竟如何归属是十分困难的，或许可以介于官方、民间之间。例如，《北京大学日刊》（1917 年 11 月 16 日创刊），北京大学编辑出版；《北京大学月刊》（1919 年 1 月创刊），北京大学编辑出版，马寅初、胡适、蔡元培等曾任主编，1922 年 2 月停刊。

第五章　中国近代教育史间接史料

　　中国近代教育史文献证录卷帙浩繁，晚清时期融于传统分类综合性典籍，或以著作问世。民国时期近现代教育得到发展，许多记录教育历史的资料大量涌现，教育家们纷纷著述整理，颇有参考价值。"教育史间接史料"主要是指经选编或归类设计过的原始教育文献，按照一定体例或结构汇编成册。新中国成立后最有贡献的当推"中国近代教育史资料汇编"丛书，该丛书或对某一个时期的教育进行综述，或对某个专题的教育进行分门别类的记述，为近代教育史研究带来了方便。美中不足的是，教育史学界对现代部分的史料似乎少有整理出版，尽管人们对"近代"的理解在时间上存在分歧，但近代教育史料一般终止于 20 世纪 20 年代，极少延伸到 30 年代以后。

　　不同种类文献对某一主题的资源收入有重复，也有很大差异，后者是主要的，应有整合、梳理、分析的必要。以此为前提，进一步阅读思考，指导深入探讨主题对象的复杂关系，找到解决的思路及办法。例如，私塾教育问题属传统教育与现代教育间的链接及交错内容。1987 年 6 月，朱有瓛主编《中国近代学制史料》第二辑上册，由华东师范大学出版社出版，乙篇有"改良私塾"条目，收录清末文献 11 篇。1990 年 6 月，朱有瓛主编《中国近代学制史料》第三辑上册，由华东师范大学出版社出版，乙篇有"改良私塾"条目，收录民国文献 4 篇。1990 年 6 月，璩鑫圭编的《中国近代教育史资料汇编·鸦片战争时期教育》由上海教育出版社出版，私塾部分占的篇幅较大，共有 100 页，其中还设有"塾师的生活待遇"专题。1994 年 5 月，中国第二历史档案馆编《中华民国史档案资料汇编·第五辑·教育（一）》，由江苏古籍出版社出版，内有"改良私塾"条目，收录了 20 世纪 30 年代中央和地方的重要文献数篇。1994 年 6 月，李国钧主编《中国教育大系·历代教育制度考》（上下两卷），由湖北教育出版社出版，对宋、元、明三朝和清前期的私塾和塾师给予相当大的关注。1994 年 6 月，王鸿宾、武修敬等主编《中国教育大系·历代教育名人志》由湖北教育出版社出版，内收录近现代有塾师经历的教育名人近 50 位。1995 年 10 月，李桂林、戚名琇编《中国近代教育史资料汇编·普通教育》由上海教育出版社出版，上篇第二章内有"改良私塾"，收录清末文献 7 篇。这些不同来源的文献互补沟通，对近代私塾状况及命运探讨，是有效且具有实际作用的。

在已有的教育史文献中，有些编著者本身史学功底深厚，所选史料使用价值高，因此，这些书既具有普通意义的历史学、教育学功能，又提供资源挖掘的线索。如舒新城、陈青之、陈东原等人，其著述具有学科价值。这些著作在教育史学术探究中尤其需要注意。以下就近代教育不同史料种类，新中国成立以前主要相关著述以及港台学者的代表性作品加以梳理、介绍及评述。中国近代教育史著作自新中国成立以来大陆出版居多，本书将新中国成立前的学者教育史代表性著作及港台地区学者作品作为间接史料之著作类，而将前者置于下一章研究成果综述介绍部分。

第一节 中国近代教育史间接史料——通史类

这里所指间接教育史料是相对于原生、原始教育史料而言的。"间接"一词的反义词是"直接"。对于原创近代教育史料而言，已做了选编，带有编者意图及认识。但为了编排及分类便利，将新中国成立前的港台地区相关著作也作为间接史料，并与之并列层次依序设计。除了上述原因外，这或许同时是这些著作所述史实性材料更多之故。"通史"所涵盖的内容是就"近代教育史"这一独特范畴之整体，或以较之更大范围，同时又包含这一范畴而论的。

一、近代教育史料

直接以"史料"冠名的该类文献涉及近代教育整体或专题诸多领域；制度、思想及活动诸论域是兼顾的。其中现代教育史学家、编辑家舒新城贡献尤为突出。

（一）《近代中国教育史资料》（第一至四册）

舒新城编，上海中华书局 1928 年版。据笔者导师、浙江大学教育学院陈学恂教授所说，这是由已故教育史学家舒新城先生为计划编写《中国近代教育史》而搜索、整理的文献资料。该书按教育专题及问题编排组织，其中选择编入的篇目只占五分之一，另有大量资料排列、整理妥当，并标明了出处，计算字数。我在陈师门下求学期间，曾费心笔录，希冀以后有所用途。该书包括自 1862 年京师同文馆创办至民国十五年（1926 年）国民革命运动在珠江流域中心城市广州及长江中下游中心城市武汉进入高潮的教育调整及建设，其选录素材的标准定为："甲、记述事实现象者；乙、叙述事变因果者；丙、言论之代表时代思潮者；丁、言论之于实施上发生影响者。"❶ 编排体例以近代教育制度及思想的更替变动为背景或参照，标示重要的教育事件及专题，选择有价值的原创性文献，依次呈现，层次清晰，内容丰富并相对完整，对深入研究中国近代教育史与文化史的专题问题具参考启示之价值。例如，第一册的内容分别是兴学创议、学制系统未建前之学堂、戊戌政变期之新教育、维新教育、京师大学堂及游学，各部分之内慎重编入代表性文献或依主题概念分化出层次，如"游学"部分下辖通议、美国、日本、欧洲及勤工俭学。作者编于国共两党第一次合作，进行打倒军阀、北伐战争的国民大革命高潮期，留法勤工俭学运动尚未完成使命，却将其列为第一个项目，整理公布重要材料，足见其前瞻目光。

例如第一册《宏文学院沿革概说》，叙述了留日教育的重要机构宏文学院的创办背景及教育活动的具体情形，依湖北留日学生留学预备教育的要求建立该学院，并推广到各省留日学生的过渡阶段教育，规模和影响加大。对学院掌校者嘉纳治五郎热心中国留学生教育以及所付出的努力做了肯定。

第二册载：1915 年 2 月，袁世凯《颁定教育要旨》规定教育宗旨为"爱国、尚武、崇实、法孔孟、重自治、戒贪争、戒躁进"七项。其中前三条内容"爱国"指出："国者，卫身家之栋宇垣墉也；而乃任其飘摇，加之荡析，宁非悖乱！宁非大愚！"；"尚武"指出："国何以强，强于民；民何以强，强于民之身；民之身何以强，强于尚武。尚武之道分之为二：曰卫身，曰卫国；合之为一，卫身即卫国，卫国即卫身也。""崇实"指出："崇实之道，分两项言之：一曰物质之实，若数学科、理化科等，皆国民知识技能必需之学科也；不得徒事纸上之研究，必验之实际，以为利用厚生之道。一曰精神之实，若政治学、法律学、教育学等，皆立国之大本大原也，不得徒为理论之竞争，必体

---

❶ 舒新城. 近代中国教育史料：第一册 凡例 [M]. 上海：上海中华书局，1928：1.

察国俗民情以定实地施行之准则。"

（二）《中国近代教育史资料》（上、中、下册）

舒新城编，人民教育出版社 1981 年版。该书是一部具有完整体系的中国近代教育史参考书，所选素材从 1840 年鸦片战争起，到 1919 年五四运动前后止，以原始资料为主。内容所述范围较为广泛，包括太平天国时期的教育、统治阶级对封建教育的改良，兴办学堂和派遣学生出洋留学，半殖民地半封建教育体系的形成和演变，半殖民地半封建社会的几种教育思想，帝国主义对中国的文化侵略等内容。上册第二章第三节"传统的儿童教育组织及其改良"，收录清末私塾、私塾改良及民国教育部管理私塾的文献，从中体现了近代的教育风貌情形及变革态势，所述教育史料真实可信。作为高等师范学校教学参考书，该书对研究中国近代教育的发展有参考作用，例如传统教育如何向近代新教育转型，近代教育体制的构成体系、类型及名目的变动，尤其是将甲午海战后崛起的军事帝国主义日本对华的教育殖民视为文化侵略的典型，可谓是发人深省之论。

（三）《民国教育史料丛刊总目提要》

李景文编著，大象出版社 2015 年版。该丛刊依据《民国时期总书目》按图索骥，并多方搜求，补其所无，选取民国时期教育类基础档案，教育理论及研究论著，中小学和师范教育课本、课程标准、教学法等相关论著共 4000 余种，1120 册，分为 61 类，收录时间为 1912—1949 年。编者对所收录资料不做任何改动，保持其原汁原味。由于篇幅所限，在中小学教材中，只收集了商务印书馆、中华书局、开明书局等出版的主流教材，舍弃了其他书局出版的著名教材。该丛刊兼顾学术价值、文献价值和出版价值，对近代教育史意义重大。

（四）《中国教育大系·历代教育制度考》（上、下卷）

由当代著名教育家、北京师范大学教授顾明远任主编的中国教育大系丛书，以原始资料为主，史料来源广，时间跨度大，在一定程度上充实丰富教育史资源。丛书之《历代教育制度考》（上、下卷）为学者提供古代及近代教育方面的资料，研究教育制度及教育历程可以参考。

李国钧主编《历代教育制度考》（上、下卷），湖北教育出版社 1994 年版，所选资料从先秦到清代后期。上卷主要内容有：先秦编、秦汉编、魏晋南北朝编、隋唐五代编、宋辽金元编。下卷主要内容有：明代编、清代前期编、清代后期编。以原始资料为主，每章均有原始附目。除此之外，各种考评的论著适当编入。该书内容清晰明了，主次分明，为考察历代教育制度提供了丰富的文献资源。

（五）《近代中国教育史料丛刊》（五册）

刘真主编，《近代中国教育史料丛刊》，台湾编译馆1980年出版。该书采用专题和教育家传记等形式，分《华侨教育》《张伯苓先生传》《胡元恢先生传》《留学教育》等多种，后又陆续出版了其他教育史专题史料。其中《留学教育》分册由刘真主编，资料体例最为完整和丰富，为研究者所广泛使用。

例如，刘真主编、王焕琛编著《留学教育》第一册收录杨枢《日本游学计划书》，光绪三十三年六月二十日（1907年7月29日）。该文认为日本学习欧洲卓有成效，国势日渐提升，教育是其中的核心原因，中国有计划地派遣学生留学日本非常必要，他日回国必能发挥重要作用。派遣留日的学生专业分布、人数、名额以及学习成效考察都应制订计划，进行有序管理，特别应加强学习日本的军事技术、工业、农业等实科专业知识及操作管理的经验。该书所载该专题文献很丰富，如1910年12月，学部《奏请核准将游美肄业馆定位为清华学堂折》，提出鉴于留美学生派遣成为教育规范行为，学生人数不断增加，事务繁杂，国内培养的任务加重，故拟将原设立的游美肄业馆改为清华学堂，高等科按照美国大学教育规格办理，使学生能直接进入美国大学或研究科学习深造，初等科作为留美教育的预备。深信如此加以办理调整会发生"收效较易，成效较速"的效果，而使派遣留美学生"得各具专门之学，成材尤属较多"。

（六）《清末民初教育史料》

蒋维乔著《清末民初的教育史料》《清末民初的教育史料续》，分别载《光华大学半日刊》第5卷第1期第14－47页；第5卷第2期第6－76页，1936年。蒋维乔所著这两篇文章是近代教育史料的记录，对研究近代学校教育有参考价值。

二、中国近代学制史料、教学参考资料

这两类史料书籍的编选用意重在适应高等学校教育学类专业教学、科研工作所需，但对近代教育史学科研究具有深化和促进作用。从所收入资料内容来

看，显然以学制及教育制度为主。这从某种程度上说明相较于古代传统教育而言，中国近代教育史中制度历史嬗变或新旧转型更具特色，亦占据更重要比例。

（一）学制史料

1949 年 10 月 1 日新中国成立后所编几部大型教育史文献丛书对中国近代教育史的研究影响深远。值得一提的是朱有瓛主编的《中国近代学制史料》，共四辑，合有七册，在 1983—1993 年十年间陆续完成出版工作。内容分为：第一，清末学制建立前的学堂，分上、下册，上册洋务运动时期，下册戊戌变法时期；第二，清末学制；第三，民国初年学制，也分上、下册；第四，近代教会学校。

（1）朱有瓛主编《中国近代学制史料》第一辑（上、下册），华东师范大学出版社 1983 年版。

该书反映洋务运动时期新式学堂的创设、嬗变及其斗争的复杂历史，文献选材以原始资料为主，各派观点适当；以清末学制建立前的学堂为对象，分为甲乙丙丁四个部分，以此选取有关史料。设计体例为：甲编，外国语（兼习西学）学堂；乙编，军事技术学堂；丙编，水师学堂、武备学堂；丁编，评论和意见。编者对洋务派兴办的洋务学堂进行了深入探讨，如学堂的沿革与规制、总管与提督、教习与学生、课程与考试以及学校的设备等，都在编选中体现自我拙见及认识，为探讨这一历史时期的学校教育提供了较为丰富的资料。

（2）朱有瓛主编《中国近代学制史料》第二辑（上、下册），华东师范大学出版社 1987 年版。

该书内容围绕着清末新学制的制定、推行及各地兴学实况搜求资料、编排设计，选材上除了反映当时统治阶级的教育意见和教育措施的谕折、法令、章程外，更侧重于反映当时学校实际情况的记录。该书有助于认识清末学制形成的过程及规章的系统性、各类新学堂中学制的使用及其效果影响等教育问题。

（3）朱有瓛主编《中国近代学制史料》第三辑（上、下册），华东师范大学出版社 1990 年版、1992 年版。

该书是《中国近代学制史料》之第三辑，收辑民国初年的学制改革及各级各类学校建置的重要历史文献。其中内容包括学制改革的意见、评议，学制规章及修订，颁行后效果及问题的考察、评议，各级各类学校设置及案例举要等诸多方面，编者除采择教育规章、法令以及言论主张外，还选录了回忆录、

校史及方志资料的著述。该书对研究民国早期学制的制定背景、过程以及一些
著名学校学制的实施案例大有裨益。

（4）朱有瓛、高时良主编《中国近代学制史料》第四辑，华东师范大学
出版社1993年版。

全书分甲、乙、丙三编。甲编为外国传教士在华办学的历史沿革，包括早
期教会学校、不平等条约保护教会在华办学权益及清政府有关咨文、教会教育
管理机构、外国在华传教士关于教育问题的言论等；乙编为各级教会学校概
况，包括外国教会在华办学基本情况、初中等学校、高等学校等；丙编为中国
人民反对教会教育和收回教育权运动，包括早期反对教会学校教育的斗争、20
世纪20年代反对教会教育与收回教育权运动以及中国政府关于教会学校注册
立案的布告训令。附录有中华基督教教育会董事会年会关于教会学校注册立案
的议决案、征引书目举要。该书选录范围从1818年马六甲英华书院创立开始，
到20世纪20年代收回教育权运动推动下中国政府建立对教会学校的管理体制
和教会学校办理注册立案止。选材规格尽量以原始性为主，少量有参考价值的
当事人的传述、杂记和后人的专著、论文亦择要选录。其中各种观点的资料均
予以收录，文字上不作改动。正因为如此，该书成为研究中国近代教会教育极
具权威的中文文献书籍。

（二）教学参考资料

在教育史资源选编成书中，对中国近代教育史做出详细梳理的当数当代著
名教育史学家、浙江大学教授陈学恂主编《中国近代教育史教学参考资料》
（上、中、下）三册，选文多是原始史料的引用，有明确而合理的体例编排。
陈学恂先生著述跨多学科领域，特别是对近代教育史类资料的编写，史料选材
丰富，体例清晰明确，记述翔实生动。生平著述为我们提供大事记、教育论
著、文选等史料内容。他的卓越工作业绩为中国近代教育史提供了便利的教学
及研究资料。

（1）陈学恂主编《中国近代教育史教学参考资料》（上册），人民教育出
版社1986年版。该书选辑自1840年鸦片战争起至1911年清王朝被推翻前夕
止各历史时期具有代表性、典型性的重要教育史料。其中有教育档案、文献资
料（教育法令、规程、诏谕、章奏），教育实际状况资料，教育家的亲历记和
回忆录，主要内容包括太平天国革命时期的教育、洋务运动时期的教育、戊戌
维新运动时期的教育，反映了晚清教育历史发展以及近代教育历史上争论的主

要问题。该书提供了晚清新式教育改革的艰辛历程。其中第三编第五章专列教学改革，尤可借以参考。

（2）陈学恂主编《中国近代教育史教学参考资料》（中册），人民教育出版社 1987 年版。该书收录了 1912—1919 年民国初期具有针对性、典型性的教育历史文献资料，除政府的法令规章、学制章程及著名教育家、政治家的教育论著外，还选录了回忆录、校史及文史论著中的教育言论。内容编排突出了教育思潮、教育运动、教学改革和教育研究，是对教育专史内涵的深刻体验与教育问题本体探讨走向深化的集中反映。这对把握辛亥革命至新文化运动这一时期教育文化的变动及教育思想理念有参考之用。

（3）陈学恂主编《中国近代教育史教学参考资料》（下册），人民教育出版社 1987 年版。该书主要选录 1840—1919 年各个历史时期具有代表性、典型性的重要教育史料。全书分为"外国传教士在华举办的学校教育事业"和"教育统计"两编。第一编包括传教士的教育言论和教育侵略方案、学校教科书委员会和中华基督教教育会、教会大学的创办、教会中等教育的发展、英美利用"减免"庚款对中国进行教育侵略五章；第二编包括全国教育统计表，留学美国、欧洲、日本学生统计表，教会学校学生人数统计表三章。如李承恩《教会学校的历史、现状与展望》《基督教在华传教士大会记录》（1890 年）等重要论文均见于该书。主编在"编辑说明"中写到："选辑资料除收辑有关重要教育法令、规程和教育诏谕、章奏外，更注意搜集教育实际状况的资料。除引用教育档案文献资料外，还引用教育家的亲历记和回忆录。"❶ 从中可以管窥编者意蕴悠深的教育史文献学观念。

（4）李桂林主编《中国现代教育史教学参考资料》，人民教育出版社 1987 年版。全书共四编 12 章，记述了 1919 年五四运动以后至 1949 年新中国成立前期教育的发展历程。其中内容分别为：新民主主义教育的发生与发展、北洋军阀和国民党统治时期的教育、帝国主义对华教育侵略、教育家、教育思潮、教育团体和教育刊物。该书是编者为高等师范院校教育系的中国现代教育史课程编辑的教学参考用书。编者以原始资料为主，同时对不同观点的资料给予适当反映，已公开出版教育论著专辑者则只列目录，注明出处，未选文章或只精

---

❶ 陈学恂. 中国近代教育史教学参考资料：上册 编辑说明 [M]. 北京：人民教育出版社，1987.

选重要部分。

三、中国近代教育史料汇编

陈元晖、陈学恂主编《中国近代教育史资料汇编》，共十册，是与上述资料交互补充且专题性极强的文献史籍。该书以时间为年限分为鸦片战争时期、洋务运动时期、戊戌变法时期的教育，后几册则按内容专题来分，分为普通教育、高等教育、教育思想、学制演变、教育行政机构及团体、实业职业教育、留学教育等，为研究专题教育史提供资料。由陈元晖、陈学恂主编前几册，后因两位主编辞世，重组编委会，继续工作。这套书既按问题，也按时间，纵横交错。这种设计方案是考察前几套书的优缺点而独具匠心加以谋划的。内容主要包括：①鸦片战争时期教育；②洋务运动时期教育；③戊戌变法时期教育；④中国近代学制演变（初等教育、中等教育、实业教育、师范教育）；⑤高等教育资料；⑥教育行政和教育团体；⑦教育思想；⑧留学教育。资料全面，可作为教育史之工具书加以利用。

（一）《中国近代教育史资料汇编·鸦片战争时期教育》

璩鑫圭编，上海教育出版社 1990 年版。该书是由陈元晖、陈学恂主编《中国近代教育史资料汇编》丛书的分册之一，收辑了鸦片战争时期清王朝封建教育制度，涉及清朝科举制度、学校制度、书院制度、教育思潮、蒙学教育、太平天国时期的教育等内容。编者以原始资料为主，适当选取一些反面材料，以反映这一时期的教育斗争。该书对探究在新知识的涌入、西学思想观念涌动背景下传统学校的生存状态及近代教育改革春笋怒发的特定教育历史具有参考价值。

（二）《中国近代教育史资料汇编·洋务运动时期教育》

高时良、黄仁贤编，上海教育出版社 2007 年版。该书是由陈元晖、陈学恂先生主编《中国近代教育史资料汇编》的分册之一，时限范围从同治元年（1862 年）开始，至光绪二十一年（1895 年）甲午战争结束。主要收辑有关清季洋务运动时期教育的资料，包括学校教育、科举教育、书院教育、留学教育等内容。在资料选用方面注意使用官方的教育藏档，如帝王诏谕、臣僚奏疏以及政书，间亦收辑方志资料，私家的文集、笔记以及回忆录中的有关教育记载。

(三)《中国近代教育史资料汇编·戊戌时期教育》

汤志钧、陈祖恩、汤仁泽编,上海教育出版社 2007 年版。该书是《中国近代教育史资料汇编》分册之一,主要收集戊戌变法时期(1895—1901 年)关于教育改革方面的文献,共分六章:甲午战争后改革教育的主要言论,戊戌变法时期的教育改革、学会、主要学校,以及围绕废科举的斗争,政变后清政府的教育设施。该书对研究戊戌维新时期废科举、兴学校纷繁多变的复杂性及其教育改革的艰难状况有启发参考之用。

(四)《中国近代教育史资料汇编·教育思想》

璩鑫圭、童富勇编,上海教育出版社 1997 年版。该书是已故当代著名教育史家陈元晖、陈学恂先生主持编辑的《中国近代教育史资料汇编》分册之一,主要收录反映中国近代教育思想发展情况的资料,选材标准为影响较大并具代表性的论著,其按时间先后编排,末尾附教育家附录传记、生平事迹资料。该书对一些与学校教育密切相关而又为同类选本所忽略的著名人物如李善兰、王韬、张元济、吴汝纶、钟天纬、陈荣衮、陆费逵等都有所记载,可以弥补同类文献中编译不足之处,对研究近代教育人物和教育家思想有重要价值。

(五)《中国近代教育史资料汇编·普通教育》

李桂林、戚铭琇、钱曼倩编,上海教育出版社 1995 年版。该书是《中国近代教育史资料汇编》之一种,收录有关清末至民国早期普通教育。文献的来源以原始资料为主。该书分为上下两编,上编是清朝末年的普通教育,下编为民国初年的教育,教育阶段包括幼稚教育、小学教育、中学教育,内容上结构编排新颖,分三个层次组织:其一是章程、体制;其二是办学情况,主要反映全国、城市、县乡镇的办学情况,典型学校举例;其三是知识界的议论,为有关当事人有价值的记述和回忆及后人的著述。编者为我们探讨中国近代普通教育提供了较为清楚的资料。

(六)《中国近代教育史资料汇编·学制演变》

璩鑫圭、唐良炎编,上海教育出版社 1991 年版。该书是《中国近代教育史资料汇编》分册之一,主要收辑中国近代学制演变情况的资料,包括《壬寅学制》《癸卯学制》《壬子癸丑学制》《壬戌学制》章程文本,制订学制的历史背景,酝酿准备的资料,学制颁行后修订、变更以及施行情况。该书资料取材丰富、典型,注意搜求海外文献,在清末民国早期学制、课程、教学组织方法以及学校规章管理等方面，弥补了同类著述的缺失，为研究近代学制演进提供了丰富资料。

（七）《中国近代教育史资料汇编·留学教育》

陈学恂、田正平编《中国近代教育史资料汇编·留学教育》，上海教育出版社 1991 年版。该书是《中国近代教育史资料汇编》分册之一，主要收录 1872—1922 年前后历次重要的留学教育运动史料。该书共六章：第一章留学教育通论，包括留学政策的制定；留学人员的奖励、考验、管理。第二章留学美国，包括容闳与早期幼童留美；光绪年间留美学生；美国"退还"庚子赔款与考选留美学生；辛亥革命后留美学生的派遣。第三章留学欧洲，包括福建船政学堂和各省派遣学生赴欧洲留学；留欧学生的管理。第四章留学日本，包括派遣人员赴日留学、考察学务政策的确立；留日学生的学习、生活和社会活动；留日学生的管理。第五章留法勤工俭学运动，包括留法俭学会、留法勤工俭学会、华法教育会；赴法勤工俭学；勤工俭学生活；留法勤工俭学学生运动；旅欧中国共产主义组织的创建；里昂中法大学。第六章留学教育统计图表。该书着重收辑有关近代留学教育运动三次高潮的历史记录，即同治时期最早的留学美国、欧洲运动，光绪年间的留学日本运动和五四运动前后的留法勤工俭学运动的各种素材，从中反映了近代中国留学教育在中外教育交流中的地位，以及对中国教育近代化所发挥的作用。编者搜求文献广泛，包括诏谕、奏议、规则、章程，也适当选录反映留学生学习情况、政治活动的回忆录和日记等，以"专题为纲，年代为目"的原则进行精细编排，为研究近代留学教育提供了权威性的依据。

（八）《中国近代教育史资料汇编·高等教育》

潘懋元、刘海峰编《中国近代教育史资料汇编·高等教育》（上、下编），上海教育出版社 1991 年版。该书是《中国近代教育史资料汇编》分册之一，主要收录 1902 年至 1921 年左右有关中国高等教育制度与实况的资料。全书分"清朝末年的高等教育"和"民国初年的高等教育"两编。上编包括：大学堂、高等学堂、法政学堂、高等实业学堂、优级师范学堂、存古学堂、其他高等专门学堂、《壬寅癸卯学制》时期其他高等教育法令制度和高等教育统计九章。下编包括：大学、专门学校、高等师范学校、《壬子癸丑学制》时期其他高等教育法令制度、高等教育统计和高等教育评论六章。编者编排设计以专题为纲，以年代为目，清晰明了，主题鲜明。其中，史料选辑详略得当，重点突出，既反映概貌，又选择典型，利用价值颇高。

（九）《中国近代教育史资料汇编·实业教育 师范教育》

璩鑫圭、童富勇、张守智编《中国近代教育史资料汇编·实业教育 师范教育》（甲、乙编），上海教育出版社 1991 年版。该书是《中国近代教育史资料汇编》分册之一，主要收录 1902 年至 1922 年前后有关实业教育（含职业教育）和师范教育制度与实况的专业文献。全书以专题为纲，以年代为目，分为"甲编实业教育"和"乙编师范教育"两编。甲编包括：清末的实业教育，民国初年的实业教育、职业教育二章。乙编包括：清末的师范教育、民国初年的师范教育二章。其中，各章的编排设计又细分为规程、议决案、议论和办学情况等项目，体现了专业思想及方法的渗透与运用。为避免与《学制演变》《高等教育》等分册重复，该书对已见于上述书籍的文献不予再次收录，但仍留有存目，以备查考。

（十）《中国近代教育史资料汇编·教育行政机构及教育团体》

朱有瓛、戚名琇、钱曼倩、霍益萍编《中国近代教育史资料汇编：教育行政机构及教育团体》（甲、乙编），上海教育出版社 1991 年版。该书是《中国近代教育史资料汇编》分册之一，主要收集 1902—1922 年教育行政机构和教育团体的资料，但由于考虑在华基督教教育团体的整体特殊性，编选时不受此时段限制。教育行政机构分为中央、省、县三级；教育团体（限于社会的，校内设立的一般不收）分为中央、省、县教育会，教育部主持设立的教育团体，民间教育团体和在华基督教教育团体。"甲编教育行政机构"分为清末、民国初年教育行政机构两阶段；"乙编教育团体"不划分阶段，按照教育会级别编排，其中教育团体按成立时间的先后次序排列。上述可见，编者的设计既有逻辑层次的严密和完整，更具有教育学专业化的显著特征。

四、中国近代教育文选

文选作为历史或社会专题作品的选辑读本，在中国源远流长，在人才培养、学术探讨及资政服务等方面发挥出重要作用。中国近代教育史的文选类书籍是专门史的作品选编，有同等的价值。但由于编者对史学界有关的历史分歧认识的差异，同属该类题材的读本有所不同，如下面的"近代""现代""清代后期"等便属这种情形。当然，其所述时段范围也有历史特定对象规定性的交叉关系，而不是同心圆的对等吻合，由此出现文选的重复、拓展、丰富以及延伸发展等表现便显自然合理。

（一）《中国近代教育文选》

陈学恂主编，人民教育出版社 2001 年版。该书选材以中国近代教育论著为主，选录魏源、冯桂芬、容闳、郑观应、李端棻、盛宣怀、康有为、严修、梁启超等教育家的论著原文，展示中国近代著名教育家的教育思想和主张，以此揭示近代中国各个历史阶段主要教育思潮的发展过程。文中适当地进行作者介绍，重点介绍其生平事迹、教育活动及在中国近代教育思想发展史上的地位和影响，并简要说明选文的时代背景和基本教育观点。研究近代中国教育变动及教育思潮可参考此书。

（二）《中国现代教育文选》

华东师范大学教育系编，人民教育出版社 1989 年版。全书以人物为单元，按照人物的出生年份进行排列，收录了 21 位教育家对教育的评述。这里虽题为现代，但由于时期划分歧义及人物活动时间的跨时代特点，有不少属近代。近代部分收录了蔡元培、张伯苓、徐特立、黄炎培等教育家的文章。每单元之前有"作者简介"，每篇文章之后有"解题"，便于读者对此有深入了解。该书不仅是了解近现代教育家教育思想的重要资料，更是探讨近现代教育史的重要资源。

（三）《清代后期教育论著选》（上、下册）

陈景磐、陈学恂主编，人民教育出版社 1997 年版。该书是《中国古代教育论著丛书》的最后一卷，由北京师范大学、杭州大学教育系（现浙江大学教育学院）教育史组合编。该书主要收集了 1840—1911 年的重要教育论著、演说、文稿，分别收录龚自珍、魏源、冯桂芬、曾国藩、左宗棠、洪秀全、张之洞、郑观应、李鸿章、张家骧、王韬、容闳、李端棻、吴汝纶、薛福成、郭嵩焘、盛宣怀、张百熙、孙诒让、陈虬、张謇、严复、康有为、谭嗣同、梁启超、王国维等教育家及教育人物的典型著述文字。由于列强的入侵和中西文化的融合，清末后期的教育思想、内容、形式都呈现出鲜明的特点：传统教育理论受到批判、冷落，取而代之的新式教育思潮受到青睐。该书对清末时期教育家的著述，有裨于探索清代后期教育家之著述思想。

（四）《中国教育大系·历代教育论著选评》（上、下册）

该书是《中国教育大系》中的一个系列，由中国当代著名教育史学家王炳照教授主编，湖北教育出版社 1994 年版。编者收辑了先秦至民国时期有影响力的教育家或有关的研究成果。按照历史发展的时间顺序分为两册，上册有五编：先秦、秦汉、魏晋南北朝、隋唐、宋元。下册有两编：明清、鸦片战争至辛亥革命。全书包含各个时期教育专题具体论述，展现我国历史时期，尤其是清末民国阶段教育学论著的发展水平和演变轨迹，打开了我国教育国际化视野，对深入研究教育家的教育论著有促进功用。

（五）《中国近代教育论著丛书》

叶立群总主编，人民教育出版社 1991—2000 年陆续出版，每人单册，集中选辑编辑，包括蔡元培、陶行知、俞子夷、廖世承、俞庆棠、雷沛鸿、梅贻琦、郑晓沧、晏阳初、经亨颐、陈鹤琴、黄炎培、李建勋、傅葆琛、张伯苓、张仲述、陈宝泉、庄泽宣、陆费逵、陈独秀、舒新城、梁漱溟、胡适、蒋梦麟、孟宪承等教育家的论著选。丛书提供的真实可信的史料对探讨中国近代教育思想、教育运动及教育制度具有很大的价值。

（六）《新教育的精神——重温逝去的思想传统》

刘铁芳主编《新教育的精神——重温逝去的思想传统》，华东师范大学出版社 2007 年版，收入"大夏书系，教育人文"。全书分为"教育之宗旨""新教育的精神""教育儿童之方法"三部分，收录 20 世纪前半叶，主要是五四运动前后教育大师对上述主题的篇章论述。品读作品，体味文字背后教育家的思想与情怀，有助于对教育问题感兴趣的学者深思及寻绎其中的深意。

第二节　中国近代教育史间接史料——专题类

"专题"与"通史"属于"面"与"点"或总体与个别的关系，既有整体中举证的意味，更有深化及具体表现的作用。上一节中国近代教育通史类与本专题类便是这种表现方式之明证。但上面既有"书系"的系列化，其中必有专题资源的汇编，与此会形成交叉，要截然做到层次清晰只能是一厢情愿。以下就目前已问世著述中具代表性者，大体按学制分类安排如下。

一、学前教育

中国学前教育史编写组编《中国学前教育史资料选（全一册）》，人民教育出版社 2002 年版。全书共分为三编。第一编：古代学前儿童教育，包括原始社会、奴隶社会、封建社会的学前儿童教育。第二编：清末民国时期的学前儿童教育。该编前一部分为清末学前儿童教育，在教育思想上介绍了康有为、张之洞，教育法规上介绍了《奏定蒙养院章程》、教育实施上例举了湖北武昌蒙养院、湖南蒙养院、天津严氏蒙养院等蒙养院的史实情况，可为研究清末蒙养院提供教育资料；后一部分为民国学前儿童教育，在教育思想上介绍了蔡元培、恽代英、陶行知、陈鹤琴、张雪门、张宗麟，教育法规上分为学制规定、规程办法、课程标准、师资培训和检定以及原则方针；在教育实施上介绍了幼儿师范院校的设置，教会幼儿教育机构的办学活动。第三编：老解放区的学前儿童教育。附录"近百年来中国学前儿童教育大事记（1840—1949）"。该书材料主要取自历史文献的有关记载、近现代教育家的主要论述、政府颁布的法令规程、各种类型学前教育机构的教育实施情况、大事记和参考书目等，具有较强的原创性。

二、中小学教育

（1）闫苹、张雯主编《民国时期小学语文课文选萃》，语文出版社 2009 年版。全书录入了从不同时期、不同版本的民国小学教科书中筛选出的将近 600 篇课文，主要从选文和练习设计两个方面来展现民国时期小学语文教科书，又按照 20 世纪 30 年代学制规定的"壬戌""戊辰"课程标准计划分为普通文、实用文、诗歌、剧本四类。其中，普通文包括记叙文、说明文和议论文；实用文包括书信、启事、演讲稿及其他；诗歌包括儿歌、民歌、新诗、杂歌和谜语；剧本包括话剧和歌剧等。最后将"特色练习设计篇目"单列一章，收录课后编排有特色练习的篇目。该书选文独具特色，有的富含时代精神，有的反映编者思想，值得细嚼品味。对近代教科书研究者来说，犹如久旱逢甘霖，为他们的研究提供了大量翔实可靠的一手资料，是一笔宝贵的财富，具有重要的教育学、文献学价值，并为我们当代的母语教育提供一定的文本借鉴。

（2）闫苹、张雯主编《民国时期小学语文教科书评介》，语文出版社 2009 年版。该书依据近现代语文教育史的发展脉络，从民国初期、新学制时期、课程标准时期三个时段对各个时期的小学语文教科书进行评介，最后将中央苏区和抗日根据地的国语教科书单列一章加以描述。每章首先介绍该时期的历史背景和教材概况，之后对每套教科书从整体认识、重点分析和特色总结三个维度进行详细探究。作者秉承着客观、写实的原则，结合当时的教育思潮，力求做到准确。该书搜求了大量民国小学语文教科书素材，是对教科书资源的一次深入挖掘，在近代教科书研究领域具有重要的价值。与此同时，也是对资源的抢救，有利于弘扬中华优秀传统文化，有利于当今中国基础教育的学科建设。

（3）么其璋、么其琮等编《民国老试卷》，新星出版社 2016 年版。该书收入民国时期逾五十所大学包括国文、数学、英文、历史、地理、物理、化学、生物、公民等普考科目及经济学、心理学、簿记、博物等专门学科入学试卷 300 余套，附录中有所涵盖大学概况一览表、大学索引。通过大学招生考试试题这一特殊文献类型，展现民国教育的实况及测评水平。从试卷内容分析，其时东西方文化交汇，传统之学与现代科学均在考卷中有所反映；时逢乱世，救国图强成为试卷重要主题。自主招生是当时主流，国立、省立、私立、教会等诸类大学分别命题招生，各揽英才，留下了丰富多彩的教育素材。历史时期众多名人都曾在民国时期参加大学招生考试，众多名家、学者都曾参与命题。试卷的价值由此可见一斑。

三、师范教育

李友芝、李春年、柳传欣、葛嘉训主编《中国近现代师范教育史资料》，出版信息不详。该书共五编。第一编选编从清代同治元年至宣统三年（1862—1911 年）政府颁布的师范教育的规程章程、政府官吏的奏折及个人论著等。第二编选编中华民国元年至三十八年（1912—1949 年）政府颁布的师范教育法令、规程、条例、办法，教育会议报告、议决案、个人文章、论著及教育统计等。第三遍选编老解放区的有关师范教育资料。第四遍选编了中华人民共和国成立以来（1949—1983 年）国家颁布的师范教育规章、制度、条例，计划及总结报告，报刊社论、个人文章及教育统计等。第五编为 1862—1983 年师范教育大事记。所选资料按年代顺序排列，绝大多数标题是原有的。该书为研究中国近代师范教育提供了极具代表性的参考资料。

师范教育，今天又常称教师教育，但又有观点视两者有区别。此处不细论。该类教育归属及存废争议不断，当前又重新确立其教育制度的重要地位及教育学科的专业意义。只是有关资料整理印行稀少。笔者 30 余年前在浙江大学教育学院本科教育学专业求学，时任办公室主任戚谢美同志选编"中国近代师范教育史料"两册（油印本），分发给当时在读每位学生，惜乎迄今已遗佚无求，不知学院资料室存留否，及今思之，颇为珍贵，如能印行当能补此缺憾。

四、大学教育

（1）复旦大学校史编写组编《复旦大学志·第一卷（1905—1949）》，复旦大学出版社 1985 年版。复旦大学是我国古老的学府之一。它自 1905 年创办以来，经历了漫长的岁月。该书按专题分为五部分：历史沿革、学校行政、系科设置及教学特点、学生、体育文娱活动等。各章节之后有附录多则。该书系统梳理复旦大学在新中国成立前期的艰难历程，征引文献充实，有较高的史料价值。

（2）厦门大学校史编委会编《厦大校史资料（1921—1937）》（第一辑），厦门大学出版社 1987 年版。厦门大学是近代爱国华侨、教育家陈嘉庚于 1921 年创立的，属我国最早由海外华侨兴办的大学，在我国高等教育史上占有独特的地位。全书共八章，分别为：陈嘉庚先生创办厦门大学、组织机构和主要规章制度、教学科研情况、林文庆校长及其办学主张、创办初期的两次学潮、师生的反帝爱国运动、陈嘉庚先生竭力支撑及厦门大学改为国立和私立时期回顾。该书所收录的文献，力求保持原貌，仅对个别明显的错漏加以订正，部分文章作了删减。厦门大学直到今天都是中国"双一流"建设高校，在中国大学史上占据重要地位，该书的价值由此得以提升。

（3）天津大学校史编辑室编《北洋大学——天津大学校史资料选编（一）》，天津大学出版社 1991 年版。天津大学的前身是北洋大学，始创于清光绪二十一年（1895 年），是我国近代建立的第一所新式大学。全书共分为五篇：北洋大学初创时期（1895 年 10 月—1911 年）、辛亥革命后的北洋大学（1912—1920 年）、北洋大学专办工科时期（1920 年 6 月—1937 年 7 月）、抗日战争时期的北洋工学院（1937 年 7 月—1945 年 8 月）、理工结合时期的北洋大学（1945 年 9 月—1949 年 1 月）。作者在挖掘校史档案、校友口述及回忆文献基础上，探讨该校办学宗旨、学校沿革和校务概况、组织机构和规章制度、系科设置和教学措施、学术交流和科学研究、学生社团和学运活动等方面的内容，展现了近代中国工程技术教育的侧影。

（4）北京大学校史研究室编《北京大学史料（第一卷 1898—1911）》，北京大学出版社 1993 年版。北京大学的前身京师大学堂创始于 1898 年，是清朝末年维新运动的产物，当时是中国的最高学府和最高的教育行政机关。全书共十篇，分别为：兴学之义、京师大学堂之创办、大学堂所属各部、教学与管理、职教员、学生、图书与仪器、经费、房产与基建以及学生运动等。该书史料大多采自历史档案及《清实录》《光绪朝东华录》《清朝续文献通考》《谕折汇存》《皇朝蓄艾文编》《皇朝经世文新编》《清光绪朝文献汇编》《清代档案史料丛编》《政艺丛书》《戊戌变法》《戊戌变法档案史料》《学部官报》《京报》《顺天时报》《申报》《大公报》《东方杂志》《教育杂志》等文献。该书不仅对探讨北京大学历史有重要价值，而且有助于深化中国近代高等教育史的理解。

（5）马军编纂，余甲方刊订《近代中国高校校歌选》，上海社会科学院出版社 2006 年版。全书分国立篇、省立篇、私立篇以及其他篇四部分，共收录了近代中国高校 100 多首校歌，并附之以校徽、校旗或校训，既有北京大学、清华大学、燕京大学等著名学府的校歌，也有持志大学、铭贤大学、达德学院等不太为人所知的大学。校歌是学校形象的标志，我国著名教育家如蔡元培、陶行知等教育家以及众多著名的音乐家如李叔同、沈心工等，都参与过校歌的创作及推行。大学校歌是我国近代教育的剪影与见证。编者奔波于上海社会科学院历史研究所资料室、上海社会科学院图书馆、上海市档案馆对外征集利用处、上海图书馆近代文献阅览室、复旦大学文科图书馆、中国国家图书馆、中国第二历史档案馆、江苏省档案馆、南京图书馆、上海辞书出版社资料室等地，搜集了大量资料，收获颇丰，终成此巨册，不仅对探讨近代中国大学教育史深有意义，而且作为音乐教育史的独特资源尤有价值。

五、教会教育

（1）李楚材辑《帝国主义侵华教育史资料——教会教育》，教育科学出版社 1987 年版。全书共分为八个部分，分别为教会教育的肇始与扩张、教会教育的目的要求、教会学校的规章制度、教会学校的课程教材教法、教会教育的措施、教会教育服务的团体和机构、传教士及有关人士对教育问题的言论、收回教育权运动。各部分又按基督教和天主教分类记述。该书是对中国近代教会教育史料的首次系统整理，以原始资料为主，未作分析评判，具有重要的史料价值，是近代教会教育史研究必不可少的参考资料。

（2）（法）荣振华著，耿昇译《在华耶稣会士列传及书目补编》全二册，中华书局出版社 1995 年版。作者首先交代了史料来源、主要资源及用法，名字的选择，主要资料，参考书目。全书介绍了 1552—1800 年在华耶稣会士列传，共三章。第一章列传，第二章有关资料的综合统计表，第三章入华耶稣会士人名分类统计表。书末附录荣振华教授的主要汉学著作目录。该书介绍的耶稣会士 920 人，除去中国人、朝鲜人、日本人等非西方人外，在华西方传教士有 800 多人。1682 年巴黎出版的《在欧亚多国的游记》中，柏应理说，自中国向他们的修会开放以来，已有 600 人登船前往那里，但仅有 100 多人到达了目的地，其他人都在途中因病或翻船而结束了一生。❶ 足见当时来华传教士之多。该书在写作中参阅了部分前人的研究成果，同时作者利用了大量原始档案（既包括收藏在中国的，也包括收藏在欧洲几个国家的）。该书是研究明清传教士的重要史料。

（3）张先清编《史料与视界——中文文献与中国基督教史研究》，上海人民出版社 2007 年版，收入"人文社科新论"丛书。2006 年 4 月美国旧金山大学利玛窦中西历史文化研究所同厦门大学人文学院合作举办"史料与视界：中文文献与中国基督教史研究学术研讨会"，该书收集了会议具有代表性的论文 18 篇，合编为论文集，为基督教教育史研究搭建了高质量的学术论文支撑。

六、女子教育

（1）杜学元、汤泽生、冉元辉、郭明蓉主编《中国女子教育文萃》，四川教育出版社 1998 年版。该书是一部系统的女子教育资料书，收录了我国历史文献中一些有代表性的女子教育篇章。选录原则为：①能反映当时的女子教育状况；②有一定女子教育理论水平；③有独到见解；④总结女子教育经验；⑤对女子教育的意见、建议和批评等。❷ 在编选中一般对原文不做删减、修改，保持原作品的原汁原味。

（2）刘宁元主编《中国女性史类编》，北京师范大学出版社 1999 年版。

---

❶　（法）荣振华. 在华耶稣会士列传及书目补编［M］. 耿昇，译. 北京：中华书局，1995：3.
❷　杜学元，等. 中国女子教育文萃：前言［M］. 成都：四川教育出版社，1998.

全书共七编，分别为妇女运动、女性与政治、女性与法律、女性与经济、女性与教育、妇女报刊、女性社团与妇女组织，各编分章节选文对主题详细论述，每编章节最后都附著作举要。"女性与教育"包括传统女教、兴女学运动、民国时期的女性教育。叙述时间为上古至新中国成立之前。编者采用分类汇编的形式，从不同的侧面考察女性历史，属综合性的专题史籍，因此题目冠以"类编"。

七、新闻、艺术教育

（1）章咸、张援编《中国近现代艺术教育法规汇编》，宋恩荣审定，教育科学出版社 1997 年版。全书共四章，时间范围为 1840 年鸦片战争以后至 1949 年新中国成立前夕，共收录文件 200 余篇。编者所选资料主要来自同时期书刊、文献汇编，采用全文或录用的方式进行编排。以艺术教育为主题，搜求相关资料，按类设计，分别为教育法规、全国性教育会议提案、课程标准、革命根据地法规章程。每部分又按照教育宗旨、艺术初等教育、中等教育、师范教育、高等教育、社会教育子目依照顺序编排。该书是新中国成立以来第一部汇集我国艺术教育法规的书籍，为有志于研究中国近代艺术教育的学者提供了宝贵的资料。

（2）龙伟、任羽中、王晓安、何林、吴浩编《民国新闻教育史料选辑》，北京大学出版社 2010 年版。该书收录了 1926—1949 年我国新闻界、教育界关于新闻教育的部分文章资料，文章保持原貌，不做修改。其中大多数是第一次按专题汇编出版，特殊情况除外，选文按发表时间先后排列。该书为民国新闻教育史研究者提供了宝贵的第一手资料。

第三节 中国近代教育史间接史料——著作类

中国教育史著述虽然存在时代或认识等方面的局限性，但是其史料价值却是普通书籍无可比拟的，适合于专门史的研究。

由于中国教育史著作的设计时段内容及对象不同，所呈现文本资源自然有差异。许多著作选取中国古代至近代教育史加以探讨，或者以中国近现代教育时间段为范围，历史跨度比较长，近代教育作为其中的部分内容加以呈现。但由于写作年代早，或文献征引翔实可信，其中中国近代教育部分的内容也可作近代教育史料使用。当然著述中以近代时间段为主要题目的仍不乏少数。本节设计希望对中国教育史作品首先采用长时段考察，其次作中国教育史论著时间段节点选择基础上的内容理解，最后达到中国近代教育发展轨迹特点的认识。教育史家从事教育史书的编写，如王凤喈、黄绍箕、陈青之、陈东原、舒新城及周予同等教育史家，其教育史著作文献价值各有特色。现将其中论著举要进行介绍。

一、通史类

"通史""专史"是历史学对中外历史研究对象客体所作的区别。"通"，贯通、综合，既有历史时限的漫长，也有论域范围的广大，前者从时间而论，后者以内容理解。这里对中国教育通史类主要是从后者而言的。无论是古代至现代中国教育史，还是中国近代教育史，都属"通史"，只是在教育内容层面又分类目，如制度、思想等，才将这些专题史作称为专门史。

这类由旧中国学者撰述的"通史类"著作大多是以中国古代教育史内容为主，包含少量近代教育史记录及认识。尤其是聚集于中国近现代教育史探索的作品较少。这是符合逻辑及学科专业史特点的。因为，一些著作写作期还在近代历史进程之中，而且在此期作者眼界中，教育历史的丰富价值部分以古代为主。但尽管如此，这些成果具有较强中国近代教育史学科专业价值当是可以确定的。

（一）《教育史》

杨游著，商务印书馆 1914 年版。辛亥革命胜利之后，民初临时政府教育部颁布了《壬子癸丑学制》，新教育改革向前迈进了一步，新式学校的数量、规模不断扩大，各级各类学校教材需求也增大。《教育史》作为师范学校新教科书适时问世，以应教育所需。该书分为两编：第一编为中国教育史，具体包含中国古近教育学术之源流、教育的演进及趋势、诸家教育学说等；第二编为西洋教育史，主要介绍欧洲古代、中世期教育以及近时教育和教育改良家，如培根、夸美纽斯、洛克、斯宾塞、康德、裴斯泰洛齐等。作者的编写设计富有中外教育比较之深意。

（二）《教育史讲义》

戴克敦著，商务印书馆 1916 年版。该书是师范讲习社的讲义，主要内容包括：中国教育史、西洋教育史、欧美近时教育之状况、东洋教育史、近世教育史等，共 169 页。该书属较早出现的由中国学者编撰的中国教育史教材，对研究民国时期教育情况具有参考价值。

（三）《教育史》

范寿康编著《教育史》（现代师范教科书），商务印书馆 1923 年出版发行，1923 年 12 月第 3 版，共 126 页。全书共四编，分别为绪论、清季革新以前的教育、清季革新以后的教育、欧美日本教育的发达等。同年发行的还有王炽昌编著《教育史》（教育部审定新师范教科书），中华书局 1923 年版，1924 年 7 月第 4 版，1931 年 4 月第 16 版，共 132 页。全书分两编，讲述了西洋及中国各时期的教育思想、教育事实等。❶

（四）《中国教育史》

（1）王凤喈著，上海商务印书馆 1928 年初版，此后，中国大陆、台湾地区有多种修订版或影印版。该书注重社会的发展变化，探讨教育问题，寻求教育变动的原因，总结各个时期教育特色。主要内容包括绪论、教育起源及其变迁、中国社会与教育、周代及周代以前的教育、春秋战国之教育、秦汉之教育、魏晋及南北朝之教育、隋唐之教育、宋元明之教育、清代之教育、近代教育及附录等。近代教育属其中一部分，在清代之后列出近代专章，极言其西方列强侵略下之教育性质所发生之变化。1945 年，重庆编译馆在《中国教育史大纲》的基础上，作者组织重写并交付正中书局印行《中国教育史》。《中国教育史》为四编 14 章，第一编为绪论；第二编、第三编为古代教育，虞夏商周之教育——上古教育，秦汉至清咸丰末年之教育——中古教育；第四编为近代教育，其中包括通论、近代学制之演进、近代教育思想之演进和结论共五章。作者所论近代教育的民主、科学化，生产、生活性及团体运动等特征至为精辟。

（2）毛邦伟编述，北平文化学社 1932 年版。毛邦伟，字子农，贵州遵义人，清末举人。1904 年中进士，任内阁中书，后留学日本在东京高等师范学校教育系攻读，这样的学历使作者有中西合璧之风格，尤其是具旧学精湛的特点。辛亥革命后，他任全国编纂委员会主任，1912 年任国立北京高等师范学

---

❶ 北京图书馆. 民国时期总书目（1911—1949）教育·体育 [M]. 北京：书目文献出版社，1995：86.

校教授，1919 年 7 月至次年 9 月任国立北京女子高等师范学校校长，1921 年 10 月至次年 7 月任代理校长，1926 年任国立京师大学师范学院第二部学长，1928 年 11 月积劳成疾逝于任上。全书共六部分，分别为绪论、中国上古之教育、秦汉至隋之教育、唐及五代之教育、宋至元之教育、明清之教育。其中，绪论部分主要论述了教育史之意义、教育史之必要、教育史之本质、中国教育史研究等。作者对清代教育、清代学制、清代学风、清代科举、清代学者等进行了详细的阐述。

（3）陈东原著，上海商务印书馆 1936 年版。陈东原原先从事古代教育史研究，其成果作为"万有文库"之一种《中国古代教育》（上海商务印书馆 1931 年版）问世后，继续现代教育史的撰著，又改订古代教育，最终完成《中国教育史》这部辉煌巨著。后由多家出版社重版。资深教育专家瞿葆全等主编"二十世纪中国教育名著丛编"收入该著。该书共两卷 28 章，对从古代至近代不同时期中国教育制度的变迁、教育思潮演变以及著名教育思想家的思想等内容做了梳理和阐述，同时从哲学、文学及学术文化视野下充实并拓展了中国教育史信息资源。内容以古代教育为主，第 27、第 28 章分别建构洋务、维新及清末新政的教育新潮及兴学运动。其论述近代教育，突出传统向新式教育转型中自身因素和内驱力。这是深刻而独特的见解。作者在总结不同历史阶段教育的经验、教训及其特点的同时，还作出深入评价，对研究近代教育发展有参考借鉴之用。

（4）陈青之著，上海商务印书馆 1936 年版。该书作为"大学丛书教本"由"大学丛书委员会"组织出版。新中国成立后多次重版，如上海东方出版社、福建教育出版社重版。全书共六编 65 章节，探讨原始氏族社会时期至初期资本主义时代的教育实况、教育制度、教育家的生活与思想观点。作者主要从理论和实际两个范畴分析教育史内容：统治阶级的教育方针与政策、教育思潮等都属于理论层面；教育制度、教育概况、教育家的生活背景等都属于实际层面。在体系设计上主要是按照时间顺序，叙述不同时代教育制度及思想的变迁，比较地方教育异同，揭示教育与政治、经济及文化的关系。其中第六编中"初期资本主义时代的教育"提供近代中国丰富而独特的教育材料及见解，而且分析了近代教育的发展环境及国际化因素，视野广阔，有借鉴之处。

（五）《中国教育小史》

周谷城著，上海泰东书局 1929 年版。该书由已故历史学家、教育家周谷城编辑，时间上至先秦下至近代，以原始资料为主，论述的范围较广泛，包括秦以前的教育与生活、夏商周的教育、汉唐教育、宋元明清教育、近代教育。编排设计上除了反映历代教育之外，还适当选取历代有影响的教育家或政治家。该书对研究中国历代教育发展有一定参考价值。

（六）《中国教育史要》

（1）余家菊著，沈阳长城书局1929年版，1934年上海中华书局再版。余家菊，我国近现代著名教育家、社会活动家，他在执教的30多年间，因深感无合适中国教育史教本可用，一些学校避而不讲，为此，独自执笔编写完成。全书分三编17章，介绍中国古代、中世、近世的教育概况及教育思想。第一编主要论述了中国古代教育、社会的趋势以及诸家学说，第二编包括秦汉、魏晋南北朝、隋唐时期的教育主张；第三编讲述了宋元明清以及变法之后的教育。该书旨在探讨和总结先贤的教育学术精髓，反映了我国教育史学科的发展历程和学术水平，研究中国教育思想之源流可参考此书。

（2）黄炎培著，上海商务印书馆1930年版。作者简略地记述了中国教育发展的历程，着力于现代教育学、概念学，理解中国教育发展的轨迹。全书共五章：传说时期的教育（先秦以前）、德治时期的教育（"两汉"）、混战时期的教育（从三国到南北朝）、科举时期的教育（从隋唐到明清）、欧化时期的教育（从清朝到1930年）。主题概括的维度及层次难免有错位之处，但大体反映漫长教育历史嬗变的阶段特点。文字内容不长，但可称其简略，而不拟称为单薄，作者对历代教育史料搜求及挖掘有自己的观念，尤其指明近代教育的主题在于平民化、科学化及实用化，论析简明。史料融于作者自我建构理解之中，叙事论理真实可信。

（七）《教育史ABC》

李浩吾（杨贤江）著，上海世界书局1929年版。该书是中国最早运用马克思主义观点来阐述的教育理论著作，系统详细地阐述了世界教育发展史，否认教育的生物起源论与心理起源论，提出了劳动起源论，即教育起源于社会生产劳动的需要。该书共一册，分为六章，文中主体部分介绍了先史时代的教育、古代的教育、中世的教育、近代的教育，分别论述不同时代教育目的、内容、体制及特点。该书问世以后，被公认为是中国第一部以马克思主义理论和方法研究教育史的论著，为后人研究教育史提供了极具启发性的思路和方向。

（八）《最近三十年中国教育史》

陈启天编，上海太平洋书店 1930 年版。此书实际内容包含在 30 年以上，关于新教育的设施、旧教育的崩溃都记录在册，以顺应新教育代替旧教育之势。陈启天，又名陈翊林，从事近代中国教育史的研究始于 1921 年。因此成书出版大体可谓"千年磨一剑"。就具体编排内容而言，全书共分四编。第一编绪论部分：近三十年之中国教育革命，旧教育的崩溃及新教育的发展；第二编萌芽时期的教育：萌芽时期的时代背景与教育思潮、萌芽时期的新教育概况；第三编建立期的新教育；第四编改造期的新教育。就内容选材来说，第三编、第四编介绍这两个时期的时代背景与教育思潮，建立期的新教育制度，包括初等教育、中等教育、高等教育、实业教育、师范教育、留学教育，以及建立时期的新教育综评。此书内容翔实，史料可信，尤其是对不同阶段的教育类型所做概括描述，以及近代教育思潮的研究，都成为清末民国教育的时代扛鼎之作。

（九）《中国教育史略》

徐式圭著，上海中华学艺社 1931 年版，商务印书馆发行。该书内容分为十部分，分别为：虞夏商周、汉晋、六朝及隋、唐朝、五代及宋、辽、金、元、明、清。作者将清代教育分为两个时段，大体以维新变法作为历史界标，前者称守旧时代的教育，意谓传统教育的延续非常显著，旧教育类型及影响仍居主流，而洋务学堂、教会学校及少量书院、私塾的西化改良只是如冰山一角、寥若辰星或沙漠之绿洲。后者为维新时代的教育，教育由专科技术教育转向普通教育的根本问题，由此引发教育宗旨的制定、学制章程的法制化规范管理。上述立意不能不说是别具匠心的。其不足在于介绍各个时期教育情况的同时，对近代教育的体制或专题内容所述过于蜻蜓点水，使读者产生欲探求而未得的遗憾。

（十）《中国现代教育史》

周予同著，上海良友图书公司 1934 年版，后由上海书店出版社 1989 年再版。瞿葆奎先生将之收入"二十世纪中国教育名著丛编"，由华东师范大学教育科学院王伦信编辑，福建教育出版社 2007 年版。该书的结构设计由正篇与辅篇构成。正篇分九部分：导论、教育宗旨、教育行政、学校系统、初等教育、中等教育、高等教育、师范教育、实业教育。全书主要围绕着现代学校类别、推行以及各地兴学情况加以梳理及探讨，作者侧重学制内容嬗变的前因后果及前后衔接、学校教育与社会变动的互动以及制度实施的教育成效影响。章节中将清末新学制颁行及后续修订视为现代教育重要文献价值。除了反映当时统治阶级的教育意见和教育措施之外，更有详细地反映当时学校实际情况的资料，如学校的萌芽、学校的演变、教育宗旨的演变、教育课程的演变、教学法的进展、训育的演变、教师问题、教科书及教具的应用、教育统计情况等多方面教育论题。辅篇为中国现代教育史年表，占全书几近一半的篇幅。"年表"以图表的形式编排，颇有新意，分为时间、（教育）史实、（历史）备记部分，实为社会政治、经济、文化等历史事件，其内容文字远超出教育史实材料。该书受作者研究古代经学史风格及方法影响至深，详于明了教育制度，而弱于教育思想学的立意及阐发。

（十一）《中国教育史纲》

高希裴著，北平进学社 1935 年版。该书内容包括绪言、教育史的意义范围及内容、中国教育史的组织等方面。正文部分有原始的教育、封建时代的教育、帝国时代的教育、帝国主义入侵后的教育、国民党治下的教育等。作者"自序"中强调中国只需要中国化的教育，中华民族要建立起中国教育的主宰，只能靠中国教育史研究。该书对研究近代以来中国本土化教育具有可参考之价值。

（十二）《近代中国教育史稿选存》

舒新城著，上海中华书局 1936 年版。该书由多篇论文组合而成，是将舒新城先生十年来所发表的教育史论文选成一册。全册共分七篇：近代中国教育史问题、中华民国教育小史、近代中国幼稚教育小史、近代中国中学教育小史、近代中国师范教育小史、近代中国留学小史、最近中国教育思想的转变等。❶ 除了正文外，文末附录两篇：中国教育之出路、我和教育。论著出版于20 世纪 30 年代，恰在抗战全面爆发前一年，内容少量呈现现代教育题材，但恰能构成"卢沟桥事变"之前清末"新教育运动"发端的近现代教育几个专题相对独立的嬗变及建设。而其中所述教育与政治经济的互动关系、思想与制度的复杂联结，深化了教育史的专业性层次。

---

❶ 舒新城. 近代中国教育史稿选存：目录［M］. 北京：中华书局，1936.

舒新城是教育大家，长于中国近代教育史研究，领域广泛，涉及留学教育史、教育思想史、师范教育史等多方面内容，为近代教育的研究作出贡献。其著述表达严谨，语言平实，为后学从事教育史的研究提供了丰富的资料及仿效依据。

二、中国教育制度史、教育思想史及其他

此处所选书目内容属于中国近代教育专史类，由于新中国成立前本门学科建设属初创至早期阶段，故专史著作不多，而且这些有限的作品仍偏向于教育制度史成果。

（一）《新制教育史》

李步青著《新制教育史》，中华书局 1916 年版，1922 年再版。作者依据《壬子癸丑学制》师范学校课程标准编撰，供师范学校之用。主要内容包括绪论，介绍本书的编写要旨；我国海禁之前的教育；世界新教育之潮流；清季教育及民国学制等内容。该书对研究中国近代教育制度及思想潮流具有一定的价值。

（二）《新师范教育史》

王炽昌编《新师范教育史》，中华书局 1923 年版。作为师范教科书之一种，该书阐述西洋及中国各时期的教育思想、教育事实等内容，共分为两编14 章：第一编为西洋教育史，包括希腊、罗马、中古时代之教育（宗教、武士教育、大学的兴起、市民教育的兴起）、文艺复兴时代之教育、宗教改革、唯实主义、教育上之训练概念、自然趋势、心理趋势、科学趋势、社会趋势、现代西洋各国之教育状况。第二编为中国教育史，包括清季以前之旧教育和清季及国民之新教育。除了正文之外又附参考文献及若干教育规程。

（三）《近代中国留学史》

舒新城著《近代中国留学史》，"民国首版学术经典丛书"之一，上海中华书局 1928 年版，新中国成立后，先后由上海书店出版影印版，上海科学技术文献出版社、福建教育出版社分别重新出版。作为中国近代第一部书写留学教育的专著，该书填补了中国留学史研究的空白。作者阐述了 1870—1926 年近 60 年来有关中国的留学教育历史及问题，具体内容包括：留学创议、留美初期、欧洲留学之始、日本留学之始、西洋留学之再兴、留日极盛期、庚子赔

款与留学、勤工俭学与留法、日本对华文化事业与留日、官绅贵胄女子游学、留学资格与经费、留学管理、留学奖励、留学思想之变化、历史告诉我们的留学问题。中华书局广告词对此做了推荐：不仅可以提供详细丰富的留学史资料，且堪为研究近代留学教育者提供可资参考依据。

（四）《近代中国教育思想史》

舒新城著《近代中国教育思想史》，上海中华书局 1929 年版，收入瞿葆奎、郑金洲主编"二十世纪中国教育名著丛编"，由华东师范大学教育史专家黄书光等编校注释，福建教育出版社 2007 年版。舒新城是中国近代教育史学家，这是其代表性的研究成果之一。全书共有 21 章，从方言教育、西学教育、西艺教育、西政教育、军国民与军事教育、实利与实用教育、美感教育、大同教育、职业教育、民治教育、独立教育、科学教育、非宗教教育、国家主义教育、公民教育、党化教育等群体性教育思潮的视角论述近代教育思想的递进及嬗变。除第 20 章近代中国女子教育思想变迁史之外，其余各章均以背景、变迁及影响三部分组成结构，依序立论。第 21 章是全书结论，提出 60 年来中国教育思想总评和今后教育途径的基本主张。借此，全书较为全面地阐述了近代中国教育思想的演变轨迹与发展阶段，对其影响及得失作出有理有据的分析评价，尤其是在教育思想研究中开创出新的"范式"：即突破人物思想评传或历史阶段总论模式的体例，依照教育思想专题设计，并以群体性思潮及流派的方法展开，呈现复杂多变的思想内容、学派争鸣的活跃气象，具有创新及超前性。该书对前人的中国教育思想史成就做了反省性总结，成为后续者研究近代教育思想可资借鉴资源。

（五）《最近三十五年之中国教育》

庄俞、贺圣鼐主编《最近三十五年之中国教育》，上海商务印书馆 1931 年版。该书为了纪念商务印书馆创立（1897—1931 年）35 周年而作。商务印书馆是近代中国民营出版机构的代表，在清末民国时期的图书出版及新式教育推行等领域成就卓越。为总结中国近代新教育经验得失，以昭示后来，借馆庆 35 周年之际，该馆组织教育、文化、出版及语言等相关领域领军学术大师编纂此部大型专题教育文献，分上、下两卷。

上卷主要是将我国的各种教育编撰成有系统的专篇，具体包括三十五年来中国之小学教育（吴研因、翁之达）、三十五年来中国之中学教育（廖世承）、三十五年来中国之大学教育（何炳松）、三十五年来中国之职业教育（黄炎培）、三十五年来中国之民众教育（高践四）、三十五年来中国之女子教育（俞庆棠）、三十五年来中国之艺术教育（汪亚尘）、三十五年来中国之体育（吴蕴瑞）以及三十五年来中国之教育行政（朱经农）。❶下卷包括三十五年来中国之新文化、音符运动、国语运动、印刷术、出版业及商务印书馆注重揭示教育关系的专篇，撰写者都是该时代独领风骚的名家硕彦，如蔡元培、吴敬桓、黎锦熙及庄俞等。书中还附有民元前小学以及女子科目、时间纪事表等。各专题内容丰富，概述精当，评价客观，堪为学术名作。尤其是上卷专题对认识清末民国早期 35 年的各类教育提供重要参照及素材资料。

庄俞撰《最近三十五年之商务印书馆》，对 1897 年至 1932 年商务印书馆与新教育运动的关系做了阐述。作为教科书的主要编辑者，庄俞尤其叙述了该馆的教科书编辑活动，其中对民国成立以后《共和国教科书》、"国语运动"与《新法教科书》的组编及印行做了介绍，文称："辛亥革命南京临时政府成立，设教育部，宣布普通教育之暂行办法。五月，北京教育部成立，通电凡教科书中不合共和宗旨者，逐一改正之。同年七月，教育部召开临时教育会议，改订学制，并规定教科书用审定制，高梦旦、庄俞、傅运森、谭廉、杜亚泉、凌昌焕、邝富灼诸君编辑共和国教科书。凡小学、中学、师范学校各科用书，无不齐备，各校纷纷采用。其小学用共和国之教科书，自出版迄今，复印至三百余次，销售至七八千万册。其他各书，大概称是。""民国九年一月，教育部通令国民学校全用国语教授，高等小学国语与国文参合教授，本馆即根据通令编印新法教科书一套，首先出版。高梦旦、庄俞、吴研因、傅运森、庄适、凌昌焕、骆师曾等，分任编校，于教科书教授书外，特编自习书参考书，供师生应用，实开编辑上之新纪录。此外尚有简明、新体、实用、新著、民国、单级、复式种种教科书，相辅而行。"

（六）《中国科举时代之教育》

陈东原著《中国科举时代之教育》，"师范小丛书"之一种，商务印书馆 1934 年版。该书以科举制度为中心，介绍了科举时代的教育系统。书中收辑了科举时代之解说、科举时代之科举、科举时代之官学、科举时代之私塾、科举时代之书院、科举时代之学风六章内容，剖析了中国的科举制度，即科举制

---

❶　庄俞，贺圣鼎. 最近三十五年之中国教育：目录 [M]. 上海：上海商务印书馆，1931.

度演变的外部条件与内在机制、科举制度与封建中央集权政治、科举制度与独尊儒术的封建文化、科举制度与官学教育等复杂内容。由于鸦片战争至清末"宪政"发端的 66 年间科举制度依然存在，因而与近代教育制度仍如影随形一般紧随不变。该书有一定的教育文献史价值和史学价值，对研究科举教育近代教育的多线性复杂关系颇有裨益。

（七）《中国现代女子教育史》

程谪凡编《中国现代女子教育史》，上海中华书局 1936 年原版，河南人民出版社 2016 年再版，收入"民国专题史丛书"。该书共六章，是较早的女子教育史专著之一。第一章绪论，回顾中国历史时期女子教育的地位和传统教育对女性的束缚，并对中国现代女子教育加以展望。第二章至第五章进行历史考查，将中国现代女子教育分为：萌芽期（1840—1906 年），此时的教育制度专为男子设置；建立期（1907—1911 年），以奏定女子师范学堂和女子小学堂章程为标志；发展期（1911 年以后），五四运动提出许多发展女子教育的主张，女子开始有平等的受教育机会。第六章对中国女子教育现状作社会分析，指出它与社会的病态和整个教育落后有关，强调女子教育不仅是教成贤妻良母，还应养成堂堂正正从事生产的人，主张建立男女权利平等下的教育机会公平。该书是较早系统研究女子教育史的著作之一，具有较大的学术价值和开创性作用，为后续相关研究提供重要参考。

梁鸥第、梁鸥霓编著《近代中国女子教育》，正中书局 1936 年印行。全书共 7 章，主要介绍 19 世纪末至 20 世纪 30 年代中国自办女子教育的概况及其发展历程，对学制的变化与沿革、女子教育的发展规模等问题都有比较深入的思考。

（八）《中国教育思想史》

任时先著《中国教育思想史》，上海商务印书馆 1937 年版，收入商务印书馆出版的"中国文化丛书"第二辑。由于出版问世后社会影响广泛，1984 年，上海书店影印再版，共分为两册。全书以儒家思想和三民主义为中心思想，共分为 12 章。每章之后有小结，全书之后有结语。第一章为绪论，介绍了何谓教育思想，教育思想与民生史观，教育思想上的个人主义、社会主义，教育思想与教育制度。第二章为中国教育思想概述，介绍了中国思想史的分期、与社会生活的关系、研究的目的、方法及其着眼点。第三章至第十一章，以时间顺序，介绍了各个时期的教育思想，包括原始时代（西周以前）、周代、春秋战国、秦汉、魏晋南北朝、隋唐、宋元明清、近代等，论述了从原始时代至近代的教育思想，内容包括教育思潮，各家教育学说，以及社会、政治、经济、学术思想发展与教育思想发展的关系。第十二章为中国教育思想的总结。该书是我国第一部完整阐述中国教育思想发展趋向及其转变的专著。

三、港台学者著作类

香港、台湾地区出版的近代教育史论著，偏重于民国时期教育的整理编写，所征引史料充实。著述主题对现代教育政策、教育方针、新式学堂、学校教育及教育家多有述及，可从教育论题的历史视角仔细斟酌。

尤其引人注目的是，港台地区教育史成果相当高比例先在报刊发表，有些在此基础上集结成册。如黄复康《陈嘉庚先生在星洲兴学事迹》，载香港《大公报》1961年8月23日；杨进发《陈嘉庚与创办华中二三事》，载香港《星洲日报》1980年7月7日；姚渔湘《范源濂与中国教育》，载台湾《中央日报》1962年12月23日、24日；程湘帆《中华基督教教育会成立之经过》，张玉法《福州船厂之开创及其初期发展》，载台北《近代史研究所集刊》第2集，1971年；顾敦鍒《容闳年谱长编初稿》，载台中《图书馆学报》第11卷，1971年6月；陈俊臣《王国维的教育哲学观》，载台湾《中华文艺复兴月刊》1977年9月号；苏云峰《康有为主持下的万木草堂》，载台湾《广东文献》1985年第15卷第3~4期。以下呈现两地近代中国教育史著作情形。

（一）《六十年来的中国教育 中华民国建国六十年纪念》

孙邦正著，台湾编译馆1971年版，正中书局印行。此书共分十章，论述自民国元年（1912年）以来教育发展历史，包括教育宗旨、教育方针、教育行政制度以及学校制度等诸方面。全书分章阐述教育源流及史程，呈现教育史实，分期呈现，最后探讨未来教育发展的途径，为革新教育提供参考。

（二）《近五十年来之中国教育》

中国教育学会主编，台湾复兴书局1977年版。该书主要内容包括五十年来比较教育研究的发展趋势、西方教育思想之介绍、三民主义教育的发展、三民主义教育之实施绩效、教育辅导学、心理测验在中国的发展、我国教育政策、我国的学制演进、我国教育之回顾与展望、高等教育的趋势、国民教育之演进、现代师范教育发展的趋势、职业教育之发展与改进、教育研究的发展、中国课程之演变、留学教育、学校建筑研究之发展与服务国家教育五十年之回忆。该书内容涉及面广，属于专题性质教育史著作，具有重要史料价值。

（三）《近代中国教育史》

陈启天著，台湾中华书局1979年版。《近代中国教育史》在原20世纪30年代上海太平洋出版公司版《最近三十年中国教育史》的基础上扩充修改而成。此书共分为五编27章。第一章综合概述但顾及梳理明清两代传统教育；第二章综合概述同治元年（1861年）至1968年新教育历史，整体展现新教育的由来演变状况。第三章至二十六章分阶段详细记述光绪二十四年（1898年）至民国十七年（1928年）的教育史实。第二十七章补述民国十七年（1927年）至1949年间的教育概况。该书囊括了新教育发展的全部历史，对于近代中国教育史的研究具有参考价值，也是中国近代新教育运动史的重要史料。

（四）《上海格致书院志略》

王尔敏著，香港中文大学出版社1980年版。该书分六个部分：上海格致书院倡议酝酿及起始活动、书院建置及其规模、科学知识之引介与推广、科技教育课程的实施、近代新思潮的启发、结论。史料丰富翔实，结构完整，特别是大篇幅地介绍格致书院创设过程、西学课程引进情况及其矛盾与斗争场景。因此，该书对研究传统书院近代转型及近代西学东渐历史有参考价值。

（五）《学府纪闻》

董鼐主编，台北南京出版有限公司1981年版。丛书共为21册，分别是：中山大学、中央大学、北京大学、北洋大学、西南联合大学、交通大学、武汉大学、河南大学、东北大学、政治大学、南开大学、清华大学、复旦大学、大夏大学、中国公学、金陵大学、圣约翰大学、辅仁大学、齐鲁大学、燕京大学等。各所大学分别介绍了学校的历史沿革、重要人物、重要事迹、办学活动、组织管理及社会影响等方面。这是对中国近代高等学府的一次全面系统的探讨，具有重要的研究价值。

（六）《中华民国开国七十年之教育》

郭为藩主编，台湾广文书局1981年版。该书作为《中华民国建国七十年纪念丛书》之一种，分上下两册，叙述中华民国和1949年以蒋介石为首的国民党政府败退台湾以后台湾地区教育变迁的历程。全书共分为三大部分：第一部分包括四大专题，分别阐述了中华民国和 1949 年以后台湾地区共 70 年的教育思想、教育政策、教育制度与教育改革、教育研究与实验等方面的演变历程及其状况。第二部分包括十七个专题，以各级各类教育作为立论的主题对象，分别梳理并介绍了中国高等教育、职业教育、中等教育、国民教育、学前教育、社会教育、师范教育、特殊教育、教育行政、留学教育、学校建筑、各级学校辅导工作、体育、图书馆与博物院、心理测验之应用、科学教育、视听教育等方面的历史阶段及基本内容。第三部分为今后教育发展之规划。该书选材资源广泛，由各方面教育领域学有专攻的专业人士撰写，按照教育专题设计体例结构，有明显的教育专题史特色。

（七）《中国国民教育发展史》

司琦著，台湾三民书局 1981 年版。作者将国民教育的进程划分为九个时期，即萌芽期、建立期、成长期、革新期、改进期、抗战期、复原期、非常期及延长期的国民教育，前四个时期属近代教育范畴，分别叙述各时期国民教育的历史背景及特色，同时又将国民教育内容归纳为宗旨、行政、教导员、学生、课程、教材、训育、设备及实验等项目详加叙述。上述项目要素在国民教育的主题中有普遍性，但各时期的内容材料差异性明显，而训育、实验研究在近代教育史的范围内则分别在第三、第四时段（1912—1926 年）列出。

全书以国民教育的进程为经，内容为纬，并对与国民教育相关的学前教育、公民教育、义务教育、小学教育及基础教育加以辨析。同时又将我国近代国民教育中重要或罕见的奏折、法令、记录等文献，附于每一期之后，以提供研究实证素材。书末附录"中国国民教育发展记事"。该书是国民教育研究的重要参考依据。

（八）《中国现代教育史》

郑世新著，台湾三民书局 1981 年出版印行。该书依据中国近现代教育现代化的进程，将教育变革及转型历史分为轫始、盘旋、植基、挫折及确立五期，共计七篇，除首尾两篇外，每篇为一期。各期除阐述国家早期现代化的情况、程度和教育的关系外，对于教育思想、教育宗旨、教育制度、各级教育、社会教育及学风等，均有简要阐述，并附有统计资料及其量化分析。最后一篇侧重各时期中国教育现代化得失的检讨，并指出今后中国教育现代化的取向。这是中国教育现代化史书写模式的重要著作。

（九）《中国近世的教育发展（1800—1949）》

陆鸿基选编，香港华风书局 1983 年版。该书主要内容包括：大陆和台湾地区典型的教育史论、教材；明清以来中国教育发展的重要教育史料；现代学者著述的中国教育史文章等。具体章目由六个部分组成，分别为：中国近世教育发展的趋势和特征，明清时代的科举教育和传统语文教育，改革的呼声和蜕变的起步，新学制的奠基，多元化之尝试和附录。作者编纂中搜求、采用了许多有代表性的原始资料，是研究 1800 年至 1949 年有关中国近现代教育史的参考文本。

（十）《中国近代女子教育史》

卢燕贞著，台湾文史哲出版社 1989 年版。作者以维新运动到新中国成立将近半个世纪的中国女子教育作为研究对象，分清末、民初和南京国民政府时期三个时期，研究内容涉及女子教育思想、女子教育制度、女子教育实施以及女子教育的社会影响几个方面。该书对近代中国女子教育史深化探讨有所裨益。

第六章　中国近代教育史工具书

在教育科学研究方法论著中，文献法往往被列为最普遍实用的方法，文献工具书介于一次性文献的原始资料和三次文献的研究著述成果之间，有两者沟通联结的桥梁作用，也有称其为二次文献的。工具书以专业辞典、辞书为主，但不限于此，应将与此相关的年鉴、大事记及书目资料整理作品等均列于其中。由于中国近代教育史学科的综合化，因此一些综合类工具书及相近学科方法论著作也可视为工具手段的资源载体。

第一节　辞书、辞典等

工具书中的辞书、辞典以严格规范及专业化的标准水平见长，其概念、范畴及行文表述具有设计中经典性定义的功能。以下在突出中国近代教育史这一对象主题的同时，对专业探讨有价值的综合性工具书也予以列入，分别介绍。

一、辞书

辞书往往是整体学科或跨学科编纂的专业化参考书，以教育学学科分析，其规格及层次较高，具有突出价值。

（一）百科全书

（1）唐钺、朱经农、高觉敷编《教育大辞书》，上海商务印书馆 1930 年版。原书共上、下两册，共收入词目 3000 余条。1933 年缩印 32 开本全一册。凡教育原理、教育史、教学法、教育制度、教育行政、教育心理学、教育统计、著名教育学术机构或团体，以及与教育较有关系的诸学科均收入，尤重对本国教育资料的搜集和对专门条目的诠释与论究，词条按词头笔画顺序编排。书末附录英文索引、四角号码检字法索引。该书旨在总结各种教育学说；整理教育术语，使有统一的解释、正确的意义；揭示本国教育法令的要点；介绍西洋教育名著；记述中外教育制度的概要及重要教育机关的组织；摘述中外教育学者的生平经历及其主张等。1963 年台湾省立师范大学教授孙邦正应台湾商务印书馆之约，对辞书进行了修订，1974 年印行修订版二版。修正本删去一部分已失时效和与现行法令不符的辞目，增补一些新辞目，如学生生活教育、民族精神教育、新法考试、教育研究方法、小学安全教育、社会中心教育、健康教育、场地心理学等新学科、新方法、新概念。

（2）《中国大百科全书》总编辑委员会教育编辑委员会、中国大百科全书出版社编辑部编《中国大百科全书·教育》，中国大百科全书出版社 1985 年版。全书共分为前言、凡例、教育、条目分类目录、正文、条目汉字笔画索引、条目外文索引、内容索引八部分，附彩图插页目录、繁体字和简体字对照表、外国人名译名对照表。《中国大百科全书》是我国第一部大型综合性百科全书。此书共分为教育科学、教育学、教育心理学、教育管理、中国教育、外国教育六大类。在"中国教育"分类中，着重介绍了中国近代教育（如鸦片战争至辛亥革命时期教育、太平天国教育、外国教会在中国办的学校、辛亥革命以后至北洋军阀统治时期教育等）和中国近代教育家教育思想（如魏源、容闳、康有为、梁启超等），便于中国近代教育史研究者参考。

（3）陈平原、米列娜著《近代中国的百科辞书》，北京大学出版社 2007 年版，是"学术史丛书"之一种。"作为'文化工程'与'启蒙生意'的百科全书"，此书是 2006 年 3 月 26—28 日德国海德堡召开的"近代中国的百科全书：改变晚清中国的思维方式"研讨会的论文集。该书开篇是陈平原所作之序，共八篇，从"尚友录"到"名人传略"——《晚清世界人名辞典研究》（夏晓虹）、《晚清新政与西学百科全书》（瓦格纳，Rudolf G. Wagner）、《清末百科辞书条目特色研究（钟少华）》《"纠缠知识"的范本——〈记闻类编〉研究》（费南山，Natascha Gentz）、《〈晚清百科全书〉与〈新学备纂〉及其与科举制度的关系》（阿梅龙，Iwo Amelung）、《未完成的中西文化之桥——一部近代中国的百科全书（1911）》（米列娜，Milena Dolezelova – Velingerova）、《晚清辞书与教科书视野中的"文学"——以黄人的编纂活动为中心》（陈平原）、《"为人人所必需的有用新知"？——商务印书馆及其〈新文化辞书〉》（梅嘉乐，Barbara Mittler）。作者将中外学者关于近代中国百科全书成果收录其中，开拓研究视野、更新研究角度，为近代中国教育史研究提供了新颖的资料。

（4）中国大百科全书出版社上海分社编《简明基督教百科全书》，中国大百科全书出版社上海分社1992年版。全书共分为前言、条目分类目录、基督教、正文、基督教大事年表五部分，附条目首字笔画索引。全书包括基督教的派系组织、历史事件、古今人物、经籍书文、《圣经》人物和故事、哲学、神学和教义、教制教职、崇拜礼仪、文化艺术以及节期、教堂和修院等十多个门类，收大、中、小条目1400余条，共60多万字。条目按我国百科全书通例，以汉语拼音字母顺序排列，并辅以条目首字笔画索引。该书除特约有关专家学者撰写条目外，还吸收了《中国大百科全书》有关各卷的部分条目和资料。该书为了解和研究近代在华西方基督教办学历史提供了工具性资源。

（5）张瑞璠、金一鸣主编《中国学术名著提要（教育卷）》，复旦大学出版社1996年版。全书共收录了1949年以前论述或论及中国教育的学术名著140部，分为先秦两汉、魏晋南北朝隋唐、宋元明清和近现代四部分。其中近现代部分收录45部最具典型性的专著和教科书，如魏源《海国图志》、冯桂芬的《校邠庐抗议》、容闳《西学东渐记》、盛宣怀《请推广学校折》、康有为《大同书》、梁启超《变法通议》、张之洞《劝学篇》、蔡元培《蔡元培教育论著选》、张謇《张季子九录》、黄炎培《黄炎培教育论著选》等。近现代的这些专著，是着眼于我国近代化启动以后，站在历史前沿的教育家对现代教育与优秀传统教育相结合的探索所获得的成果。作者对每部作品的书名、卷数、版本、作者、写作经历及成书年代、内容大意、学术影响、研究情况等都做了详细解说。

（6）王尔敏著《今典释词》，广西师范大学出版社2008年版。"今典"包括两个意旨，"典"指典故，"今"指近代。该书循典章之制，拈出近代史上业已成型，然一般人习焉不察之词汇，呈近现代历史文化之变迁。该书体例新颖，行文不避褒贬，乃别出心裁之作。其中，作者收录了大量与教育学相关的词汇，如新闻纸、匿名揭帖、句读号码、公车上书、群学、唤醒民众、新民、人权天赋、文明排外、臭老九等，并对词汇典故加以详细参索，有利于了解典故背后潜藏的中西教育交流信息。

（7）黎难秋著《中国科学文献翻译史稿》，中国科学技术大学出版社1993年版。此书共三篇18章。上篇介绍了从汉晋至清末我国科学文献翻译的历史；中篇论述了科学文献翻译与近代科学在我国的传播，其中包括西方数学、物理学、化学、天文学、地球科学、医药学、工艺技术、马克思主义学说等；下篇阐述了科学文献翻译对我国语言学、近代教育、图书馆事业、科学情报等学科领域的影响。附录中有明清科学文献翻译大事举要；明清关于科学文献翻译的重要历史文献。该书史料丰富，考证精要，具有史料性与学术性的双重特点，对于研究中国近代教育学科的演变具有一定价值。

（二）辞海

《辞海》也是一部百科全书，是以字词为索引加以编排或贯穿始终的诸学科知识内容综合载体。一般流行的大多以综合文库方式面世，其中包括当今学科分类的相应门目及其内容。但也有专门学科归类单行版，与中国近代教育史领域关系密切的主要如下。

1. 《辞海·教育心理分册》

《辞海》编辑委员会编《辞海·教育心理分册》，上海辞书出版社 1980 年版。全书分为教育学、中国教育史、外国教育史、心理学四类，所收词目1042 条，主要是本学科中比较常见的名词术语、学说流派、组织机构、重要人物以及著作等。书前有"分类词目表"，后有"词目笔画索引"，方便检索。"教育学"和"中国教育史"部分收录的词目，皆是本学科常见的，与中国近代教育史关联较多，如班级编制、学级编制、班级教学制、班级上课制、个别教学制、二部制、弹性制、同文馆、广方言馆、船政学堂、水师学堂、爱国学社、保定军官学校等。该书为中国近代教育史研究者进行深入研究提供了方便。

2. 《辞海·历史分册》

上海师范大学、复旦大学历史系修订，《辞海·历史分册·中国近代史》，上海辞书出版社 1979 年版。《辞海》（1979 年版）共 20 部分册，该书是其中之一。该书共收录词条 882 条，呈现自 1840 年鸦片战争至 1919 年五四运动时期比较常见的历史人物、历史事件、团体组织、报刊论著等重要词条，并附有重要人物插图。全书按照鸦片战争、太平天国革命、第二次鸦片战争、洋务新政和反洋教斗争、中法战争和中日战争、戊戌维新、义和团运动、辛亥革命、北洋军阀统治的时间顺序编排。书前附有"分类词目表"，书末附有"词目笔画索引"，有较多反映中国近代教育史辞目（新增未修改）。

3. 《辞海·哲学分册》

《辞海》编委会编《辞海·哲学分册》，上海辞书出版社 1980 年版。全书共十类，总计收哲学方面比较常见的词目 3262 条，分别为：无产阶级革命导师传略、思想和著作介绍；一般意义上的哲学；唯物主义和唯心主义；辩证法和形而上学；历史唯物主义和历史唯心主义；中国哲学史；经学史；外国哲学史；自然辩证法；逻辑等。全书分类编排，一词多义，分项解释，包括对名词术语的解释及学说、学派、人物、著作的介绍等。书末附录"词目笔画索引"。书中有较多与教育学相关的词目，可供教育学研究者拓宽知识面。

二、辞典

辞典取其概念及典范之义，指知识专业化概念较为稳定的清晰明确解读。对于辞书而言，是内容具体化的呈现及拓宽。我国在 20 世纪 80 年代继《中国大百科全书·教育》问世前后，一些专业学者、知名大学，如北京师范大学、西南大学、杭州大学（今浙江大学）、首都师范大学等，纷纷组织编写教育学辞典并陆续出版。以下限于篇幅，择其要者介绍。

（一）《中国教育辞典》

余家菊、邱椿、陈启天、陈东原、舒新城等 21 人编纂，中华书局 1928 年版。该书是中国近现代第一部教育辞典，收入词目共 2000 余条，以教育方法、教育原理、教育行政、教育史为主，酌收心理学、伦理学、论理学、社会学、生理学以及哲学、生物学的词目，凡与教育有相当关系事件、人物、学说及团体以及教育研究者所必须知晓的内容均在搜求范围。编者按词头笔画顺序编排。书末附录"四千年中国教育大事年表"和"中西名词对照表"。

（二）《教育辞典》

杭州大学教育系编，朱作仁主编，江西教育出版社 1987 年版。全书分词目表、正文、分类索引三部分，选收教育科学各个学科（包括中国教育史、外国教育史、比较教育、高等教育、普通教育、教育概论、教学论、道德教育、美育、学校体育与卫生学、教学法原理、教育统计学、教育管理学、现代教育理论、心理学等）的名词术语，以及教育科学相关学科的部分名词术语共 2600 多条。此书内容充实，文字精练，解释准确、详细，是一个密集型的教育科学知识库。尤其是对中国近代教育史的各种学术名词进行了较为全面的阐释，包括人物、学校、团体机构教育理论等，为中国近代教育史研究提供了有价值的资料。

（三）《教育大辞典》

《教育大辞典》编纂委员会编，上海教育出版社1990—1992年分册出版，共12卷25个分册。全书共收词目3万余条，1998年出版增订合编本。❶ 该书将中国教育史分为中国古代教育史、中国近现代教育史两部分，第8~10卷，共三卷。其中第10卷为《中国近现代教育史》，分为分类词目表、正文、附录三部分。正文主要包括法规、机构、职官、团体、学校、人物、名词术语、著作文献、事件、会议十个部分，共收词目近1800条，按照时间顺序排列。此书所言近现代以新中国成立为界，按照笔者所述近代范围统计，收录近代部分资料占其比例大部分，约为70%，由此便捷了中国近代教育文献的查考。

（四）《女子教育大辞典》

郭明蓉、杜学元编著《女子教育大辞典》，四川人民出版社2014年版。该书本着兼收并蓄的原则，共收词约3200条，140余万字。该书对古今中外有关女子教育（包括家庭女子教育、学校女子教育、社会女子教育、教会女子教育）的术语、学说、人物、著作、事件、法令、规章、制度、机构、团体、协会、思潮等方面的条目均选择收入。西南大学教育学院戴续威教授在"序言"中写到："《女子教育大辞典》取材广泛，涵盖古今中外的女子教育理论、历史、现状各个方面，其释文科学，观点正确，材料可靠，叙述简明。各词目用汉语拼音及笔画索引，检索方便，而具有实用的价值。"❷ 从中可知，评价甚高，可推测其之于中国近代女子教育探讨当有积极作用。

三、年鉴

"年鉴"体例著作出现较晚，合大事记资料汇编以及内容评述为一体，参考价值很高。有社会各部分统一分类形式、部门领域分科形式，甚至更细化分支领域的形式等；时间跨度有当年、某一时段、若干年或一个历史时期不等。可见其体例、方式多样和丰富。社会各部门均有年鉴，教育属社会诸部门之一，也自然重视年鉴。教育年鉴对今天教育科学问题探讨的工具性之作用不言而喻。举例来说，关于民国时期的教育，各类学校教育发展情况需要利用年鉴的相关专题记录。研究各省教育时，教育概况、教育统计可以参考旧中国教育

---

❶ 赵国璋，朱天俊，等. 社会科学文献检索 [M]. 北京：北京大学出版社，2005：241.

❷ 郭明蓉，杜学元. 女子教育大辞典：序 [M]. 成都：四川人民出版社，2014.

年鉴中教育统计部分资料。

（一）《第一次中国教育年鉴》

周邦道主持编纂，国民政府教育年鉴编纂委员会编，上海开明书店 1934 年版。这是中国教育史上第一次综合记载关于教育诸多方面内容的年鉴工具书，凡教育制度、教育沿革、教育概况等都尽量收编；取材范围，上自清末兴学时起，下至 1931 年止。全书内容共五编：教育概述、教育法规、教育概况、教育统计、教育杂录。每编内又分若干细目，甲编"教育总述"包含教育宗旨、教育实施方针、学校系统、教育行政组织；乙编"教育法规"包括中央教育法规、各省市区教育行政法规；丙编"教育概况"包括学校教育概况与社会教育概况；丁编"教育统计"包括学校教育统计与社会教育统计；戊编"教育杂录"包含兴学以来教育大事记、庚款兴学、教科书之发刊概况、主要教育行政人员一览、捐资兴学一览、影印四库全书之经过、教育纪念节述略、教育先进传略、最近欧美教育概况、最近日本教育概况。该年鉴涵盖我国自清末以来的教育制度、教育概况等，各方面资料齐全，对研究近代中国教育史具有显著参考价值。

（二）《第二次中国教育年鉴》

教育部教育年鉴编纂委员会组织编纂，主任委员田培林，主任编纂陈东原，副主任编纂王万钟，1942 年开始至 1944 年基本脱稿，1947 年重组编纂委员会修订，主持者为周邦道，商务印书馆 1948 年版。该年鉴反映国民政府 1931 年至 1947 年底的教育概况，与《第一次中国教育年鉴》有重合之处。全书共十五编，前十编是近代教育内容，后五编侧重于现代教育。结构体例分别是：综述、教育行政、初等教育、中等教育、高等教育、学术文化、师范教育、职业教育、社会教育、边疆教育、侨民教育、体育教育、卫生教育、童军教育、战区教育、教育统计及杂录。该年鉴由教育部组织专业人员依据各地实际材料编写而成，为研究中国近代教育史提供了大量的宝贵资料。

（三）《第三次中国教育年鉴》

《第三次中国教育年鉴》收录于蒋致远主编《中华民国教育年鉴——中国年鉴集成》，台湾宗青图书公司 1991 年版。该书共包括《第一次中国教育年鉴》《第二次中国教育年鉴》《第三次中国教育年鉴》三册。《第三次中国教育年鉴》主要记述自 1947 年至 1956 年 6 月，主要内容包括总述、教育行政、初等教育、中等教育、高等教育、学术文化、师范教育、职业教育、社会教育、边疆教育、侨民教育、体育卫生军训及童子、战区教育、教育统计和杂录等。其中 1947 年至 1949 年为全国范围教育材料的整理，而后 7 年则是台湾地区的内容。

四、大事记

"大事记"旨在对历史进程中有影响事件或活动予以专门记录，文本内容选择重在显示其在历程中的显性要素及实际作用。虽然，何为"大事"有历史的客观性，但更有编者主观性认识。教育大事记是大事体裁文本在教育领域的运用，而且比较突出。这大概缘于教育的复杂性之故。

以下先列综合类中国近代教育大事记，再述专门类中国近代教育大事记。"综合"是相对于"专门"而言的，涉及各方面的"大事"合于一体，称其综合类，其他为专门类，以此推至教育学科专业也作如是观。

（一）综合类

（1）丁致聘《中国近七十年来教育记事》，国立编译馆 1935 年版，上海商务印书馆发行，后有台北商务印书馆 1970 年版。所选资料自同治元年（1862 年）至 1933 年，以原始文献所记录的教育史事为主体内容，适当收辑有关政治、文化等方面的重大事件，论述的教育问题以年为序，先后顺次排列，对内容提炼概括简洁明了；标注文献来源与附录对应，可方便检索利用，较为宽泛。书后面附分类索引，包括教育宗旨、教育规划、各级教育、图书馆、教育家亡卒等 70 类，可为研究中国近代教育史资料提供参考。作为一部教育工具史料书，该书记述史实简明扼要，但连贯整体地论证了中国近 70 年教育的发展大势、主要进程特点及重要研究成果，对探讨近代教育提供了丰富的原始文献资源。

（2）陈学恂主编《中国近代教育大事记》，上海教育出版社 1981 年版。该书按编年体记述中国近代（1840—1919 年）教育重要史事资料，按年份编，将 1840—1919 年的教育史事件收录其中，主要包括清政府的教育诏谕、臣僚的教育奏议和相关活动，民国初期的教育政策法令，近代教育家的教育论著、教育活动，学校教育的发展变化，以及外国人在华办学情况等。该书的缺点是参考书目未列进去，但每条目之出处应注意，据此可继续查找到详细资料。此书以教育史事为主，适当收辑有关政治、文化等方面的重大史事。

（3）中央教育科学研究所编《中国现代教育大事记》，教育科学出版社1988 年版。这是按编年体记述中国现代（1919—1949 年）教育重要史事的基础资料书，收入 30 年间各个时期政府提出的教育宗旨、方针、政策、法令、措施、办法和教育事业的发展变化，教育团体的活动，教育家的教育论述与实践，以及来华外国教育家的活动等。各革命根据地和一些省市的教育大事也有记述。全书共 3300 余条，108 万字。编者主要依据教育文献、教育专著、主要报刊及档案资料等第一手资料，因此内容具有较高的真实性。该书是研究中国近代教育史的重要工具书。

（4）刘英杰主编《中国教育大事典（1840—1949）》10 卷，浙江教育出版社 2001 年版。该书为教育类资料书，内容包括总卷、基础教育、高等教育、职业教育、社会教育、师范教育、少数民族教育、华侨教育、干部教育、教会教育等多个门类，共 700 多个事目，书末附录"中国近代各个时期的学务纲要""教育宗旨""学籍规则"等文献 8 则。前言中写道："它采取以事为典的形式，以教育文献和史实为依据，系统地记述中国教育发展的基本脉络和主要特点，供各级教育管理人员、各类学校领导者和教师，以及师范院校学生研究参考。"❶ 该书以事为目，以年为序，以述为本，不评不议，引文标明出处，有的加注或简释，并附一些重要的历史文献。

（5）汪刘生、黄新宪编《中外教育史大事比较年表》，吉林教育出版社1990 年版。作者采取中外对照的形式，记事上起远古，下迄中华人民共和国成立，一事一条，大事稍详，要事简略，比较系统介绍中外教育史实，及其与教育有关的重大事件，为中国近代教育史研究者提供了颇有价值的资料。

（6）金铁宽、吴式颖主编《中外教育大事年表（公元前—公元 2000年）》，上海教育出版社 2001 年版。该书是简要记述中外教育史大事件的工具书，分为中国部分（公元前 2200 年至公元 2000 年）和外国部分（公元前4000 年至公元 2000 年），为中国近代教育史研究者提供了学习、参照的宝贵资源。

（二）专门类

以部门机构、区域或专门领域为单元组织编写的大事记类书籍列入专门类。这犹如方志典籍中的专门志书，如书院志、教育志、山川志、河道志等。

---

❶ 刘英杰. 中国教育大事典（1840—1949）：前言［M］. 杭州：浙江教育出版社，2001.

（1）商务印书馆编印出版《商务印书馆九十年（1897—1987）——我和商务印书馆》，1987 年版。此书是庆祝商务印书馆成立九十周年的纪念集，分上下两册，共收录文章 78 篇，附有商务印书馆大事记。文章主要来源于若干馆史资料，或与商务印书馆关系比较密切的著译界和读书界知名人士的文稿。该书所收人物，皆与商务印书馆有着直接或间接的联系，较为完备。商务印书馆是中国近代传播教育文化的重要媒介，商务印书馆的人物更是传递新知识新文化的重要力量，他们为推动中国近代教育文化的传播与交流作出了重要贡献。书中有较多反映此方面史实的文章，如蔡元培《商务印书馆总经理夏君传》、曹冰严《张元济与商务印书馆》、蒋维乔《编辑小学教科书之回忆》、庄俞《谈谈我馆编辑教科书的变迁》、袁翰青《自学有成的科学编译者杜亚泉先生》、胡序文《胡俞之和商务印书馆》等。

（2）天津市教育局《教育志》编修办公室编《天津教育大事记（1840—1948）》，天津市地方史志编修委员会总编辑室 1987 年版，收入"天津史志丛刊（四）"。书前有分类索引目录，包括：政治形势与学生爱国运动、教育行政、儒学（含大小书院、社学、义学、私馆、经馆、民塾等）、师范教育与教师培训、幼儿教育、小学教育、中学教育、大学教育、各类职业学校及其他教育、体育、社会教育、天津市名流办学活动、教会和外籍人在天津办学活动等。中国近代时期的天津有关教育方面的历史较为复杂，资料丰富，编者在充分占有史料的基础上，力求反映出天津在百年间教育的演变与发展概况，除重点选辑有关教育的重大事件外，也适当收录有关政治和文化等方面的大事。

（3）王亚夫、章恒忠主编《中国学术界大事记（1919—1985）》，上海社会科学院出版社 1988 年版。作者按编年方式实录我国五四运动以来学术界的重大事件和活动，主要内容包括：党和国家关于学术问题的重大决策、决定、指示和重要文献的发布；中央和地方的主要学术研究机构、高等院校、学术团体的成立和变动；学术界的重大活动和改革；重要学术文物的发现；有重大意义的学术论战，有较大影响的学术论著，以及著名学者的生卒年月，有较大影响的学术报刊、书店、图书馆、出版社的创建和变动情况；中外学术交流的重大活动等。❶ 此书可为中国近代教育史学科提供有益的参考。

---

❶ 王亚夫，章恒忠. 中国学术界大事记（1919—1985）[M]. 上海：上海社会科学院出版社，1988：444.

（4）费旭主编《中国农业教育纪事》，江苏教育出版社 1989 年版。此书收编 1840—1983 年中国近现代农业教育的活动纪事。长期以来，农史学界、教育界对中国近代农业教育研究甚为薄弱，作者查阅整理中国历史档案馆、图书馆、南京农业大学大量藏书与文献，编纂成书，史料充足翔实，考证准确，从而为中国农业教育史提供必要和真切的史实来源。

（5）南京师范大学校史编写组编《南京师范大学大事记（1902—1990）》，南京大学出版社 1992 年版。书前有《南京师范大学校务会议关于确定 1992 年为校庆 90 周年和 9 月 10 日为校庆日的决定》等。正文分为三部分六章，系统梳理南京师范大学自 1902 年 5 月至 1990 年年底近 90 年的发展历程，以较大篇幅探究近代南京师范大学的脉络及内容。该书第一部分为南京师范大学的前身：三江师范学堂、两江师范学堂（1902—1913 年），南京高等师范学校、东南大学（教育科）（1914—1927 年），中央大学（教育学院——师范学院）、南京大学（师范学院）（1927—1952 年）；第二部分为金陵女子文理学院（1913—1951 年）。作者以编年体的记事方式为主，每年按时间顺序编排，一般一事一条；少数条目适当结合纪事本末的做法，在事情发生的一条内将发展始末做一次性记述，以求给读者较为完整的印象。附录"南京师范大学简史""南京师范大学历史沿革表""南京师范大学大事记（1902—1990）"。

（6）周治华、钟毅主编《河北教育大事记（1840—1990）》，河北人民出版社 1994 年版。全书分为上下卷，上卷为"1840—1949.9"，下卷为"1949.10—1990"。其中，上卷分为：1840 年至 1911 年、1912 年至 1928 年、1929 年至 1937 年、1938 年至 1945 年和 1946 年至 1949 年 9 月五部分。全书体例以编年为主，按时间顺序一事一记，其中对有些事件则采取纪事本末体，集中记述其发生、发展的过程，以避免条目分散，不便反映事物全貌。编者清晰地展示了河北省教育发展的基本脉络及其客观环境，突出地方特色，体现探索精神和改革意识，真实地再现了河北省教育在不同时期曲折前进的历史面貌。近代的河北称为直隶省，包括天津市和北京市周边的一些区县，是新教育在北方的代表。从这个意义上说，该书对研究中国近代区域教育的变迁有重大参考价值。

（7）商务印书馆编写组著《商务印书馆百年大事记》，商务印书馆 1997 年版。该书在 1987 年版《商务印书馆大事记》的基础上增补编撰而成，收录商务印书馆 1987 年成立至 1997 年的重要事件，以纪念商务印书馆成立 100 周年。编者采用编年纪事体，每年排成两页，左页为大事记录，右页刊有关资料。书末附录有人名索引；取材力求真实可靠，前页附有大量的人物、图书和活动的图片等，更显厚实。该书为探讨近代商务印书馆的教育活动、近代教科书出版情况和中国近代教育史提供可靠依据。

（8）清华大学校史研究室编《清华大学九十年》，清华大学出版社 2001 年版，收入"清华校史丛书"。清华大学是一所拥有理、工、文、法、经营、艺术等学科的综合性大学，是国内外著名的高等学府。全书分为上下编。上编包括：清华建校的历史背景（1908 年 7 月至 1911 年 4 月）、清华学堂的建立与清华学校时期（1911 年 4 月至 1928 年 8 月）、清华大学初期（1928 年 8 月至 1937 年 7 月）、西南联合大学时期（1937 年 8 月至 1946 年 7 月）和复员后的清华大学（1946 年 8 月至 1948 年 12 月）；下编包括：解放接管与院系调整（1948 年 12 月至 1952 年 10 月）、多科性工业大学的建设与发展（1952 年 10 月至 1966 年 6 月）、"文化大革命"及其结束（1966 年 6 月至 1977 年 4 月）、建设综合性研究型开放式的一流学校（1977 年 4 月至今）。该书以编年体为主，结合纪事本末体的方式，简要而真实地记述了清华大学 90 年发展历程中的重要事件和重要数据。全书图文并茂，有 200 多幅清华大学的历史照片。

（9）钱炳寰著《中华书局大事纪要 1912—1954》，中华书局 2002 年版。该书为纪念中华书局成立 90 周年而作。选材主要来自：中华书局自 1912 年以来各种重要的会议记录，如创办人会议记录、历年股东会议记录等；刊登有关中华书局大事件的《申报》（1912—1949 年）资料的影印合订本 180 余册；近现代出版史料和舒新城的回忆录；记载 1912 年至 1954 年 90 年中华书局的重要事件。钱炳寰，1945 年入中华书局重庆总管理处工作，担任经理室秘书，之后长期在中华书局担任要职，可谓是老中华人，对中华书局的历史深为了解，他在退休之后以十年之功完成此著。作者按照"有删节无改动"的原则，保存了一手资料的原汁原味，作为中华书局、中国近代教育史的重要文献而备受关注。

（10）刘羡冰主编《世纪留痕——二十世纪澳门教育大事志》，澳门鸿兴柯式印刷有限公司 2002 年发行。编者按专题进行资料汇编，共 13 部分，资料皆来自编者的私人收藏，极其珍贵。全书图文并茂，形象地展现了澳门教育的百年风貌，是澳门教育近百年历史的缩影，更是中国近代区域教育史难得的素材。

（11）《上海中华职业教育社志》，是编纂委员会编"上海市专志系列丛刊"之一种，上海古籍出版社 2007 年版。全书共六章，分别介绍上海中华职业教育社的组织、职业教育、新中国成立前主要政治活动、对外联谊、港台交流及人物等，客观、真实地记录了中华职业教育社在上海活动的历史轨迹，反映中华职业教育社发展、壮大的曲折历程和辉煌业绩。附录有黄炎培、邹韬奋、马相伯等人所著的与中华职业教育社相关文章。其中，编者着重探讨中华职业教育社的职业教育，包括城市职业教育、讲演与讲座、职业教育咨询、职业教育调查与研究、农村职业教育、著作刊物重要论文、职业学校出品展览、职业教育会社、中华职业教育社和社办事业的经费筹措等。该志采用述、记、志、传、图、表、录等体裁，分设章、节、目、子目四个层次，以总述为总挈，志为主体，并设大事记。此书为研究中国近代职业教育史提供了宝贵的材料。

（12）王维新、陈金林、戴建国著《中国百年师范教育图志》，上海辞书出版社 2009 年版。全书共三篇，按时间顺序进行编排，分别为创建时期（1897—1911 年）、民国时期（1912—1949 年）、新中国成立以来（1949—2004 年）。书末附录主要参考书目和图片目录。该书以图志的形式将中国百年师范教育的历史展现给读者，让读者在读图的过程中，了解中国师范教育的历史变迁。作者坚持"资料翔实"原则，将师范教育的事件及相关人物收录进来，配以珍贵的图片，内容丰富。该书为中国近代师范教育史增添了鲜活图谱。

第二节　研究方法、其他

一、研究方法

研究方法是学科专业探索问题及成果呈现的门径、路向及技术手段，在历史学、教育学及其他人文社会科学中备受重视。史料问题属文献研究法与理念思辨及阐发互补交错的领域，向来为历史学及各相关专门史所注重。从中国近代教育史而言，既受通史影响，又有其他专门史的参照因素，自然难以摆脱自身的主题论域范围聚焦。

（一）专门史学方法

从历史学学科体系而论，教育史属专门史。当然，与教育史并行的专门史还有很多。专门史学研究方法的探讨无疑有提升学科专业水平的价值，而与教育史邻近专门史学科对此的启示需要格外重视。

（1）蔡尚思著《中国思想研究法》，复旦大学出版社2001年版。全书共7章。开篇有蔡元培、蒋维乔、柳诒徵、顾颉刚所作序文。该书在论述了方法的意义、范围与秩序的基础上，着重分析了观察的方法、界限的方法、搜集的方法、选择的方法、评论的方法和实践的方法。附录有吕思勉先生介绍、嵇文甫先生来书、陈钟凡先生来书、柳诒徵先生诗经正训序和刘掞藜先生遗书等。蔡尚思，福建德化人，久居上海，生平治学，以古典文学为基础，以史哲结合为专业，以中国思想史文化史为重点。此书是作者的旧作新版，影响颇大，在评述中国思想研究的方法、态度、学说的同时，更是阐发了新的思想与观点。该书在"评论的方法（态度的精华）"章节中，着重阐述了历史家、思想家的态度与精神；在"搜集的方法（材料的精华）"章节中，重点分析了中国思想的史料与演变。该书为研究中国教育思想史提供了方法论启示及具体的方法运用。

（2）葛兆光著《中国思想史导论——思想史的写法》，复旦大学出版社2001年版。全书分为上下两部分。作者以"写法"为题，并不是要讨论一种写作策略，而是要构思表达关于中国思想史或哲学史研究中的一些重大理论和方法问题。该书主要探讨了思想史应当如何思考精英与经典的思想世界和一般知识思想与信仰世界，知识史与思想史之间互相说明的方式，古代中国思想的终极依据；思想史改变过去的传统写法和教科书式章节结构的方式，以追寻思想史的真正脉络和精神；思想史是否应当描述所谓"无思想"的时代，在无画处看出画来；作为历史记忆的传统知识和思想在重新诠释中成为新的思想资源的途径；思想史研究中看待考古发现与文物资料的方式等诸多深层次学术探讨问题，最后，又立足于后现代历史学理论的视角，分析应当怎样理解和限制这种理论资源的意义和边界。该书有利于学者深刻把握中国教育思想史内在的和本质的建构逻辑和演进脉络。

（3）（俄）卡特林娅·萨里莫娃、欧文·V.约翰宁迈耶主编，方晓东等译，《当代教育史研究与教学的主要趋势》，教育科学出版社2001年版。全书分为当代教育史的主题和内容、师资培训中教育史的目标、部分国家教育史教学大纲三部分。第一部分着重讨论科学的教育史的理论和方法论，以及各国学者对这门科学的结构和内容的看法；第二部分陈述了作者们运用教育史的实践经验，以提高未来教师的专业水平，培养他们的教育观点与思维；第三部分有助于读者研究某些东西方大学讲授的教育史的具体内容。1991—1992 年国家教育史专题组成员就"目前东西方大学教育史的研究与教学中的问题"展开了讨论，编者将讨论结果整理汇辑成此书。此书的作者均为欧洲、美洲和亚洲的著名专家和大学教授，因此具有一定的深刻性与前沿性。此书为研究教育理论和教育史的学者及一线教学教师提供了宝贵的参考资料。

（4）张岱年著《中国哲学史方法论发凡》，中华书局 2003 年版。全书共八章，详细地论述了哲学与哲学史、哲学思想的阶级分析方法、哲学思想的理论分析方法、历史与逻辑的统一、哲学遗产的批判与继承、整理史料的方法等。附录六则。该书是作者为北京大学哲学系中国哲学史硕士研究生讲授"中国哲学史方法论"课程的讲义。哲学是教育学的母体，系统了解中国哲学史，对于深入分析中国教育学具有重要意义；系统把握中国哲学史方法论，对于深入厘清中国教育史发展的内在脉络具有重要意义。

（5）刘来兵著《视域融合与历史构境——中国教育史学实践范式研究》，华中科技大学出版社 2013 年版，收入"中国教育活动史专题研究丛书"。除导言和余论外，全书共五章。第一章概述教育史学的概念与体系和教育史研究的视域与前提；第二章探讨多元化的教育史学实践（1901—1949 年），包括实证主义范式、相对主义范式、唯物主义范式的教育史学实践；第三章探讨革命史范式的一元化的教育史学实践（1950—1976 年）；第四章论述一元多式的教育史学实践（1977 年至今），包括现代化范式、叙事史范式、活动史范式的教育史学实践；第五章分析教育史学的实践活动转向；余论探讨了教育史的真谛。内容简介中写到："本书从'什么是教育史'这一学科基本问题出发，以实践唯物主义为研究视域，以不同时期学者的教育史著述为分析文本，从研究取向与叙述体系两个方面探寻教育史学者从事教育史学实践的隐性逻辑与显性逻辑，进而历史地考察教育史学者对此基本问题的不同理解与实践。通过面向教育史学实践这一事情本身的研究，既解构了不同时期教育史家的教育史观，又建构了教育史家的学术实践范式，最终形成'一切教育史都是人类以一定的方式从事的教育活动及其成果，一切教育史学均是视域融合与历史构境的过

程'这一研究结论。"❶

(6) 桑兵著《治学的门径与取法——晚清民国研究的史料与史学》，社会科学文献出版社 2014 年版。全书共 12 章，包括：近代中国研究的现状与趋向、晚近史料的边际与史学、治史的贯通与滞碍、各类史料的解读与运用、近代中国研究、比较研究、学术的历史、人物研究、教育史研究的观念与取材、女性研究、"民族"与"边疆"问题、本意与演化。此书是近代中国研究的史料与史学的通论与专论，内容丰富，层次严密，富有专业逻辑的显著特色，从各种类型史料的认识与应用的分说，到各个具体研究领域、方面的史料与取法的探究，都显示出史学方法及具体研究思路与技术的紧密结合和深刻认识。作者在"摘要"中写到："本书依照前贤指示的途辙，根据治学所悟，力求提供一些实用有效的运用材料、研究问题的基本门径和办法。"这是对该书阅读的有效指引。

(7) （美）威廉·W. 布里克曼著，许建美译《教育史学：传统、理论与方法》，山东教育出版社 2013 年版，收入"西方教育史经典名著译丛"。全书除前言外，共八章，主要包括：教育史的研究学习、资料的初步搜集、寻找原始资料、教育史写作的辅助资料、史学方法在教育研究中的运用、做笔记和文献标记、陈述的方法及教育史研究报告的评价。书末附录四则。全书分析论述清楚明晰，具有很强的说服力，学术观点鲜明独特，凸显出作者的知识渊博和思想睿智，同时，文献资料丰富，为教育史研究者提供了一个宝贵的资料库。

（二）近代史史料学

研究方法是主体探索未知领域科学认知活动的重要方面，探索者的素质及能力在此获得较为真切的体现。这在 20 世纪的中国认识不充分，而今天则成为一门专业基础课程，作为必修学科在大学本科、研究生阶段开设。相比较而言，历史学研究方法内容及理论层面更占优势，且对文献史料影响很大。这方面的著名著作有：王正平著《史学理论与方法》，杭州大学（今浙江大学）出版社1990 年版。全书共 18 章。附《史学概论》的研究对象与任务。该书详细阐述了历史研究的指导思想与理论基础、历史比较研究法、评价历史人物、批判地继承史学优秀传统、搜集史料的必要性及史料的分类、史料的鉴别与运用

---

❶ 刘来兵. 视域融合与历史构境：中国教育史学实践范式研究：内容简介 [M]. 武汉：华中科技大学出版社，2013.

等重要理论及研究运用实践问题，是中国近代教育史研究者的有益资料。漆侠著《历史研究法》，河北大学出版社 2003 年版，收入"宋史研究丛书·第三辑"。全书分为论治学、论史学、论史料、论史观、论方法、论中国古代史学（上、下）等九讲。附录十则，对正文材料进行相关补充，为中国教育近代史研究者提供参考。

以下呈现有关中国近代史料学著作。由于本书是教育史学范畴的部分领域探讨，因此，将教育史学著作也收入其中。

（1）陈恭禄著《中国近代史资料概述》，中华书局 1984 年版。全书分为七章，第一章为绪论，叙述了中国史料发展的概况，讨论了史料真实性问题；同时，对如何阅读史籍，作者提出自己的看法。第二章至第七章作者分别评介各种主要的史料，主要有公文档案、书札、日记、回忆录、笔记、诗歌、传记、报刊等类，兼及纪传史、地方志及典章制度等。此书分类较为明确，以大事记或以同类体裁为依据，对于外交史料的记载较为详尽，对史料的真伪进行辨析，评论史料的价值，思辨色彩浓厚。在第七章简略论述关于论文的写作方法，即如何运用史料。

（2）冯尔康著《清史史料学初稿》，南开大学出版社 1986 年版。该书介绍关于清史的各种史料体裁、内容、史料价值、重要史籍及其作者、史料的收藏和利用情况、史料的利用方法等。其中"清史史料"，主要包括清代和民国以来不同时代有关清史的著作。作者按清史史料学的体裁分类为：编年体、纪传体清代通史，政书，档案，方志，文集，谱牒，传记，笔记，纪事本末体，丛书和类书，其他体裁史料，对清史史料进行了详细清晰的梳理，是清代教育史研究者查阅资料的有益工具书。

（3）姚佐绶、周新民等合编《中国近代史文献必备书目（1840—1919）》，中华书局 1996 年版。该书是一本综合性书目，共 19 类：总类、诏旨、太平天国官书、民国政府公报、议案、典制、外交、法令、奏议、公牍、信札，文集、诗集，专著、专集，地方记事（附外国记事），传记，年谱，日记等。全书收录了鸦片战争到五四运动（1840—1919 年）近 80 年间我国公私纂述刻印流通的近代历史书籍，经后人发现这一时期的历史文献加以整理刻印流通者亦在收入之列。该书系中国近代史文献必备书目，对中国近代教育史学研究者查阅资料有参考价值。

（4）张宪文《中国现代史史料学》，山东人民出版社 1985 年版。全书较系统地阐述了中国现代史的基本史料和利用方法，并对一些史料的价值做了初步评述。全书由七部分组成：档案史料和文献丛编、报纸史料、期刊史料、历史回忆录、人物研究史料、地方史志政府公报和年鉴史料、中国现代史工具书的种类及其利用等。作者娴熟运用中国现代史史料学的研究方法，包括鉴别史料、校勘文字和考订史实等方法，对中国现代史史料进行了较为详尽的梳理。由于这里的现代指1919年至1949年的时间段，故包括20世纪30年代前的历史资源，是中国近代教育史重要资料的采择依据。

（5）杜成宪、邓明言著《教育史学》，人民教育出版社2004年版，收入华东师范大学著名教授、教育学家瞿葆奎先生主编的"教育科学分支学科丛书"中。全书分为"中国教育史学"和"西方教育史学"两编。上编"中国教育史学"共九章，主要阐述了中国教育史、中国教育史学科与中国教育史学；中国教育史学科史；中国教育史学科体系；中国教育史学科的基本理论问题；中国教育史料和史料学；中国教育史编纂学；中国教育史学科与相关学科；中国教育史学评论等。作为"中国教育史学"，该书既注重汲取中国传统史学和史学营养，又突出了教育学科的特色，并在教育学科的理论建设方面提出了建议。

（6）冯尔康著《清代人物传记史料研究》，天津教育出版社2005年版。全书共14章，主要介绍清人传记史料的书籍，包括列传体传记专著、碑传体传记专著、年谱、日记、尺牍及语录、族谱、纪传体通史、文集和资料汇编、地方史志、历史档案、笔记图书、题名录和像赞、工具书等，阐述书籍的作者、内容、文体、出版、收藏、利用的情况，以及有关的工具书。前言中写道："本书作者将努力呈献给读者一部关于清代人物传记史料的学术性和工具性兼具的史料学研究专著。"❶

六、其他

中国近代教育史以学科性质而论，属交叉性跨学科，无论是教育学，还是历史学均甚为复杂，影响因素多元以及讨论思考问题中人为可变度较多。这样一来，在文献及资料编选、整理方面的多层次表现在所难免。对上述分类难以完全合适归属及周延性不足之处，希冀以"其他"类型的整理予以补充。

---

❶ 冯尔康. 清代人物传记史料研究［M］. 天津：天津教育出版社，2005：1.

（1）王卓然编纂《中国教育一瞥录》，上海商务印书馆 1923 年版。全书共两章，第一章阐述了实际教育调查社成立的缘起；第二章以日记的形式，记载了美国现代派教育家孟禄与作者的交流、沟通见闻，其中不仅有教育的记叙，而且有除教育以外事项的拓展，增加了该书的趣味性。此书是作者受实际教育调查社委托，陪同美国教育家孟禄考察中国各地教育的旅行记，内容大致可分为学校调查、旅行实况、各地之风俗习惯、孟禄与各地军民长官及学界名士谈话、孟禄与各省教育会讨论教育、孟禄在各地发表关于教育上之意见等。作者描述具体明确，条理分明。此书反映美国实用主义教育在华传播及实施状况，对近代各地实际的教育也提供了生动翔实的资料。

（2）邰爽秋等合撰《教育参考资料选辑第五种——历届教育会议议决案汇编》，教育编译馆 1935 年版。全书分为各省教育总会联合会议决案、临时教育会议日记中之议案、第一届至第十一届全国教育会联合会大会议决案、全国师范学校校长会议议决案、全国实业学校校长会议议决案、全国教育行政会议议决案、全国高等师范学校校长会议议决案、全国专门以上学校校长会议议决案、全国中学校校长会议议决案等部分。作者对中国近代历届教育会议议决案史料进行了系统整理，内容广泛，教育专业化极强。

（3）中华续行委办会特别调查委员会编《中华归主——中国基督教事业统计（1901—1920)》，1918—1921 年编辑，1922 年分别出版中、英文版。中国社会科学出版社 1987 年版。全书共七章，主要阐述了各省基督教概况、基督教在各省的发展与比较、各大宗派宣教会情况的比较、中国信徒入教等方面内容，为研究基督教在华传教史及教会教育史提供了必要的资料。

（4）澳门中央图书馆编撰《刘羡冰女士赠书目录》，澳门中央图书馆 2002 年版。该书收录的书目有御制之线装教科书 9 册，洋务运动时期之线装军事教科书 16 册，国学类之线装教科书 30 册，清末民初之线装教科书 30 册，澳门出版之平装教科书 15 册，平装教科书 8 册和佛教书籍 20 册。刘羡冰收藏图书将近二十年，为了让更多的人分享她的藏书，她精选 208 册图书捐给澳门中央图书馆。该书是为表达对刘女士的谢意而作。正如前言所言"这批赠书的特色集中在其中的近百册线装教科书，属于四百年前开始西学东渐、19 世纪 60 年代的洋务运动和甲午战争后清政府行新学制三大时期的出版品，其内容基本反映了教科书的发展轨迹和概况。当中又以中国最早引进的西方数学教科书——《御制数理精蕴》最珍贵，1713 年由清廷组成专人编撰，1773 年收入

《四库全书》。自 18 世纪以来该书共有殿本、浙本和粤本三个版本，是系统引进西方算术、代数、几何、三角的数理书籍"。❶

（5）徐宗泽著《明清间耶稣会士译著提要》，上海书店出版社 2006 年版。徐宗泽，字润农，教名若瑟，晚明著名科学家、中国早期天主教徒徐光启裔孙。早年就读于上海徐汇公学，1907 年入耶稣会初学院，1909 年卒业后留学欧美，获博士学位并晋升司铎。1921 年回国，不久就接任上海耶稣会机关刊物《圣教杂志》主编及徐家汇天主教藏书楼主任。代表性著作有《中国天主教传教史概论》和《明清间耶稣会士译著提要》。该书为作者仿《四库全书总目提要》而作，录入的这些著作，限于上海徐家汇天主堂藏书楼所藏。全书分 10 卷，卷一"绪言"为概说，卷九"译著者传略"，卷十"徐汇、巴黎、梵蒂冈图书馆书目"，其他七卷为"圣书""真教辩护""神哲学""教史""历算""科学""格言"，介绍了明清间耶稣会士译著及本土有关著作 200 余种，"每类之首有一总论，每类中一书有一提要，述译著者之名姓、刊印之时期、出版之地点等，有序者直录其序，无序者则抄目录"，是我国传教士著述专题书目开创之作。附明清间耶稣会士译著书名表、索引。

（6）周振鹤编《晚清营业书目》，上海书店出版社 2005 年版。营业书目是书店为了出售书籍而编制的小册子或单张的供招贴的传单，不用于销售。该书按照官书局和民营书局两个方面分别介绍了各书局营业书目的状况。其中官书局包括浙江图书馆、湖北官书处，附官书局书目汇编；民营书局包括申报馆、商务印书馆、扫叶山房、同文书局、飞鸿阁、纬文阁、十万卷楼、鸿宝斋分局、申昌书局、宝善斋书庄、汲绠书庄、慈母堂、广智书局、时中书局、科学图书社，附上海书业公所《书底挂号》。该书取材来自作者收藏和上海档案馆收藏的一手资料。营业书目能够有效反映当时社会市面上书籍的流行情况，进而推测大众的阅读倾向，间接地反映了当时民间的文化和教育状况。该书是研究晚清社会西学对中国文化的影响、中国新旧教育变迁的重要资源。

（7）熊月之主编《晚清新学书目提要》，上海书店出版社 2007 年版。该书收入《增版东西学录》（徐维则辑，顾燮光补辑)、《译书经眼录》（顾燮光撰)、《晚清新学书目提要》（沈兆祎）和《西学书目问答》（赵惟熙）四部书目提要之作，来源宏富、体例精审，除依次列具著者、译者、版本、卷次、

---

❶ 澳门中央图书馆. 刘羡冰女士赠书目录：前言［M］. 澳门：澳门中央图书馆，2002.

内容提要、得失评骘之外，尚有相关读物介绍等其他可资参考的线索提供。❶
全书反映教育方面的资料很多，《增版东西学书录》卷一、《译书经眼录》卷
三、《西学书目答问》政学第一，均有学校资料，卷三分格致、算学、重学、
电学、化学、声学、光学、气学、天学、地学、全体学、动植物学等类目，卷
四采纳医学、图学、理学、幼学、宗教、游记、报章、议论、杂著等文献，其
中《中国人辑著书》中刊载学校、格致、算学、重学等学科内容；卷五、卷
六、卷七、卷八收录了大量地理学、卫生学、算学、图学等课程性素材。《晚
清新学书目提要》卷四文学类中含有部分教育资料。《西学书目答问》艺学第
二，具有重要的教育学、史料学、文献学价值。

---

❶ 范军. 中国出版文化史研究书录 1978—2009 ［M］. 开封：河南大学出版社，2011：87.

第三编

中国近代教育史料
及内容介绍（下）

第七章　国外研究中国近代教育史史料

　　1949 年中华人民共和国成立以来，我国革命和建设事业不断发展，国际地位显著提高，越来越多的国外学者开始对中国教育历史发展加强探讨，其中以日本学者为代表，出版许多中国近现代教育史的著作和文章。日本是亚洲研究中国的中心，到 20 世纪 70 年代，已经有 400 余所公立、私立大学开设了有关中国问题的课程，有 120 余所机构出版过中国历史的专著，至少有千余名副教授以上或相当水平的专业人员在思索中国的教育历史及现状，不仅成果数量增多，而且范围也越来越广，内容也越来越深入。不过，需要说明的是，与国内将中国近代教育史作为专门学科或教育学科群系列分支之一的状况不同，国外的成果往往将此融合到中国历史，尤其是社会、思想文化史的范围内考察，以至许多论著均带有上述学科题目或书名的泛化现象。这或许可以理解为"大"中国近代教育史的研究模式。

第一节　国外中国近代教育史主要史料

　　20 世纪 70 年代末期开始，中国实行改革开放政策，国外有关中国问题的成果进入了中国学者的视野。自近代以来，国外有关中国的研究既已兴盛，当时他们主要依据外国传教士及外交官、海外官员等带去的资料进行分析。

　　20 世纪初，法、德相继出现了一些汉学家和汉学研究中心，美国已有八所一流大学开设了东亚研究（包括中国）的课程，并设立学位。第二次世界大战时期，国外对中国的关注较少。第二次世界大战结束后，中国话语日渐兴盛并有新的升级。法国开始了系统科学的中国近现代史探讨；德国的东方学（包括中国）讲座盛极一时；日本是亚洲中国问题中心；苏联在 20 世纪 50 年代培养了大批精通中国历史文化和教育的专家，至 70 年代研究中国的机构已超过 20 多所；美国发展最为迅速，经过 20 世纪五六十年代的发展，至 70 年代，已经出现了 200 多所专门的中国问题讨论机构及有关的亚洲关系组织，使国际上的中国中心迅速从西欧转移至美国。由此推断，国际对中国包括近代教育史在内的出版成果颇丰。此外，其他国家如荷兰、丹麦、瑞典、澳大利亚、加拿大等对中国历史及社会情况也表现出深入了解的愿望。上述种种，使国外研究中国近代教育史著述成果的整理及分析成为一个十分重要的课题。

一、20 世纪 50 年代以前主要史料

有关国外中国近代教育史的成果分类与领域分布重点的理解是大体吻合的，主要从综合及主要专题类别加以梳理。这既有跨时限的共性，也有分阶段的个性特征。

（一）综论

1. 西方中国近代教育史主要史料

英国学者卡梅伦：《中国的维新运动（1898—1912）》自 1931 年由美国斯坦福大学出版以来，一直被学者广泛引用。该书第四章专门论述了清末的教育改革，认为清末地方兴学在教育政策推行中存在很多问题，如师资质量低劣、政策具有波动性、一些地方官员对新式教育的抵制与冷漠等。

其他的主要著作有：《中国妇女教育》，1911 年；《中国基督教高等教育：1925—1926 年的研究》，1928 年；《中国基督教传教史》，1929 年；《中国与教育自治：新教教育传教士在中国的变化角色，1807—1937 年》，1946 年；《近代中国的民族主义与教育》，1932 年；《中国教育的重组》，1932 年；《国际联盟教育专家团报告的批评》，1933 年；《国联教育专家团报告》，1932 年。

2. 日本中国近代教育史主要史料

狩野良知著《支那教学史略》，上海商务印书馆 1902 年版。这是日本学者探讨中国教育史的代表性成果，标明"教学史略"是突出教学在教育活动中的优势地位，其时国人似名之以"教授"，而不是"教学"。这大概源于译名之误吧。作者论述中国从上古到清朝的文教政策、学校制度、学风、选举制度、课程、教学组织及方法等方面的内容。我国最早采用的一批日本学者编著的中国教育史著作，该书是其中之一。

清末至民国时期日本学者在该领域所取得的具有代表性的著作还包括：增户鹤吉著《教育史》，江苏师范讲义编辑部编辑，孙家树等译，江苏宁属学务

处 1906 年 4 月发行；小泉又一著，景耀月、刘镜蓉译《教育史》，1906 年东京古今图书局出版；孙清如根据日本材料编译《教育史》，1908 年经学部批准为师范学堂教学参考书。[1] 这些著作是理解中国近代教育史课程发展的重要资料。日本教习在中国的教育活动亦是研究的重要领域。实藤惠秀《中国人日本留学史稿》（1939 年版）是较早开始研究留学日本著作。20 世纪 40 年代，我国学者汪向荣与实藤惠秀一起调查了日本教习在中国的情况。实藤惠秀《中国人日本留学史》（1970 年增补版）则是风靡中日教育学界的近代中日教育关系史及比较史著作，直至今天，仍是该专题难以跳跃的重要文献。梅根悟、多贺秋五郎著《东洋教育史》，东京岩崎书店 1955 年版。这是此时期日本在中国教育史学的又一力作。更集中于近代中国教育史、国别教育及区域教育的作品，则可参考多贺秋五郎所编《中国教育史》（东京岩崎书店 1955 年版，东京御茶水书房 1963 年再版），以及林友春编《近代中国教育史研究——其文教政策与庶民教育》（东京图土社 1958 年版）。这两部著作均为日本学者对中国近代教育研究的论著典范。上述文本大多数已经译成中文出版，增加了可读广度。

（二）科举与儒学

科举制是中国源远流长达 1300 年之久的人才考选制度及方式，作为一项特殊制度影响政治、教育、社会经济及道法精神等诸多领域，因此，被冠"中华帝国的政府考试制度"。也有将之与造纸术、指南针、火药、印刷术并列为古代中国贡献于人类文明的第五大发明的观点。然而，时至近代，受救亡图存思潮影响，科举被视为中国现代化绊脚石，而被漠视与批判。科举制度废除前后可谓"一朝惊梦""恍若隔世"的离奇与迷惘。国外学者比较集中的研究著作有：傅吾尔者·坎布里奇《中国科举的改革和废除》（哈佛出版社 1950年版）。该书对科举的评价比较综合性：科举制度的产生源于政治权力的集中控制、贵族世袭的瓦解以及社会的需要。这些变革让原先仕途封闭的贫困子弟转向科举。从理论上讲，这是一种相对民主而开明的举措。然而，科举制度也存在根本的缺陷，它把读书与做官紧密地联系在一块，视仕途为人生的唯一出路。书中列举了落第而走向社会对立面的人物典型，说明科举造就人才，亦毁灭人才。这正是导致中国近代社会落后的根源。

---

[1] 王炳照. 中国教育史专题研究 [M]. 北京：北京师范大学出版社，2009：28.

儒学是教育的指针，也是内容及要求，西方的挑战与冲击，促使其下降与衰落，但仍有强大惯性力量在发挥作用。代表性著作有：《中国的宗教：儒教与道教》，1951 年；《儒家中国及其近代命运：知识分子的问题》，1958 年。

（三）校史

19 世纪末和 20 世纪初，中国近代教会大学在诸多学科专业领域，如医学、农学、法学、社会学、新闻学及语言教育与妇女教育方面，影响颇深，并对清末官办教育形成重要的补充作用。海外研究教会学校史著作主要如下。

（1）文乃史（Walter Buckner Nance）著《苏州东吴大学校史》，纽约出版社 1956 年版。该书论述东吴大学，重点突出法学院的特色，法学院成为东吴大学最大的专门学院，毕业生在当时法律、法学领域占有很大的比例。

（2）瑟斯顿《金陵女子文理学院校史》《华南女子学院校史》（1856—1939），纽约出版社 1955—1956 年版。两部书中记载两所女子高等学校历史，尤其突出其教学及管理、学校招收女学生对社会及家族的影响。在五四运动之前，这两所女子高等教育机构可以说是走在了当时中国官办或民办女子高等教育之前。

（3）弗格森《罗氏医院和北京协和医学院》，纽约出版社 1956 年版。北京协和医学院作为知名度最高的学校，它与教会有着密切的联系。❶ 在现代医学教育方面，所办专门的医学学校有突出地位。该书描述了当时的医疗设备与水平。

（4）《上海圣约翰大学校史（1877—1951）》，纽约中国大学校董联合会出版社 1955 年版。该书论述该大学对英语教学特别重视，除了国文外，其余各科课程都用英语进行教学。这一方面造成了学生西化的倾向，另一方面也使该校成了旧中国外语人才的重要来源。因为教会大学会提供西学专业技术高级培训，研究教会科学教育可以据此参考。

（5）斯科特《福建协和大学校史》，纽约出版社 1954 年版。该书内容包括学校创建背景、学校体制课程教学、经费管理、组织行政及大事年表等。该校后来于 1951 年与华南女子文理学院合并为福州大学。

（6）科贝特《山东齐鲁大学校史》，纽约中国大学校董联合会出版社 1955 年版。该书描述齐鲁大学学校与教会的合作关系，齐鲁大学提供四年制课程，

---

❶ 丁钢. 中国教育的国际研究［M］. 上海：上海教育出版社，1996：70.

前两年在学校，后两年在职培训。

其他的知名校史尚有：队克勋编《杭州之江大学校史》，纽约中国大学校董联合会出版社 1955 年版；文乃史编《苏州大学》，纽约中国大学校董联合会出版社 1956 年版；科约翰编《华中大学校史》，纽约中国大学校董联合会出版社 1956 年版。

二、20 世纪 50—90 年代主要史料

本时期国外对本学科领域相关素材梳理设想与上面相同。在具体内容方面，对书院及教育家的视角更为突出，这是国际汉学界对中国近代教育史探索的一种明显的热点转移。

（一）综论

1. 西方中国近代教育史主要史料

从中国封建社会末期以及民国初期的大众教育非儒学化倾向的角度，来探讨中国近代教育变革与社会变迁的一些内部动因，亦是一些国外学者研究的重点。如：罗斯基著《清代的教育与大众扫盲》，1979 年；保罗·贝利著《改革民众：20 世纪初向大众教育的转变》，1990 年。两书着重从民众教育的变化来寻找中国近代社会变迁的教育动因，并归纳出中国近代教育制度的若干进步因素。

有关对中国传统教育向近代教育转型的探求，如村学、官办学校及书院等是一个新旧冲突时代的重要教育话题。如：张仁济著《旧中国村学和村社》，波士顿克里斯托弗出版社 1960 年版；毕乃德著《中国近代最早的官办学校》，康奈尔大学 1961 年版以及《变化中的中国学校》（1979 年）。

从上述此期聚焦该领域的重磅著作之中，透露出三方面信息：民间学校与社会结构的深层紧密关系；政府主持官办学校——洋务学堂在近代教育体制中的"领头羊"地位；中国近代社会中学校教育的快速变化特点。

西方学者专门论述中国近现代教育史实及问题的著作也不乏存在，著者中以法国学者为主：巴斯蒂《二十世纪初年中国的教育改革面面观》，巴黎穆顿公司 1971 年版；蒂西埃《中国的民众教育》，巴黎法兰西马斯佩罗书店 1978 年版；普里斯特利《中国的教育》，香港蜻蜓书店 1961 年版。它们在研究的方法、史料分析、研究的视角方面都可以为中国近代教育史的资源挖掘所借鉴和参考。

《变革中国：西方顾问在中国（1620—1960 年）》，1969 年；《中国的世界秩序：传统中国的对外关系》，1968 年；《中国教育：传统与革命》，1973 年；《锡良与中国革命》中专门介绍了锡良 1903—1909 年分别在四川与云南进行的改革活动；《十九世纪中国的改革》，1976 年；《中国的改革与革命：1911 年的两湖革命》，1976 年；《改革民众：二十世纪初向大众教育的转变》，1990 年；《中国封建末期的道德秩序与社会变革》，1991 年；《播种变革的种子：中国学生和日本教师（1895—1905 年）》，1992 年；《晚清中国的妇女运动和民族主义》，1976 年；《帝国主义与妇女反抗（1900—1949 年）》，1982 年；柯伟林《德国与中华民国》，1984 年。

2. 日本中国近代教育史主要史料

日本此时期所编纂中国近代历史、教育史的书比较多，这些著述资料都可以用来作为参考。坂野正高、田中正俊、卫藤沈吉等合编《近代中国研究入门》（东京大学 1974 年版）。该书以中国近代史为背景，分六部分，按专题就中国文学史、教育史、政治经济史、法制史的篇章设计，对中国近代社会进行较为全面论述，产生很大影响。依田熹家著《日本的近代化——与中国的比较》（中国国际广播出版社 1991 年版），从两国的国民性、文化基本类型的特点论述两国近代化必然产生的差异。两书史料价值颇为重要，不可忽视。

日本学者认为近代教育是中国从传统教育向现代化教育过渡的一个重要阶段，更是中外教育交流发展的重要时期，因此，需要格外引起重视，并投入人力和物力从事此项工程。在这种背景下，中国近代教育史的成果十分卓著。

关于中国传统教育的近代挑战内容，可以参考林友春编《书院教育史》，学芸图书株式会社 1989 年版。1973 年，日本学术振兴会出版了多贺秋五郎教授主编的《近代中国教育史资料》，全书共五卷：清末（1902—1911 年）编、民国（1912—1949 年）编、人民中国（1949—1960 年）编。后由台湾文海出版有限公司影印版。全书收录了大量原始资料，在分类整理的基础之上，参照原有文献复制胶印而成，大量稀见教育记录可从此找到。其存在的主要问题是内容不够全面，需要进一步查找和补充。

笔者在浙江大学求学期间（1981—1991 年）在教育学院资料室初次阅读、使用该书，后来任教于西南大学、河北大学均未获见。可见，国内收藏稀少，更显难得，对专业学术研究弥足珍贵。

该书体例编排以文献资料为重点，依近代教育历史阶段波折震荡，将教育问题融入从清末新学制伊始直至近现代跌宕起伏的变迁图谱之中。其中清末编汇集了《学堂章程》《学部奏咨辑要》《大清光绪新法令》《师范学堂章程》《大清宣统新法令》《大清法规大全》《政治官报》《内阁官报》等教育素材。民国编（上）范围包括五四运动直至1931年"九·一八"事变间的教育运动。编者配合正文分别各编撰写序文、凡例、资料项目及解说，特别是"资料项目"以大事记方式写作，呈现珍贵史实，极具参考价值。

20世纪初期，中国近代社会剧烈变动，与教育发生了新的关系，在学界开展中国教育史论争激起涟漪。同时教育理论界对中国近代新教育历程的反思，即中国近代教育如何发展，近代教育的历史使命和担当如何，这些为现实观照提出新的回应和借鉴。

在此基础上，多贺先生将论题扩至近代亚洲，利用资源撰述专著。1975年，日本岩崎学术出版社出版多贺秋五郎主编《近代亚洲教育史研究》（上册），东京文理学院出版社出版了该书后篇《近代亚洲教育史研究》（下册）。

此外，多贺秋五郎撰《宗族之研究》，可为中国近代宗族教育史提供可资借鉴的资料。据作者所称，日本藏中国家谱以东洋文库较多，一共有800余种；稍弱是国会图书馆，计400余种；再次是东京大学东洋文化研究所藏200余种，剩余一些单位所藏数部而已。合并统计有1500多部。❶

近代中国和日本受到西方列强冲击，不得不加以调整和应对。

西学东渐之风兴盛，对此《西学东渐与中国事情》❷做出详细的记述。该书由增田涉著，其民、周启乾译，江苏人民出版社2010年版。19世纪以来，处于封建社会晚期的中、日两国，都面临着"西学东渐"的挑战与机会、西方资本主义势力冲击下的社会道路选择问题。西方列强的对华侵略活动，震惊了日本朝野，中英鸦片战争的爆发为其敲响了警钟。众多汉译西方作品传入日本，幕府中志士从中汲取营养，为明治维新打下思想基础。作者提供内容丰富，包括各种作品，收录万国公法、医学、科学、思想启蒙、地理等学科知识书籍以及源于中国《海国图志》《圣武记》等著作内容。该书为这一时期中外教育文化的重要文献。

风俗、民俗是教育的载体及内容之一，尤其与民众教育和儿童教育关系密

---

❶　何忠礼. 中国古代史史料学 [M]. 上海：上海古籍出版社，2012：144.

❷　（日）增田涉. 西学东渐与中国事情 [M]. 其民，周启乾，译. 南京：江苏人民出版社，2010：1－4.

切。日本中川忠英编著，方克、孙玄龄译《清俗纪闻》，中华书局 2006 年版。该书是日本学者汇编的关于清代中国江、浙、闽一带民间传统生活习俗及社会情况的一部调查记录。体例内容分为年中行事、居家、冠服、饮食制法、闾学、生诞、冠礼、婚礼、宾客、羁旅行李、丧礼、祭礼、僧徒 13 卷，涉及生活习俗、礼仪、教育、宗教等各个方面。书中有较多关于教育的记录，如"居家"篇中的"子女教育"；"闾学"篇中详细记录了关于闾学的先生、入学年龄、入学礼法、固定功课、作诗、作文、女子之学习、乡试等事项；"冠礼"篇中记叙了"女子教育"，等等。作者记述详细，并附有各种物事的具体画像，在存留历史文献资料方面极有特色。该书全面、综合地展示了当时中国社会，尤其是普通庶民生活的教育情况，是考察清代社会及中国古代向近代转型期教育的有价值史料。

（二）科举与书院

"科举制度"是中国历史的伟大"发明"，对古代社会产生过重要影响。在中国，教育与政治社会难以分解，故有关科举的专题研究大多集中论述中国传统政治制度与教育制度的关系。科举制度的本质与意义，科举变革与学校教育多线性关系，不仅对中国教育近代历程产生深度震荡，甚至与社会变迁也有多重作用。

国外学者对科举制度的研究相对集中于宋代与清代。这里对宋代略而不论。有关清代科举制成果代表性的有 1960 年弗兰克·沃尔夫冈（Franke Wolfgang）著《传统中国科举制度的改革与废除》，此处不加以赘述。科举是积极的还是消极的，外界的评价是复杂的。它所带来的影响不仅关乎中国，而且远及欧美。日本教育史家宫崎市定著《中国的考试地狱：中华帝国的科举制度》（东京中央会论社 1963 年版），主要集中于清代的科举考试现状及问题剖析。其内容包括考试的准备、考试的资格、从乡试到省试和殿试的过程、武科及其他特别科的考试，以及科举自产生到发展历程历史性的讨论。作者认为，隋唐科举的兴盛，是政治权力的再分配与分化变革，宋代科举人数的骤然增加，主要是由于一个新阶层的产生，其中着重点在宋代的殿试；明清时期的科举制度，由于政治原因破坏了科举制度自身的价值，最终走向灭亡。作者强调科举制度对中国社会的价值具有明确的时代性。

林友春著《书院教育史》（学芸图书株式会社 1989 年版），强调朱熹新儒学理念在书院教育的应用，及其独具特色的表现。作者就中国书院对日本的影响做了一番历史的梳理，得出结论：自唐以来书院出现，对日本文化、教育的发展都产生了重要影响。由于书院教育延续至近代，又在"书院改制"中为近代新教育运动发挥作用。该书的内容及思路建构以及论点分析等均有助于近代中国书院问题思考。

大久保英子编《明清时代书院研究》，东京图书刊行会 1976 年版。作者在第一章至第三章认为，明代书院教育扩大了受教育的范围，使书院教育逐渐走向平民化，其中主要是书院教育内容的平民化和书院教育的组织者与参与者身份的平民化等原因所致。该书将"清代书院与商人"专列一章，在大量资料的考证考查下，以地域为纲，系统介绍"书院与商人"的发展联系。其中包括山西、安徽商人与书院的关系，以及江西、湖广、江苏、浙江、福建、广东地方书院中商人的参与。这是从清代社会经济发展的角度研究书院的一种新视角。

有关清末书院的命运及生存方式问题，西方学者投入力量进行探讨，代表作为《清末最后的书院：从 1864 年至 1911 年长江下游的社会变革》（1994年）。

（三）教育家

欧美国家关于中国近代教育史专题探究关注教育人物及教育家，此类成果偏多。围绕人物的教育思想、教育活动着力开展，不仅是教育理论问题的引发，而且多数与近代教育改革相关。

1. 康有为

康有为教育思想在近代中国教育史上有特殊地位。萧公权（Kung－chuan Hsiao）《近代中国和新世界的改革家、空想家康有为（1859—1927）》，华盛顿大学出版社 1975 年版。该书中文版《近代中国与新世界：康有为变法与大同思想研究》，汪荣祖译，江苏人民出版社 1997 年版，江苏人民出版社 2007年再版，收入"海外中国研究丛书"。全书分为"家世与生平""哲学思想""变法蓝图""大同理想"四部分共 11 章。附录有汪荣祖编萧公权先生学术年表，对康有为的变法与大同思想进行了追述，凸显了这位"南海圣人"重视社会政治的问题意识，还原了纵笔代圣贤立言的一代大师形象。作者参阅丰富的史料，尤其最为厚重的是康有为未刊手稿，该书对手稿的充分利用，增强了康有为思想内在的活力。其中对康有为的教育改革实践进行重点阐述，包括"康氏提出的建议""基本设想""戊戌政变之后""作为改良派的康有为"四节内容，系统梳理了康有为一生的教育活动及教育学说。康有为的名字，既象征着一个风云变幻的时代，又包孕着亟待发掘的丰富内涵。

该书早期是以单篇论文的形式，在《华裔学志》《清华学报》《崇基学报》上发表，至1973年重印时将这些论文合为一书。其间除了一些小的变动，其他如旧。第三章至第六章曾发表于《华裔学志》；第七章曾刊于《清华学报》；第十章至第十一章刊于《崇基学报》。增添了第一章、第二章、第九章。具体内容分为四编：第一编主要介绍了康有为的家世与生平；第二编记述了康有为的哲学思想，如儒学新诂、以儒变法与以儒为教、哲学的整合；第三编包括变法蓝图，像政治、行政、经济、教育变革等；第四遍介绍了大同理想，如到大同之路、工业社会的迂回之路。除此之外，书末附有现代中国与新世界以及引用书目，虽是一篇篇论文，但作者较为详细地检视了康有为变法和大同思想的主要论点。

戊戌变法失败之前，康有为认识到资本主义制度比中国封建制度先进，开始了解和认识西方世界，阅读中国人翻译的西书和外国传教士办的中文报刊。但戊戌变法失败以后，康有为逃亡海外，直接了解和认识西方世界，使他的价值观发生了巨大的变化。

1967年，阿尔利桑大学出版乐润邦编《康有为传记和专题论丛》，作者抛开历来对康有为经学研究的偏见，透过现象看本质，认为康有为解释诸经的成绩相当可观。其中阐述进步是人类社会的法则，人们的一切欲望都是正当的，不应压制，而且人人平等，并给予自由，民主是政治发展的最后形式，君主立宪乃是专制与共和政体间的过渡思想及形态。受康有为的这些思想影响比较大的一位人物是蔡元培，他通过对西方近代自然科学和社会管理科学的吸收，尝试着变革中国传统教育。然而书的后部分分析记叙康有为从学习西方文化到有意识地摒弃盛行于近代西方国家的某些民主观念，思想中原已存在许多保守主义的成分集中暴露，主要表现在对君权的妥协以及对传统的以礼治国、儒法合流思想的吸收。

2. 张之洞

张之洞是19世纪中叶至20世纪初划时代的教育改革家，历来作为史学家研究这一时期教育的重要对象，国外学者也不例外。美国学者贝斯《中国进入二十世纪：张之洞和历史新时期的问题（1895—1929年）》，美国密执安大学1978年版，该书系统地介绍张之洞主持教育改革的情况。威廉·艾尔斯

《张之洞与中国的教育改革》，1971 年哈佛大学出版社出版，作品详细介绍张之洞的政治与教育改革生涯。其中艾尔斯认为，张之洞的一生经历反映了当时中国教育发展的主要问题。他的教育思想历程体现知识分子的思想倾向；从他与科举的关系，可以看出教育制度演变的过程；而他的政治活动真实反映一代政治家的变革意图。他就像新旧教育制度下一面历史的镜子。但从总体上来说，张之洞是清末教育改革的中立派。他著书立说，促进教育变革，强调学习西方为用，中学为体，最终确立新的教育制度，调和了中西之学与新旧教育的冲突。然而，张之洞的中体西用遭到了维新派领袖人物康有为、梁启超与严复等的激烈反对。

3. 梁启超、严复、张謇

综合分析，欧美汉学界对梁启超、严复及张謇这三位思想家、教育家的探讨成果不突出。约瑟夫·阿·勒文森著，刘伟、刘丽、姜铁军译《梁启超与中国近代思想》，四川人民出版社 1986 年版。勒文森，美国知名汉学家。1941年获哈佛大学学士学位，1947 年获硕士学位，1949 年获博士学位。1954—1955 年获富布赖特研究奖学金，在伦敦大学东方和亚洲研究学院讲学；1958—1959 年获行为学研究中心研究奖金；1962—1963 年获古根海姆研究奖金；1951—1961 年，先后任伯克利加利福尼亚大学历史助理教授、副教授，1961 年迄去世为教授。全书分为三编六章：1873—1898 年，变迁；1898—1912 年，勇敢的新世纪；1912—1929 年，往事的回忆。每一编的第一章采用编年体的形式平铺直叙梁启超的生平，每一编的第二章则重在分析。书末附录"一场关于孔夫子经典著作真实性的辩论"。译者在"内容提要"中写到："本书从深广的文化背景揭示梁启超对时代及时代对梁启超的双向影响。一个著名思想家种种思想困惑及坚实的行动，构成了使人感到震惊的心理图式；中国古代思想、近代思想乃至廿世纪初西方思想都在争夺他。他是怎么地选择，他在自己选择中如何走向自己的结局，确实能使人读来饶有兴味的。"❶ 该书对梁启超思想的起源、演变进行深入细致的分析，为研究梁启超教育思想提供方便。本杰明·史华兹著，叶凤美译《寻求与富强：严复与西方》，江苏人民出版社 1996 年出版。全书共 12 章，在厘清严复思想发展脉络的基础上，对其专

---

❶　（美）约瑟夫·阿·勒文森. 梁启超与中国近代思想［M］. 刘伟，等译. 成都：四川人民出版社，1986.

著进行了详尽的分析，并将严复的思想与以斯宾塞、赫胥黎、亚当·斯密、穆勒、孟德斯鸠等为代表的西方思想进行比较，具体阐述西方政治思想对 19 世纪末中国知识界的影响，论述中西文化的复杂关系。美国哈佛大学教授华尔兹是当代著名的汉学家，长期致力于中国近代史的研究，他以独特的视角与方法探讨中国著名的西方评论家——严复的思想，无疑对于严复中西文化交流的理解具有重要意义。

清末教育变革中另一位值得注意的实业家与教育家是张謇，他不同于封建改良主义的张之洞，也不同于维新派的康有为，他是由地主绅士走向资产阶级改良派的人物。因此，在政治上，他主张君主立宪制，并将此建立在地方自治基础上。张謇在南通的教育改革试验明显地反映了他的教育变革历程。美籍华人朱昌竣著作《近代中国改革派——张謇 1853—1926》，哥伦比亚大学出版社 1965 年版，论述以张謇为代表的中国近代民族资产阶级在政治、经济、社会、教育变革等各个方面的作用，体现中国近代学校建立的过程中进步绅士扮演的角色以及为教育作出的贡献。

4. 蔡元培

1912 年孙中山在南京就任民国临时大总统，任命蔡元培为教育总长，南京临时教育部正式成立，开始为全国教育提供指导意见。因此，民国时期的教育改革总是与蔡元培联系在一起，不少国外学者在讨论这一时期的教育时，基本都会分析蔡元培的教育思想与实践活动，以及他对民国时期教育改革的影响。

美国学者威廉·杜克著《蔡元培：近代中国的教育家》（1977 年），记叙蔡元培的光辉教育探索及成就，提出蔡元培的思想是多元化的，其中包括西方的自由民主传统、乌托邦式的无政府主义、德国新康德主义的伦理与形而上学观念，同样包括儒家传统中的人文主义因素。但上述任何一个来源都难以概括他思想的全貌。从本质上看，也许可把他的世界观看成是儒家人文传统的近代翻版。杜克在讨论蔡元培"五育"的时候认为，军国民教育、实利主义教育及公民道德教育是为了迁就同僚，而世界观教育和美育教育是为了促进未来大同社会之实现。但由于面临世界大战的危机与政府的压力，他的世界性主张和大同世界成为幻影，很多人文教育愿景都没能实现。

中国近代教育史后期教育家的活动及影响穿越现代教育领地的典型教育家如胡适、梁漱溟及晏阳初同样被摄入美国学者视域之中。这提供了异域"可以攻玉"的"它山之石"。格里德著《胡适与中国的文艺复兴》，哈佛大学出版社 1970 年版，大陆当代译本有所更替。周明之著，雷颐译《胡适与中国——现代知识分子的选择》，广西师范大学出版社 2005 年版。全书分为"一个近代中国人的教育""文化碰撞""政治观点""文化建树""结语"五篇共 11 章，以主题性内容分析展开论述。书中着重探讨其教育、文学及文化建树、文学革命的推动作用，着重刻画胡适在晚清和民国时代以来的新旧教育交替与中西教育激荡环境之中，所产生的痛苦挣扎、无所适从的疏离感以及不断探索、积极努力于教育的精神。作者虽以传主为聚焦中心，却同时对傅斯年、徐志摩、丁玲等一批现代知识分子面对政治现实进退两难的处境、对传统教育的复杂心理、对近代教育的思考以及国家命运的心忧等，从思想或心灵角度做了细致的分析，透视了那一代知识分子关乎教育、文学、政治等方面的心路历程。艾恺著《最后的儒家：梁漱溟和中国现代化的困境》，1986 年；海福德·查尔斯《为了民众：晏阳初与农村中国》，1990 年。这些作品通过对一个个教育家的研究，不仅仅想说明他们在教育变革中的成功与挫折，更在于勾勒出这一时期教育变革人的因素及力量价值这一重要现象与历史事实。这种努力期冀能够以小见大，对人们在思考历史时期的教育变革产生启示意义。

（四）校史

社会的变革必然带来教育的变革。在近代中国，教育的变革更多的是来源于外国势力的入侵，也源于自身文化在面临世界文化挑战背景下的刺激与反应。中国近代教育变革与传教士在华的教育活动有着密不可分的关系。因此，研究近代教育，就要关注教会教育开展，尤其是美国传教士及教会的教育工作，其中又以教会大学办学活动最为突出。为此，传教士、基督教会及教会大学校史个案的叙述文本问世是顺理成章的。如《在华传教事业与美国》，1974年；谢利·加雷特《中国城市的社会改革者：中国基督教青年会（1895—1926 年）》，哈佛大学出版社 1970 年版。杰西·格·卢茨著《中国和教会大学（1850—1950）》（康奈尔大学 1971 年版），由浙江大学教育学院教授曾钜生译，书名为《中国教会大学史 1850—1950》（浙江教育出版社 1987 年版）。该书叙述美国在华教育的活动及广泛影响。据统计，美国在华的教会大学中有13 所新教大学，如上海圣约翰大学、华南女子文理学院、杭州之江大学、苏州东吴大学等，均为教会创办的新教大学。其他的如福建协和大学、山东齐鲁大学、金陵女子文理学院、华中大学、罗氏医院和北京协和医学院、燕京大学等学校，这些学校反映了美英差会联合办学校的历程及学校的发展。传教士在教会学校中推广科学课程，目的在于破除迷信，改变中国人的思考方式。

教会教育的学校机构、层次、类型相当齐全多样，西方学者的大学校史著作主要围绕教会大学、教会学校办学活动展开。教会教育在很多方面是开中国教育风气之先，从起初单纯照搬西方模式到教会在中国世俗化的口号下融入中国教育，教会大学逐渐为中国知识分子提供了一种中西结合的教育方式。这些教会学校大大促进了中国教育的发展，后来很多教会学校都成为高水平大学，为中国输出大量优秀人才。《一个美国的移植：洛克菲勒基金和北京协和医学院》（1980 年），作为前期教会大学个案史介绍呈现，有一定信息容量及价值。

作为后期有名的教会大学燕京大学，它与西方的结合是最为成功的。美国学者弗菲利普·韦斯特《燕京大学和中西关系：1916—1952》，哈佛大学出版社 1976 年版，记叙校长司徒雷登受"国际化"的鼓舞，在汉学研究上既本着民族传统而又超越民族主义，从事西方教育模式在华实验，使学校上升为国际性大学，同时也为西方在华大学教育中西合璧国际化与民族性渗透的真正内涵做了说明。

通过以上分析，我们不难发现，教会学校既是西方进行文化侵略的武器，同时又是传播西方科学与文化的手段，实为近代教育风气之先声。教会大学校史为我们理解西方教会与近代中国教育、中西方文化的冲突与融合提供重要视角。

（五）文化教育

文化与教育是多重关系联系在一起的。两者既可以作为主从关系存在，也是作用与反作用的互动性构成方式。在当今课程学理念中，重视以文化蕴涵成分作为教育内容及资源开发的富矿区，以此实现教育价值的意义，其工具与目的认识体现于当今课程论之中。以此而论，外国学者的中国文化教育探索著作是有预知先见的。以下将主要作品简略述之。

（美）萧甫斯坦《中国思想、文化、习俗与信仰》，1974 年。（美）费正清《中国的思想与制度》，1964 年。（美）顾立雅《孔子和中国之道》，1960 年。（日）酒井忠夫《儒学与通俗教育著作》，1970 年。（美）狄百瑞《儒学的困惑》，1991 年。（美）列文森《儒家中国及其近代命运：历史意义的问题》，1965 年。本杰明·埃尔曼《从哲学到语义学：中国封建末期的社会变革与知识分子》，1984 年。维拉·施瓦支《中国西方化：五四运动的遗产与知识分子》，1986 年。

以上著述内容并非限于近代中国文化教育的延续及命运问题，有不少是着眼封建社会或在此末期思想文化学派的探讨，以及后续影响的揭示。这从对象特殊观察点考量或许是偏题的，但基于文化的延绵及惯性力之大，远超人们想象，近现代西方教育制度其实未能终止或荡涤中国传统文化思想资源，哪怕是不相一致部分。作出新教育割裂旧传统的论断是极不恰当的。事实上，无论是宋元以后的程朱理学，还是明后期横空出世的王门心学对近代教育的意义，无论是积极或消极均是不能忽视的。狄百瑞、查菲合编《形成时期的新儒家教育》（1989 年），以宋代理学集大成者朱熹所创导的新儒家教育与后世对其曲解加以区别，并把朱熹的智慧看作以传统融于社会变革之中的典范，肯定了新儒家教育提倡道德自我更新的内在价值。狄百瑞《新儒家正统与心性之学》（1981 年），提出王阳明学派与程朱理学之间的同异，相反恰以相辅的奇妙统一。上述学派在中国近代教育西化教育主流趋势背景下的顽强力量令人惊讶，尤其反映在理念及课程中的角逐势力仍然十分硬朗。

（六）西方教育的传播与实验

近代中国教育的主流建构并非源于传统教育，而主要是仿效、学习西方近代工业教育的产物。西方教育文化及观念在中国的吸收及制度化形成与推行，其前提是传播和实验，其推行以后同样需要实验改革，以达到优质和实效。而且这种进程是持续不断的。西方学者对此关注较早，且取得一定成果。例举要者如下：贝内特著《傅兰雅：十九世纪中国西方科学技术的介绍》，哈佛大学出版社 1967 年版；彼得·巴克《美国科学和近代中国（1876—1936 年）》，1980 年；约翰·鲍尔斯《二十世纪中国科学和医学：研究和教育》，1988 年；阿尔特巴赫、菲利普、迈尔斯、罗伯特著《通往知识的桥梁：比较角度的外国学生》，1984 年；拉尔夫·柯维尔著《丁韪良：中国进步的先驱》，1978 年；多野法子著《中国改革：黄遵宪与日本模式》，1981 年。

民国初年中国兴起了留美留欧运动，美国著名哲学家、教育家杜威对中国教育的影响无疑是巨大的。巴里·凯南著《杜威学说在中国的实验：民初政治与教育改革》，哈佛大学出版社 1977 年版，由巴里·凯南在哈佛大学东亚研究中心完成，将民国初年的政治与教育联系起来考察，以民国初年兴起的新教育运动与杜威访问中国所产生的思想文化上的影响结合加以分析。同类作品还有休伯特·布朗《中国教育中的美国进步主义：陶行知个案》，上海人民出版社 1990 年版。

尤其是当代著名教育史学家、华中师范大学教授周洪宇编《陶行知研究在海外》（人民教育出版社 1991 年版）在这方面有特殊作用。虽然是中国学者所编作品文选，但素材采择源于欧美该领域的代表性论著。陶行知是我国著名的教育家、民主战士和大众诗人，是杜威实用主义教育思想的中国传播、改造及试验代表。该书收录了 40 余篇 20 世纪 30 年代以来国外及港澳台地区学者研究陶行知的文章和资料，共分为五部分。第一部分总论，从总体的角度评述陶行知的历史作用和地位；第二部分实践述评，反映陶行知生平及其教育实践；第三部分理论研究，论述陶行知教育思想和杜威教育思想的关系；第四部分思想传播，介绍陶行知教育思想在海外的传播及其影响情况；第五部分资料要目。该书作者是来自欧美各个国家及港澳台的教育学家、历史学家等，其选录作品具有一定的史料价值和学术深度，有助于学者开阔视野、拓宽思路、改进方法，深化美国实用主义教育与近代中国教育关系史的认识。

第二节　国外中国近代教育史研究成果要览

教育史，表现出注重史料、史学观点新颖、史学理论西方化的特点。有许多历史文化资料中有教育史资料的涉及，也需查找。这些书目许多是在讲社会历史，社会如何发生变化，历史怎样进步，不可避免地涉及教育文化，不仅有背景意义及方法论启示，也有中国近代教育史的部分直接价值。印行相关著作书目涉及内容广泛，以美国学者研究成果教育类目为主展开介绍。本节着眼于该领域已有中译版本流行中国市场，影响中国学术教育专家及文史、教育专业师生较大的国外著作的搜求，做选择性介绍。

一、综论

这里的综论板块设计的用意是从宏观历史文化之于教育史作用的认识而言的。对于中国近代教育史学科来说，其中的背景依托及方法视野价值较之直接的史料功能而论，无疑是更显著的。

（一）社会变革中现代化转型

（1）（美）费正清、刘广京编《剑桥中国晚清史（1800—1911）》，中国社会科学院、历史研究所编译室译，中国社会科学出版社 1985 年版。该书是

《剑桥中国史》的第十卷和第十一卷，论述从清代道光年代到辛亥革命的波澜壮阔历史画卷。

全书分为上、下两卷。上卷共 11 章，内容包括：旧秩序；1800 年前后清代的亚洲腹地；清王朝的衰落与叛乱的根源；广州贸易和鸦片战争；条约制度的形成；太平军叛乱；中俄关系（1800—1862 年）；清朝统治在蒙古、新疆和西藏的全盛时期；清代的中兴；自强运动；寻求西方的技术；1900 年以前的基督教传教活动及其影响。附书目介绍。

下卷共 10 章，内容主要包括 1870—1911 年晚清帝国的经济趋向；晚清的对外关系（1866—1905 年）；中国人对西方关系看法的变化（1840—1895 年）；西北与沿海的军事挑战；思想的变化和维新运动（1890—1898 年）；日本与中国的辛亥革命；1901—1911 年政治和制度的改革；辛亥革命前的政府、商人和工业；共和革命运动；社会变化的潮流。该书每章作者均是著名的史学家或者教授，具有较高的学术价值与方法论作用。书中多处插有图片，有利于读者更为直观地了解晚清的历史。作者较为全面勾勒了晚清的历史，为读者提供了一部源于海外馆藏丰富资源认识视角及写作文本风格的专业性著作。书中有关清政府自强求富、对外关系、维新运动、辛亥革命等部分内容的阐述，更为中国近代教育史研究提供了一些新的资料。

（2）（美）费正清、费维恺编《剑桥中华民国史（1912—1949 年)》（上、下卷），中国社会科学出版社 1994 年版。该书上卷共 12 章，分专题论述了 1912—1927 年中华民国的历史。其中约克大学历史系教授陈志让撰写第 7 章，探讨从改良运动到五四运动期间（1895—1920 年）思想的转变，着重分析了改良思想中的进化论、国粹和儒家思想的未来——新传统主义的出现、社会乌托邦和五四运动的背景等；哈佛大学历史和政治教授许华茨撰写第 8 章，对五四运动思想史论题进行了扼要的论述，为中国近代教育思想史的研究提供了新的视角与资料。该书下卷共 14 章，分专题梳理了 1927—1949 年中华民国的历史。宾夕法尼亚州立大学中国史教授孙任以都撰写第 8 章，探讨 1912—1949 年学术界的成长，着重分析了现代教育机构的出现（1898—1928 年）、南京政府十年期间的高等教育和国家建设、战时和战后的变化（1937—1949 年）等。这对于中国近代教育变迁史探讨具有重要意义。

（3）（美）列文森著，郑大华、任菁译《儒教中国及其现代命运》，中国社会科学出版社 2000 年版。列文森，美国著名学者、中国思想史专家，曾任加利福尼亚大学伯克利分校历史学教授。1938 年开始与费正清合作，并成为"哈佛学派"的主要代表人物。该书"内容提要"中写道："全书分三卷，中心问题是回答：中国十七、十八世纪就涌现出了一批唯物主义思想家，这是否意味着如果没有以工业化为背景的西方文化的入侵，中国也能实现以科学理性为内在精神的现代化？作者通过对儒教与中国文化精神，例如对绘画的分析，得出了否定的答案，并以著名的博物馆的比喻，说明儒学传统的死亡。作者视野宽阔、慧思独运，被称为'莫扎特式'的历史学家。"❶ 从中可知，其内容、体例及撰写思路充分体现了教育哲学与思想的魅力，为认识近代儒学或国学教育课程及体制提供了新视角。

（4）（美）吉尔伯特·罗兹曼主编《中国的现代化》，国家社会科学基金"比较现代化"课题组译，江苏人民出版社 2003 年版，收入"海外中国研究丛书"。全书分为"历史的遗产：18 世纪和 19 世纪"和"20 世纪的转变"两部分，共 15 章。"它（本书）从晚清中国与西方交手并着手现代化说起，一直写到十一届三中全会，从国际环境、政治结构、经济发展、社会整合和科技进步五方面，论述了中国现代化事业在晚清、民国初年、北洋军阀、国民党政府和新中国成立后各个时期的起步、彷徨、动摇、发展、挫折、再发展的艰难历程。"❷ 罗兹曼（Gilbert Rozman），美国普林斯顿大学社会学教授，主要对中国、日本和俄国的社会进行比较研究，所作有关现代化与前现代化的宏观社会学比较，以及东亚与西方发展路径的比较等著述深有影响。作者在第六章中，着重对 18 世纪和 19 世纪的"知识与教育"进行了分析，主要包括民众教育、精英的教育和知识、科学与技术、教育和价值观、国际比较等方面。该书以社会学宏观背景认识为基础，对中国近代教育史进行了细致的解剖，为有志于研究中国近代教育史的学者提供了新的视角。

（二）冲突与激荡中的思想文化

（1）（美）艾尔曼著，赵刚译《从理学到朴学——中华帝国晚期思想与社会变化面面观》，江苏人民出版社 1995 年版。全书共六章。作者在集中探讨中华帝国晚期学术话语革命发生、发展脉络基础上，深入分析 17—18 世纪的学

---

❶ （美）列文森. 儒教中国及其现代命运 [M]. 郑大华，任菁，译. 北京：中国社会科学出版社，2000.

❷ （美）吉尔伯特·罗兹曼. 中国的现代化：内容简介 [M]. 国家社会科学基金"比较现代化"课题组，译. 南京：江苏人民出版社，2003.

术成果及其透露的学术走向，考据学者的文献考证及考据专业性学术共同体产生的社会、学术机制，并对在 18 世纪江南地区形成的考据学研究的学术交流网络进行了讨论，阐述江南学术共同体的演变过程。最后又简要概述了考据运动的终结。该书摒弃了传统学界将思想史与社会史割裂开来的做法，综合社会史、文化史的研究方法，采用了"新文化史"方法，出版后，受到欧美、日本汉学界的一致好评，获 1985 年度费正清奖。

（2）（美）郭颖颐著，雷颐译《中国现代思想中的唯科学主义（1900—1950）》，江苏人民出版社 1995 年版。全书分为四部分七章：唯科学主义的根源、唯物论唯科学主义、经验论唯科学主义、唯科学主义的胜利等。该书对唯科学主义的根源及其在中国的发展，各派唯科学主义者的思想实质（如哲学的唯物主义者吴稚晖、辩证唯物主义者陈独秀、实用主义者胡适等）进行了介绍。在此基础上，该书又对 20 世纪 20 年代科学—玄学大论战进行详尽透彻的分析。恰如"内容提要"中所提炼的主要内容及观点："进入 20 世纪以后，中国思想界在传统的文化价值观念方面发生了许多重大转变，其中影响最为深远的一种转变是唯科学主义的产生和发展。唯科学主义认为宇宙万物的所有方面都可通过科学方法来认识，认为科学能够而且应当成为新的宗教。这种科学崇拜导致了现代中国思想界的大论战，也为'科学的'马克思主义在中国的全面胜利铺平了道路。"❶

（3）（日）佐藤慎一著，刘岳兵译《近代中国的知识分子与文明》，江苏人民出版社 2006 年版，收入"海外中国研究丛书"。佐藤慎一，1945 年生于日本千叶县，1969 年毕业于东京大学法学部，1972 年任东北大学法学部副教授，曾任东京大学文学部部长，现任东京大学人文社会系研究科教授、东京大学副校长。该书序章简要阐述了近代中国知识分子生存状态的变化。全书分为"文明与万国公法""法国革命与中国""近代中国的体制构想"三部分。作者以 19 世纪后半期到 20 世纪初约半个多世纪的中国为主要舞台，分析了这一时期知识分子的思想轨迹和精神世界，以近代中国知识分子的言说为素材，着重叙述其思想内容的变化。该书从思想史的角度，阐述了在漩涡中的中国知识分子对世界认识的转变过程以及他们独具特色的心路历程。

---

❶　（美）郭颖颐. 中国现代思想中的唯科学主义（1900—1950）：内容提要［M］. 雷颐，译. 南京：江苏人民出版社，1995.

（4）（美）周策纵著，周子平等译《五四运动——现代中国的思想革命》，江苏人民出版社 1999 年版。全书分为两部分。第一部分为"五四运动的展开"，按照时间顺序，全面描述和分析了五四运动的各个事件；第二部分为"主要思潮分析"，对文学革命、新思想等深入地解读。结语部分对五四运动作了各种阐释和评价。附录有 1914—1923 年大事年表、五四运动时期各派社会势力简析、参与五四运动的学校和学生人数、参与五四运动的大专学校、有关 1918—1926 年中国工人罢工资料等。作者以大量的历史资料为基础，对五四运动的历史背景、思想流派和具体过程都做了细致入微的描述和深刻的分析，对一代新式知识分子的社会功能和历史命运加以探讨。该书为新文化运动中的教育改革及实验提供了一幅全景的历史画面和透视的焦点，成为海外学者研究五四运动相关专题不断引用的里程碑式的著作。

（三）社会历史与国民性

（1）（美）明恩浦著，午晴、唐军译，《中国乡村生活》，时事出版社 1998 年版，收入黄兴涛、杨念群主编的"西方视野里的中国形象"书系。全书共 27 部分，前 26 部分详细介绍了中国乡村的各个方面，如结构、名称、道路、渡口、水井、商店、戏剧等；最后一部分分析了"基督教能为中国做什么"。作者对晚清乡村教育进行了详细阐述，如"乡村学堂和游方书生"篇评述乡村学堂的优势、弊端和游方书生的生活惯例；"中国科举制度及教育改革"篇介绍中国读书人参加科举的情形、科举对中国读书人的影响和近代教育改革的艰难实施。该书对中国近代乡村教育和乡村士子的问题探讨提供了借鉴。

（2）（美）明恩浦著，秦悦译《中国人的素质》，学林出版社 1999 年版。明恩浦，美国公理会教士，1872 年来中国传教，先后居住于天津、山东、河北等地，广泛接触社会各阶层人群，尤其熟悉下层农民生活，并结交了不少朋友。该书是第一本从社会学视角研究中国国民性的著作。出版前言中写道："本书总结了中国人的素质共二十六条，引证丰富，文笔生动。或褒或贬，无不言之成据。时至今日，读来仍使人警醒与深省。"附录有鲁迅、李景汉、潘光旦、辜鸿铭、费正清评论该书的文章。书中涉及中外人物、典故、事件和各种引文较多，具有珍贵的史料价值，为研究晚清国民教育及文化的社会性思想提供重要参考。

（3）（美）杜赞奇著，王福明译《文化、权力与国家：1900—1942 年的华北农村》，江苏人民出版社 2004 年版。全书除前言和结论外，共八章，包括如下广泛而深刻的内容：在总述了权力的文化网络、清末乡村社会经济统治基础上，着重论述了华北地方政权的现代化建设，宗族与乡村政治结构，乡村社会中的宗教、权力及公务，乡村政权结构及其领袖，国家与乡村社会的重组，国家政权的现代化与地方领导等，对其华北地区的新旧教育抗争，以及乡村教育试验等复杂专题有所启示及资料充实作用。作者打通历史学与社会学的间隔，从"大众文化"角度，对 1900—1942 年华北乡村进行详细的个案追踪，并借助了南满铁道株式会社调查部编成的《中国惯行调查报告》、马若孟的《中国农村经济：河北和山东农业发展（1890—1949）》、黄宗智的《华北的小农经济与社会变迁》，以及政府报告、法令汇编、地方志书等资源。

（4）（美）丁韪良著，沈弘等译《中国的觉醒》，世界图书出版公司 2009年版。全书共五卷，内容包括：中国对于技艺和科学的贡献、中国文学、中国的宗教和哲学、中国的教育、中国历史研究。在"中国的教育"章节中，阐述了中国的学校和家庭教育、科举考试、翰林院、古老的大学等，所引用材料均来自中文典籍，足见其汉学功底之精深。书中详尽论述了中国教育从传统向近代嬗变的艰难阶段，一系列不同的题目标示作者采用了比较学的研究方法，将中西方的宗教、哲学、文学等进行对比，为研究中国近代教育提供了全新的视角与资料。

（四）历史事件

（1）（美）周锡瑞著，张俊义、王栋译《义和团运动的起源》，江苏人民出版社 1995 年再版，江苏人民出版社 2005 年再版，收入"海外中国研究丛书"。该书在论述山东省，尤其是鲁西地区，社会经济条件、民间文化、普遍心态以及西方帝国主义在该地区活动的基础上，分析了义和团运动——大刀会、巨野教案、"义和拳"的兴起、义和团运动前夜山东经济和政治形式、神拳的发生与扩展，最后概述义和团运动在华北平原向北京和天津的蔓延等内容及事件。书末附录清代中叶的义和拳与白莲教。作者对义和团运动的起源问题进行新颖的阐述，史料详尽、视角独特、方法新颖，具有较高的学术价值。其中认为鲁西北的社会结构、中西文化冲突和独特的社会文化心理间的"互动"等都是导致义和团运动爆发的基础及动因。该书向读者展示了义和团运动爆发的恢宏的历史背景，同时体现中西文化观念冲突；新旧教育在"庙堂"和"江湖"民间的差异认识和心态，有利于读者全面了解义和团运动及其当时的教育状况。

（2）（美）柯文著，杜继东译《历史三调：作为事件、经历和神话的义和团》，江苏人民出版社 2000 年版，2005 年 7 月第 2 次印刷，收入"海外中国研究丛书"。全书分为"作为事件的义和团""作为经历的义和团""作为神话的义和团"三部分共九章。"内容摘要"中写道："第一部分是历史学家笔下的义和团运动的史实，以叙事为主；第二部分考察直接参与义和团运动的中外各类人物当时的想法、感受和行为，指出他们对正在发生之事的看法与后来重塑历史的历史学家的看法大为不同；第三部分评述在 20 世纪初中国产生的关于义和团（包括红灯照）的种种神话。作者认为，就上述三条认识历史的不同途径而言，后两条途径对普通读者具有更大的说服力和影响力。"❶ 该书对于全面了解义和团及其当时的教育状况具有直接或间接认识价值。

（3）（美）丁韪良著，沈弘译《中国觉醒：国家地理、历史与炮火硝烟中的变革》，世界图书出版社 2010 年版。书前有译者沈弘所作之"序"、其著者丁韪良所作之"序"和前言。全书共三部分：第一部分帝国的全貌，以省份为单位论述中国地理；第二部分从远古到 18 世纪的历史纲要，阐述中国历史，从中华民族的起源直至清朝；第三部分正在转变中的中国，分析作者亲身经历的中国近代社会。附录有"在中国传播世俗知识的传教士机构""未曾提及的改革""一场新的鸦片战争"。最后一部分"正在转变中的中国"是该书的重点，与书名《中国觉醒》相呼应，包括 6 章内容：前三章论述帝国主义对中国的侵略，后三章着重描述自身亲历的 1902—1907 年清政府的新政改革，试图解释推动中国社会变革的潜在力量，表达他对于中国光明未来的极大期盼。作者特殊的身份和背景决定了他所阐述的观点难免有所偏颇，但他对中国人民的友好以及同情仍跃然纸上，读来备感亲切。

二、中外教育交流史

中外教育交流是中国近代教育史的重要课题，其渊源追溯至 16～17 世纪明末清初，直至 20 世纪二三十年代。西方及日本学者域外研究作品虽不及国内数量、门类之多，但仍从选题、材料、内容及方法应用方面饱含新意和特点，值得关注。以下以欧美及日本的国别分类，以作品问世时间为序加以简述。

---

❶ （美）柯文. 历史三调：作为事件、经历和神话的义和团 [M]. 杜继东，译. 南京：江苏人民出版社，2000.

（一）欧美学者的著作

（1）（德）利奇温著，朱杰勤译《十八世纪中国与欧洲文化的接触》，商务印书馆 1962 年版。该书 1923 年在柏林初版，是中西文化交流史的重要著作，其内容分为八部分：导论——今日年轻一代与东方智慧；18 世纪前欧洲与中国之间接触概况；启蒙时代；重农学派；感情主义时代；歌德；结语等。后英人鲍韦尔（J. C. Powell）译为英文，1925 年于伦敦出版，又收入英国剑桥大学教授奥格顿（C. K. Ogden）主编"文化丛书"。该书记叙详尽，所采用的材料大多取自西方作品，对西方加深中西文化沟通及教育遗产的重新认识具有参考价值。

（2）（美）约翰·司徒雷登著，程宗家译，刘学芬校《在华五十年——司徒雷登回忆录》，北京出版社 1982 年版。司徒雷登（John Leighton Stuart），1876 年生于浙江杭州，1905 年开始在中国传教，1919 年任美国在中国兴办的燕京大学校长，1946 年 7 月出任美国驻华大使，1949 年 8 月离开，毛泽东为此专门写了《别了，司徒雷登》一文。全书共 15 章，大体按日记体裁，或以作家长时间写系列文章和随笔的方式，一章一节陆续写成。有些回顾了往事，有些内容阐述属事件正在发生和发展，最后三章是在作者回美国后补写的。其中第四章"燕京大学——实现了梦想"和第五章"燕京时期的个人经历"记述了司徒雷登的办学实践。这本回忆录涉及中国近代社会的很多方面，史料丰富，为研究近现代中国社会，尤其是司徒雷登的外交教育活动提供了宝贵资料。

（3）（加）文忠志著，李国林、周开顽、叶上威、罗显华译，股钟嵘校《文幼章传——出自中国的叛逆者》，四川人民出版社 1983 年版。文幼章（James Gareth Endicott），加拿大人，1898 年生于中国四川的加拿大传教士家庭，在中国度过了他的童年。1925—1946 年，他在成都、重庆等地传教和从事文化教育工作，并参加了中国人民的革命斗争而成为中国人民诚挚的朋友。该书共四部分，分别是开始（1898—1925 年）、传教岁月（1925—1944 年）、中国在革命（1944—1947 年）、和平运动（1948—1971 年）。资料的主要来源包括作者与传主谈话或阅读私人信函和家庭文件；1966 年加拿大广播公司与传主晤谈的记录稿；存放在多伦多维多利亚大学的加拿大联合教会华西差会的档案；渥太华外交部历史科档案；华盛顿国家档案馆保存的美国联邦调查局的档案；报纸、杂志、众议院的辩论记录，私人印发的小册子；与亲戚、朋友和

澳大利亚、加拿大、中国、法国、德国、英国、匈牙利、日本、罗马尼亚和美国的传主同事的晤谈。❶

（4）（加）许美德、（法）巴斯蒂主编，朱维铮主译《中外比较教育史》，上海人民出版社 1990 年版，收入"中国文化史丛书"。全书共 14 篇，附特约撰稿人介绍。其中三篇论述中国当代教育政策和实践；两篇描述 17 ~ 18 世纪欧洲关于儒家教育的观点，以及 20 世纪 60 年代法国对毛泽东教育思想的研究；其余各篇分别论述西方早期工业化国家以及明治维新后日本对中国教育早期现代化的作用和影响。1984 年 7 月，法国巴黎召开第五次世界比较教育学会会议，借此次机会，编者汇成此书，各章的特约撰稿人都是世界比较教育学会的成员，对近现代中国教育史研究有素，而且大多在中国生活过和工作过，其中有一位中国学者。中文版"前言"中谈到："他们就同一主题'研究实践上的和理性上的中国教育与工业化西方、苏联以及日本之间的关系'，从不同视角对这种关系的过去和现在进行历史分析，直接阐释作为一种文化表现的教育，从工业化世界转移到发展中世界所产生的社会效应，无论其理论和方法的可接受性如何，都将对于中国读者有所裨益。"❷

这段评议不仅是教育比较观的发微，也是中国近代教育史异域素材启思的透露。

（5）（英）吟唎著，王维周、王元化译，《太平天国革命亲历记》，上海人民出版社 1997 年版。吟唎，英国人，1859 年夏天来到中国，投效太平天国四年之久，本部著作以他"个人经历和实际体验"来写成，给读者以真实之感。全书共 26 章，对太平天国革命运动的全部历史进行了详细的阐述。附录有《天条书》《三字经》《幼学诗》等作品及其他。书中有较多关于太平天国教育的记载，如"洪秀全的世系，他的教育""洪秀全的诏书""太平军的出版物""洪仁玕的小册子""官方通信""重要函件"等所反映的教育，为研究太平天国运动的教育活动提供参考。

（6）（美）孟德卫著，张学智译，刘东主编《莱布尼茨和儒学》，江苏人民出版社 1998 年版。全书共七部分：前三部分记述莱布尼茨同中国的接触、莱布尼茨的中国解释者、莱布尼茨和白晋；第四部分分析莱布尼茨论中国哲学

---

❶ （加）文忠志. 文幼章传：出自中国的叛逆者 [M]. 成都：四川人民出版社，1983.

❷ （加）许美德，（法）巴斯蒂. 中外比较教育史：前言 [M]. 朱维铮，译. 上海：上海人民出版社，1990.

及其失误；第七部分探讨东西方融合的基础——精神修养和道德修养。作者以细致的笔触描述了莱布尼茨同中国文化的接触、莱布尼茨思想与儒学的关系，对中国近代科技教育及儒学教育问题的理解提供异域思想元素。

（7）（比）钟鸣旦著《杨廷筠——明末天主教儒者》，香港圣神研究中心译，社会科学文献出版社 2002 年版。全书分为两编。第一编为杨廷筠生平，分为官方、民间、中文宗教传记、西方和杨廷筠传记等资料来源的处理五部分。其中官方资料如史部官修正史《明史》《明实录》，以及私人著述或半官方近乎正史的地方志、传记、诏令奏议汇集和科举名录等；民间资料是属于集部的有关杨廷筠生平、家庭和生活背景，见于亲友的书信、诗文、赞词、墓志铭、日记等；有关杨廷筠宗教生活的描述，主要有中文《杨淇园先生超性事迹》，及一些补充材料；西方资料是指西方传教士在关于中国教会史的报告中所描述的杨廷筠的生平。第二编为杨廷筠思想，分为杨廷筠思想、佛教对杨廷筠的批评、耶稣会士对杨廷筠的评价三部分，最后结语"东海圣人与西海圣人"。该书为研究杨廷筠提供了全面系统的一手资料。

（8）（意）马国贤著，李天纲译《清廷十三年——马国贤在华回忆录》，上海古籍出版社 2004 年版。开篇有李天纲所写"导言——康乾中梵交往及其世界史意义"与英译者"序言"。全书共 28 章，采用第一人称写的回忆录，描写皇帝周围的人事及他所到过的城镇。通过作者的观察出发记录的康熙朝事迹大都是经得起中文资料检验的事实，保证了史实真实性和描写的精确性，但避免不了会掺杂作者的主观感受。该书的读者是西方人，为满足读者的兴趣，所以在论述中国问题时并不深刻。但作为欧洲"汉学"的奠基作品，迄今为止，欧美大学的中国课程依然将其作为了解清代社会的基本参考书。

（9）（美）M. G. 马森（Mary Gertrude Mason）著，杨德山译《西方的中国及中国人观念（1840—1876）》，中华书局 2006 年版，收入黄兴涛、杨念群主编"西方的中国形象丛书"。全书共 13 部分，以专题的形式分析了西方的中华帝国观、闭关自守的崩溃、移民、鸦片、商业和政治利益、中国社会、语言和文学、哲学和宗教、音乐和艺术、科学等诸多领域问题，最后结语进行概括。在此基础之上，作者旨在展示中国在西方思想中扮演的角色，阐明欧洲人对东方人及其国家所持的观念。在"前言"中写道："这部专著在很大程度上是一部资料摘录，其中包括了不少作者杂乱无章、荒诞不经的概括，也有许多精明睿智的传教士、学者、领事官员、游客的记录资料。"❶ 该书采用了时代性与现实性相结合的方法，对每一专题均做了时代性的阐述，使人们对中国近代早期社会文化以及教育有了更为深刻的理解。

（10）（英）苏慧廉著，关志远、关志英、何玉译《李提摩太在中国》，广西师范大学出版社 2007 年版。全书共 29 章，开篇是李提摩太的图片、生平简介和插图目录。李提摩太受英国浸礼会派遣，1870 年来到中国，开始在中国长达 45 年的传教生涯。本传记为曾任山西大学西学专斋总教习的苏慧廉教授所撰。他作为李提摩太的亲密朋友和同事，从大量鲜为人知的历史事实出发，写出这位"洋人"丰富的一生。在仕途上，李提摩太是一个智慧、坚定、充满侵略野心的人，他周旋于中英及列强的政治夹缝之间，却能做到游刃有余，左右逢源。在生活中，他是一个有情爱、有父爱、有社会责任感的人。书中通过引用李提摩太的回忆录——《亲历晚清四十五年》中他的亲身感受，使人们对晚清治下的中国社会和百姓的困苦生活有了深入了解。兴办现代教育是李提摩太生命中的强烈愿望，他用微博的资产购买仪器和设备，讲授科学和经济学，并创建了"广学会"；在山西省太原创建大学，并管理了十年。该书为研究李提摩太在中国近代的教育活动提供参考资料。

（11）（美）雷孜智（Michael C. Lazich）著，尹文涓译《千禧年的感召——美国第一位来华新教传教士裨治文传》，广西师范大学出版社 2008 年版，收入"基督教传教士传记丛书"。全书共八章，最后附有"参考文献""专有名词中英对照表"。该书以流畅而精致的行文风格，从裨治文在华的文化活动、传教事业、外交活动三个方面，对裨治文复杂的一生做了精彩的描述与分析，是新教在华传教史研究从宏大叙事转向个案研究的可贵开拓，也是迄今为止学界对裨治文这位美国在华新教事业奠基人的唯一全面述评。此外，作者还对美国 19 世纪上半叶的宗教活动与对外传教运动的兴起做了细致分析，为深入探讨区域传教活动的研究者提供了有益的参考和背景。序言称"雷孜智是一个精巧的艺术家，全书行文极其清晰而细腻。他对文献的运用和细致的分析，展现了他高超的组织材料的能力，而他流畅的叙述则绝不会让读者有为

---

❶ （美）M. G. 马森. 西方的中国及中国人观念（1840—1876）：前言 [M]. 杨德山，译. 北京：中华书局，2006.

材料所累或流于空泛之感。"❶ 该书涉及多个领域，中国历史、传教史、基督教史以及中西关系史、中国近代教育史等领域的学者都会看到这本书的新颖和重要之处。

（12）（美）丹尼尔·W.费舍（Daniel W. Fisher）著，关志远、苗凤波、关志英译《狄考文传——一位在中国山东生活了四十五年的传教士》，广西师范大学出版社 2009 年版。狄考文（Calvin Wilson Mateer，1836—1908），字东明，来华美国北长老会传教士，是著名的教育家、翻译家和作家，在中国活动45 年。他是近代中西文化交流的纽带和桥梁，为中国近现代教育作出了特殊的贡献。本传记由狄考文在大学和神学院时的同窗好友、后任美国汉诺威学院院长的丹尼尔·费舍博士撰写。作为狄考文的同学和终生知己，他站在资深学者和教育家的高度，以其敏锐的洞察力、对传主全面而深入的了解以及令人钦佩的清醒头脑和充沛的精力写就此传。书中除从大量鲜为人知的历史事实出发外，还通过引用狄考文生前所写的日记、书信、文章和著述等，透过他的亲身经历与感受，使我们对传主本人和晚清中国社会以及百姓的真实生活有了全方位的深入了解。在叙述历史事件的同时，作者又从一个亲历历史的旁观者的角度，对传主所经历的事件给出了自己的分析与评论，让我们看到了当时的人们对那个历史时期所发生事件的观点和态度。全书共 16 章，有关教育的章节包括登州蒙养学堂（文会馆）、负责美华书馆事务及从事文学创作活动、山东大学堂等。该书为研究狄考文的教育思想、教育实践提供了可贵资料。

（13）阿信著《用生命爱中国——柏格理传》，大象出版社 2009 年版。开篇"序文：精神与意志的成果"。全书共分为十章，主要内容是：人往低处走、圣徒是怎样炼成的、我的良人我的佳偶、强度金沙江、闪亮的 1904、石门坎、中国最美丽的花朵、毒打、阳光纯洁大地、去一个更美的家。附录有"长眠在乌蒙山区的部分外国传教士简历""石门坎教会苗族《溯源碑》碑文""柏格理墓志铭"。该书按时间顺序清晰记录柏格理从 1864 年在英国出生到1915 年在中国贵州石门坎为救助中国学生逝世止。柏格理在中国居住了 28年，他在中国西南乌蒙山区传教、办教育的行为，极大地促进了该地区教育的普及与发展。该书对于研究柏格理在中国的教育活动及管窥西方传教士对中国

---

❶ （美）雷孜智. 千禧年的感召：美国第一位来华新教传教士裨治文传 序言［M］. 桂林：广西师范大学出版社，2008.

近代教育的影响有重要的参考价值。

(14)（美）浦嘉珉著，钟永强译《中国与达尔文》，江苏人民出版社 2009 年版，收入"海外中国研究丛书"。全书分为"预警——达尔文进入中国""达尔文拥护改革""达尔文支持革命——达尔文反对革命"三部分共七章，是西方学者比较详尽地研究达尔文学说在中国的传播、接受及其影响的重要著作。浦嘉珉（James Reeve Pusey），美国哈佛大学博士、巴克纳尔大学东亚系副教授，中国思想史学者。钟永强在"译者的话"中写道："浦嘉珉的著作虽然只是集中讨论达尔文学说与近代中国的关联，以及达尔文学说对维新派、共和派、无政府主义者和共产主义者的影响，但他同时将中国的'儒、道、释'传统引入研究之中，而且书中引证了大量原始文献资料，无论这些引证是否全面，但它至少表明研究的深入和广播。"❶ 作者从思想史的角度重新评价中国近代知识分子对达尔文学说的看法，展现了近代中国知识分子在近代中国所做的各种努力。书中有关"康有为的儒教进步观""《春秋》的进步观""革命家梁启超"等方面的论述，为中国近代教育思想史研究提供了新颖的视角与资料。

(15)（美）孟德卫著，陈怡译《奇异的国度：耶稣会适应政策及汉学的起源》，大象出版社 2010 年版。全书共十章，附录中有"关于某些信件标注两个日期的说明""中外文人名索引"等。以儒学和基督教相结合为特征的在华耶稣会传教策略或称文化适应政策是由利玛窦开创，并由随后几代传教士继承和发展的。作者以 17 世纪欧洲思想文化史为背景，以耶稣会的文化适应传教策略及其发展变化为线索，重点分析耶稣会士依据此策略撰写的有关中国语言、历史、文化教育的几部代表性著作，以及欧洲学者以自己的视角解读耶稣会士著作后写出的一些早期汉学论著，为读者还原和描绘欧洲汉学早期产生、发展的图景。该书是一部视角宏大的通史性研究专著，但对具体作者和著作的研究也相当细致深入。书中所涉及的参考文献更是翔实丰富，值得从事早期来华耶稣会传教士与中国传统教育近代走向专题探讨借鉴。

(16)（美）李恩富著，刘畅译《我在中国的童年》，福建教育出版社 2013 年版。李恩富（1861—1938 年），晚清"留美幼童"之一，从美国著名的语言学校霍普金斯中学以第一名的成绩考入耶鲁，1887 年从耶鲁以顶级成

---

❶ （美）浦嘉珉. 中国与达尔文：序［M］. 钟永强，译. 南京：江苏人民出版社，2009.

绩毕业。同年，美国出版了他的《我在中国的童年》，之后与新英格兰名媛丘吉尔家族的伊丽莎白小姐结成连理，在当时的排华浪潮中备受当地媒体瞩目。从耶鲁毕业后，他致力于为在美华工争取权利，四处演讲。1927 年，66 岁的李恩富独自离开美国，1938 年死于广州。全书共 12 章，分别为幼时记忆、家庭伦理、治家理家、休闲娱乐、女孩子们、学校时光、宗教信仰、节日习俗、故事情怀、离开家乡、留洋集训、初入美国。该书是华人在美国出版的第一部英文作品（1887 年）。作者以自己的生活轨迹为线索，以西方读者喜闻乐见的写作模式，对中国传统文化进行了富有文学趣味性的书写，重塑了正面的华人形象，并介绍了幼童留美的背景。

（二）日本学者的著作

（1）（日）依田憙家著，卞立强、严立贤、叶坦、蒋岩松译，卞立强校《依田憙家著作集》。依田憙家是日本早稻田大学著名的历史学教授，是长期致力于对日本帝国主义及其战争罪行进行研究批判和揭露的进步学者，在日本和中国史学界享有较高的声望。所著文集共五卷，该书收录作者关于日本史和中日比较研究的学术著作和论文，对日本史、中日教育文化交流史的学者大有裨益。《日中两国近代化比较研究》，上海远东出版社 2004 年版，载《依田憙家著作集》（四）。该书收录作者关于日中两国近代化比较的学术专著和论文。附录"北京大学迟惠生副校长在授予依田憙家先生客座教授仪式上的讲话""关于日本近代化的认识"。该书为研究日中两国教育近代化进程及同异比较提供了重要资料。

（2）（日）依田憙家著，卞立强、严立贤、叶坦、蒋岩松译，卞立强校，《近代日本的近代化——与中国的比较》，收入《依田憙家著作集》（三）。全书分"近代日本与中国""日本的近代化——与中国的比较"两部分。"序文"称：第一部分论述了近代日本帝国主义是在野蛮侵略和掠夺中国、朝鲜的基础上发展壮大起来的，同时也在中国、朝鲜以及包括日本人民在内的亚洲人民的反抗中走向灭亡的；第二部分从政治、经济、文化等各个方面，比较了中日两国近代化背景的"异"和"同"，特别强调了两国文化类型与民族性的差异。❶该书立足于日本近代化的历程建构，阐述近代教育的创设及制度化，在此基础

---

❶　（日）依田憙家. 近代日本的近代化：与中国的比较 序文 [M]. 卞立强，严立贤，叶坦，蒋岩松，译. 上海：上海远东出版社，2004.

上对中国近代化历史及教育改革加以反思，更有深沉思考意义。

三、思想家、教育家

思想家和教育家是教育思想谱系的核心，又因其在教育思想发展链条中的显著地位而让人不得小觑，无法忽略。教育家资格标准不一，西方学者更偏向于大教育观下的教育思想家角色形象。由于在前述海外研究状态介绍中已有论及，此处仅从汉译的代表性作品视角遴选叙述。

（1）（美）格里德著，鲁奇译《胡适与中国的文艺复兴——中国革命中的自由主义（1917—1937）》，江苏人民出版社1993年版，收入"海外中国研究丛书"。全书分为"一个中国知识分子的教育""中国的文艺复兴""自由主义""尾声与评价"四部分，附录有"胡适生活中的妇女""出席第八届世界学生联合会大会的中国代表团""中国共产党对胡适的批判"。格里德（J. B. Grieder），又名贾祖麟，美国哈佛大学博士，布朗大学历史系教授，专长中国知识分子史。作者以五四运动前后东方文化与西方文化的碰撞为背景，俯瞰1917—1937年20年间中国文艺复兴运动的总体态势，对自由主义知识阶层代表人物胡适的理论及思想活动进行深入分析，认为只有从人格及情感上同封建传统进行最彻底的决裂，才能取得中国现代化建设的成功。同时，该书为研究中国现代以"民主""科学"为旗帜的教育思想提供了新颖的视角。

（2）（美）张灏著，崔志海、葛夫平译《梁启超与中国思想的过渡（1890—1907）》，江苏人民出版社1997年版。全书共十章。开篇综述思想背景、康有为在19世纪末思想地位、梁启超的早年生活和思想背景。在此基础上，作者系统梳理梁启超改良主义思想、流亡时期思想的演变、新民思想、政治观和传统观、新民和国家主义、新民和私德等思想，最后的"结语"进行了总结概述。该书选取梁启超的思想进行探讨，借以反映19世纪中期至20世纪初中国近代思想转变历程。19世纪90年代初，梁启超思想趋于成熟，在随后的时期，他一直活跃在中国思想舞台的中心，对这一时期思想气候的形成产生了重大影响。教育思想作为梁氏思想的有机组成部分，在书中有许多描述及反映。

（3）（美）柯文著，雷颐、罗检秋译《在传统与现代性之间——王韬与晚清改革》，江苏人民出版社2003年版，收入"海外中国研究丛书"。全书分为"一个新人的诞生""新的世界图景""为新中国开的药方""中国近代史上的沿海与内地"四部分共九章。作者注重传统与现代之间的连续性，通过对早期改良主义思想家、教育家王韬的经历与思想的研究，分析了中西文化间的互动及其对中国社会的影响。柯文（Paul A. Cohen），美国麻州卫斯理学院亚洲研究教授、哈佛大学费正清中心研究员。作者对王韬的教育改革进行了详尽阐述：他主张通过考试、学校和现代化的教育等途径，寻求培养人才之道；同时大力推介西学，曾撰文传播西方知识、参与上海格致书院的事务等。该书通过分析王韬的教育思想，借以管窥晚清教育改革的关键环节，为之提供有益资源。

（4）（美）郝大维、安乐哲著，何刚强译《先贤的民主：杜威、孔子与中国民主希望》，江苏人民出版社2004年版，收入"海外中国研究丛书"。全书共三编九章，导言介绍西方的社会史学的分析学派方法及以之为视野的探讨理想，后三编分别阐述"中国与现代化""民主的各种文化""先贤的民主"，书末参考书目有安乐哲论文2篇、纪念郝大维文章3篇。作者重新定义了中国与西方关系，认为有可能逐渐主导21世纪全球文化的中国，将不会是一个属于日渐粗俗之个体的社会，也不会是西方企业家已经开始在梦想的图景或迪斯尼主题公园的暇想。相对于目前大多数西方人的怀疑，中国人有可能维持较为丰富的传统特征，并将在很大程度上依据自己的条件进入现代世界。该书对于了解中国传统文化、中国文化与西方文化的关系大有裨益。

（5）（加）许美德著，周勇等译《思想肖像：中国知名教育家的故事》，教育科学出版社2008年版。全书共12章，第一章为导论，说明构建这些教育家肖像的来龙去脉，提供背景性资料；最后一章为总结概述，对所选入并叙述的11位著名教育家生活经历与教育思想进行比较分析；中间10章，对现当代中国著名的教育家王承绪、李秉德、朱九思、潘懋元、谢系德、王逢贤、汪永铨、顾明远、鲁洁、刘佛年和叶澜等进行描绘及论述，从叙事研究的角度对他们一生的教育、生活、学术和领导经历做出了深入思考。作者不仅细致刻画了11位教育家的成长历程、事业发展与学术贡献，而且生动再现了中国近百年来的政治、文化与社会变迁，是以"教育叙事"的方式实现"知人论世"的代表著作，其中隐含的"中国文化"情结更是表达作者也像11位教育家那样坚信，无论遇到什么样的挑战，中国及中国教育都可以坦然面对，并能为世界和平与发展作出积极贡献。该书为研究者提供了独特而富有魅力的叙事研究方法与运用历史领域模式，而且这些教育家中有些生长及求学处于近代后期，因此从中亦能探知近代教育家的个人体验及理解。

四、教会教育

在中国近代教育史上，教会教育不仅是一种重要的教育类型，而且更能体现西方对华教育关系的复杂影响。其中所扮演角色不仅突出，而且很有特殊性。西方传教士来华在明清之际，到鸦片战争爆发已经200多年，其间的历史称为前近代，相关历史内容与近代变迁一脉相承。

（一）前近代的教会史论著

（1）（美）柏理安著，毛瑞方译《东方之旅：1579—1724 耶稣会传教团在中国》，江苏人民出版社 2017 年版。作者沿当年传教士走过的道路自葡萄牙航行到中国，探索传教道路及生活历程文化，以耶稣会传教士作为文化传递的视角，展现 16～18 世纪早期，相当于明万历至清乾隆近 150 年欧洲传教士传播西学及向西方输入中国文化的故事及信念。该书详细列举明清交替时期一批在中国的耶稣会士，如利玛窦等在中国的经历与影响，以藏于葡萄牙里斯本和罗马的大量葡萄牙文原始文献为基础，将视野转为更深层次的中西文化教育交流层面，使明末清初时西学东渐的历史逐一展开。具体内容包括两编十章：上编耶稣会中国传教团的历史，作者记述古老东方神秘国度推进传教布道，在巨大的阴影下，见证梦魇的过程，成功的艰难，宽容与不宽容；下编耶稣会中国传教团的建设，包括使徒的培养、汉语的学习、传教事业、一种好的方法和组织、苦修会和慈善会的教徒等方面。该书时空范围广阔，叙事宏大辽远，自基督教东传至 1724 年被禁止年间的耶稣会传教活动，跨越整个欧亚大陆并穿越几个世纪，揭示了真实的东西方碰撞场域中政治、经济、文化及宗教等因素交织的复杂性内容。

（2）（法）杜赫德编，郑德弟、吕一民、沈坚、朱静译，《耶稣会士中国书简集》（第一至三卷），大象出版社 2001 年版。该书收入大量来华传教士所写的书简，这些传教士对中国的地理、风俗、物产等各方面非常了解，书简内容大多是传教士本人所见所闻或亲身经历之事，具备某种"现场报道"的性质。这些书简成为西方人了解东方文化的窗口。自世界新航路开辟，西方殖民主义者的航海热潮兴起，中西沟通 400 多年的漫长历史中，公元 1500—1800 年的中西文化交流完全有别于 1840 年以后的状况，对于这 300 年的中西互动的历史还需要以新的眼光重新加以审视。一些西方学者完全不顾这一时期中国文化对西方的影响，认为这仅仅是一种"神话"，一些中国学者也以 1840 年以后所形成的中西关系观念来解释这 300 年的历史，从而产生了一些误解。在这个意义上，《耶稣会士中国书简集》的出版，会对我们重新诠释这段历史提供第一手的文献。❶ 从这个意义而论，该套书系不仅提供异国学者的中国教育见闻记录，而且有助于理解中国教育文化传播遥远的史实及积极作用。

（3）（捷）严嘉乐著，丛林、李梅译《中国来信 1716—1735》，大象出版社 2002 年版。18 世纪捷克耶稣会士严嘉乐是迄今为止已知的捷克最早一位汉学家。他于 1716 年来到中国，以毕生精力潜心于汉语和博大精深的中国传统文化，并留下了大量的著作——信件。这些信件是我们研究严嘉乐思想、汉学教育内容、制度及方法及中外文化交流的可贵资料。全书共两部分：耶稣会传教士严嘉乐从中国寄回祖国的信（1716—1727 年），严嘉乐和欧洲天文学家的通信（1723—1735 年）。书末附"严嘉乐书信年表""本书正文涉及的中外文人名对照表"，并列入严嘉乐书信的拉丁文原文，其中有一封是法文，未作删改，保存一手资料的原汁原味。

（4）（比）钟鸣旦，孙尚扬著《1840 年前的中国基督教》，学苑出版社 2004 年版。全书共 12 章，开篇"导言"介绍基督教在华传播史研究的新趋势，随之按唐、元、明、清王朝的顺序叙述基督教在中国的兴衰更替历史。全书内容分别为：唐元之景教，元代之天主教，略论唐元两代基督教衰亡之原因，耶稣会的传教策略，耶稣会的合儒工作，对儒学的批判，皈依者的类型及其对天学的理解，明末的反教事件与天主教教务，顺治康熙两朝的天主教，礼仪之争始末，圣经在 17 世纪的中国，雍正至道光中朝（1723—1840 年）的基督宗教。该书专题性较强，比较注重基督教育思想分析，是一本为大学课程撰写的教学参考书，对中国基督教教育史而言不乏借鉴价值。

（二）近代教会教育史论著

近代中国统治性质由封建独立政权转变为半封建半殖民地社会以后，传教士蜂拥而入，办学活动受到重视，出现大量教会学校及教会教育家。

（1）（法）J. 谢和耐著，于硕、红涛、东方译，徐重光校《中国文化与基督教的冲撞》，辽宁人民出版社 1989 年版，收入"中国学汉译名著丛书"。全书共五章，主要内容包括：由同情到敌视、宗教态度与同化现象、宗教与政

---

❶ 张西平. 传教士汉学研究［M］. 郑州：大象出版社，2005：345.

治、中国人的道德与基督教道德、中国人的天以及基督教的上帝。附录"明清在华传教士传略"。该书素材较多是中国教徒学者和传教士的自述或专业的著述，通过他们的对话突出文化与心灵上的差异，反映在教育上则是中西教育的反差及其冲突现象背后的观念抗争。"内容简介"中写道："作者不仅从宗教的角度，而且从语言社会形态和道德、政治、哲学、空间环境等差异出发，阐述了两种文化是按照各自固有的逻辑发展起来的不同文化，而且这两种文化经过传教士的沟通传播，各自又都受到了对方的影响。这是一部研究中西文化交流史的必读书，又是比较文化研究的重要著作。"❶ 这里虽立足于中西文化的矛盾揭示，但也同样适应于中西教育关系的评述。

（2）（美）卫斐列著，顾钧、江莉译《卫三畏生平及书信——一位美国来华传教士的心路历程》，广西师范大学出版社 2004 年版。全书共 12 章，在介绍生平中穿插书信，附重要人名对照表。卫三畏（Samuel Wells Williams），1812 年生于纽约，1832 年 7 月被美国对外传教机构美部会任命为广州传教站的印刷工。1833 年 10 月，卫三畏抵达广州，开始了在中国 40 余年的工作生涯。在最初的二十年间，他主要负责编辑和印刷《中国丛报》（1832—1851 年）。1853 年和 1854 年他两次前往日本，担任翻译工作。1856 年在美国驻华使团任职。1858 年随美国公使列卫廉赴天津签订《中美天津条约》。1862 年，卫三畏携家眷到北京居住。在 1856 年到 1876 年这二十年间，他曾七次代理驻华公使职务。1877 年返回美国，1884 年逝世。该书为了解晚清传教士在中国的经历提供了资料，其中不乏中国传统教育实况、近代新教育初创及教会办学的风波等内容，有助于丰富中国近代教育早期阶段的认识视域。

（3）（法）史式徽著，天主教上海教区史料译写组译，《江南传教史》（第一、第二卷），上海译文出版社 1983 年版。史式徽，法籍耶稣会会士、文学博士、教会史教授，1909 年来华后一直在上海徐家汇神学院、大小修院以及震旦大学任教，并编辑教会内部书报。这是他的早期著作之一，系根据另一法籍耶稣会会士高龙鞶的同名著作改写而成，记述鸦片战争至洋务运动时期天主教在江南的传教史，多数引用罗马、巴黎及上海等地教会档案资料，参考了英国、法国外交文件和法国驻华使馆、法国驻沪领事馆档案以及外文书刊资料

---

❶ （法）J. 谢和耐. 中国文化与基督教的冲撞［M］. 于硕，等译. 沈阳：辽宁人民出版社，1989.

等，其中不少是国内罕见的，有的很少有人引用过。该书是研究近代江南传教史、天主教教育史的重要资料。

第一卷共分两部分，分别为罗伯济主教时期（1839—1848 年）、赵方济主教和徐类思主教时期（1848—1856 年），附录四则。作者首先介绍各位主教任职期间的教区概况，各总铎区存在的共同问题或对整个教区有普遍影响的事件；其次叙述教区内个别地区的纯地方性的事件，即"教务细节"。

第二卷也分为两部分：年文思主教时期（1856—1862 年），郎怀仁主教时期（1864—1878 年）。体例设计首先是按时间顺序介绍教区概况，然后以地区为单元阐述教务细节，附录"1840 年至 1878 年的南京署理主教与宗座代牧主教""1840 年至 1878 年的教务巡阅使与教区会长""1848 年至 1878 年的法驻沪领事""教区的进展（1878—1923 年）""主要外国人名译名对照表"。

全书记叙内容以先后担任主教的罗伯济、赵方济、徐类思、年文思、郎怀仁的任期作为划分阶段的根据。在编撰此书时，作者叙述"教区概况"，反映当时江南地区的政治、经济及教育情况，因而也从另一个侧面为中国近代天主教教育史与江南教育史提供有益资料。

（4）（美）杰西·格·卢资著，曾钜生译《中国教会大学史 1850—1950》，浙江教育出版社 1987 年版。全书共 13 章，书末附录"中国基督教大学一览表""外国人名英汉对照"。该书集中探讨并体现新教传教士所创建的、最终成为高等学校的近代教会高等学府。作者征引、参考的文献资料很丰富，大多取材于教会档案、学校报告、教会刊物、传教士的文章和当事人的回忆等，其中有很多是国内不可多见的材料。在此基础之上，该书对近代中国的基督教大学教育从办学的动因、经过、变迁、发展到结束的历史，传教与教育的关系，以及教会大学的教学、科研、社会服务、学生运动等各个方面，作全面的考察；同时还对教会大学所产生的影响及历史地位提出了看法，堪为中西文化交流史、中国近代教育史研究提供重要参考的名作之一。

教会教育与近代新教育及传统科举教育三者，可以说构成近代中国教育的主要形态。在近些年来，国内学者中教会教育史文献及论著颇有市场，且呈现创作高峰。但欧美学者作品仍能从异域发现"只缘身在此山中"迷困障碍的一些别样东西。教会教育虽然集中在中国举办新教育之后，而其历史仍可渊源于晚清之际。

五、留学教育

海外留学教育是近代以来出现的"新生事物",方兴未艾,延续至今,更呈多元化的蓬勃态势。无论是教育制度建立、教育思想形成,还是人才培养活动,都与留学教育无法分离。国外研究中国近代留学教育史论著不多,但似不能以多寡论英雄,而应从借鉴价值上思考。

(1)(日)实藤惠秀著,谭汝谦、林启彦译《中国人留学日本史》,生活·读书·新知三联书店1983年版。全书共八章,分别介绍留学日本的原因、历史,留学生在日本的生活,日本人的态度,翻译活动对中国出版界的贡献,现代汉语与日语词汇的摄取,留日学生的政治活动。附录四则。作者写作中使用大量第一手资料,包括留日学生的日记、书信、著译书刊、口述史料,以及中日文公私档案文牍等,详述1896—1937年留日运动的缘起和演变、留日学生就读的学校种类及课程,亦论及清末以来留日学界的种种政治组织和活动,又另立专章详细探讨留日学生对中国近代思想、政治、教育、文学、语言、翻译及出版事业等方面的贡献和影响。该书不但取材广博,立论亦颇平实、客观,故面世以来,备受国际学术界的重视,被誉为研究19世纪末至20世纪前叶中日文化关系及中国近代留学日本教育领域的重要参考书。而且,全书对于开拓多方面的专题探讨,深具启发价值。

(2)(美)史黛西·比勒著,张艳译,张孟校订《中国留美学生史》,生活·读书·新知三联书店2010年版。全书共九章,书前是当代著名史学家、北京大学教授罗志田所作"序文"。开篇"为将来培养栋梁,中国留美教育事业(1872—1881)",尾声"继续追求现代化,留美中国学生(1978—2002)",附录七则。该书叙述从中国第一批留美幼童远渡重洋至近现代留学美国教育的复杂多变历程,勾勒出从19世纪后半叶开始的中国留美教育划分为三波留学潮,而关注的主体主要聚焦于1909—1930年抵达美国"庚款留美"的"第二波留学生群体",尾声回顾中美两国在1978年签署跨文化教育协议之后出现的"第三波"留学大潮。其核心材料取自1906—1931年《留美中国学生月报》。作者坚持以人为本,以一些具体个人的故事构建整体的主题。该书反映100多年来,三代中国留学美国学生成长的爱国知识分子,为实现祖国现代化所做出的努力、付出的代价及所取得的成就。

第八章　中国近代教育史主要研究成果要览

中国近代教育史研究成果十分丰富，超过古代教育史，无论是数量的规模，还是内容的广度与深度均如此。这种现象的出现，主要源于两方面原因：近代教育不论内容还是发生的时间节点均与当代教育有更密切关系；有关记录、保存史实的文献资源更为丰富、广泛，用"汗牛充栋"一词描述应该不过分。鉴于上文结构设计的思路，以下成果介绍指新中国成立以来，学术界同仁主要著作的述介。编排体系大致以通史制度、思想及专题的思路加以梳理，并予以呈现。尤其值得重视的是 1949 年后出版的有关近代专题教育的内容也有许多，如师范教育、幼儿教育、女子教育以及教会教育、留学教育等需要加以引证参考。

第一节　中国近代教育史主要研究成果——通史类

这里的"通史"，即指整个中国教育史，其中包括近代部分内容，也指中国近现代教育史。以这两者构成思考路线为依据，对相关著述加以呈现。其中不包括专门某一阶段或专题论述。

一、丛书书系

在中国教育史通史性质的丛书书系中往往有某卷册属中国近代教育史，而且因丛书的主持编纂者属当代名家大师，其质量有所保障，影响也相对较大，应该引起关注。

（一）《中国教育通史》（共6卷）

毛礼锐、沈灌群主编，王炳照、李国钧等编写《中国教育通史》（共6卷），山东教育出版社 1987 年版。这是首部通史性质的中国教育专史宏大书系，分先秦时期、秦汉至隋唐时期、宋元明清时期、鸦片战争到五四运动时期、五四运动到新中国成立时期、新中国成立到改革开放时期组成独立卷。全书史论结合，体现了教育史专史的特点。该书由众多著名教育史专家执笔编撰，对学科领域和史料进行了充分的拓展和挖掘，全面系统地论述了中国教育的发展演变，总结了中国传统教育的特点与规律，代表了 20 世纪 80 年代教育史研究的最高水平，是进行教育史专业学习与研究的重要资料。

（二）《中国教育思想通史》（共 8 卷）

王炳照、阎国华主编《中国教育思想通史》（共 8 卷），湖南教育出版社1994 年版。该书编撰历时 4 年，约 320 余万字，以思潮、流派及教育家思想学说有机结合的结构方式，重写中国教育思想发展历程。在各卷体例设计中，社会分期与王朝更替统一。依次分为先秦、两汉及魏晋南北朝、隋唐及宋元、明清、清代后期、民国初期、民国后期及新中国成立以后，按阶段独立成卷。中国近代教育思想内容丰富，挖掘深刻，影响深远，曾多次出版。

（三）《中国近现代教育家系列研究》

宋恩荣主编《中国近现代教育家系列研究》，辽宁教育出版社 1993—1997年版。这一系列研究在充分占有史料的基础上，总结概括并分析评判各种教育思想和教育家，深入探究其社会环境、思想渊源、教育理论或学说主要内容和人物特点，揭示其特点和本质，并密切联系实际，将研究成果与当前的教育实践相结合，为建设有中国特色的社会主义教育事业服务。主要包括：宋恩荣、熊贤君著《晏阳初教育思想研究》，童富勇、张天乐著《陈独秀李大钊教育思想研究》，董远骞著《俞子夷教育思想研究》，王伦信著《陈鹤琴教育思想研究》，梁吉生著《张伯苓教育思想研究》，崔运武著《严复教育思想研究》，宋仁主编《梁启超教育思想研究》，黄书光著《胡适教育思想研究》，黄延复著《梅贻琦教育思想研究》，韦善美、程刚著《雷沛鸿教育思想研究》，崔运武著《舒新成教育思想研究》，田正平、周志毅著《黄炎培教育思想研究》，金林祥著《蔡元培教育思想研究》，蔡振生著《张之洞教育思想研究》，陈桂生著《徐特立教育思想研究》，金立人著《恽代英教育思想研究》，马亮宽著《傅斯年教育思想研究》。

（四）《中国教育近代化研究丛书》

田正平著《中国教育近代化研究丛书》，广东教育出版社 1996 年版。该套丛书在充分占有史料的基础上，探讨中国传统教育走向近代的各个层面的深刻变革过程，分析新式教育的产生、发展与社会转型的内在联系，总结前辈教育家在吸收融合外来文化教育、改造陈旧传统教育、建立和发展新式教育过程中积累的经验教训，展现了百余年间中国教育走向世界的艰难曲折历程。主要包括：周谷平著《近代西方教育理论在中国的传播》，钱曼倩、金林祥主编《中国近代学制比较研究》，田正平著《留学生与中国教育近代化》，王建军著《中国近代教科书发展研究》，董宝良、熊贤君主编《从湖北看中国教育近代化》，张彬著《从浙江看中国教育近代化》，何晓夏、史静寰著《教会学校与中国教育近代化》。

（五）《中国教育制度通史》（共 8 卷）

李国钧、王炳照主编《中国教育制度通史》（共 8 卷），山东教育出版社2000 年版。这部大型的学术著作，集结了国内众多著名的教育史专家执笔撰写，主要对中国各个时期的教育政令、学校教育制度、书院制度、选举考试制度、家庭教育、社会教育六个方面进行了详细论述。取材来自传世典籍、考古材料和档案文献等，资料详尽、准确、可靠。第六卷是《中国教育制度通史》（民国卷），作者是北京师范大学教育学部于述胜教授，所述内容及观点新颖。该书系呈现中国自远古到当代教育制度发展的线索，展示中国教育制度变化的丰富历史图景，为中国教育制度建设提供了有益的历史借鉴。

（六）《中国教育史研究》

陈学恂主编《中国教育史研究》（全七册）该书系从先秦分卷始，直至现代分卷，主要阐述各个时期教育政策、教育行政制度、学校制度、教学内容及教育思想等各专门领域论题，是通史体例下专史组织方式的代表作。其中突出的问题主要为五个方面：教育对我国各民族关系发展所起作用、教育对促进我国科学技术发展所发挥的价值、农民起义及农民的革命斗争对教育的影响、国际文化交流与教育的关系、我国教育与同时期其他国家教育的比较。第六、第七册在国际、国内的现实社会大背景下分析中国近现代教育史，旨在总结历史经验的基础上，发挥教育智慧，更为深入理解和解决当前的教育困惑。

田正平编《中国教育史研究·近代分卷》，华东师范大学出版社 2001 年版，是上述"分系"分卷之一。全书分为三编八章。第一编"中国近代新式教育的产生与发展"，论述近代新教育的萌芽、传统教育的转型和新教育的勃发，力求从宏观上对中国近代教育的发展做一个鸟瞰式的回顾总结；第二编"中国近代教育制度的演进与西方教育理论的传播"，从制度层面的变革和教育理论的构建两个层面展开近代教育核心内容的分析；第三编"中国近代教育家群体研究"，不仅从总体上剖析近代教育家的共性特征，而且更着眼于建构近代以来教育思想的承传、嬗变和不同时期教育家各自的独特贡献。作者将中国近代教育的发展放在 19 世纪中叶至 20 世纪二三十年代世界国际大环境和中国社会发生深刻变革的历史场域下加以考察，力求正确处理近代化与传统、西化与本土化以及近代西方文化教育的正面影响与殖民主义者的文化侵略等复杂性问题，恰当把握教育近代化与社会近代化的互动关系等。

（七）《近代教育与社会变迁》

田正平主编《近代教育与社会变迁》，河北教育出版社 2001 年版。该套丛书从较为广阔的视野中考察中国教育近代化与中国社会近代化的相互依存制约关系。包括：商丽浩著《政府与社会——近代公共教育经费配置研究》，别必亮著《近代华侨教育研究》，阎广芬著《经商与办学——近代商人教育研究》，刘正伟著《督抚与士绅——江苏教育近代化研究》，谢长法著《借鉴与融合——留美学生抗战前教育活动研究》。这些论著，既使人们对已经逝去的近代中国教育波澜壮阔而又充满艰辛的历史有了更为丰满而真切的认识，同时也包含着作者对现实问题的热切关注和深刻思考。其中以下两部最为突出，此处加以介绍。

1. 《政府与社会——近代公共教育经费配置研究》

商丽浩著《政府与社会——近代公共教育经费配置研究》，河北教育出版社 2001 年版，收入"近代教育与社会变迁丛书"。全书除"导论"和"结语"外，共五章。导论部分，考察课题的先期研究状况，界定研究的范围，阐明课题的研究意义和方法；第一章"清代传统教育财政体制"，考察传统中央政府、地方政府和民间的教育筹资制度，提出传统教育财政体制是中央集权的、支持精英教育的财政体制，地方政府地位较模糊；第二章"近代中央教育财政能力的削减"，探讨近代中央教育财政职能由高等教育向高等和初等教育两极发展的特点，分析预算管理、法律、教育经费独立配置机制对于近代中央教育财政管理的影响，以及中央教育财政收支结构的变迁；第三章"近代省级教育财政能力的增强"，考察近代省教育财政职能由高等教育向中等教育、由中等教育向补助初等教育发展的过程，以及近代省教育财政管理制度和省教育经费收支结构；第四章"近代县乡地方教育财政的扩展与矛盾"，分析分级分区筹款办学制度在近代的兴起与发展，以士绅为主体的地方教育财务行政组织向官方化的教育财政组织的变迁过程，县乡公共教育经费的拓殖及县乡在筹集教育经费中的问题与矛盾；第五章"近代教育收费制度的发展"，论述近代教育收费制度从萌芽到确立的过程，近代政府对教育收费的管理，以及教育收费制度的正负效应；结语部分，总结中国近代教育财政发展的特点、影响因素以及经验和启示。书末附录"教育经费统计表"。该书拓宽了中国教育史的专业领域，并将教育史的计量统计方法引向一个较深的层次。

2. 《传承与创新——近代华侨教育研究》

别必亮著《近代华侨教育研究》，河北教育出版社 2001 年版，收入"近代教育与社会变迁丛书"。全书除"导论"和"结束语"外，共七章。导论部分包括概念界定、研究现状、研究意义、研究思路和方法等；第一章"近代华侨教育的历史沿革"，考察近代侨居地的华侨教育概况和国内的华侨教育概况；第二章"近代华侨教育的政策措施"，分析自清末至民国国内历届政府与侨居地政府各自的华侨教育政策措施及影响；第三章"近代华侨学校的课程、教材和教法"，综述近代华侨学校在课程、教材和教法等方面的具体情况及所存在的问题与特点；第四章"近代华侨学校的教师与学生"，分别就近代华侨学校教师的来源与构成、培训、待遇和学生的入学情况、升学、就业等内容加以分析；第五章"近代华侨教育的经费"，梳理近代华侨教育的经费来源和经费管理；第六章"近代华侨教育的组织与管理"，论述近代华侨教育组织管理体制建立、演变的过程及运作中存在的主要问题；第七章"近代华侨教育家思想研究"，主要评介康有为、陈嘉庚和黄炎培等的华侨教育思想与实践；结语部分总结近代华侨教育发展的特点、作用，并揭示其经验与启示。书末附录"近代华侨教育大事表"。作者以各个专题具体内容为经，以研究内容的发展时序为纬，运用文献法、归纳法、综合比较法、因素分析法、图表统计法和实证法等方法，将宏观把握与微观研究相结合、群体与个案相结合，揭示近代华侨教育发展规律，为今天华人华侨教育的开展提供可资借鉴的经验和教训。

（八）《中国近代教育专题史论丛》

吕达主编《中国近代教育专题史论丛》，人民教育出版社 2002—2014 年版。该书系从专题研究入手，特别是从该学科研究的薄弱环节入手，着重探讨了近代中国教育的若干问题，考察其历史轨迹和发展脉络，评析其影响等，力求从近代教育史中吸取经验教训，为当代教育作出贡献。该书系包括：王雷著《中国近代社会教育史》，苗春德主编《中国近代乡村教育史》，杨晓著《中国近代教育关系史》，郑航著《中国近代德育课程史》，曲铁华、李娟著《中国近代科学教育史》，储朝晖著《中国近代大学精神史》，熊贤君著《中国近代教育行政史》。

（九）《中国著名大学校长书系》

章开沅、余子侠主编《中国著名大学校长书系》，山东教育出版社 2003年以后相继出版。这是一套多视角切入、对著名大学校长进行立体画面式展现的著作。作者将著名大学校长放在中国近现代中西教育汇合与冲突的历史长河中加以考察和审视，反映近代以来世界教育，尤其是高等教育发展的趋势与热点。各卷作者既从中西文化教育碰撞交流以及高等教育国际化的特征进行分析，也着力于中国近代政治社会大变革宏观背景对高等教育的挑战与需求加以挖掘和把握。就著名大学校长个体而言，书系的各本著作叙述校长任内的办学思想、教育理念、大学管理方略和管理艺术，探讨其成效得失，分析其内在原因；尤其是在呈现大学校长有形功绩的同时，更注重揭示他们的人格魅力、精神境界等隐性的、无形的情操抱负。书系不仅描绘近现代大学校长主持校政时期大学舞台的"精彩演出"，也探寻他们成长的人生轨迹和他们在学校之外的杰出表现，从而呈现了一个个具体、丰富、立体和完整的大学校长形象。

该书系共有两辑，第一辑包括：梁吉生著《允公允能 日新月异 南开大学校长张伯苓》，程斯辉、孙海英著《厚生务实 巾帼楷模 金陵女子大学校长吴贻芳》，冒荣著《至平至善 鸿声东南 东南大学校长郭秉文》，金林祥著《思想自由 兼容并包 北京大学校长蔡元培》，王运来著《诚真勤仁 光裕金陵 金陵大学校长陈裕光》，吴洪成著《生斯长斯 吾爱吾庐 清华大学校长梅贻琦》，孙邦华著《身等国宝 志存辅仁 辅仁大学校长陈垣》，黄书光著《国家之光 人类之瑞 复旦公学校长马相伯》，余子侠著《工科先驱 国学大师 南洋大学校长唐文治》，张彬著《倡言求是 培育英才 浙江大学校长竺可桢》。第二辑包括：吴骁、程斯辉著《功盖珞嘉 一代完人 武汉大学校长王星拱》，刘筱红编《追求卓越 坚守自由 北京大学校长胡适》，徐畅编《战士品行 学者风范 山东大学校长华岗》，张亚群编《自强不息 止于至善 厦门大学校长林文庆》，夏泉编《忠信笃敬 声教四海 暨南大学校长何炳松》，许小青著《诚朴雄伟 泱泱大风 中央大学校长罗家伦》。

（十）《中国教育史专题研究丛书》

江铭、谢长法主编《中国教育史专题研究丛书》，山西教育出版社 2007年以后相继出版。该套丛书对学制系统内各级各类学校教育进行系统的研究，有助于全面、深刻地认识中国教育的历史演变，更好地揭示不同历史时期教育发展的规律和特征。整套丛书史料翔实，言必有据，结构严谨，观点平实，文字通俗流畅，既重视理论性，也强调现实性，以发挥中国教育史应有的服务社会的功能，增进其普及的效用。主要包括：廖其发主编《中国幼儿教育史》；吴洪成主编《中国小学教育史》；谢长法主编《中国中学教育史》；崔运武著《中国师范教育史》；谢长法著《中国职业教育史》；刘少雪著《中国大学教育史》；谢长法著《中国留学教育史》；张惠芬主编《中国古代教化史》；熊贤君著《中国女子教育史》。

（十一）《中国全史：教育卷》

史仲文、胡晓林主编《中国全史：教育卷》，中国书籍出版社 2011 年版。全书系统地梳理了中国教育从远古至民国的发展历程，涉及近代教育史领域的主要是清代、民国分卷。例如民国分卷在对民国教育概述的基础上，具体阐述了近代教育的终了，现代教育的开端、分化和转移以及民国时期教育的发展，最后对民国教育史进行了概况总结。全书站在中国五千年文明史的角度，全景式地展现了中国教育的历史脉络，架构恢宏，结构谨严，史料翔实，文字流畅。有关中国近代教育史部分尤其具有较高的学术价值和现实意义。

（十二）《中国近现代原创型教育家研究丛书》

宋恩荣、李剑萍主编《中国近现代原创型教育家研究丛书》，山东人民出版社 2016 年版。中国近现代原创型教育家的根本使命在于构建中国特色现代教育体系。这个体系既包含现代教育的中国化，又包括传统教育的现代化，其变革的广度、深度和复杂度都是前所未有的，都是原创性的，需要教育家的努力，同时也凸显教育家的重要和艰辛。张之洞、康有为是第一代原创型教育家，主要使命是发展现代教育，构建现代教育制度；黄炎培、晏阳初、梁漱溟是第二代原创型教育家，主要贡献在于推动学校教育走向平民、乡村及广大社会；蔡元培、陶行知、陈鹤琴是第三代原创型教育家，他们开始建构富有中国特色的教育理论体系。该套丛书主要包括：王喜旺著《教育家张之洞研究》；李剑萍、杨旭著《教育家康有为研究》；汤广全著《教育家蔡元培研究》；谢长法著《教育家黄炎培研究》；杨华军著《教育家晏阳初研究》；蒋纯焦著《教育家陶行知研究》；王伦信著《教育家陈鹤琴研究》；吴洪成著《教育家梁漱溟研究》。

（十三）《中国教育活动史专题研究丛书》

周洪宇主编《中国教育活动史专题研究丛书》，华中科技大学出版社2011年版。该丛书由十个专题组成，既有教育活动史的基本理论研究，又有教育活动史的个案实证研究，内容涉及教育史研究的重要领域和主题。主编周洪宇教授在"序言"中写到："该丛书以活动史的方式叙述教育历史活动中人及人的教育活动，以微观的角度透视参与教育实践的人、学校、媒体、语言、校训等在经济生活、教育制度、社会变迁中的相应性变动，为宏观上理解处于社会中的人如何在经济、教育、文化的不同影响下践行教育活动提供参考，进而收到以小见大、见微知著、以史鉴今的效果。"❶

（十四）《教育史学研究新视野丛书》

周洪宇主编《教育史学研究新视野丛书》共十本，《山东教育》主编周洪宇在"序言"中写到："这套丛书力求开拓教育史学研究的新视野，体现教育史学研究的'三个转向'，以新的思路和观点，运用新的理论和方法，拓展新的研究领域，力图实现教育史学研究从上层向下层转移、从中心向边缘拓展、从中央向地方延伸、从主流向非主流开拓、从本土向域外眺望、从整体深入个案以及从具体微观研究向宏观理论建构等研究目的，全面反映和体现我们以问题意识为导向、本土原创为特色、范式转换为宗旨、学术增长为目标的学术理想和追求。"

（十五）《中国教育活动通史》

周洪宇主编《中国教育活动通史》，共八卷，山东教育出版社2017年版。该书分卷体例、方式与上述"制度通史"相似，但是其内容设计及方法论导向却有明显的创新。在该书问世前，作者已主持出版相关专题书系，分别在3～5年前由华中科技大学出版社出版，可以认为前期的成果是首次"教育活动史"著作成就的条件及基础，也是一种准备或引领。

---

❶ 朱红梅. 社会变革与语言教育：民国时期学校英语教育研究 序言 [M]. 武汉：华中科技大学出版社，2011.

二、中国近现代教育史

中国近代与中国现代是中国历史学分科时期的划分概念，有分有合，因主题而定。其中的 1840 年、1919 年及 1949 年是三个界碑性分段年代。中国教育史学科的近代时段史论也是依此而形成的。当然，考虑教育专史特性，在具体专题探讨中，又有个性的表现，如时间界限的弹性伸缩及材料选取的灵活机动等。

（一）中国近代教育史

（1）陈景磐著《中国近代教育史》，人民教育出版社 1979 年版。全书共分为上下两编。上编论述从鸦片战争到义和团爱国运动时期（1840—1900 年）的教育，分四章分别论述清末封建传统教育的空疏腐化和一部分改革教育主张，帝国主义奴化教育的入侵与扩张，洋务教育、清末维新运动的教育和维新运动领导人的教育思想；下编论述从义和团运动失败到五四运动时期（1901—1919 年）的教育，分四章分别论述科举制度的废除和清末新教育制度的建立、资产阶级民主革命运动的教育和革命领导人的教育思想、帝国主义奴化教育的加强和新文化启蒙运动的教育、清末民初几种重要的教育思潮与措施和学校教育数量的发展等。该书为教育学专业的本科生和教育史专业的研究生提供了重要的专业资料。

（2）沈灌群著《从鸦片战争到五四运动时期的教育》，教育科学出版社 1984 年版。全书共五章，主要论述中国人民反侵略斗争开始时的教育、太平天国政权的革命教育、洋务教育和教会教育、维新运动的改良主义教育、辛亥革命运动的革命民主主义教育。有关该书的特点及适用范围，作者在"内容提要"中做了较好的概括："本书联系 1840—1919 年中国民族民主革命的实际，运用丰富的史料，从教育思想、教育教学制度等方面，着力分析革命与反动、进步与落后的矛盾，力求作出符合马克思列宁主义、毛泽东思想的评价，是一部属于中国教育专题的断代史著作，可供高等师范院校、教育学院师生、教育科科学研究人员、中高级教育行政干部阅读、参考。"❶

（3）陶愚川著《中国教育史比较研究》（近代部分），山东教育出版社

---

❶ 沈灌群. 从鸦片战争到五四运动时期的教育：扉页 内容提要［M］. 北京：教育科学出版社，1984.

1985 年版。全书除绪论外共八章。绪论介绍中国近代教育史的开始及分期；之后八章分别阐述鸦片战争阶段、太平天国农民战争阶段、洋务运动阶段、戊戌变法阶段、义和团运动阶段、辛亥革命时期以及辛亥革命后的教育制度及思想，并对上述不同时段的教育分别从纵向（前后期）、横向（中日欧）加以比较，寻找同异之点。作者探索视角新颖，分析评价颇有深意。

（4）董宝良著《中国教育史纲》（近代之部），人民教育出版社 1990 年版，收入"师范教育丛书"。全书共五章，梳理了从鸦片战争时期至辛亥革命时期教育发展的历史图景。史料丰富，注重微观问题的考求，主题突出，论证严密，同时语言表达深入浅出，具有较强的学术性与可读性。该书是在职教师进修用书、各级师范生重要的读本和教学参考资料等。

（5）宋恩荣主编《近代中国教育改革》，教育科学出版社 1994 年版。全书共七章：鸦片战争与洋务运动时期的教育改革、维新变法中的教育改革、民国初期的教育改革、蔡元培对北京大学的改革、"壬戌学制"与 20 世纪 20 年代的教育改革、南京国民政府的教育立法与教育改革、革命根据地的教育建设与改革。作者在绪论中谈到："全书以历史时间为顺序，以史论结合为原则，以重大教育改革为基本线索，在客观叙述史实的基础上，揭示历次教育改革的历史背景、指导思想、主要措施、实际成果，并力求扼要地实事求是地对每一时期的教育改革作出客观的评估。本书在某些章节，采用历史比较研究方法，将不同时期的同一类别的教育改革，纳入广阔的历史背景中，进行纵向的历时性比较；或者将中国历史中某一时期不同地区的教育改革（包括与同期外国教育改革）作横向的共时性比较，以揭示不同时期或不同地区教育改革的共同性与特殊性。"❶ 从中可以得知，定位近代教育为"改革史"以及以比较研究法探讨问题是该书的显著特征。

（6）郑登云编著《中国近代教育史》，华东师范大学出版社 1994 年版。全书共 15 章：第一章至第八章为旧民主主义革命时期的教育，第九章至第十五章为新民主主义革命时期的教育。作者在挖掘新史料的基础上，也吸收了教育史学界的已有研究成果，并在体例设计上突出教育专史的特性。该书具有较强的学术性与史料价值。

（7）曲铁华、李娟著《中国近代科学教育史》，人民教育出版社 2010 年

版，收入"中国近代教育专题史论丛"。除"导论"外，全书共六章。第一章概述中国古代科技教育，阐述官学、私学、家学、官府机构、艺徒制中的科技教育，并以此为依据总结中国古代科技教育的历史脉络及特点；第二章至第五章分析中国近代科学教育，主要内容包括中国近代科学教育的嬗变、中国近代大学中的科学教育、科学教育刊物团体与研究机构、中国近代科学教育思想；第六章归纳中国近代科学教育的当代启示。作者按照教育制度和思想两大主线，梳理近代不同时期科学教育的嬗变、著名教育家的科学教育思想；同时，又从教育专题史的角度系统地探讨近代科学教育的实施效果及经验教训，多视角、全方位地系统介绍了中国近代科学教育。该书在充分占有史料的基础上，梳理了近代科学教育史的历史脉络，为研究者提供了重要的参考资料。

（8）左松涛著《变动时代的知识、思想与制度——中国近代教育史新探》，武汉出版社 2011 年版。该书共十章，主要以专题形式分析清代边地社学、义学，清代生员进学年龄，清代"私塾"，晚清民国塾师地位，清末中央设置学务处史实，清末撤废学政与新设提学使，武昌自强学堂师长与辛亥革命，清末佛门兴学史事，吴雷川与非基督教运动以及私立武昌华中大学的学生运动等典型事件史实及问题。在此基础上，结语探讨晚清民国学人对新式教育的反思。作者在前人研究成果吸收利用的同时，充分挖掘新史料，进行了新的阐释、凝炼与分析，具有较高的学术创新和史料价值。

（9）吴洪成著《中国近代教育思潮新论》，知识产权出版社 2016 年版。该书重点剖析中国近代主要教育思潮，包括军国民教育思潮、国民教育思潮、实业（含实利、实用）教育思潮、平民教育思潮、科学教育思潮、职业教育思潮、实用主义教育思潮、教育独立思潮、乡村教育思潮以及国家主义教育思潮，采用历史法与比较法相结合、宏观把握与微观分析相结合、理论分析与实际论证相结合等具体方法，综合概述中国近代教育思潮的基本特征、发展线索和内在规律，作者对每种教育思潮皆揭其源流，既突出主要代表人物的评述，也注意形成声势的"群体"以及不同思潮的转变和交互影响，以此希冀推进中国近代教育思想史的深入研究。

（二）中国现代教育史

这里的"现代"一词是指五四运动至中华人民共和国成立时期。这样的历史分期不能说偏差和盲误，却也存在传统和保守的学术理解。至少可有十余年的内容及活动可以融入"近代"。如此一来，这些著作便有某一部分或几部分中的组成材料可作为近代教育史的参考，视为通史类素材的部分补充。

（1）陈元晖著《中国现代教育史》，人民教育出版社 1979 年版。全书共五章，按五四运动时期（1919—1921 年）、中国共产党成立到第一次国内革命战争时期（1921—1927 年）、第二次国内革命战争时期（1927—1937 年）、抗日战争时期（1937—1945 年）、第三次国内革命战争时期（1945—1949 年）五个阶段梳理了中国现代教育史，阐述了各个时期的中国社会概况、教育方针政策、教育制度推行和教育思想斗争等。作者编纂体例及方式与革命史观、阶级分析视角下的中国现代史、革命史或政治史几乎如出一辙。作为风行持久的一种范式，该书曾是综合性大学高等师范院校教育系的教材。

（2）华东师范大学教育系、教科所编《中国现代教育史》，华东师范大学出版社 1983 年版。全书共九章，全面梳理了五四运动至新中国成立间中国现代教育的历史脉络。"出版说明"中写道："（本书）着重总结中国共产党领导下的新民主主义革命教育经验，重点介绍李大钊、恽代英、杨贤江、鲁迅和陶行知的教育思想，对国民党统治区的教育，则仅作简略的评述。为便于读者自行分析，引用了较多的史料。"该书对微观、实证性史实的征引十分丰富，具有较高的史料价值，有待专业工作者发掘。

（3）高奇主编《中国现代教育史》，北京师范大学出版社 1985 年版。全书共 14 章，系统梳理了 1919—1966 年中国教育发展史，尤其是重点探讨了各时期重要教育家的教育活动及教育思想。第一章至第十一章为新民主主义革命时期教育发展史，第十二章至第十四章为社会主义时期教育发展史，阐述了各个时期的教育方针政策、教育实施和教育活动以及各个教育家的教育论点。该书是研究中国近现代教育史、教育思想的基本参考书。

（4）陶愚川著《中国教育史比较研究》（现代部分），山东教育出版社 1988 年版。全书共五章，主要探讨了五四运动时期教育的比较、第一次国内革命战争时期教育的比较、第二次国内革命战争时期教育的比较、抗日战争时期教育的比较、解放战争时期教育的比较。这种以比较分析的视角和方法探究中国近代教育史的设计及尝试努力，无疑是有创新性的。

（5）李桂林著《中国现代教育史》，吉林教育出版社 1991 年版。全书分三编 16 章。上编为五四运动和第一次国内革命战争时期的教育（1919—1927 年），中编为第二次国内革命战争时期的教育（1927—1937 年），下编为抗日战争和解放战争时期的教育（1937—1949 年），作者对上述三个时段进行了清晰梳理并简要分析了中国现代教育的演进及特点。由于作者是在编写专业教材的基础上修改而成的，因此，学术研究的深度专业化略显不足。

（6）高奇主编《中国教育史研究》（现代分卷），华东师范大学出版社1994年版。全书共13章，系统回顾和总结了辛亥革命至1985年的70多年间中国教育的发展。其构思及内容恰如作者在"序言"中所述："在这七十多年中，我国教育发展的历程出现了四个伟大的转折，即从清王朝教育转变为民国教育；从旧民主主义教育转变为新民主主义教育，从半封建半殖民地教育转变为社会主义教育，在社会主义教育发展中又开创了建设具有中国特色的社会主义教育的新局面。这些都展现了中国两千多年从未有过的特有的发展态势，构成了中国现代教育的发展史。"❶

（7）李剑萍著《中国现代教育问题史论》，人民出版社2005年版。全书共五部分：学制、幼儿教育、中小学教育、高等教育、成人教育。其中所设计及思考的问题主要有三方面：现代教育思想的形成、现代教育方针的确立以及新文化运动时期现代教育理论的传播与教育思潮的勃兴。该书以此为切入角，充分挖掘新史料，运用新史观，得出了许多新的见解，同时广泛吸收学界的最新研究成果，反映学科发展前沿。"编写说明"中写道："这是一部研究性、专著型教科书，即依照教科书形式呈现的研究专著。"❷ 作者在体例结构上，借鉴纪事本末体的手法，论列事件、人物注意其因果流变，可能突破章节的限制，上下延伸。

（8）李剑萍、杨旭著《中国现代教育史——中国教育早期现代化研究》，人民教育出版社2011年版。全书共四章，时限上自1862年京师同文馆创办，下至1927年中国现代学制的定型，集中聚焦这六七十年间中国教育早期现代化的过程、内容、实验及特点。第一章"现代学校的诞生"，论述创办学堂、派遣留学的洋务教育和兴学校、变科举的维新教育；第二章"现代教育制度的建立"，探究清末新政与预备立宪时期的教育，包括建立现代学制、废除科举制度、建立现代教育行政体制和颁布教育宗旨；第三章"现代教育思想的形成（上）"，考察辛亥革命前革命党人的教育活动与教育主张，南京临时政府时期的教育鼎革和蔡元培的教育思想与现代教育方针；第四章"现代教育

---

❶ 高奇. 中国教育史研究（现代分卷）：序言 [M]. 上海：华东师范大学出版社，1994.
❷ 李剑萍. 中国现代教育问题史论：编写说明 [M]. 北京：人民教育出版社，2005.

思想的形成（下）"，分析新文化运动时期现代教育理论的传播与教育思潮的勃兴，包括现代教育观念与教育理论的流行传播、现代教学改革与教学实验的广泛开展、现代学制与各级教育的发展、现代教育思潮与教育运动的澎湃激荡。作为教育部"十一五"规划的部编教材，该书每章之前有内容提要、学习目标、关键词，章末有要点小结、思考与练习以及拓展性阅读导航。

三、民国教育史

民国时期，无疑是中华民国统治执政的 38 年历史，是继清王朝封建统治政权序列的话语方式表述，而有别于古代、近代及现代历史记录文本。不过，其时限 1912—1949 年中大部分属近代史。因此，在平添历史分期问题复杂性的同时，无疑又增添了所述内容的别样资源。

（1）熊明安著《中华民国教育史》，重庆出版社 1990 年版。全书共八章。第一章至第五章厘清了从南京临时政府时期到新中国成立前期的教育发展脉络，分析了各个时期的教育改革、教育思潮、著名教育家的教育思想和各级各类教育等；第六章至第八章，以专题的形式，探讨了私立学校教育、边疆少数民族教育和华侨教育的发展历程。作为新中国成立以来出版的第一本民国教育史专著，作者搜集考证了大量的第一手资料，力求还原历史的本来面目。该书体系和结构采取纵向和横向相结合的方式，全面描绘了中华民国教育的历史画卷。

（2）申晓云主编《动荡转型中的民国教育》，河南人民出版社 1994 年版。全书共五章，采用宏观考察和微观解剖相联系、纵向和横向相结合的方法，力图理清从辛亥革命到新中国成立前民国教育的历史线索，对中华民国时期的著名人物、事件和专题进行了详细分析。作者对民国教育的分期及一些重要问题，提出了独到的见解。民国教育是中国近代教育史的重要一环，是中国近现代教育的过渡及转型期，对其的文献挖掘及内容有其特殊价值。

（3）何国华著《民国时期的教育》，广东人民出版社 1996 年版。全书共十章，采用一般志书的编撰体例，即"先横向分类，纵记变迁，纵横结合，以事为纬，以时为经，以类系时，以时系事和以事系人为主"的编撰方法，主要阐述了民国时期岭南地区的教育行政管理、教育思想、各类教育、教育科学研究、教师和校长、学生爱国运动、海外华侨港澳同胞捐资兴学、奴化教育、革命的教育和革命根据地的教育等纷繁复杂及内在丰富多元的内容，并由此绘制一幅斑驳多姿的岭南民国教育图谱。该书史料丰富，论述精辟，具有较高的客观性、历史性、资料性、科学性和思想性。

（4）李华兴主编《民国教育史》，上海教育出版社 1997 年版。全书分学制篇、思想篇、管理篇和办学篇四部分。作者在"前言"中对其中的内容、体系结构及写作意图均有所说明："学制规定着各级各类学校的系统及其相互关系，是制度化的办学坐标，反映了民国教育由传统向现代化转变的基本走势。思想是实践的反映，又是实践的先行，无论学校制度的订立、教育宗旨的规定、管理体制的演变、各级各类学校的办学，都离不开教育思想的导引。管理主要通过建立有效的教育行政机关，采用科学有序的操作，来实现教育立法及相应的规程条令，达到教育的既定目标。办学则综述各级各类教育的具体运作，总结其利弊得失和经验教训，揭示办学的内在规律。四篇之间，既有板块分工，也有相互联系；每篇各章，又按教育自身的演进作动态分析或专题研究。之所以设篇列章，意在便于对民国教育某专题感兴趣的读者能按图索骥，各取所需。四篇之外，前冠'民国教育史分期'作为'绪言'，借以鸟瞰民国教育史的发展全貌、阶段特征及其主要因果关系；后附'民国教育与现代化'作为'结语'，企望从总体上解析民国教育史起伏的动因，评价民国教育的历史定位，回应一些值得深思的理论问题。"❶

著作文本呈现学界之后，从发行传播的影响考察，无论是历史学，还是教育学的一些相关专业人士不同程度受其影响。这不仅表现在文本素材的选择及表述方面，而且对民国教育认识观点也不同凡响。当代著名教育史学家宋恩荣等在《历史研究》发表书评，该书作者在江苏社会科学院主办的《江海学刊》解读写作体会或感言，均值得参考。

（5）赵锋著《民国教育》，山西教育出版社 2015 年版，收入"图说民国丛书"。全书共四章，在阐述新旧之际教育改革、教育观念变革的基础上，分析以晏阳初、陶行知、黄炎培和严修为代表的教育家，和以蔡元培、梅贻琦、张伯苓和马相伯为代表的民国大学和校长的教育活动，最后探讨民国时期的留学教育、艺体教育、女子教育和西南联大办学业绩。民国时期是中国教育史半封建半殖民地教育的延续，也是专制高压与独立追求角逐抗拒，进步教育界人士探求实验新教育制度，并涌现出群星璀璨教育家的矛盾复合体，作者择史学

---

❶ 李华兴. 民国教育史 ［M］. 上海：上海教育出版社，1997：15 – 16.

专家所不屑的"边角料"，闲聊文人雅士、逸闻趣事，品"民国范儿"。全书图文并茂地展示了民国时期的教育特色，具有较强的可读性和历史价值。

四、其他

在总体探索中国近代教育历史问题的著述中，还有些处于上面所列类型的交叉或分支，也有的探讨其中所容纳的机制或力量问题。现将这些游离而又交错于边际间的文本另类归并如下。

（1）吕芳上著《从学生运动到运动学生（民国八年至十八年）》，台湾"中央研究院"近代史研究所1994年8月版。全书共五章，主要探讨五四运动时期的学生运动、学运政治化和政党影响学生。书末附录"民国八年至十八年中国学生运动大事记"。该书是将20世纪20年代中国学生与政治关系作为主题的论著，采用大量的原始档案文件、图书报刊、大学校史和各地文史素材等，主要探讨学潮的兴起与发展，学生与政治的关系，薪潮、教潮与学潮的关系，学生与政党的关系，学运从自主至附属最后取消的过程等，而对于读者熟悉的学生反教运动、五卅运动等，该书略而不谈。

（2）张瑞璠主编，黄书光著《中国教育哲学史》（第四卷），山东教育出版社1999年版。该书是"中国教育哲学史研究书系"的一卷，时限范围为1840—1949年，共七章，分别由西学东渐与中国传统教育哲学思想的松动、对西学的理论反应与中国近代教育哲学兴起、中西教育哲学调和汇合的艰难探索（上、下）、双元对峙的教育哲学观、中西教育哲学融通的再求索、马克思主义者的教育哲学观与中国教育现代化的道路选择等部分组成。作者选择人物与学派相结合的角度，系统梳理了中国近代教育哲学的发展轨迹及其特点，并把握中国文化和教育发展的独特性，写出中国特色和中国气派，极力避免套用西方教育哲学的概念范畴，力图总结中国近代教育哲学的演变规律，为当代中国教育改革发展提供历史借鉴。

（3）王炳照主编《中国私学·私立学校·民办教育研究》，山东教育出版社2002年版。全书共三编。第一编为中国古代私学研究，探讨了私学的产生与发展、教学与管理及与选士制度的关系；第二编为中国近代私立学校研究，阐述了近代教会学校的产生与发展、清末国人自办私立学校的产生与发展、民国以来国人自办私立学校的发展、近代私立学校的课程与教学、管理与经费、校风建设及反思；第三编为中国当代民办教育研究，主要介绍了新中国成立初期私立学校的维持、改造与接办，改革开放以来民办教育的发展，寻求借鉴——外国私立学校教育考察。此书写作历时将近六年，对中国古代私学、近代私立学校和当代民办教育进行了认真的研究和考察，填补了教育史研究的薄弱环节，同时更好地发挥中国教育史"以古鉴今"的作用。

（4）李忠著《中国教育史研究问题的反思与应对》，山东教育出版社2008年版。全书分中国教育史研究问题的反思、道德教育思想、工商界对教育的参与、发生在生产场域中的教育四个专题，其中后三个专题是对第一个专题的回应。第二、第三个专题则主要属中国近代实业、职业及生产教育论题。"后记"中写道："本书正是以当代中国教育史研究存在的问题为切入点，并在梳理、分析问题的基础上，对中国教育史学科存在的问题进行尝试性的分解，并希冀这种分解能对这一学科的发展有些许帮助。"❶ 看来，内容与方法的立足方面，作者着意于后者。该书意在为研究生提供参考书，所以论述不求全面，而旨在鞭辟入里地阐释思辨的理性水平，从而提出能引起读者思考的问题。

（5）黄书光等著《中国社会发展变迁的教育动力》，上海教育出版社2014年版。全书共六章：第一章为中国传统社会发展的教育内驱力，着重阐述儒家教育制度、科举、非学校的社会教化系统；第二章中国近代社会转型的教育推动力（上），论述洋务新式学堂、派遣留学生、近代学制、五四运动和新教育运动的作用等；第三章为中国近代社会转型的教育推动力（中），探讨"战时须作平时看"的教育政策、"教育救国"思潮、近代女子教育和近代知识分子转型；第四章为中国近代社会转型的教育推动力（下），分析基础教育发展、职业教育盛行和高等教育兴办对近代社会转型的作用；第五章为中国现代社会发展的教育支撑力（上），呈现新中国的教育基础与教育的政治任务、教育的异化与社会动荡；第六章为中国现代社会发展的教育支撑力（下），总结改革开放35年间教育复归与深层变革，全球化时代的社会变迁、知识经济与教育先导，构建人力资源强国与文明社会的教育支撑体系。作者的视角新颖独特，打破了单向研究教育的社会基础的惯用视角，从社会存在及发展变迁所赖以产生的教育基础价值的逆向路线，探讨教育在中国社会转型中所发挥的"内驱力""推动力"和"支撑力"的作用，具有较高的学术价值。此书坚持史实为重、史论结合的治学原则，精心刻画出不同社会状态下教育功能发挥的微妙差

---

❶ 李忠. 中国教育史研究问题的反思与应对［M］. 济南：山东教育出版社，2008：231.

异，为研究者提供了新的研究理路与资料。

（6）杜成宪、丁钢主编《20世纪中国教育的现代化研究》，上海教育出版社2004年版。全书共分八个专题：为了儿童，中国主体性幼儿课程理论的形成；民国时期中学毕业会考的兴废及历史回声；当代中国高等教育及其区域差异的形成；中国语文教育从文言到白话的现代变迁；科学教育半个世纪的潮起潮落；职业与社会变革，近现代中国职业教育发展的三个阶段；上海女子教育的现代化演进；改革农村教育，20世纪中国农村教育的主旋律。涉及20世纪中国教育的多个方面，作者对各个教育专题选取典型问题与视角，展开深入探析，力求突破把20世纪的中国教育看成是一个简单移植西方的学习过程的认识，在分析传统与探析发展相结合的研究中，展现在20世纪中外文化教育的交织过程中，中国教育在国际背景下进行本土化、民族化和现代化探索的基本路向和理论取向。

（7）田正平著《世态与心态——晚清、民国士人日记阅读札记》，上海教育出版社2017年版。全书共七部分：读书·修身·治家——《曾国藩日记》阅读札记；侍讲学士的困境与出路——《恽毓鼎澄斋日记》阅读札记；清末"废科举、兴学堂"的另一类解读——《朱峙三日记（1893—1919）》阅读札记；横看成岭侧成峰·乡村士子心中的清末教育变革图景——以《退想斋日记》和《朱峙三日记》为中心的考察；寻病源与读方书——《黄炎培考察教育日记》阅读札记；救国千万事 造人为最要——《胡适日记全编·留学日记》阅读札记；理念·境界·情操——《竺可桢日记（1936—1946）》阅读札记等。该书的观点及构思颇有新意，恰如作者在"内容简介"中写道："晚清以降，百年间，中国面临着千年来未有之大变局，士人对此心态各异，从他们的日记中很可以看出这一点来。于是作者批览曾国藩、恽毓鼎、朱峙三、黄炎培、胡适、竺可桢等晚清、民国士人日记，披沙拣金，勾勒出他们在此大变局下对于教育事业的心态，给我们展示了一幅夺目的世态与心态图景。"❶

第二节　中国近代教育史主要研究成果——学制类

学制是学校系统的先后层阶安排，有程度水平高低之别，通过考试测评手

---

❶ 田正平. 世态与心态：晚清、民国士人日记阅读札记 内容简介［M］. 上海：上海教育出版社，2017.

段，依序递进，标志学生成长与发展的序列阶递，联系人才与社会的杠杆关系。近代以来国家通过颁布教育政策规程以明确法制化地位，成为学制制度确立标志。其阶段层阶是人们成长的经历，更是耳熟能详的从学前教育至研究生教育的体系。

一、学前教育

学前教育是早期教育阶段，与小学教育衔接，重在知识、习惯基础养成及心理卫生素质准备，是人生未来之准备，更是后天教育成才的关键。这里还存在学前教育与幼儿教育的关系问题，幼儿教育属学前教育的主体部分，主要为3~6岁儿童，以早期教育机构幼儿园组织方式实施相应教育的养护；而学前教育范围会较之更宽泛，从时间、空间的教育资源等多方面而论均是如此。然而，无论是学前教育还是幼儿教育的主题标帜著作并不突出。

（1）唐淑、钟绍华主编《中国学前教育史》，人民教育出版社1993年版。全书共七章，前两章论述了古代学前教育的实施与思想；第三章至第六章阐述近代学前教育的产生、演变，老解放区的学前教育，部分教育家的教育思想；第七章探讨中华人民共和国学前教育的发展。书中附台湾省的学前教育。该书史论结合、事件与人物联系、理论与实践统一，科学系统地记叙了我国学前教育发展、演进的历史，从中展示我国古代悠久而丰富的胎教、家庭的思想和经验，阐明近现代学前社会教育产生和发展的艰难历程，以及我国著名教育家为学前教育的发展在理论和实践两方面所作的杰出贡献。作者分析总结历史时期学前教育健康发展的宝贵经验，尤其是近代学前教育内容更丰富，值得认真阅读及汲取。

（2）李定开编著《中国学前教育》，西南师范大学出版社1990年版。全书分为中国古代学龄前儿童教育、中国近代学龄前儿童教育、陕甘宁边区的学龄前儿童教育三编，共十章，主要从家庭、家庭教育、幼稚园教育等角度论述。该书在充分挖掘、占有史料的基础上，论述了中国学前教育的状况与变革，为有志于研究学前教育的学者提供了重要资料。

（3）何晓夏主编《简明中国学前教育史》，北京师范大学出版社1990年版。全书共三编，分为中国古代的学前教育、中国近代的学前教育、中国当代的学前教育。该书学科专业特色明确，学制类阶段内容针对性极强，与学前教育无关的事件、人物均未列入，覆盖了自古代社会至1989年我国学前教育的整个发展历史进程；对中国学前教育发展中的重大问题和杰出人物做了较为详细的论述；每章正文后附有思考题和参考书目，便于读者掌握重点和自学。这是一部教学与专业问题探讨相结合的重要著作。

（4）喻本伐编著《中国幼儿教育史》，大象出版社2000年版，收入"幼儿教育理论丛书"。全书共七章，系统论述了从先秦至当今中国幼儿教育的历史变革。中国幼儿教育源远流长，该书挖掘和利用大量资料，勾勒了幼儿教育的历史脉络，为学前教育研究提供了宝贵资料。

（5）廖其发主编《中国幼儿教育史》，山西教育出版社2006年版，收入"中国教育史专题研究丛书"。全书共十章，论述了从先秦至新中国成立之前中国幼儿教育的发展历史，其中包括教育政策、机构、内容、教材、方法以及著名教育家幼儿教育思想等。该书查阅了大量的第一手资料，包括中国古代儒家的经传注疏、诸子文集、二十五史、历朝会要、历代笔记、各种童蒙读物、近现代的教育年鉴报纸杂志及各种教育资料书的相关记载论述等。作者在大量史料的基础上，进行了去粗取精、去伪存真、由浅入深、由表及里的分析，是中国幼儿教育史研究者的基本参考资料。

二、初等、中等教育

初中等教育是普通教育的主体部分，无论是国民教育，还是义务教育均汇聚于此，并与之交错关联，并且其他类型或层次教育是以此为基本而拓展或提升的，诸如横向的师范教育、职业教育，纵向的高等教育等均是如此。但令人遗憾的是该类著作问世极少，未来学科建设中有待加强。

（1）叶健馨著《抗战前中国中等教育之研究》，文史哲出版社1928年版。全书共五章，呈现自北伐完成至抗日战争爆发止中等教育的状况，主要介绍训政时期三民主义教育的建立、训政时期中等教育的整顿计划、训政时期中等教育改革、军训教育与体育运动、乡村师范与职业教育。在资料选择上，作者尽量采用第一手资料，包括政府报告、会议记录、报章杂志的评论、私人著述等。书中相关统计资料九·一八事变以前的包括东北三省，九·一八事变以后则不包括东北三省在内。

（2）王伦信著《清末民国时期中学教育研究》，华东师范大学出版社2002年版。全书除"引言"和"结语"外，共四章。引言部分论述该书的研究对象及范围、基本思路和结构框架等；第一章探讨中学教育制度的建立与演变，

分为清末中学观念的引入与中学制度的建立、清末民初中学制度的探索、1922
年新学制与中学制度的发展、国民政府时期关于中学制度的讨论和改革试验等
核心内容；第二章分析中学课程的设置与实施，梳理课程设置演变的基本脉络
和基本趋势；第三章揭示中学训育的理论与实施，包括中学训育理论的建构、
训育组织设施的变迁和学生自治会的组织等；第四章从中学教育发展整体规模
和构成、中学教育地区分布与性别差异两个维度量化考察清末民国中学教育发
展状态；结语部分作者从历史与现实结合的角度对近代中学教育加以总结与反
思。作者以近代教育专题的形式对中学教育理论和实践的基本问题展开论述，
作者对清末民国时期几份中等教育专业期刊进行挖掘整理，扎实厚重，体现出
历史与逻辑的统一，初步构建了清末民国中学教育历史的基本框架。

（3）吴洪成主编《中国小学教育史》，山西教育出版社 2006 年版，收入
"中国教育史专题研究丛书"。全书共 12 章，系统梳理了从先秦至国民政府时
期我国小学教育的历史发展脉络，主要探讨我国自远古到现代小学教育的形
成、演进和发展过程，力图总结小学教育历史嬗变的阶段特点及规律性认识，
阐述教育家或思想家关于小学教育的真知灼见，并体现现代教育学、心理学原
理及学派观点视野下的小学教育制度、思想及实验改革，努力做到理论与史实
渗透，观点与材料结合，同时着眼于当今时代的教育改革与教育历史的回应、
激荡，使该书的研究具有较强的现实感及实际意义。

（4）谢长法主编《中国中学教育史》，山西教育出版社 2009 年版，收入
"中国教育史专题研究丛书"。全书共六章，探讨中学制度从西方的传入至抗
战时期及战后中学教育的历史发展脉络。该书是我国第一部近代中学教育史专
著。"前言"中谈道："本书以中学教育的近代化为主线，尽可能地在第一手
材料的基础上，从中学的传入出发，阐述中学在清末由萌芽到制度引入，再到
制度确定的历史进程，在此基础上，对民国时期中学教育艰难曲折的发展、嬗
变，就中学教育宗旨、中学教育体制、中学教育立法、中学男女同学，乃至中
学的课程、教材、教学方法、教学管理等，作了全面的分析说明。同时全书贯
穿点面结合的原则，思想与制度兼顾，对近代中国一些著名中学教育家的中学
教育思想和实践影响也进行了重点剖析，力争最大限度地为读者呈现一幅较为
全面的中国中学教育的历史图景。"❶ 从中可知，作者设计内容的重点是民国

---

❶ 谢长法. 中国中学教育史：前言［M］. 太原：山西教育出版社，2009.

时期的中学教育，无论是制度，还是思想，均是如此。

三、高等教育

高等教育是高层次、专业性以及体现同时代最高科学、技术及思想文化水平的专门教育，备受人们青睐。古代与近现代高等教育有共性，但更具差异性。本书的理解是近代专业化及技术运用下的近代形态高等教育。

（1）熊明安著《中国高等教育史》，重庆出版社 1988 年版。全书共 11章，系统梳理了从殷商时期到新中国成立前期中国高等教育发展历史，内容主要包括各个时期政治经济文化等与高等教育的关系；各个时期高等教育的方针、政策、制度；高等教育机构；教师与学生；教学与行政管理；高等教育家的生平事迹及主要教育观点等。第九和第十章着重分析中华民国的高等教育，涉及这一时期的高等教育制度、高等教育活动和高等教育思想。

中国高等教育历史悠久，制度及思想资源丰富多彩，作者秉承尊重历史的原则，查阅整理大量文献，从史料中抽离出我国高等教育的历史脉络。该书是我国第一部有关中国高等教育通史的专著，出版后反响极强，影响持续，后被选用为高等院校文科教学的教材或参考用书。

（2）霍益萍著《近代中国的高等教育》，华东师范大学出版社 1999 年版。全书共九章，对中国高等教育的发展脉络做了较深入的分析和较清晰的勾画。其中作者以蔡元培、郭秉文和竺可桢等为代表，将近代高等教育的发展历程划分为三个阶段，很具新意。该书史料翔实，史论结合，分析精辟，特点突出，具有较高的学术价值与现实意义。

（3）金以林著《近代中国大学研究（1895—1949）》，中央文献出版社2000 年版。全书共五章，按照 1862—1911 年、1912—1927 年、1927—1937年、1937—1945 年、1945—1949 年的历史分期梳理近代中国大学萌芽、兴起、发展、内迁、恢复的历史脉络。附录有新中国建立前夕高等院校一览表、征引书目和索引。该书视角独特，勾画出近代大学同社会发展间的相互关系，系统分析了公立大学、私立大学、教会大学等不同类型高校的演变轨迹，考察分析近代以来国家教育主管部门的各项政策，以及在近代社会和大学发展中的利弊得失。作者查阅了大量近代以来国家教育行政主管部门在不同时期颁布的有关高等教育的各种公报、年鉴和统计数据等第一手资料，以及近代以来出版的报刊、教育家论著、校史、校刊、校友回忆录以及外文资料等，史料基础扎实。

（4）（加）许美德著，许洁英主译，王嘉毅、陆永玲校《中国大学（1895—1995）：一个文化冲突的世纪》，教育科学出版社 2000 年版。全书共七章。第一章介绍著作主要内容和框架；第二章至第四章概述民国时期、社会主义时期和改革开放十年中的中国高等教育发展历程；第五章和第六章分析了中南地区和西北地区高等教育发展状况；第七章论述中国高等教育的大众化和中国大学。该书材料主要来源于各种原始文献、口头讲述和大学校史等。"民国时期的高等教育"章节中，探讨了国民政府的政策与立法、西方高等教育模式的引进对中国大学和中国大学与政府关系的影响。译者在前言中写道："书中既有她（作者）对几千年来我国教育发展的精辟分析，也有对当前我国高等教育发展的冷静思考，还有对未来我国高等教育发展的政策建议，均表现出了她深厚的学术功底和对中国文化历史的博大精深。特别是她深入实际、亲自调研，用大量的第一手资料从知识分布、地理分布和性别分布三个独特的视角，对我国高等教育进行了系统的研究，这在国际上还是第一次，提出了很多值得我们思考和重视的问题。"❶

（5）宋秋蓉著《近代中国私立大学研究》，天津人民出版社 2003 年版。全书共七章。该书在详尽论述近代中国私立大学发展历程的基础上，以专题研究的形式，阐述近代中国私立大学发展的外部环境、政府政策、办学特征和精神、教育和社会功能、制约因素等。附录有近代中国私立大学有关法规、1948年全国私立大学一览表、近代中国私立大学沿革一览表和近代中国私立大学大事记。作者搜集查阅了大量的历史文献，包括档案文献、报刊、校史资料、校史、校刊、校友回忆录、文集、人物传记、论著和部分外文资料等，力图还原历史的本来面貌。作者认为中国近代私立大学对高等教育最根本的贡献在于与公立大学取长补短，完善和健全了中国近代高等教育体系。这种对近代中国私立大学历史定位的揭示弥足珍贵，十分有意义。

（6）潘懋元主编，邬大光、张亚群副主编《中国高等教育百年》，广东高等教育出版社 2003 年版。全书分为历史篇、体制篇、理念篇三部分，共精选论文 22 篇。其中，"历史篇" 6 篇文章，可分清末近代高等教育产生期、民国时期的高等教育和新中国成立以来的高等教育三部分；"体制篇" 12 篇文章，

❶　（加）许美德. 中国大学（1895—1995）：一个文化冲突的世纪 前言 ［M］. 许洁英，译. 北京：教育科学出版社，2000.

前4篇论高等教育的管理，后7篇论各种类别的高等教育，最后一篇简述20世纪香港高等教育的演变，以资比较；"理念篇"4篇文章，前两篇探讨大学校长的办学理念，后两篇从历史的视角探讨中国当前高等教育发展的热点问题。每篇文章或多或少有创新之见。该书不是系统的专著通论，却是近代中国高等教育相关专题学习、研究的重要参考资料。

（7）周洪宇主编《学位与研究生教育史》，高等教育出版社2004年版。全书分为外国学位与研究生教育史和中国学位与研究生教育史两编，共13章。第六章和第七章着重考察清末（1862—1911年）和民国前期（1912—1927年）的学位与研究生教育历史脉络，对其中的主要形式和典型内容进行了归纳和总结。作者在充分占有史料的基础上，吸收了大量前人的研究成果，具有较高的学术价值，为有志于研究学位和研究生教育的学者提供了宝贵的参考资料。该书是国内迄今为止第一部全面论述包括中国在内的世界主要国家（美、俄、德、英、法、日、印、中）学位与研究生教育发展历史的学术专著，尤其对清末民国时期的主题问题既有纵向梳理，又有横向分析，纵横交错的结构安排，给读者呈现了一幅鲜明的立体画面，引人入胜。

（8）董雅华著《知识·信仰·现代化：中国政治社会化中的高等教育》，复旦大学出版社2005年版。全书共七章，除第一章绪论之外，其余各章主要论述中国现代化过程政治社会化中的高等教育、1978—1989年中国高等教育中的政治社会化取向、1990年后中国高等教育中的政治社会化取向、高等教育中价值分配的体系与过程、全球化时代中国高等教育的责任。该书主要从空间纬度和时间纬度展开，空间纬度聚焦人、社会与国家，时间纬度涉及高等教育现代化发展历程及其所带来的社会转型。作者的写作取材主要由五个方面构成：原始的档案和调查材料，如具体政策法规、学校的课程安排变化；相关报纸材料；大学教育实践中直接感悟；纪年性的中国教育发展史，如中华人民共和国教育大事记等；相关的理论著作和研究成果。❶

（9）田正平、商丽浩主编《中国高等教育百年史论——制度变迁、财政运作与教师流动》，人民教育出版社2006年版。全书分制度编、财政编、教师编三部分共11章。中国近代西化模式高等教育产生于19世纪末20世纪初，

---

❶ 董雅华. 知识·信仰·现代化：中国政治社会化中的高等教育 [M]. 上海：复旦大学出版社，2005：23.

距今已有百年历史。"制度篇"中通过探讨中国高等教育制度变迁的背景、特点、经验教训及成效等，揭示中国高等教育制度艰难的演变历程；"财政篇"从高等教育财政的变迁、高等学校薪酬演进以及学校收费变革三个纬度，考察近现代中国高等教育财政运作的理论和实践；"教师篇"力图通过个案，分析造成教师流动的因素。作者在"内容提要"中写道："本书以专题的形式，深入地阐述了百年来中国高等教育发展史上事关全局的诸多重大问题。这些问题的展开，视野恢宏，史料翔实，论证深入，创见迭出。本书不仅开拓了中国近代高等教育研究的新领域，丰富了教育史的学科建设，而且对于当代中国高等教育改革也具有重要的现实意义。"❶ 上述充满自信的言论大致反映了该著作较高的文献及学术双重价值。

（10）刘少雪著《中国大学教育史》，山西教育出版社 2007 年版，收入"中国教育史专题研究丛书"。除绪论和结束语外，全书共六章，主要阐述中国近代大学的初现、挣扎与演变、步入正轨、崛起与兴盛以及中国大学现代化过程中的若干问题。该书以中国大学的建立、发展和壮大的历史过程为线索，探讨新中国成立前的中国大学现代化和本土化的曲折历程，注意到中国大学建设和发展中不同类型——国立大学、公立大学、私立大学及教会大学所发挥的不同作用，揭示近现代大学制度之形成与国家政治制度之间的密切联系。作者提出中国大学作为 19 世纪末 20 世纪初救国救民的一种重要举措，其最大目的是服务于国家和民族的政治需要，而不是像西方大学所立志追求的以研究高深学问为目的的结论，弥足珍贵，发人深思。

（11）吴立保著《大学校长与中国近代大学本土化研究》，中国社会科学出版社 2010 年版。全书共八章，主要运用了文献法、历史研究法和个案研究法等，在详尽概述中国近代大学制度与中国近代大学精神本土化的基础上，作者选取典型个案分析蔡元培与国立北京大学、张伯苓与私立南开大学、梅贻琦与国立清华大学、陈垣与私立辅仁大学的本土化模式，最后总结了中国近代大学本土化的历史经验。"本书借助大量近几年出版的相关校史、回忆录等文献资料，史料翔实，脉络清晰，总结中国近代大学本土化的五点理性认识，有作者独到的见解，对于中国现代大学本土化和国际性之间关系的准确处理有一定

---

❶ 田正平，商丽浩. 中国高等教育百年史论：制度变迁、财政运作与教师流动［M］. 北京：人民教育出版社，2006.

的现实指导作用，对于中国近代大学的相关研究具有一定的参考价值。"❶ 上述作者的描述，从选材途径及创新性方面总结了该书的特点及价值。

（12）程斯辉著《中国近代大学校长研究》，人民教育出版社 2010 年版。全书共五章，从高等教育管理体制的角度切入，将大学校长群体放在近代中国高等教育体制的框架下进行考察，增强了全书主要结论的说服力。第一章从关于近代大学校长的法律规定、数量统计和分类等方面概述中国近代大学校长的状况；第二章分析中国近代大学校长的任期、年龄、待遇和离职等状况；第三、四章以个案形式，分析中国近代国立大学、私立大学著名校长的办学思想与治校方略；第五章将中国近代十余所著名大学校长作为重点考察对象，在个体特征基础之上从整体上把握了大学校长的全貌。当代教育史学家田正平教授在"序言"中写道："在研究方法上，作者力求融个案考察、群体分析为一体，充分借鉴比较史学、计量史学的方法，兼顾静态与动态、定性与定量、宏观与微观，以期对中国近代大学校长的群体特征与个人风格有准确的把握。"❷

（13）樊艳艳著《双重起源与制度生成——中国现代大学制度起源研究》，华中科技大学出版社 2011 年版。全书共六章。时间范围从 1917 年北京大学改革至 1929 年《大学组织法》颁布止，其间主要采用了历史文献法、比较研究法和理论分析方法等。作者着重提出了中国现代大学制度的生成是一种移植和转型相结合的双重起源模式。各章内容要义如下：第一章和第二章探讨中国现代大学制度历史性和现实性的起源基础，以及新式学堂或学校的制度移植、传统高等教育转型等两种起源路径；第三、第四、第五章则分别分析了中国现代大学学术自由制度、自治制度和学科制度的形成、发展与反思；第六章对中国现代大学制度起源的理论进行了分析。

（14）（美）叶文心著，冯夏根、胡少诚、田嵩燕等译《民国时期大学校园文化（1919—1937）》，中国人民大学出版社 2012 年版，收入"海外中国研究文库"。全书共七章。作者以民国时期的大学为研究对象，主要分析清华大学、北京大学、圣约翰大学、交通大学、上海大学、复旦大学和中国公学等京、沪两地大学不同的办学风格、校园文化，及其与民国政治、国民政府教育政策的互动关系，叙述了民国都会大学学院派精英在政治、学术的交互拉力中

❶ 吴立保. 大学校长与中国近代大学本土化研究：前言 [M]. 北京：中国社会科学出版社，2010.

❷ 程斯辉. 中国近代大学校长研究：序言 [M]. 北京：人民教育出版社，2010.

的复杂生态力量，国际化但无所适从、渐入颓唐的艰难窘迫，是中国近代教育史、文化史领域的一部力作。该书由西方学者书写中国大学教育史，自然渗透了欧美社会文化诠释的理论与概念。因此，在提供近代中国大学教育资源的同时，也有方法论的意义。

（15）储朝晖著《中国近代大学精神史》，人民教育出版社2013年版，收入郭戈、刘立德主编"中国近代教育专题史论丛"。作为第一部较为全面系统研究中国近代大学精神的著作，该书将我国香港地区、台湾地区纳入研究范围，保证了研究的完整性。全书共八章。第一章至第六章梳理中国大学精神的生成、初曙、完形、选择和转生，其中分析中国近代教会大学的精神生态；第七章选取近代香港中文大学作为典型，分析其大学精神的生成与特征；第八章论述中国近代大学精神对当代大学建设的启示。作者综合运用历史解释法、比较研究法和个案研究法，同时采取调查、研讨、讲座等方式与现在校的大学师生进行交流、沟通、互动，拓宽了研究视野，深化了研究内容。

（16）张亚群著《中国近代大学通识教育与创新人才培养》，福建教育出版社2015年版。全书共八章。前三章梳理中国古代、晚清到民国时期中国大学通识教育的演变、发展；第四章比较著名教育家的通识教育理念；第五、第六、第七章分析中国近代大学通识教育的实践及其成效，其中着重阐述中国近代学术大师的形成因素；第八章揭示中国近代大学通识教育的历史启示。作者在"绪论"中说："在研究方法上，坚持实事求是的原则，运用文献研究、统计分析、个案研究、逻辑分析等方法，深入挖掘原始史料，注重系统性、理论性、实证性和综合性研究。遵循科学研究规范，论从史出。正确运用高等教育学和相关学科的理论，深入认识中国近代通识教育发展规律及其对创新人才培养的重大影响。"❶

四、师范教育

中国近代师范教育出现较晚，晚清以梁启超、张謇、张之洞及盛宣怀的论述及活动最具代表性。清末学制将其纳入学制体系之中，与实业（职业）教育并行。民国以后，出于普通教育，尤其是农村教育发展对于师资的大量需求，师范教育在变革、调整及讨论中演进，成为中国近现代教育的一种重要类型。

---

❶ 张亚群. 中国近代大学通识教育与创新人才培养 ［M］. 福州：福建教育出版社，2015：5.

（1）刘问岫著《中国师范教育简史》，人民教育出版社 1985 年版。全书共六章，前后有绪论和结语。主要内容包括：从创设师范院至辛亥革命时期的师范教育（1897—1911 年）、从民国成立至五四运动时期的师范教育（1912—1919 年）、从五四运动至第一次国内革命战争时期的师范教育（1919—1927 年）、第二次国内革命战争时期的师范教育（1927—1937 年）、抗日战争及第三次国内革命战争时期的师范教育（1937—1949 年）、中国幼儿师范教育。作者首次较为系统探讨中国近代师范教育的发展演变历程，为有志思索中国近代师范教育的学者提供了重要资料。

（2）刘捷、谢维和著《栅栏内外——中国高等师范教育百年省思》，北京师范大学出版社 2002 年版。全书共九章，分别为中国古代师资培养传统、清末高等师范教育的肇端、民国时期高等师范教育的曲折发展、新中国高等师范教育的探索与进展、高等教育专业性的论争及其发展模式的历史变迁、国内外高等师范教育发展的比较与启示、教育科学的发展和教师职业的变迁、高等师范教育发展的历史经验与启示以及高等师范教育改革和发展的前景展望。书末附录"中国高等师范教育大事记"、主要参考文献。作者撰著过程中参阅了大量的教育史资料、教育史教学参考资料、教育文选、教育事业统计年鉴、教育法规汇编以及许多有关高等师范教育研究的书籍、杂志和报纸。该书多角度地审视了中国高等师范教育，为中国高等师范教育的历史及论题提供了宝贵的参考资料。

（3）马啸风主编《中国师范教育史（1897—2000）》，首都师范大学出版社 2003 年版。开篇有王炳照和李友芝所作序文两篇及主编马啸风所作前言。全书分为上下两编，上编按时间顺序论述中国近现代师范教育的发展历程；下编按专题探讨了中国师范教育的体系、办学体制、管理体制、法制建设和学科建设的变迁以及中国师范教育与教育学、教师职前培训和职后培训的互动历程。附录"中国师范教育大事记""台湾香港澳门地区师范教育大事记"以及参考文献。在编写体例上，纵向的历史叙述与横向的专题讨论相呼应、宏大叙事与微观描述相结合是该书的一大特色。作者在广泛占有史料的基础上，系统清晰地梳理了中国师范教育的历史进程及重要问题，立论实事求是，文字表达清晰，为了解中国师范教育史、中国师范教育的重要相关问题等提供了难得的资料，实为中国师范教育领域的重要参考资料。

（4）崔运武著《中国师范教育史》，山西教育出版社 2006 年版，收入

"中国教育史专题研究丛书"。该书是一部系统研究中国师范教育历史发展的专著，共八章，附主要征引文献和论著。作者立足于教育，又注意从政治、经济和文化等多维度视角探索 1840—1949 年师范教育在中国的产生、演变和发展。该书分别讨论中等师范教育、高等师范教育、女子师范教育、幼儿师范教育和乡村师范教育，展示中国近代师范教育的基本发展线索、概貌和发展规律，还对这一时期重要教育家的师范教育思想和实践、师范教育思潮和著名师范教育机构，以及人物、思想、思潮、制度、实践等相互关系进行深入分析，从而全方位地展示了一幅生动多彩的中国历史时期师范教育发展的画卷。该书通过对中国近代师范教育发展中基本问题的分析，阐明中国近代师范教育的相关问题，为研究中国近代师范教育史提供了宝贵的资料。

（5）张立程著《西学东渐与晚清新式学堂教师群体研究》，中国人民大学 2006 年博士学位论文。全文共七章：第一章回顾西学东渐的历史脉络，从而概述西学东渐与晚清新式学堂的关系；第二章分析新式学堂教师群体形成的背景与过程；第三章进而对教师群体从群体构成、群体意识、群体流动等方面进行分析；第四章以陈衍、蔡元培、钱玄同为代表进行个案分析；第五章论述学生眼中的新式学堂教师群体；第六章和第七章探讨新式学堂教师群体的特点、地位和影响。作者采用社会学社会群体的概念，结合传播学大众传播五要素的基本理论，在分析新式学堂教师群体的基础上，对其在社会变革以及文化交流中的作用进行了定位评价，视角新颖独特，具有创新价值。

（6）金忠明著《教师教育的历史、理论与实践》，上海教育出版社 2008 年版。全书共 11 章，内容包括中国传统教师角色的历史考察，中国师范教育发展模式探析，当代中国教师教育模式的选择、影响教师专业发展的外在因素与内在因素、教师价值的内在矛盾与自治、教师职业倦怠的成因与对策、教师专业化的课程传统与发展、教师专业化的两种知识转化、教师专业化的专业伦理以及教师专业化的困境与希望。作者既侧重历史考察，又着重理论辨析，基于实践探索，聚合三维视野，按照历史的动态生成、理论的逻辑构造和实践的操作程序相结合的原则，使历史的厚度、理论的深度和实践的力度交融为一，具有较高的学术价值。该书为教师教育研究提供了可贵的参考资料。

（7）刘剑虹著《移植与再造——近代中国大学教师制度之演进》，中国社会科学出版社 2016 年版。该书包括绪论在内，共 11 章。全书采用纵向叙述与横向分析有机结合的方法，清晰地勾勒了近代大学教师制度变化和推进的历史脉络，论述的内容主要包括制度环境与思想、制度形式（政府的法律法规和学校规章制度）和制度实施等，各章因时期不同而侧重点有差异。作者通过对我国近代大学制度的系统形态和基本经验的梳理，总结制度演进过程中所反映出来制度的灵魂、制度与文化的关系、制度与大学的关系、校长与教授的关系等规律性认识。作者在写作中占有大量原始档案、校史、文史资料、当时的报刊及大量的史料汇编等丰富资料，并采用文献研究方法、比较研究方法，从横向与纵向两个角度进行比较，深入挖掘了大学教师制度的本质特征。

（8）项建英著《别样的风采——近代大学女教师研究》，浙江大学出版社2018年版。该书研究除"绪论"外，主要分为三部分六章。全书紧紧围绕女教师"别样的风采"这一主线，在具体写作过程中，先从整体上描述大学女教师群体的形成及特征，再从教学、学科学术研究、管理、社会服务等各方面详细刻画呈现。其中，通过苏雪林、袁昌英、林巧稚、冯沅君、林徽因、俞庆棠、王世静、杨崇瑞、陆礼华等个案的剖析，凸显女教师的"别样风采"。在此基础上，作者分析女教师在大学教育中的地位和贡献，以及存在的主要问题和矛盾，如女教师所占比例低、女教师职称职务偏低、女教师地位偏低、女教师与男教师的矛盾、事业与家庭的矛盾等。该书主要运用文献研究法、个案研究法和历史研究法，从教育视角全面细致地论述近代大学女教师的生长、业绩与生活、事业及家庭等诸多问题，有利于丰富近代大学教育学科的内容。

五、职业教育

中国近代职业教育属学制体系中的横向结构部分，与师范教育的定位及角色相似，其历程及变动阶段也有类似性。只是前者是教育救国论的产物，后者是实业救国论的体现；前者落脚点在合格师资的培养，后者的目标取向则在技术专业人才的训练。

（1）黄嘉树著《中华职业教育社史稿》，陕西人民教育出版社1987年版。全书共七章，系统整理中华职业教育社的理论主张和历史脉络，并对一批优秀知识分子所作的贡献进行评价。中华职业教育社成立于1917年5月6日，是我国职业教育的开拓者，在近70年的理论研究和办学实践中，逐步建立起一套以职业陶冶、职业学校、职业指导、职业补习教育四个环节相衔接的系统的职业教育体系，并在大学教育、中学教育、小学教育、农村教育、业余教育等各个教育领域中进行有益的探索。

（2）林业部教育司主编，杨绍章、辛业江编著《中国林业教育史》，中国林业出版社 1988 年版。全书共四章。第一章概述中国林业教育的发展情况，分古代、近代、现代三部分；第二、第三章分别介绍全国中高等林业教育概况；第四章阐述各种类型的林业教育。附录"世界一些国家林业教育发展概况"，包括美国、德国、日本、苏联、法国等；"中国林业教育大事记"；文献资料以及各类统计表格。作者主要对鸦片战争至新中国成立这一时期的中国林业教育做了一个历史的、科学的分析和总结，有利于汲取林业教育经验和教训。同时该书还附编了一些国家的林业教育概况，意在与本国林业教育的比较分析。

（3）吴玉琦著《中国职业教育史》，吉林教育出版社 1991 年版。全书共八章，开篇有近代著名职业教育家黄炎培之子黄大能所作"序言"。前两章叙述古代和近现代社会职业教育的产生和发展；第三章介绍黄炎培的生平及职业教育思想与实践；第四章论述实施职业教育的学校模型，包括职业学校、补习学校和普通学校；第五章分析以黄炎培为代表的中华职业教育社农村改进事业实验；第六、第七章探讨职业指导的实践与理论，以及中华职业教育社的历史作用；第八章综述职业教育的重要法令与规程的主要文本内容。作者系统地挖掘、整理职业教育的历史资料，总结中国古代至近现代职业教育的历史经验与教训，是一部系统研究职业教育史的资料。作者在"前言"中谈道："在具体问题的处理上，本书具有以下几个特点：第一，在取材上，既突出职业教育社的理论与实践，又兼顾官方的普遍部署。第二，在内容上，注意把实施过程、典型事件与理论探讨有机地结合起来。第三，在体例上，采取按历史发展顺序与按专题纵横并用的写法。"❶

（4）米靖著《中国职业教育史研究》，上海教育出版社 2009 年版。全书共 12 章，论述从原始社会至新中国成立前职业教育的历史沿革，力图从历史中寻找职业教育发展的逻辑。该书既是职业教育学术研究的参考用书，也是职业技术教育学研究生以及各类职业教育师资的教材。

（5）彭爽著《中国近代职业教育法律制度研究》，湖南人民出版社 2010 年版。全书共九章：职业教育法制化的进程、职业教育立法制度、职业教育学制法制制度、职业教育行政管理法律制度、职业教育宗旨法律制度、职业教育

---

❶ 吴玉琦. 中国职业教育史：前言［M］. 长春：吉林教育出版社，1991.

教师法律制度、职业学校教学管理法律制度、职业学校学生管理法律制度以及职业教育经费法律制度。作者从纵横两方面考察中国近代职业教育法律制度的发展过程及构成职业教育法律制度的几个主要要素，较系统地勾画出中国近代职业教育法律制度的全景。

(6) 谢长法著《中国职业教育史》，山西教育出版社 2011 年版，收入"中国教育史专题研究丛书"。全书共 13 章，以"职业教育的近代化"为主线，从职业教育的渊源——实业教育的引入着笔，在对清末实业教育制度的引介、实业教育制度在中国的建立及其实业学堂发展进行阐述的基础上，全面、系统地勾勒了职业教育在民国时期的发展和嬗变。正文内容包括：实业教育及其制度的改革，职业教育及其制度的确立与发展，国民政府时期的职业教育，中华职业教育社对职业教育的理论探讨和实践，以及职业指导在中国的滥觞、兴起及理论发展等。该书对有关中国职业教育史的已有研究成果着墨较少，对学术界研究不深或没有研究的内容则多加探讨，力求展现一幅全面的中国近代职业教育史发展图景。作者撰著征引材料丰赡，考订翔实，叙述详尽，分析深入，是一部中国职业教育史的代表性著作。

第三节　中国近代教育史主要研究成果——各级各类教育类

这里所述的各类教育及后面将论及的专题教育均不在学制系统概念表述范畴，但或许多少与教育制度，尤其是教育管理有所联系。教育与社会及人的发展关系重大，复杂异常，况且学校教育也只是教育的一种形态或方式，根据社会及个体的特定需求，教育主题就有重组及阐发的可能与必要。虽然各类教育与学制内的各级学校教育有某种交错，但并不妨害其独立存在，而且这类著述成果往往专业性较强。

一、义务教育

义务教育与小学教育交叉结合，但其时限伸缩弹性不一；近代国民教育是民主政治观的教育体现，可发散移位于社会成员全体，却偏向泛教育化。义务教育聚焦于学校，而其质性又同于国民教育。相关探讨不仅分散在各类教育论著中，而且从近代教育史观察，成果不多。

（1）熊贤君著《千秋基业——中国近代义务教育研究》，华中师范大学出版社 1998 年版，收入"教育科学研究系列丛书"。全书共九章，分别为义务教育概念的诠释、近代义务教育的酝酿、义务教育分期与特点、义务教育的学制体系、师资培训、行政督导、经费、实施评价、余论。该书在充分占有史料的基础上，系统梳理中国近代义务教育的历史脉络，较为充分论及其义务教育多方面的问题，力图从历史的评述中总结经验教训，为今天的义务教育发展献计献策。

（2）田正平、肖朗主编《世纪之理想——中国近代义务教育研究》，浙江教育出版社 2000 年版。全书共三编十章。第一编理论篇，包括义务教育的理论与历史、中国近代义务教育思想综述；第二编实践篇，包括义务教育的学制与行政管理、近代义务教育的课程教材和教学方法、义务教育的师资培养、义务教育的经费管理、近代女子义务教育；第三编比较篇，包括国内义务教育典型问题分析——地方义务教育比较、国际比较研究——中日近代义务教育宏观比较、一个未完成的历史篇章。书末附录"中国近代义务教育大事年表""主要参考文献"。作者多角度、多层次审视近代义务教育理论与实践的论题，将国内与国际相比较，勾勒出中国近代义务教育嬗变图景，为有志于研究中国近代义务教育的学者提供重要资料。

二、社会教育

社会教育相对应于学校教育而言，其性质类似于国民教育，但在内容及方式上更为广泛、多元及层次多样。以下论著对近代中国社会教育做了探讨。

（1）王雷著《近代中国社会教育事业与管理》，黑龙江人民出版社 2002 年版。全书共七章，第一章至第五章系统梳理近代社会教育的历史脉络，分为近代社会教育的萌芽——以识字教育为起点；近代社会教育的确立——以通俗教育为中心；近代社会教育的发展——以平民教育为中心；苏区社会教育的实践——工农教育的开展；南京国民政府时期的社会教育。最后两章论述近代社会教育事业（包括民众学校、民众教育馆、通俗讲演、图书馆）及与其他教育的关系（包括学校教育、家庭教育、通俗教育、平民教育、扩充教育等）。附录"近代中国社会教育大事年表（1840—1937）""主要参考文献"。作者采用纵向研究与横向研究相结合的方法，既有对近代社会教育的纵向梳理，又有对近代社会教育事业的横向评述，全面描绘近代中国社会教育的历史图景。该书史料来源广泛、充足，论述精辟，对中国近代教育史的教学和研究具有一定的参考价值。

（2）王雷著《中国近代社会教育史》，人民教育出版社 2003 年版，收入"中国近代教育专题史研究丛书"。作者主要采用考证法、比较方法、个案分析方法及图表统计法等技术手段，系统梳理中国近代社会教育的发展历程，填补了这方面的空白，在中国近代社会教育史研究领域作出了一定的贡献。全书除导论和结语外，共五章。第一章梳理中国近代社会教育的产生与发展，分为萌芽期、确立期、发展期和分化期；第二、第三章论述中国近代社会教育的主体部分：第二章主要论述传统教化思想的演变及日本社会思想、欧美社会教育思想在中国的传播；第三章主要探讨中国近代社会教育的作用、对象和内容等思想认识及活动表现；第四章分析中国近代社会教育与其他类型教育的关系，包括学校教育、家庭教育、通俗教育、平民教育、补习教育等；第五章论述中国近代社会教育事业，包括民众学校、民众教育馆、图书馆、中国社会教育社等；结语探讨中国近代社会教育的经验、问题与启示。书末附"中国近代社会教育大事年表""主要参考文献"。

（3）杨才林著《民国社会教育研究》，社会科学文献出版社 2011 年版。除"绪论"和"结语"外，全书时间范围为 1912—1949 年，共六章：民国社会教育推进的根由、民国社会教育发展进程、民国社会教育行政、民国社会教育设施、民国社会教育事业、民国社会教育总评。作者采用实证研究与统计列表的方法，在分类统计基础上，取典型个案，宏观与微观结合，系统勾勒民国社会教育发展历程，并从中探讨民国社会教育主旨、民国学校教育弊端、民国社会教育事业等论题，具有一定的创新性。

三、女子教育

女子教育是性别角色分类的教育命题。人类男女性别差异不仅是社会学和伦理学的重要问题，也是教育学的论域。这不仅源于前两类学科领域的要求，而且存在男女性别心理学基础上教育活动的诸多差异。历史上的区别更为明显，尤其是在中国古代和近代教育中可谓一个颇能引起争议的话题。有关的论著较丰富，一般偏向于学制内去考察，且作为教育史实而呈现及分析。

（1）杜学元著《中国女子教育通史》，贵州教育出版社 1995 年版。全书共四编，系统论述了中国古代、近代（上、下）、现代的女子教育。作者查阅各种有关的典籍、书刊，走访相关部门，进行了广泛的调查，收集了数百万字的史料，并且经过鉴别、考证，去粗取精，去伪存真，分类进行整理，其中不但系统地论证汉族的女子教育，而且探索辽、西夏、金、元等少数民族的女子教育，体系完整，脉络清晰，结构严谨，详细剖析中国女子教育的历史面貌，使之具有较高的史料价值。该书在前人研究成果的基础上，进行新的挖掘补充，系统地论述中国古代至近现代女子教育史起伏波动的变化历程。

（2）阎广芬著《中国女子与女子教育》，河北大学出版社 1996 年版。全书共 18 章，全面系统地论述中国女子教育的历史变迁。前 6 章记叙中国古代女子教育发展过程；第 7 章至第 18 章，阐述自鸦片战争以后至今女子教育的变迁历史。作者采取纵向研究与专题研究相结合的方式，纵向描绘中国女子教育的历史脉络，横向对女子教育相关问题进行专题研究，以探索各阶段的连续性与特点，总结女子教育发展的规律。该书在整个社会的大背景中探讨女子教育，采用教育史学与女性学相结合的研究方法，将"中国女子"与"女子教育"结合论述，力求全面宏观把握女子教育的社会学和教育学交叉论题，这是难得的方法论探新。

（3）乔素玲著《教育与女性——近代中国女子教育与知识女性觉醒（1840—1921）》，天津古籍出版社 2005 年版。全书除"导言"和"结语"外，共五章。"导言"介绍已有研究成果和拟探索主题方案设计及思路；第一章综述中国近代女子学校教育由教会女校至国人自办女学到女子留学的历史过程；随后四章分别阐述新型女性、女性观念、女性群体、社会角色等方面的形成与变迁；"结语"系统概述近代女子教育对女性的影响。该书采用个案研究与整体研究相结合的方法，描绘近代中国社会女子教育与知识女性觉醒的图景。资料来源主要包括已出版的资料汇编、清末民初的部分报刊、文集、笔记及回忆录等，其中特别对当时的妇女报刊、知识女性的传记、回忆录以及教育期刊等进行充分的挖掘，为近代中国女子教育史、知识女性个案提供了宝贵资料。

（4）熊贤君著《中国女子教育史》，山西教育出版社 2006 年版，收入"中国教育史专题研究丛书"。全书共 12 章，系统地勾勒了从远古到 20 世纪中叶女子教育发生、发展、嬗变的历史过程，阐述了各个历史时期女子教育的方针政策以及影响。该书介绍女子教育相关教材和通俗读物，分析女子教育组织形式，并描述历代女子教育家及其女子教育思想绚丽多姿的画卷，作为一部比较全面、系统探讨中国女子教育史的专著备受关注。

(5) 王雪峰著《教育转型之境：20 世纪上半叶中国的性教育思想与实践》，社会科学文献出版社 2006 年版。全书分为绪论、总体分析、个案研究、20 世纪上半叶中国性教育的总体反思四部分，共九章。第一篇"总体分析"，主要概述西学东渐与 20 世纪上半叶中国性教育的兴起、繁荣、特点，及教育界对性教育的讨论与实践；第二篇"个案研究"，主要探讨鲁迅、周作人、周建人、潘光旦、张竞生、桑格夫人与 20 世纪上半叶的性教育思想建构及活动转向的多重联系；第三篇"20 世纪上半叶中国性教育的总体反思"，主要论述 20 世纪上半叶性教育兴起的动因及深层因素，认为其中不仅有西学东渐的冲击，而且有中国本土因素的影响，进而说明性教育的出现是传统教育向近代教育转变的一个重要组成部分。作者通过分析指出：转型期在科学与人文、传统与现代之间存在某种张力，性教育在两级之间保持着中庸、平衡、和谐的状态。作者按照逻辑顺序，以点面结合的方式，通过探讨和挖掘相关问题及素材，尝试回答 20 世纪上半叶中国性教育"是什么""怎么样""为什么"三大疑难。该书选题新颖，以中国近代性教育为突破口，反映中国近代教育的转型，分析论证的选材翔实，结构严谨，具有较强的学术价值和现实意义。

(6) 张素玲著《文化、性别与教育：1900—1930 年代的中国女大学生》，教育科学出版社 2007 年版。该书主要采用历史文献法与叙事研究相结合的方法，采用社会性别视角观察和思考问题更是写作论辩的一大特色。除了"绪论"和"结语"外，全书共四章，主要内容包括：寻找现代性，新女性的出现；在宁静疏离的学院；风潮激荡中的女高师与女学生；进入男性世界。在探讨中心论题的聚焦上，作者主要围绕现代性与女性的关系、女大学生的身份认同、民族主义与女大学生之间的关系等问题展开论述。当代著名教育史学家、华东师范大学资深教授丁钢在"序"中评述称："本书揭示了 19 世纪和 20 世纪之交，当时的知识分子和国家对现代性的追求抑或说对现代中国的想象和设计所伴随的对新女性的塑造和倡导，使女子教育被纳入了民族国家建设的主流话语中并开始逐渐发展起来。"❶

(7) 谷忠玉著《中国近代女性观的演变与女子学校教育》，安徽教育出版社 2006 年版。开篇是当代著名教育史学家、北京师范大学教授郭齐家所作

---

❶ 张素玲. 文化、性别与教育：1900—1930 年代的中国女大学生 序 [M]. 北京：教育科学出版社，2007.

"序言"。全书除"绪论"与"结束语"外，共四部分。"绪论"阐述从女性观的角度对女子教育的思索、研究思路与基本框架；第一章至第四章分别记述中国古代男尊女卑观与古代女子教育；西方近代女性观与中国近代教会女子学校教育；辛亥革命前中国近代女性观与女子学校教育；辛亥革命后中国近代女性观与女子学校教育；"结束语"探讨中国近代女性观与女子学校教育的发展历程、互动影响和发展启示。作者强调宏观与微观相结合，宏观上把握近代女性观变迁过程中的各种影响因素，微观上通过史实考证展现近代女性观的发展全貌。郭齐家先生评述："以中国近代三部学制及女子学堂章程的颁行作为分析的切入点，在全面考察了女性观的演变与近代女子学校教育的互动关系的基础上，论证了观念的变革是先导，制度的变革是保证，女子学校教育的实施是这一变革的结果与具体体现；女子学校教育的发展又进一步推动了观念的变革，并为之提供新的发展契机等一系列问题。"❶

第四节　中国近代教育史主要研究成果——大学校史类

　　大学校史是教育史的有机组成部分，既可以归属高等教育，也可以列入地方教育，但近些年来，随大学社会角色及功能地位的提升，大学校史研究成为热门课题，各地纷纷编写出版一批大学史文献和校史著作，作为近代教育史料学应该有所反映。作者将有关校史资料内容分别列入本书的其他相应部分，一些大学校史也根据问题的核心选择列入相关的论题内容之中。由于校史资料与校史著作互相依存，而且名校一般有较长历史，积累丰富，故而在主要区域（华北、华东地区）对相关校史状况加以概述。需要说明的是先行呈现的不同形式文本，编者无专门指明外，著者均为所述学校本身或下属相应部门，其他出版信息除列出外，也大都不详备。说明此类文献整理在相当一段时期并未受到应有重视，一直以来呈现零散和边缘化状态。这些年来各校不同程度地将其纳入工作范围，大量校史问世，但本节只是列举式地将部分地区的一些大学校史加以叙述和评价，以管窥全豹，以树木见森林。为了行文方便，按照现行行政管理大区设计，各大学校史著作依出版时间排列。

---

❶　谷忠玉. 中国近代女性观的演变与女子学校教育：序言［M］. 合肥：安徽教育出版社，2006.

一、华北地区大学校史

华北地区的中心是北京（北平）、天津，从近代到当前基本如此，没有变化。大学校史是大学办学机构的研究作品。《北平各大学状况》（1930 年）一书整体反映 20 世纪 30 年代前北京市域内大学教育活动内容。天津作为华北商埠和港口城市，现代性大学在此诞生，应格外注意。以下对华北区域大学著作在简述的基础上，加以举例分析。

天津西沽国立北洋工学院编《北洋周刊》《国立北洋大学二十一年班毕业国学录》（北洋工学院院刊），天津图书馆藏；《国立北洋大学三十七年毕业纪念册》，天津大学档案馆藏；《京师大学堂同学录》（1904 年），锦合印字馆印；京师大学堂编印《京师大学堂师范生毕业纪别图》（1907 年）；《京师大学堂档案》《北大二十周年纪念刊》《北大五十周年纪念刊》《国立北京大学概略》（1923 年），北京大学档案馆藏；北京大学编印《国立北京大学规程》（民国七年修正，1918 年）；肖超然等撰《北京大学校史》，上海教育出版社1981 年版。《北京高等师范学校十周年纪念录》（1918 年），《北京高等师范学校一览》（1915 年），北京图书馆藏；《国立北京高等师范组织大纲学则概要》（1922 年）、《北京师范大学教育研究科同学会会员录》（1924 年），《国立北京女子师范大学概略》（1925 年），北京师范大学档案馆藏；《教育部认可直隶私立法政专门学校同学录》（1915 年），《清华大学章程》《国立清华大学一览》，清华大学档案馆藏。

（1）清华大学校史编写组编著《清华大学校史稿》，中华书局 1981 年版。清华大学的前身是清华学堂，创建于 1911 年，经历了清王朝、北洋军阀政府、国民党政府统治的年代，从一所留美预备学校，发展成为一所国内外闻名的大学。全书共四编，分别为清华学校、初期的清华大学、西南联合大学时期、复员后的清华大学等，依次系统梳理清华大学自创建至新中国成立前期的发展历程。第一编总述清华学校的设立；第二编描述清华大学成立初期的发展与教育概况；第三编则为国立西南联合大学时期的变迁与事务管辖；第四编重点论述清华大学复原概貌。编者对清华学校和初期的清华大学进行详尽的阐述，包括创办过程、教育概述、院系调整、经费设备与教职工学生概况、学生运动等。为进行资料搜集整理和编写工作，编写组物色才俊，且数易其稿。但因种种原因，真正的清华历史还原，包括学生运动史等重大历史事件和人物，特别是对于真正的清华办学精神的建构和评价，该书有所不足。

（2）北京师范大学校史编写组编《北京师范大学校史（1902—1982年）》，北京师范大学出版社1982年版。北京师范大学是我国成立较早的高等学府之一。它的前身是1902年12月17日创办的京师大学堂师范馆，后改称北京高等师范学校；1931年与北平大学女子师范学院合并，称国立北平师范大学；1952年辅仁大学与师大合并，逐步发展成为一所新型社会主义师范大学。全书共八部分，系统梳理北京师范大学近80年的曲折历程。书末附录"辅仁大学简史"和与北京师范大学相关的各种表格六则。其中，编者用较多的篇幅叙述近代北京师范大学的演变历程，主要包括1902—1923年的草创奠基阶段、1923—1937年的硕果仅存阶段等。这对深化认识北京师范大学的历史有重要价值。

（3）《河北大学史》编纂委员会编《河北大学史》，河北大学出版社2001年版。全书共五编，包括："天津工商大学至私立津沽大学时期（1921—1951年）""国立津沽大学至河北大学天津时期（1951—1970年）""河北大学迁址保定以来（1970—2000年）""院系、公共教研部、校直属科学研究中心、所简介""人物传略"，书末附录"大事记"。其中，第一编包括九章，主要介绍：工商大学创建的背景、校舍基建和办学经费，行政组织和校董会，革命组织和爱国革命斗争，教学与教师职工、学生，科学、宗教研究与学术交流，图书、刊物、仪器设备，北疆博物馆，以及工商附中，记述全面，详尽得当。书前附有多幅反映河北大学发展史的图片，形象生动，增强该书的阅读性。河北大学的前身是天津工商大学、天津工商学院，均属中国近代天主教会在华北地区创办的教会大学，因此学校的历史是天主教会高等教育在华办学的一个侧影。

（4）周省时总策划，王福友总撰稿《保定军校》，河北大学出版社2013年版。该书是文献纪录片《保定军校》的书稿。全书共八集，前三集讲述保定军校从创办到终结的历程和坎坷路径；中间四集，分别从保定军校人才培养、管理及组织方法的几个方面展现保定军校办学活动的辉煌成果；最后一集，诠释保定军校在中国近现代历史上的地位、作用和影响。全书脉络清晰、环环相扣、一气呵成。此书以脚本文字提挈图片、图表和史学资料的形式，通过板块结构布局，样式活泼，可读性强。有关的创意及思路在书的简介中有清晰说明："为纪念保定军校创建110周年，编创的大型文献纪录片《保定军校》文字版，以唯物史观为指导，以军校历史发展脉络为主线，以文献史料为支点，以重大历史事件、重要人物为素材，以板块结构方式为框架，本着尊重历史的创作原则，展示了保定军事教育兴起的背景和发展过程，客观地评述了其历史地位和作用，从而揭示了保定军校对近现代中国军事、政治的深远影响。"❶

（5）崔勇主编《保定学院史话》，社会科学文献出版社 2014 年版，收入"中国百年大学史话丛书"。保定学院的前身是 1904 年创立的保定初级师范学堂，之后又经历保定简易师范、中等师范、师范专科、本科院校等发展阶段。学校办学层次逐步提升，办学规模不断扩大，最终发展成为多科性综合院校。"史话"这种形式具有以通俗表达、适中篇幅和专题形式展现可靠历史知识的特征。作者以学校历史重大事件、重要人物为线索，多角度反映其百年办学历程。全书分为"学校概述""世纪回眸，文脉承传""名师璀璨，英才辈出""承本开新，以文化人"四部分。学校的百年历史从侧面也反映了中国近代师范教育的历史进程。

二、华东地区大学校史

华东地区为我国经济、商贸及文化教育发达地区。一直以来，其主导或中心城市分别为上海、南京及杭州。大学发展史研讨较诸其他区域同样有出色表现，不乏有名作不断问世。以下对其中校史资源加以简介，并选录代表性予以呈现。

《复旦公学章程》《复旦同学刊》（1917 年），上海图书馆藏；《南洋大学学生生活》（1923 年）、《交通大学四十周年纪念刊》（1936 年），上海图书馆藏；《交通大学校史资料选编》，西安交通大学出版社 1986 年版；《上海交通大学校史》，上海教育出版社 1986 年版；《国立浙江大学同学会会刊》，浙江大学档案馆藏；《南京高等师范学校概况》（1922 年），南京第二历史档案馆藏；《南京大学校史资料选辑》（1982 年）、《江苏公立法政专门学校学则》（1922 年）、《南通私立纺织专门学校学则》，南通图书馆藏；《上海美术专门学校一览》《上海美术专门学校十年毕业纪念刊》，上海图书馆藏；《厦门大学校史资料》（第一辑），厦门大学出版社 1982 年版；《复旦大学志》，复旦大学

---

❶ 周省时，王福友. 保定军校 [M]. 保定：河北大学出版社，2013.

出版社 1985 年版。

（1）山东大学校史编写组编《山东大学校史（1901—1966）》，山东大学出版社 1986 年版。1901 年，山东巡抚袁世凯奏准设立山东大学堂，唐绍仪任校长，这是山东近代史上的第一所新型大学教育机构。全书共六章：初创奠基 历经沧桑（1901—1928 年），专家荟萃 人才辈出（1928—1938 年），战火风云 培育干部（1945—1951 年），国土重光 青岛复校（1946—1949 年），解放新生 蒸蒸日上（1949—1958 年），迁校济南 曲折前进（1958—1966 年），厘清山东大学 60 余年的发展脉络。对于 1901—1928 年，作者着重记述并分析官立山东大学堂的历史脉络、山东省立六个专门学校办学概况、私立青岛大学、重建的省立山东大学等的教育及管理活动。山东大学在国内外具有良好的声誉，《大英百科全书》把它列为中国十五所著名大学之一。作为清末早期大学，山东大学不仅在近代高等教育史上有重要地位，而且对该校历史的梳理有利于吸取历史经验，更好为当代大学教育服务。

（2）翁智远主编，屠听泉副主编《同济大学史·第一卷·1901—1949》，同济大学出版社 1987 年版。全书共五章：同济大学的前身——德文医学堂、同济医工学堂（1907 年 10 月—1917 年 3 月）；从专门学校到医工大学（1917 年 3 月—1927 年 7 月）；建立医、工、理结合的国立大学（1927 年 8 月—1937 年 7 月）；抗战中的同济大学（1937 年 7 月—1946 年 4 月）；复员后的同济大学（1946 年 4 月—1949 年 9 月）。附录八则。在同济大学 1907 年至 1927 年的发展历程的相关章节中，编者详述德文医学堂和同济医工学堂的创办情况以及两校合并更名的经过，并分析更名后的教学工作和科研活动、教师和学生概况，五四运动和大革命洪流中的活动等。同济大学是我国著名高等学校，其曲折历程和深刻变化是近现代高等教育历史的缩影。

（3）杭州大学校史编写组编《杭州大学校史（1897—1988）》，杭州大学出版社 1989 年版。全书共五章，系统展现杭州大学从 1897 年到 1988 年近百年的发展历程。附杭州大学各项情况表 17 张。编者翔实地梳理杭州大学 1897 年至 1952 年的发展脉络，主要分为三个阶段：求是书院与浙大文理学院，育英书院与之江大学，浙江师范专科学校、俄文专科学校及浙江师范学院的创办。全书选材丰厚扎实，有较强的参考价值。杭州大学历史悠久，1997 年以后并入新浙江大学的重要部分，对杭州大学校史进行探索，有利于吸取经验教训，为当代的大学建设提供借鉴。

(4) 洪永宏编著《厦门大学校史 1921—1949（第一卷）》，厦门大学出版社 1990 年版。全书共分为"私立时期（1921—1937 年）"和"国立时期（1937—1949 年）"两编，系统梳理厦门大学发展史。书末附录"厦门大学校史大事记（1921 年 4 月—1949 年 10 月）"。"厦门大学私立时期"属近代史范畴，主要分为四章：陈嘉庚先生创办厦门大学、创办初期的厦大、多科性大学的建成、在困境中自强不息等。厦门大学是我国第一所由爱国华侨创办的大学，在中国高等教育史上具有独特的地位，其校史有着丰富的内容，若干问题值得专门思索。

(5) 张圻福主编，陈少英、杨恒源副主编：《苏州大学校史》，江苏人民出版社 1992 年版。全书共 6 章，厘清苏州大学 90 余年的发展历程。附录 14 则。编者较为详细地叙述了苏州大学前身之一——东吴大学（1901—1952 年）的历史，从六个方面分析东吴大学短暂且辉煌的"一生"，分别为：从存养书院到东吴大学、东吴大学的发展、抗日烽火中的东吴大学、战后复校与迎接解放、东吴大学新生、东吴大学五十年等。回顾苏州大学曲折而艰辛历程，总结其历史经验，不仅有助于近代大学史的思考，而且对当代大学走向更加美好的未来有所裨益。

(6)《山东大学百年史》编委会编《山东大学百年史》，山东大学出版社 2001 年版。2000 年 7 月 22 日，山东大学、山东医科大学、山东工业大学三校合并组建成新的山东大学。全书分为山东大学史（1901—2000 年 7 月）、山东医科大学史（1903—2000 年 7 月）、山东工业大学史（1949—2000 年 7 月）、新山东大学史（2000 年 7 月—）四编。编者详细记述 1901—1928 年山东大学的创办背景，包括官立山东大学堂的创办、山东省立六个专门学校概况、私立青岛大学和最终省立山东大学的建立。同时，对 1903—1952 年山东医科大学的前身，包括齐鲁大学医学院、山东省立医学院和华东白求恩医学院等校史内容及办学特点做了挖掘与开拓，呈现山东大学在中国近现代高等教育史上的重要地位。

(7) 浙江大学校史编写组编撰《浙江大学简史（第一、二卷）》，浙江大学出版社 1996 年版。该书第一卷翔实记载浙江大学 1897—1949 年 53 年的发展历史，反映浙江大学的风雨沧桑和曲折光辉的发展历程。第一卷共五章：求是书院与浙江高等学堂、抗日战争前的浙江大学、艰苦卓绝的八年、黎明前的困苦、竺可桢的教育思想及办学方针等。书末附录有："浙江大学沿革及历任负责人名单""办学文件及学校概况""人物简志""回忆文章及办学论著"等。作者采用史论结合、寓评于述的方法，实现思想性、科学性和资料性的统一；在体例编排上匠心独运，对一些发展过程中时间跨度比较大的历史事件，以适当集中的方式叙述，在行文中始终保持前后联系。

（8）朱斐主编《东南大学史·第一卷（1902—1949）》，东南大学出版社2012 年版。东南大学历史悠久、规模恢宏、学风良好，学校位于明国子监原址，街名"成贤"，桥称"文昌"，系培育贤才、昌明文化之意；明清以来，相沿为学府胜地。全书共四章，分别为三江、两江优级师范学堂（1902—1912年）、南京高等师范学校（1915—1923 年）、20 世纪 20 年代的东南大学（1921—1927 年）、第四中山大学至中央大学（1927—1949 年）等部分。编者在"绪言"中对不同历史时期办学内容及主要特色做了很好阐释："自三江师范学堂至国立南京高等师范学校。废科举，办学堂，兴学校，以培育师资为起点。从学习日本到学习欧美，从'忠君，尊孔，习经''中学为体，西学为用'到以资本主义国家的教育制度、教育内容为模本，是教育体制的转轨时期。……自国立东南大学至国立中央大学。国立东南大学仿美国教育体制，设文理、工、农、商、教育五科，是中国现代综合大学的创建时期。1927 年仿法国'大学区制'，以国立东南大学、河海工科大学等九所高校，组建成国立第四中山大学，至 1928 年更名为中央大学，内设七个学院，规模不断扩大，学科更臻完备，是综合大学的迅速发展时期。"❶

三、中南地区大学校史

中南地区历史时期相对而言所编校史材料较少，积累及发现不足，故有关描述省略。只是当代同类著作十分突出，以案例为主呈现于后。

（1）梁山、李坚、张克谟主编《中山大学校史（1924—1949）》，上海教育出版社1983 年版。中山大学初名广东大学，它是中国民主革命的伟大先行者孙中山为培养革命与建设人才而亲手创立的。孙中山先生逝世后，广东革命政府将广东大学改名为中山大学，以示纪念。全书共分为第一次国内革命战争时期的中山大学（1924—1927 年）、第二次国内革命战争时期的中山大学（1927—1937 年）、抗日战争时期的中山大学（1937—1945 年）、解放战争时

---

❶ 朱斐. 东南大学史：第一卷（1902—1949）［M］. 南京：东南大学出版社，2012.

期的中山大学（1945—1949 年）四部分，系统论述并阐析中山大学二十五年间的发展历程及相关办学问题。在第一次国内革命时期，编者详细论述广东大学的筹建及改名为中山大学的办学情况，中山大学教育、教学、管理活动及爱国学生运动。中山大学是一所具有革命历史意义和深远影响的大学。它的建立和发展，与我国近代社会历史的变革有着紧密联系，因此成为近代大学史鲜活而有参考价值的案例。

（2）汪文汉主编、宋才发副主编《华中师范大学校史》，华中师范大学出版社 1993 年版。华中师范大学是我国历史悠久的高等院校之一。它的前身是华中大学、中华大学、中原大学教育学院的多元结合体，主体是华中大学，而文华大学又是华中大学的前身之一。全书分为"华中师范大学前身""发展中的四十年"两编八章，系统梳理了华中师范大学近九十年的沧桑发展。书末附录与华中师范大学相关的各种统计表。在"华中师范大学前身"编中，编者翔实地记述文华大学（1903—1924 年）、中华大学（1912—1951 年）、华中大学（1924—1951 年）、中原大学教育学院（1949—1951 年）等的校史内容，再现近代华中师范大学演变的过程及办学特色与成就。

（3）马敏、汪文汉主编《百年校史（1903—2003）》，华中师范大学出版社 2003 年版，收入"华中师范大学百年校庆书系"。全书共分为上中下三编：华中师范大学的前身、在演变中定位师范、在改革中与时俱进等。书末附录"华中师范大学大事年表""各种统计表"。华中师范大学是教育部直属的一所重点综合性高等学府，以 1871 年的文化书院为源头，以 1903 年文华书院所设立的大学部为起点，以 1924 年在文华大学基础上建立的华中大学为主体，以华中大学、中华大学、中原大学教育学院等多元结合为前身。在"华中师范大学的前身"的篇章中，编者用大量篇幅记叙文华大学（1871—1924 年）、华中大学（1922—1951 年）、中华大学（1912—1952 年）的发展历程、相关的办学活动及思想。

此外，我国近代高校分布于其他大区少，以西南略多。《国立成都师范大学概览》（1930 年）、《四川大学史》，四川大学出版社 1985 年版；《西南师范大学校史》，西南师范大学出版社 1988—2002 年版。这些著作便是其中代表。

其实，大学校史与大学史及高等教育史关系最为密切，甚至后者的主要内容即为前者。正因为如此，在后者文献中就会包括大量校史信息。除了其他章节内容所涉可以参考外，中国台湾地区教育部门 1953 年出版《中华民国大学志》也值得关注和利用。

第五节　中国近代教育史主要研究成果——教育思想类

中国近代教育思想与教育制度是以往教育史的两翼，可谓比翼齐飞；两座山峰，可谓双峰并峙；也是两个显著板块，可谓并行而平衡。当然，两者不是平行线、陌路人、"老死不相往来"，而是并排中有交叉、融合、互动渗透。思想富有活力，有超越时空的普泛型，而且现实观照及启示的价值有特殊蕴含意义。从这个意义上说，教育思想的立论及探索较之于教育制度更有必要。不过，近些年来，又在这两者之中出现了教育活动的领域，这是颇具匠心独运构思、奇思妙想之作。"三足鼎立"打破"二元称雄"大有希望。不过，教育思想是极具概括性的专业概念，可包括理论、思想、学说、观点、主张等在内。以下对相关著作加以概述。

一、近代教育家

近代教育思想主要出自教育家，但也不限于教育家一个来源，尚有其他领域卓越造诣者、团体、学派、著述以及典章、文物、民俗方面所潜隐及交织当中的诸多鲜活内容。而且，教育家为各种教育著作所论及，对此不宜重复罗列。以下集中以教育家为主题介绍著述成果，意在突出教育家在思想谱系中的位置。

（1）罗炳之著《中国近代教育家》，湖北人民出版社 1958 年版。全书共十章，收录了王夫之、颜元、戴震、康有为和梁启超、蔡元培、李大钊、鲁迅、杨贤江、陶行知十位教育家，探讨他们的生平、教育活动、教育思想及其哲学观点和社会政治思想。作者在选录人物时坚持两大原则：一是他们必须是爱国主义者；二是他们的教育理论和教育实践必须是进步的，对现代教育学的发展有一定贡献。应该认为，这两个维度在今天仍有必要坚持，这样才有资源挖掘的正能量。当然每部作品都会有时代的烙印，此书深深打上了 20 世纪 60 年代阶级斗争观点的烙印。

（2）陈景磐主编《中国近现代教育家传》，北京师范大学出版社 1987 年版。该书系统介绍了中国近现代 20 多位著名教育家的生平、教育实践活动、教育思想和主要教育论著，如龚自珍、魏源、容闳、张之洞、张謇、严复、康有为、蔡元培、章太炎、梁启超等。全书主要以"介"为主，在介绍中穿插"评"，史料翔实，观点鲜明，颇有发人深省之见地。作者在对教育家的评介中，从不同的侧面反映了中国近现代教育的轮廓、实质及其在斗争中曲折前进的轨迹和发展规律。

（3）沈灌群、毛礼锐主编，陈本铭、金立人编《中国教育家评传（第三卷)》，上海教育出版社 1989 年版。该书共收录了 17 位近现代著名的教育家，重点分析了各位教育家的时代和生平、教育思想与实践及其影响。作者皆是在教育史领域享有声望的著名学者，因此保证了科学性与学术性。例如田正平评价黄炎培的贡献就颇为客观："作为一个爱国主义、民主主义的教育家，黄炎培在旧中国几十年间的活动，他和他的同事们辛苦创办、惨淡经营的为数众多的职业学校、职业补习学校、职业指导机构、农村改进试验区等，在解决青年失业失学问题、提高青年和中下层人民的爱国觉悟、抵制外资经济侵略、团结民族资产阶级进步力量、传播和普及科学技术知识方面，都作出一定贡献，为国家培养了一批人才。"❶

（4）李正心、李际贤主编《二十世纪中华百位教育家思想精粹》，中国盲文出版社 2001 年出版。作者选录 20 世纪在中华民族历史上作出杰出贡献的教育家，提炼其教育思想与教育活动，在教育区域和教育内容等方面视角广泛，从而展示 20 世纪我国教育事业进步和发展的历程。该书按照人物的生卒年份排列，清晰反映中国百年的教育史脉络，编织了一幅波澜壮阔的中国百年教育史。

（5）李冬君著《中国私学百年祭——严修新私学与中国近代政治文化系年》，南开大学出版社 2004 年版。全书共九部分：国事与家事、西学与中学、学术与政治、从旧私塾到新私学、乱世兴学与末代宪政、天命在野（一）（二）、教育产业化与政治化、严修新私学与文化个体性。作者写作选材主要来源为《严修日记》《信草》及其自订年谱。"凡例"中写到："本书之宗旨，在确立严修新私学，故研究之范式，以个体为经，时代为纬，在新私学与中国近代政治文化的'会通'中，来展示严修的文化个体性。本书之史观，以严修新私学为主线，来贯通近代史，故近代史之开篇，非老生常谈之鸦片战争，而是传教士东来和西学东渐，其结束则是中国民族主义的复兴。本书不是年

---

❶ 陈本铭，金立人. 中国教育家评传：第三卷 [M]. 上海：上海教育出版社，1989：658.

谱，但采取了编年体的撰述方式，以年为经，以事为纬，故称系年。月份与日期，则根据叙事的需要来安排，没有严格的顺序要求。"❶ 这番自述，基本能体现文本内容、体例结构以及论述的态度倾向。

二、近代教育思想

教育思想的题材内容与教育家有共同性，但单元构筑的方式已不限于教育家，而是兼纳具有教育思想采择来源的其他部分。有关著述比起教育家更多分布于教育史一般论著的情况不同，它们是以专门领域样式出现。

（一）《近代西方教育理论在中国的传播》

周谷平著《近代西方教育理论在中国的传播》，广东教育出版社 1996 年版，收入"中国教育近代化研究丛书"。除绪论和结语外，全书共 6 章。书末附录"中国近代西方教育理论传入大事年表""重要参考文献史料举要"。"力图在近代中国中西文化全面碰撞、激荡的时代大背景下，以被迫输入接受与主动选择引进这一双重机制及中国社会政治经济变革的实际需要与教育理论自身发展的交互作用为基本思路和线索，探讨近代西方教育理论传入的过程、途径及特点，考察近代西方教育理论的传播对我国教育理论和教育实践所产生的影响和作用，并试图以马克思主义的历史唯物论为指导，尽可能客观和公允地评价近代西方教育理论的传入，对我国教育近代化转型的历史意义，在中国教育发展史上，给予其一席恰当的位置。"❷ 作者在序言中揭示了内容核心意蕴，对西方现代教育理论在华传播、实践史加以参考与分析，主要采用历史法与比较法相结合、宏观论述与微观解剖相结合、理论分析与实际论证相结合、定性与定量相结合等研究方法，为研究中西文化交流、中国近代教育史、中国近代教育学发展史提供了宝贵资料。

（二）《解读中国近现代教育思想》

张传燧著《解读中国近现代教育思想》，广东教育出版社 2009 年版，收入"中西教育思想解读书系"。全书共八章，主要探讨洋务革新派张之洞的"中体西用"教育思想；维新改良派康有为等的"变科举、兴学校"教育思

❶ 李冬君. 中国私学百年祭：严修新私学与中国近代政治文化系年 凡例 ［M］. 天津：南开大学出版社，2004.

❷ 周谷平. 近代西方教育理论在中国的传播 ［M］. 广州：广东教育出版社，1996：8.

想；民主革命派蔡元培的"尚自然、展个性"教育思想；职业教育派黄炎培的"大职业主义"教育思想；生活教育派陶行知的"教学做合一"教育思想；乡村教育派（上）晏阳初的"平民教育"思想，乡村教育派（下）梁漱溟的"乡农教育"思想；儿童教育派陈鹤琴的幼稚园"活教育"思想。该书按照教育流派—教育人物—生平教育实践—教育思想及其影响的结构主线，系统勾勒了中国近现代教育思想的发展脉络。该书兼具学术性与通俗性、规范性与流畅性，是教育史学科专业学习与思考的必读书目。

（三）《中国教育的思想遗产：回望宋元明清》

郭齐家著《中国教育的思想遗产：回望宋元明清》，教育科学出版社2012年版。郭齐家，湖北武汉人，1960年毕业于北京师范大学教育系，北京师范大学教授，中华孔子学会常务理事、副秘书长，洛阳大学东方文化研究院院长。该书对宋元明清时期在教育思想领域产生重要影响的理学教育思想、实学教育思想、早期启蒙教育思想、洋务教育思想和维新教育思想做了简明扼要的回顾，并通过13位代表人物，对各教育思想（流派）的主要内容做了具体的呈现，整体上反映这一时期我国教育思想遗产的基本样态。其中，书中对清末的教育思想家——张之洞、康有为、梁启超、严复的教育思想进行了详细阐述，反映清末教育思想的历史演进。在"梁启超的教育思想"章节中，详细论述了梁启超的生平及教育活动，"开民智、育人才""变科举、兴学校""人生百年，立于幼学""倡设女学堂""师范教育是基础和母机"等丰富多彩的教育思想。该书是研究清代教育思想史的重要论著。

（四）《中国教育的思想遗产：回望民国》

郭齐家著《中国教育的思想遗产：回望民国》，教育科学出版社2012年版。全书共九章，以教育家为单元，探讨包括孙中山、蔡元培、李大钊、杨贤江、徐特立、陶行知、陈鹤琴、黄炎培、晏阳初、梁漱溟民国著名10位教育家的生平、教育思想、教育活动和教育实践，书末附有"少儿读经与文化传承"。该书是研究中国近代教育思想的重要参考资料。

（五）《中国近代职业教育思想研究》

刘桂林著《中国近代职业教育思想研究》，高等教育出版社1997年版。全书共三章。第一章阐述实业教育思潮的产生、发展及其与实业教育制度的关系；第二章分析职业教育思潮的酝酿、产生、发展及其与职业教育运动的关系，并论述黄炎培、陶行知、杨贤江的职业教育思想；第三章探讨20世纪30年代职业教育思潮、职业教育理论的发展过程及其与职业教育制度的关系，并举证江恒源的职业教育思想。作者除了运用一般社会科学研究方法之外，还有意识地重视职业教育历史发展中外比较联系，以教育思潮与教育制度范式分析解决教育领域问题。当代著名教育史学家、华东师范大学教授孙培青在"序言"中称："向读者展示职业教育思潮与职业教育实践存在密切联系，职业教育思潮的现实目标是促成职业教育制度的建立或修正，推动职业教育实践的发展，职业教育实践检验和修正职业教育思想，推动职业教育思想的深入发展。"❶ 这段评议体现了该著作的创新特色。

第六节　中国近代教育史主要研究成果——教育专题史类

教育史专题是在教育制度、教育思想及教育活动基础上就某些特定要素加以集中呈现的命题方式，其名目可以多样与灵活变动，但大体与现实社会时代的热点及讨论主题有紧密关系。以下就较为突出的专题史著作呈现于后。

一、教育政策

教育政策是近年来所论涉及国家文件及法律意义的教育宏观论题，其中包括内容很多，以下就教育史学、行政管理及阶段或领域教育政策著作举要叙述。

（1）江铭主编《中国教育督导史》，人民教育出版社1994年版。全书分二部分。第一部分：中国教育督导史，其中第一章概述中国学校制度史，后五章探讨古代至民国后期的视学制度；第二部分：中国近代教育督导大事记和资料。该书是一本颇有价值的专题著作及工具书。

（2）熊贤君著《中国教育行政史》，华中理工大学出版社1996年版。全书共三编12章，主要介绍中国教育行政的萌生（远古—公元581年）、中国教育行政向专门化过渡（581—1905年）、中国教育行政的专门化（1862—1949年）。作者所作"内容提要"，对创作思路、主要内容及作用价值有所叙述，

---

❶ 刘桂林. 中国近代职业教育思想研究：序言［M］. 北京：高等教育出版社，1997.

可以借此了解其有关信息。"中国是世界上唯一保留了完整的教育行政系统制度的国家。中华文化教育虽历经劫乱，饱受沧海桑田变化，非但未出现断层和质变，反而繁衍茂盛，饮誉中外，与有完整严密的教育行政制度有直接关系。本书按教育行政发生发展的萌生、过渡、专门化的三大节律，对各时期中央及地方教育行政职官及机构的设置、人员编制、官员素质、职责权限、任命方式、在职考核、待遇与奖惩、晋级与调动以及教育行政首脑在任内的政绩、改革思路与影响和政治家教育家教育行政思想等方面，进行了深入的思索与分析、评价，对文化教育工作者了解教育行政的历史过程，对教育行政官员发挥其组织、计划、决策、指导、协调等作用，大有助益。"❶

（3）李露著《中国近代教育立法研究》，广西师范大学出版社 2001年版。全书除导论和余论外，共五章，从立法学的角度，分析近代教育立法制度，研究视角独特，手法新颖。第一章概述近代教育立法的历史轨迹。第二章至第四章解析教育立法制度。主要内容包括：教育立法主体，介绍立法机构、影响教育立法的组织、立法者个人；教育立法权限，分析国家教育立法权、国家教育行政部门教育立法权、地方教育立法权；教育立法程序，阐述国家教育立法程序、国家教育行政部门立法程序、地方教育立法程序。第五章个案研究，透视教育立法运作机制。书末附录"中华民国重要教育法规览目（1912—1949 年）""参考书目举要"。该书参阅的资料主要有原始档案、地方志、文史资料、当时的报刊及大量的史料汇编，在体例结构上既有纵向考察，又有横向比较，客观而系统地勾画出中国近代教育立法史图景。

（4）但昭彬著《话语与权力——中国近现代教育宗旨的话语分析》，山东教育出版社 2008 年版。全书共八章，第一章阐述话语权与教育宗旨的关系渊源，第二章至第八章依次探讨如下不同阶段教育宗旨核心思想：官方话语权之独霸："中体西用"（1862—1898 年）；官方话语权之松动："五项教育宗旨"（1898—1912 年）；官、民话语权之互动："四育教育宗旨"（1912—1915 年）；帝制话语权之复辟："七项教育要旨"（1915—1916 年）；民间话语权之拓展："七条教育标准"（1916—1924 年）；官方话语权之重掌："党化教育方针"（1924—1928 年）；官、民话语权之衡称："三民主义教育宗旨"（1928—1949

---

❶ 熊贤君. 中国教育行政史：内容提要［M］. 武汉：华中理工大学出版社，1996.

年）。作者采用话语分析方法即"三文"（文献、文本、文化）研究，探讨20世纪上半叶中国教育宗旨的发展与流变，总结官民话语权的演变规律，反映了近代中国社会的变迁。

（5）李占萍著《清末学校教育政策研究——以〈奏定学堂章程〉为中心》，河北人民出版社2014年版。作者从多学科视角审视教育政策，同时综合运用文献法、比较法、个案法、统计法，力图保证课题探讨的学术规范性。全书除绪论外，共五章。绪论介绍此书选题的缘起及意义、研究现状与文献综述、研究方法等。前三章从清末《奏定学堂章程》的历史条件、清末《奏定学堂章程》的制定、清末《奏定学堂章程》的推行三个方面铺陈展开，突出教育政策的动态性变化。第四章以直隶省和湖北省为代表着重分析比较清末学校教育政策推行的典型案例，从微观视野展示清末学校教育政策的实施成效及偏颇。第五章深入分析清末《奏定学堂章程》与社会发展的多线性联系，论述清末学校教育政策的社会功能、清末学校教育政策对现实社会的启迪以及对于推进当今社会教育政策制定、推行和评估问责的现实意义。

（6）孙培青主编《中国教育管理史》，人民教育出版社2000年版。全书共15章。前八章探讨先秦至清代前期的教育管理，后七章分别论述洋务运动与维新运动时期、清末新学制建立时期、辛亥革命后民国政府时期、北洋军阀统治时期、共产党领导下的苏区、抗日战争与解放战争时期革命根据地的教育管理内容及问题。其中，作者特别关注洋务运动至北洋军阀统治时期的教育管理制度、思想及方法发生、演变的历史过程，内容包括教育方针政策、教育行政、学校系统、教育人员的管理、学校内部的管理、教育经费的管理、教育管理思想各个方面，从而达到总结历史经验，为当今社会教育管理提供借鉴的目的。该书不仅作为高等学校教育管理专业的基础课教材，而且对近代教育史的学科发展有重要价值。

（7）苏国安著《南京国民政府时期学校教育政策研究》，河北教育出版社2014年版。全书除绪论外，共四章。主要采用了文献法、历史法、比较法、个案法和统计法等研究方法进行本论题探究。前三章分析了南京国民政府初建时期、抗日时期和衰退时期的学校教育政策，第四章对南京国民政府时期学校教育政策进行了历史反思。河北大学教育学院吴洪成教授在"序言"中写道："本书打破制度与思想历史的二元结构而加强活动、实验、传媒、沟通和交

流、事件及会议等方面教育内容的深化和历史的全景刻画。"❶

（8）刘建著《中国近代教育行政体制研究》，上海教育出版社 2014 年版，收入"中国近代教育管理研究系列丛书"。全书共五章，依次为逆境中的突围（1898—1911 年）：中国近代教育行政体制的初创；混乱中的秩序（1912—1926 年）：中国近代教育行政体制的发展；统一中的理想（1927—1928 年）：中国近代教育行政体制的遽变；转型中的规范（1929—1949 年）：中国近代教育行政体制的定型；历史轨迹与体制经纬。作者在"序言"中写道："该书认为，就渊源而言，中国近代教育行政体制是传承旧制与西制东渐的统一，但以西制为主，具有强烈的开放性特征；就变迁过程而言，中国近代教育行政体制曲折反复、变化多样，在整合妥协中向前推进；就发展特征而言，中国近代教育行政体制具有明显的科学化、民主化、政治化、独立化、学术化和开放性特征；就缺陷而言，中国近代教育行政存在体制紊乱、制度割裂、过于理想、方式激进和过于西化等问题。透过历史演变过程的事实整理与理性思考，该书强调，必须以全面分析和均衡发展的原则，处理近代教育行政体制发展过程中凸显的集权与分权、独立与依存、领袖制与委员，现实与民众、学术与官僚、本土与西化、激进与保守、理想与现实、刚性与弹性、主体与边缘等关系范畴，并将教育行政体制的分析和建构置于宏大的社会背景之下，使教育行政体制与社会同发展、共进步。"❷ 这是在内容评述基础上作者所得出的相关理性认识以及结合归纳，具有深刻的启示意义。

（9）熊贤君著《中国近代教育行政史》，人民教育出版社 2014 年版，收入"中国近代教育专题史论丛"。全书共六章，以中国近代教育行政机构的设立、演变、革新为审视运思对象，在追溯近代教育行政机构设置前历史遗产的背景下，论述近代中央、省市和县级教育行政机构的内部组织结构、人事行政、行政职责权限、履职考评、教育行政首脑任内的政绩、改革思路、对教育持续发展的影响以及教育行政改革的经验教训。作者通过大量的历史史实及精深的专业探究，生动反映了教育界先进人物在教育行政领域积极寻觅振兴中华教育之路的过程，再现和还原了中国近代教育行政的历史面貌。该书深入挖掘中国近代教育行政的档案资料，特别是省市和县级稀有的地方教育史志资料、

---

❶ 苏国安. 南京国民政府时期学校教育政策研究：序言 [M]. 石家庄：河北教育出版社，2014.
❷ 刘建. 中国近代教育行政体制研究：序言 [M]. 上海：上海教育出版社，2014.

教育行政官员日记等，史料翔实，论证有据，对于教育史研究者具有重要的参考价值，对当前我国教育行政改革和教育管理效率的提高也大有借鉴意义。

（10）宋立会著《清末民国时期学前教育政策研究》，河北大学 2018 年博士学位论文。全文除绪论外共五章。前四章系统勾勒中国学前教育政策发展史，主要划分为四个阶段：清末学前教育政策的产生（1901—1911 年）、民国初期学前教育政策的发展（1912—1927 年）、南京国民政府前期学前教育政策的体系化（1927—1937 年）、南京国民政府后期学前教育政策的曲折嬗变（1937—1949 年），最后一章对清末民国时期学前教育政策进行了历史反思。作者主要从时间和历史接续维度、国外学前教育思想及制度流入以及中国回应的空间维度、学前教育理论实践以及公共政策学维度、清末民国学前教育政策研究的价值维度四个方面展开了对清末民国时期学前教育政策的解读。在研究方法上，该文运用历史和文献研究法、个案研究法和比较研究法，并借鉴公共政策学、制度学、法学和社会学等研究方法，增强论点的说服力与实用价值。

二、教会教育

教会教育指的是西方传教士来华办学活动的专门称谓。其历史正式开始于鸦片战争前夜英国伦敦传教士马礼逊（Robert Momison）来华，延续至中国近现代。此类教育牵涉中外教育交流、西化教育与传统教育的冲突及选择等诸领域，尤其是现代化、国际化与民族化、本土化之间的调和设计过于多元、频繁和复杂。因此，在相关成果内容综合性明显以及论著甚多的同时，分歧争议很大。

（一）综论

（1）李时岳著《近代中国的反洋教运动》，人民出版社 1958 年版、1985 年版。两版前后内容颇有变化。

第一版共五章。首先控诉洋教士的侵华罪行，论述他们是殖民主义的先锋、侵华的谋士和间谍、文化侵略的大本营，贪得无厌、无恶不作；接下来阐述反洋教运动的三个阶段，每一阶段先进行概述，第二阶段呈现各个地区的反洋教运动；第三阶段是结束语，探讨反洋教运动的历史意义。作者从社会运动的角度考察数十年间反洋教运动的历史进程，着眼于动态发展及其交错关系。在体例结构上，按时间顺序，以显示运动发展的基本趋势，同时着重突出地区反洋教运动的特点。义和团运动与反洋教运动有直接联系，但又不是一般意义的反洋教运动，所以该书对义和团运动的论述进行了取舍。

第二版共 17 章，分别为基督教势力的东来、教会教士和教民、官绅扑灭洋教的尝试、普遍的反洋教呼声、震动中外的天津教案、反洋人和反官府、中法战争和反洋教斗争、四川余栋臣初次起义、长江怒潮、朝阳人民起义、烽火遍及东南西北、余栋臣再次起义、山东义和团的兴起、反洋教和义和团反侵略战争、扫清灭洋、余波、未完成的任务。书末附录大事年表。作者从社会运动的角度加以考察，探索数十年间反洋教斗争史，因而着眼点在于斗争的指导思想、斗争的动态、参加的社会力量等。该书编写体例主要按年代先后，以显示运动发展的基本趋势，也适当地照顾到地区的情况，尽可能显示不同地区的特点。

（2）顾裕禄著《中国天主教的过去和现在》，上海社会科学院出版社 1989 年版。开篇有罗竹风所作"序文"——"是非善恶从头说"。全书共 11 章，记叙主要包括：西方天主教在华的传入、发展、外国势力的控制、爱国思想和爱国表现、抗战胜利后的中国天主教、解放初的基本状况和变化、中国天主教爱国会的建立、独立自主自办教会、深刻的教训、我国天主教界正沿着 50 年代开创的道路继续前进等内容。这是一本以史实为基础的通俗读物，清晰地记叙从明清至现在中国天主教走过的曲折道路和新中国成立之后复杂的"善"与"恶"的斗争。该书具有相当丰富的历史知识和比较严密的科学论证，从实际出发，全面而又客观地评议天主教在华的历史真相，是研究中国天主教的启蒙资料。

（3）杨天宏著《基督教与近代中国》，四川人民出版社 1994 年版。全书共六章：晚清反教运动的历史回顾、新文化运动与非基督教运动的酝酿（1915—1921）、非基督教运动的爆发及其社会反响（1922 年 3—6 月）、收回教育权运动的兴起（1924 年 5 月—1925 年 4 月）、民族主义全面高涨与基督教面临的新挑战（1925 年 5 月—1927 年 4 月）、余论。书末附录"基督教与非基督教运动大事记""参考文献"。作者查阅大量资料，对基督教与基督教会、近代基督教与中世纪基督教以及基督教与外国资本主义列强这三者之间的联系与区别着重做了界定、剖析及把握。在对基督教及在华传教士的评价中，该书运用科学方法论，在时间上注重演变嬗递，在空间上强调异构多维，注重对现实与精神的双重探寻，从而为后续学者提供中国近代基督教、传教士、教会教育的宝贵资料。

（4）顾卫民著《基督教与近代中国社会》，上海人民出版社 1996 年版，收入"近代中国社会史丛书"。开篇有杨国强和顾卫民所作"序文"两则。全书共 12 章，从社会史角度对中国基督教进行研究梳理。基督教在中国的传播，分为唐朝的景教、元代教廷使节东来、明清耶稣会士的活动、近代天主教复归和新教输入四个时期。书末附"本书主要中西文参考书目录""重要外国人名""教会在华机构以及报刊中外文对照表"。作者特别注重基督教与中国本土社会文化的沟通、适应和融合问题，包括大量教会来华办学活动素材及内容分析，对于 20 世纪新教的"本色化"和天主教的"中国化"的背景、内容、意义，着墨尤浓。

（5）顾长声著《传教士与近代中国》，上海世纪出版集团上海人民出版社 2004 年版。全书共 18 章，各章主要内容：传教士的东来，介绍利玛窦、广州外国商馆里的"新客"；大炮在天朝呼啸，叙述中国签订的一系列不平等条约为传教士来华提供了便利；"洋兄弟"与中国起义者，说明传教士对中国起义者的影响；传教团体的组织和活动，包括天主教修会、基督教修会、东正教"北京传教士团"；教案——谁是被告，对重大教案进行评价；"广西国之学与中国"，分析广学会、李提摩太等宣传西学的策略；在脱去道袍之后，阐述了传教士对中国社会的复杂影响；传教士开办洋学堂，重点是登州文会馆、学校教科书委员会、中华教育会、同文馆中的洋教习；"为基督征服世界"，记录教会势力在中国的活动，包括：教会慈善事业，有医疗、慈幼、救济事业；基督教青年会在中国的活动与发展，解读应对中国民族觉醒的新措施，探讨天主教的"中国化"、天主教的"本色运动"以及教会学校的新口号。其他部分尚有：传教士与抗日战争；战后三部曲，复兴、应变、撤退；《圣经》在中国的翻译和传播；传教士与中国近代中西文化交流；传教士对中国的贡献与存在的问题。书末附"中文参考书目举要""引文参考书目举要""索引"。该书较系统地记述自鸦片战争至 1949 年传教士在中国的活动情况，以传教士依托和推行帝国主义侵略政策为主线，对他们参与军事、外交、政治及文化教育和慈善事业的种种行为，进行了具体论述，同时对较有代表性的传教士、教案、教会学校和出版机构加以分析，揭露帝国主义利用宗教侵华的事实。作者所描绘的多色图谱及引用丰富资料为研究近代传教士的教育活动提供了较为详尽的资源。

（6）陶飞亚著《边缘的历史——基督教与近代中国》，上海古籍出版社

2005 年版。该书由作者十多年来所写文章辑合而成，主要分为基督教与近代政治、基督教与近代文化教育、基督教与近代社会、研究综述四部分。该书从多个角度探讨基督教与近代中国，拓宽了学者的视野。其中不仅有教会教育专题研究，还从学术史的角度介绍了中国近代基督教的演变及总体研究现状。

（7）王立新著《美国传教士与晚清中国现代化》，天津人民出版社 2008年版。全书共八章，分别为美国对华传教运动的兴起和概况、在两个政府之间、东渐与涵化——传教士与近代中西文化、美国传教士与近代中国教育变革、美国传教士与鸦片战争后"开眼看世界"思潮、美国传教士与洋务运动、美国传教士与戊戌变法、上帝灵光下的阴影——传教士对晚清中国现代化的误导。书末附录"超越现代化""基督教在华传播史研究的主要范式述评""中文参考文献""英文参考文献"。在"美国传教士与近代中国教育变革"一章中，探讨教会学校的兴起及其影响、教会女学与中国女子教育、从益智书会到中华教育会、旧教育的批评者与新教育的鼓吹者、美国传教士与晚清中国新式大学的建立等问题。此书从多个角度阐述了近代美国传教士在中国的活动及影响，为研究中国近代史的大视野下传教士的活动和对中国教育的影响提供了资料。

（二）教会教育家

在中国近代教会教育史专题领域，学者的理解正由原来殖民侵略教育，向西方教育早期引进中国并发挥正向作用的认识转变，尽管其程度和力度尚未取得一致的意见。教会教育家恰是基于转变后的态度定位的。目前著述内容不多，却是一片有开发前景的土地。

（1）史静寰著《狄考文与司徒雷登——西方新教传教士在华教育活动研究》，珠海出版社 1999 年版，收入"中国教会大学史研究丛书"。全书分为上下两编，上编：从狄考文和登州文会馆看 19 世纪西方传教士的在华教育活动，用三章内容评述狄考文的早年生活（1836—1874 年）、狄考文与登州文会馆、狄考文与 19 世纪末西方传教士在华教育活动的专业化。下编：从司徒雷登和燕京大学看 20 世纪西方传教士的在华教育活动，用 6 章的内容分析司徒雷登的生活经历、司徒雷登与燕京大学的建立及燕京大学的宗教性、学术性、中国化、国际化等办学宗旨所反映出司徒雷登的教育思想。最后"结语"进行概述总结。作者在查阅了大量资料的基础上，历时 4 年，完成该书的写作，是研究狄考文与司徒雷登教育思想及登州文会馆和燕京大学的重要资料。

（2）吴梓明著《基督教大学华人校长研究》，福建教育出版社 2001 年版。开篇有著名历史学家复旦大学教授朱维铮所作序文。作者以个案跟踪举证的方式，集中探讨沪江大学校长刘湛恩、华中大学校长韦卓民、震旦大学校长马相伯、辅仁大学校长陈垣、金陵大学校长陈裕光、华西协和大学校长张凌高、金陵女子大学校长吴贻芳、华南女子文理学院院长王世静、燕京大学校长吴雷川以及燕京大学校长陆志韦近现代中国教会大学十位校长的教育思想与教育实践，角度、立意、题材及内容均有创新之处，为中国近代教会教育史领域的研究注入了新的血液。

（3）齐小新著《口述历史分析——中国近代史上的美国传教士》，北京大学出版社 2003 年版。全书分两编九章，前后有"绪论"和"结语"。第一编：扩张与应变中的美国基督教文化（1890—1937 年），主要包括信仰与利益、家庭和性别价值观、科学与发展；第二编：一个美国传教群体的中国行（1890—1950 年），主要包括上帝与女权、初级中级教育、乡镇行医、鸡公山、同是难民、最后的日子。书末附录"主要参考书目"。作者在对一批美国传教士留下的口述历史资料进行调查研究的基础上，就其中所反映的特殊历史时期中国与美国历史、两国关系史，尤其是口述历史在内的丰富的大众文化内容，进行分析记录。该书研究方法独特，为研究中国近代美国传教士提供了新的思路与资料。

（三）教会学校

传教士来华从事教育活动的主要基地或组织机构依托的是教会学校。这同时也是西方教会在华从事世俗工作的重要内容之一，与新闻、医疗及其他社会救济慈善并行，尤其作为影响中国新教育变革、促成传统教育瓦解的一股力量在近代教育史上具有独特地位。十余年来，相关著作主要体现了上述见解及认识。

（1）高时良主编《中国教会学校史》，湖南教育出版社 1994 年版。全书共八章：外国教会在华传教办学的历史考查，近代中国最早设立的教会学校，教会初、中等学校，教会高等学校（一）（二），教会学校宗教教育及其方针演变，教会学校的学生爱国运动，从反对教会学校教育到收回教育主权。书末附录"台湾几所教会大学简介""教会中学名录""吴梓明：香港中文大学崇基学院简介、附香港基督教各宗派办学简表""吴梓明、马敏：美国收藏之中国教会大学历史文献简介""UBCHEA 档案中所藏中国基督教教会大学出版期刊一览（吴梓明提供）""吴小新：有关北京辅仁大学前期历史（1927—1933年）在美国所藏档案简介"。该书以教会高等学校为主线，梳理各校的历史发展轨迹，并着重探讨学校行政管理和教育、教学活动；选材范围宏阔，从景教进入中国及其所进行的文化教育活动开始，至新中国成立后，彻底收回教育主权为止，几乎囊括教会学校在华办学的全过程，也充分表现中国人民反对教会教育和收回教育权运动的努力。作者在论述相关问题时，既坚持教育与宗教分离，又把强迫实施宗教教育同宗教信仰自由政策区别开来；既否定教会教育中的消极因素，又肯定其值得参考的经验，做到实事求是，对其办学成绩和具体问题作具体分析。

（2）谭双泉著《教会大学在近现代中国》，湖南教育出版社1995年版。全书共八章，分别为教会大学的缘起、教会大学的概貌、大革命时期的教会大学、十年内战时期的教会大学、抗日战争和解放战争中的教会大学、教会大学与中西文化交流、教会大学与中国教育近代化、教会大学与中国近代新式知识分子的成长，书末附录"21所教会大学始末简介""本书主要参考资料"。该书系统地介绍了教会大学在中国近现代社会的历史进程，具有较强的针对性、史学性和可读性，是了解近代中国教会大学史的基础性参考书。

（3）何晓夏、史静寰著《教会学校与中国教育近代化》，广东教育出版社1996年版，收入"中国教育近代化研究丛书"。全书共八章。前两章呈现教会学校在中国产生、发展的过程；第三、第四、第五、第六章分别详细论述各级各类教会学校的产生、发展、组织管理、特色优势、改革、影响等内容，以及中国近代初等教育、中等教育、高等教育、女子教育的作用；最后两章论述了教会学校与近代中国的师资培养及其教学方法与校园文化。书末附"教会学校与中国教育近代化大事记""重要参考文献史料举要"。作者在充分占有史料的基础上，系统梳理了教会学校与中国教育近代化之间的渊源，为中国近代教育史、中国近代思想文化学科提供可贵的参考资料。

（4）吴梓明著《基督宗教与中国大学教育》，中国社会科学出版社2003年版。开篇有章开沅、卓新平、梁元生、赖品超等教授所做序文四则，导言"百年树人——中国基督教大学史研究反思"。全书分为历史篇、师生篇、现代篇三部分。正如章开沅在"序文"中所言："本书是一本论文集，它充分展示出作者全面地从多个不同的视角，对中国基督教大学史进行了研究。当中除了深入细微的人物研究外，更有从广阔的历史脉络，将中国基督教大学放在近现代中国的历史脉络处境中加以检视，也分析了基督教大学在中国社会、政治及文化的变迁中，所面对的问题及所做出的贡献，清晰地表现出中国教会大学与中国的现代化之息息相关。本书更探讨到基督教大学中的国学研究，包括对中国宗教文化的研究。作者更显示出，基督宗教及其大学教育，并非如一般人所想象的轻视中国传统文化，反而是十分重视对中国文化的教学与研究。"❶此书对于有志于研究中国基督教大学史的学者极具参考价值。

（四）基督教文化与教育

从广义上讲，教会教育属于基督教文化的部分，发挥着传播基督教文化的职能。当然，构建或发挥基督教文化的机构及途径并不限于教育，不过从教育史的学科应突出教会教育的作用而已。中国近代教会教育与基督教文化之间关系也应作如是观察，已有论著表现出这种喻义。

（1）章开沅、马敏主编《社会转型与教会大学》，湖北教育出版社1998年版，收入"基督教与中国文化丛书"。该书汇辑1993年12月在香港举办的关于中国教会大学史国际会议17篇文章，涉及基督教与中国文化的专题问题探讨。作者大多是潜心研究教会教育史多年的学者，他们的出色成果为潜心于中国教会教育史研究的学者开拓某些新领域提供了新资料。

（2）黄新宪著《基督教教育与中国社会变迁》，福建教育出版社1996年版，收入"基督教教育与中国社会丛书"。全书共八章：早期基督教的宗教教化与唐元两代社会变迁、耶稣会士的学术传教活动与明清之际社会的变迁、基督教的宣教事业与晚清社会的变迁、基督教的宣教事业与晚清教育的变迁、基督教的宣教事业与民国时期教育的变迁、教会大学与民国时期社会的变迁、教会学校师生的爱国行动与民国时期社会的变迁、20世纪中叶社会的变迁对基督教教育的影响。书末附录"教会书院的历史变迁""教会女子大学的办学特色""主要外国人名译表""主要参考文献"。作者通过对具体史实的考察，揭示从明清之际到新中国建立初期基督教教育与中国社会变迁的内在关系，提出尊重历史，防止偏见，其间存在对社会变迁积极的一面，否定其消极成分，"努力做到言之有据，持之有故"❷。

（3）胡卫清著《普遍主义的挑战——近代中国基督教教育研究（1877—

---

❶　吴梓明. 基督宗教与中国大学教育：序［M］. 北京：中国社会科学出版社，2003.
❷　黄新宪. 基督教教育与中国社会变迁［M］. 福州：福建教育出版社，1996：15.

1927)》，上海人民出版社2000年版。开篇是夏东元、刘学照所作序文二则。全书共四章。第一章导论，介绍并叙述两种评价模式及其理论预设、普遍主义的历史进程以及近代中国基督教教育发展概论；第二章阐述教会学校教育哲学，包括基督化、理性等；第三章分析本土化与西化的教育模式，包括双语教育模式、公立教育模式，并引证个案研究；第四章论述基督教教育与近代中国政治之间的多元复杂性。书末附录"英汉姓名译名对照表""中文参考书目举要""英文参考书目举要"。作者查阅了图书馆、档案馆的大量中西文论著、资料，及基督教会多届开会记录，史料引证丰富翔实，史实考订细致；在理论建构上有重大创新，提出以"普遍主义"作为基本视角和范式来考察近代中国基督教教育的教育哲学、教育模式及其与民族主义的复杂关系，同时，在许多具体问题理解中亦有许多创新。该书是研究近代中国基督教教育的重要资料。

三、留学教育

中国近代留学教育起步于洋务运动后期，但一经拉开帷幕，便愈演愈烈、不可阻挡，而且显示出澎湃激荡、气势雄伟之势，蔚为近代教育中精彩篇章、斑斓画传之一。与教会教育相比，留学教育著作成果同样颇为丰富，但在评价和地位的担当上却被赋予更多的肯定性评价。

（一）留学教育综论

（1）董守义著《清代留学运动史》，辽宁人民出版社1985年版。书前有图片多幅。全书共四章。第一章"走向世界之前"，介绍留学背景；第二章"初沐美雨欧风"，叙述留美留欧的情况；第三章"留学大千世界"，考察由留日浪潮转向留学欧美的情况及影响；第四章"结束语"，探讨留学运动的规律特点、历史作用和经验教训。书末附录有"清代留学运动史年表""本书参考文献举要"。作者力图按照雅俗共赏的原则进行写作，所以书中穿插了私家笔记和个人回忆录等，借以反映当时的社会观念、时代气氛和历史环境；在史实阐述上，仍以官方文件档案为主，言必有据，保证内容的真实性和严肃性。

（2）王奇生著《中国留学生的历史轨迹（1872—1949）》，湖北教育出版社1992年版。全书分上下两篇。上篇叙述留学美国、欧洲、日本的历史进程及留学政策的演变、留学群体的状况；下篇分别详细论述留学生与中国官僚政治、军事、社会、思想界、教育、学术、文学、女性的关系及异域情缘。书末附录有"中国留学生大事记"。该书史料基础雄厚，在充分占有史料的基础上，以国别为单元分析了中国近代留学教育史，深刻探讨留学生对近代中国社会的影响，为有志于研究近代留学教育的学者提供了资料。

（3）王政挺著《留学备忘录》，浙江人民出版社 2003 年版。全书共九章：中国留学从头说、洋务与留学、狂飙突起向东洋、从旧科举到新北大、特殊的留学——庚款留学、浪漫而认真的实验——留法勤工俭学、北方的希望、抗战前后的中国留学、天翻地覆五十年。其中涉及中国近代留学的背景、起步、发展的历程，留学浪潮的特点、对时代的影响，杰出的留学生的事迹与经验，留学运动对中国近代思想文化教育的影响等丰富内容，多方位多视角地审视了留学运动。该书是研究近代留学运动的起步资料。

（4）田正平著《留学生与中国教育近代化》，广东教育出版社 1996 年版，收入"中国教育近代化研究丛书"。全书共五章，前后有绪论和结束语。第一章概述近代留学教育历史，后四章分别揭示留学生与中国近代教育科学、中国近代教育变革、中国近代高等教育的对应性。书末附录有"中国近代留学教育大事年表""重要文献史料举要"。作者分析中国近代留学教育兴起的历史原因、留学教育的重要发展阶段及其特点，从不同角度、不同层次考察留学生与中国教育近代化的关系，为本专业学者提供了新视野与新资料。

（5）谢长法著《中国留学教育史》，山西教育出版社 2006 年版，收入"中国教育史专题研究丛书"。全书共七章：洋务运动时期的留学教育、波澜壮阔的留学日本运动、清末留学欧美的基本轨迹、民初与北洋政府统治时期的留学教育、国民政府抗战前的留学教育、抗战时期及战后留学教育的演进、留学生与中国教育近代化。作者按照历史发展的顺序，全面考察中国近代留学教育的兴起、发展和演变过程，揭示留学教育在各个时期的不同发展特点，并展现留学生在教育领域的活动及其对中国教育近代化发展所起的作用。该书在充分占有史料的基础上，对中国留学教育史进行较为系统的探讨，尤其是在梳理中国近代留学教育的历史嬗变方面提供了参考资料。

（6）李喜所著《中国留学史论稿》，中华书局 2007 年版，收入"南开史学家论丛"。该书收录了 33 篇作者发表的文章，内容主要有以下几大板块：留学教育涉及总体的考察；具体留学国别，如留美、留日、留法等；还有对不同时期，如洋务时期、辛亥革命、五四时期的留学状况及评述，一些重要的留学教育典型人物，像容闳、孙中山、宋教仁、辜鸿铭、胡适、宋庆龄等。由于论文写作时间不同，学术认知也在不断深化，观点表达前后有所差异；某些使用资料重复在所难免，为保持原貌，尊重历史，基本没有改动，只是在文后注明了发表时间。

（7）李秀云著《留学生与中国新闻学》，南开大学出版社2009年版，收入"中国学科现代转型丛书"。全书共五章：前新闻学的历史考察、留学生与中国新闻学科的建立、留学生与外国新闻理论的引介、留学生与新闻学术交流平台的建构、留学生主体特征分析。据作者介绍："将中国近代新闻学术史作为一种文化现象加以考察，以留学生为切入点，从中西学术文化交流的视角再现中国近代新闻学从萌芽到独立的发展过程。"❶ 该书视角新颖，传统的历史文献分析是其主要的技术手段，同时采用了宏观分析与微观分析、综合研究与个案研究相结合的方式。

（8）叶隽著《中国现代留欧学人与外交官、华工群的互动》，福建教育出版社2012年版。全书共八章，研究视野开阔，对学术界过去关注较少的一些重要问题进行了深入探讨，给人以诸多启迪，该书研究方法得当，综合利用社会史、思想史、文化史的研究方法。第一章绪论，第八章结论。第二章至第七章为个案研究，分别为：功名万里英雄老——以郭嵩焘与严复、马建忠等的关系为中心；回首故乡暮江碧——以孙宝琦与李石曾、蔡元培等的交谊为中心；从豆腐公司到勤工俭学生——外交官、留学生与华工的相互关系；战争史背景与华工教育的伦理观问题——以蔡元培、李石曾等的华法教育会活动为中心；欧战华工教育与现代留美学人的互动——以晏阳初、林语堂、蒋廷黻等基督教青年会活动为中心；五四运动勤工俭学与欧洲华工背景的互动——以赵世炎、蔡和森、周恩来等主导的旅欧共运兴起为中心。书末附录有"主要参考文献""中文名词索引""西文中文名词对照表·索引"。作者把外交官、留学生、华工三个群体置于中西交汇的宏大背景之下，梳理各自的谱系传承和发展轨迹，考察他们在异国的相互交往、影响和角色变迁，并探讨其对中国现代化的意义。

（9）章开沅、余子侠主编《中国人留学史》（上、下册），社会科学文献出版社2013年版。著名历史学家、华中师范大学终身教授章开沅作"序言"，教育史家、华中师范大学教授余子侠作"后记"。上册包括四章：起航维艰

（甲午战争之前的留学运动）、热潮初起（清末十五年：1895—1911 年）、潮起潮落（民国前期：1912—1927 年）、一波三折（民国后期：1927—1949 年）。下册共四章：东风送航（共和国初期：1949—1972 年）、热潮在涌（改革开放时期：1972—2000 年）、扬帆济海（21 世纪以来的留学运动）、浪拍两岸（台港澳地区留学变迁）。书末附"人名索引""机构索引""其他索引"。上册前三章属中国近代留学教育史范围，较为详细记述留学运动的艰难起步、初起及留日、留欧、留美、留苏运动等相关内容。作者坚持兼容史感、史实与可读性的原则，叙述历史事件顾及历史场景，刻画历史人物时注意内心世界和生活情趣，兼具学术性与可读性。

（二）留学国别

留学教育属中外教育交流史的论域，而其中的留学去向则是国家或地区一个明确、稳定的地域。因此，国别的符号特征格外显著。从各种著作问世的情形，可以看出留学国别的体系结构组织是交错展开的。

（1）沈殿成主编《中国人留学日本百年史》，辽宁教育出版社 1997 年版。全书共五编：中国人留学日本运动的兴起与高潮、发展与风潮、曲折和回潮、持续和低潮、重振和热潮。作者以此组织材料论述 100 年间中国人留学日本的历史进程，对史料进行了充分挖掘，提出了很多新的见解与思考。

（2）谢长法著《借鉴与融合——留美学生抗战前教育活动研究》，河北教育出版社 2001 年版，收入"近代教育与社会变迁丛书"。全书较多使用原始报刊资料，查阅大量校史、人物传记、回忆录、校刊及 20 世纪二三十年代的一些档案资料。体例内容共六章：第一章概述甲午战争后至抗战前留美教育的嬗变，后几章详细记述留学生与 20 世纪初的中美教育交流、20 世纪 20 年代的学制改革运动、大学教育的改革与发展、中华教育文化基金董事会以及近代中国留学教育的关系。作者以历史唯物主义为指导，力图实事求是、一分为二地反映留美学生与抗战前中国教育发展的多重关系，并予以尽可能公允的评价。

（3）刘晓琴著《中国近代留英教育史》，南京大学出版社 2005 年版。开篇有南开大学历史学教授、留学教育史专家李喜所的"序文"。该书分晚清、北洋、国民政府三个时期，综述近百年留英教育历程，对留学背景、留学政策、人数、留学生的群体结构、留学生活、学习特点、社会文化生活、归国后的表现、社会影响、文化交流，乃至经费的数量和来源等诸多方面都进行了较为细致的评述，是目前国内外第一部系统探究中国留英教育颇有学术深度的专著。在史料运用上，作者集档案、文献、报刊、日记、统计数字乃至口碑史料等之精华，丰富翔实，立论有据，信而有征。所采用手法研究的一个鲜明特点是注重社会分层视角，在对不同时期的留学生群体总体考察的基础上，又从公派、自费、地域、社团、性别及典型代表等维度进一步深入剖析，而且凸显其社会性。

（4）周一川著《近代中国女性日本留学史（1872—1945）》，社会科学文献出版社 2007 年版。全书共三章，按时间顺序为清末（1872—1911 年）、民国初期（1912—1927 年）、民国中后期（1928—1945 年），记述女性留日教育活动，其中以民国初期为论述重点，结束语综论民国初期女子日本留学对中国社会的贡献。书末附录有"民国初期中国女留学生所在六校课程表""日本学者制成的中国女留学生名单"。作者汇集分散在中日两国各处的大量相关资料，所使用的基本文献史料包括：留学生创办的杂志、留日学生回忆录、《东方杂志》《教育杂志》《教育公报》、南京第二历史档案馆的资料等；日本方面的外务省文献、接收留学生的各学校资料、有关留学生的新闻报道及作者收集的采访录等。在此基础上，大致理清进入民国之后女子留学日本的历史线索，重点分析民国初期女子日本留学状况以及历史形象的变化及其原因，使其影响力延续至"二战"结束。

（5）彭小舟著《近代留美学生与中美教育交流研究》，人民出版社 2010 年版。全书共六章，第一章介绍在读留美学生的概览和学术水平；第二章阐释归国留学生给中国带来的潜在强大资源；第三章论述留美学生推进美国教育思潮的传播；第四章以胡适、费正清、晏阳初为个案，分析留美学生与美国教育界的自由交往；第五章讨论中美之间有组织的教育交流；第六章分析留美学生与新教大学之间的联系。作者自述中的评议颇为中肯："特点鲜明，一是在宏观上对近代留美学生进行群体探讨的基础上，对学习教育的留美生给以比较客观的文化定位；二是从中美教育文化交流的新角度，论述了留美生与中国教育的现代走向。"此书为思考留美学生、中美教育交流提供了新视角。

四、教师与学生

教师与学生是教育活动中的主体力量，也是构成学校办学的必备要素，在教育史学科论著中，向来是结合或分布在教育的相关专题中加以探讨，独立成单元作为专题问题研究，出版著作是学科分化及教育思想理念变化的结果，以下概述主要著作及内容。

（1）吴民祥著《流动与求索——中国近代大学教师流动研究（1898—1949）》，浙江教育出版社 2006 年版。全书共七章，第一章至第六章主要探讨思想的论争、校长的教育理念、学术机构与学术交流、政治干预、经济窘迫和战争压力等对教师流动的影响；第七章选取典型，论述了吴宓的从教历程；结语部分总结中国近代大学教师流动的背景与原因及其对近代大学教育的影响。该书采用人口学的人口迁移理论、社会学群体理论和个案分析等研究方法，以纵向梳理与横向分类相结合的思路结构，重点分析近代大学教师流动的原因、流动的机制、教师的流动对近代大学教师构成和近代大学教育的影响，并系统描绘中国近代大学教育流动与中国近代大学教育的交织互动图谱。

（2）刘云杉著《从启蒙者到专业人——中国现代化历程中教师角色演变》，北京师范大学出版社 2006 年版，收入"现代教育社会学研究丛书"。全书除引言和尾声外，共六章。作者在对教师角色变迁的叙述中，从研究对象特性出发，丰富挖掘史料来源，从中透视出多样色彩，如对清末民国时期一位塾师所作《退想斋日记》的把握，以一个读书人生命历程表达一个时代读书人的落魄人生。刘云杉对于民间学校、乡村教育明显融入了政治和现实教育的关怀与评判。

（3）商友敬主编《过去的教师》，教育科学出版社 2007 年版。全书共八部分：从私塾到学堂、小学之道、名校名师、西南联大群师谱、名人忆师、语文老师的影响、夫子自道、一代宗师。作者记叙半个世纪以前的小学、中学和大学教师的事迹，其中大部分来自学生的回忆，小部分取自教师的自述。该书生动形象描绘了那个年代的教育教学大师风采，为学者研究提供了颇为生动感性的材料。

（4）刘训华著《困厄的美丽——大转局中的近代学生生活（1901—1949）》，华中科技大学出版社 2014 年版，收入"中国教育活动史专题研究丛书"（第二辑）。全书共 24 章。本套丛书总主编周洪宇教授在"序言"中写道："（本书）采用理论探索和实证研究相结合的研究方式，在学界首提'历史大转局'概念和'学生生活史研究维度'。"作者将近代（1901—1949 年）学生生活置于历史的宏大背景下考察，通过学生口述、日记及回忆录等史料，探究近代学生的日常生活、学习生活、课外生活、社会生活、人际交往、政治生活、情感生活与时代观感，并注重反映近代学生个体的生活状态及其经历的阶段变迁与群体心态。

（5）吴洪成、田谧等著《晚清教师史研究》，河北大学出版社 2012 年版。全书共四章，在回顾封建社会传统教师的基础上，着重阐述鸦片战争时期的教师，洋务运动时期的教师和维新、新政时期的教师，主要探讨由古代向现代转型社会场域下历史阶段性或断代的教师变革历程。鸦片战争时期，主要分析开明封建阶级改革派对传统教师教学的批判和西学东渐对教师的影响；洋务运动时期，在论述文教政策转变的前提下，分析洋务派聘用教师的思想、新式学堂的教师管理、书院的教师管理、私学的教师、洋务教育对教师的制约和洋务派教育家论教师；维新、新政时期，在阐述文教政策的背景下，分析近代学制的产生与教师制度的初步形成、师范教育的建立和教育家论教师等。该书不仅以时间为单位，进行纵向梳理，而且对各个时间段内的教育变革与教师关系的复杂问题进行详细探讨，从而全面呈现了晚清教师史的丰富内容及鲜活个性。

（6）陈光春著《生成与失范——民国时期中学教师管理制度研究（1912—1949)》，华中科技大学出版社 2016 年版。全书共八章，按照总论、分论、余论的结构排列，描绘民国时期中学教师管理制度的全貌。第一章导论，介绍民国中学教师管理制度选题溯源、研究方法、概念界定、主要资料、总体思路及框架；第二章分析清末民国时期中学教师的社会来源、构成情况、管理措施等相关内容；第三章至第六章分别探讨民国时期中学教师任用管理制度、审定检定制度、培训进修制度、薪酬待遇制度和养老抚恤制度；第七章对民国时期中学教师管理制度的生成路径、失范原因和现实借鉴价值加以思考。作者以民国时期政府颁布的有关中学教师管理法令和相关细则以及制度的执行情况作为参考依据，揭示不同历史时期政府所颁布的教师制度之异同，并较为清晰地呈现民国时期中学教师管理制度初步形成与发展演变的历程。

第四编

中国近代教育史
主要内容与史料（上）

第九章　鸦片战争时期教育的主要内容与史料

鸦片战争是一场由英国殖民主义者发动的非正义战争，改变了中国历史的航道，同样加速中国传统教育走向危机，迈入近代道路。本章开始聚焦阶段性教育历程及特色，同时随文呈现相应主要史料参照及资源成果。与上编相比，具体、微观的具体化与专题性更为明显。当然，中国近代教育史内容选择与介绍不会是统一或全客观的，必然有主体认识及本书史料问题思考所带来的自身风格。因此，标明"主要内容"是有深意的。

第一节　清代科举制度

清朝（1644—1911 年）旧教育，指清代鸦片战争或洋务运动近代教育发端之前的传统教育，其体制基本上沿袭明朝。学校体制大致由科举、学校、书院、私塾及义学等所组成。旧教育的结构以科举制度为核心。学校分中央官学和地方官学，地方官学主要有县学、州学、府学。学校制度不是现在意义的学校教育，预设考取科举功名的士人要到学校读书，即"科举必经学校"。当时考取秀才者入学读书称生员，进国子监的称监生。到 1840 年 6 月鸦片战争爆发，进入清朝后期，国子监为代表的各类学校每况愈下，日渐式微，甚至是徒有虚名。

一、科举制度的规程与士人入仕

科举制度虽跨越政治、经济、社会文化、教育、心理等诸多领域及学科，但其根本或主体仍在教育。而且，有趣的是古代科举对教育活动发生着杠杆及核心的作用，是制衡及测评教育效果的标尺。清代科举制有同样特点，只是到了道光、咸丰时期后受到诟病及冲击，逐渐受到质疑，最终被废除。

(一) 考试规程

清代历史学家赵尔巽等撰《清史稿》中专列"选举志"作为科举制度的内容介绍。根据"选举志"所载：科举考试分文科举、武科举两类，从清顺治元年（1644年）清朝入关以后直到清末光绪三十二年（1906年）废除为止。

清朝的科举考试程序与明朝一样，士人依次通过童试、乡试、会试和殿试，分别获得秀才、举人、贡士和进士的称号。其中尤以乡试、会试最为重要。乡试选举人，会试考选升进士的预备。科举考试的分类定额、中额、商籍，选官以及宗室、八旗子弟的考试，三场试题的内容及要求等构成科举考试的制度化要素或项目。命题大都由正副考官出，皇帝批准，少数直接由皇帝命题。其中还有许多避讳，有磨勘、抬写格式等答题规定。考试前要搜检士子，以防范考生"怀挟""夹带"等作弊行为发生。

具体细节主要参考：① （清）麟桂等修纂《钦定科场条例》60卷，同治六年（1867年）江宁藩署活字本。②沈祖燕辑《精选巧搭文府》（上、下函），共16册，光绪十五年（1889年）上海鸿宝斋石印本。③傅增湘撰《清代殿试考略》，天津大公报铅印本。傅增湘是清朝后期的科举及第人物，早年求学于保定莲池书院，民国时期曾三任教育总长。④商衍鎏撰《清代科举考试述录》，北京三联书店1958年版。商氏是清末探花一甲二名。这部书从明朝科举制度写起，尤其对八股文、策论问题有细致分析等内容，介绍得很详细。⑤王德昭著《清代科举制度研究》中华影印本，1984年影印本。⑥王立刚著《清代童试研究》，2015年北京师范大学博士学位论文。论文共7章（不包括绪论），以广泛存在于清代地方社会的童试制度为研究对象，叙述童试的时间、地点、三级考试的联系及童试与岁科试联系的基础上，着重探讨童试考试组织及作弊防弊措施、考题的设计，地方社会对童试的投入与民间资助情况，最后分析童试的民间性、清代生员与地方社会的联系。作者尽可能充分占有资料，主要包括政书类，地方志、族谱类，档案、日记类，文集、笔记类，回忆类，杂史、小说类以及文物类等，这是一部最早进行清代童试研究的著作。

(二) 清代科举士人的入仕

科举制度作为一种选拔人才的制度，为朝廷选拔官吏，也是清代文人进入仕途之重要途径。自乾隆朝至清末（1736—1905 年）180 年间，依托科举作为敲门砖入仕及第的成功者在清代高层官吏所占比例很大。据王德昭著《科举制度研究》（中华书局 1984 年影印版）所载情形统计，以进士出身为例，整理如表 9 - 1 所示：

表 9 - 1 清代高层官吏进士出身人数　　　　　　　　　　单位：人

官职	总数	进士出身
尚书	744	339
左都御史	430	221
总督	585	181
巡抚	989	390

清朝应试科举和从科举入仕的士大夫具有两重身份：他们是士，读书人，又是仕，是为官或准备为官之候补者。

自隋炀帝大业二年（606 年）创立科举制度以来，历经唐、宋、元、明至清代末年延续达 1300 年之久的科举制度为社会流动提供了一条有效的途径，科举为社会造就了一个特殊阶层，构成传统中国统治政治官僚机构的一个主要部分。科举制度具有公开竞争性质，中国的传统社会得以保持其有限度的流动性质，使统治机构的内部成分不时有所更新。据王德昭前引书有以下统计数据为证：

19 世纪清代乡、会两试举人及贡生，功名获得者中贫寒出身的占 45.11%；其中 1822—1904 年清代殿试进士功名获得者中贫寒出身的占 37.2%。其他年代数据如表 9 - 2、表 9 - 3 所示。

表 9 - 2 清代官员出身（除翻译科、博学鸿词科之外）常科百分比

年份	官员数/人	常科/%
1840	1949	65.7%
1871	1790	43.8%

表 9 - 3 清代科举出身人数

年份	官员数/人	人口数/人	百分比/%
清初	125000	430000000	0.029
太平天国后	204000	440000000	0.046

科举制度作为古代的考试制度，势必会对中国传统社会、对中国文化，以及对中国乡土世界发生影响。

研究成果中具有代表性的包括：①余英时著《士与中国文化》，上海人民出版社 1987 年版；②（日）奥崎裕司著《中国乡绅地主研究》，东京汲古书院 1978 年版。

二、科举考试腐败与挑战

自嘉庆王朝以后，科举已经开始腐败。奏折、上谕里面记载了反映部分科举弊病的情况。主要汇集于清代文献学家刘锦藻撰《清朝续文献通考》卷 186，其中上谕尤以收入道光、咸丰年间（1821—1861 年）相关材料最为突出；清代王延熙、王树敏编《皇朝道咸同光奏议》也对此有所反映。此外，还有其他许多资料在清人各种文集中。《王延熙等上引书》卷 42 有道光二十一年（1841 年）祁士贡《请推广文武科试疏》，咸丰元年（1851 年）王茂荫《敬筹振兴人才以济实用疏》。反映科举制度腐败情况，如辛从益《请严搜检正文体折》（1814 年），收入辛从益《寄思斋藏书稿》卷 1，咸丰元年刊本。1862 年黎庶昌《上穆宗毅皇帝书》，收入黎庶昌著《拙尊图丛稿》卷 1，光绪十九年上海醉大堂石印本。

笔记和诗文所呈现的科举腐败情况更加触目惊心：科场生活，如丐似囚。清代私塾教师出身的鬼怪文学家蒲松龄所作的《聊斋志异》是一部著名的言情讽刺小说，在中国古代小说史上占有重要地位。《聊斋志异》卷 16"王子安"中称："秀才入闱，……初入时，自足提篮，似丐。唱名时，官呵隶骂，似囚。"其他反映八股文空疏和试题割裂的情况很多，徐珂《刺时文》《嘲墨卷》，载《清稗类钞》第 12 册；梁章钜《嘲出题割裂》《且夫》，载《制艺丛话》卷 22。

科举考试重书法的情形记录文本：梁章钜《对策重书法》，载《退庵随笔》卷 6；陈康祺《殿廷考试专尚楷法之由》，载《燕下乡脞录》卷 11 "关节" "挟带"；徐珂《考试送关节》《考试送诗片》《会试关节》，载《清稗类钞》第五册；陈康祺《名臣不讳言科场夹带》，载《郎潜纪闻》卷 10。八股文、试帖诗、殿试策的写作技巧及训练方法在上引著作商衍鎏《清代科举考试述录》（生活·读书·新知三联书店 1958 年版，后由百花文艺等多家出版社重版）中有不少例证。

科举制重选拔，学校的合法存在则在教育、培养人才。两者联系相关的同时，必然存在矛盾性。当其紧张程度出现剑拔弩张、不可协调之时，就会出现巨变。道光朝至光绪末年的抗争始终进行，最终以"废除兴学"画上句号。步入晚清历史以后，科举制度面临挑战，对此需作进一步分析。

1. 科举与学校矛盾

封建社会科举考试与学校教育之间也常常产生矛盾，自唐代科举制度建立，就出现了这种迹象。这是中国古代教育值得注意的地方。以商衍鎏著《清代科举考试述录》和朱保炯、谢沛霖编《明清进士提名碑录索引》教育统计资料为例：清代268年中共计开考会试112次，包括恩科23次，录取进士26742人，平均每年登进士998人，每次会试录取进士203人。自顺治三年（1646年）至光绪三十年（1904年）清代一甲进士8956人，二甲进士17455人，三甲进士336人。光绪三十年清廷举行最后一次殿试录取进士150人，探花为商衍鎏。清代112科进士题名为27446人，每科平均取中应为245人。

这批改变家族及人生命运或维系名门望族荣耀的金榜题名者自然快意至极，颇有"鲤鱼跳龙门"之愉悦体验。但其身后正不知有多少失败的"名落孙山"者。同时，学校目标的多元化、课程内容及方式方法创新也会受其桎梏。官员及士人对于学校因科举而受限制或备受挤压，纷纷提出批评意见：汤成烈在《学校篇·中》中称："科举之法兴，而学校之业废。"王茂荫在《敬筹振兴人才以济实用疏》中道："夫士子方见墨卷小楷，为梯荣之捷径，虽教官日督以实学，亦复何益。"

在科举制度的驱使之下，学校所设课程为科举必考科目，最重要的学习内容为"四书"或八股文，有考课而无教学。国子监课士惟以科举入仕为务，更何况其他官学或书院！

2. 清代科举制度的走向

自汉"罢黜百家，独尊儒术"的文教政策之后，社会历来推崇"学而优则仕"的教育理念，科举为古代读书人的安身立命之法宝，平步青云之锁钥，仕途晋升之阶梯。与此同时，这也成为促进社会流动，稳固社会阶层的重要手段。而延续到清代后期，科举制度逐渐腐化没落，充满流习和积弊。特别是，近代洋务派创办新教育机构以后，与学校教育目标、内容及课程之间充满矛盾与冲突，学校教育为科举之目的而设，学校系于科举制度。洋务学堂的开办、西学科目课程的引进，对传统科举制度造成很大程度的冲击，沿袭近300年之久的举业功名受到了新的挑战。具体表现为：①官办洋务学堂对传统科举的冲击。学堂毕业后可以择优保选官职。②考试科目和内容对传统科举的冲击。教学内容由原来的"四书""五经"为主，改设算学科、艺学科、经济特科以及大量西方近代工业化兴起的工程技术学科。③取士标准由八股取士策论为主，时称"经济特科"。面临西学的冲击，科举制度逐步走入困境。戊戌变法时期，实行"变科举以兴学堂"之议，科举制度遭受沉重打击，勉强支撑至1905年终被废止。至此存在中国社会1300多年的科举取士制度不复存在。

众所周知，反映清代科举制度栩栩如生画面的当数吴敬梓著《儒林外史》，其部分篇章收入当今部编《语文教科书》中。作品创作于乾隆十四年（1749年）或稍前，早先以抄本传世，嘉庆八年（1803年）刻本，人民文学出版社1962年版。该书是中国古典讽刺文学章回小说代表作，共56回。在明清时期的社会背景下，以深受科举八股取士毒害的儒生为活动人物，展示清代中叶各类人士的精神面貌，无情地讽刺和批判封建社会末期的腐朽黑暗以及科举制度和封建礼教吃人的嘴脸。在体例编排上新颖独特，虽无贯穿全书的主角，却更能全面反映社会广泛的生活面貌，作者在批判黑暗社会的同时，把希望寄托于"纯儒"，反映其思想的保守性，对于探讨明清社会的科举文化、文人生活具有较大意义。

第二节　清代传统学校制度

清朝的传统学校包括官学与蒙学两大体系，论其地位前者为高，但究其教育实际价值后者作用日显；而且前者处于衰败、日渐消沉，后者则在冲击中顽强生存和延续。书院虽类似官学，但不应视为等同；高层次及水平的教育实际担当者舍此莫属。

一、官学制度

清政权在定都北京后，逐步建立和健全了官学制度。官方建立的学校是与科举制度紧密相连的，历经几朝的发展，清科举考试的内容和形式逐步固定下来，学子学习的目的只为求取功名，学校教书育人的功能逐步淡化，至清代逐渐形成了学校制度空疏废弛的局面。

清朝官学制度基本上沿袭明朝旧制，亦分为中央和地方两大类。其记载文本主要为清代史学家赵尔巽等撰《清史稿·选举制·学校上》。中央设立的主要有国子监，此外还有宗学、觉罗学、八旗官学、景山官学、咸安宫宫学、算学和俄罗斯文馆等。地方设立的主要有府学、州学、县学和卫学，统称为儒学，此外还有社学、义学和井学等。官学系统单一而完整。所谓单一是指其官学体系的主体是儒学。虽然开设了宗学、觉罗学、旗学、算学馆、俄罗斯文馆等，但影响不大，国子监是其在中央的儒学，地方的府、州、县学都属儒学。所谓完整，是指其学校网络齐整。从学校层次来看，中央是国子监，地方是府、州、县、卫等一大批学校，同时还有如都司儒学、行都司儒学、安抚司儒学、诸土司儒学等。乡镇村庄有社学，贫孤生童或苗黎瑶族子弟秀异者可以入义学，云南边疆地区有井学。从学校类型来看，官学设置种类多，普及面广，既有普通学校，又有专门学校，后者如算学馆、俄罗斯学馆等；中央官学中，既有国子监，又有专为贵族制度设立的宗学和旗学；还有为其他阶层子弟设立的诸如卫学、商学、社学等。这样，学校的网点分布几乎遍及全国。这种单一而完整的学制，其目的是取得高度集中，以利于明确而有效地推行当政者的文教政策，实现教育的中央集权制。

顺治九年（1652年）清世祖颁示《御制卧碑文》，载《钦定大清事例》卷389，光绪年间刊本；康熙九年（1670年）清圣祖颁布《圣谕十六条》，载《钦定大清会典事例》卷397，光绪年间刊本；康熙三十九年（1700年）清政府钦颁《上谕十六条》于直省学宫，载《钦定学政全书》卷4；康熙四十一年（1702年）又颁布《御制训饬士子文》，载《钦定大清会典事例》卷389；雍正二年（1724年）颁《御制圣谕广训序文》，载《钦定学政全书》卷4。以上材料还可查考刘锦藻撰《清朝续文献通考·学校考七》，浙江古籍出版社2000年版。

学校是培养人才以满足一定社会需求并促进学生需要、个性特点发挥的专门机构，教学是实现学校办学目标的主要途径，而作为学校重要因素、教学主导力量的教师，其角色与影响力尤为突出，在某种程度上决定了学校的质量及学生的发展。清代学校功能的衰退，在一定程度上也与教师的素质水平滑坡与考核管理松弛有一定关系。

关于官学废弛、空疏的情形，可以大体从以下文献中得到情况反映。如《钦定国子监志》，道光十四年本；庄有可《学校论》，载《慕良杂纂》卷2；葛其仁《教士说》，载《味经斋文集》卷1；吴德旋《学校贡举论》，载《初月楼文钞》卷1；汤成烈《学校篇》（上、中、下），载《皇朝经世文续编》卷64；梁章钜《教官》，载《退庵随笔》卷5；孙鼎臣《论治二》，载《苍茛初集·畚塘刍论》卷一；高建瓴《安康县兴复兴贤学仓序》，载《皇朝经世文续编》卷57；王宝仁《学官论盛康》，载《皇朝经世文续编》卷65；叶裕仁《送钱调甫之任赣榆教谕序》，载《皇朝经世文续编》卷65；陈其元《校官》，载《庸闲斋笔记》卷11；缪艮《学堂通弊记》，载《文章游戏》，嘉庆年刻本等。

二、蒙学

清初，统治者虽然在文教方面采取高压政策，实行严格的思想控制，但对民间的私学并未公开禁止。加之国子监和府、州、县学存在诸多局限，私学的数量得以持续增加，在城乡民间较为普遍。

清代以传承学术流派、研究学术思想为主的私学虽仍然存在，但蒙学无疑成为私学的重要组成部分，所占权重比例极高。

蒙学主要包括私塾、家塾、义学、社学等。这些学校是初等教育机构，但也有一些实施儒家教育，并为科举制艺时文的写作训练培训工作。

（一）义学

元明时期就已有义学，但基本上都是由个人或私人团体设立的，而清代义学开始就多为官办，后来也出现了一些民办义学，由民间捐田、捐银、捐房屋助学。此外，还出现了"官府支持，民众兴学"的模式。并且一般义学都免收学费，所以这时的义学已经带有了一些国家义务教育的意味，对民间普及教育范围的扩大是有利的。

义学开办的目的、教育教学的情形在道光六年（1826年）襄阳知府周凯手订《义学章程十条》及《义学规则十八条》中有细致描绘：当时义学一般在庙宇或祠堂中设学，学生23人，学习内容以《小儿语》《小学诗札》《圣谕广训》为先，再读《小学》及四书五经。招收对象主要是"孤寒子弟"，一般不收学费，有时还发给学生学习用品。义学开办的目的主要是为了训育蒙童成为"安身良民"，具有较强的教化作用。

义学的记录主要在方志类文献，尤其是县志中，与义学相类似的义塾也在地方志中记载。如刘谊《李氏义塾记》，载《襄阳府志》卷14，光绪己酉年重修本；汪厚坤《江阴三官义塾碑记》，载《江阴县志》卷5，光绪戊寅年刊本。

此外，在文集中也有部分资料：朱琦《漕溪汪氏义学碑记》，载《小万卷斋稿》卷18；张文虎《金山张堰镇义学记》，载《舒艺室杂著甲编》卷下，光绪五年刊本；周凯《襄阳府义学章程十条》《义学规则十八条》，载《内自讼斋杂刻》第3册，周氏家刊本；栗毓美《义学条规》，载《牧令书》卷16，道光戊申年刊本。

清代是一个重文的历史时期，清人文集数量最多，刻本装帧精美。因此，利用文集对蒙学深入探讨是一个有希望的提升工程。

（二）私塾

清代的私塾占居蒙学的大部分，甚至成为蒙学代名词；家塾无疑是私塾的主要形式，聘请蒙师到其府内设馆教学，培养家族或家庭内的子弟，但也有少量收录其他儿童就学。甚至在一些开明人士的办学中，允许女童入塾受教，与男童一起学习。这种办学形式其数量之多令人惊讶，可以想象在三家村、五家店，甚至荒郊野外都有可能存在。为了管理和教学，提高办学质量，一些家塾订立了家塾规则、条规。

反映晚清私塾办学的典籍有：任兆麟《任氏家塾规条十则》，载《有竹居集》卷13，嘉庆年间刊本；贺长龄《塾规》（单行本），嘉庆丁丑年刊本。其中尤以余治编《得一录》中记载较为集中。该书共16卷，同治八年（1869年）苏城得见斋刊本；光绪十一年（1885年），宝善斋重刊本。

（三）蒙学教学情况

清代蒙学已经定型，有了固定的教学制度和教学程序，也有了一大批以私塾为职业的教师队伍，即俗称的塾师或"教书先生"。由于受制于自给自足的自然经济结构，私塾对学生的入学年龄、学习内容以及教学水平等没有统一的要求。学生年龄从幼童到青少年都有，教学采用个别教授法，初入塾者先识字，能初解字义之后，便教他们学对联以为作诗赋之基础。"四书""五经"课程修完后，继续学习作文以及八股制艺等课程，以为科举考试做准备。

主要文献如下：李兆洛《乡塾读书法序》，载《养一斋文集》卷1；王之春《咏村学诗》，载《椒生随笔》卷1，清刊本；《训蒙诀歌》《蒙馆诗》，载《解颐集》卷下，嘉庆十七年刊本；蒲松龄《逃学传》《学究自嘲》，载《蒲松龄集》下册，"附录"，中华书局1962年版；《青毡述苦文》，载《重订解人颐广集》卷7，带草堂刊本。

（四）蒙学教材

《三字经》《百家姓》与魏晋南北朝的《千字文》以及宋代的《千家诗》史称"三、百、千、千"，自唐宋以来，一直作为蒙学的主要教材，广泛使用。历史时期对这些读本有众多版本和重修本，其中最有影响的是前两部。清代学者贺兴思、周希陶对《三字经》《百家姓》的注解最为详尽，堪称典范。明清时期蒙学教材种类及数量猛增。现代语文教育家张志公著《传统语文教材研究》（上海教育出版社 1961 年版）是其中的一部经典性著作，对此有颇多转录和分析。梁绍壬《村学诗》，载《两般秋雨盦随笔》卷 4，清刊本。诗中对学生学习活动有这样的场景："一阵乌鸦噪晚风，诸徒齐逞好喉咙。赵钱孙李周吴郑，天地玄黄宇宙洪；《千字文》完翻《鉴略》，《百家姓》毕理《神童》；就中有个超群者，一日三行读《大》《中》（《学》《庸》也）。"

1. 蒙求读物

蒙求类蒙学教材发端于唐朝，由李瀚编写。自宋代以后，其类型和体裁发生变化，由唐代的偏于自然知识和技术技能训练拓展到语言文字历史地理和道德伦理许多方面。但相比较于其他蒙学教材而言，仍然以自然科技和草木虫鱼的内容为主。自唐宋以后，蒙求类读本及注释本甚多。清代《李氏蒙求》是较为经典的一种，其中杨迦怿《李氏蒙求集注》，宜寿堂藏本；邵晋涵《李氏蒙求补注》，载《江南文钞》卷 4。这些都是传世之作。

2. 历史读物

传统的蒙学教材在明代之前主要是综合性的，一本教材发挥多种学科教育的功能，相当于综合课程。但分科深化或专门独立个性不足。明清时期的蒙学教材虽然仍有学科界限模糊和融合多元的特点，但同时具有分科教学的演进趋向。这反映在历史学学科教育中便是例证。其中清代代表性为：黄式谷《史略歌论》，道光辛丑年聪训堂刊本；马伯乐《读史编略》，道光乙巳年刊本；翁心存《史鉴节要便读》，同治甲戌年江苏书局重刊本等。

3. 小学读物

古代的蒙学名称繁多，历史阶段又呈变化，唐代以后又称为村学、乡校和小学，宋代一直到明清均如此。但基于学制理论的探讨，宋代理学家朱熹是具有首创性的。他把学制分为小学与大学两个阶段，小学教育就作为学制的分类阶段确立，从此开始有针对性的"小学"著作教材。清代有关这方面的资料可查阅：清道咸年间龙启瑞（翰臣）增写《重刊朱子小学》，载《经德堂文集序》卷 2，光绪四年刊本；罗泽南的《小学韵语》，光绪己卯年江苏书局重刊本。此外，清代流行的 "小学类" 教材还有明代程登吉著，清代邹圣脉增补的《幼学琼林》，岳麓书社 1986 年版；明代萧良有编撰《龙文鞭影》，清代李晖吉、徐瀷续编《龙文鞭影二集》，岳麓书社 1986 年版。

（五）蒙学教师

塾师自清代以来伴随着乡村山寨的三家村、五家店创办各种形式的初等私学机构，蔚为社会相对独立而稳定的社会阶层，数量扩容影响加深。塾师执掌的私学教育更是国民素质之基，也是后续教育的阶梯之初始不可或缺的环节。私塾办学目标、课程编制、组织管理实施方法、考评筛选等方面都有相当成熟的格调或模式，识者从通行教育文化史、社会史著作均可熟习，而其中的缺乏同一性要求、制度化薄弱、效率偏低等纠结往往为后人所诟病。但许多塾师在地位不显、收入有限、工作强度大的背景下，仍能倾心教学、以身献教、爱护学生、培植情感、循循善诱，实现分层次、差异性教学并积累经验，获得成效，因而受到许多孩童及家长、社会乡村民众的敬仰、尊重与爱戴。许多名流学者在其自传或日记、年谱中的追忆、怀念等作品甚为感人，也因此成为清末 1905 年以后废科兴学、改良取缔私塾步伐缓慢、徘徊困顿的部分缘由。

塾师来源于民众，发展于民间，是中国传统文化与伦理道德千年得以延续的基础，对中国封建社会乃至近现代历史的影响是难以估量的。

近年来对塾师活动及传统乡村文化问题受人关注，已出现不少成果。

（1）蒋纯焦著《一个阶层的消失——晚清以降塾师研究》，上海书店出版社 2007 年版。全书除了导论和结语外，共 5 章："清闲客" 与 "自在囚"——前近代社会的塾师；因袭与变更——19 世纪下半叶的塾师；教育转型与角色转换——清末新政至辛亥革命的塾师；从主流到边缘的转化——中华民国时期的塾师；终结于新型社会——新中国成立后的塾师。书末附录 "蒲松龄作品三种""张先生讨学钱""《历代教育名人志》" 所收录的晚清以来塾师群像"。华东师范大学教育史学知名专家杜成宪在 "序文" 中谈到："作者展示了塾师在中国近代社会变革中的消亡轨迹，描绘出其阶层变迁的三个阶段性特征，即：科举制度的改革终至废除，既切断了塾师阶层的仕进之路，降低了其职业吸引力，也破坏了塾师的产生机制，中断了新塾师的补充过程；新式学校的建立和普及，不断挤压着塾师阶层的职业生活空间，既压缩着塾师的职业队伍，也改变着其职业行为；近代社会生活和生产方式的逐步形成，使塾师社

会角色的扮演、作用的发挥不再游刃有余，而是处处陷入困境，成为新时代的'不适者'。"❶

（2）秦玉清著《近代私塾改良研究》，中国政法大学出版社 2016 年版。该书主要采用历史文献法和访谈法，除绪论和余论外，共五章。第一章概述私塾教育；第二、第三、第四章分别详细论述清末新政时期、北洋政府时期、国民政府时期的私塾改良；第五章探讨新中国成立前中国共产党对私塾的认识与处理。书末附"故乡私塾访闻录""民国二十四年度第二学期杭州市私塾概况"。该书史料来源广泛，包括新中国成立前的报纸、期刊、教育志、文史资料、档案及传记年谱等。

（六）教学法著作

蒙学教育的历史非常悠久，可以追溯至西周。秦汉时期已经有专门的蒙馆和学塾机构，并编有《急就篇》《仓颉篇》等教材。但直到唐代，蒙学的教法和理论仍十分薄弱。甚至唐代著名的文学家、教育家韩愈在《师说》一文中，将蒙学的"句读之师"排斥在师道之外。这种局面的改观是从宋代的理学家，尤其是朱熹开始的。到了清代，蒙学教育的普遍，受教者数量庞大，塾师成为社会中的阶层。蒙学教育的问题不断暴露，亟须理论探讨，于是清代的蒙学教学法应运而生。

主要的史料可以查阅唐彪《父师善诱法》，载《西京清麓丛书续编·养正丛编》；崔学古《幼训》《训蒙条例》，载《檀几丛书二集》卷8，清刊本；王筠《教童子法》，载《灵鹣阁丛书》第一集，光绪乙未年元和江氏刊本。此外，元明时期的有关蒙学教学研究书籍也流行于清代，如元代教育家程端礼撰，姜汉椿校注《程氏家塾读书分年日程》，黄山书社 1992 年版；明代小学教育家吕坤《社学要略》，东听雨堂刊本。

第三节　清代书院制度

清代书院制度最为完备，具有应试、学术交流及研究探讨的多种功能。以书院性质来看大多属官办书院，以义理考课书院为主，与地方官学差异甚小，为科举服务。嘉庆年间，考据派著名学者、集名宦与教育家于一体的学术大师

---

❶ 蒋纯焦. 一个阶层的消失：晚清以降塾师研究 序言 [M]. 上海：上海书店出版社，2007.

阮元在浙江、广东办诂经精舍、学海堂，研究汉学，专精考据训诂，乾隆时期江苏办紫阳精舍，再稍晚在上海办龙门书院，阮元学生陈澧在广州办菊坡精舍。这些是研究学问、讲求经史的书院。清代书院制度主要是科举预备机构。有关书院的文献在有关方志类书当中记载，也有专门的《学校志》《书院志》可供发掘。

一、清代书院概述

清代书院嬗变历程曲折，类型多样，内容虽以程朱理学及科考制艺时文为主，却十分多样。而且，此期书院与官学差异缩小。同时，教育学术世俗民风的诸多社会领域影响加大。

（一）重修的书院

重修的书院是沿袭和继承未废弃的前朝书院，但由于战争破坏及其他原因所致，需修缮或增补、扩建。此类书院在清代分院总体格局中尚属较低比例，其中有不少书院迟至晚清时期才进行维修工程。以下是其中的案例：

浙江敷文书院，载《敷文书院志略》；湖南岳麓书院，载《岳麓书院志》；湖南城南书院，载《城南书院志》；河南大梁书院，载《河南通志》卷43；山西关中书院，载《山西通志》；广东粤秀书院，载《粤秀书院志》；广西道乡书院，载《平乐府志》卷35；江苏梅花书院，载《扬州府志》卷3。

（二）新建的书院

清代书院至雍正朝以后步入发展和鼎盛，数量之多、规模之大为明代所不及，封为古代书院之最。其中新建书院所占比例更高、官学化程度提升的同时，讲学研讨的氛围降低。以下是部分案例呈现：

福建鳌峰书院，载陈寿祺《左海文集》卷10；江苏钟山书院（南京时为金陵），载《江宁府志》卷16，《上江两县志》卷8（朱存、胡培翚、陶澍等著名学者曾在此讲学，在讲学者的文集里也有所记载）；山东泺源书院，载《济南府志》卷17，亦见《续历城县志》；直隶莲池书院，载《畿辅通志》卷114，《保定府志》卷28。有关莲池书院的更多信息资源可以查阅黄彭年《莲池书院记》，载《畿辅通志》卷114，光绪十年本；黄彭年《莲池书院增修讲舍记》《莲池书院万卷楼书目序》，载《清苑县志》卷5，民国二十三年刻本；潜山《谈谈以往的莲池》，载《河北月刊》第5卷，1936年第2期，黄彭年、吴汝纶都曾为该书院之教职及山长；安徽桐乡书院，载《桐乡书院志》卷 2，清刊本；方东树《桐乡书院记》，载《桐乡书院志》卷 6，清刊本；江苏暨阳书院，载《江阴县志》卷 5。

二、嘉庆道光年间办研习经史的书院

嘉道时期书院的经史考证派书院深受西学东渐思想及方法影响，独树一帜，被视为中国近代教育的本国资源。从体例考虑，自然应在上述书院类型中呈现，但由于这类书院的地位及后续作用均很大，此处单列分类。

（一）浙江诂经精舍

诂经精舍由考据派经学大师阮元创于浙江杭州，它与学海堂一样为各种中国教育史所论述。诂经精舍出过许多文集，其中有序言，如许宗彦、胡敬的序言。此外，阮元的《西湖诂经精舍记》对书院的办学情况有翔实的记录。陈寿祺在《左海全集》中记载了诂经精舍的有关内容。其他素材如张鉴编《诂经精舍志初稿》，载《文澜学报》第 2 卷第 1 期，浙江图书馆编印，1936 年 3 月出版；阮元、罗文俊、俞樾等选编《诂经精舍文集》初集 8 卷，续集 8 卷，三集 6 卷，四集 16 卷，五集 8 卷，六集 12 卷，七集 12 卷，八集 12 卷，清嘉庆、道光、同治、光绪年间刊本。

（二）广州学海堂

广州学海堂也是阮元任职主持广东政务时的教育名片，堪与明代陈献章在岭南珠江三角洲创办书院相比拟。有关学海堂的资料主要查阅林伯桐修纂，陈澧续纂《学海堂志》，瞿兑之辑《学海堂文献》。此外，《岭南学报》内附有学海堂图。林伯桐纂，陈澧续纂《学海堂文志》1 函，清道光戊戌年（1838 年）刊本，同治丙寅年（1866 年）续刊本；阮元、吴兰修、张维屏、陈澧等编《学海堂文集》初集 16 卷，二集 22 卷，三集 24 卷，四集 28 卷，清道光、咸丰、光绪年间启秀山房刊本；容肇祖著《学海堂考》，载《岭南学报》第 3 卷第 4 期，岭南大学 1934 年 6 月出版。

（三）南京惜阴书院

南京惜阴书院创办于道光十三年（1833 年），是江南驰名学界的著名教育场所，其办学活动主要记载于《盋山集》光绪癸未年刊本，《惜阴书院·课业》之"序言"。另见《惜阴书院东斋课艺》《惜阴书院西斋课艺》，光绪五年（1879年）刻本；孙铿鸣编《惜阴书院东斋课艺》8卷，清光绪五年（1879年）刊本；薛时雨编《惜阴书院西斋课艺》8卷，清光绪五年（1879年）刊本。

（四）广州菊坡精舍

广东地方教育家、经学家陈澧于同治年间（1862—1874年）创建菊坡精舍，有关文献来源如下：《东塾集》卷2，光绪壬辰刊本。《广州府志》卷66，光绪五年刻本；刘伯骥《广东书院制度沿革》，上海商务印书馆1939年版附该书院的章程；陈澧辑《菊坡精舍集》20卷，清光绪丁酉年（1897年）刊本。

（五）上海龙门书院

松江太仓道道员应宝时于同治三年（1864年）创建龙门书院，主要学习经史及西学，主要资料集中于《上海县志》卷9，同治十一年修撰本。曾在此期间流寓江苏的四川省新都县籍官员曾传缙著有《龙门书院碑记》（1892年），载《新都县志》卷2。

从嘉庆道光年间以后，书院办学步入黄昏暮秋，却呈现经世致用的精彩一幕。近代维新运动直至清末，新政书院走向解体，转向新教育办学模式。

第四节　教育思潮

1840年开始的鸦片战争，以英国为首的西方列强用炮火打开了清朝闭关锁国的大门，给中国社会发展带来了深刻的危机。中国由一个长期稳固的封建帝国，转而成为一个不断失去平衡的半殖民地半封建的国家。面对"数千年未有之变局"，人们急于要找到中国落后挨打的原因，以及对付列强的制胜之策和振兴民族的富强之道。在把目光投注到一个陌生世界的同时，先进知识界人士对传统的教育思想及教育制度进行自我反省，从而迈开了近代教育改革的艰辛历程。

鸦片战争成为经世致用思想由传统向近代转变的契机。地主阶级改革派审时度势，将经世致用的"通实用"扩展到"通夷务"，使经世致用的思想得以延伸。从悉夷到师夷，他们主张学习西学，改革传统教育内容及方法。

一、对当时学风和士风的批评

清朝出于加强思想控制的需要，延续明代程朱理学为统治工具和价值取向的文教政策兴办学校，以八股时文作为科举考试的标准体裁。为了加强满族贵族的利益，并收买汉族士人的人心，清朝推行文字狱的极端统治手段，大兴文字狱；同时，开设博学鸿词科网罗人才。上述种种因素造成清代学术流派众多，但又空洞浮华，脱离实际，缺乏创新和泯灭个性的世风和学风。这种奇特的现象，延续至洋务运动，大体没有根本改观。清代的主要思想文化流派分四个部分，即程朱理学，称义理学派；古文经学、汉学，称乾嘉学派；文学辞章，称桐城学派；还有介于前两者之间的考据学派。由明代后期传播而来的西方工艺制造及基督教文化称为西学，但在雍乾以后，已成衰势。随着社会危机加剧，西方对中国的侵略和冲击愈演愈烈，传统的学术思想无力应对，更显得疲惫不堪，处于窘境。面对上述情形，鸦片战争时期少量"睁眼看世界"的开明封建地主阶级改革派面对现实，寻找中西差距，提出针砭时弊和昏暗的教育问题，对世风和学风及其文化内容加以批评和揭露。主要的文献资料可以参考龚自珍著《古史钩沉论》《明良论二》《与江子屏牋》，载《龚自珍全集》，中华书局 1959 年版；魏源著《武进庄少宗伯遗书序》《武进李申耆先生传》，载《古徽堂外集》卷 3、卷 4，国学扶轮社，宣统元年刊本。

近年主要著作及其内容梗概如下。

（1）杨国强著《晚清的士人与世相》，生活·读书·新知三联书店 2008 年版。全书共收录 17 篇文章，其中有许多描述晚清教育文化的作品，如"清代的功名与富贵""世运盛衰中的学术变趋""鸦片战争与儒学""新学生社会相""论清末知识人的反满意识"等，都在不同侧面反映晚清的社会面相。晚清士人由传统中国的衰世走入中西交流的变局，他们一路彷徨，一路回应，促成传统中国社会的近代化变迁。作者对晚清士人以及过渡时代社会的思考、理解和解释为中国近代教育史带来新的启迪。

（2）王尔敏著《明清社会文化生态》，广西师范大学出版社 2009 年版。全书分为文化多元、群黎生计、异行别流三编，援引民间日用类书资料以讨论平民的生活情节、记诵之学、文字游戏等，全面描述了明清之际庶民阶层社会的文化生态。其中，作者搜集较多反映明清之际庶民教育的资料，如《中国传统记诵之学与诗韵口诀》《明清以来民间之文字游戏与庸俗诗裁》《〈茉莉花〉等民歌西传欧洲二百年考》《香港落拓小儒郭福灵的劝善格言》《近代农民社会所流布之治生全体学：〈陶朱公致富全书〉》《中国民间市井营造工匠日用之〈鲁班经〉》等。该书史料丰富，研究民间乡土教育及民俗文化透辟。

（3）周宗奇著《清代文字狱》，人民文学出版社 2010 年版。全书共 58 篇文章，约 80 万字。清代的文字狱，反映了当时的文教政策、文化背景、思想倾向等，如《揭皇上阴私的山西人》《中表兄弟》《麝香山印存》《可怜王孙命》《血染万年书》《被流放的考生》等。该书是史学和文学的结合部分，既带有史的特点，又带有文的风采。作者对大量史料进行了鉴别、梳理、概括，还对有关案件发生地的山川风物、地理沿革、风土人情等进行考察，从中发现某些共同性的认识，以求达到对其宏观的把握和微观的真实性。

二、倡议学习西方技艺

鸦片战争的失利，使开明地主阶级认识到要向西方学习。从介绍西方技艺的文章，可以看出近代以来向西方学习的滥觞发端于以器物为先，即学习西方的枪炮轮船。魏源喊出"师夷长技以制夷"之呼声，以西学为吾学习之对象，其《海国图志序》（1842 年）详细介绍西方器物之利，该书卷二《筹海篇·议战》叙述西方船舰之长，极力主张中国应效仿之。冯桂芬著《校邠庐抗议》"卷下"之"制洋器议采西学议"，明确提出向西方学习坚船利炮是为了利于"吾国所借鉴之用"以达"中体西用"目的。

有关此期文化教育思潮及工商业教育的著作所见不多，代表性的有如下作品：

（1）丁钢著《近世中国经济生活与宗族教育》，上海教育出版社 1996 年版。全书共三部分六章。第一部分总论，概述近代中国社会变迁中宗族经济与教育；第二部分分论，分别研究晋商、徽商、闽粤商人、江浙商人的宗族教育。作者主要从商人兴起的背景、商人的宗族教育内容和特点、儒学教育与宗族等方面进行分析；第三部分附论，对传统谱牒的教育功能进行概述。"前言"中记述："本书在对明清族商整体把握的基础上，对上述四大相关地域（晋商、徽商、闽粤商人、江浙商人）的宗族经济与宗族教育做了个案分析，主要从宗族，教育入手，探讨了宗族教育对宗族经济发展的作用和影响。一方面，分析了当时社会经济发展对宗族教育的影响；另一方面，研究了宗族教育在适应经济时势中对传统教育的承继和变革。这种宗族教育的变革是宗族经济乃至社会经济变迁的重要原因之一。同时，通过考察宗族教育的活动及变革的内容、方法，指出了此时期所形成的'儒商'特征，也研究了在封建社会环境下宗族教育本身存在的局限，以及它最终不能走向新时代的教育，乃至仍局限于封建与半封建形态之中的种种原因。可以说，本书是从一个历史侧面探索了经济生活与教育的关系，向人们提供历史的启示。书中的附论部分，对传统谱牒的教育功能作了初次探讨，为宗族教育的深入研究，提供了独有价值的基础。"❶ 这些自我描述内容较为真实地反映该书的立意及努力方向，颇具创新意味。

（2）李长莉著，刘志琴主编《近代中国社会文化变迁录》（第一卷），浙江人民出版社1998年版。该书评述从1840年至洋务运动近半个世纪的近代中国社会文化变迁史。其中，大量反映近代中国教育思潮及形态的内容，如1841年科举制度的腐败与改革科举的议论，1843年墨海书馆译印西书吸引民间人士，1844年新开口岸的西学塾、西医馆与大自鸣钟，1845年美华书馆及其刊印的西书，1850年沿海各城市教会学校的发展等。作者从社会文化变迁的角度切入中国近代教育，视角独特，材料新颖，充分利用当时的报刊、档案、文集、外文期刊和译著，以及各类资料汇编等，加以具体的、实证性的解释。该书在体例结构上采用以编年为经、以本末为纬、以史实为本、以论说为精髓的体裁，便于表现多方位多侧面的变化和教育文化热点问题的起伏流动，但难有严整的组织形式，存在分散之弊。

（3）夏晓虹著《晚清社会文化》，湖北教育出版社2001年版，收入"仁智文丛"。全书共九章，每章集中一个主题，反映晚清社会文化。其中，很多篇章涉及近代教育史，例如"梁启超与日本明治文化"一章叙述梁启超输入西方近代学说，依据中国国情选择日本明治时期的教育思想并引入中国，推动中国教育变革；"丘逢甲与日本东亚同文会"一章展现丘逢甲"兴学""尊教"，执掌岭东同文学堂等相关思想及活动；"白话文运动与文学改良思潮"一章讨论白话文运动和文学改良运动；"晚清妇女生活中的新因素"一章反映女学堂的兴办及影响等问题。全书既有史学著述的特色与魅力，又见文学研究的趣味，读来新颖别致，引人入胜。

---

❶ 丁钢. 近世中国经济生活与宗教教育：前言［M］. 上海：上海教育出版社，1996.

第五节　西方教会教育的登陆

西方教会教育在近代中国教育史上有重要作用，然而其扮演的复杂角色及多元影响却很难简单评述。鸦片战争时期是近代教会教育的发端，但渊源历史及思想脉络应追踪至此前 150 年的明清之际西方天主教传教士西学东渐的各项活动。而且，这当中的经验教训或实际成效也持续作用至近代社会剧变以后。

一、明末清初传教士来华

16 世纪末 17 世纪初的明清之际，中国封建社会走向衰落，伴随着商品经济的发展和资本主义的萌芽，社会风习、文化思潮、价值观念等开始发生新的变动。其突出表现为自然科学的研究热潮和市民文艺运动的蓬勃兴起。乾嘉学派新兴质测之学，以"考索物理"为宗旨，强调"实验"方法，"专求其故，积变以考之"，并与"专言治教"的"义理"之学相分离。方以智《物理小识》《通雅·文章薪火》，方中通《数度衍》都是突出成果。在哲学思想史上，饱受理学观念方法束缚的进步学者，开始突破传统经学思维模式，成为启蒙思想家。他们掀起对宋明道学及传统学风的揭露批判，通过提倡"经世致用""核物究理""依人建极"而走向人文主义的觉醒。正当此时，西方学术文化以利玛窦等耶稣会士为媒介，适时传入中国，合规律地开始了中西方文化的汇合交流史。

意大利耶稣会传教士利玛窦 1582 年来华，1601 年入京结交当时上层学术界。他所带来的作为传教工具和媒介的西方天算知识、欧几里得几何学及其演绎推理思维方式，开拓人们视野；环球地图、水利、火器以及望远镜等"远西奇器"，对于正在酝酿的思想启蒙和学风转变，起到了他们始料不及的重大引发作用。继利玛窦之后，1620 年，金尼阁（Nicolas Trigault）、傅泛际（Francisco Furtado）、汤若望（Johann Adam Schall von Bell）等自欧洲联翩来华。

中国先进学者对于西学东渐的欢迎态度与之声气相投，显示了一种历史的自觉。徐光启把数学方法视为近代各门科学理论和应用技术的主要基础。李之藻注意到亚里士多德的形式逻辑体系是"百家之宗门"。他们主张引进西方科学文化，加以会通。清康熙帝玄烨对西学技艺持开明态度。1693 年以法兰西科学院（1666 年建立）为模式，在畅春园蒙养斋首建算学馆（实即皇家科学院雏形），聘请法国传教士白晋、张诚等讲授天文、数学、测量、解剖学等自然科学。随后组织了空前规模的大地测量，于 1718 年绘制《皇舆全图》；后又编成《历象考成》《数理精蕴》《授时通考》等科学巨著。

康熙末年及雍正时期驱逐外国传教士，实行文化隔离的闭关政策，导致18—19 世纪的清代雍正、乾隆、嘉庆时期 100 余年间，中西文化的交流被中断。

西学东渐与中西文化汇合，古老的中国文化要沿着自己的特殊道路走向近代化是不可违阻的历史必然。此时形成的乾嘉朴学、考据学思想无论在古文献的考订、辨伪、辑佚方面，还是在古代数学、天文、地理、医学、农学等自然科学史料的整理、汇编方面，都处处表现出受到了西方逻辑方法和科学思想影响。

19 世纪 40 年代西方列强破关入侵，先进的中国人开始重新认识和学习西学。他们前仆后继地掀起了以"西学"解剖"中学"，以"新学"反对"旧学"为主流的文化革命运动。当时先进知识界人士因忙于引进日新月异的"西学"而来不及清理古典文化遗产，以致他们所谓会通中西、融会新旧理论创造，往往流于肤浅或自陷于"迷途"。

该专题相关的著作甚为丰富，选其要者介绍如下。

（1）张绥著《东正教与东正教在中国》，学林出版社 1986 年版。全书共三编。第一编基督教东西两派教会的分裂，从共时性和历时性两个方面叙述自西方古典社会以来基督教产生和发展的社会思想；第二编东正教的发展，详尽地介绍东正教各自主教会和自治教会的情况，东正教的教义、礼仪和修院制度，以及俄罗斯正教会等内容；第三编东正教在中国的历史，详尽阐述东正教在中国的传播情况。书末附录"人名译名对照表"。作者收集有关东正教在中国活动的丰富史料，保证讨论内容充实且系统。摘译公元 325 年尼西亚主教公会议制定教会律条、上海东正教会 1933 年"教理问答"。

（2）江文汉著《明清间在华的天主教耶稣会士》，知识出版社 1987 年版。全书共十章：天主教耶稣会士来华的时代背景、天主教在中国的奠基人——利玛窦、中国天主教的"三大柱石"与南京教案、南明政权挣扎中的耶稣会士、明清交替时耶稣会士的活动、传教士内部有关名词与礼仪的争论、耶稣会士与中俄尼布楚条约，百年禁教与耶稣会士、耶稣会士的学术活动以及耶稣会士的历史活动。作者在查阅大量原始文献的基础上，坚持实事求是的态度，采用辩证的方法分析问题，既看到耶稣会士在中西文化交流中的作用，又看到其对中国文化的入侵。该书资料丰富，内容充实，叙述深入浅出，具有较强的可读性，为中国基督教史研究提供了重要参考资料。

（3）白莉民著《西学东渐与明清之际教育思潮》，教育科学出版社 1989 年版，收入"中国教育史研究丛书"。全书共六章：西学东渐与教育内容的重新构建、西学东渐与教育理论的新趋向、西学东渐与"试以实事"的考试制度以及西学东渐与新式学校的构想、西学东渐与教学方法理论的更新、西学东渐与传统教育的终结。该书较为深入论述西学东渐对明清之际教育思潮的多维影响。

（4）（意）柯毅霖著，王志成、思竹、汪建达译《晚明基督论》，四川人民出版社 1999 年版，收入"宗教与世界丛书"。全书共三部分：耶稣会士在晚明的传教活动、晚明基督论、结论。作者搜查很多中国和欧洲等地的图书馆、档案馆的中文原始资料，和一些发行量很少或业已停刊的期刊上的论文，以晚明基督论为中心，展开主题；进而设计材料取舍，安排人物和著作介绍的详略。然后又揭示耶稣会与其他修会以及内部利玛窦与龙华民的分歧；基督教与中国文化的深层冲突与交融；解释耶稣会士的变通与适应的举措，推进明清之际基督教东传史的研究。

（5）林仁川、徐晓望著《明末清初中西文化冲突》，华东师范大学出版社 1999 年版。全书共八章。前四章按时间顺序（唐、元、明中叶、明末、前清）介绍基督教在中国的传播。这段时间基督教传播起起落落，虽然传播范围逐渐扩大，但并没有在中国站稳脚跟。后四章从价值观、伦理观、宗教观、政治观等角度探讨中西文化的冲突融合。该书较为详尽地描述基督教在广东、福建、台湾、南昌、南京、北京等地的传播过程及成效，新颖独特。作者在充分占有史料的基础上，对明末清初基督教在中国的传播进行了全面系统的分析，学术价值较高。

（6）（法）杜赫德著《耶稣会士中国书简集》，先由日本学者石田干之助、后藤末雄译，平凡社 1970 年版，后由中国学者郑德弟、吕一民、沈坚、朱静等译，共分为六卷，约 160 万字，大象出版社 2001 年出版前三卷，大象出版社 2005 年出版后三卷。除平装的六卷本外，亦有精装的三卷本，即将第一卷、第二卷合为上卷，第三卷、第四卷合为中卷，第五卷、第六卷合为下卷。该书依据法国原版里昂十四卷本译出。该书收录书简或书简摘要 140 余件，此外还有"综述""说明""概述""回忆录"等约 20 个篇目，甚至还收录了利玛窦《天主实义》和宋君荣关于中国古代天文史的专著，历时 8 年才全部翻译出版，使学术界对"传教士汉学"基本文献的翻译和整理前进一大步。书简的内容主要包括两个方面：在华传播福音的种种情况以及关于中国的百科全书式的介绍。该书对于今天深入研究清代历史、18 世纪的欧洲史以及中国与西方的关系都具有重要价值。

（7）郭卫东著《中土基督》，云南人民出版社 2001 年版。全书共六章：开教之初、三教汇流、解除教禁、天国幻梦、副业之果、尘埃落定。该书除了简要描述历史的线状流程外，特别着意于从历史文化的长卷中集中截取几幅浓彩的横断面，企盼能起到由线穿珠的效果，由个案推及一般，具有更多的思索空间。

（8）沈定平著《明清之际中西文化交流史——明代：调适与会通》，商务印书馆 2001 年版。全书共九章。明代部分的开篇，为历史的回顾，叙述 15 世纪前中国的生产水平和科学技术远比欧洲先进，期间发生了中西文化交流中一些重大的事件，从中可窥见处于强势的东方文明对西方的影响。明代中后期至清初部分内容体系沿着两条线索展开：来华耶稣会士在对中国国情有所认识的前提下，逐渐抛弃基督教世界占主导地位、将军事征服与精神征服紧密结合的传教路线，经过沙勿略、范礼安、罗明坚、利玛窦等人的努力，形成了适应中国传统文化和风俗的传教路线；明中叶后在经济发展和政治变革呼唤下，思想文化领域所出现的多元化趋势，为西学融入实学创造了条件。后续的清代部分，结合"李约瑟难题"总结明清之际西学的传播对中国早期近代化的积极影响及其表现，并对社会因素和深层次的思想根源加以阐发。

（9）陈钦庄著《基督教简史》，人民出版社 2004 年版。全书共十章，前九章梳理了基督教从产生至当代的历史脉络，最后一章勾勒了基督教在中国的发展图景。书末附"大事年表""罗马教皇表"。作者查阅了大量的第一手资料，在充分吸收中外研究者已有成果的基础上，以翔实的资料，生动、形象介绍基督教的主要派系组织、历史事件、礼仪、文化，较系统论述基督教在中国的传播、发展、演变以及在中国的双重作用，具有较强的趣味性与可读性，提出了许多创新性见解。该书从世界文明发展史的大视野中把握基督教的历史沿革，有助于加深对基督教史以及西方文明的理解。

（10）区应毓、张士充、施淑如、邹永恒、区方悦著《教育理念与基督教教育观》，四川大学出版社 2005 年版。全书共四编 12 章，主要内容分别为古代教育理念的历史纵向观、近代教育理念的横切观、基督教教育理念的整合观、后现代教育理念的探索观。第一编将古代中西的教育理念加以扼要评论，圈点优劣长短，从历史的纵横线去观看教育理念的发展；第二编主要阐述近代教育理念与儿童、人性发展学及特殊教育的横切面，探讨夸美纽斯、卢梭、裴斯泰洛齐、福禄贝尔、蒙台梭利、杜威六位近代西方重要人物对儿童教育理念的影响；第三编探讨基督教整体的教育观，涉猎近代基督教教育理论及实践家的理念，并提出基督教整合教育理念的主张；第四编引进后现代教育观，探索现代教育的迷途觉醒。

（11）崔维孝著《明清之际西班牙方济会在华传教研究（1579—1732）》，中华书局 2006 年版。开篇是汤开建所作之序。全书共七章：明末清初天主教在华传教形势（1579—1670 年）、西班牙方济会传教士艰难的中国之行、方济会中国教区开拓人利安当、西班牙方济会传教士重建中国教区、推动中国教区发展的利安定神父、方济会传教士与"中国礼仪之争"以及方济会在华传教特点分析。该书是中国学者关于天主教史研究中最具特色的作品。作为第一部方济会在华传教史的学术著作，大量利用西班牙文、葡萄牙文原始档案并与发掘出的中文资料进行相互印证；采用实证主义的方法，将叙事与分析完美地融合在一起，呈现 16—18 世纪方济会在华传教的情况。

（12）黄一农著《两头蛇——明末清初的第一代天主教徒》，上海古籍出版社 2006 年版。全书共 13 章：大航海时代的十字架；天主教徒瞿汝夔及其"家难"；"泰西儒士"与中国士大夫的对话；儒家化的天主教徒：以王徵为例；忠孝牌坊与十字架；魏学濂其人其事考；鼎革世变中的天主教徒韩霖；《铎书》：裹上官方色彩的天主教乡约；明清天主教在山西绛州的发展及其反弹；南明重臣对天主教的态度；南明永历朝廷遣使欧洲考；"中国礼仪之争"被忽略的声音；明末清初"帝天说"所引发的论争；"两头蛇族"的宿命。书末附录大事年表、传教士姓名对照表、参考文献、索引、附录目次、图表目次。作者选择 17 世纪奉教士人为案例，探索天主教徒奉教的因缘、心态与历程，展现他们如何为扩张西学和西教的影响力而不懈努力，及其在面对天、儒矛盾时如何自处。

（13）曹增友著《基督教与明清际中国社会——中西文化的调适与冲撞》，

作家出版社 2006 年版。全书共三编：为创业者的谋划、利玛窦的传教策略与实践、宫廷服务与明清王朝的容禁教政策。该书是明清之际基督教在华传播和这时期来华耶稣会士传教方法的专论，展示此时期基督教在华传播过程开创、发展、兴盛及其走向衰落的波动态势，旁及社会的反应、政府的对外政策，及各修会间在华传教方法上的对立与差异，突出传教策略的实质问题即基督教与中国传统文化的冲突与融汇以及传教方法策略的合时性、远瞻性价值评判。

(14) 董海樱著《16 世纪至 19 世纪初西人汉语研究》，商务印书馆 2011 年版，收入"国际汉语教育史研究丛书"。全书共五章。第一章介绍 16 世纪西人接触汉学的背景和相关学习活动；第二、第三、第四章详细探讨西人关于汉学音韵、汉字的解读、汉语语法的认识和研究等活动内容，在此基础之上，又对西人编撰的各种具有代表性汉学书籍进行分析；第五章主要研究 19 世纪初西人的汉学研究和西方专业汉学的建立。书末附录 20 篇书籍书影。该书初步勾勒 16—19 世纪初西方中国语言文字观的轮廓，分析与之密切相关的西方汉学形成与演变的历史过程及其特点。

二、鸦片战争时期的教会教育

1840 年 6 月，鸦片战争爆发，英、美、法等国各派教会以培养为教会服务的牧师、教师和为外国在中国经营企事业服务的人员为目的，在中国创设西式学校，通称为教会学校。天主教会设立的学校以法国为主，基督教会设立的学校以美国为主。除天主教会之外，基督教各教派办学尤为活跃。正教会、伦敦会在厦门，北长老会在广东，公理会和英圣公会在福州、宁波、上海，巴色会和礼贤会在广东，英长老会在厦门、汕头、台湾，美以美会在福州、江苏、浙江以及在华中、华北、华西，循道会在两广、两湖，浸礼会在山东、宁波，内地会在西北、西南省份，南长老会在江苏、浙江，公谊会在四川，来复会在安徽、江苏，遵道会在湖南，信义会在两湖地区，都先后设立规模不等的义学、主日学校、星期学校、寄宿学校以及以"英华""中西""格致""三一"等命名的学堂或书院。

在唐代和元代，基督教曾传入我国，并附设有教会办的学校。但是教会学校作为帝国主义文化侵略的工具，在我国近代大规模兴办则始于鸦片战争前夜南洋马六甲兴办的英华书院，而这与英国传教士马礼逊有关。

教会教育是传教士传道布教和训练人才的重要措施，清嘉庆十二年（1807

年）新教徒东来之后，即十分注意教育工作。传教士来华设立新式学校，传授西学，推广教育——将学校与学会作为主要形式。

（一）马礼逊与英华学堂

马礼逊，1807 年 1 月毕业于 Gospolt 神学校，后入伦敦传道会（The London Missionary Society）。嘉庆十二年（1807 年）伦敦传道会派遣马礼逊来华传教，任务是先到广州学习汉语，编一本汉语字典，翻译圣经，从事教会教育工作。1808 年他前往澳门并担任东印度公司的雇员，1816 年任英国使臣的秘书兼翻译。1813 年伦敦传道会派米怜来华，任马礼逊的助手。当时马礼逊根据伦敦会的指示，已开始编纂《英华字典》和将《圣经新约全书》译成汉文，1814 年在广州印刷后，马礼逊又和米怜合作翻译了《圣经旧约全书》，于 1819 年在马六甲出版。

1815 年 8 月 5 日，马礼逊开始筹办英华书院，最初仅有学生 5 人，数月后增至 10～14 人，学生学习中国文学、英文、地理、历史、道德及基督教神学。一年后校舍不敷应用，1817 年建独立校舍，又名中西学院。❶ 英华书院于 1820 年后获得很大发展，1822 年米怜辞职，由柯大卫（Collie David）等传教士继任，迁至香港，由传教士理雅各（Legg，1815—1897）负责教务。

英华书院主要目标是培养到中国去传教的欧美籍传教士，也吸收一部分华侨学生。原先设计入学资格为欧美居民子弟、基督教教士子弟等。开学后实际入学的欧美人很少，多为旅居南洋的华侨子弟。从 1820 年至 1834 年 14 年间，每年学生约 20～60 名，完成学业的学生共 40 名。欧美学籍学生仅有 3 人，他们分别是马儒翰（John Robert Morrison，1814—1843）、亨德、墨尔。❷ 据 1838 年林则徐通译亨德所著《广州闻见录》记述，华侨学生中有袁德辉任北京理藩院通事。

英华书院是在华基督教传教士在南洋设立的第一所教会学校，为英国型神学教育的先驱。约翰·斯顿《五十位布道英雄》（1913 年纽约英文版）记载了建立英华书院目的：一是向中国学生既教授中国的知识又教授欧洲的知识；二是向东来的欧美人提供学习中国语文和有关中国知识场所，使他们初步了解中国社会和掌握中国语言。学生学习中国文学、英文、地理、历史、道德及基

❶ 陈胜笓. 林则徐与鸦片战争论稿 [M]. 广州：中山大学出版社，1985：280.

❷ 顾长声. 从马礼逊到司徒雷登来华新教传教士评传 [M]. 上海：上海人民出版社，2005：7.

督教神学。在英华学堂任教职的除英、美传教士之外，尚有中国籍教师 2 人。

随着来华的外国传教士增多，教会学校得到发展。道光十五年（1815 年）郭实腊夫人在澳门设一学校，收容十余儿童。1823 年新加坡书院（Institute of Singapore）成立，收容中国学生，至 1831 年中国学生已有 95 人。1825 年第一所中国女校设于新加坡。1839 年中国书院（The Chinese Seminary）设于巴达维亚（Batvia）。

（二）马礼逊教育会与马礼逊学堂

马礼逊学校是最早设立于中国本土的、比较正式的教会学校，因纪念马礼逊而得名。1834 年 8 月，马礼逊在澳门去世。1835 年 1 月，在澳门、广州等地的外国人中开始传阅一份成立"马礼逊教育协会"的倡议书，得到部分传教士和来华商人的签名响应，筹集到 4860 镑基金，组成了临时筹委会。1836 年 9 月 28 日，马礼逊教育协会在广州美国商馆正式宣告成立，通过了《马礼逊教育协会章程》，确定其宗旨为"以学校或其他方法促进或改善在中国之教育"。与此同时，作为协会各项事业中的重要项，积极筹备马礼逊学校，并在《马礼逊教育协会章程》的附则部分对马礼逊学校有关学生、牧师和课业的原则做了说明，明确学校兼采中英文教科书，教授学生阅读、写作、算术、地理及其他科学知识。学校为学生提供《圣经》课程，并给予指导和帮助，但不作为学生入学的条件（主要是为了避免中国政府和社会的疑忌）。❶

马礼逊教育会成立之前，在中国设立学会，传播西学，推广教育的团体有：道光十年（1830 年）广州基督协会（Christian Union）出版中文圣经书籍；道光十四年（1834 年）广州益智会（Society for the Diffusion of Useful Knowledge in China）介绍西方科学艺术开通智慧，出版史地、财经书籍，道光十九年（1839 年）出版的中文选辑（Chinese Chrestomachy）包括中国文选，地理、数学、建筑、博物、商务，成为马礼逊学校及部分早期的教科书。

马礼逊教育会成立后，向美国请求派遣一位教师到中国办学，耶鲁大学几位教授联名推荐布朗（S. R. Brown）来华。他带妻子于 1838 年 10 月自纽约启程，1839 年 2 月到澳门筹建学校。1839 年 11 月 4 日，马礼逊学校在澳门正式开学，共招收学生 6 人，分别是容闳、黄胜、李刚、周文、唐杰、黄宽。1842 年 11 月 1 日，学校迁至香港继续开办，学生增至 54 人。后因师资缺乏、经费

---

❶ 孙培青. 中国教育史［M］. 上海：华东师范大学，2009：302 - 303.

困难，于 1849 年停办。布朗在中国办学 8 年，是第一个向中国学生传播西学的人。

1846 年冬，布朗因体弱离港返美。1847 年 1 月 4 日，布朗携带容闳、黄胜、黄宽赴美。1850 年夏，容闳和黄宽毕业于孟松中学（Monson Academy），容闳考取耶鲁大学，黄宽则入苏格兰爱丁堡大学，容闳于 1854 年毕业，获得博士学位。

研究马礼逊与中国近代教会教育发端的英文资料主要有：容闳著《西学东渐记》第二章"小学时代"，上海商务印书馆 1934 年版，后由湖南人民出版社 1981 年出版。凯瑟琳·R. 格林《罗伯特·马礼逊——中国第一个新教传教士》。K. S. 赖德烈《基督教在中国的历史使命》，1929 年。《华夏传教事业，包括一切在华传教的差会》，1939 年。史密斯·C. S.《中国新教教育的逻辑发展》，1940 年。

鸦片战争后大约二十年间，即 1840—1860 年，传教士主要在开放的通商口岸开办学校，设在传教士的私宅中或者附设在教堂里，层次也比较低，都是小学水平，开办学校的目的是"为传播福音开辟门路"。从 1860 年到 1875 年，教会学校总数增加很快："教会学校总数约增加到 800 所，学生约 20000 人，其中基督教传教士开办的约有 350 所，学生约 6000 人，其余均为天主教开设。"❶ 这个阶段的教会学校仍以小学为主，占学校总数的 93%，已有少量教会中学的出现。此后，教会学校发展迅速，特别是 19 世纪 80 年代以后，教会学校不仅出现在五口通商口岸，而且扩展至全国各沿海、沿江商埠，及至内地。据报道，19 世纪末期，教会学校遍及全中国，其中开办教会学校最多的是美国的基督会。

相关论题的中文著作主要有：

（1）张洪祥著《近代中国通商口岸与租界》，天津人民出版社 1993 年版。该书除绪论外，共 12 章：五口通商与上海外国租界的设立，厦门、福州、宁波口岸的开放与外国人居留地，英法侵略广州与沙面租界的建立，《天津条约》与长江流域通商口岸和租界的建立，第二次鸦片战争扩大对沿海口岸的开放，《北京条约》与天津紫竹林租界，《烟台条约》与宜昌、芜湖等口岸的开埠，《马关条约》与日租界的建立，"势力范围"与五大租借地，其他通商

---

❶ 顾长声. 传教士与近代中国 [M]. 上海：上海人民出版社，1991：277.

口岸和外国租界，清末民初中国自行开放的通商口岸以及中国人民收回租界的斗争。作者基本上按照不平等条约签订的时间和口岸开放的先后顺序分类编排，采用编年和专题相结合、以专题为主的方法编写，系统地论述近代中国通商口岸和外国租界形成、发展的历史过程及其客观影响。该书为中国近代教会教育史研究提供了背景性资料。

（2）王忠欣著《基督教与中国近现代教育》，湖北教育出版社 2000 年版，收入"基督教与中国文化丛刊"。全书共 11 章：分别为中国传统教育与英美近代教育、传教士在华开办的中小学校、基督教在华高等教育的产生、中国基督教大学的进一步发展、基督教开办的中国女子教育、开办教育的传教士、传教士对中国教育的影响、民国时期教会学校的变化和发展、教会学校的学术贡献与教育成果、教会学校今何在、基督教参与中国教育的展望等。书末附"回应与展望——《基督教与中国近现代教育》读后感"。该书涉及中国近现代基督教社会教育、基督教高等教育的主要方面，探讨其产生、发展及消亡的历史过程较为深刻，对于认识基督教教育与中国近代社会发展之间的关联尤有价值。

（3）吴文莱主编，高德民、梁振兴副主编《容闳与中国近代化》，珠海出版社 2006 年版。开篇有再版说明和中国当代历史学家章开沅教授所作"序言"。该书是 1998 年 11 月纪念容闳诞辰 170 周年"容闳与中国近代化"学术研讨会的论文结集。原版收文 52 篇，曾于 1999 年由珠海出版社出版。此次新编，除"序言"之外，共收文 26 篇，就容闳的历史地位、爱国主义思想、教育思想及其对中国近代化的贡献等内容分别加以论述。论文凸显了容闳与中国近代化主题，思想性、学术性与知识性兼具。

（4）张伟保著《中国第一所新式学堂——马礼逊学堂》，中国社会科学出版社 2012 年版，收入"澳门教育史研究丛书"。该书共七章：第一章介绍马礼逊早期在澳门的教育活动和马礼逊对马儒翰的栽培；第二章阐述马礼逊的晚年心境、马礼逊逝世与马礼逊教育会的创立；第三章主要叙述马礼逊成立前的工作；第四章梳理马礼逊学堂的发展历程，主要包括招聘校长、招收学生、迁至香港、结束等；第五章呈现马礼逊学堂的课程设置，包括课程目标、科目安排、与后来课程的比较等方面；第六章论述马礼逊学堂的英文教育，包括英文教育方针、英文教育安排、评核等方面；第七章对"变科举"到"废科举，兴学堂"的过程进行了评述。书末附录"马礼逊教育会年度报告"中文译本。

《马礼逊教会年度报告》共有九次，是记录马礼逊学堂的原始资料，具有重要的史料价值。回顾中国第一所新式学堂——马礼逊学堂的发展历程，有利于加深对中国教育现代化的理解，更是研究中国近代教育史的重要文献。

三、天主教与基督新教传教士的早期译述活动

西方传教士来华的一个重要事项是翻译西方书籍，这不仅是基督教传播的有效手段，也是为传教活动打通出路的方式。但在客观上是西学东渐的途径之首，并对文化教育，尤其是对教学内容提供资源或样本参照。

（一）天主教耶稣会传教士的译著

明清之际西学的输入始于明万历九年（1581 年）利玛窦的传教，迄于清乾隆二三十年间（1755—1765 年）蒋友仁的来华，历时凡 148 年。此期西学的输入为耶稣会传教士活动的重要部分，所输入的西学以天文学为主，数学次之，物理学又次之。当时耶稣会士译书 400 多种，其中半数以上是关于基督教教义，三分之一是各种科学，其余是关于西方制度和人文科学。据初步统计：自 1584 年至 1790 年间，共译述基督教教义书籍 251 种（57%），人文科学书籍 55 种（13%），科学书籍 131 种（30%）。教育书籍在 17 世纪曾由耶稣会士翻译了 4 部。

耶稣会士的译著中最早是罗明坚注释的欧几里得《几何原本》，他的《西国记法》（1595 年）是第一部用中文撰述有关心理学著作，此书指出人脑才是记忆的所在，并非如中国传统认为心是记忆的部位，但他对中国最大的贡献也许是划时代巨著《万国全图》（1584 年）。其他如金尼阁的《西儒耳目资》（1626 年）是一部最早将中文拉丁化的著作。他所译的《伊索寓言选集》（1625 年）是第一部介绍到中国的西方文学作品。高一志（Alfonso Vagnoni）《西学沿革》是最早用中文系统介绍西方政治科学的书，傅泛际介绍西方逻辑学，所译《名理探》（1631 年）是亚里士多德哲学的一部分。明代一些具有西方科学知识的中国学者先后帮助耶稣会士译述工作。那时通常译书的办法，是由西人口述，华人笔录，前者称为"口译"或"捋"，后者称为"笔受"或"演"。徐光启自 1605 年开始和利玛窦诸人合作，翻译科学著作不下十种。李之藻（Li Zhizao）亦致力于科学研究，所编《天学初涵》（1629 年）收西人译著 19 种，是最早的一部关于西方学问的中文丛书。王徵致力于应用科学研究，曾译《远西奇器图说》。

首先介绍西方教育的是艾儒略（Giulio Aleni）《西学凡》一卷，天启三年（1623）杭州刻本，有杨廷筠、许胥臣等序，《四库全书总目提要》列于卷125"子部·杂家·类目"，曾由李之藻收入《天学初涵》第一种。《西学凡》在中国教育史上有一定贡献，日本学者多贺秋五郎《艾儒略的中国教育史〈西学凡〉》一文对此论述较深，载《东京教育大学东洋史学论集》，昭和二十七年版。

艾儒略《职方外纪》5卷对西学六科有所介绍，并与中国教育科目对比，文中所述之西学与中学科目大抵相同，与儒学尤为相似，但是与中国传统格物致知之说又有所差异。清乾隆年间，纪昀主持编著的《四库全书总目提要》曾评介耶稣会士艾儒略分科介绍西学的《西学凡》一书道："是书成于天启癸亥，《天学初涵》之第一种也，所述皆其国建学育才之法，凡分六科：所谓勒铎理加者，文科也；斐录所费亚者，理科也；默第济纳者，医科也；勒义斯者，法科也；加诺捐斯者，教科也；陆禄日亚者，道科也。其教授各有次第，大抵从文入理，而理为之纲。文科如中国之小学，理科则如中国之大学，医科、法科、教科者，皆其事业，道科则在彼法中所谓尽性知命之极也。其致力亦以格物穷理为本，以明体达用为功，与儒学次序略似。特所格之物，皆器数之末，而所穷之理，又支离神怪而不可诘，是所以为异学耳。"

《职方外纪》曾述及意大利的博乐业公学、波罗尼亚（Bolognia）大学。16世纪初西欧共有大学86所，其中38所由宗教教会许可或赞助；15所由神圣罗马皇帝颁发许可证；20所由宗教及皇帝双方承认并资助；13所由国王或公侯创办。研究西方大学教育也可参考周氏文的《西洋大学讲义》。另据记载，意大利耶稣会传教士高一志翻译《童幼教育》之主要反映分科教育的体制，介绍西方文艺复兴后期以来西方文献和教育思想，反映中西教育思想的碰撞。文中充斥着古典与现代教育萌发的不同观念及图景。

以下就目前流行的《职方外纪》论著作进一步介绍：

（意）艾儒略原著，谢方校释《职方外纪校释》，中华书局1996年版，收入"中外交通史籍业刊"。开篇有作者自序，杨廷筠、李之藻、瞿式穀、许胥臣、叶向高等所作序言，熊士旂所作跋，庞迪我、熊三拔所作奏疏。之后有万国全图、北舆地图、南舆地图、亚细亚图、欧罗巴图、利未亚图、南北亚墨利加图等。全书共五卷，分别对亚细亚、欧罗巴、利未亚、亚墨利加、四海等地进行了详尽的阐述。艾儒略，意大利人，生于1582年，1609年受耶稣会派遣至远东。天启三年（1623 年）夏，他在杨廷筠的协作下，完成此书，是年秋付梓。前言中写到"艾儒略的《职方外纪》一书，就是传教士用西方宗教地理学观点写成的中文版的第一部世界地理，也是传教士众多译著中较有名气的一种。这部书在中国的流传，反映了中西两种不同文化相遇后的矛盾、碰撞和融合的情况，是研究明末清初中西文化交流史的重要书籍"。❶

有关研究耶稣会士译著的探讨性成果为：

（1）（法）费赖之（Aloysios Pfister）著，冯承钧译，《在华耶会士列传及书目》商务印书馆 1938 年版。该书共收录耶稣会来华传教士 467 余人，均以汉译名为主，在华籍者 70 人，介绍生平事迹及所著书目。全书分为三个时代：上（1580—1672 年），中（1672—1736 年），下（在华教会教育末期）。法国荣振华著，耿昇译《在华耶稣会士列传及书目补编》（上、下册），中华书局 1995 年版。全书分为列传、综合统计图表、人名统计图表三部分。

（2）徐宗泽《明清间耶稣会士译著提要》，上海中华书局 1949 年版。作者就译著书类目分为圣书类、真教辩护类、神哲类、教史类、历算类、科学类、格言类，并在文末添附明清耶稣会士译著书名表上海徐汇、巴黎、梵蒂冈图书馆书目及补遗，所编图书多为徐家汇藏书楼藏书。

（3）徐宗泽著《中国天主教传教史概论》，上海世纪出版社 2010 年版，收入"世纪人文系列丛书"。该书原为发表于《圣教杂志》上的一组短文，后辑成一书发行。全书资料丰富，博采众长，收集了大量中西天主教史料，共11 章，对各阶段的划分得到众多学者的引用认可，学术价值较高。前五章记载犹太教、景教以及孟高维诺主教在元大都传教的历史；后五章介绍明末清初至近现代天主教三大宗教流派的发展历史；第十一章"中国圣教掌故拾零"，记载中国天主教史的"名人逸事"，每条数百至数千字不等，或用做《圣教杂志》的补白，辑成一章，按时间排列，读来使人兴趣盎然。

（二）基督新教传教士的译著

耶稣会士多和中国士大夫交游，而新教传教士则主要和商人、平民往来，这是西方基督教传教理念变化的表现。从 1830 年到 1848 年，欧美各国新教派到中国的传教士共 98 人，其中美国 73 人，占西方各国新教传教士总人数2/3以上。新教传教士除少数医生外，不像耶稣会士在科学方面具有相当素养，因

---

❶ （意）艾儒略. 职方外纪校释：前言 ［M］. 北京：中华书局，1996.

此新教传教士的译著，大多是为传教用的通俗性小册子和学校课本。

新教传教士最早的中文出版物是马礼逊译《使徒行传》，1810年第一次印行，《圣经》新旧约全书由马礼逊译成，1823年在马六甲刊行。

传教士也编译了有关外国史地和制度的书籍，如梦都思（Mr H. See）《东西史记和合》（1829年）、裨治文（Elijah Coleman Bridgman）《亚美利哥合省国志略》（1838年）、郭实腊《大英国统治》（1834年）、《古今万国鉴》（1838年）和《万国地理全集》（约1840年）曾经几次修订和重印。

马礼逊《英事撮要》（1833年）、郭实腊《贸易通志》（1840年）、《制国之用大略》（约1840年）是19世纪上半叶介绍西洋制度最重要的几部译著。

新教传教士所译数学、天文、医学和其他自然科学著作均在1850年后陆续出版。如伟杰亚力翻译欧几里得《几何原本》第7—15卷。伟氏又和李善兰译棣么甘（De Morgan，1806—1871年）《代数学》（1895年）、罗密士（Elias Loomis）《代微积拾级》（1859年）、《谈天》（1859年），李善兰又和艾约瑟（Joseph Edkins）合译胡威立《重学》（1858年）、《圆锥曲线说》（1866年），并与韦廉臣（Alexander Williamson）合译林德利《植物学》（1859年）。

新教传教士对近代中国医学也起了促进作用。如英国医学家、外科医生合信（Benjamin Hobson）编译《全体新论》（1851年）、《博物新编》（1855年）、《外科新说》（1857年）、《妇婴新说》（1858年）和《西医略论》（1858年）构成一套全编，多年来在中国一直视为标准的医学著作，嘉约翰医士也编译了不少关于外科、药物学、梅毒、眼科、妇科和炎症等的医学书籍。

从1810年至1867年传教士的译著，除了12%涉及西学科学和制度外，其余全系有关基督教教义的译述。关于具体科目的分类，可以参考统计资料，如86%为基督教教义，包括翻译圣经65部、注释圣经33种、神学418种、使徒传记48种、圣教问答53种、祈祷31种、圣诗39种，共687种；人文科学占6%，政府2种，经济2种，语文和课本19种，历史6种，地理17种，共46种；自然科学占6%，数学9种，天文学7种，历书12种，物理学4种，植物学2种，医学13种，共47种。

西方传教士译著涉及范围广泛，既有神学、哲学等宗教哲学，又有政治、文学、历史等人文知识，又有地理、博物、化学、物理、天文等理科知识，还有医学、数学等科学知识。西方传教士所译著书目为中国学习西学打开方便之门。作为学校教材的西方译著多为传教士完成，成为中国最早接触西学知识的资源，发挥不自觉承当传播西方文明的载体作用。它们有裨于使士人了解西方思想文化，为近代戊戌维新打下基础，传播科学知识为近代自然科学的发展起促进作用。教会所编译教科书是近代我国教育史上的珍贵史料，既为我们研究教会教育之教材、课程、教师提供史料，又为我们了解近代中西方文明差异及冲突，以及中国教育近代化的冲击与变动提供很好的素材。

有关新教传教士译著的专门研究著作未见有专门性成果面世，主要散见于中国近代教会史、教会教育史的论著之中，对此不再赘述。以下两种可资参阅：

（1）曹增友著《传教士与中国科学》，宗教文化出版社 1999 年版。开篇是历史学家何兆武所作"序言"。全书共 12 章：概述元以前来华传教士的科技活动及事略；论述明清传教士对天文学、数学、物理学、机械学译述与贡献；探讨西方传教士在机械制造、西洋火器制造及技术、地理学、地图测绘、西方地矿学和气象学、生物学、农学及西医学等部门的传播与更新发展中的作用和影响。书末附录"外国人名中外文对照表"。作者翔实介绍传教士与中国科学之间的渊源，对于中国近代科学教育史具有重要的参考价值。

（2）王树槐著《基督教与清季中国的教育与社会》，广西师范大学出版社 2011 年版。该书收录作者七篇专题文章，《卫三畏与〈中华丛刊〉》《清末翻译名词的统一问题》《基督教教育会及其出版事业》《清季的广学会》四篇文章论述了中国的教育与文化。王树槐是美国夏威夷大学文学硕士，台北"中央研究院"近代史研究所研究员。该作品对中国近代基督教教育的影响做了深刻分析。

第六节　太平天国运动时期的教育

1851 年，在广西爆发了震撼全国的太平天国农民运动并建立了农民政权。太平天国重视教育，制定出一系列反封建的教育方针政策，建立了相应的制度，改革教育内容及科举考试制度。太平天国运动时期的教育文献独立性不强，呈现出与历史、宗教及军事之间的包容性特征。

一、太平天国教育概述

太平天国实行了激烈的反儒政策，宣布孔孟的经书都是"妖书""邪说"，下令"一律焚毁"。孔庙和圣物也要拆毁焚烧。这种政策否定了封建社会独尊的儒术，否定了封建传统的教学内容。

从 1853 年开始，太平天国设立育才馆、育才书院，作为专门的教育机构。施教对象为太平天国官员子弟和参加革命的青少年，教师名"育才官"。署名江苏常熟涤浮道人曾于咸丰六年（1856 年）撰述《金陵杂记》一书，作者曾寓居南京，以亲身见闻写成该书，记录太平天国各种制度颇详。但是他却站在清王朝统治者的立场叙事论说。《金陵杂记》说，育才官有正副，育才馆招收太平天国干部子弟及各省孩童，"令通文理者教习读该逆所撰妖书"。❶ 这里诬为妖书的，实际上是指《旧遗诏圣书》《新遗诏圣书》等"拜上帝会"的书籍及太平天国所撰的《御制千字诏》《三字经》《幼学诗》等儿童读物，而这些书都是启蒙教育的重要教材，是必须学习的知识。

太平天国时期教育的主要内容为政治、宗教教育，教材有新、旧约圣经，《天条书》，《旧遗诏圣书》《新遗诏圣书》《真命诏旨书》以及内容丰富的儿童教材。《幼学诗》为幼儿读物，收诗 34 首，内容有：上帝、基督、朝廷、君臣、父母、姊兄、夫妻、男女、耳鼻口目等内容的诗篇，以培养驯化宗教信仰及伦理道德。《三字经》是太平天国时期教育儿童的书籍，是洪秀全运用基督教教义和中国具体情况相结合而产生的宗教思想。《御制千字诏》为太平天国甲寅四年刻，太平天国戊午八年刻印书本。该书是幼学教育的读物，采用四言韵文，计有 276 句，所记建都天京以前之事。形式体裁丰富多样，有歌谣、诗文、诏书、讲道理以及宗教仪式等项目。考试制度出现了手续简单、机会均等、不分男女、废除门第出身限制的特点。太平天国时期还对文字文风进行改革，以突出消灭浮夸之风，文以纪实。此外，更加注重士兵教育和群众教育，前者注重精神训练和术科训练，以政治宗教和军事操练为主，后者注重物质的援助和精神的支持。太平天国为儿童专门编写的小学教材主要有《幼学诗》（1851 年）、《三字经》（1853 年）、《御制千字诏》（1854 年）等。内容以宗

---

❶ 中国史学会. 中国近代史料丛刊：太平天国（四）［M］. 上海：上海人民出版社，1957：621.

教、政治、伦理道德教育为主。同时，也向儿童进行各种知识的介绍，如文史知识、自然知识、生活知识等。《三字经》叙述了上帝派洪秀全下凡的神话，如"上帝怒，遣己子，命下凡，先读史"；又叙述了洪秀全丁酉升天的故事，如"丁酉岁，接上天，天情事，指明先"；还叙述了戊申年（1848 年）在冯云山被捕、拜上帝会内部混乱的紧要关头，杨秀清、萧朝贵先后托言上帝和耶稣下凡稳定军心的历史，如"戊申岁，子烦愁，皇上帝，乃出头，率耶稣，同下凡"❶ 等。《御制千字诏》不仅简要介绍"天国"的发展史，而且也将山川湖海、气象变化、动植物名称、日常用语等分类编写，进行种种知识教学。这些课本吸取了古代小学教材《神童诗》《三字经》《千字文》的形式，但阐述的内容不同，尤其是反映了近代西学东渐后，西方宗教道德及近代西方科学技术的影响。当然，这些小学教材还未能完全摆脱封建传统道德的羁绊。

二、太平天国教育史实引证

有关太平天国教育问题例证如下。

太平天国的教育纲领体现在洪秀全的 1853 年《天朝田亩制度》中，见《太平天国》第一册："凡二十五家中设国库一，礼拜堂一，两司马居之。……其二十五家中童子俱日至礼拜堂，两司马教读《旧遗诏圣书》、《新遗诏圣书》及《真命诏旨书》焉。凡礼拜日，伍长各率男妇至礼拜堂，分别男行女行，讲听道理，颂赞祭奠天父上主皇上帝焉。"

《太平天国》第二册收入 1859 年洪仁玕提出《资政新篇》，太平天国己未九年刻印书本，1972 年台北广文局据己未刻本影印。内容共分四部分，即用人察失类、风风类、法法类和刑刑类。在法法类提出了改革文化教育的方案和办法。在《资政新篇》中，洪仁玕提倡兴办学校、医院、跛盲聋哑院、鳏寡孤独院和育婴堂等近代文化教育、社会福利事业；要求废除封建迷信和旧风俗习惯，提倡发展近代化工业交通，制造火车、轮船，开采矿藏，奖励科学发明等。

《太平天国》第一册、第二册、第三册分别记载：1853 年，洪秀全和卢贤拔编撰《三字经》，该书既是太平天国重要的官学教材之一，也是一种儿童教

---

❶ 中国史学会. 中国近代史料丛刊：太平天国（一）［M］. 上海：上海人民出版社，1957：227.

育课本；1853 年，太平天国令何震川、曾钊扬、卢贤拔等设删书衙，遍贴告示，规定"四书""五经"，俟删定颁行，方准诵习；1854 年，洪秀全下旨颁行《御制千字诏》一书，作为儿童识字教育和太平天国革命教育的课本。

三、太平天国史主要史料

目前存于档案馆、博物馆、图书馆相关的史料主要有：国立北平研究院史学研究会编《太平天国诏谕》，民国国立北平研究院总办事处出版科 1935 年印行，1961 年台北商务印书馆影印。

新中国成立以后，太平天国文献以专辑汇编形式进行编印。中国史学会编"中国近代史资料丛刊"第二种《太平天国》（1～8 册），神州国光社 1952 年版，上海人民出版社 1957 年再版。此外，尚有太平天国历史博物馆编《太平天国印书》（上、下集），江苏人民出版社 1961 年版；太平天国历史博物馆编《太平天国史料丛编简辑》（1～6 册），中华书局 1961—1963 年版；扬州师范学院中文系编《洪秀全选集》《洪仁玕选集》，中华书局 1976 年版、1978 年版；太平天国历史博物馆编《太平天国文书汇编》，中华书局 1978 年版；太平天国历史博物馆编《太平天国资料汇编》（1～2 册），中华书局 1979 年版；中华文史论丛编辑部编《太平天国史料专辑》，载《中华文史论丛》（增刊），上海古籍出版社 1979 年版；中国社科院近代史研究所资料编辑室编《太平天国文献史料集》，中国社会科学出版社 1982 年版。

其他与太平天国教育文化相联系的素材如《诛妖檄文》《洪仁玕自序》，载"中国近代史资料丛刊"《太平天国》（二）；《建天京于金陵论》《贬妖穴为罪隶论》《诏书盖玺颁行论》《贼情汇纂》，载《太平天国》（三）；张汝南《金陵省难纪略》，载《太平天国》（四）；《赐英国全权特使额尔金诏》《斩邪留正》《基督教传教自由诏》《干王立法制诏谕》《干王洪仁玕颁行资政新篇谊谕》《干王洪仁玕颁新政诏谕》《天历序》《干王洪仁玕致教士艾约瑟书》，载《太平天国文书汇编》；简又文著《太平天国典制通考》（上、中、下册），香港简氏猛进书屋 1958 年版，就太平天国时期的典章制度加以介绍说明。《钦定旧遗诏圣书》《钦定新遗诏旨书》，载《太平天国史料》，中华书局 1951 年版。洪仁玕、陈玉成、蒙德恩制献《钦定士阶条例》，太平天国辛酉十一年刻印丛书本，是天国晚期刊印的官书，记录太平天国科举、考选规程、试场条例及品级章服等多方面内容。《原道救世歌》一卷（题原道救世道）、《原道醒世训》

（题原道醒世诏）一卷、《原道觉世训》一卷（题原道觉世诏），史称"三原"，由太平天国领袖洪秀全于1845—1847年间完成。后来这三部著作改为《太平救世诏》《原道醒世诏》《原道觉世诏》，1852年编入《太平诏书》刊行，载"中国近代史资料丛刊"《太平天国》（八）。

学界为太平天国时期的领袖人物作传的有：（日）小岛晋治《洪秀全传》，三泰出版社1990年版。苏双碧《洪秀全传》，大地出版社1989年版。

其他著述面世的包括：

（1）罗尔纲著《太平天国史稿》，中华书局1957年版。该书分四个部分：本纪、表、志、列传。"本纪"记大事，"表"标明复杂、错综、散乱的史事，"志"记典章制度，"列传"记人物，把太平天国这一轰轰烈烈的大革命，分门别类加以记载，脉络清晰，史实丰富可信。

（2）（美）邓嗣禹《太平军起义和西方列强关系的面面观》，伦敦牛津大学出版社1971年版。该书就太平天国和西方列强的关系进行说明。

（3）（日）小岛晋治《太平天国革命的历史和思想》，东京研文出版社1978年版。该书就太平天国革命思想做了有深度的思考。

（4）（英）呤唎著，王维周、王元化译《太平天国革命亲历记》，上海人民出版社1997年版。呤唎，英国人，1859年夏天来到中国，投效太平天国四年之久，该部著作以他"个人经历和实际体验"写成，给读者以真实之感。全书共26章，对太平天国革命运动的全部历史进行了详细的阐述。附录有《天条书》《三字经》《幼学诗》等作品及其他。书中有较多关于太平天国教育的记载，如"洪秀全的世系，他的教育""洪秀全的诏书"所反映的教育情况，"太平军的出版物""洪仁玕的小册子""官方通信"及"重要函件"等所记载的内容，为探讨太平天国的教育活动提供了资料。

（5）夏春涛著《天国的陨落——太平天国宗教再研究》，中国人民大学出版社2005年版，收入"国家清史编纂委员会·研究丛刊"。全书共八章，系统梳理了太平天国宗教，即上帝教的创建、传播及陨落，和上帝教的教义、经典、礼仪和节日，以及上帝教与西方基督教的区别，上帝教对太平天国内外政策的影响等。书末附录"太平天国版《圣经》与白话本《圣经》篇名对照表""主要参考书目"。作者在"后记"中写道："一部太平天国宗教史，实际上是一部太平天国思想史，而且所涵盖的内容更为宽泛。太平天国以宗教起家，又以宗教立国，若要深入认识太平天国的历史和思想，自然绕不开宗教这个话题。反过来说，研究太平天国宗教，不能单纯地就宗教论宗教，还必须以小见大、由表及里，研究相关的太平天国历史和思想。"❶ 该书为研究太平天国教育思想和教育活动提供了可贵资料。

❶ 夏春涛. 天国的陨落：太平天国宗教再研究 ［M］. 北京：中国人民大学出版社，2005：477.

第十章　洋务运动时期教育的主要内容与史料

　　面对西方列强侵略冲击所带给中国的巨大危机，以及国内尖锐社会矛盾冲突，19 世纪 60 年代开始登上历史舞台的洋务派开始转变原有的治理方式，进行西化运动的尝试。洋务运动及其洋务派教育活动的开展都以观念争论及转变为条件。相关的素材内容记录于一些思想家、教育家著述文本中。洋务运动时期，书院、科举有所调整，而"请进来"的新教育，"派出去"的留学教育则是洋务教育的主体内容，相关历史资料及后人著述成果较为丰富。

第一节　洋务运动时期新旧教育观念之论辩

　　中国近代教育发展，交织着各方势力的角逐与博弈，其中贯穿着西学与中学，顽固派与守旧派之争，在角逐过程中促成思想的新旧转换之势，其作用在教育领域中表现为教育目标、教育内容、教育形式及教育方法的变化。洋务运动时期兴学堂、开设西学课程，对科举考试制度进行变革等，培养外交、翻译人才及科技专业技术人才，以应对西方列强入侵，实现"师夷长技以制夷"之目的。

　　洋务运动时期的教育始于思想论辩。1842 年中英《南京条约》签订，1858年第二次鸦片战争结束，西方列强冲破国门，从沿海深入腹地。教育思想争辩强烈。这些论争主要围绕着"夷夏之辨"、"道"与"器"、"利"与"义"而展开，由此表现出中西文化的剧烈碰撞，开启中国教育思想的近代化新路。

一、夷夏之辨

　　中国自古以来就严格区别"夷""夏"的界限，主张"夷夏大防"，认为"天朝大国"是文明礼仪之邦，"外夷"是愚昧落后的国家。他们骄傲自大，闭关自守，顽固地固守传统的文化教育，十分鄙视西方文化教育，反对学习西方任何先进事物，反对同外国进行正常的文化教育交流，他们唯恐"用夷变夏"，仍想"用夏变夷"。

鸦片战争时期，一些封建士大夫开始知道世界上除了"天朝"之外，还有什么英吉利、法兰西等国家，一向自诩为"忠孝立国""深仁厚泽"的大清王朝竟被"不闻礼义""嗜利狡诈"的英夷打败。他们没有别的思想武器，只能用所谓"华夏夷狄"的老观点去看待近代中国与世界的关系。"用夷变夏""奉洋人为师"的危害，则是顽固派反对学习西方文化科技和教育的口实，是顽固派排斥先进科学技术、文化教育的症结之所在。

鸦片战争以后，少数开明的有识之士不再固守中国一切优越、外国一切落后的观点，承认"船坚炮利不如夷"，要"师夷长技以制夷"。但他们只认为外国之所长不过技艺器物，船坚炮利，至于礼乐教化、纲常礼义、政教习俗，则仍以中国优胜。

曾国藩说："彼外国之所长，度不过技巧制造，船坚炮利而已。以夷狄之不知礼义，安有政治之足言。即有政治，亦不过犯上作乱，逐君弑君，蔑纲常、逆伦理而已，又安足法。"❶

曾纪泽出使欧洲后对西方的文化教育有比较深刻的认识：西方各国也是礼义教化之邦，不能因为与中国的礼义教化不同而加以鄙视，"彼诸邦者，咸自命为礼义教化之国……又安可因其礼义教化之不同，而遂援尊周攘夷之陈言以鄙之耶?"❷

二、道器之辨

道和器是中国传统文化教育思想体系中的重要概念，道指封建秩序、礼义纲常，器指具体事物。道是体，器是用，传统儒家主张道不离器物，但一直是重道轻器。

鸦片战争后，传统的道器观受到冲击。顽固派极力要守道、卫道，发出"立国之道，尚礼义不尚权谋，根本之图，在人心不在技艺"的声音。"中国近代史料丛刊"《洋务运动》（二）收入山东道监察御史张盛藻于1867年著

---

❶ （清）曾国藩. 曾文正公全集［M］. 光绪二年（1876）刊本.
❷ （清）曾纪泽. 曾纪泽遗集［M］. 喻岳衡，点校. 长沙：岳麓书社，1983：194.

《奏天文算学无庸召集正途折》，提出科甲正途出身人员学习西方科学技术是重名利而轻气节，西方的技术在中国《尧典》《周礼》《考工记》中均有记录，康熙朝《御制数理精蕴》更是精妙绝伦。因此，"参用洋人算术，不过借西法以印证中法耳""至轮船、洋枪，则宜工部遴选精巧工匠或军营武弁之有心计者，令其专心演习，传受其法，不必用科甲正途官员肄习其事，以养士气而专责成"。他反对科甲正途官员学习天文算学，"天文算学为益甚微，西人教习正途，所损甚大"。又称："立国之道，尚礼义不尚权谋；根本之图，在人心不在技艺。……天下之大，不患无才，如以天文算学必须讲习，博采旁求，必有精其术者，何必夷人？何必师事夷人？"1867年奕䜣上奏《呈同文馆招考天文算学举办情形折》，驳斥翰林院大学士倭仁等的"礼义制敌论"，奏称："该大学士久著理学盛名，此论出而学士大夫从而和之者必众，臣等向来筹办洋务，总期集思广益，于时事有裨，从不敢稍存迴护。惟是倭仁此奏，不特学者从此裹足不前，尤恐中外实心任事不尚空言者亦将为之心灰而气沮，则臣等与各疆臣谋之数载者，势且隳之崇朝，所系实非浅鲜！"

王韬说："天下之道，其始也由同而异，其终也由异而同。"他认为中西之道虽有差异，但没有优劣之分，器是沟通中西之道的契机，由此提高了器的地位和作用，改变了传统重道轻器的观念。面对中国以义理为本、艺事为末，外国以艺事为重、义理为轻的状况，他主张去虚文而求实际，"义理为道为虚，艺事为器物为实"。汤寿潜在《危言》中主张取西人之器以卫中国之道。"中国所守者形上之道，西人所专者形下之器"，应该谋划"求形下之器，以卫形上之道"。

三、义利之辨

义利观是中国传统文化教育思想体系的一个重要内容，其主流观念是"重义轻利"和"贵义贱利"，强调抽象的精神，蔑视物质和功利目的。传统士大夫追求的是义，利只有符合义时才可接受。

鸦片战争前后，言义不言利的传统义利观已经发生变化，重新活跃的经世之学已注意计工言利，解决国计民生问题。时人或曰："利在天地间，原不禁正人拟议，彼畏利而讳言者，特小儒拘滞之见，而不足以探本也。"❶

---

❶ 宗稷辰. 躬耻斋文钞：卷1［M］. 咸丰六年（1856年）刻本.

与义利观相联系的是本末问题，贱利就是崇本抑末，在近代则是反对学习西方的科学技术、器物制造及工商之利。

顽固派坚决排斥学习西方的"奇技淫巧"，"立国之道当以礼义人心为本，未有专恃术数而能起衰振弱者。天文算学只为末议，即不讲习，于国家大计亦无所损，并非谓欲求自强必须讲明算法也。""立国贵善用所长，制敌要先知所畏，洋人之所长在机器，中国之所贵在人心……窃恐天下皆将谓国家以礼义廉耻为无用，以洋学为难能，而人心因之解体。其从而习之者必皆无耻之人。洋器虽精，谁与国家共缓急哉？"❶

这些论辩是近代中国教育思潮之演变的发端，洋务运动以来洋务派对西方重工商之利逐渐提高接受程度，最终促成戊戌维新实业救国思想及启蒙运动。

洋务运动时期教育主要参考文献：中国史学会编"中国近代史料丛刊"《洋务运动》（二），上海人民出版社 1961 年版；《筹办夷务始末》咸丰朝 80 卷，同治朝 100 卷，故宫博物院影印本 1930 年刊；《清末洋务运动史料·同治朝·同文馆类》，中国第一历史档案馆藏。洋务运动前后教育思想的辩论及变动，可以参考以下书目：冯桂芬《校邠庐抗议》2 卷，光绪十年（1884 年）豫章刊本；郑观应《盛世危言》14 卷，上海书局石印本，光绪二十二年（1896 年）刊；马建忠《适可斋记言》，中华书局 1960 年版；张焘《津门杂记》3 卷，光绪十年（1884 年）刻本。汤震《危言》，光绪二十二年（1896年）石印本；陈炽《庸书》，光绪二十三年（1897 年）石印本；陈炽撰《续富国策》，光绪二十二年（1896 年）刻本；张之洞撰《劝学篇》，光绪二十四年（1898 年）中江书院重刊；王韬《弢园文录外编》《弢园尺牍》，中华书局 1959 年版。

洋务运动时期由西方传教士在华创办的报刊是发表教育思想、救国言论的喉舌，期间的思想论辩以《万国公报》《格致汇编》《中西闻见录》等媒体文字为主。

第二节　洋务运动时期的书院与科举

洋务运动时期的书院与科举仍是清代前期传统教育的延续，但其调整变化

---

❶ 陈元晖，高时良，黄仁贤. 中国近代教育史资料汇编：洋务运动时期教育［M］. 上海：上海教育出版社，2007.

已经明显出现。近代教育的办学要求对其存在的合法性已构成挑战，不得已改弦易辙。与此相应的历史记载及论著体现这一传统教育形态向现代转变过程的衔接关系。

一、洋务运动时期的书院

书院历史悠久，自唐末五代开始，延续至晚清达 1000 余年之久。洋务运动虽然开启了新教育的航程，90 多所洋务学堂以及相近数量的教会学校，留学生的派遣等是洋务教育的业绩，但这近 200 所的新式教育机构对于辽阔的大清帝国而言，犹如沙漠之绿洲、苍穹之星辰。19 世纪 60—90 年代，传统教育仍然占据主导地位，松动与瓦解的出现，应该是在维新变法以后。在清代的教育类型中，就其影响力和办学质量而言，首推书院办学。而此时虽然欧风美雨不断侵蚀，书院办学在一些地区开始萎缩或不景气，但其惯性力量仍然持续有力，甚至在一些偏远地区新的书院不断在建立之中。这里以湖南湘乡东山精舍、上海格致书院、正蒙书院、广雅书院、味经书院、岳麓书院六所书院为例介绍相关资料，并选择性地加以评述。

（1）湖南湘乡东山精舍。《湘乡东山精舍章程》，载舒新城编《近代中国教育史料》（第一册），上海中华书局 1928 年版。

（2）上海格致书院。《上海格致书院藏书楼书目》，上海格致书院 1907 年刊本；王韬《呈邵筱村观察书》《弢园尺牍》，中华书局 1959 年版；王尔敏《上海格致书院志略》，香港中文大学出版社 1980 年版。王尔敏的著作对上海格致书院的沿革进行分析，其中包括书院倡议酝酿及经办活动、书院建置及其规模、科学知识之引介与推广、科技教育课程的实施、近代新思潮的启发、结论六部分。该书内容丰富翔实，结构完整，特别是大篇幅地叙述格致书院西学课程的实施情况。

上海格致书院的课程记录丰富，如王韬《格致书院课艺》，上海格致书院 1890 年刊本；（英）傅兰雅《格致书院西学课程》，上海格致书院 1895 年刊行。傅兰雅认为，书院涉及西学课程共六类，分为矿务、电务、测绘、工程、汽车、制造。王韬在《格致书院课艺·序》中主张新式书院的课艺应有别于传统书院的课艺，提出西学专门学科技术的探讨及领会心得，"贵在能窥望测量，制器造物以适于用，否则虚有其说，亦何所裨"。学生所选课艺"类皆能纲举目张，旁通曲导，参中西而一贯，括经济之大全，诚未易多觏者也。由此观之，人材岂少也哉?""学者可按课学习。所需要书籍，各自购备，居恒逐细读阅，以期熟练，遇有难明之处，可按期到院询问，为之讲解"，并对考试及方法提出了指导。

（3）正蒙书院。正蒙书院从开办的情形及实施的内容方法而言，主要属于学堂教育机构，被学者称为中国第一所新式小学堂。然而考察其中的章程及管理，尤其是早期的教学活动，有明显的书院因素存在，是传统书院向近代学堂过渡的一种形态，类似于维新运动时期康有为在广州兴办的万木草堂。而该学堂本身就冠名为正蒙书院，从名称而言，就明显是书院的变形。孔子曰："名不正，则言不顺也。""正蒙"出自于《易经·蒙卦》："蒙以养正，圣功也。"邵友濂《梅溪书院记》，载《上海县续志》卷10；朱树人《记梅溪学校》，载《上海县续志》卷18，又见《中华教育界》1914年11月号；张在新《上海张经甫先生兴学事实汇录》《先君兴办梅溪学堂事略》，载沈恩孚《张焕纶传》，收入《沈信卿先生文集·摹悟轩文存》卷4。上述资料分别从该学堂的历史、办学宗旨、课程与教学、管理以及办学成效等方面进行概述及分析，确立该学堂在新教育运动早期的重要地位。

（4）广雅书院。广雅书院是广州区域内与学海堂、菊坡精舍及万木草堂齐名的书院，它相较于万木草堂更有官学教育的特色，而较之于前两者时间在近代洋务运动后期，内容呈现出中西学教育共存融合的状态。这应与创办者张之洞的思想特点有关。该书院除了广东省方志资料的记录外，多见于张之洞《广雅书院提调议分校》《札委知府方功惠等监修广雅书院》，载《张文襄公奏稿》卷8、卷15；《创建广雅书院折》，载《张文襄公全集》卷107，公牍卷22。专题报告为周汉光《张之洞与广雅书院》，台湾中国文化出版社1983年版。

（5）味经书院。味经书院是晚清陕西关中地区一所著名的以新学为主的教育机构。一些大型深有影响的书院大凡都有书院志，成为该书院的写实可信度极高的资源。书院管理者，著名的教育家刘光蒉撰《味经书院志》，光绪甲午年（1894年）陕西味经书院刊本。该书对书院的建置、沿革、发展提供史实素材。其中书院的课程与教学规定可参考《味经课艺》，光绪二十一年（1895年）陕西味经书院刊本。书院藏书状况从孙海、邢廷荚编《味经书院藏书目录》中呈现，刊本不详。

（6）岳麓书院。岳麓书院是湖湘文化的发端和策源地，早在北宋时期就成为六大书院之一，与江西白鹿洞书院齐名。著名理学家张栻任书院主讲，撰写理学著作，培养理学人才，并与朱熹探讨研求新儒学的新思想体系。两位大师在湘江之滨相互交游，沟通往来，至今留有"周张渡"，任人凭吊，感怀时世之变迁。到了近代，湖南志士纷涌而出，以毛泽东、刘少奇、蔡和森等最为卓著，而他们都与岳麓山之岳麓书院结下不解之缘，深受岳麓书院的熏陶和滋养。至今，湖南的著名大学中南大学、湖南大学、湖南师范大学都驻足于其中或周边，钟灵毓秀，英才摇篮。传统的书院与现在的大学教育竟如此契合，这不得不让人叹慰和惊讶。近代岳麓书院流变著述如毛际《重修岳麓书院记》，载赵宁《岳麓志》卷7，康熙丁卯年（1687年）成书，咸丰辛酉年（1861年）重刊本；郭嵩焘《岳麓书院碑记》，载《养知书屋文集》卷25，光绪间刊本；《岳麓书院教条》，载《岳麓续志》卷2，同治六年（1867年）修纂本。

二、洋务运动时期的科举

洋务运动时期的科举考试制度，已接近科举嬗变的后期。面对西学的涌入，中学受到冲击，这些势必会对科举制度产生影响。士人围绕着是否改革考试科目，即增设算学科、艺学科而争议。

有关科举与新教育知识内容的争议多刊载于《清史稿·列传》《李文忠公全书·奏稿》《洋务运动》《光绪朝东华录》《光绪政要》之中。如同治九年（1870年），英桂、沈葆桢《奏请特开算学科》，载《清史稿·列传》卷52；同治十三年（1874年）12月11日李鸿章《筹议海防折》，载《李文忠公全书奏稿》卷24。他提出增设洋务科，力陈轮船、制器、铁路、电报、阵兵诸事，在所必办，并认为：科举文、武两科考试，以章句、弓马施于洋务，隔膜太甚，科举即不能骤变，时文即不能遽废，而小楷试帖太蹈虚饰，甚非作养人才之道。李鸿章建议对科举考试稍加变通，另开洋务进取一科，以资造就；在海防省份主张均宜设立洋学局，分为格致、测算、舆图、火轮、机器、兵法、炮法、化学、电气学数门，选择通晓时务大臣为主管，延请博学西人为教师。光绪十三年（1887年）陈琇莹《奏请将明习算学人员归入正途考试 量予科甲出身折》，载《洋务运动》（二）。1887年4月12日，《总理衙门奏会议算学取士折》，载沈桐生编《光绪政要》卷13，上海崇义堂宣统元年（1909年）石印本。其中提出学习西方科学技术有所成就者可以作为参加科举考试优先资格，在乡试会考中，给予特殊名额，以作为奖励人才之道。此举有利于将西学技术、各国法律、历史、地理以及军事武备作为科举出身的选拔条件或资质。

顽固守旧派势力仍然十分强大，他们反对增设洋务教育，反对添设算学科、艺学科。如光绪元年（1875年）于凌辰《奉旨会议海防事宜折》，载《洋务运动》（一）；光绪十年（1884年）徐致祥《止开艺科预防微渐疏》，载《嘉定先生奏议》卷上。

同时，西方传教士在华创办最具影响力的媒体喉舌《万国公报》也是反映科举考试相关争议文章的重要阵地。可见，科举改制反响之大。

光绪元年（1875年）2月，《礼部奏请考试算学折》，载《万国公报》卷327：赞同李鸿章"奏请别开一科，以试天文、算学、格致、翻译之学与正科并重"，认为"此乃中国转弱为强之机"，"特开算学一科，诱掖而奖进之，使家有其书，人自为学。其专长是学者，内而总理各国事务衙门户工二部，外而水师、关榷、盐粮诸衙门及船炮各局差使，均以不可少之才处适相当之地。其本系正途出身兼通是学者，尤宜别加优异以示殊荣，使以其学印证船炮要工，及驾驶核算各事宜，一一晓然于所以然之理"。《万国公报》337卷，转载1884年潘衍桐《奏请开艺学科折》，该奏折还刊于《岭南学报》第二册（1884年）。

西方传教士报刊媒体的思想宣传及知识传播力量强大，影响了包括教育在内的诸多社会领域。目前流行的论著为赵晓兰、吴湘著《传教士中文报刊史》，复旦大学出版社2011年版。该书开篇是中国近代史学家、复旦大学熊月之所作序文。全书共15章，以报刊为单元进行叙述，包括其创办历史、内容演变及其特点、影响、评价等方面。传教士所办中文报刊，起步早，数量多，影响大，引进丰富的西学知识技能和思想学说。作者界说清晰，搜罗丰富，结构完整，逻辑严密，学术史梳理系统而分析得当，既有对传教士与中文报刊的宏观论述，也有对重点报刊的个案介绍。全书尽可能使用第一手资料，或纸质原件，或缩微胶卷，或影印件，或数字化图像文档，既吸收了学术界的已有成果，也有作者自己的心得，堪称关于传教士与中文报刊的集大成之作。

第三节　洋务运动时期的新式学堂

洋务运动时期的新教育主要是举办新式学堂，又称洋务学堂。学堂类型上主要有外国语（方言）、军事（武备）、技术（实业）三类。这些学堂设置之初是为培养翻译、外交人才，后期日渐趋向于科技、实业教育；筹办者以曾国藩、李鸿章、张之洞、左宗棠等洋务大臣为主；从办学特点来看，趋于官学化、吸收西学，并富于洋务买办企业的技术教育特色。关于洋务学堂的资料类别广泛，内容丰富。

一、外国语学堂

外国语学堂是为培养翻译人才而设的语言学校，以弥补清政府在外交方面差弱之弊，后来兼习西学，逐渐成为以语言教育为主，但兼容西方科技的高等教育机构。它们主要设有京师同文馆、上海广方言馆、广州同文馆、台湾西学馆、珲春俄文馆、湖北自强学堂等多所学校。其中京师同文馆是洋务派最早的新式学堂，被称为近代新式教育的开端、洋务教育的标本。维新变法运动中，京师同文馆并入京师大学堂之中，成为近代西方高等教育最高机构的一部分。上海广方言馆和广州同文馆都处通商口岸之商贸云集城市，得风气之先，也是海洋文明徐徐驶入中国的桥头堡，与京师同文馆并称"晚清同文三馆"。上海广方言馆后并入江南制造总局翻译馆，主要承担西学书籍的翻译及相关专业人才培养的职责。总体而言，其办学成效不及其他两馆。

（一）京师同文馆（1862 年）

京师同文馆是洋务派最早创办的官办新式学堂，始建于 1862 年，其设立及办学状况的记录如：同治元年七月二十五日（1862 年 8 月 20 日）恭亲王奕䜣《遵议设立同文馆折（附章程)》，载《筹办夷务始末》（同治朝）卷 8；同类记载亦见《筹办夷务始末》（同治朝）卷 15、卷 37、卷 46、卷 47 等；同文馆档案史料，藏国家明清档案馆"同治朝·同文馆类"；《京师同文馆题名录》1879 年、1882 年、1887 年、1888 年、1893 年、1896 年、1898 年各年刊本，上海图书馆、国家图书馆及浙江大学图书馆馆藏；《同文馆章程及续增条规》《京师同文馆学友会第一次报告书》，京华印书局 1926 年印。

这些文本资源在当代学者所编辑专业教学研究参考书中不断出现，最翔实的是朱有瓛主编《中国近代学制史料》（第一辑上册），华东师范大学出版社 1983 年版。由于所选版本及点校均谨慎、负责，故具有较高的可信度。其中《京师同文馆题名录》（1879 年）有《京师同文馆课程表》，规定"由洋文而及诸学共须八年"，"其年齿稍长，无暇肄及洋文，仅藉译本而求诸学者，共须五年"。内容有文字、天文、舆图、算学、化学、格致之学（力学、声学、气学、火学、光学、电学）。

围绕京师同文馆的兴办发生过一些争议及探讨，表明此事反响极大。如美国新教传教士丁韪良曾任京师同文馆西文教习、总教习，负责制定五年制和八年制的课程计划，并翻译西方科学著作和大学教材，自称为同文馆的"看妈"，高度赞赏同文馆是"一座巍峨的灯塔""西学拉入古老中华帝国的一驾马车"。其著作《同文馆记》（The Tung Wen College），傅任敢译，载《教育杂志》第 27 卷第 4 号，就是专门回忆和描写同文馆的论著。美国哈佛大学博士毕乃德以《中国近代最早的官办学校》为题，作为博士论文进行写作和探讨，在该领域中，取得积极的反响。其中第二章"同文馆"引证材料丰富，分析观点新颖。孙子和《清代同文馆之研究》（1977 年）对同文馆之教师和学生有精深的描述。与此相关可信度及学术性兼具的书籍不少，如苏精《清季同文馆及其师生》，台湾上海印刷厂 1985 年印；中国近代著名的京剧理论家与实践家、民俗学家、实业家齐如山所撰写《记同文馆》，载《北京大学五十周年纪念特刊》，均属对同文馆的专门记述。学生自述《齐如山自传》（1954年），后又有扩展版《齐如山回忆录》，台北联经出版事业公司 1979 年版、上海文艺出版社 2014 年版，对京师同文馆学生学习及生活多有体现，具有极大的价值。

京师同文馆开办后出于人才需求变化，不可避免地要吸收更广泛的西学。顽固守旧官员对同文馆课程计划中增设西学课程却存在抵触心理，并引起了一场纷争波澜，即同文馆设置天文算学馆的争议。支持者以洋务派的中枢首脑奕䜣为首。同治五年（1866 年），奕䜣等《奏请在同文馆添设天文算学馆折》《奏拟同文馆添设天文算学章程折》，载《筹办夷务始末》（同治朝）卷 46、卷 49。

旧翰林学士协同保守绅士却反对增设天文算学馆，招收正途科甲人员入馆学习。同治六年（1867 年）《掌山东道监察御史张盛藻折》《大学士倭仁折》，载《筹办夷务始末》（同治朝）卷 47；《杨廷熙条》，载《筹办夷务始末》同治朝卷 49。倭仁反对同文馆的纪事文体《倭仁与总署同文馆》，载徐一士《一士谭荟》。

美国加州大学戴维斯分校历史系教授刘广京是海外作家参与探索的代表。其作品《1867 年同文馆的争议》，载美国历史学家柯文主编《中国十九世纪改革之研究》，中译本可参考《复旦学报》（社会科学版）1982 年第 5 期。

这场辩论由朝廷出面干预，倭仁辞职，天文算学馆得以保留，称为西学馆。此时，旷日持久的斗争最终以顽固派失败、洋务派胜利而告终。

以下就京师同文馆的创设及演进中的内容加以例证：

《筹办夷务始末》（同治朝）卷 8 收入 1862 年恭亲王奕䜣等《奏请设立同文馆折》（附章程）、奕䜣等《奏设京师同文馆学习外国语言文字》：同文馆开始时先设英文馆，招收八旗子弟入学。原奏并附呈《新设同文馆酌拟章程六条》：一、学生先定 10 名，最多不超过 24 名；二、外文教习将来由中国人充当时，每年薪水不得援照外国人办理。汉文教习工作两年而有成效，以知县用；再两年后则分省候补；三、设立提调满汉各一员，由总署司员兼充；四、考试仿俄罗斯文馆旧例分月考（每月初一日）、季考（二月、五月、八月、十一月之初一日）、岁考（十月初十日前）三种；考列一等者赏给笔墨纸张，以示奖励。五、限年甄别亦仿俄罗斯文馆旧例改定。每三年由总署大臣亲试，优者一、二、三等分授七、八、九品官，劣者分别降、革、留学。六、助教年俸 80 两，七品官年俸 45 两，八品官年俸 40 两，九品官年俸 32 两 3 钱，学生略给钱粮，均仿旧例。

《筹办夷务始末》（同治朝）卷 46 收入 1866 年奕䜣《奏请在同文馆添设天文算学馆折》：鉴于洋人制造机器、火器等件，以及行船、行军，无一不自天文、算学中来，故奏请扩大同文馆规模，在英、俄、法文三馆外，另设天文算学馆，讲习天文、算学，招考"满汉举人及恩、拔、岁、副、优贡，汉文业已通顺，年在 30 以外者"，取保应试，而"前项正途出身五品以下满汉京外各官，年少聪慧，愿入馆学习者"，取保后亦准报考。1867 年奕䜣又奏拟同文馆学习天文算学章程，对学生来源、办学规程管理以及考试奖惩做了更具体的归类，并针对顽固派的阻挠和指责加以辩驳。最后，表示决心举办天文算学馆。"学期适用，事贵因时，外人之疑议虽多，当局之权衡宜定"。

（二）上海广方言馆（1863 年）

上海广方言馆是晚清"同文三馆"之一，在近代外语教育与西学东渐的进程中扮演十分显著的角色。主要参考资料集中在《广方言馆全案》，光绪年间铅字排印本，上海图书馆藏。如据该书所载：1863 年，《江海关道详南洋通商大臣拟议上海同文馆章程文（附章程）》，内容包括上海广方言馆教习与学生的资格和要求、办学经费的来源、学堂的课程计划，尤其是对私学教学的要求，如课程的改订："西人制器尚象之法，皆从算学出，若不通算学，即精熟西文亦难施之实用。凡肄业者，算学与西文并须逐日讲习，其余经史各类，随其资禀所近分习之。"

其他可供参考的书目有：李鸿章撰，吴汝纶编《李文忠公全书·奏稿》；吴宗濂《上海广方言馆始末记》，载《京师同文馆学友会第一次报告书》；甘作霖记《广方言馆的教习及毕业生》，载《江南制造局之简史》（下），《东方杂志》第 11 卷第 6 号；《记广方言馆》，载林乐知主编《万国公报》卷 361，1875 年 11 月 6 日；《〈上海县续志〉记广方言馆》，载《上海县续志》卷 11。

如《李文忠公全书·奏稿》卷 3 收入李鸿章《请设外国语言文字学馆折》：江苏巡抚李鸿章奏请仿照京师同文馆之例，在上海添设外国语言文字学馆。本月李鸿章先在上海设馆，"选近郡年十四以下、资禀颖悟、根器端静之文童，聘西人教习；兼聘内地品学兼优之举贡生员，课以经史文义，学成之后，送本省督抚考验，作为该县附学生，准其应试"。以后此馆改称上海广方言馆。吴宗濂《上海广方言馆始末记》记录了他在广方言馆的学习经历和生活状况，并描述了广方言馆馆长教习的活动情形。吴宗濂，字挹清，江苏嘉定人。初入上海广方言馆肄业，光绪五年（1879 年）由上海广方言馆咨送到京师同文馆学习，曾任出使英国、俄国随员。1909 年至 1911 年曾任义国（意大利）出使大臣，后任总统府外交咨议。这就从一个侧面体现上海广方言馆办学影响之大。

（三）广州同文馆（1864 年）

由于广州地处南海之滨，远离中央权力中枢，办学的地方政府倾向更为浓厚，更多需要封疆大吏和地方要员奏陈办理。因此，广州同文馆的文献以奏折居多。同治三年六月初十日（1864 年 7 月 13 日）《两广总督毛鸿宾折（附章程十五条）》，载《毛尚书奏稿》卷 13。同治七年十月十八日（1868 年 12 月 1 日）《两广总督瑞麟等奏》，载《筹办夷务始末》（同治朝）卷 62。同治十年十月二十一日（1871 年 12 月 3 日）《文渊阁大学士两广总督瑞麟等折》，载《洋务运动》（二）。日本北九州工业高等专门学校名誉教授长谷川雄太郎受聘于广州同文馆任教习，他根据教学和活动经历以生动的生活笔调和写实的纪实风格，撰写《长谷川雄太郎与广州同文馆》，载日本爱知大学国际问题研究所编《纪要》第 80～83 期，为复原广州同文馆的认知增添了难得的资源。

（四）台湾西学馆（1888 年）

台湾西学馆是台湾近代最早的新式学堂。该学堂在淮军著名将领刘铭传抗法保台战争取得胜利，台湾逐渐建省之后设立。因此，它与第一任台湾巡抚刘铭传的活动相关度最高。光绪十四年六月初四日（1888年7月12日）《刘铭传折》，载《刘壮肃公奏议》卷6。台湾省文献委员会编《台湾省通志》卷5"教育志·制度沿革篇"对台湾西学堂的办学及师生情形有翔实的记录，现摘录其中部分："西学堂创立于光绪十三年三月，直属巡抚，初设于省会所在地台北大稻埕六馆街。光绪十六年（1890年），移至台北城内登瀛书院之西邻，新建堂址。学科分为普通学科及国文等。曾以有留学外国经历之张尔城（或作午城）为总监。担任外国语文之教授，则为丹麦人辖治臣（Hating）及英国人布茂林（Pumolling）；此外，另聘有助教二人，均系留学生。教国文者，则为国人有名学者三四人。除普通学科外，国文以一般文学程度为准，课以经学艺文；故在名称上虽为西学堂，实名称为高等之普通教育机关。学生全部官费优待（系拟于书院廪膳生者），每年开支约一万两以上。光绪十七年（1891年）邵友濂接任巡抚，因紧缩台政而被裁撤，虽仅四年，但其成绩颇有可观。"

（五）珲春俄文书院（1889年）

珲春俄文书院材料较少，可参考光绪十五年七月十六日（1889年8月12日）《总理各国事务弈劻等奏》，载《洋务运动》（二）。此外，还可以在该地区地方志里寻找补充。

（六）湖北自强学堂（1893年）

1893年11月29日，两广总督张之洞设湖北自强学堂于武昌（由原方言商务学堂改建）。张之洞《设立自强学堂片》，载《张文襄公奏稿》卷31。其中记录了学堂的办学状况：初分方言、格致、算学、商务四门，每门学生暂以20人为率，各延教习一人，分斋教授，除方言一门住堂肄业外，其余三门均按月考课。1896年，该学堂算学一门归并两湖书院讲习，格致、商务两门停办，专设方言斋，格致、商务即包括其内，招收120名学生，分习英、法、德、俄四国语言文字，每门学生以30名为限，肄业年限五年。

张之洞撰，许同莘编辑《张文襄公公牍稿》28卷，1920年铅印本。其中卷28有1893年张之洞《招考自强学堂学生示并章程》共十二条："本部堂意在造就通材，所期远大，欲使学者皆能自读西书，自研西法，则可深窥立法之本源，并可曲阐旁通之新义，既不必读辗转传翻之书，致得粗而遗精，亦不至墨守西师一人之说，免致所知之有限。"该章程对自强学堂的教学生活及学生行为规范管理做了严格翔实的规定。

海外汉学界有关近代中国史研究对张之洞的地位和作用评价颇高，有关张之洞与教育的专题成果主要是威廉·艾尔斯《张之洞和中国教育改革》（哈佛大学出版社 1971 年版），其中包括湖北自强学堂的素材。该部分已经由华东师范大学教育史专家霍益萍教授翻译为中文，题名为《〈张之洞和中国教育改革〉记自强学堂》，载朱有瓛主编《中国近代学制史料》（第一辑上册），华东师范大学 1983 年版。

二、军事技术学堂

洋务运动时期所开办的教育事业可以概括为"西文"和"西艺"教育，甚至有学者称之为教育思潮。语言文字学堂的开办及其教育属于前者，而军事技术学堂及其办学则属于后者。洋务派所设立的军事技术学堂旨在培养造船炮、开矿山和海陆军事人才，以及电报、医学、铁路等专业技术人才。

（一）船政学堂

船政学堂的代表是福建船政学堂，属洋务派所办军事技术教育的标本，无论是在教育培养方案实习制度、外洋教习聘请等方面的试验，还是在后期的留学教育或海军将领的历史作用等方面，都是名列前茅的。其办学模式具有法国和英国工科技术教育的典型特征。而且，该学堂后来掀起的留学运动除了军事技术教育的效益作用外，还造就了一代思想家、翻译家严复，他所翻译的《天演论》及英国亚当·斯密经济学和斯宾塞科学教育学著作都是振聋发聩、影响世道人心的名著。晚清名臣左宗棠于 1866 年奏请创办福建船政学堂。《时务报》1896 年第 21 册至第 22 册载《福州船政局订请法国造船监督合同》，其中有关船政学堂部分，对福建船政学堂的教育管理、法国教习聘请、西学技术课程、教学与实习做了要求。尤其是船政学堂的层次、目标阶段设计有明确规定："甲、艺徒匠首学堂，用以培植工人匠首绘徒，以供船政之用；管机器人员，以供战舰之用。乙、上等学堂，即前学堂，用以培植俊秀子弟，讲求要学，以应船政需要，并择其尤者，遣送法国各项官学堂肄业。丙、驾驶学堂，用以培植驾驶人员，以供海军之用；现时未改，仍可照常办理，亦归正监督管理，将来该监督速行将应如何整顿，呈具折略于船政大臣，以备酌核办理，如此项学堂果有整顿，应用法文课程教导。"

该学堂的记载主要见于：《船政奏议汇编》卷 1、卷 28、卷 37、卷 48；《左文襄公全集·奏稿》卷 18－20、卷 41、卷 61，《左文襄公全集·书牍》卷 8、卷 11－12；《沈文肃公政书》卷 4；《洋务运动》（五）、（八）；《光绪朝东华录》（四）；《时务报》第二十一册至二十二册；《李文忠公全书·奏稿》卷 36、卷 42；《海防档》乙：《福州船厂》（一）、（二）、（三），载《中国近代史资料汇编》，台北 1957 年版；《清末海军史料》，海洋出版社 1982 年版等。

左宗棠等撰《船政奏议汇编》，光绪十四年（1888 年）福州刻本，54 卷。其中所辑左宗棠、沈葆桢、吴赞诚、裴荫森等人奏议，对于认识福州船政局创办过程、经营管理、生产情况等有重要作用。

以下就有关新中国成立之前福建船政学堂论著综述如下。

王信忠《福州船厂之沿革》，载《清华学报》第 8 卷第 1 期，1932 年；张玉法《福州船厂之开创及其初期发展》，载台北《近代史研究所集刊》第 2 期，1971 年 6 月；林庆元《船政前后学堂和我国近代科技队伍的产生》，载《文史》第 15 辑，1982 年 9 月。

《福州船厂之沿革》对福州船厂的组成部分——船政学堂的兴起、发展、演变做专门性的记述，分为初办时期、自办时期、整顿革新时期三个部分，涉及船政学堂的管理、教学、经费、实践锻炼等多方面内容，尤其肯定沈葆桢在派遣欧洲留学生组织协调管理以及学习专业计划等方面的历史作用。末尾附有许多图表，以及留欧学生的名单、留学的年月、学习的科目、留学的学校及所在地、成就表现及归国作用等具体信息。

林庆元在上述文中认为，学堂所反映的办学活动及教学设计呈现出西方工业化国家法国与英国实用技术教育和专科人才培养的独特模式。其中，使用法语授课的学校如造船学校、设计专业和设计科、学徒班；使用英语授课的学校如航海学校、轮机学校。

海外研究者对该所学堂也有十分浓厚的兴趣。受聘于船政学堂正监督的法国工程技术专家日意格著《福州船政局》。美国历史学家毕乃德《中国近代最早的官办学校》第四章专论福州船政学堂。法国现代历史学家巴斯蒂（M. Bastid－Bruguiere）著，日本现代历史学家岛田虔次、长部悦弘译《清末留欧学生——福州船政局对近代技术的输入》对赴法留欧学生的阶段历程、专业科目、实验实习等教育活动进行整理与建构，并以传播学的视野对西方工业和军事技术对中国社会的影响与归国学生的历史作用，进行比较客观的定位，具有实证性的深度和可信度。

中国 20 世纪自改革开放以来对该课题探讨的著作以福建高校人文学者为主。

（1）林庆元著《福建船政局史稿》，福建人民出版社 1986 年出版。该书按初创时期（1866—1873 年）、发展时期（1874—1895 年）、停滞时期（1896—1911 年）、衰落时期（1912—1949 年）四个阶段，设计为四章，详细梳理福建船政局的历史进程。著作出版后，深受美国、法国学者好评，并引起海内外史学界、海军界、科技史界的注意。作者在"后记"中表述："本书通过洋务运动时期这所典型工厂的具体解剖，从横切面研究船政局与国内外各方面的关系、船政局内部的各种矛盾，诸如船政与英法关系、船政经营方式、工资制度、工人状况、造船技术水平、船政与近代海军等；又从纵断面论述这个时期的兴衰沿革。本书还把零散资料编制成多幅统计图表，为研究中国近代经济史、洋务运动史、造船工业史提供参考数据。本书充分利用了未刊稿本，船政老工人、老海军人员的回忆录及各种罕见的史料。此外，还尽可能利用外国学者提供的法国海军档案、日意格日记、报告及信札，以及外国学者利用上述资料写的有关日意格专著。"

（2）沈岩著《船政学堂》，科学出版社 2007 年版。全书共八章，第一章概述船政学堂的兴办背景和办学情况；第二章至第六章分别分析船政学堂的组织管理模式、教学模式、师资战略、学生管理模式、留学教育等；第七章探讨船政学堂的成就和历史地位；第八章论述船政教育模式的特点和意义；结语是船政学堂的沿袭和反思。附录四则。作者在查阅大量资料的基础上，对福建船政学堂进行了深入的剖析，具有较强的学术性。"序言"中写道："船政学堂是中国近代引进西方教育模式的第一所高等院校，是中国近代第一所海军军事院校，是中国近代首创留学生教育制度的高等学府，是中国近代第一个产学一体、多元结合的教育机构，是近代中西方文化交流的一面旗帜，是近代西方先进教育模式中国化的典范。"❶ 这里的评价体现 21 世纪以来社会思想观念转变对中外教育交流的肯定及积极意义。

（二）武备学堂

中国是有古老的战争智慧且积累深厚的文明古国，军事教育从西周一直到

---

❶ 沈岩. 船政学堂：序言［M］. 北京：科学出版社，2007.

清代都受到应有的重视。宋代以后，武学作为中央官学的一种类型，选拔人才的科举考试也把武科作为一项考核机制和标准，甚至有武举人和武科状元。在弓马骑射、金戈铁马的冷兵器时代，中国的军事技术曾领先于世界。但到了海洋拓展、殖民竞争的工业化时期，西方的工业技术和科技文明运用于军事战争，冷兵器时代已经一去不复返。中华帝国延绵数千年古老的军事教育无力抵抗西方列强船坚炮利的侵略，不得不加以改革和效仿。武备学堂是陆军教育实体，最为关键和重要，标志着中国新军训练的起步和近代军事技术人才培养的发端，堪称中国军事现代化的前期，具有里程碑式的意义。清末民初著名军事学堂保定军校的名言"安得倚天抽宝剑"正是传统向现代转型的一种心态陈述。

清末各省主要的武备学堂：天津武备学堂（李鸿章，1885 年），直隶武备学堂（袁世凯，1896 年），湖北武备学堂（张之洞，1896 年），江南陆师学堂（张之洞，1895 年），浙江武备学堂（廖寿丰，1897 年），贵州武备学堂（王毓藻，1898 年），陕西武备学堂（魏光焘，1898 年），安徽武备学堂（邓华熙，1898 年），山西武备学堂（胡聘之，1898 年），江苏武备学堂（聂辑椝，1901 年），绥远武备学堂（信格，1901 年），四川武备学堂（岑春煊，1902 年），福建武备学堂（许应骙，1902 年），江西武备学堂（柯逢时，1902 年），广东武备学堂（陶模，1902 年），甘肃武备学堂（饶应祺，1902 年），湖南武备学堂（1903 年），江南武备学堂（魏光焘，1903 年），河南武备学堂（陈龙，1904 年）。

上述武备学堂的资料主要可参考：《清朝续文献通考》（二）卷 109 "学校"十六；《张文襄公公牍稿》卷 28，《张文襄公全集》卷 45、奏议卷 45；《光绪朝东华录》（四）；《清末新军编练沿革》《洋务运动》（六）；《李文忠公全书·奏稿》卷 53、卷 55、卷 60、卷 74 以及《戊戌变法档案史料》等。例如，《招考武备学生示并章程》《晓谕招考武备学生示》，载《张文襄公公牍稿》卷 28；湖广总督张之洞《奏设湖北武备学堂》，载《清朝续文献通考》（二）卷 109 "学校"十六。其中，尤以天津武备学堂影响为著。

《李鸿章创设武备学堂折》，载《李文忠公全书·奏稿》卷 53：1885 年李鸿章提议天津北洋武备学堂于本年 2 月间挑选弁兵百余名入堂肄业，遴委德国兵官作为教师，并选派通习中外文字之员充任翻译。数月以来，各学生逐日按时进堂，学习西洋行军新法。一月之中，每间三五日，由教师督率学生赴营，演试枪炮阵式及造筑台垒之法。拟于一年后将头批学生发回各营，量材授事，复挑第二批弁兵百余人送堂肄业。这是清末第一个新式陆军学堂。学堂规定忠君尊孔，禁止进步思想，军事上采用外国行军新法，学习外国军事操典。北洋武备学堂毕业生，多入湘淮军旧营。

晚清的军事技术学堂中包括水师学堂：天津水师学堂（李鸿章，1880年），广东水陆师学堂（张之洞，1887年），江南水师学堂（张之洞，1891年）等。这些水师学堂可查阅《洋务运动》（二）（三），《李文忠公全书·奏稿》卷52、卷53，《万国公报》卷361、第二十二册，《严几道年谱》《清朝续文献通考》（二），《张文襄公奏稿》卷18，《格致汇编》1892年第4卷第7期，《申报》光绪二十四年三月初四日（1898年3月25日）等所登载专论。

近年涌现的成果以甘少杰著《清末民国早期军事教育现代化研究（1840—1927）》为代表。全书共五章：第一章概述清末民国早期军事教育发展历程；第二章至第四章分别详细论述清末民国早期海军军事教育、陆军军事教育、空军军事教育的现代化，主要从现代化的动因、历程、留学、特征等方面着手；第五章个案研究，分析保定陆军军官学校和黄埔军校现代化特征。结语部分评述清末民国早期军事教育现代化的总体特征、社会影响和历史启示。该书由博士学位论文改写后付梓，指导老师、河北大学教授吴洪成在该书"序文"中写道："就其所呈现文本材料来看，有三个显著特点：①将社会改革及救亡图存道路探寻，与军事教育走出传统中世纪而迈向现代军事以及国际化军事舞台紧密联系起来，此研究是社会历史视野与专门史问题的有机融合。②对教育的结构总成及要素项目运用于军事教育，使得研究工作精细、微观，如其中的教育制度、办学层次、教育机构类型、教育管理、课程编制、教师与学生以及教学组织方法等均为教育学话语，这种视角或手法的运用使军事教育论题得以由传统历史学范式转向教育学范式。③对一些阶段性特点的分析概括匠心独具，尤其是在揭示此时期军事教育早期现代化的成就及意义时，同时指出封建军阀在军事管理上的滞后性以及军事人才任用中门派地域的私有性，严重束缚了军事教育的科学化、民主化及实践性水平。此类深刻见解尚多，不再赘述，相信细心的读者定会从中体会，也会由此获得教益，分享其学术佳品。"

三、实业学堂

职业教育在清末民初称为实业教育，其近代体制化办学的开端应追溯至洋务运动后期的科技专门教育。

（一）电气、电报、工艺等实业学堂

电气、电报学堂及其他专科学堂的办学文献情形：丁日昌《福州电气学塾》（1876 年），载上海《万国公报》卷 393，对该工业技术学堂作相关报道：福州新设电气学塾，专收生童学习电气并寄电信，如何寄法，又制造电线、电报各种机器。其教习者即电报公司之西士，已于西国四月初一日开塾，塾中现有肄业者三十二名，内有曾在香港读过英文之二十八名。创设总师其事者，乃丁雨生中丞，且有欲于肄业之中，拣选数名前赴英国、丹国（丹麦）专造电气局中精勤习学。同时刊出英国海军军官寿尔来校访问报告《记福州新设电气学塾》，指出："在其他革新事业之中，还有一所电报学堂，建设在福州，由大光公司（丹麦）的工程师们指导。一部分的学生是从香港和广州来的，能说英文，其余的是从船政局那些学堂出来的，已有数学的知识。教练是理论兼实际，把对电气原理的相当知识和操使所用机器的方法相结合，俾使学生们适合于电报员的职位。少数最有希望的学生将要受更高的教育，他们将被送到英国大的电报学校、机关去完成学业；在这些英国的学校、机关里，他们将接受电线的安装与维护的教育。最后可以成为电报工程师。这样一个学校的建立，使中国有希望在将来采用电报设施。"

天津电报学堂创设于 1882 年。李鸿章《李文忠公全书·奏稿》卷 38《请设南北电报片》：认为"用兵之道，必以神速为贵……电报实为防务必需之物"，且南北洋调兵馈饷，"亟宜设立电报，以通气脉"。故奏请设立电报学堂，雇用洋人教习中国学生。《李文忠公全书·奏稿》卷 44 收入 1892 年李鸿章《创办电报报销折》：说明电报学堂教师待遇的来源及发放、学生毕业任职的薪水，并称电报学堂"现有学生三十二名，以后陆续派出"。毕乃德所著《中国近代最早的官办学校》一书对该学堂的相关活动及影响也有分析与探讨。

上海电报学堂创立于光绪八年（1882 年），《万国公报》第三十三册记载：学堂课程教学主要是学习电报、电信技术。姚彦鸿任学堂总办，聘任唐璧田等任教习，分设电信、电报、测量等专业，招生规模不断扩大，后有丹麦工程师博怡生、葛雷生任教习。

江南储才学堂是清末培养实业人才的学堂。光绪二十二年（1896 年）张之洞创办，校址在南京金陵仪凤门三牌楼。次年开学，学额 120 名，分交涉、

农政、工艺、商务四类。设高等班，交涉、农政教习聘自法、德两国；工艺、商务教习聘自英国。另设初等班，专学英、德、法语，学生各 40 名，学毕升入高等班。校名屡易，1903 年定名为江南高等学堂。

江南储才学堂创设史实反映于奏折、谕存、文编较多：光绪二十一年（1895 年）十二月十八日，张之洞《创设江南储才学堂折》，载《张文襄公奏稿》卷 26；光绪二十三年（1897 年）《储才学堂开学》，载《萃报》第二册（光绪二十三年八月初二日）。江南储才学堂发展的记录：光绪二十四年（1898 年）七月二十九日刘坤一《改储才学堂为江南学堂折》，载《光绪谕折存》卷 18，其中叙述较多的是江南储才学堂之规约用以约束师生，如光绪二十三年（1897 年）《江南储才学堂章程》《江南储才学堂延订洋教习合同》，均载《皇朝经世文新编》"学校上"第六册；光绪二十三年（1897 年）《江南储才学堂规条》《江南储才学堂学约》，载《皇朝经世文新编续集》卷 5 "学校上"。

（二）医学堂

天津医学堂，又称北洋医学堂，是洋务派早期领袖李鸿章任直隶总督（行署驻保定）兼北洋大臣掌控北洋水师期间在天津创办的首所高等西医教育机构，是中国西医教学从传统向现代转型的一个飞跃，标志着中国现代医学教育正式拉开帷幕。该学堂历经风雨飘摇，不断更体演进，后迁至保定办学，又搬迁河北新省会石家庄，即今河北医科大学。《李文忠公全书·奏稿》卷 78《奏医院创立学堂折》：天津总医院附设西医学堂，培养军医人才，延聘天津税务署英国医官欧士敦（Andrew Irwin）为总教习。《万国公报》第二十二册所载《北洋西医学堂学规》中对学堂规程及考评质量作出规定，分"甄别学生之规""学堂功课之规""日行之规""考试之规"四大方面。其中内容涉及学生的入学资格和升级条件、学堂课程计划和分年设置安排、学生日常行为规范、考试考核的科目程序及项目指标等多方面。此外，毕乃德著《中国近代最早的官办学校》也有专章记述。

（三）铁路学堂

山海关铁路学堂（1895 年）是近代最早的铁路专门技术学堂。曾鲲化《中国铁路史》记载，山海关铁路学堂由津榆铁路公司创办。1901 年，八国联军侵华时期停办。《集成报》第二十三册（1897 年 12 月 18 日）《记山海关铁路学堂》一文描述该学堂的办学及招生情形："北洋山海关铁路学堂系由津榆车脚项下筹款设立，本年归并总公司后，将学生移至天津大学堂，现闻胡大京兆，拟将学堂仍移至山海关，或在北戴河另建堂舍，因而总公司大臣或拟另招学生，专门芦汉一路一用。近已由总办大学堂王苑生观察，饬令总教习丁家立，于前月下旬赴上海、福州等处，招考读过洋文三四年者二十余人，随带来津，列为一班，闻上海已于前月二十六日开考。"

《张文襄公奏稿》卷 26 载：1896 年，张之洞奏请在陆军学堂附设铁路学堂，即江南铁路学堂。

朱有瓛主编《中国近代学制史料》（第一辑上册），华东师范大学出版社 1983 年版，对上述学堂部分内容，包括建立时间、招生对象、学生人数、总办与教习、年限与课程以及备注等分别加以整理，分类依序编排。

洋务派办学活动的论著较丰富，概述如下。

（1）（美）毕乃德著，曾钜生译，《洋务学堂》，杭州大学出版社 1993 年版。原英文版书名直译就是前面多次提及的《中国近代最早的官办学校》，全书共四章。第一章概述洋务学堂的背景与历史（1861—1894 年）；第二章至第四章以个案研究的形式，重点介绍同文馆、江南制造局和福州船政局的建立、发展、结局与成就等。毕乃德，美国汉学家，康乃尔大学中国史教授。1930—1935 年曾以哈佛燕京学社研究生身份来华研习交流，回国后任教康乃尔大学。1945—1946 年任重庆美国驻华大使馆中文秘书。该书取材丰富，不仅记叙洋务学堂的性质和成就，而且着重考察并分析了 19 世纪后半叶守旧士大夫及顽固派绅士抵制教育改革的原因。

（2）马昌华《淮系人物列传——文职·北洋海军·洋员》，黄山书社 1995 年版，收入"淮系集团与近代中国研究丛书"。全书分为"文职""北洋海军""洋员"三部分。"文职"主要包括 1862—1869 年入李鸿章幕府、1870—1895 年入李鸿章幕府、其他等；"洋员"主要包括洋教习、洋技师、洋顾问、洋幕僚、洋将等。该书以淮系集团骨干人员为对象，对人物生平和与淮系集团的关系进行了较为详尽的叙述。其中，不乏对中国近代教育事业作出重要贡献的教育家，如冯桂芬、郭嵩焘、盛宣怀、吴汝纶、郑观应、严复、容闳等。该书有裨于深入理解近代中国教育与政治的联系。

（3）史贵全著《中国近代高等工程教育研究》，上海交通大学出版社 2004 年出版。全书共八章。第一章至第五章纵向梳理中国高等工程教育萌芽、制度确立、发展和困顿的曲折发展历程，同时重点分析工程研究生教育；第五章至第七章在概述中国近代高等工程教育思想的基础上，对茅以升、梅贻琦和刘仙洲等人的高等工程教育思想作详细分析；第八章探讨高等工程院校的科学研究。作者搜集、整理、解读了大量史料，使该书具有较高的资料占有度和利用度；内容扎实、逻辑严密、评析精辟中肯，具有较高的学术价值。该书重点采用纵向分析与横向分析相结合、宏观研究与微观研究相结合的方法，厘清中国近代高等工程教育的发展脉络、基本特征和演变规律，拓展高等教育史学科的广度和深度，对科技教育史学科的建设作出了贡献。

（4）苏云峰著，吴家莹整理《中国新教育的萌芽与成长（1860—1928）》，北京大学出版社 2007 年版。全书共五章：第一章分析中国教育思想演进的过程；第二章阐述新教育的推动者——政府、教会与绅商；第三章论述近代学制体系的建立；第四章叙述近代学制体系建立之后各级教育的发展趋势；第五章从区域发展观点，介绍分析各省新教育发展的差异及其缘由；结语对中国现代化过程进行了反思检讨。书末附录"各省教会学校设立年表"。作者采用观念架构、统计及综合分析等写作方法，以统筹各方材料，方法新颖，体现新史学之研究方法，更补充一般论述新教育仅局限在中央层级之总括数字及概括说明之不足。该书涉及中国新教育发展的各个方面，并且分析精辟，具有较高的学术性与可读性。

（5）刘虹著《洋务教育与西学东渐》，辽宁师范大学出版社 2008 年版。全书共四章：第一章探讨洋务学堂建立的背景，重点分析京师同文馆和福建船政学堂，及其洋务学堂各要素现代化的转变；第二章论述洋务派留学教育，分析留美、留欧的背景、章程、结构和意义等；第三章建构洋务教育与维新教育在人物、思想和实践上的传承；第四章分析洋务教育在清末新政教育改革中的种种体现。作者将洋务教育置于中国传统教育向现代教育转变的历史进程中，探讨其在中国教育现代化中的地位和价值，视角独特新颖；把晚清三次教育改革有机地联系起来进行思考，梳理洋务教育与三次教育改革的关系，从而系统再现了中国早期教育现代化的产生与发展。

（6）吴洪成等著《中国近代职业教育制度史研究》，知识产权出版社 2012 年版。全书共六章，将洋务派所办的各类专业技术学堂作为中国近代职业教育开端。在此前提下，系统论述从晚清至民国时期职业教育制度的历史，侧重从动态的角度，力求从整体上厘清中国近代职业教育制度化的基本脉络，勾勒出变化发展的轨迹。作者的着力点在于：①职业教育制度建立前的实业教育理论、观念和实践活动，即职业教育制度的酝酿及拉开序幕中理论和实践如何推动制度的建立；②职业教育制度本身及其内涵、进步性；③职业教育制度的推行情况以及国民政府对制度的调整和丰富；④对职业教育制度化的历史反思和现实意义分析。该书尝试按照历史脉络探索中国近代职业教育的嬗变、发展及曲折演化过程，呈现其间的场景，既有历史的碎片，也有系统的串联、编织，不仅是刻画历史、昭示未来，更试图在丰富认识、提高人文教育和文化学术资质的同时，把脉当前职业教育纷繁多变和纠缠郁积的困惑，提供某种思考或建言策略。

（7）李忠著《新世纪的曙光——晚清新式教育活动研究（1840—1911）》，华中科技大学出版社 2016 年版，收入"中国教育活动史专题研究丛书"（第二辑）。除"引言"和"结语"外，全书共四章。第一章探讨晚清教育政策调整的背景及其实施；第二章至第四章分别分析新式学堂中的教育活动、留学教育活动和作为群体的学生心理变化及社会参与；"结语"论述晚清教育变革的启示。作者在"引言"中写道："从具体事件、日常教学与生活中的管理者以及师生活动的基本层面入手，进入历史实处并直面历史。研究以晚清新式教育活动为中心，以教育活动中的人以及人的教育活动为内容，以新式学堂与留学教育为两翼，以官方资料与个人日记、自传、自述、回忆录、年谱、口述史料等为材料，以教育学、政治学、社会学、史学、心理学等学科的理论与方法作为分析工具，以批判与解放的话语，力求通过精细化的分析，突出教育中人的活动与活动中的人的变化，尤其是知识结构的变化、认识变化、思想感情的变化、态度变化以及价值取向与行为方式的变化，对晚清时期教育变革做出探究。"❶

第四节　洋务运动时期的留学教育

近代中国曾出现过三次留学运动的高潮，每次留学运动派遣的动机、选派的对象、学习的内容和回国以后产生的影响也各不相同。第一次是 1872 年派

---

❶ 李忠. 新世纪的曙光：晚清新式教育活动研究（1840—1911）引言 [M]. 武汉：华中科技大学出版社，2016：10.

遣幼童赴美留学与 1877 年派遣赴欧军事技术留学，完全是为了"自强""求富"，兴办军事工业（学习军政、船政、步算、制造诸学）的需要。正如当时洋务派早期领袖、桐城派一代大师曾国藩所言："设局制造、开馆教习，所以图振奋之基也。远适肄业，集思广益，所以收远大之效也。"留学生回国后大多从事洋务建设事业。第二次是 1896 年以后开始派遣留日学生，这显然是受甲午战争的影响，认为日本明治维新卓有成效。如驻日公使杨枢所说："中国与日本地属同州，政体民情最为相若，议变法之大纲，似宜仿效日本。"目的在于通过留学日本以培养变法图强人才。1902 年，刚卸任保定莲池书院院长的桐城派大师、近代教育家吴汝纶赴日考察教育，日本教育家一致主张中国教育的首要任务在于提倡速成教育，因此鼓励留日学生学习速成师范科和法政科。留日学生对清末的维新变法和辛亥革命运动都起了很大的作用。第三次高潮出现在 1919 年 3 月以后，留法勤工俭学会学生赴法留学，各省又多次组织学生赴法留学，从保定到巴黎更是一条黄金纽带。以巴黎为中心，在法国的马赛港、巴黎、塞纳河等地曾留下了学生工作、学习、生活以及社会交往活动的斑驳的足迹和多姿的风采。一批进步的热血青年又向往资产阶级自由、平等和博爱，逐渐怀疑和批评资本主义制度的虚伪和扭曲，接受马克思主义的真理，以周恩来、陈毅、聂荣臻、蔡和森为代表建立了共产主义组织，归国后积极参加共产主义运动。

一、幼童赴美留学（1872—1875 年）

《筹办夷务始末》同治朝卷 15 载：1863 年，知县桂文灿向奕䜣呈递条陈"闻日本近遣幼童分往俄、美两国学习制船炮铅药及一切军器之法，期以十年而回。此事如确，日本必强，有明倭患，可以预虑。学习制造船炮等法，我国家亦宜行之"。此条陈表明近代海关被欧美列强强迫开关以后，中国落后于日本，其中原因在于日本派遣幼童赴俄美两国学习，引进西方科技、培养人才，我国亟应效仿，以达抵御外辱、制衡外夷之目的。留美教育离不开近代留学教育之父容闳的作用。容闳入马礼逊学堂，受基督教教育的影响，后随美国新教传教士布朗赴美，于耶鲁大学毕业，成为中国近代第一位在美国获得博士学位的留学生。心怀祖国的他念念不忘振兴国家走向现代化的理想，向清政府提出幼童留美的设计方案。他的奔走努力和计划内容与洋务运动后期科技人才的需求以及洋务派对西学认识的态度转变相契合，受到曾国藩、李鸿章的认可和支持，终于使留美教育的中外国际教育交流的破冰之旅得以开启。

（一）留美幼童的派遣及撤回

1867 年，容闳在苏州谒见江苏巡抚丁日昌，于 1868 年草拟条陈四项：中国宜选派颖秀青年赴美留学，定学额 120 名试办，分四批按年递派，每年 30 名，学龄 12 岁至 14 岁，留学 15 年。

中西两种文化教育思想上的冲突在留美教育中表现异常强烈。中国注重经验，西方注重科学；中国注重整体系统，西方注重部分个别。中西两种不同的文化必然会发生矛盾，反映在教育上就是教育内容和教育观念的矛盾。时任留美监督吴嘉善，字子登，道光二十九年（1849 年）中举，咸丰二年（1852 年）进士，旋选翰林院庶吉士，散馆后授编修。光绪元年（1875 年）年底，随中国首任驻美国兼西班牙、秘鲁公使陈兰彬赴美。次年，受命接替区谔良继任"留美学生事务所"监督，与副监督容闳共同主管幼童留学美国的事务。容闳派幼童留美的理想是"西学可以使中国复兴、开明强盛"，自己所享受的教育权利，下一代的同胞也应该同样地拥有。但是，吴子登二人与容闳的指导思想不合，为此容闳备受指责（"纵容学生，任其放荡淫佚"），并向清廷报告："此等学生，若更令其久居美国，必致全失其爱国之心，他日纵能学成回国，非特无益于国家，亦且有害于社会。"建议清廷解散留学事务所，撤回全体留美学生。1881 年 3 月，李鸿章决定遵议而行。是年底，中国留美学生归国，致使中国近代首批官派留学教育半途而废。

（二）留美幼童的影响

据清光绪间（1875—1908 年）英国立温斯敦（Robert Livingston）撰，史锦镛译《泰西风土记》所载留美幼童撤回后情况：1881 年留美运动夭折时，第一、第二批学生多在大学已届毕业或将近毕业，第三、第四批学生多数仍在大学肄业或仍在中学肄业。据统计，留美学生回国者分布于各个行业之中，其中以外交、洋务、教育、医务、海关及私人商务为主要供职部门或场所，也有回国后又返美者。具体如下：外交 16 人，如梁敦彦、唐绍仪、梁诚分别担任外务部尚书、外务部侍郎、驻美公使；洋务运动中海军建设、轮船铁路、煤矿开采及邮电 62 人，詹天佑为著名铁路工程师；教育活动有黄有章、容尚勤、程大器等；另有医务 4 人、海关 2 人、私人商务 10 人。

留美幼童计划虽然因撤回而破产，但是此举使少量中国少年儿童赴美，接受西方教育、文化及科技的学习，为我国培养出一批优秀的人才。在 120 名赴美留学者之中，梁敦彦生于清咸丰七年（1857 年），是首批留美幼童之一，清同治十二年（1873 年）官费保送美国留学，于光绪七年（1881 年）在耶鲁大学肄业归国，分发福建船政学堂任英文教习。光绪三十三年（1907 年），作为清朝公使，他出使美、德、墨、秘、古巴，同年官至外务部侍郎、尚书、右丞（副部长）。宣统三年（1911 年）十月，又出任袁世凯内阁外务部大臣，是清末知名外交官之一。

当年留美学生之一的温秉忠于 1923 年 12 月 23 日给北京税务专门学校 D 班同学所作的讲辞《一个留美幼童的回忆》，就高度称赞留美学生派遣的历史贡献，其中包含真挚的情感和无限感叹的回味以及对国家富强与个人事业融为一体的殷殷期盼："幼童们当年不顾风险渡过太平洋，再横越三千里的美国大陆，他们远赴异国去学习语言、科学及文学。他们为中国同胞做了最佳的见证，他们对于商业及友好关系上，带给中国正确的方向和利益。他们促进中国的富强进步，而且使中国跻身世界友邦之中。留美幼童对个人及时代作了贡献，为建设新中国，他们贡献出生命中最好的岁月。在一百二十名幼童中，过半已去世，那些留下的，也已六十岁开外，但仍然努力向前，奋斗不懈。因为他们清廉自守，无法早日退休。就全体幼童而言，这是真的事实。"

从中不难看出留美幼童计划之重要意义，清廷为挽救时局之危亡，付出艰辛的努力，派遣人员学习洋务、西学。由于国势之复杂，顽固派认为留美学生习染洋人之教义，以紧急召回之命运结束。幼童赴美计划失败是值得惋惜的，不过在近代历史上却开赴海外留学教育之先河。

（三）留美幼童的文献

留美幼童事件的文献及相关成果不斐：曾国藩、李鸿章《奏选派幼童赴美肄业办理章程折（附章程）》《奏选派委员携带幼童出洋肄业兼陈应办事宜折》（1872 年 2 月 27 日），载《筹办夷务始末》（同治朝）卷 82；陈兰彬《奏陈驻洋肄业局情形折》（1881 年 3 月 5 日）、李鸿章《论出洋肄业学生分别撤留》（1881 年 3 月 29 日）、《奏陈留美学生回国就业请奖折（附清单）》（1885 年 4 月 17 日）、《奏派区谔良赴美监督学生课业片》（1875 年 5 月 16 日）、奕䜣《奏请撤回留美肄业学生折》（1881 年 6 月 8 日），载《洋务运动》（二）；李鸿章《奏为调回管带幼童驻洋肄业人员请奖折》（1878 年 12 月 22 日），载《约章分类辑要》卷 8。如曾国藩、李鸿章《奏选派幼童赴美肄业办理章程折

（附章程）》，认为"中国欲仿效其意，而精通其法，当此风气既开，似宜亟选聪颖子弟，携往外国肄业，实力讲求，以仰副我皇上徐图日强之至意"，并提出"爰饬陈兰彬、容闳等悉力酌议，加以复核。拟派员在沪设局，访选沿海各省聪颖幼童，每年以三十名为率，四年计一百二十名，分年搭船赴洋，在外国肄习，十五年后，按年分起，挨次回华。计回华之日，各幼童不过三十岁上下，年力方强，正可及时报效"。李鸿章《论出洋肄业学生分别撤留》认为留美学生在美学习生活深受西方文化观念影响，与中国礼仪和道德说教发生冲突，并由此遭受留美监督管理者责罚，最终导致顽固派攻击，留美运动被迫中途夭折。

留美幼童教育的资料或专题有：刘真、王焕琛编《留学教育》，台湾国立编译馆 1980 年版；陈学恂、田正平编《中国近代教育史资料汇编——留学教育》，上海教育出版社 1991 年版；舒新城著《近代中国留学史》，上海中华书局 1927 年版。它们均有重要的学术价值。

著名的历史学家拉发格（Thomas E. La Fargue）著，高宗鲁译注《中国幼童留美史》，台北华欣文化事业中心 1982 年版，珠海出版社 2006 年重版。全书之前有大量图片，开篇有中英文版的译注者"序文"。正文共 10 章：中国官吏与机器、拓荒者容闳、中国最早的百名留美学生、黯然归国、总督与元帅——中国初创海军、电线、矿冶与铁路、青云直上、革命与共和、结语。最后附作者所作的原书资料说明和中国留美幼童全体名单。拉发格博士是美国华盛顿州立学院历史学教授，1942 年由华盛顿州立学院初版。作者多次来到中国，走访当年的留美人士，收集、采访口述文字。作者所撰写主要取自私人信件、谈话记录，及幼童仅存者应笔者要求提供的自传，及幼童子女们提供的素材等，书前更有高宗鲁先生增添的一批未刊的照片、手迹及信件，使幼童留美资料更显完备，并兼具史料性与学术性。后续版本正文之前又有留美幼童相关图片多幅，开篇有著名历史学家吴相湘所作序言。吴相湘毕业于北京大学历史系，台北"中央研究院"历史语言研究所研究员，台湾大学历史系教授。

高宗鲁译注《中国留美幼童书信集》，台湾传记文学出版社 1986 年版，珠海出版社 2006 年再版。该书收录幼童"书信""自述"与施肇基等纪念幼童留美的讲词以及"清朝幼童留美史实""留美幼童与甲午海战"两文，共 49 篇，展示了幼童求学就业的艰辛历程、师友情感的内心轨迹、个人历练以及国家关注的感悟，是研究留美幼童与中外文化难得的原始资料。译者在使作品努力达到"信""达"境界的同时，更是将中国的政治、社会状况以及写信幼童当时的心情也传达给读者。

这次留学运动自始至终的主角人物容闳据自身西学经历，撰有《西学东渐记》，湖南人民出版社 1981 年版。此书是珍贵的留学史资源，有关教会教育、洋务运动时期的留美教育在其中都有所记述。容闳以亲历者的身份再现了当时的教育情状，较为可信。有关容闳的活动及业绩如李志刚《容闳与近代中国》，台北正中书局 1981 年版；顾敦鍒《容闳年谱长编初稿》，载《图书馆学报》（台中）第 11 卷，1971 年 6 月；黎晋伟《容闳传——中国第一个留学生之一生》，载《传记文学》（台北）第 23 卷第 3 期，1973 年 9 月。

珠海容闳与留美幼童研究会主编《珠海历史文化书系》，珠海出版社 2006 年版。这套书系包括"珠海历史名人丛书""容闳与留美幼童研究丛书""珠海历史名人著作丛书""珠海人文风物丛书"等，是珠海文化建设的一项重要成果。这套书系及四套丛书的编撰出版，兼具学术价值与现实意义。

"容闳与留美幼童研究丛书"意义深远，挖掘各个方面的大量新史料，学术性很强，是纪念容闳诞辰 180 周年的一份珍贵礼物。丛书共两辑，每辑 6 本书，共 12 本，必将推动容闳与幼童、幼童与中外文化、幼童与中国近代化诸领域的创新研究。

珠海容闳与留美幼童研究会主编《共同的容闳（一）——纪念容闳毕业于美国耶鲁大学 150 周年活动纪实》，珠海出版社 2006 年版。书前有"纪念容闳毕业于美国耶鲁大学 150 周年活动"的相关图片多幅。前两篇是前任国家主席胡锦涛在美国耶鲁大学的演讲"真希望成为你们中的一员"和江泽民在美国哈佛大学的演讲"增进相互理解 加强友好合作"。其收录此次活动中的演讲、纪念辞等，除前两篇共计 37 篇。选文内容主要揭示人们对容闳先生及其所作贡献的怀念与感恩。

珠海容闳与留美幼童研究会、珠海博物馆主编《共同的容闳（二）——媒体刊载容闳与留美幼童文章选集》，珠海出版社 2008 年版。该书收录了 44 篇 2004 年以来海内外相关刊物、网络媒体等对容闳与留美幼童所作报道与评价的优秀文章，为纪念容闳与留美幼童史提供更多的视角及启发。

珠海容闳与留美幼童研究会、珠海博物馆主编《影像里的容闳与留美幼童》，珠海出版社 2008 年版。全书共四部分，分别是胡劲草编导纪录片《幼童》解说词五集、索链编导纪录片《容闳与留美幼童》解说词、郑晓旭编导纪录片《百年留学》解说词四集、潘海撰稿纪录片《中国珠海历史名人》解说词（包括容闳、唐绍仪、唐国安、蔡绍基、容星桥）。该书收集了近年来比较权威的有关容闳与留美幼童纪录片，从影像中考察这段历史，形象生动，传播速度快，受众面广。

留美幼童发生在太平洋两岸东西半球相对的两个世界大国之间。美国当时为了调整对华关系，加强其对远东的势力范围，并与欧洲列强争夺在华利益，开出有利于吸收中国学生留美的优惠单，由此促成了此次留美计划的实施。而后来由于美国西部开发运动中，华工与美国经济商业调整之间的冲突又掀起排华运动；同时，拒绝中国学生进入美国西点学校深造，诱发了国内撤回留美学生的声调。因此，近代中国的这次留学教育事件也成为美国学者关注的重要课题。

国内的有关专题著作是在 21 世纪全面改革开放，中国加入世贸组织的历史背景下问世的。

（1）石霓著《观念与悲剧——晚清留美幼童命运剖析》，上海人民出版社2000 年版。正文前有中国近代史专家、华东师范大学教授夏东元所作"序文"、高宗鲁所作"序文"以及作者所作"前言"。该书是国内学者从一种特定视角全面系统考察中国首批留美学生的第一部学术专著。全书共六章，附录九则。第一章阐述世界观的由来及其对中国社会发展的影响；第二章剖析容闳与留美幼童之间的关系；第三章分析异域留学对人格的影响；第四章论述留美事件的产生与结束；第五章探讨幼童在美国的情况；第六章揭示留美幼童对中国社会的贡献与影响。作者除采用历史学方法外，还涉及教育学、心理学、社会学、文化学、人类学等学科理论，研究方法独特，力图证明根深蒂固的中国传统文化世界观是造成留美幼童命运的悲剧和中国早期现代化失败的根源。"本书的研究手法为几何学的'平行三线'法，即留美幼童为上线，也是明线，下线为晚清中国现代化的启动，也是暗线，对上线起陪衬铺底作用，而贯穿其中的中间线为中国传统的文化中心观，这条中间线决定着上下两线的命运。"❶

（2）钱钢、胡劲草著《留美幼童——中国最早的官派留学生》，文汇出版社 2004 年版。全书共五部分，"容闳的梦""哦！新大陆""归去来兮""大清

---

❶　石霓. 观念与悲剧：晚清留美幼童命运剖析［M］. 上海：上海人民出版社，2000：6.

之卒""命运激变",以此图文并茂地详尽叙述留美幼童的历史过程。作者查阅了大量一手资料,《西学东渐记》《留美幼童书信集》《我的童年在中国》(李恩富自传)、容尚谦的回忆《中国留学事务局和它的影响》等。

(3)钱钢、胡劲草著《大清留美幼童记》,当代中国出版社2009年版。开篇有引子Long Long Ago(一张奇异的照片,以及它和摩理臣山、寿臣山、罗便臣道、皇仁书院的关联)。附录有120名留美幼童名录。该书采用纪实的方式讲述了一个多世纪以前中国"留美幼童"的故事。作者查阅容闳自传、耶鲁大学图书馆馆藏的容闳文献、书信等中西文资源,认为:留美幼童是开眼看世界的第一批中国人,在美国,他们不仅学到了科学技术,也潜移默化地受到更深层次制度文化的影响。

(4)刘玉全著《大清幼童留洋记》,珠海出版社2008年版。全书共33章,表现晚清时期围绕幼童留洋、顽固保守派与洋务变革派之间激烈斗争的历史图谱。情景从1870年容闳北上天津协助曾国藩处理"天津教案"拉开,直到1881年幼童留美事业夭折终止,反映了近代中国社会新旧势力斗争的历史风云,记载19世纪美国善良国民对中华幼童的关爱与呵护,场面感人至深,情节引人入胜。作者呈现文本文字优美,活泼新颖,可读性强,为了解大清幼童留洋史提供另类解读。

二、福州船政学堂学生赴欧留学

洋务运动时期的留欧教育主要是福州船政学堂学生赴欧留学,属于近代工业技术、军工制造及海军留学教育。首倡者为时任船政大臣的沈葆桢,后经丁日昌、李鸿章的赞助,总理大臣奕䜣同意,得以实现。

同治十二年(1873年)留欧教育开始筹议。1875年,福州船政学堂派学生魏瀚、陈兆翱、陈季同、刘步蟾等5人随同日意格赴法考察,又派卡长胜等赴德观摩。光绪三年(1877年)第一批学生赴欧留学。总理衙门奏文称:"此次沈葆桢拟遣前后学堂分赴法国深究其造船之方及其推陈出新之理,选择后学堂学生赴英国深究其驶船之方及其练兵制胜之理。与原任督臣曾国藩等遴选学生赴美国学习技艺意见相同。"

出洋留学章程的改变,先后经历两次。第一次章程订于同治十三年(1874年)出洋章程或日意格条陈30条,第二次章程订于光绪二年(1876年)出洋章程31条。光绪二年(1876年)由李鸿章会同福州将军文煜及闽浙总督何璟将筹议经过与留学章程详细入奏，后由李鸿章联合上奏《选派船政生徒出洋肄业章程》10 条。

留欧学生之派遣，因船政技术人才的急需所致，人数多分布在沪及闽广地区。

1877 年，由李凤苞率领学生赴欧。前学堂（制造）魏瀚、陈兆翱、郑清濂14 人赴法学习制造，罗臻禄、林庆升 4 人赴法学习矿冶，随员马建忠、陈季同赴法学律例，共 20 人。后学堂（驾驶）严宗光、方伯谦、萨镇冰、刘步蟾12 人赴英学习海军驾驶，共计 32 人，均于二三年后回国。1881 年回国 9 人，其中回福州船厂有魏瀚、郑清濂、陈兆翱；1883 年回国 9 人；1886 年回国 30 人；1896 年回国 6 人。这些人员大都从事海军船政建设，成为专业的技术人才，对于造船、驾驶船只以及船政管理作出的贡献较为出色。

留欧学生模仿幼童赴美先例，设立留欧学生监督，在华洋之中各选一人充当留学生监督。先由日意格率学生赴法，李凤苞率学生赴英，后又改变分办计划，由日、李二人会办。

洋务派派遣船政学堂人员赴欧洲留学是基于中西海战后巨大落差的反思，同时也是对自身国势危机的挽救，谋求民族崛起的不懈努力。虽然少部分学生转向其他专业留学深造，留学教育过程中也不无波折，但最终取得的留学教育成效仍然十分显著。其中培养了一批具备翻译、军事、船政、科技等学科知识与技能的西化新型专业人才，壮大了我国洋务运动时期科技人才队伍的建设，促进了教育早期现代化的推进历程。

有关洋务运动时期留欧教育历史记录留存情况如下：

（1）《船政奏议汇编》54 卷，光绪十四年（1898 年）福州刻本；《船政奏议续编》，宣统二年（1910 年）福州刻本。《船政奏议汇编》所辑左宗棠、沈葆桢、吴赞诚、裴荫森等人奏议，对于研究福州船政局创办过程、经营管理、生产情况等有重要参考价值，同时也涉猎了大量留欧教育内容。如卷 12 记录：1875 年沈葆桢等《奏派生徒赴英法游历折》奏请派船政学堂学生随同赴欧洲购买船厂机器的日意格赴英、法等国参观船坞及机器设备。随行者有 3 名前学堂学生魏瀚、陈兆翱、陈季同，2 名后学堂学生刘步蟾、林泰曾。《船政奏议续编》主要反映有关船政学堂、马尾学堂的材料。

（2）《清实录》，中华书局 2008 年版影印本。该书为清代历朝官修史料的汇编，内容涉及政治、经济、文化、军事、外交及自然现象等众多方面，是研究清代历史必须借鉴的重要文献，对传政学堂留欧教育也有一定价值。《清德宗实录》是光绪朝的官方史料，如1879年《清帝著庆春等接续遴材派赴各国留学谕》：谕准李鸿章、沈葆桢奏请派遣福州船政学堂部分学生留学欧洲，"海防需才，请饬闽局生徒出洋肄业，定章三年为限，自光绪三年起，至光绪六年，即当陆续送回供差。现在南洋定购勒方锜四号，即拟以学生饬派管驾。此后闽厂成船日多，需才甚亟，闽局前、后学堂续招各生，不乏颖异之才，可以接续派往，就已成之绪，收深造之功。著庆春、何璟、勒方绮查照出洋章程，接续遴才，派赴英、法各国就学。以冀人才日盛，缓急有资"。

（3）《李文忠公全书》165卷，光绪三十四年（1908年）印行。这是同治、光绪朝洋务派代表李鸿章最具权威性的论著集。该书卷28载：1877年李鸿章、沈葆桢等《奏闽厂学生出洋学习折》奏请选送马尾船政学堂前学堂学生14名、艺徒4名，去法国学习制造；后学堂学生12名去英国学习驾驶，期限三年。以三品衔候选道李凤苞充华监督，一品衔原造船厂监督日意格为洋监督，并订有《选派船政生徒出洋肄业章程十条》。

（4）沈葆桢撰《沈文肃公政书》7卷，光绪六年（1880年）刻本。该书主要是沈葆桢的奏稿，存有洋务运动时期科举，马尾、船政学堂办学及留学的文献。沈葆桢，福建侯官人，道光二十七年（1847年）进士，历任翰林院编修、江西巡抚、马尾船政大臣，曾任两江总督。

（5）张侠主编《清末海军史料——福建船政局资料汇编》，海洋出版社1982年版。该书对清末海军建设之形成、发展、衰落有详尽叙述。收入的韩仲英《福州船政始末记》最具代表性，文字语言十分精炼扎实。该文认为福州船政学堂办学体现"中体西用"精神："学习课程除专门学科外，并重中文，兼读孝经、圣谕广训，并学策论。"其中有大量描述船政教育方案、船政学堂创设过程、学科专业设计等方面的内容，并具有分析法国造船技术与英国驾驶技术的优劣，学堂课程内容编制及教习国别之分的特点。在此基础上，又揭示学堂毕业学生的学业成就、走向社会及其所发挥的贡献。

（6）汪一驹著、梅寅生译《中国知识分子与西方：1872—1949》，台湾枫城出版社1966年版。其中《自强时期在欧洲的中国留学生》一章对洋务运动后期福州船政学堂留欧学生的派遣经历、西洋工艺技术、军事武备及航海船运等学科专业的学习与训练做了描述，尤其是对有关学生的知识课程学习和军事训练以及工厂锻炼的结合方式加以总结，为近代职业技术教育模式提供早期的经验。

（7）翟立鹤著《清末留学教育》，台湾三民书局 1973 年印行。全书共六章，前两章介绍留学教育产生原因和留学教育思潮；第三、第四、第五章阐述留学美国、留学欧洲、留学日本；第六章结论，探讨留学教育的检讨和改进。该书采用历史研究方法，引证原始资料，包括清末朝中的封疆大臣及在野知名学者的原书、专著、日记、名家全集、各类文编、汇编、档案、史料等，对内容进行分析、比较、归纳及批判。

留欧学生归国后具体产生影响表现在多个方面。对此，可以参见法国汉学家巴斯蒂《清末留欧学生——福州船政局对近代技术的输入》一文所作的写实情形，原载《清末社会变革（1873—1911 年)》（巴黎，1979 年）。林庆元《福建船政局前后学堂和我国近代科技队伍的产生》论述留欧归国人员在科技、译著方面所取得成就：如严复译著《天演论》《原富》《法意》《群学肄言》《社会通诠》，为打开西方世界之门提供便利；除了人们熟知的大批海军将领、航海工程专业精英人才以及近代翻译学"信、雅、达"思想创立者严复之外，还有陈季同，精通法文，专攻文学，曾用法文出版《支那童话》《黄衫客悲剧》；高级工程师魏瀚，攻克中国造船业一系列难题，又同时精通法律，充当清政府与西方军火交易谋士，为集技术、外交与法律于一身之人才；近代教育家、古文学家、翻译家辜鸿铭集中西文明于一身，精通六种外语，首次将中国"四书""五经"翻译成英文著作，在欧美各国出版，成为最有影响的外文汉学典籍，把古老的儒学教育和中华文明输入西方各国，为人类文明交流作出突出贡献。

第五节　洋务运动时期教会教育的发展

教会教育在洋务运动以后至清末新政时期之前处于发展阶段，也可以说趋于组织管理及制度建立的成熟时期，对中国近代教育史体系建构而言，至为重要。此处为行文相对完整之便，对维新时期予以必要兼顾，以此作为晚清新教育新学制颁行前新教育探索过程中重要板块内容。当然，文献来源及依据主要已在上面呈现，此处不再赘述；少量资源随文加以适当介绍，以示格外留意或补充。

一、教会学校的发展状况

19 世纪 70 年代初以前，传教士设立的学校主要录取教徒的孩子，耶稣会士管理江南的江苏、安徽教皇代牧区，1878—1879 年有 345 所男校和 62222 名男学生，有女学校 213 所和 2791 名女学生，到 19 世纪最后几年，江南天主教学生的总数已逾 16000 名❶。从 19 世纪 70 年代中后期开始，带有世俗性的教育得到越来越多的传教士肯定。根据 1877 年和 1890 年在上海举行的两次"在华传教士大会"的报告，教会设立的学校在逐渐发展的 13 年中，学生人数增加近两倍，约一万余人。包括许多专门学校和大学在内，与天主教主持的教会学校大异其趣，绝大多数新教的学校都开设有西学的教学科目。

19 世纪 70 年代，在基督教传教士中掀起了较为热烈的关于教会与教育关系的讨论，部分传教士怀疑办学对于传教的作用。在后来占据主流的意见中，以美国狄考文为代表，指出基督教会与教育"它们之间有着自然而强烈的亲和力，使得它们总是紧密联系在一起"，学校是实现"基督化中国"这一最终目标的极佳手段，因为"学校不是改变信仰的直接手段，但是它提供了一个转变信仰的好机会"❷。狄考文这种对宗教和教育关系的认识很具有代表性，教会学校随着西方在华利益的渗入以及传教事业的需要，如雨后春笋般地兴办起来。

二、教会小学

19 世纪 70 年代以后，教会小学的招生对象发生转变，特别在沿海通商口岸，多富家子弟入学，而且收取较高的学费。据林乐知（Y. J. Allen）提出的"理由"是："为什么我们教会在中国要不断地为乞丐办义务学校呢？倘若让富有的和聪明的中国人先得到上帝之道，再由他们去广泛地宣传福音，我们岂不是可以少花人力物力，而在中国人当中无止境地发挥力量和影响吗？"❸其实林乐知的这番话是有其历史原因的。随着西方势力在中国社会中立足，在一些沿海沿江城镇，出现了一些洋人开办的企事业机构，如商行、货栈、工

---

❶ 朱经农. 教育大辞书 [M]. 上海：上海商务印书馆，1948：98.

❷ （美）狄考文. 基督教会与教育的关系 [G] //陈学恂. 中国近代教育史教学参考（下册）. 北京：人民教育出版社，1987：97.

❸ 顾长声. 传教士与近代中国 [M]. 上海：上海人民出版社，1991：228.

厂、教会事业、外国驻华机构等。这些部门都招收一些华人为其服务。这样，为洋人服务遂成为一种新的社会职业。这些职业往往薪金较丰，因而，对于一些商人、教徒、华侨、贫穷而无望的读书人，没有什么社会地位而又不富有的家庭，这是不乏吸引力的。入教会学校，学习外语、西学知识，便是通向这些职业的直接途径，这些家庭的子弟纷纷涌向教会学校。生源上的由冷到热，自然抬高了教会学校的"身价"，从而入学条件也强硬了，并且开始收取高昂的学费。从林乐知的"理由"和教会学校招生对象的改变，也能看出传教士在中国办学校，主观上绝不是为了传授给中国人知识、给中国培养人才，或是促进中国教育的发展，而是为了达到传播西方教义，对中国进行文化侵略，进而为其经济及政治侵略服务。

教会小学在教学上较之中国传统以私塾为代表的小学教育有所创新。教会小学在开设宗教、中国经史课程的同时，还教授了自然科学的初步知识，设置了英语课程。在小学中引进的西方近代科学文化及西方语言，打破了中国封建小学教育的一潭死水，有助于中国教育由传统向近代转型期教学内容的改革。新式课程的开设，需有相宜教材，为此，往往采用翻译的西书或教师自编教材，尤其是"学校教科书委员会"的成立及其开展的教科书编译活动，是中国近代教育史上正式使用"教科书"（Text books）这一名词之始，标志着中国近代新式教材代替了传统经史为特征的教材，这对于近代教育历史的发展有着积极的作用。

三、教会中学

从 1860 年到 1875 年左右，教会学校发展很快。19 世纪 80 年代以后，教会学校不仅出现在五口通商口岸，而且扩展至全国各沿海、沿江商埠及内地。自 1875 年至 1900 年的 25 年间，"教会学校总数增加到 2000 所，学生增至 40000 人"❶。其中，中学占总数的 10% 左右。教会中学的主要办学情况如下。

1871 年 10 月，美国圣公会派来中国传教的第一位主教文惠廉（William Jones Boone），创立学校于武昌云华林，以这位大主教所用的中国之"文"姓，取中文"文章华国"的含义，定名为"文华书院"。这就是湖北的第一所教会中学。1873 年，美国长老会传教士狄考文在山东登州的蒙养学堂（1864

---

❶　中国教育进程编委会. 中华教育历程［M］. 北京：光明日报出版社，1997：700.

年创办）设置中学课程，1876 年正式改名为文会馆。学制分备斋（小学程度）3 年，正斋（中学程度）6 年，以宗教教育为主，课程有圣经、天道溯源、天路历程、四书、五经、数学、格物、地石学、测绘、富国策、万国通鉴等。1904 年迁山东潍县，改名为广文学堂，后扩展为齐鲁大学。1891 年，北京崇实馆增设中学，定名崇实中学。1916 年学校规模扩大，增设理化实验室。1917 年设石印科、织毯科，供贫寒学生工读。1923 年设高初中。其他著名的教会中学还有北京汇文中学、圣芳济书院、中西书院等。这时的教会中学已逐渐由不收费向收费转化，特别是教授英语的中学，颇有吸引中等以上社会子弟来学习的魅力。学生中虽以男生占多数，但各差会对于女子教育也很注重，每个差会至少创办女校一所。不过，当时风气未开，所来求学的女生，多来自基督徒家庭，毕业后有些是做女传道。女校之中，以广州真光女学、北京贝满女学、上海中西女学、苏州景海女学最为著称。

四、教会大学

中国近代早期新式高等教育是教会独占的领域，行政权由外籍校长独揽并受外国差会控制，校内强调宗教和英文课程，学生大多数来自教徒家庭，不完全统计 1873—1900 年，教会大学注册学生 510 人。

随着教会势力的扩张和办学条件的逐步成熟，传教士意图将登州文会馆学校改为大学。狄考文于 1881 年 2 月 14 日将登州文会馆升格为大学的报告递交美国长老会差会部，并附加了一份有关办学的计划方案，1884 年终于正式批准改名为大学，英文名为 "Shantung College"，于是，1904 年文会馆与山东潍县所属之广德书院合并为广文学堂，1917 年更名为山东齐鲁大学。

关于登州文会馆的记载较多：朱有瓛、高时良主编《中国近代学制史料》第四辑（华东师范大学出版社 1994 年版），收入《王长泰、开瑞符记齐鲁大学广智院概况》《〈文会馆志〉记齐鲁大学前身登州文会馆规章》《王神荫记齐鲁大学校史》；陈学恂主编的《中国近代教育史教学参考资料》下册（人民教育出版社 1987 年版），收入《山东登州文会馆正斋备斋分年课程表》等。

五、教会女学

19 世纪下半叶，外国侵略者对中国的侵略加深，传教活动从沿海往内陆腹地延深。随之，传教士一改以往拯救个人灵魂这种"向水中播种"的劳而无功的策略，转而从事旨在改造传统社会的文化和教育活动，为了在二万万中国妇女中最大限度地培养出合格的教徒妻子、女传教者，教会大力开办女学。据统计，到 1876 年，有教会女校 121 所，学生 2100 余名。可以断定，19 世纪 60 年代到 70 年代的 10 年间，教会女学的发展较快。关于 19 世纪 80 年代以后教会女学的统计资料欠缺，但是从上述教会小学和教会中学的数量中可以大致推测教会女学的数量不少于教会中学，并且在教会小学中占有相当权重系数。

这时的中国社会正发生着急剧的变革，洋务运动、维新运动风起云涌，中国士人对西方的态度也开始转变，而社会风气也有一定程度的变化。这一时期，著名的教会女学有上海的圣玛利亚女校（1881 年）、镇江女塾（1884 年）、上海的中西女塾（1892 年）及启明女校（1905 年）、华北协和女子大学（1904 年）、北京的燕京女子大学（1908 年）、福州的华南女子大学（1914 年）等。总之，在这一阶段，教会女学不仅数量增加，而且有了小学、中学和大学。近代中国的教会女学，是应向中国女界传教的需要而设立的。无论哪一级女学，"皆应为社会宗教之中心点，以养成基督信徒，教育家，与慈善家为目的"❶。总之，教会女学是为培养教会在华宗教事业所需要的人才而兴办的，为实现其教育目标，教会女学精心安排其教学活动。

六、教会教育的组织团体

西方教会在华办学活动的重要进展是创设专业组织机构及社团，在发挥教育协调作用同时，将教育与社会取得联系，并通过教育影响社会。

（一）学校教科书委员会（益智书会）

学校教科书委员会，又名益智书会，1890 年后改组为中华教育会。

光绪三年（1877 年），教科书成为在华新传教士第一届大会（The First General Conference of the Protestant Missionaries in China）重要的讨论议题。会中，文艺委员会（Committee on literature）建议为教会学校编辑一套初等学校用书，成立专业委员会，成员由丁韪良、韦廉臣、狄考文、林乐知、利启勒（R. Lecher）及傅兰雅（John Fryer）等构成。大会接受此项建议，并委任丁韪良为委员会主席，定名为 School and Textbook Series Committee，中文名称

---

❶ （美）麦女士. 基督教女子教育［G］//李楚材. 帝国主义侵华教育史资料：教会教育. 北京：教育科学出版社，1987：5.

"益智书会"。

光绪三年（1877 年）秋，秘书韦廉臣发出通知，说明该会的目的，要求以基督教的立场编辑课本，此项课本并能为中国人乐意采用，未进教会学校的青年也可借此机会获取知识。

益智书会所编书目举例如下：算学类中卡珀夫人（Mrs. Capp）所编《心算初学》（Mental Arithmatics），科学类中傅兰雅所编《化学须知》（Chemistry）、《电学图说》（Electricity）、《水学图说》（Hydraulics）、《热学图说》（Heat）、《重学图说》（Mechanics）、《格物图说》（Properties of Matter）；摩嘉立（Dr Baldwin）所编《天文图说》（Astronomy），韦以道（Mrs Williamson）所编《百鸟图说》（Bird）；历史类中，慕维廉（William Muirhead）所编《大英国志》，谢卫楼（D. Z. Sheffield）所编《万国通鉴》；地理类中慕维廉所编《地理全志》；其他有丁韪良编《万国公法》，狄考文编译的《西国乐法启蒙》。益智书会出版物中宗教书籍共 12 种，由韦廉臣及其夫人编撰。

（二）中华教育会

1890 年，基督教传教士全国大会决议将学校教科书委员会改组成中华教育会（Christian Education Association of China），1916 年会名改为中华基督教教育会（The Chritian Education Association）或简称基督教教育会。这个组织从单纯编辑出版教科书扩展为对整个在华基督教教育进行指导，垄断中国的新式教育阵地，侵犯中国的教育主权。

美国学者郭爱理（Alice Gregg）著《中国与教育自治》（1807—1937 年）一书，将教会教育分为三个不同的时期：第一个时期从 1807 年到 1902 年为教会教育的出现和初步发展时期，学校和教科书委员会以及中华教育会的出现被视为是教会教育组织化努力的结果。作者认为中华教育会出现的原因主要在于出版教科书、统一术语和制订课程标准三个方面的需要。中华教育会的任务就中国实际教育情况而论，除继续负责编辑出版学校教科书外，还要对中国进行教育调查，举办各种讲习会、交流会、演讲会，交流和推广中华基督教教育的经验，策划教育方针、教育计划和具体措施。《中华教育会章程》规定，本会的目的是促进中国的利益和增多从事教育工作者的兄弟般的合作，中华教育会顾名思义并不局限于教会学校，而是囊括"中华教育"。

台湾王树槐《基督教教育会及其出版事业》（台北宇宙光出版社 1981 年版）讨论中华教育会的起源、组织、出版事业等方面的事实，特别对该会的组织情况以及出版事业的研究透彻而且全面。

王立新专著《美国传教士与晚清中国现代化》（天津人民出版社 1997 年版）以"群体的努力：从益智书会到中华教育会"为标题，对清末时期中华教育会的成立和作用进行了研究。显然，作者注意到了中华教育会的群体作用，是从事教会教育的传教士群体组织。传教士群体在戊戌变法期间曾试图控制中华教育变革，虽然没有实现这一目的，但也确实成为 19 世纪在中国传播西式教育的主角："作为教育家的组织，益智书会和中华教育会在帮助完善教会学校教育功能，实现教会教育的专业和正规化方面发挥了重要的作用。"可见，教会教育机构对基督教教育起了规范作用，特别是作为传教士群体组织的中华教育会，翻译教科书，推进中国的教育改革运动，在一定程度上促进了中国教育的现代化。

研究此时期教会教育的发展状况参考资料较多地集中于上面有关篇章中，不再赘述。作为拾遗补阙的延伸，呈现西方资料如：《基督教在华传教士大会记录，上海，1890 年》；《中国教育会年会报告，上海，1893 年》；《中国基督教差会年鉴》上海广学会印。日本学者成果如山口昇《欧美人在中国的文化事业》，上海本堂书店 1921 年版；平塚益德《近代支那教育文化史》，日本目黑书店 1942 年版；佐伯好郎《清朝基督教之研究》，东京名著普及会 1979 年版；矢泽利彦《中国与基督教》，东京近藤出版社 1972 年版；山本澄子《中国基督教史研究》，1972 年版。

西方传教士在华传教布道、兴学设教，在新闻出版及医学治疗等领域展开活动并有所推进的过程中，并非一帆风顺、畅行无阻，而是经历风波磨难、挫折丛生。其中最集中体现矛盾冲突及斗争的是近代教案，对该主题探讨的代表性论著为：张力、刘鉴唐著《中国教案史》，四川省社会科学院出版社 1987 年版。该书正文前有图片多幅。全书共 13 章，概略记叙自 19 世纪基督教新教开始传入到新中国成立新基督教各教派的传播、流行及有关教案的历史，探讨其对中国教育、思想、科技等方面的影响，是一部有关基督教各教派在华引起的教案史录。所记载教案达 600 多起，时限范围覆盖自鸦片战争至 20 世纪 20 年代的 80 多年间，而最为集中的则是 20 世纪 30 年代的 10 年间，教案共达 225 起。

第十一章 维新运动时期教育的
主要内容与史料

从19世纪70年代洋务运动后期开始，逐渐产生了一些反映民族资产阶级要求的思想家。他们与洋务派一样宣传向西方学习，变法图强，但他们在批判封建教育的过程中逐渐与洋务派思想分离，开始批评洋务教育，主张改革教育，引进西学课程，设立新式学校，建立西方化教育制度。早期资产阶级改良派代表人物主要有容闳、冯桂芬、王韬、薛福成、马建忠、陈炽及郑观应等。面对内忧外患的民族危机，目睹西方经济的发达，改良派认为要加强商战，设工厂、开矿藏、行轮船、筑铁路以及学习西方的商务等，逐渐形成了一股实业救国热潮。从实业救国思潮和中国实业教育的关系来看，如果没有农、工、商资本主义经济的建立，实业教育也无从产生；没有实业思潮的激荡，实业教育也成了无本之木。

甲午战争以前学习西学的范围主要是器物技艺或称格致艺学。19世纪60年代后教育思想领域讨论"采西学""制洋器"，他们虽然还坚持中国的礼乐教化优于外国，但却不得不认为，面对时艰，应当因时变通，学习西方艺学。洋务运动所举办学堂大体上属于外语、军事技术、工艺三类，科举改革特开艺学一科。甲午战争以后进而主张学习西方政治、经济、哲学、教育、史学、文学等政学；张之洞在《劝学篇》中提出"西学亦有别，西艺非要，西政为要"；梁启超主张"分日立学，当以政学为主义，以艺学为附庸"。

维新变法时期的教育思想及实际改革是深刻而广泛的，可以称之为近代兴学的第一次热潮，在抗争与角逐中为近代新教育运动拉开帷幕。有关的文献史料及研究论著都能对此有所证实及体现。参考书目征引如下：陈宝琛等修纂《德宗景皇帝实录》，1939年影印本；朱寿朋编《光绪朝东华录》，中华书局1958年版；沈桐生编《光绪政要》，上海崇义堂宣统元年（1909年）石印本；

陈忠倚辑《皇朝经世文三编》，上海书局光绪二十七年（1901 年）石印本；麦仲华辑《皇朝经世文新编》，上海书局光绪二十四年（1908 年）石印本；刘锦藻编《清朝续文献通考》，上海商务印书馆 1936 年版；国家档案局明清档案馆编《戊戌变法档案史料》，中华书局 1958 年版；于宝轩辑《皇朝蓄艾文编》，上海官书局光绪二十九年（1903 年）铅印本；张之洞撰《张文襄公全集》，新城王氏 1928 年刊本；盛宣怀撰《愚斋存稿》，武进思补楼 1939 年刊本；唐才常撰《觉颠冥斋内言》，光绪二十四年（1898 年）长沙刊本；汤志钧编《康有为政论集》（上、下），中华书局 1981 年版等。

第一节　维新教育思潮与近代教育的拓展

中日甲午战争后，随着民族资产阶级的出现和民族矛盾的加深，国内要求改革的呼声日益增高，形成了资产阶级维新思潮，出现了维新运动。维新运动的领导人认为"变法之本，在育人才；人才之兴，在开学校；学校之立，在变科举"❶。因而积极倡导新学，十分重视教育，把设学校以培养人才，立报馆以宣传变法，建学会以组织力量，译西书以介绍"西学"，提倡白话文以便广大国民读书识字作为教亡之道。其中自觉或不自觉地开展了普通教育活动，而在文化教育领域里形成的资产阶级维新教育运动本身又极大地推动了教育的近代化。

一、中学、西学的论争

在中学和西学的关系上，维新派强调的是中西并重、观其会通的原则，并且对"中学"进行了批判改造，无论中学、西学，所选择的内容都必须以致用为原则。

维新派积极提倡西学、新学，驳斥了顽固派的坚守中学、旧学，拒绝西学、新学。从中学与西学之争，进而趋向中西会通。康有为称"中学为体，西学用也；无体不立，无用不行，二者相需，缺一不可"❷。张之洞在《劝学篇》中强调"中学为体，西学为用""中学为内学，西学为外学，中学治身

---

❶　康有为. 请开学校折［G］//汤志钧，陈祖恩. 中国近代教育史资料汇编：戊戌时期教育. 上海：上海教育出版社，1993：51.

❷　汤志钧. 康有为政论集：上册［M］. 北京：中华书局，1981：294–295.

心，西学应世事"，提倡"新旧兼学，政艺兼学"。盛宣怀在有关开办南洋公学奏折中指出："中外古今教学宗旨，本无异同。特中土文明之化开辟最先，历世愈远，尚文胜质，遗实采华。而西人学以致用为本，其学校之制，转与吾三代以前施教之法相暗合。"有关中西学论争内容正反面均有，正派如严复《论世变之亟》（1895 年）、《救亡决论》（1895 年）、《与外交报主人论教育书》（1902 年），梁启超《上南皮张尚书论改书院课程书》（1897 年）、《与林迪臣太守论浙中学堂课程应提倡实学书》（1897 年）。

《严几道诗文钞》卷 4（国华书局印 1922 年刊）收入严复《与外交报主人论教育书》（1902 年）一文，其中论述中学与西学、西政与西艺、西文与西学的理解问题，认为把中学和西学看成是体用关系、主辅关系，把西政和西艺看成是本末关系，都是不妥当的。中国最迫切的任务是疗愚、疗贫、起弱，"三者之中，尤以疗愚为最急"；而疗愚，又"以治西学为当务之急"。在如何治西学的问题上，严复反对以汉文课西学，主张"用西文西语"，以"得其真"；反对学习西方的"自由、平等、民权、压力、革命"等"政论"，主张"宜着重科学"以"得其本源"。

顽固派对维新派提倡西学、新学，表示深恶痛绝，认为"离经叛道"。特别在戊戌变法失败以后，顽固派曾多次上奏折呈文，竭力攻击西学、新学，如高赓恩、恽毓鼎、缪润绂等斥西学为异端邪说。

苏舆辑《翼教丛编》，光绪二十四年（1898 年）武昌刻本。其中收入《宾凤阳等上王益吾院长书》（1898 年），发表反对变法维新、维护封建纲常名教的言论。"邪说横溢，人心浮动，其祸肇于南海康有为"；"康之弟子梁启超主讲时务学堂，张其师说，一时衣冠之伦，罔顾名义，奉为教宗。其言以康之《新学伪经考》《孔子改制考》为主，易平等、民权、孔子纪年诸谬说辅之。伪六籍，灭圣经也；托改制，乱成宪也；倡平等，堕纲常也；伸民权，无君上也；孔子纪年，欲人不知有本朝也。徒以主张变法牵付时务。"

叶德辉辑《觉述要录》，光绪三十一年（1905 年）刊本，收入（1899 年 1 月 30 日）翰林院传讲学士恽毓鼎《请崇正学以端士习所》。该文集中体现百日维新失败后，守旧派官员反对新学教育培养变法人才的改革举措："民权平等，邪论蜂兴，狂恣之极，遂成悖逆"；主张恢复原有科举和教育，隔离新教育观念和方式的侵蚀，"遇有创为新说违背经谊者，不但黜其文字，并传本生严惩加戒，以儆效尤。乡会取中试卷，如有离经叛道之文，由磨勘官签出，将主司交部严加议处。庶几雷霆震厉，邪魅渐消，学术既端，人心自正。培植根本，安养元气，无逾此者"。

　　新旧两派中西学文化思想论战及学校科举问题讨论的内容，在此期新办报刊中大量呈现。这些传媒实体主要有：上海强学会编《强学报》，光绪二十一年十一月二十八日（1896年1月12日）创刊，上海强学书局发行；章太炎等主持《实学报》，上海实学报馆发行；陈季同等创办《求是报》；恽积勋、恽毓麟总理，章太炎、杨模主笔《译书公会报》；上海蒙学公会编印《蒙学报》。

　　该论题当前出版著作主要是：丁伟志、陈崧著《中西体用之间——晚清中西文化观述论》，中国社会科学出版社1995年版。全书以探讨中国文化的近世境遇为主题，分为"中西文化的一场遭遇战""洋务自强运动引发的中学西学之争""为维新变法立论的康梁'新学'之兴起""辛亥革命前十年文化观念的演变"四章，依次分析"中体西用"文化观萌生、形成、嬗变、分解的历史全过程，展示在这个过程中各种文化思想、价值观念间发生的种种冲突与交融。作者通过对晚清各种文化流派和各种文化主张的剖析，"致力于揭示中国文化推陈出新这一历程的艰难曲折，揭示这场文化剧变中各种文化见解间是非曲直的错综复杂"。其中不乏对近代中国教育的阐述，例如对"经世致用"学风再兴的分析、对"同文馆之争"的详细论述、对"新学"渊源和"新学"实质的分析等，作者从文化学的角度阐述中国近代教育变革，为教育问题探讨提供新的视角。

二、开民智，兴办小学教育

　　维新派对当时西方资本主义国家的学校给予高度的评价："凡泰西之所以富强，横绝地球者，不在其炮械军兵，而在其学校也。"❶梁启超指出："变法之本，在育人才；人才之兴，在开学校。"故"亡而存之，废而举之，愚而智之，弱而强之，条理万端，皆归本于学校"。❷大办新式学堂，建立资本主义教育制度，成为维新派人士的共识。

　　要开发民智，就必须改革学校教育内容。传统的以儒家经典及蒙学教材为

---

❶ 徐勤. 中国除害议 ［G］//舒新城. 中国近代教育史资料：下册. 北京：人民教育出版社，1981：951－952.

❷ 梁启超. 学校总论 ［G］//汤志钧，等. 中国近代教育史资料汇编：戊戌时期教育. 上海：上海教育出版社：7.

主体的教学内容因其不适应近代社会的需要而受到批判。维新派从"开民智"的立场出发，坚决主张摈弃封建文化糟粕，逐步改变洋务学堂单纯学习外语和技术艺能的局面，扩大西学的范围和中学的学以致用。

与洋务派不同，维新派十分重视初等教育。梁启超指出："春秋万法托于始，几何万象起于点，人生百年，立于幼学。"❶ 小学是整个教育的基础，基础若不牢固，则教育无由发展。因此，要发展教育事业，必须从大力兴办小学开始。

初等教育中心在上海，其代表人物是钟天纬。据《上海三等学堂》（1903年重刻本），钟天纬毕生致力于改良教育事业，1896年创办上海三等公学，用新法教授，又与张经甫、宋燕生、赵颂南、孙仲瑜、胡仲巽每七日叙会一次，拟改良教育，倡新法教授议。1898年与朱问渔、戴调候、徐伟仁、朱葆元立兴学会于沪北格致学院，谋改良教育；又设四小学于高昌乡，名棠荫、董威、湖海、平安小学，皆以新法教授，曾编《字义教科书》（又名《蒙学镜》）、《教授新法》，上海一新书局刻本。其中重要篇目有《公塾原启》《小学堂总章程》《小学堂功课章程》及《训蒙捷诀》，上海三等公学不用《三字经》《千字文》这类旧教材，但当时新的教科书"善本不易得"。"工欲善其事，必先利其器"，钟天纬亲自撰新教科书。由于他优于中学，又游历外洋，对西学亦有"真知灼见"，他编的教科书"理纯而正，俗不伤雅，浅而易晓"，被推为教科书中的楷模。所编教科书共十二册，分别为《字义》《歌谣》《喻言》《故事》《智慧》《格言》《女鉴》《经余》《格致》《史略》《文萃》《辞章》。该套教科书一反旧教材艰深难懂的旧习，以白话编纂，适合初学儿童，学生读来只觉其乐，不觉其苦，所以又名《读书乐》。读了这些书，能使学生"盖蒙之义训昧，得镜照之，昧者斯明"，所以，这些教材又有《蒙学镜》之称。

盛宣怀《愚斋存稿初刊》卷二"奏疏"（二）载：1898年，盛宣怀《奏陈开办南洋公学情形疏》，奏请在上海筹办南洋公学，仿效西方学制规划分为上院、中院、下院、师范院以及外院，分别对应于头等学堂、二等学堂、师范学堂和小学堂，以师范学堂与小学堂作为师资培养和小学实习的互动关系。其中的章程对"设学宗旨""分立四院""四院学生班次等级""学规学课""考试""试

❶ 梁启超. 变法通议·论幼学 [G] //陈学恂. 中国近代教育文选 [M]. 北京：人民教育出版社，1984：148.

业给据""藏书译书""出洋留学""教习人役名额"等做了详细规定。

三、中学教育的发端

中学即学生年龄在 12～18 岁这一学习阶段，在中国古代教育史上是并不作为一个特定教育阶段划入学制系统内的。一直到了戊戌变法时期，才模仿资本主义国家，在学制系统内正式规定有中学教育。康有为首次正式提出了"县立中学"这个名称。"请远法德国，近采日本，以定学制，乞下明诏，遍令省、府、县、乡兴学，乡立小学，令民七岁以上皆入学，县立中学，其省府能立专门高等学大学"，❶ 此处提出了从小学、中学到大学的完整的学制系统。维新运动时期，具有维新改良思想的官僚、开明绅士或从中游离分化出来投资、兼营近代工商业买办等开通风气之先者开始创办一些新型公立普通中学，其中有影响的有：天津中西学堂（1895 年盛宣怀创办）；上海南洋公学（1896 年盛宣怀创办）；陕西格致实学书院（1895 年陕西举人邢廷英等创设）；贵州贵阳经世学堂（1896 年严修创办）、陕西游艺学塾（1896 年陕西巡抚魏光焘设立，1898 年并入陕西中学堂）、苍霞精舍（1896 年福州士绅陈璧、林纾等创办）；陕西泾阳格致实学书院（1897 年陕西督学赵维熙、巡抚魏光涛创立，后更名崇实书院）；绍郡中西学堂（1897 年浙江绍兴徐树兰创办）；安徽安庆二等学堂（1897 年邓华熙创办）；广州时敏学堂（1898 年陈芝昌、邓家仁等创办）；北京五城中学堂（1898 年光绪帝谕孙家鼐办理）等。

天津中西学堂内分头等学堂（大学本科）与二等学堂（大学预科）。前者分设法律学门、土木工程学门、采矿冶金学门及机械工学门，后者设英文、数学、各国史鉴等课程。格致实学书院不限定中学西学，但求有益于实用，"如天文、地舆、吏治、兵法、格致等类，互相讲求"。❷ 贵州经世学堂教学以经史、算学为主，同时还教授时务、政要，首开贵州新学风气。陕西游艺学塾课程分算学、格致、英文、课外阅读，教学分教习讲授和学生发问。福州苍霞精舍学生除学经史、时务外，兼习算学、地理专科。陕西泾阳格致实学书院开设课程有格致、英文、算学、制造等。绍郡中西学堂学习课程为国学、算学、外国文（英文和法文任选一种），1899 年由蔡元培任学堂总理，提出征集同志，

---

❶ 汤志钧，陈祖恩. 中国近代教育史资料汇编：戊戌时期教育 [M]. 上海：上海教育出版社，2007：112.

❷ 陈学恂. 中国近代教育大事记 [M]. 上海：上海教育出版社，1981：71.

编辑教科书。广州时敏学堂大学部课程有修身、国文、经史、地理、宗教、政治、格致、算学、英文、日文、体操等科，小学部暂不开设宗教、政治、格致、日文。京师大学堂课程分普通学和专门学两类，以经学、理学、中外掌故学、诸子学、初级算学、格致学、地理学、文学及体操学为普通学科；以各国语言文字学、高等算学、格致学、政治学、地理学、农学、矿学、工程学、商学、军事学、卫生学为专门学科。这些学堂采用新式西学课程，促使当时所翻译刊行的西学书籍部分选用为学校教科书，以实现课程的实施目标，也为进一步设计或提高教科书的编辑出版提出了客观要求。这些对我国近代学校教科书的改革产生了积极的影响。以下例举几所中学堂的史料记录：

《皇朝蓄艾文编》卷 16 学校 3，1897 年收入邓华熙《奏设二等学堂折（附章程）》：安徽省城安庆拟设立以讲求西学为重心的二等学堂，涉及学堂的招生及办学管理要求，功课内容及考核办法，并就教师的水平素质及讲课方法，学生的学习升级及毕业出路做了描述。

何廷光、康广仁经理《知新报》，于光绪二十三年正月二十一日（1897 年 2 月 22 日）在澳门创刊。其中第二十七册 1897 年 8 月 8 日载：《绍郡中西学堂规约》，对创办于绍兴的中西学堂的管理、课程、教学、考核等做了详细的规定。该学堂吸取中国古代书院办学及西方西学教育体制的特点，融合中西但以西学教育为主体，将课程设置、编年计划与教学组织方式有机结合，有助于教师的教学实施及教学成效的测评。内分四馆，依次编制不同的课程，以组织教学活动，分别是中学课程、英文馆课程、法文馆课程、算学课程。第五十三册刊发，《广州创设时敏学堂公启》《时敏学堂章程》（1898 年 4 月）：根据政府诏开经济特科的要求，在广州创设时敏学堂，"首倡学会，各集同志，量为醵资，广购图籍，日有讲习，以扩见闻，月有程课，以抒心得。凡期人读有用之书，国储远到之器，诚谊举矣。名曰时敏"。并制定章程十余条，主要内容包括：①购书，学子读书，本期致用；②购图，经济以地理为本，地理非图不明；③择地，百工居肆，以成其事；④聘教习以资启迪；⑤派游历以扩见闻，儒者读书，百闻不如一见；⑥笃交谊以励实学；⑦拒异类以端品流；⑧建学舍以便砥砺；⑨设义学以广人才；⑩广劝捐以示鼓励。此外还有如下需求：集款、公用、核实，并且刊报章以备刍荛；译书籍以便寒畯，设借书以便观览，捐书籍以期美备，举值事以资臂，立总管以专责成，设管账以司数目，轮管值以重公款，绵世业以垂久远，会董值以商事宜，凭公论以定举行以及周咨询以匡不逮。

《皇朝蓄艾文编》卷 15《学校》二载：1898 年 8 月 4 日，孙家鼐《议覆五城建立中学堂小学堂疏》提出规划设立大学堂需要生源及其他的资源基础，因此，开办北京京城中学堂和小学堂势在必行，应在京城先行办理，并将有关书院加以改制转型。"俾土著之人与外省在京之举贡生监及京官子弟一体入学，此培养人材，讲求实学之至意也。"

维新运动时期社会思潮影响教育观念最为显著，同时学派思想的中西之争、经学的命运堪为代表。从教育领域变动荟萃之中心观察，则又以张之洞主张的两湖地区为范本标志。当前已出版主要著述如下。

（1）王先明著《近代新学——中国传统学术文化的嬗变与重构》，商务印书馆 2000 年版。该书共八章，从纵横两个方面再现近代新学形成、发展的历史轨迹，西学和旧学的相互关系、基本内容和构建模式，以及与近代社会转型的历史联系。作者在"绪论"中写道："近代新学是中国学术文化的近代形态，是传统学术文化的近代转型。作为一个新的学术文化形态，它具有着不同于旧学的学理内容和文化模式；作为中学的历史发展，它也有着与西学不同的学理内容和结构模式。同时，它不仅是中国近代社会转型的历史产物，而且是推动近代社会变革的学术动力，是造就一代新人才的知识体系。"❶ 作者较少讨论近代新学的历史评价，而是更多地着力于还原近代新学的原貌。

（2）赵柏田著《帝国的迷津：近代变局中的知识、人性与爱欲》，中华书局 2008 年版。该书以人物为单元，描述 19 世纪中叶至 20 世纪初期林则徐、徐继畲、王韬、赫德、布兴、李慈铭等 10 余位人物的事迹。每位人物之后附人物档案。作者在"自序"中写道："本书试图搭建一个人性与观念史交织的平台，让官员与学者、传教士与海盗、思想家与冬烘先生、维新人士与保守派大员悉数登场，在现代性与传统、道德与人性之间角力争逐，呈现出一帧十九世纪中叶至二十世纪初的浮世绘。"作者所选择的人物，既有接受新思想的早期改革派与维新人物，如林则徐、徐继畲、王韬、容闳、严复、康有为等，也有在传统文化的框架中度过了大半生的旧文人，如杨度、李慈铭、段光清等。其中多处记载这些知识分子的教育活动和教育思想，如王韬东游扶桑的游学、容闳为教育事业的奔波、严复翻译西方名著渴望"著述以醒世"、康有为的教

---

❶　王先明. 近代新学：中国传统学术文化的嬗变与重构［M］. 北京：商务印书馆，2000：9.

育经历等。该书从不同角度评述了近代中国教育家的教育思想。

（3）吴雁南主编《清代经学史通论》，云南大学出版社 2001 年版。全书共五篇 16 章，20 余万字。该书在概述经学演变历史的基础上，评介清代经学发展演变的基本史实，并将经学置于中国历史发展的大潮中，经学源流与学潮、政潮相结合，探索传统学术与近代社会的关系。作者选用材料充实，立论严谨，熔铸己见，锐意探索，其中对经学源流的梳理有利于深入理解清末教育思想的延续与变革。

（4）汤志钧著《近代经学与政治》，中华书局 2000 年版。全书共八章，系统梳理"汉学"复兴，经学嬗变及改造，"旧学"和"新学"、"革政"和革命，经学的终结等方面材料，其中以政治与经学演变的关系为内在线索及主要论题。书末附"近代经学年表"。自清代中叶起，社会的剧烈变革对"经学"产生了重要影响，经学内容快速地发生演变，其中较多教育思想家对经学内容进行阐释，如龚自珍的经今文、魏源的"变易"思想和《诗》《书》"古微"、曾国藩的"汉宋兼容"、康有为的经古文经学、张之洞的"旧体西用"等。作者站在近代中国经学演变的立场上，其思想对于深刻理解近代中国教育思想家的传统教育元素及渊薮思想具有重要意义。

（5）曹运耕著《维新运动与两湖教育》，湖北教育出版社 2003 年版。全书共五章。前四章分析维新运动前期、中期和后期的"两湖"教育发展情况，以揭示期间的内在关系；最后一章总结反思。作者参阅各类专题资料、文集、日记和以维新运动为中心的各类资料汇编，运用理论研究与文献研究相结合的方法，以求达到既见森林、又见树木的效果。

四、京师大学堂

传统高等教育的代表是专学经、史、子、集等旧学的高等学府。维新变法时期，新型大学建立，最早的是京师大学堂，属新旧兼学的大学，到了维新变法时期，由光绪帝严令筹办，才得以初步建成。

光绪二十二年（1896 年）七月，学务大臣孙家鼐《遵议开设京师大学堂折》："一曰抱定宗旨，诸君来此求学，必有一定宗旨，欲知宗旨之……一旦分离升转他校，或置身社会，总宜先立定宗旨。""今中国京师创立大学堂，自应以中学为主，西学为辅；中学为体，西学为用。中学有未备者，以西学补之；中学其失传者，以西学还之；以中学包罗西学，不能以西学凌驾中学，此是立学宗旨。"

京师大学堂的筹议与开办经过的记录主要包括：孙家鼐《议复开办京师大学堂折》（1896 年）、《筹办大学堂事务请旨遵行折》（1898 年）；《奏陈筹办大学堂大概情形疏》（1898 年）、《奏陈京师大学堂开办情形折》（1898 年）；总理衙门《遵筹开办京师大学堂折（附章程、清单）》（1898 年）；王鹏运《奏请开办京师大学堂折》（1898 年）；李盛铎《奏拟京师大学堂办法大纲折》（1898 年）；张百熙《奏办京师大学堂情形疏》（1902 年）。罗惇曧报道京师大学堂的沿革和情况的专文《京师大学堂成立记》，载《庸言》第 1 卷第 13 号，1913 年 6 月：主要记述京师大学堂创设的历史背景及相关缘由，尤其揭示日本和欧洲教育传播在中国推广和实验的情形，清末开明官绅尤其是政府阵营的办学教育家活动的关系及扮演的角色，如孙家鼐、荣庆、张百熙、吴汝纶等有关的业绩和思想都可从中有所呈现。喻长霖《京师大学堂沿革略》，载《惺斋初稿》卷 4，崧岱山馆丛抄本，1908 年。王仪通《〈京师大学堂同学录〉序》，载《北京师范大学校务汇刊》第 25 期，1923 年 11 月。此外，北京大学档案馆藏有关京师大学堂档案资料，以下选其中两篇"奏折"加以介绍。

1898 年 12 月 3 日，孙家鼐《奏陈京师大学堂开办情形折》对京师大学堂的筹办事宜、建筑器材、办学资金、仪器设备、学生报考收入，以及师资聘请等相关进展情况做了说明，认为办学应该通才与专才教育相结合，但尤其要注意各个专门技术领域科技实用人才的培养。因此，办学的影响一方面"先课之以经史义理，使晓于尊亲之义，名教之防，为儒生立身之本；而后博之以兵农工商之学，以及格致测算语言文字各门；务使学堂所成就者，皆明体达用，以仰副我国家振兴人才之至意"；另一方面"以兵农工商皆出自学堂。兵知学，则能知形势，守纪律；农知学，则能相土宜，辨物种；工知学，则能通格致，精制造；商知学，则能识盈虚，综名实"。

《皇朝蓄艾文编》卷 15《学校》：1898 年 7 月 3 日，军机大臣、总理衙门会奏《遵筹开办京师大学堂折（附章程、清单)》，提出参考日本和西方学制设置京师大学堂办学方案。大学堂，"设于京师，以为各省表率，事当开创，一切制度，均宜审慎精详，非有明体达用之大臣以管摄之，不足以宏此远谟"。办学章程共分八章，分为总纲、学堂功课例、学生入学例、学成出身例、聘用教习例、设官例、经费、新章。其中细则五十二条，规定大学堂办学方针为："中学为体，西学为用，中西并用，观其会通。"课程分普通学和专门学两类，以经学、理学、中外掌故学、诸子学、初级算学、格致学、地理学、文学及体操学为普通学科；以各国语言文字学、高等算学、格致学、政治学、地理学、农学、矿学、工程学、商学、兵学、卫生学为专门学科。章程还规定"各省学堂皆归大学堂统辖"。同时，并提出"宽筹经费""宏建学舍""慎选管学大臣""简派总教习"四项建议。

《万国公报》第一百二十册刊登《京师大学堂条规》（1899 年 1 月），第一百二十三册刊登《京师大学堂禁约》（1899 年 3 月）。前者规定学年制的常规组织设计，学校的学生思想、政治、教育、考勤纪律；分科教学的专业学科及课程要求以及学年制管理与考评等诸多内容，从中显示京师大学堂分专业学科培养人才，中西学并重，西方教育管理模式为主，以及班级授课制教学组织推行等新教育特点；后者主要是有关学生的言行举止和行为规范的约束，以及惩戒的举措。

京师大学堂历史溯源的另一支脉是京师译学馆。京师译学馆继京师同文馆之后开办，光绪二十九年（1903 年）九月开馆，宣统三年（1911 年）九月结束，归并北京大学，改为法律院，先后共计 8 年。学校监督为黄绍箕、章授、王季烈、邵恒，教员有蔡子民、汪荣宝、韩朴存诸人。有关史料有：李希圣《京师译学馆沿革略》、张缉光《京师译学馆建置记》、刘焜《京师译学馆始末记》，均载《京师译学馆校友录》；章梫《京师译学馆同学录叙》，载《一山文存》卷九，1928 年木刊本；陈诒先《记译学馆》，载《宇宙风》（乙刊）第 27 期。

其中，刘焜文对译学馆创设缘由、招录学生状况做了说明，并提出译学馆的功能是大学堂的扩张和完善，也体现对西学传播急需心态与引进输入的热情。但京师译学馆作为教育机构，呈现培养人才教育机制与措施。章梫文追述京师同文馆与译学馆的前后关系，译学馆存在数年间学生的学习及学业成就状况，认为其功能与作用超越同文馆，是京师大学堂闪耀光芒的一个部门。陈诒先文叙述译学馆与京师大学堂其他相关科系的学制衔接及教学交错的组织方式，尤其介绍该馆优秀学生求学生活、听课、作业、考试、伙食、业余活动等方面的内容，肯定师生教与学所取得的成绩，确立毕业生的社会历史作用。

有关京师大学堂专著有：《国立北京大学校史略》，载《北京大学三十五周年纪念刊》，1933 年；萧超然等《北京大学校史》（1898—1949 年），上海教育出版社 1981 年版；庄吉发《京师大学堂》，台湾大学 1970 年版。近年论著以王杰、祝士明编著《学府典章：中国近代高等教育初创之研究》（天津大学出版社 2010 年版）为代表。全书共分两部分：第一部分是学术观点——中国近代高等教育初创之研究；第二部分是研究的基础——我国近代高等教育初创时期的史料。"内容简介"自述："从制度文化的视角对于中国近代高等教育初创的情况进行分析，取得学术性研究成果，如：先立典章，后建大学——中国特色的大学初创模式；'中体西用''西学体用'——清末中国大学之道的多样化探索，典章制度影响下的大学精神与文化，等等，都是其成果创新。"作者在体例结构上亦有独到之处，采取研究成果与史料整理相结合的做法，挖掘中国大学初创时期的典章制度，凸显出抛砖引玉的意愿和成果共享的治学雅量。

五、师范教育的初创

由于维新派呼吁在全国广泛建立学堂，师资严重匮乏成为遍设学堂的障碍，聘请洋教习又出现了诸多弊端。维新派认为兴学之本首在师范。梁启超在《论师范》中论述师范教育的必要性和重要性："师范学堂立，而群学之基悉定。""故欲革旧习，兴智学，必以立师范学堂为第一义。"师范学堂之于小学校实起工作母机的作用。"是故居今日而言变法，其无遽立大学堂而已，其必自小学堂始。自京师以及各省府州县，皆设小学，而辅之以师范学堂。以师范学堂之生徒，为小学之教习。"❶光绪二十三年（1897 年）盛宣怀在上海设南洋公学，"考选有才之士四十名，先设一师范学堂，延订华洋教习，课以中西各学，要于明体达用，勤学状况诲为指归"。同时，附设外院，另选 10 岁内外聪颖幼童 120 名，以师范学堂充教习，"比今一年，师范诸生且学且诲，颇得知行并进之益；外院生亦多颖异之姿，能志于学"❷，同时留日学生中相当部分进入师范速成班，准备回国后充任教师。维新派师范教育理论和实践，开我国师范教育的先河，奠定中国师范教育的基础。

由于上海南洋公学办学历史叠经变动，后来与当代著名高等学府上海交通大学、西安交通大学有着深厚的渊源关系，因此相关内容收入在两校有关的论

---

❶ 梁启超. 变法通议·论师范［G］//陈学恂. 中国近代教育文选. 北京：人民教育出版社，143－144.

❷ 盛宣怀. 奏为筹集商捐开办南洋公学折（附章程）［G］//汤志钧，等. 中国近代教育史资料汇编：戊戌时期教育. 上海：上海教育出版社，2007：164.

著中：《交通大学校史》撰写组编《交通大学校史资料选编》，西安交通大学
出版社 1986 年版；《交通大学校史》编写组编《交通大学校史》，上海教育出
版社 1986 年版。

六、实业教育的兴办

甲午战争失败后，民族危机进一步加深。维新派和具有维新倾向的人们纷
纷上书言事，认为非兴学校、改革教育不足以图存。如梁启超就认为中国的贫
弱不振在于封建教育的陈腐和工艺技术的落后，因而"救弊之法，归于废科
举兴学校"。一时间，设厂自救、兴办教育在变法前夕成为一股热潮，"废科
兴学"及开办实业学堂的议论更是达到高潮，上自光绪皇帝，下至洋务要员
以及资产阶级维新派实业教育代表康有为、梁启超、严复等关于实业教育的奏
折不下数十件，涉及了实业教育的广泛内容。他们继承了早期改良派的实业教
育思想，主张建立实业教育制度。尽管戊戌变法失败，有关实业教育的法令未
得到施行，但他们的实业教育思想却广为流传，深深影响了一批清朝封建统治
的上层人物，通过张之洞、荣庆、张百熙之手，近代实业教育制度最终得以确
立。在废科举、兴学堂、开办实业教育这点上，可以说戊戌变法是清末新政
"教育改革"与"新教育体制"建立的先声。以下举典型学堂例证予以说明。

（1）1897 年 8 月，杭州知府林启创办养蚕学堂于杭州，作为近代独立设
置的职业教育机构正式破土而生。林启任该学堂总办。学堂课程有：物理、化
学、植物、动物、气象等学科，还有土壤论、桑树栽培论及实验、桑蚕解剖及
实验、蚕儿饲育法及实验、缫丝法及实验、显微镜及实验、操种法及实验、茧
审查及实验、生丝审查及实验、害虫论。❶

陈念薳倡设，《集成报》旬刊 1897 年 5 月创刊于上海。该报第十九册
（1897 年 10 月 30 日）刊登林启《请筹款创设养蚕学堂禀》：认为中国养蚕业
有悠久的历史，民间工艺和经验都十分丰富。江浙地区养蚕业是一种重要的产
业门类，但受近代国际工商贸易的冲击，养蚕业的科学化和质量效益难以抗
争，必须学习日本进行专业技术的训练和教育。因此在杭州设立养蚕学堂是切
重门脉之举。同期所刊《设立养蚕学堂章程》对蚕学馆的办学章程作细致的

---

❶ 朱有瓛. 中国近代学制史料：第一辑　下册 浙江蚕学馆表 ［M］. 上海：华东师范大学出版
社，1986：949 – 950.

描绘，包括教师与学生、课程与教学、理论与实习、蚕种改良及丝绸鉴定等都有所规定。

（2）1898 年 3 月 26 日，张之洞奏准于武昌设立农务学堂，延请美国农学教授 2 人，招收学生学习研求种植畜牧之学，又于洋务局内设工艺学堂一所，选募日本工学教习 2 人，分教理化学、机器学，招集绅商士人有志讲求商学者入学。❶

（3）1898 年，江南制造局总办林志道禀准，在上海江南制造局添设工艺学堂，分设化学工艺和机器工艺两科。化学工艺专教分化物质诸理法，课程有化学工艺、国文、英文、算学；机械工艺门，专教动汽热诸理法，课程有机器工艺、国文、英文、算学、绘图，聘有国文教习 2 人，西学教习 6 人。❷

当前该领域代表性成果是吴玉伦著《清末实业教育制度变迁》，教育科学出版社 2009 年版。该书开篇有华中师范大学教育史专家余子侠所作"序言"。全书共五章：第一章考察清末实业教育制度产生的背景、机理和形成过程，分为前制度化、零散非制度化、制度化三个阶段；第二章探讨清末实业教育制度的执行主体，包括办学主体和教学活动中的师生及管理者等；第三章分析清末实业教育制度施教机构的兴起、发展、特定和成效等，主要包括农业教育、工业教育、商业教育、铁路学堂、矿业学堂、女子实业教育等方面；第四章围绕教学展开，论述清末实业教育制度所规定的各要素的实际情况；第五章对清末实业教育进行横向与纵向的比较，进而判断其在整个教育体系中的比重、影响等。该书从两个维度对清末实业教育制度进行考察：制度的演进及办学、教学活动，以此分析制度对实践的指导作用及实际的运行成效。

七、女子教育的先声

随着外国资本主义不断入侵，资产阶级男女平等思想逐渐深入人心，加之维新派大力提倡兴女学、戒缠足等，一些具有维新思想的人士提倡新式女子教育，并投身到兴女学运动中。维新派纷纷援引"男女平权，美国斯盛。女学布漫，日本以强"的事实，大力倡导女子教育。他们把兴办女子教育视为"兴国智民"的良策。梁启超认为女子接受教育，"上可相夫，下可教子，近

---

❶ 丁致聘. 中国近七十年来教育纪事 ［M］. 上海：上海商务印书馆，1935：7.
❷ 黄炎培. 清季各省兴学史 ［J］. 人文月刊，1930，1 (7).

可宜家，远可善种"。维新派在倡导女子教育的同时，对封建制度下剥夺女子受教育的权利进行鞭挞，认为这样造成了"闺阃禁锢，例俗来缚，惰为游民，顽若土番"的状况。

创办于1897年夏秋之交的《女学报》发表了不少提倡女学、男女平等、女子参政的论文。如《女学报》发表梁启超《女学会书塾创办章程》（第1～3、5～8期连载）、潘璇《上海女学报缘起》（第2期）、薛绍徽《女教与治道相关说》（第4期）、刘纫兰《劝兴女学启》（第4期）、裘毓芳《论女学堂与男学堂并重》（第7期）、康同微的《女学利弊说》（第7期）、蒋畹芬《论中国创兴女学实有裨于大局》（第9期）等。不少作者对女子教育的重要性、必要性和可能性进行了探讨，要求在全国范围内大力发展女子教育，并且还较为详尽地介绍欧美、日本的教育制度和学校情况，提出仿效资本主义国家，在全国城乡遍设女子小学、中学、大学的设计方案。

梁启超撰、林志钧编《饮冰室文集》二十册，中华书局1932年版。其中《饮冰室文集》第二册收录梁氏该时期教育论文最多，典型的如1897年梁启超《倡设女学堂启》，以中西比较阐发的视角提出中国应该仿效西方创办女学，体现男女平等的思想，促进国富民强。其中所述的"泰西女学，骈阗都鄙，业医课蒙，专于女师，虽在绝域之俗，邈若先王之遗，女学之功，盛于时矣。彼士来游，悯吾窘溺，倡建义学，求我童蒙。教会所至，女塾接轨"；"上可相夫，下可教子，近可宜家，远可善种。妇道既昌，千室良善，岂不善哉？"成为近代关于仿效西方创办女学的流行言论文字。丁文江、赵丰田《梁启超年谱长编》云："是年（即光绪二十三年）冬先生又与经莲珊（名元善）等倡设女学堂于上海，先生当时撰《倡设女学堂启》一篇。"上海女学堂即为开近代国人办女学之先声的经正女学。有关素材略加引证如下。

（1）《集成报》第二十二册（1897年11月19日）收入经元善《为创设上海女学上总署及各督院抚大宪禀》：提出开办女学是国家富强的基础，尤其是通过母教促进幼童成长这一重要环节，应该在上海先开办女学作为实验，对女童实施养教同步，改变传统思想观念。

（2）《皇朝蓄艾文编》卷15"学校二"收入《上海女学堂略章》：对经正女学提出详细的办学章程：立学大意一条、办事人员章程五条、招选学生章程五条、学规五条、堂规四条、学成出学规例二条、捐例三条、暂章六条。学堂课程兼容中西、新旧专业科目，设专门之学三科："一算学，二医学，三法学。"另设师范科，专讲求教育童蒙之法。尤其提出要改变妇女缠足陋习，"既讲求学问，中人亟宜互相劝改"。

（3）林乐知主编《万国公报》，1868 年 9 月创刊，上海林华书院刊发。该刊第一百二十五册刊载《上海创设中国女学堂记》（1899 年 6 月）：该文叙述上海经正女学堂的创办过程，教师的聘请及学生的来源状况。其中对教学课程及所用课本有所补充。"考其华文功课，如《女孝经》《女四书》《幼学须知句解》《内则衍义》《十三经》《唐诗》《古文》之类皆有用之书也。此外，则女红、绘事、医学，间日习之。每旬逢三八日，则由教习试课论说。西学功课，于读书写字之暇，兼及体操、针补、琴学之类，以资质之高下，定课程之多寡"，并揭示该学堂办学对近代中国女子教育的深刻影响。

八、留学教育的转向

1894 年中日甲午战争爆发，次年，李鸿章赴日议和，在日本马关代表清政府被迫签订丧权辱国的《马关条约》，朝野上下一片哗然。维新派登上历史舞台，力求变法维新，试图用速成的方法，采纳 1867 年日本明治维新提出"富国""政体""民情""强兵""殖产""兴业"，实行人才培养的富强国策。张之洞《劝学篇》是留学日本的"宣言书"，同时，部分日本官绅来华游说地方政府派遣学生赴日留学，以树立势力于东亚大陆，意图使中国军事、工商业及法政等都趋向日本化。

张之洞、康有为等认为留学日本有其便利的客观因素：同文、同种、省费、文字较近以及课程较速，传习易，如此则较之学于欧洲各国者其经费可省三分之二，其学成及往返日期可速一倍。这些建议受到清政府重视。

例如，总理各国事务衙门《奏遵议出洋学生肄业实学章程折》（1899 年 8 月），载《约章成案汇览》乙篇卷 32（上）：总理各国事务衙门谕，出洋学生应如何分入各国农工商等学堂专门肄业，以备回国传授，着详议章程具奏，旋经总理衙门奏称出洋学生肄业情形，并议定章程六条。①请饬出使大臣，就现派出洋学生，督令各肄专门之学也；②请饬选译农工商矿各书，删繁举要，使人易于通晓也；③请饬疆吏宽筹常年经费，续派高等学生出洋肄业也；④出使参赞随员，如有精通洋文者，亦可令肄习各学也；⑤俟学生业成回华，分派各省农工等艺学堂以开风气也；⑥请将业成回华得有文凭之学生，甄别优劣分发委用，量予官职，以资鼓励也。

《约章成案汇览》乙篇卷 32（下）收入总理各国事务衙门《遵议遴选生徒游学日本事宜片》（1899 年）："近年以来，日本讲求西学，大著成效。又与中国近在同洲，往来甚便。"应日本使臣矢野文雄函请派往游学，"公同商酌，拟即妥定章程"。将同文馆东文学生酌派数人，并咨行南北洋大臣以及两广、湖广、闽浙各督抚，就现设学堂中遴选年幼颖悟、粗通东文诸生，陆续派往。

第二节　维新派开展的教育改革活动

维新运动时期，维新派为了实现改造君主专制政体为君主立宪政体的政治目的，开展以学校教育和社会教育为中心的广泛教育活动。相关历史文存及其资源对比的记录颇为有声有色。

一、废除八股，改革科举

19 世纪末，以康有为、梁启超为首的资产阶级改良派极力鼓吹向西方学习，并把改革教育制度看作改革政治的首要条件。他们叫得最响的一个口号就是"废科举，兴学校"。

维新派坚决反对八股取士制度，1898 年维新派代表人物杨深秀、宋伯鲁、徐致靖等连续上书请废八股取士奏折，他们深刻揭露了八股取士的流毒，要求立即予以废除。有关记录见严复《救亡决论》（1895 年），康有为《请废八股试帖楷法试士改用策论折》（1898 年），梁启超《论科举》（1896 年）、《请变通科举折》（1898 年），以上均见相关思想家文集著作："中国近代史资料丛刊"《戊戌变法》（二）；唐才常《时文流毒中国论》，载《唐才常文集》，中华书局 1980 年版。与此相对，甚至是相映成趣的是，改良调整立场者的主张也颇不少。如荣禄《请参酌中外兵制设立武备特科片》（1897 年），载《光绪朝东华录》（四）；总理各国事务奕劻等《遵议经济特科详细章程折》（1898 年），载《戊戌变法档案史料》，中华书局 1958 年版。又见《光绪朝东华录》（四）；廖寿丰《奏经济特科为人材所出请妥议章程折》（1898 年），载《戊戌变法档案史料》。顽固派则多方阻挠废除八股，如许应骙、于荫霖、曾廉、黄仁济等，均坚决维护八股取士制度。

二、建学会、办报馆

维新运动的领导人为了组织群众、教育群众，重视组建学会的重要作用。康有为曾撰《强学会序》，梁启超写《论学会》，阐述通过学会组织群众的重要性。学会起着合群、益智、传播知识、培养人才的作用，与学堂相辅相成，并弥补学堂未能普遍开办的不足。各个专业学会有助于专业人才的培养和训练。因此，"欲振人才，在广人才；欲广人才，在兴学会"。维新志士以学会为阵地，讲西学，论国事，宣传变法主张，成为维新派普及教育、培养人才的一种独特形式。每个学会都聘有教师，收藏图书仪器，定期讲课，广招学生，他们这样做的原因是当时新建学堂有限，大多数人不能受教育，所以利用学会这种方式扩大教育面，开民智，新民德。学会在戊戌变法期间作为民间社团组织，受到官方的默认和部分支持，不仅具有变法自强、维新改良的社会政治功能，而且，更是一种开通民智、传播学理、启发思考的社会教育机构。湖南学会的维新人士曾编了一首《醒世歌》进行科学启蒙教育："若把地球来参详，中国并不在中央，地球本是浑圆物，谁居中央谁四旁？"诗词通俗易懂。

维新人士所办的报刊，如《时务报》《国闻报》《知新报》《求是报》《实学报》等，在传播新思想，介绍西方资本主义经济、政治、文化教育等方面都起了一定作用。如1896年8月，梁启超在《时务报》发表《西学书目表》，序例中宣称："国家欲自强，以多译西书为本；学子欲自立，以多读西书为功。"其中列有300多种西学书目。1897年，《蒙学报》在上海出版，由叶瀚主编，每7日出1册，为儿意启蒙读物，分5～7岁为一阶段，8～12岁为一阶段，13～18岁为一阶段，18岁以上为一阶段。内容刊载通俗儿童作品，供儿童阅读。并详列教育儿童之法、备具之图书，广译东西各国教育儿童新法，以资采择。梁启超推崇《蒙学报》称"人莫不由少而壮，由愚而智"，所以"教育小学急于教大学"。在他看来，"他日救天下者，其在今日十五岁以下之童子"，"故教小学教愚民，实为今日救中国第一义"[1]。《蒙学报》主要面向小学，据《蒙学会简章》称"本报以启蒙为主"，具体内容包括"字课""数理""方名""智学""史地""时势"等，[2]可见，有丰富的小学教育内容。

---

[1] 中国史学会. 中国近代史料丛刊：戊戌变法（四）[M]. 上海：上海人民出版社，1957：540.

[2] 毛礼锐，沈灌群. 中国教育通史：第4卷[M]. 济南：山东教育出版社，1988：188-189.

各省学会和学堂、报馆互通风气，共同发挥教育功能。梁启超列举了各地的学会、学堂和报馆，促成各地社会风气的转移与思想进步浪潮的兴起，并断言："各省从风，州县并起，不可指数，虽有政变，而民智已开，不复可遏抑矣。"通过学会这种教育方式所开展的教育活动，在当时实能补其数量不足之憾，并在内容和方式上影响着清末民初的教育。如学会具备经费省、教学方式灵活及受教育人数多等特点，就非常有利于教育的普及与推广。

三、戊戌书院改制

中国近代书院改制共有两次：戊戌书院改制、新政书院改制。前后衔接，最终将书院送进教育博物馆。书院是中国古代特有的教育机构，由于原有民办性质及学术性追求，在近代走向官学化的历史条件下，仍然显得灵活多变，顺应新潮的特征。因而，书院改制尤能表现学术、文化及教育内容的转变历史。

（一）书院改学堂

清末书院改革最先是由郑观应提出的。他在光绪十二年（1886年）至十八年（1892年）编撰的《盛世危言》中写道："中国自州、县、省会、京师各有学宫书院，莫若仍其制而扩充之，仿照泰西程式，稍为变通：文、武各分大、中、小三等。设于各州、县者为小学，设于各府、省会者为中学，设于京师者为大学。"[1] 这可以看作对书院改学堂意见的最初表述。由于该书一直到1894年才得以刊行发表，所以其观点在较长时间里未能引起较大反响。书院改学堂的主张真正产生实际社会影响，当在光绪二十一年（1895年）顺天府府尹胡燏棻重新在《变法自强疏》中提出要"设立学堂以储人材也"[2]后。考虑到清末政府财政拮据，难以支付新设学堂的巨额费用，刑部左侍郎李端棻在光绪二十二年（1896年）《奏请推广学校折》中陈述书院改学堂的建议。[3] 光绪二十四年五月十五日（1898年7月3日）康有为上书光绪皇帝《请饬各省改书院淫祠为学堂折》[4]。其中提出"兴学至速之法"一是改祠堂寺庙为学堂，二是将书院改为兼习中西学的学堂。七天之后，即光绪二十四年五月二十二日

---

❶ 夏东元. 郑观应集：上册［M］. 上海：上海人民出版社，1982：299.
❷ 朱有瓛. 中国近代学制史料：第一辑下册［M］. 上海：华东师范大学出版社，1986：473.
❸ 陈谷嘉，邓洪波. 中国书院史资料：下册［M］. 杭州：浙江教育出版社，1998：1980－1982.
❹ 陈谷嘉，邓洪波. 中国书院史资料：下册［M］. 杭州：浙江教育出版社，1998：2466－2468.

（1898 年 7 月 10 日），光绪皇帝下令发布《改书院为学堂上谕》❶，可见不想成为亡国之君的光绪皇帝采纳了康有为的意见，书院改学堂的主张经历了数载的风雨历程，终于变成最高统治者的谕令。

这些对书院改制的设想作为"百日维新"改革的重要内容，伴随着戊戌变法"百日维新"的昙花一现而归于沉寂。

（二）变通整顿书院

这是清末书院改革的意见当中较为保守的一种。持这种主张的代表人物主要是山西巡抚胡聘之、山西学政钱骏祥以及翰林院庶吉士熊希龄和侍讲学士秦绶章。他们看到晚清书院的种种弊端，以及西学的先进之处，然而又无法抛弃千百年的传统观念，固守着"中学为体"的最后堤防，认为书院改革为学堂有损于华夏子孙多年来薪火传递的儒学道统。然而书院显然已经成为西方教育制度确立推行的障碍，不得不改，在改的过程中必须坚决反对惟西学独尊的倾向，体现这种矛盾复杂心态的结果必然是中立立场的表现，于是提出了变通整顿传统书院的方案。

"中国近代史料丛刊"《戊戌变法》（二）收入胡聘之、钱骏祥《请变通书院章程折》（1896 年）："面对书院之弊，应该加以必要调整：参考时务，兼习算学，凡天文、地舆、农务、兵事，与夫一切有用之学，统归格致之中，分门探讨。"至于"水师武备船炮器械，及工技制造等类，尽可另立学堂"，达到"以儒学书院会众理以挈其纲维，而以各项学堂操众事以效其职业"的成效。可见，书院是一种组织机构，而本体核心成分则是学堂的新课程。其实，这已经寓意书院通向近代学堂是大势所趋。

同年 8 月，礼部又批准侍讲学士秦绶章《请整顿各省书院折》，所持基本主张包括：定课程，重师道，核经费；仿宋儒苏湖教法，将书院课程扩而为六部分（经学、史学、掌故之学、舆地之学、算学、译学）。此折经政府令通行各省督抚学政，以参酌进行。❷ 这是西方自然科学首次在书院这个特殊领地与传统文化接触，使书院开始向近代学校过渡。变通整顿书院的方案得到了社会广泛的响应，影响范围也较为深远。晚清直隶省莲池书院是地方著名书

---

❶　陈谷嘉，邓洪波. 中国书院史资料：下册［M］. 杭州：浙江教育出版社，1998：2482 – 2484.
❷　朱有瓛. 中国近代学制史料：第一辑下册［M］. 上海：华东师范大学出版社，1986：157 – 158.

院，作为书院整顿调整的代表，其间以教育家、桐城派大师吴汝纶主持转型尝试最为突出。主要参考：吴汝纶撰，吴闿生编《桐城吴先生文集》4卷；吴汝纶撰，吴闿生辑《桐城吴先生尺牍》5卷；"补遗"1卷、谕儿书1卷，吴氏家刻本。

（三）创建新型实学书院

开设新式实学书院的方案较为稳妥，改革的力度也相对缓和。因此，此举得到清廷认可。这种观点是光绪二十二年（1896年）四月十二日，由陕西巡抚张汝梅、学政赵惟熙共同提出的。

持这种观念的人同样也认识到书院的腐朽和落后，但是他们认为改革的重点不在于整顿传统的书院。因为书院所有的弊病都是积习已久，整顿并不是一朝一夕就能够见效的。相对而言，另辟蹊径创设学习经世致用之学的新型书院更加稳妥，也更易见成效。

对于上述三种改革方案，清廷的做法颇能体现兼容并包的精神，并没有明确表示支持或反对，而是要求各省府州县根据自身的具体情况酌情办理。至于各省督抚学政如何根据当地的情况，采纳何种意见，如何对书院进行改革，各地做法不尽相同。

直隶省大多数书院于戊戌书院改制中选择了改书院为学堂的方案，然而由于当局者不够重视的原因，该方案事实上并没有真正实施。据史料统计，晚清全国各省府州县对旧书院的变通整顿最为普遍。《皇朝蓄艾文编》卷1"学校三"载：1897年，魏光焘、赵惟熙《会奏办理学堂情形折》，提出建立格致实学书院后更名为崇实书院，分四斋（致道斋、学古斋、求志斋、兴义斋）。前三斋贯彻经世致用的世学教育思想。第四斋仿效洋务学堂办学体制，重在西文和西艺教育。"兼习外国语言文字，并推算测量，以递及汽化声光各学，以裕制器尚象之源"，并对书院管理、经费筹集、师生待遇进行规定。

章炳麟、陈虬、宋恕等主编《经世报》，1897年8月创刊，杭州出版。第二册收入1897年《杭州求是书院章程》十条：总办、监院、教习、学生、课程、考校、经费、筹款、书籍仪器以及条约。求是书院的教学课程计划按照学年、学周设计，教学课程偏于西方自然科学，集制造、测算、天文并加强西方语言文字及书籍翻译的学习与训练。求是书院是维新运动时期新办书院的代表，后来成为杭州大学以及今浙江大学的前身。"求是育英"作为校训弥延光大。

四、百日维新期间的教育改革

1898 年 6 月 11 日，光绪帝下诏推行变法，维新运动进入高潮。"百日维新"期间光绪帝共发出了几十道改革的诏令，其中有关教育方面的有：废八股、改试策论，改书院为学堂，筹办高、中、小等级学堂，兼习中学与西学，筹办京师大学堂，设翻译馆及编译学堂等。之后，许多省份都奏请筹办新式学堂。

戊戌政变后，清政府虽然一度恢复了八股取士制度，罢经济特科，但历史的洪流已无法改变，八股取士已不再适应社会人才选拔的需要。所以，其后不久，清政府不得不再次宣布废除八股取士制度。目前，学术界对维新变法教育研究成果较少，以下推出三部代表作：

（1）习近平主编《科学与爱国——严复思想新探》，清华大学出版社 2001 年版。该书结集各学者研讨严复思想的最新论文，分为"科学·教育·社会""学术·知识·政治""史料与通信"三部分。书末附录《严复佚文三篇》和首次披露《严复手批沈瑶庆奏稿》。书中的论文对严复的教育思想进行多层面的解读，如王民、陈友良《论严复的科学思想》、郭武群《论严复思想的科学性和前沿性》、高时良《严复国民素质教育思想评估》、江道源《素质教育：两个世纪之交共同关注的焦点》、宋美云《严复对中国教育近代化的思考与实践》、胡伟希《严复〈天演论〉与中国近代伦理思想观念的变迁》等，都是有独特见解、具有创新性的成果。该书对于中国近代教育家的探讨有重要参考价值。

（2）王树槐著《外人与戊戌变法》，上海书店出版社 1998 年版。全书分为"鼓吹变法""联盟问题""政变之后"三章，书末附录"由广学会刊行的经世文章及书籍表（以西人译著为限）"。戊戌变法前后，外人鼓吹变法，企图影响中国的内政外交，作者对此进行了深入探讨，揭露其背后的真实目的，尽可能还原历史真相。该书首次在台湾出版，就戊戌变法做详细、深入而系统的论述。作者参阅了当时中外人士的著作、各国政府的档案和文书，以及中文的报章杂志，取材广博；作者根据多种材料，判断维新分子对各国的态度，认为他们大致倾向英美为主，该书也是研究中国近代教育史、中西教育交流史的重要资料。例如，在"政变之后"章节中，叙述英国救康有为，日本救梁启超、张荫桓、黄遵宪获救经过及双方交流活动等，对于分析这些人物的教育思想及其中外教育交流活动都具有重要意义。

（3）闵杰著，刘志琴主编《近代中国社会文化变迁录（第二卷）》，浙江人民出版社 1998 年版。该书记叙 1895 年至 1911 年近代中国社会文化各方面的变迁。其中有较多反映教育的记载，如 1895 年中国第一所新式大学诞生、变革科举的呼声与新科状元的庆典，1896 年中国最早的女留学生归国受重视、中国派遣首批留日学生，1897 年近代学校体育运动的开展，1898 年中国女学堂创办、京师大学堂创办，1904 年幼儿园的产生与发展，等等。

第三节　维新运动时期主要学堂举要

维新运动时期，清政府奖励私人办学。张元济自办通艺学堂得到管学大臣孙家鼐的称赞，要求士绅学习；杨锐建立学堂，深受清政府传旨嘉奖；李征庸捐巨款兴学，清廷赏之以顶戴花翎。

维新派以维新思想为指导，在传播西学的过程中，开办一些学堂，其中著名的有康有为办的万木草堂、梁启超办的时务学堂、严复等办的通艺学堂。这些学堂开设新式课程，使用新教材及教学方法，成为宣传变法思想、培养变法人才的重要阵地。

一、万木草堂

万木草堂于 1891 年到 1895 年由康有为在广州长兴里设立，开设的课程不仅有孔学、佛学、周秦诸子之学、宋明理学，而且有西洋哲学、社会学、政治学原理、中外史学、中外语文字学、地理学、数学、格致学等。同时设立"外课学科"，如演说、体操、音乐、图画、射击、游历等。在万木草堂的几年中，康有为还完成了三部重要著作《新学伪经考》《孔子改制考》《大同书》。这些著作曾是他当时教学的重要教材。康有为基于对西学的推崇，以及对西学内涵外延的深刻认识，把西学扩大到西方的社会政治学说，教学方法独特，"每论一学，论一事，必上下古今，以究其沿革得失，又引欧美以比较证明之"，其学堂具有"循循善诱""至诚恳恳""诲人不倦"的特点。

万木草堂办学可以进一步挖掘的素材有：康有为《长兴学记》《康南海自编年谱》；梁启超《三十自述》《南海康先生传》《南海先生七十寿言》；张伯桢《万木草堂始末记》《康南海先生讲学记》（藏广东省社会科学院历史研究

所）、《万木草堂日说》（抄本，藏北京大学图书馆）等。

"中国近代史料丛刊"《戊戌变法》（四）选编张伯桢《戊戌政变前后之万木草堂》：记述万木草堂在戊戌维新期间的办学历程，分析康有为办学的思想主张、教学风格，体现书院教育与近代学校教育融合转变的因素及倾向。其中，政治人才的培养、治学能力的重视和差异性教学的实施都呈现出办学的水平及成就，诗作属刻同门功课簿，繫诗四首。其一"万木森森散万花，垂珠连壁照江霞，好将遗宝同珍护，勿任摧残毁瓦沙。春华秋实各为贤，几年伤逝化风烟，偶登群玉山头望，八万珠璎总可怜。万木森森万玉鸣，集鳞片羽万人惊，更将散布人间世，化身万亿发光明"，尤为呈现出对未来教育前景的期盼之情。

康有为著《长兴学记》，上海思求阓斋光绪壬辰年（1892年）刻本。书中分析人的本性与后天学习成才的关系，主张感知事物获取经验与自我主体的理解认识相互结合，以提升学习能力和知识水平，并抬高新学派与实学派的历史地位。他关于孔门儒学的教育哲学论述，作为万木草堂讲学的思想理念，主要包括志于道、据于德、依于仁和游于艺，其中游于艺包括义理之学、经世之学、考据之学和词章之学，尤其突出经世之学的意义和价值。

二、时务学堂

时务学堂设于1897年，梁启超任总教习：学堂分两部，普通学和专门学。根据《湖南时务学堂学约》的规定，课程设置包括普通学科，诸子学、经学、公理学和中外史志及格算诸学之粗浅者；专门学科，公法学（宪法、民律、刑律为内公法，交涉、公法、约章之类为外公法），掌故学和格物学。

有关湖南时务学堂的探讨可与梁启超人物史内容谋求合拍：梁启超《湖南时务学堂遗编》；光绪戊戌年长沙初版（北京香山慈幼院1922年铅印本），《湘报》第21号、第33号，记录时务学堂学生参加南学会活动；第44号载《张钦问时务学堂事》；第102号载《汇纂时务学堂功课详细章程》；梁启超《清代学术概论》，载《饮冰室合集》第34辑；丁文江、赵丰田《梁启超年谱长编》，上海人民出版社1983年版。时务学堂教学情况的回忆情形见梁启超《蔡松坡遗事》，载《晨报》《蔡公松坡十年周忌纪念特刊》，1894年。顽固派对时务学堂的诽谤和攻击，见苏舆辑《翼教丛编》（1898年）、叶德辉辑《觉迷要录》。

1897 年，陈宝箴《招考新设时务学堂学生示》，《湘学新报》"附叙例"称："查泰西各学，均有精微，而取彼之长，辅我之短，必以中学为根本，惟所贵者，不在务博贪多，而在修身致用。"梁启超《时务学堂札记残卷序》，载《饮冰室文集》卷 37，其中论及时务学堂兼具古代书院教学因素，而且办学的政治化倾向对变法维新的影响十分深刻。"学科视今日殊简陋，除上堂讲授外，最主要者为令诸生作札记，师长则批答而指导之，发还札记时，师生相与坐论。时吾侪方醉心民权革命论，日夕以此相鼓吹，札记及批语中，盖屡宣其微言。湘中一二老宿，睹而大哗，群起掎之，新旧之哄，起于湘而波动于京师。"

1897 年 10 月，梁启超《湖南时务学堂学约十章》，载《时务报》第四十九册：熊希龄、陈宝箴、黄遵宪、梁启超、谭嗣同等在长沙创办时务学堂，聘请梁启超任中文总教习，欧榘甲、韩文举、谭嗣同、唐才常任分教习。李维格为西文总教习，许奎垣为数学教习。时务学堂仿照广州万木草堂，制订《学约》，以立志、养心、治身、读书、穷理、学文、乐群、摄生八条为"堂中每日功课所当有事"，以经世、传教二条为"学成以后所当有事"。又订立时务学堂功课详细章程，课程分普通学，凡学生人人皆当通习，包括经学、诸子学、公理学、中外史志及格算诸学之粗浅者和专门学，每人各专一门，包括公法学、掌故学、格算学等。学生所读书皆分两类；一曰专精之书，二曰涉猎之书。学堂尤重令诸生作札记。学生有蔡锷、李炳寰、林圭、范源濂等 40 人。

《湖南开办时务学堂大概章程》（1897 年 12 月 14 日），载唐才常等编《湘学报》，又名《湘学新报》第二十五册：规定湖南时务学堂学生招考的条件、录取的程序、入学后应该遵循的规程，并对学生学习的课程、读书的方法与教师教学的要求和采用的形式态度都做了明确的规范，尤其是提出教学考核与奖惩制度，作为办学成效的重要保障。

三、通艺学堂

通艺学堂是维新运动时期提倡西学的代表，张元济在严复帮助下建于 1897 年。学生近 50 人，另有部分京官访学旁听课程。尽管也有"六艺""六经"之类，但这类课程的设置旨在一方面从儒家说教中寻找维新变法之依据，另一方面也是为了应付当时仇视"西学"的顽固派。学堂中真正学习的内容则是"泰西诸种实学"，又分为文学和艺术两门："文学门"指近代西方社会科学和人文科学，其中有舆地志（地理学）、泰西近史、名学（逻辑学）、计学（理财学）、公法学、理学（哲学）、政学（政治学）、教化学（伦理学）以及人种论；"艺术门"指自然科学和工程技术科学，其中有算学、几何、代数、三角术、化学、格物学（水火电光重在内）、天学（历象在内）、地学（地质学）、人身学、制造学（汽机铁轨在内）。❶ 戊戌变法后，通艺学堂转入京师大学堂。

"中国近代史料丛刊"《戊戌变法》（四）收入张元济《戊戌政变的回忆》，其中有一部分内容回忆北京通艺学堂的情形，对通艺学堂的一些史实和具体细节做了描述和纠正，尤其是晚清官员张之洞、王文韶的捐款办学事迹，表明维新运动中派立场者热心支持态度。

总理各国事务衙门《奏京员设立通艺学堂并援案准予奖励调考片》，载《时务报》第五十二册（1897 年 12 月 17 日）：同意刑部主事张元济的奏请于北京开办通艺学堂。学堂招收学生 40～50 人，课程包括历史、地理、公法、数学、化学、制造学、格物学等，并培养学生阅读外文及翻译西书的学识和能力。

此外，维新派领袖，"戊戌六君子"之一的谭嗣同发起创办的浏阳算学馆（1897 年）也较有影响。1897 年 9 月 26 日公布的《浏阳算学馆原定章程》《浏阳算学馆增订章程》，收入《湘学报》第十七、十八册，其中《浏阳算学馆原定章程》对算学馆的管理规程有简略的规定，但偏于行政、经费和师生管理；《浏阳算学馆增订章程》对上述内容进行了充实，并提出教学课程及组织活动的要求，尤其重视尊师重道、师生讨论及教学相长的原则。

---

❶ 隗瀛涛. 智民智梦：张元济传［M］. 成都：四川人民出版社，1995：25.

第十二章　清末新政、宪政时期
教育主要内容与史料

清末新政改革一直以来作为清政府应对时局压力及社会矛盾的一种努力，被认为是清王朝封建专制统治最后十年出现的"回光返照"映象。而且，将这一历史场景作为一个整体，对中国出现的立宪运动不予关注，只是作为新政历程的阶段，包容于前者之中而已。这样处理或许较为便利，但恐怕与历史原貌不符。尤其是从近代教育史专门领域考察，宪政运动的独特价值更为凸显。不过，需要特别说明的是此期教育文献的法规及章程形态明显，学科专业化提升，许多资源刊载于期刊之中。同时，专题论著呈现近些年聚集的特点。

第一节　清末新政时期教育主要内容与史料

20世纪初年，清政府为了缓和国内外日益激化的阶级矛盾和民族矛盾，进行了一次自上而下的改革运动，由此开始了晚清最后十年的所谓新政时期。改革的内容涉及政治、经济、法律、军事等诸多方面，教育改革受到了特别的重视，科举制度的废除和近代新教育制度的引进正是在这一时期完成的。1904年1月颁布的《癸卯学制》使近代教育教学有了统一的宗旨，教学内容、教材、教学方法及组织形式等都有了较为严格的标准和要求。清末新政新教育制度与此期其他教育内容丰富多样，而且近代教育学专业化鲜明，与此相联系，教育史料梳理及解释也应体现这种特色。

一、清末新政与教育改革

民主革命派的武装起义风起云涌，八国联军疯狂入侵，致使摇摇欲坠的清政府几乎陷于灭顶之灾。1901年"庚子事变"发生后，清政府被迫与列强签订《辛丑条约》，一系列巨变迫使清政府利用"变法"讨好各个帝国主义国家并协调统治集团内部各种势力的利益。1901 年 1 月 29 日，尚在"西狩"途中的西太后慈禧以光绪皇帝的名义下《罪己诏》：积习相沿、因循粉饰带来奇耻大辱，决心切实整顿一切政事，图谋国家富强。此后，中国进入了长达十年的清末新政时期。

新政教育改革核心在于：全面推行废科兴学、制订学制、派遣留学及改书院为学堂。1901 年 9 月 14 日，清廷下《兴学诏》，令"除京师已设大学堂应切实整顿外，着各省所有书院，于省城均改设大学堂，各府厅直隶州均设中学堂，各州县均改设小学堂，并多设蒙养学堂"❶。

（一）废除科举考试制度

"庚子事变"以后，一帮官僚和封疆大吏纷纷要求分年递减科举取士名额。光绪二十七年（1901 年）五月，张之洞、刘坤一在《筹议变通政治人才为先折》中提出递减取士名额，以学堂生员补充的建议。"将科举略改旧章，令与学堂并行不悖，以期两无偏废；俟学堂人才渐多，即按科递减科举取士之额，为学堂取士之额。"❷ 1901 年，清廷明令废除八股，改试策论。1902 年，两广总督陶模《奏设广东大学堂请废科举折并附片》，载《政艺丛书》卷三之《政书通辑》。数年后，风潮急转直下，演化成"废科兴学"重大历史事件。以下例论了科举废止的史实。

朱寿朋编，张静庐等校点《光绪朝东华录》（中华书局 1958 年版）卷 184 载：光绪二十九年（1903 年），张百熙、荣庆、张之洞《奏请递减科举注重学堂折》：自丙午科始，将乡会试中额及各省学额按照所陈逐科递减，俟各省学堂办齐，再将科举学额分别停止，归学堂考取。但是，这种减少科举取士名额，"并非废罢科举，实乃将科举学堂合并为一而已"。

《光绪朝东华录》卷 195 收入直隶总督袁世凯、盛京将军赵尔巽、署理两江总督张之洞等《会奏立停科举推广学校折暨上谕立停科举以广学校》："科举一日不停，士人皆有侥幸得第之心，以分其砥砺实修之志……学堂决无大兴之望"，设立学堂，"并非专为储才，乃以开通民智为主，使人人获有普及之教育，且有普通之知能，上知效忠于国，下得自谋其生。其才高者，固足以佐

---

❶ 陈学恂. 中国近代教育大事记［M］. 上海：上海教育出版社，1981：111.

❷ 舒新城. 中国近代教育史资料：上册［M］. 北京：人民教育出版社，1981：55.

治理，次者亦不失为合格之国民，兵农工商，各完其义务而分任其事业"。若能停止科举，建立学校，则可以"广学育才，化民成俗，内定国势，外服强邻，转危为安"。

清政府诏准自丙午（1906年）科为始，所有乡会试一律停止，各省岁科考试亦即停止。并令学务大臣迅速颁发各种教科书，责成各省督抚实力统筹，严饬府厅州县于乡城各处遍设蒙小学堂。

近年专题著作以关晓红著《科举停废与近代中国社会》（社会科学文献出版社2013年版）最有影响。全书除绪论和余论外，共六章：老树新枝 晚清科举改革的取向，立停科举与清末政情，停罢科举的善后措施，科举停废与近代乡村士子，立停科举后的抢才与培才，停罢科举的连锁反应。

（二）新政书院改制

在新政改革期间，兴学活动再次被提到了政府的工作日程上来，也促使政府开始关注办学体系的建立。改革科举是兴学活动的途径和手段。不少地方大员试图将改革科举作为变通书院、兴办新式学堂的突破口，为了将人才的选拔与培养集中在学校教育环节，感到必须建立起相应的近代教育体系，于是张之洞等人纷纷上奏，提出改书院为学堂的设想。❶ 光绪二十七年八月初二日（1901年9月14日），慈禧太后重新颁布了书院改制的诏令，时隔三年，书院改学堂再次成为最高统治者的谕令，通谕全国。

需要指出的是，光绪三十一年（1905年）科举制度的废除，对书院改学堂是一个极大的促进。许多幻想通过科举入仕的人梦想破灭，原来那些对改制犹豫不决的人终于不再观望，痛下决心改为学堂，所以书院改制于是年达到高潮。

二、清末新学制的制定与推行

清末的新学制主要包括《壬寅学制》《癸卯学制》，前者是第一次颁布的学制系统，但未能推行；后者在原有学制章程基础上经过修改，公布并在全国推行。1904年《癸卯学制》，又称《奏定学堂章程》实施后，直到清末宪政时期，又陆续下发了一系列学制章程，对原有学制内容加以调整或补充，而这

---

❶ 吴洪成，李占萍，苏国安. 名胜之巨擘 文化之源泉：保定莲池书院研究［M］. 石家庄：河北人民出版社，2010：36.

些都相应纳入清末学制改革过程的有机内容。史实求证的素材搜寻也应以此为依据。

（一）清末新学制的制定

1. 新学制确立的历程

（1）刊物媒体对日本学制的传播

国内教育媒体、留日学生的杂志如《浙江潮》《江苏》《游学译编》《湖北学生界》等介绍、宣传日本的近代学制章程及组织方法，成为清末学制产生的依据。1901 年上海编辑《教育世界》，成为由日本输入西方教育学的阵地。罗振玉《教育世界》于 1901 年创刊号撰述"序例"："土积而成山岳，水积而成川流，人才组合而成世界。世界者人才之所构成，而人才者又教育为之化导者也。无人才不成世界，无教育不得人才。方今世界，公理不出四语，曰：'优胜绌败。'今中国处此列雄竞争之世，欲图自存，安得不于教育亟加之意乎？爰取最近之学说书籍，编译成册，颜之曰《教育世界》，以饷海内学者。虽曰壤流之细，或有裨川岳于万一乎？"

1901 年至 1903 年罗振玉、王国维等主编《教育世界》是介绍日本学制的主要刊物。该刊先后登载日本明治二十年代至三十年代的学校规程和教育法令，如文部省官制、小学校令、中学校令、师范学校令、实业学校令等。

《教育世界》此期引进世界流行的教育思潮，集中介绍西方康德、裴斯泰洛齐、斯宾塞等的教育学说。刊于该杂志的论著如《十九世纪欧洲教育之大势》《泰西教育家语录》。其他还有一些编译论著散见于《大陆》1902 年第 2 号（《江苏》1903 年）之中。如夸美纽斯（Comenius），《德国教育大家夸美纽斯传》；洛克，《英国教育大家洛克传》；卢梭，《爱美耳钞》（爱弥儿）（E-mile or on Education）；裴斯泰洛齐（Pestalozzi）《养蒙正轨》《柏思大罗齐 训蒙新法》《教子义方》《醉人妻》《贤伉俪》（Leonard and Gertrude）《贝斯达禄（裴斯泰洛齐）之教育学说》；斯宾塞《明民论》，即《教育论》（Education, Intellectual, Moral, Physical）；赫尔巴特（Herbart）《费尔巴尔图（即赫尔巴特）派之教育》《海尔巴脱派之兴味论》《品性陶冶论》；莱茵、秩耳列，即席勒（Ziller）《莱茵氏之教育学》；叔本华，王国维《论叔本华之哲学及其教育学说》。

《游学译编》1903 年 8 月第 9 期刊载《教育泛论》：作者对教育的类型和角色功能做了辨析；以国家主义教育的立场，强调学校教育与社会教育对于人生和民族的独特意义，对两者的机制和特点做了比较。"欲养成国民，不可不注意于学校教育；欲改良风俗，不可不注意于社会教育。学校教育所以充足国民之实力，社会教育所以鼓舞世界之动机。学校教育主于严整平实，社会教育主于活泼高尚。就形式而论，则学校教育者主也，社会教育者辅也。就精神而论，则社会教育者始之有组织学校教育之原动力，继之有监督学校教育之持续力，终之有改良学校教育之猛进力。专恃学校教育而无社会教育不足以立国，至易明之理也。"提倡"贵我通今"的教育，与清政府的"忠君法古"教育针锋相对。最后以豪迈的气概表示改革之心："不将古来迂谬之学说，摧陷而廓清之，则新世界之文明无自而入，此教育家所宜极力鼓吹之主义也。"

学习、介绍日本教育制度的探讨性作品为：（日）阿部洋《向日本借鉴：中国最早的近代教育体制》，收入（加）露丝·海霍、巴斯蒂《中国教育与工业化世界》，纽约，1987年。

（2）《钦定学堂章程》的制定

1902年8月15日，管学大臣张百熙等奉敕定，分卷刊录上谕奏折以及各章程。《进呈学堂章程折》，包括《钦定京师大学堂章程》《考选入学章程》《高等学堂章程》《中学堂章程》《小学堂章程》以及《蒙学堂章程》各一份，共六件，候旨颁行。此即《钦定学堂章程》。张百熙"上溯古制，参考列邦"，订定学校系统分为四段七级：蒙学堂四年，寻常小学堂三年、高等小学堂三年，中学堂四年，高等学堂或大学预科三年，大学堂三年，大学院无定期。同时指出："今日而议振兴教育，必以真能复学校之旧为第一要图。虽中外政教风气原本不同，然其秩序条目之至赜而不可乱，固不必尽泥其迹，亦不能不兼取其长，以期变通而尽利。"这是中国近代正式确立新式学制系统的开始。

（3）各地创办的新式学堂

在20世纪初的数年内，各省兴办了一些新式学堂，黄炎培《清季各省兴学史》对此有所调查登录。光绪三十年（1904年）《东方杂志》第10期载：江苏全省学堂计99所，其中小学24所。据上述情况，可以窥见当时全国兴学堂的大致情况。这就充分说明建立新学制不仅有了必要，而且有了可能。

《皇朝经世文新编续集》卷5"学校上"收入山东巡抚袁世凯《奏办山东大学堂折并附章程》（1901年），共分四章：第一章学堂办法共二十八节；第二章学堂条规共三十三节；第三章学堂课程共十七节；第四章学堂经费共十八节。大学堂课程分备斋、正斋、专斋三项。备斋课程以两年为毕业之限，温习中国经史，国朝掌政大略，并授以外国语言文字、史地、舆地、算学各项初级浅近之学；正斋课程以四年为限，授以普通学，分政学、艺学两门。专斋课程以两年至四年为毕业之限，共有中国经学、中外史学、中国政治学、方言学、商学等十门。山东巡抚袁世凯奏准创办的山东大学堂开学，以周学熙为总办，聘美人赫士（W. M. Hayes）为总教习。后改为山东高等学堂。

《辛亥革命回忆录》（二）（中华书局 2010 年版）载；1903 年 3 月 29 日，长沙明德学堂创办，黄一欧在《黄兴与明德学堂》中回忆了学堂的办学情形。明德学堂初设中学两班，后又招连成师范一班。胡无倓任监督，延请龙璋之父、在籍侍郎龙湛霖任总理，张继、周震麟、苏曼殊等任教习，租赁左文襄公祠为校舍。次年附设高等小学，增设中学补习科、中学预科及东语、英文、理化、银行、保险、法政等专修科。该学堂又在南京、上海设立分校。

《桐城吴先生尺牍》卷四载：1902 年 10 月，吴汝纶《开办桐城学堂呈稿（附章程十七条）》：规定安徽桐城学堂的开办宗旨、管理细则、教习聘请、师生遴选、建筑设计、学生伙食、书籍器具以及桐城学堂与蒙学和书院的纵横关系，其中体现了日本教育模式在中国的早期试验。他把桐城中学定位为以官办为主，但同时又有民间的参与。"学校为一县大政，经理虽由绅士，主持必赖官长，拟请饬派县主为学堂监督，庶冀维持扶植，有所依仗。"

张謇撰《张季子九录·教育录》（中华书局 1931 年聚珍仿宋版印）卷 1 载：张謇《通州师范学校始建记》（1903 年）记录：著名实业家、教育家张謇创办的我国第一所师范学校——民立通州师范学校正式开学，特聘当时学界名流思想家王国维为国学教员，又聘日籍教师日谷虎二、木村忠治郎等担任伦理学、西洋史、教育学及教授法等课的教师。师范学校分本科、讲习科、简易科，先设讲习科。该文以比较教育的视角，主张仿效欧美，造就师资。"闻之欧美之觇人国也，以其国学校多寡为强弱文野之别。其多者校以七八万计，生徒以七八百万计，教师以十余万计，师必出于师范。"又认为培养师资，发展教育，与孔子的师道理念是合拍的。"世变亟矣，不民胡国？不智胡民？不学胡智？不师胡学？务民义而远鬼神，策富教以维众庶，广之万国以求其同，还之三代以存其独，是则孔孟之教矣。"

2. 《奏定学堂章程》的形成

1904 年 1 月 13 日，张百熙等重订，分卷刊录上谕奏折以及各章程。清政府颁布了由张百熙、荣庆、张之洞等人重新修订的学堂章程，亦称《癸卯学制》，这是近代中国第一部以政府名义颁布并在全国实施的近代学制。该学制一直沿用到 1911 年清王朝覆灭。《癸卯学制》的颁布施行，改变了中国封建社会长期以来形成的官学、私学、书院的教育体系，适应了中国近代教育发展的要求，是一种历史的进步。

关于新政教育运动起步初始期教育变动状况，以下 5 部作品可做样本：

（1）苏云峰著《三（两）江师范学堂——南京大学的前身（1903—1911）》，南京大学出版社 2002 年版。全书共八章，第一章绪论，第二章至第七章主要探讨三（两）江师范学堂的日本教习、学制变革和课程、学生、学堂组织和领导人、中国教习、经费与堂舍设备等；第八章分析三（两）江师范学堂黑暗时代。书末附录"三江师范学堂章程（1904）""两江师范学堂学生名录"。作为目前唯一的一部三（两）江师范学堂著作，考辨清晰三江师范学堂创办的原因与过程；介绍三（两）江师范学堂课程设置、生源和师资情况；评价三（两）江师范学堂组织和学堂的作用。❶

（2）郑志廷、张秋山等编著《保定陆军学堂暨军官学校史略》，人民出版社 2005 年版。全书共四章，主要叙述 1902—1924 年保定军事教育的历史，揭示保定军事教育兴起的背景和发展状况，客观地评述其历史地位和作用。该书将保定的军事教育分为三个时期，分别为：袁世凯督直时期的北洋武备学堂（1902—1906 年）、清陆军部保定陆军学堂时期（1906—1911 年）、民国时期的保定陆军军官学校（1912—1924 年），对各个时期的创办背景、学堂性质、学生来源、课程设置、师资状况、教学管理与考核、招生制度和停办等都进行详细的叙述及分析。20 世纪初叶，保定以军事教育闻名中外，这里曾兴办了多所培养陆军官佐的近代军事学堂，成为近代新式军事人才培养基地和将帅的摇篮。

（3）张海林著《端方与清末新政》，南京大学出版社 2007 年版。全书共15 章，厘清清末渐进主义改革派代表人物端方在清末新政时期所做的努力，是第一部研究端方的学术著作，赋予他在清末新政活动中的诸多"第一"。其中，阐述了端方在教育方面的贡献：在苏州、江宁和长沙为官期间，强调兴学是当务之急，倡导实学和实业；任两江总督时，大力提倡新式教育，建立和完

---

❶ 苏云峰. 三（两）江师范学堂：南京大学的前身（1903—1911）［M］. 南京：南京大学出版社，2002.

善中小学体系，创办高等专门学校，开创对外文化教学事业，派遣留学生等，使江苏各地教育事业取得了突破性进展；创办中国历史上最早的现代幼儿园、举办南京历史上第一次全城学生运动会、选派了近代中国实行公费女子留学的第一人、举办湖南历史上第一次体育运动会、选派了第一个派遣海军学生到外国在华船舰"留学"的中国官员、创立两江地区最早的法政学校、创立两江地区最早的商业职业学校和南京最早的官办外语学校。

（4）郑德新著《中国教育近代化的起步——以吴汝纶教育思想和实践为中心的考察》，安徽教育出版社 2009 年版。除绪论和结语外，全书共五章。第一章宏观分析了中国教育近代化的历史背景与吴汝纶的生平活动；第二章至第五章则分别探讨吴汝纶与晚清官学、书院改革及新学校创建关系，吴汝纶力倡废除科举的内在动因及具体主张，吴汝纶学制思想来源及其近代学制构想，吴汝纶的实业教育、留学教育与家庭教育思想；结语分析了吴汝纶教育思想的特征及其在中国教育近代化起步阶段的地位。该书主要运用文献法、文本分析、比较研究等方法，勾勒吴汝纶的教育实践经历和教育思想的主要内容，提出了很多新颖的见解，具有较大的学术价值。

（5）李海云著《新教育中国化运动》，社会科学文献出版社 2009 年版，收入"中国教育史研究论丛·近代化系列"。全书共五章：第一章探讨新教育的产生及中国化；第二章分析新教育中国化运动的背景和概况；第三章至第四章阐述新教育中国化运动的理论探索和实践探索；第五章论述新教育中国化运动的特点和启示。华东师范大学教育史学专家金林祥教授在"序言"中写到："本书把新教育中国化运动置于中国近代社会变迁的客观背景下，对这场改革运动的讨论情况、关注焦点等进行了系统的梳理和总结，并选取典型人物作深入剖析，在此基础上，提出了一些颇有见地的学术见解。"作者既有理论层面的探讨，又有实践层面的阐述，较为系统地描绘了对新教育中国化运动的历史图景。

（二）清末新学制的推行

清末新学制推行所涉及领域及出现问题颇多，此处不做过多陈述，只选择性介绍。

1. 新教育的增长

尽管清政府以"中学为体，西学为用"作为指导方针，力图以西学为手段来维护封建体制的统治，但《癸卯学制》毕竟已钦定合法形式，加速了旧教育的崩溃和新教育的生长，促进了西方文化在中国的传播。在新学制的倡导下，清末新教育迅速发展。据学部统计：从光绪二十九年至宣统元年（1903—1909 年）的七年间，全国各省学堂总数由 769 所增加到 52348 所，增长了 68 倍；从光绪二十八年至宣统元年（1902—1909 年）的八年间，全国各省学生总数由 6943 人增加到 1560270 人，增长了 225 倍。❶

对清末大学堂教育办学思考的学者代表性的如王国维《奏定经学科大学文学科大学章程书后》，载《教育丛书》第 6 集（上册）：其中对《奏定学堂章程》大学教育阶段的设计方案、学科专业及课程归属等加以分析，在指出合理性的同时，认为尚存在许多局限可改良：首先是对哲学学科的忽视，这有悖于西方学术教育的发展脉络；其次是对经学学科与文学、史学、教育学、哲学、伦理学等诸科的关系，应该加以研究和梳理，做到中西合璧，阐明缘由；最后对大学学科设计的人文教育应予重视和加强，其中的思想体现了德国近代大学新人文主义教育传统在中国的影响。

2. 日本教习的来华

清末聘请日本教习来华从事教育管理、教育学的教学及部分新设课程教职工作。新教育活动的一部分，并不能抹去其作用。这次日本教育教学人员来华事件，史称清末日本教习来华。国内由于张百熙、袁世凯、张之洞等的提倡，日本方面则是出于日本教育家嘉纳治五郎、近卫笃磨、内田康哉、中岛裁之的襄助。

1902 年吴汝纶赴日考察学务时曾邀请日本派遣教习来华，得到日本政府文部大臣菊池大麓同意，选派并指定具体工作由帝国教育会负责遴选及训练来华教习。人员主要是从已经从事中国留日学生教育的一些学校和嘉纳治五郎主持的东京高等师范中选派。同时，比较有名的学校如东京帝国大学、早稻田大学等招聘一些志愿到中国的教员。他们在华任职前需经过六个月左右的短期训练，日本为专门派遣来华的教员专门设立清国派遣教员养成所。

日本教习上课时均由译员口译，充当翻译的，大多数是回国的留日学生。有些比较简单的课程（如图画、手工、体操），一般没有翻译，直接用日本语教授。清末师范学堂的教育学课程均聘请日本教育学专家担任。

1902 年 9 月，东京帝国大学分科大学助教授服部宇之吉任京师大学堂师

---

❶ 陈启天. 最近三十年中国教育史［M］. 台北：文星书店，1962：166.

范馆总教习，同时参与学部学政意见，对《钦定学堂章程》拟订、师范馆课程制定都积极参加。服部宇之吉《北京的大学堂》（载《教育界》第8卷第9号，明治四十二年七月）对此做具体描述。

1902年10月，东京高等师范学校教授渡边龙圣由直隶总督袁世凯任命为直隶省学务高等顾问，并参议商定学校司（学务处）事务，指导直隶师范学堂办学，在直隶先后七年，至1909年末归国。时袁世凯发文规定渡边龙圣到学校司与督办及参议商定教育一切事务，又赴各种学堂考察学务及教习功课。渡边龙圣又同时兼任天津北洋大学教育学、心理学教习。1904年末刊行《直隶教育杂志》，由学务处参议王景禧、丁惟鲁及渡边顾问任总监，组织办理。

同时聘请日本教习在直隶学堂任学科教职，如李幸太郎授理化学，中谷延治授教育学，儿岛为槌授日语、日文普通学，永井勇助授博物，大镜鸿藏授地学、历史，芝本为一郎授图画手工，新纳时哉授图画博物，竹内菊五郎授农学等。另外，天津北洋师范学堂聘中岛半次郎为总教习。

1903年张之洞聘请日本教育学家菊池谦次郎任南京三江师范学堂总教习，改革速成师范科和普通师范科，并筹设高等师范学堂，如管虎雄授伦理教育，松原俊造授物理化学，志田胜民授理财及商业，大森千藏授博物，杉田稔授工业，亘理宽元助授图画，安藤按授农学，岸廉一授医学，柳原又熙、那部武二授日语及翻译等。此外，江苏各师范学堂也聘请日本教习。

1904年，江苏巡抚端方创设学务处并聘日本教育专家藤田丰八为江苏师范学堂总教习，始收讲习科40人、速成科120人，同时聘请日本教习从事各校专业学科教学，如冈真三授生物，林房吉授理化，小仓孝治授博物、地理，田冈云岺授教育、日文，中村信太郎授日语，哭健雄授数学，村井罴之辅授图画，高田九郎授体育、手工，小野清一授体育音乐等。

此期日本教习来华代表者尚有：河原操子曾任上海务本女学堂教习，协助中国推行幼儿教育；浙江武备学堂延聘斋藤季治郎为总教习，三宅缝治、松岛音吉为副教习。江苏师范学堂的田冈云岺、直隶师范学堂的中谷延治、三江师范学堂的管虎雄，他们都曾对中国近代中日教育文化交流作出贡献。

1907年以后，日本在华教习人数逐渐减少。究其主要原因在于留日学生归国人数日多，西洋人在华发展教育事业以及社会各界对日本教习有不良评价。

探索清末"新教育"实施进程中的问题著述主要如下，兹加以介绍及评价。

（1）桑兵著《清末新知识界的社团与活动》，生活·读书·新知三联书店1995年版，收入"三联·哈佛燕京学术丛书"。全书共十章，主要论述兴汉会的前因后果，保皇会庚子勤王谋略及其失败，勤王运动中各政治团体的关系，保皇会的暗杀活动，早期留日学生社团与活动，中国教育会，军国民教育会，20世纪初国内新知识界社团概论，同盟会成立前的孙中山与国内知识界，同盟会成立前孙中山与留日学界等诸多论题。

（2）童富勇著《孙诒让教育思想研究》，浙江教育出版社1998年版。孙诒让是清末著名的经学大师和教育家。全书共四章，在论述孙诒让思想演变的基础上，探讨孙诒让创办专门学校、设立学会、发展地方教育和推行普及教育的教育活动，分析他论普及教育、教育经费和办学形式、教学内容、教学方法、道德教育等的教育思想体系，最后对其教育思想进行了评价。书末附录"孙诒让教育活动大事记""孙诒让教育思想研究主要参考资料"。孙诒让作为经学大师，国学研究领域有关成果丰硕，但是学界对他作为教育家的探讨匮乏，该书弥补了这方面的空白。作者不仅详尽梳理与论述了孙诒让的教育思想，对其教育活动更是进行了周密的探讨，全面展示了孙诒让作为一代教育家的风采。

（3）李斌著《顿挫与嬗变》，四川大学出版社2006年版。全书共七章，分别从政治、经济、军事、外交、法制、教育和社会文化诸层面，对晚清社会变革展开深入论述，再现近代中国人谋求国家富强的曲折而艰辛的历程。在"晚清教育的除旧布新"一章中，主要论述科举制度的式微与废止、晚清新式学堂的人才培养模式、三次留学教育活动的缘起和影响、新学制的缘起和颁布等方面主题。作者在已有研究成果的基础上，运用现代化理论和历史学、社会学等多学科相结合的研究方法，通过对晚清教育嬗变的因素分析，展现了晚清教育变革对中国近代社会带来的深刻影响。

（4）马斌主编《张謇实业与教育思想概论》，苏州大学出版社2006年版。张謇是清末民初实业家、教育家和思想家。全书除绪论和结语外，共七章：绪论概述了张謇的一生经历；第一章至第七章分别介绍张謇的实业及其实业思想、文化自觉、教育实践及其思想、城市和谐建设思想、为人处世之道、慈善事业及其公益思想、纺织高等教育创举。该书较全面地阐述了张謇的教育思想与实践，是研究张謇教育思想的宝贵资料。

（5）桑兵著《晚清学堂学生与社会变迁》，广西师范大学出版社2007年版。全书共九章：主要叙述旧世纪中的新时代，早期新式学堂与学生；国内学生群的兴起与学潮初盛；1905 年后的兴学热潮与学生状况；学堂风潮；爱国先锋与中坚——从"文明抵制"到"秩序革命"；学生与清末社会民主化进程；民主、爱国、尚武、革命的交响乐——国民会与国民军；学生与反清革命；学生与清末社会变迁。书末附录"先锋与本体的冲突——壬寅浔溪公学第二次风潮述论""征引书目举要"。作者从大量报刊图书文献中爬梳史料，重视晚清国内学生群体活动的史实，展示这一新兴群体的思维和行为倾向。同时在注视学生参与爱国民主运动的群体表现的同时，着重考查他们的社会联系及其在社会变迁各方面的角色、功能和作用，使学术界对近代学生群体的认识增加了五四运动以前的重要一段，并拓宽了研究的层面。

（6）凌兴珍著《清末新政与教育转型——以清季四川师范教育为中心的研究》，人民出版社 2008 年版。全书共七章：第一章总述清季师范教育的产生、发展及学制类型；第二章概述清季四川师范教育的兴起与发展情况；第三章至第六章分别描述四川师范教育各个层面的情况，包括四川留日师范与日本教习教材的引进、四川传习与简易师范、四川师范学堂和四川特别师范；第七章阐析对清季四川师范教育的认识。该书着重以一个省为考察范围的中观研究，同时注重具体师范学堂的史实重建，即微观研究，在宏观上更是将清季四川师范教育置于整个清末新政改革的背景下加以考察，宏观研究、中观研究、微观研究相结合，清晰地描绘出了清季四川师范教育的画面。作者搜集了大量前人注意不够、发掘不深、利用不多的史料，对其整理研究，遂使该书具有较高的学术价值。

（7）田正平、陈胜著《中国教育早期现代化问题研究——以清末民初乡村教育冲突考察为中心》，浙江教育出版社 2009 年版。全书除导论和余论外，共六章。第一章勾勒清末民初乡村新教育嬗变图景发轫（1901—1905 年）、凸显（1905—1911 年）及曲折发展（1912—1922 年）三个时期；第二章、第三章从清末民初乡村教育矛盾与冲突、抵制与负面舆论、乡村教育诉讼及乡村毁学风潮四个方面概述清末民初乡村教育的冲突及表征；第四章、第五章从乡村新旧教育的递嬗、乡村经济利益的重构、乡村社会结构的变迁、乡村文化生活的阻断以及权力场域下的新教育等方面分析清末民初乡村教育冲突的原因；第六章探讨乡村教育冲突的影响及解决途径。作者主要采用文献分析法、统计学和个案研究等分析方法，尽可能还原事件的本来面目，而且选题新颖独特，以乡村教育冲突为切入点分析中国教育早期现代化的问题，拓宽了研究领域。

三、学部的成立

清朝科举制度废除以前，中央教育行政工作由礼部主持，《大清会典》载，礼部掌"学校贡举之法"，分为"仪制""祠祭""主客""精膳"四个司。学校和贡举由"仪制"管理，其职权是"掌朝廷府署乡国之礼，稽天下之学校，凡科举，掌其政令"。尽管如此，礼部并不是管理教育的专门机关。

中央教育行政机关和长官的设置，经过了三个步骤。

第一步：1898 年设京师大学堂，派孙家鼐为管学大臣，兼管地方教育、学校。第二步：1903 年，清廷采纳张之洞等人的建议，在京师设总理学务大臣，统管全国学务；原大学堂另设总监督，不由学务大臣兼管。第三步：光绪三十一年（1905 年）九月，山西学政宝熙（1871—1930 年）认为学制"变更伊始，造端宏大"，建议在京师设立学部，使教育管理整齐划一，以为"总汇之区"。是年十一月，谕令设立学部，学部最高长官称尚书，其次为左右侍郎，均为政务官。学部下分五司——总务司、专门司、普通司、实业司、会计司，每司分数科。

以下就学部设立及相关活动加以例证说明。

《光绪朝东华录》卷 197 载《政务处奏请特设学部折》，文中提出科举废除以后应设立教育专门管理的行政机构，仿效日本文部省建立学部，将原来国子监和礼部的职能归并学部以避免分歧，并提出学部建立后应注意三项紧要事务，即"学堂教员，宜列作职官也；编定课本，宜变通办法也；学生冠服，宜定制度以归划一也"。

中国人民政治协商会议云南省委员会文史资料委员会编《云南文史资料选辑》第三十六辑（云南人民出版社 1989 年版）收录袁丁撰《袁嘉谷年谱》。

《政治官报》"折奏类"第 1172 号载：1911 年 1 月 26 日，学部《奏酌拟改订筹备教育事宜折（并单)》，内称"窃维宪政之行，以教育为始基，然非机关完备，筹备周详，则无以收普及之效"，并认为以前奏陈普及教育办法，系专为注重小学力图普及起见，均属切要难缓之图。除改订两等小学课程，订定地方学务施行细则，改订劝学所章程三项，业经奏请钦定遵行外，其余最要次要各项，应即次第赶办者有：改正部颁小学堂教科书、拟订国库补助小学经费章程、拟订试办义务教育章程、扩充初级师范、规定小学各项经费程式等二十七条款。宣统四年有：修改部颁各种教科书、颁布检查学生体格章程。

《政治官报》"折奏类"第 1295 号载：1911 年 5 月 31 日，学部《会奏设立中央教育会拟具章程折（并单）》，文中叙述内阁总理大臣奕劻奏陈普及教育有关宪政，请准设立中央教育会以利推行，并拟具《中央教育会章程》十四条。该会为中央教育议事机关，辅助学部征集有关全国教育意见。其章程酌采日本高等教育会议章程，加以变通。该会在京师设立会所，由学务大臣监督之。其中规定中央教育会主要讨论议决的事项包括：①中小学堂、两级师范学堂的有关教育问题；②教科书问题；③义务教育问题；④国语问题；⑤教育经费问题；⑥学校卫生问题以及其他"学务大臣认为必要之事，得临时提议"。

蒋维乔《清末学制之草创》《清末之教育行政》，载《光华月刊》第 5 卷第 1 期、第 2 期，1936 年。《清末学制之草创》对清末学制的三个阶段，即《钦定学堂章程》《奏定学堂章程》以及 1906 年宪政时期学制的调整与改良，加以描述及分析，揭示期间的脉络关系，认为是一个不断完善和又起实际作用的过程。其中尤其反映日本学制对中国的影响以及中国所进行的调整，对学制存在的问题及修改学制的动因有所分析。例如，"年限过长。而其科目，又以旧时之经史子集等，皆勉强纳入其中，与各科学并列"；"行之数年，为学界诟病。修改学制之呼声大起"。《清末之教育行政》分析清末新教育运动以来，教育行政制度的嬗变历程及京师大学堂时期、学部时期的学部职能的调整与规范地方教育行政的经历；学务处、学务司、学务公所以及劝学所的交错变革。各地机构的改制推行依序进行，以劝学所为例，"至宣统元年全国厅州县所设劝学所，总数已达一五八八；其未设立者，不过五分之一，想见当时推行之速"。

学者对学部这个主教育行政机构著述作品相对贫乏。

代表性的当属关晓红著《晚清学部研究》，广东教育出版社 2000 年版。该书共九章，主要介绍晚清学部的渊源、机构设置和职能扩展、人事决策、各方权限关系、经费统筹与督查、教育统筹与推进、管理控制以及与近代文化事业的关系等。学部是中国历史上第一个正式统一管理全国教育的专职中央行政部门。作者查阅大量近代人物的书信、文集、日记、年谱、回忆录和报刊等第一手资料，综合运用教育学、社会学、政治学和管理学等相关学科知识，系统考察学部生长消亡的过程和运作牵连各方面。尤其是将学部置于清末民初新旧体制变动极其复杂矛盾的背景下进行考察，全面认识学部在清末社会变革与发展中的角色和作用，保证了研究的系统性与整体性。

第二节 清末宪政时期主要教育内容与史料

大约在以往统称新政历程的十年中，清末掀起宪政运动，波及朝野社会。至今，学界对其内容、认识及评价颇多纷纭歧义。而从教育学而论，它却是科学、专门性、具体及深化的重要阶段，教育权利及义务主体问题均有涉足，存在封建专制体制转型，君主立宪社会性质形成中的教育因素明显出现的景象。历史的趋势使清政府未完成此次努力而被推翻，自有其必然性，但诸多资源留存了此次教育变革的多元丰富内容。

一、新学制学堂规章的补充及修订

新学制颁行之后，一方面缘于实践中的困惑以及所面临的新问题，所以需要调整学制中的一些规程内容。另一方面清末政体改革呼声增大，立宪制度不断"炒作"，而且列入议程有所尝试，对国民教育、女子教育认识提高。

（一）中小学教育改制

《癸卯学制》自1904年1月13日奏定颁行起，一直沿用到1911年（宣统三年）清王朝被推翻，中华民国建立时止，将近有8年时间。在此期间，一边施行，一边增订、修正，在中小学教育方面有较大变动。

1. 小学教育

《大清宣统新法令》共24册，清宣统二年商务印书馆印行，收辑清光绪三十一年（1905年）至宣统二年（1910年）之法令。该书第4册：1905年5月15日，学部《奏请变通初等小学堂章程折》提出"初等小学为养成国民道德之初基，开智识谋生计之根本"。为此，原《奏定学堂章程》的初等教育应该加以调整，拟分初等小学教育为三种：一为五年毕业之完全科，二为四年毕业之简易科，三为三年毕业之简易科。并公布完全科、简易科学科课程授课时刻表，咨行各省，遵照办理。"务期学校日兴，民智日启，以仰副朝廷敷教牖民之至意。"1909年5月15日，学部《奏酌拟变通初等小学堂章程折》再次重申、强调1905年"小学堂章程"规定的内容，将初等小学分五年制完全科、四年制和三年制简易科三种，并公布了完全科、简易学科课程、授课时刻表，咨行各省，遵照办理。

　　在初等小学中改设简易科，是为了解决强迫教育与办学经费、师资、课程及教学时间之间的冲突。同年，江苏教育总会按照学部要求，略加变通，确定主要办四年毕业的初等小学简易科，乡僻之地并可参采三年毕业的简易科。

　　1909 年，江苏教育总会《呈学部请变通初小学堂章程文》主张："节缩初等小学之年限，并变通其科目，以期强迫教育之渐可实行也。"请求学部"饬下普通司将初等小学年限科目，比照《女学堂章程》酌量更定，奏颁各省，以为强迫教育之先导"。这一结论的得出，在实际上基于"考查各地方小学之成绩，而次为我国目前教育之程度"，在理论上出于对普及教育的高度认识及经济化的教育原理："教育之普及，当程效于小学，而初等小学又为全国人民所应同受之教育，其程度至浅，而其关系至巨。盖年限长短，与生徒家族之生计有关系；科目繁简，与儿童之脑力、教员之预备工夫、学堂延聘教员之经费有关系。"❶

　　《大清宣统新法令》第 4 册：1909 年 4 月 18 日，学部《奏报分年筹备事宜折》提出"普通教育、专门教育为国家根本之计，宪政切要之图"，请旨饬下宪政编查馆核议施行。宣统二年（预备立宪第三年），颁布高等小学教科书等；宣统三年（预备立宪第四年），京师筹备设专门医学堂等；宣统四年（预备立宪第五年），京师筹设专门工业学堂等；宣统五年（预备立宪第六年），行各省督抚饬学司确查全省人民识字义者若干人（以后年年清查一次）；宣统六年（预备立宪第七年），派视学官分查各省学务（是年查遍第二周）；宣统七年（预备立宪第八年），颁布强迫教育章程等；宣统八年（预备立宪第九年），试行强迫教育章程。

　　1910 年 12 月 30 日，《学部奏改订两等小学堂折》：认为原来规定的五年制完全科既期限过长，贫民或穷于负担；三年简易科又为时过促，学力太觉其参差；而且三种章程并列，听人自择，倘办学者有所偏重，反有碍教育进行。因此，初等小学与其分三科，易启分歧，不如并为一科，简而易从。拟即折中定制，一律以四年为毕业期限，并删除简易科名目，以符名实。"自宣统三年为始，一律按照此次改定章程认真办理，并迅将初等小学堂设法推广，以裕强

---

　　❶ 朱有瓛. 中国近代学制史料：第二辑 上册 [M]. 上海：华东师范大学出版社，1987：203 - 205.

迫教育之基，而收学制统一之效。"❶。

为了推行国民教育，在小学校内或另外添设简易识字学塾、半日学堂等社会教育机构。1910 年 1 月 10 日，学部奏准公布《简易识字学塾章程》16 条，这类学塾"专为年长失学及贫寒子弟无力就学者而设，其课程专教部颁《简易识字课本》《国民必读课本》，并酌授浅显算术（珠算或笔算）"，教授完毕即毕业。❷

类似的规定在同年《学部官报·文牍》第 6 册第 141 期及《教育杂志》1911 年第 3 卷第 6 期、第 9 期中也有部分登载。

半日学堂始于清末，据湖南巡抚端方称，这类学堂设立的缘由，在于物力维艰，筹款不易，"学堂未能广为设立，能入学者多系富家子弟，其贫寒子弟亟待谋生者大半难得入学"。应即变通办理，饬令多立半日学堂。"其法以午前、午后为界，将学生分为二班，以一班午前来学，以一班午后来学，更番教授，减经费而省教员，一堂可收二堂之益。且穷民子弟半日读书，半日谋食，法简意良，乐从者必多。"❸ 补习教育机构的设立，是社会教育的有效方式，对于今天的扫盲工作仍有借鉴之处。

2. 中学教育

《大清宣统新法令》第四册载：1909 年 5 月 15 日，学部《变通中学堂课程分为文科实科折》提出中学教育分科趋向，其依据是"小学堂之宗旨，在养其人伦之道德，启其普通之知识，不论其长成以后，或习文学，或习实业，皆须以小学立其基，此不能分者也。至中学堂之宗旨，年齿已长，趣向已分，或令其博通古今，以储治国安民之用，或令其研精艺术，以收厚生利用之功，于是文科与实科分焉"。中学课程仍照奏定章程十二门分门教授，文科以读经讲经、中国文学、外国语、历史、地理为主课，而以修身、算学、博物、理化、法制、理财、图画、体操为通习；实科以外国语、算学、物理、化学、博物为主课，而以修身、读经讲经、中国文学历史、地理、图画、手工、法制、理财、体操为通习。皆以五年毕业。要求今后中学教育应照此推行，"凡开办

---

❶ 朱有瓛. 中国近代学制史料：第二辑上册 [M]. 上海：华东师范大学出版社，1987：218 - 219.

❷ 朱有瓛. 中国近代学制史料：第二辑上册 [M]. 上海：华东师范大学出版社，1987：349 - 351.

❸ 朱有瓛. 中国近代学制史料：第二辑上册 [M]. 上海：华东师范大学出版社，1987：366.

中华堂暨已设之中学堂内添招学生，即照此次奏定文实分科办法，于一堂之内分设两科，认真教授，以广载成而期实效"。

（二）立宪与推行国民教育

上述维新派领袖所设想的"新民说""义务教育""大同世界的小学院"等观点认识，最为明显地重现于立宪运动中，而且实现的努力更不容轻视。

1905—1907 年，学部《咨行各省强迫教育章程》提出：现在预备立宪，非教育普及不足以养成国民之资格，特订强迫教育章程 10 条通行各省，以期实行。其主条文如下：各省城须设蒙学一百处，学额以五千名为率；各府州县须设蒙学四十处，学额二千名为率；各村须设蒙学一处，学额以四十名为率；幼童至七岁须令入学；凡有绅董热心提倡多设学堂者，分别给奖；幼童及岁，不令入学者，罪其父兄；以学堂之多寡，立劝学员之功过；各府厅州县长官不认真督率办理，徒以敷衍了事者，查实议处。❶

为了尽快地"普及教育"，清政府和地方热心教育的人士也注意改良原有的私塾，使之逐渐成为初等或高等小学堂。1905 年在上海成立上海私塾改良总会，并公布《私塾改良会章程》。1910 年学部颁布《改良私塾章程》，着手对学塾进行整顿。改良私塾的方法主要是：甄别和轮训塾师；改变私塾旧式教学方法；改良私塾分初等、高等两种，改良初等学塾至少须授修身、国文、读经讲经、算学 4 科，改良高等私塾除上述 4 科外，还应加习历史、地理，高级班还酌加格致和体操。改良初等私塾、改良高等私塾经考查合格者改为私立初等小学、私立高等小学。至此，至少在理论上完成了构建各类新式小学取代旧式学塾在儿童教育上主导地位的方案。

《东方杂志》第 2 年第 12 期，1906 年 1 月载觉民《论立宪与教育之关系》：该文代表立宪派的思想，认为立宪是社会改革与进步的必然，"如坠石危崖，走丸峻坂，虽有贲育之勇，亦莫能阻其前进"。但立宪必须先行普及教育，因为"教育既遍，国民胥智，政治上之知识，皆磅礴于人人之脑中，而后自治之能力，随在可以发挥，以之充议员之选，闻国家之事，其恢恢乎游刃有余矣。若逆其道而行之，适足以增异日之障"。又主张在教育上"宜仿各国学制，于小学课程中，增入国民教育及政法二者，在普及小学之外，另设无数补习学校，授以普通科学，以养成其普通之知识，并特设政法一门，以启其法

---

❶ 朱有瓛. 中国近代学制史料：第二辑上册 [M]. 上海：华东师范大学出版社，1987：372.

律之思想"。

《光绪朝东华录》卷202载：1906年9月，《清政府颁发预备仿效宪政之谕旨》，提出宪政的基础之一是国民素质的提高，若民智未开"操切从事，徒饰空文，何以对国民而昭大信"，声明俟数年后察看"民智"，再定实行年限。

《清末筹备立宪档案史料》下册载：1910年1月10日，学部《奏拟简易识字学塾章程折》主张简易识字学塾的目的在于辅助小学教育的不足，而促进国民教育权限的扩大，意在为年长失学及贫寒子弟无力就学者而设。"既以简易为名，则一切章程必使易知易从，而后不背乎委曲变通之旨"，其课程专教部颁《简易识字课本》《国民必读课本》，并酌授浅易算术（珠算或笔算），教授完毕即准毕业。其毕业年限定为三年以下、一年以上，每日教授钟点定为三小时或二小时。

目前，围绕学堂与私塾交错复杂关系或博弈消长之势的成果主要有：左松涛著《近代中国的私塾与学堂之争》，生活·读书·新知三联书店2017年版。该书除绪论和结语外，共五章：第一章总述私塾概念在近代中国的演变；后四章分别论述科举停废前的清代民间旧式教育（1644—1904年）、清末的私塾与学堂之争（1905—1911年）、民国初期的私塾与学校之争（1912—1927年）、南京国民政府时期私塾与学校之争（1927—1949年）。书末附录图、表。作者参阅地方志、档案、年鉴、年谱、日记、回忆录、文集和报刊资料，写作中采取"新式"与"旧式"比较的研究方法，探索其中蕴含的思想特征及历史逻辑。

清末立宪宪政尝试政治改良，至民国初期民主共和政体确立，对国民的素质及相应教育问题的作用有了较清醒的认识，这种探索是深层次的。相关著作有：陈永森著《告别臣民——清末民初的公民意识与公民行为》，中国人民大学出版社2004年版，收入刘泽民主编"中国社会史研究丛书"之"第二辑·政治理念与中国社会"。全书共11章，采用专题讨论的方式，集中论述"公民观念的引进""'国家主义'与'公民'的整体性""公德与私德""最初的公民权利观""女人也是公民""立宪与'公民'""公民社会熹微初露""公民与宪政规则""为再造共和培养合格公民""新文化运动与公民的个体性""平民主义思潮与公民的阶级性"等问题。作者把精英分子的公民意识与普通民众的意识结合起来，关注普通民众的公民意识，同时对清末民初各色人物的评判标准是看其是否有公民意识，不以阶级身份裁减历史人物；认为新文化运动张扬了公民的个体性，出现了真正近代意义的公民观。然而，"个性解放"和"自由主义"的呐喊难以缓解日益尖锐的阶级矛盾，无力解决下层民众的温饱问题，于是，不少知识分子转而关注"平民"，公民的阶级性随之凸显。

（三）女子教育列入学制

1907 年 3 月，学部《奏定女学堂章程》颁布，包括《女子小学堂章程》26 条、《女子师范学堂章程》39 条，其中规定，女子小学堂与女子师范学堂修业年限分别为 8 年和 4 年。历史地分析，女子小学堂的创设与发展是女子师范学堂赖以存在的基础与前提。学部《奏定女子小学堂章程》中，对女子小学堂的宗旨、学堂行政、课程设置等做了详细的说明。在兴女学思想与封建顽固思想的斗争中，女学堂终于获得了应有的地位。全国各地兴女学及政府把女学纳入学制，促使女子小学教育的发展。据光绪三十三年（1907 年）的统计，当时有官办、民办女学堂 391 所，女学生 11936 人，女学生占学生总数的比例是 2%。再据宣统元年（1909 年）统计看，当时小学堂 51678 所，有小学生1532746 人。其中，女子小学堂 308 所，共有女学生 14054 人。女子小学堂占学堂总数的 0.6%，女小学生占小学生总数的 0.9%。从上面的数据可见，从女子小学堂总数看，1909 年比 1907 年还减少了 83 所，但从女学生入学数看还是有所增加。只是小学女生入学率远远低于小学男生入学率罢了。❶

《学部奏咨辑要》卷 3：1907 年 3 月 8 日，学部《奏定女学堂章程折》从教育改良社会、提高国民性的视角阐述女子教育的意义，"使女教不立，妇学不修，则是有妻而不能相夫，有母而不能训子。家庭之教不讲，蒙养之本不端，教育所关，实非浅鲜，此先圣先王化民成俗所由必以妇学为先务也"。另又拟定《女子师范学堂章程》六章三十六条及《女子小学堂章程》四章二十六条，认为这些章程条款融合了中西关于女子教育的因素，尤其切合中国社会礼俗。"凡东西各国成法，有合乎中国礼俗、裨于教育实际者则仿之，其于礼俗实不相宜者则罢之，不能遽行者，则姑缓之。"

女子教育问题不仅是教育学领域，更属社会学视角的命题。夏晓虹著《晚清女性与近代中国》，北京大学出版社 2004 年版，收入"学术史丛书"。全书共三编十章：上编为女性社会，包括上海"中国女学堂"考述、《女子世界》研究、晚清"男降女不降"释义等；中编为女性典范，包括班昭与《女

---

❶　杜学元. 中国女子教育通史［M］. 贵阳：贵州教育出版社，1995：345 – 346.

诚》、罗兰夫人在中国等；下编为女性之死，包括惠兴自杀事件解读、胡仿兰一案探析、晚清人眼中的秋瑾之死。该书以持温和态度的中间派报刊为主，采用个案研究方法，对资源进行精细处理，逼真地展示晚清社会的某种场景与文化。选材取自报章文字，作者以女性问题为视角走入晚清社会，反映女性在社会中各方面的变化，又可管窥晚清社会历史变动状态。

二、地方教育行政机构的改革

直隶学务处劝学所在学部成立之初创设，成为地方基层教育行政实验典范。"劝学所之设，创始于直隶学务处，时严修任学务处督办，提倡小学教育，设劝学所，为府州县行政机关，仿警察分区办法，采日本地方行政及劝学所管理法，订定章程，颇有成效。"光绪三十二年（1906 年）《学部奏定劝学所章程》颁行全国。日本教育家渡边龙圣《清国直隶省教育状况》，载《教育界》第 3 卷第 14 号（明治三十七年十月）对此有所描述。

1906 年 4 月 25 日，政务处、学部《会奏遵议裁撤学政设立直省提学使司折》中推出地方教育行政机构方案：各省改设提学使司提学使一员，统辖全省地方学务，归督抚节制。该司机关设在省会，各省业经裁撤之学务处，改为学务公所。学务公所设议长一人，议绅四人，佐提学使参划学务，并备督抚咨询。学务公所下分六科——总务课、专门课、普通课、实业课、图书课、会计课。

各厅州县设劝学所，每所设总管一人。劝学所不仅掌管本厅州县的教育行政，并有劝导地方人士建立学堂推广教育的责任。每厅州县划分若干学区，设劝学院，负责推动本区的教育工作。自 1901 年起学部改订劝学所章程，改为府厅州县设劝学所，辅助府厅州县长官管理教育。劝学所设劝学长一人，劝学员若干人。对下属学校的建立、经费的实业、儿童的入学、授课的时间、教职员的任用、学校卫生等工作，都负责管理。以下两例是举证材料：

《学部奏咨辑要》卷 1 载：1906 年 5 月 13 日，学部《奏陈各省学务官制折》《奏拟劝学堂章程折》颁布，各省学务官制的章程二十三条。其主要内容为涉及地方教育行政部门机构的分工、人员配置、权限管理、学务内容及要求、各职能部门的人员选拔条件、权力归属等方面。其中两方面内容最为突出：一、学务公所课分为总务课、专门课、普通课、实业课、图书课、会计课六科。其中图书课规定"掌理编译教科书、参考书，审查本省各学堂教科图籍，翻译本署往来公文书牍，集录讲义，经理印刷，并管图书馆、博物馆等事务"。二、各省设教育官练习所，"由提学使选聘本国或精通教育之员，讲演教育学、教授管理诸法及教育行政、视学制度等，以谋补充识力。每日限定钟点，自提学使以下所有学务职员，至少每星期须上堂听讲三次"。劝学堂章程主要的内容包括总纲、分定学区、选举职员、统合办法、讲习教育和推广学务，同时还提出应发挥如下功能：①延聘专员，宣讲《圣谕广训》章程，随时宣讲；②详绘图表，"劝学员应商同本区各村董事，就所辖地方，遵照学部颁行格式，绘成总、分各图，注明某地有学堂几处，每学堂若干斋室"；③定权限，"各属劝学所总董与劝学员及各村学堂董事，均为推广学务而设，不准于学务以外，干涉他事"；④明功过，"劝学所各员如办理合法，著有成效，应随时记功。其有特别劳勋者，记大功"。

沈桐生等辑《光绪政要》卷26宣统元年（1909年崇义堂刊），收入内阁学士陈夔龙《奏陈整饬学校提倡正学折》：清政府命各省督抚提学使"务令宣明圣学，加意提倡，严定课程，宽筹经费，多备正经正史一切经济性理有用之书，慎选生徒，专门肄业，俾成有用之才"。诸生"或内行不修，乡评不洽，放言高论，气质嚣张，沾染康、梁恶习者，严斥而痛惩之"。

三、教育科学研究的起步

清末新政、宪政时期教育科学探讨继承前期西方传教士的教育制度、思想学说翻译传播的基础，针对西方教育制度推行后的有效性及办学质量要求而走向制度设计及团队协作的道路。随着日本、西方教育引入，国内学界的教育学理论由宣传转向自主探究。此期中央及各地教育会建立推动教育研究的组织保障，并且教育中最实用的教学方法进入实验活动阶段。

（一）西方、日本教育制度及教育学著作的传播

最早介绍西方教育书籍始于明末。1623年，来华耶稣会传教士艾儒略撰《西学凡》一卷、《职方外纪》五卷；1620年，高一志撰《幼童教育》。

1860年以后，新教传教士传入中国的西方教育最早为学制的介绍，如花之安（Ernst Faber）《西国学校》《德国学校论略》（1873年广州刻本），李提摩太（Timothy Richard）《七国新学备要》（1892年广学会刊本），林乐知《文学兴国策》（1896年广学会刊本）、《五大洲女俗通考》（1903年广学会刊本）等。

1900 年以后，中国系统并自觉引入西方、日本学制。一时间考察报告、教育小说、资产阶级教育学教科书和专著多采译日本。谭汝谦《中国译日本书综合目录（教育类）》（1979 年）、吕绍虞《中国教育书目汇编》（1932年）、徐以燮《东西学书录》（1899 年）、顾燮光《译书经眼录》（1904 年）等多有记录。

日本学制内容介绍的文本主要有：胡钧、樊炳清合译《日本小学校令》，陈毅译《日本中学校学科及程度》《日本师范学校学科及程度》，均为教育世界本 1901 年版；（日）寺田勇吉著，白作霖译《各国学校制度》，上海海上译社本 1902 年版；东京泰东同文局编《日本学制大纲》（4 册），泰东同文局版；文部省编，天津东寄学社译《日本新学制》，天津开文书店 1902 年版；叶瀚《日本小学校章程序》，载《皇朝蓄艾文编》卷 16 "学校三"；陈家麟《日本学校论》、顾厚焜《日本学校章程考》《日本学校沿革论》，均载《皇朝蓄艾文编》卷 14 "学校一"；陶森甲编《日本学制章程汇编》《日本明治学制沿革史》，商务印书馆 1909 年版。

考察日本教育的报告主要有：李宗棠《考察日本学校记》（1901 年）、罗振玉《扶桑两月记》（1901 年）、关赓麟《参观学校图记》、吴汝纶《东游丛录》（1902 年）、张謇《东游日记》（1903 年）、缪荃孙《日游汇编》（1903 年）。

宣传资产阶级教育观的教育小说，如（意大利）亚米契斯著《馨儿就学记》，即《爱的教育》；1905 年包天笑译《儿童修身之感情》；包天笑著《孤雏感遇记》，上海商务印书馆 1912 年初版铅印本，1913 年 3 月再版，并同时在该馆主编《教育杂志》期刊连续刊载。

据现代文献学家钱存训《近世译书对中国现代化的影响》（载《文献》1986 年第 2 期）初步统计汉译教育书籍：1580—1790 年共 4 种，1850—1899年共 12 种，1901—1904 年即增至 54 种，1912—1940 年共 211 种。由此可推测其中源于日本的教育学著作当居重要比例。

西方教育论著通过多种渠道输入中国，使中国教育学理论吸收近代教育的内容，逐渐形成自己的近代化教育理论体系。当时，中国教育界自己撰著的教育论著和教科书不断地涌现出来。仅从 1906 年到 1910 年，就先后出版多部。兹摘要列出，如表 12 - 1 所示：❶

---

❶ 陈学恂. 中国近代教育史教学参考资料：上册 [M]. 北京：人民教育出版社，1986：684.

表 12 - 1　教科书出版清单

书　名	作　者	出版时间	出版单位
《最新教育学教科书》	缪文功	1906 年	文明书店
《教育学》（初级师范教科书）	作者不详	1906 年	商务印书馆
《教育学》（湖北师范教科书丛编本）	张继煦	1907 年	湖北省书处
《教育学教科书》（湖北师范教科书丛编本）	金华祝	1907 年	湖北省书处
《教育学》	秦毓均	1908 年	中国图书公司
《教育学》	蒋维乔	1909 年	商务印书馆
《简明实用教育学》	吴　馨	1910 年	中华书局

以上几本教育学著作是在输入西方教育理论和论著的引导下编出的第一批教育学理论书，使我国有了自己编著的教育理论书籍，不但对当时的教育实践有重大的指导作用，而且对中国近代教育学理论的建立有开创性的历史意义。

商务印书馆与其主办的《教育杂志》对近现代中国教育贡献重大。其中西方教育学传播与近代中国教育学发展当是其中重要环节。教育学史家、山西大学教育学院教授侯怀银对此论题成果丰富。其代表作为侯怀银、李艳莉著《昌明教育——商务印书馆与中国教育学发展》，商务印书馆 2017 年版。全书共五章，主要内容包括：第一章分析商务印书馆与中国教育、教育学的水乳交融关系，具体展现办馆宗旨和办馆人的教育情怀，以及馆内聚集的中国教育学人群；第二章通过考察商务印书馆出版西方教育学论著、《教育杂志》对西方教育学的译介活动，描绘商务印书馆推动西方教育学在中国传播的整体画面；第三章以商务印书馆出版国人撰写的教育学论著、《教育杂志》中国教育学的本土探索为视角，探寻商务印书馆与中国教育学学科建设发展的内在逻辑；第四章探讨商务印书馆近代教育实践和实验的历程，再现尚公学校、函授学校等本土教育活动情形；第五章揭示商务印书馆对中国教育学发展的影响，肯定其在中国教育学发展中的重要地位，并就出版社如何传播西方教育学、发展中国教育学等形成相关认识。作者围绕商务印书馆与中国教育、中国教育学发展关系这一主题，阐述商务印书馆引进和传播西方教育学、推动中国教育学发展的过程和努力，为当前商务印书馆乃至教育学术出版界更好地推动中国教育学发展提供历史借鉴。

（二）教育会的成立

1906 年 7 月 28 日，学部《奏定各省教育会章程折》内分宗旨、设立及名称、总会与各会之关系、会员、会务、簿册文件、解散及奖励、附则等，共八节十五条。主要内容：教育会宗旨"期于补助教育行政，图教育之普及，应与学务公所及劝学所联络一气"。对设立及名称做了规定：在省会设立教育会，"教育会为全省所公立，而设在学务公所所在之地者，称某省教育总会"；总会与各会之关系，"各省教育总会，为统筹全省教育而设。各地方教育会，为筹一地方教育而设"。对会员的资格做了明确规定："会长、副会长须品学兼优，声誉素著，或于本地教育有功者，由会中公举，禀请提学司审察，确能胜任，方可允准选充。""会员须品行端正，有志教育者。"会务主要包括：①立教育研究会，以求增进学识，"选聘讲师定期讲演"；②立师范传习所，"选聘讲师，至短以一年为期，传授师范学科，以地方举贡生员之年在三十五以上，四十五以下，不能入各学堂肄业者充"；③研究会；④调查境内官立私立各种学堂后开事项；⑤做境内教育统计报告；⑥筹设图书馆、教育品陈列馆及教育品制造所"并搜集教育标本，刊行有关教育之书报等，以资学界"。

由于兴学涉及面极广，一方面教育行政官员在知识素质方面尚不符合教育发展新形势之需；另一方面动员全社会一切可以动员的力量，关心教育、推动教育普及的进程，于是，有了地方教育会之设。以下以四川省清末所辖属地教育会为例：

1906 年 7 月，学部奏定《各省教育会章程折》，饬各厅、州、县俱设教育会，四川积极响应，同年底成立了四川教育总会，制定章程 15 章 47 条。设正、副会长，由学界有资望、经验、品行端方之川籍人士充当。各地也纷纷成立教育分会。教育会基本上属于民间组织，由入会者捐银（钱）若干为基金。会员投票选举 2 人分任正、副会长，掌放会银取利息为活动经费，下设文牍、会计、干事等职。有的教育会还得到劝学所补助。会长任期 2—3 年，期满由会员投票改选。每年（月）有定期集会。除学部所颁章程及四川教育总会章程外，有的还有自定章程。教育会的职能是广泛的，它不仅研究教育的各个方面，还通过查学、讲演、讲习、阅报的形式向地方绅民宣传新的教育思想，发动群众支持关心本地教育，对教育当局提出改革建议从而辅助教育行政工作的推行，为新学的发展开辟道路。

（三）近代教学方法的试验

1902 年颁布的《钦定学堂章程》对班级授课制做了规定。虽然这个章程没有实行，但还是把日本的学制、班级组织那套东西借鉴过来。1904 年施行的《奏定学堂章程》命令学校采用班级授课制，要求：中小学堂的教学，"须尽其循循善诱之法，不宜操切以伤其身体，尤须晓以知耻之义"。教学方法"以讲解为最要"，防止死记硬背的注入式教学，并且提出"夏楚只可示威，不可轻施，尤以不用为最善"。高等学堂的教学，除去与初等小学堂相同者外，认为"学童至十三岁以上，夏楚万不可用；有过只可罚以直立、禁假、禁出游，罚去体面诸事亦足示儆"。这些改革，虽然还不够彻底，但对封建传统教学不尊重儿童，滥施体罚，是一重大的改进。

清末变法维新，推行新政，废科兴学，新式小学取代了原来的学塾，于是教学组织和方法发生了转变。1901年，东南各省选派了许多对本国文学有研究的学生，到日本的宏文师范学校去接受几个月短期的师范训练，他们回国后，就到处宣传复式教学。光绪三十年（1904年），江苏省教育会同人在上海设立单级学校，实地研究复式教学的方法。不久又举办单级教授练习所，召集各地对复式教学有兴趣的学员，开展大规模的推行复式教学运动。民国以后江苏第一师范附属小学曾对赫氏五段教授法进行系统的试验并总结经验。宣统元年（1909年），江苏教育会又派员赴日本调查复式教学，归而著书传习，于是各省闻风而起者日多。但是这种教学方法的核心组织则是赫尔巴特派的五段教授法，即五步形成阶段论。

清末学部对民间教育学传播及试验作出积极反应。例如，《学部奏咨辑要》卷4载：1910年8月23日，学部《咨覆两江总督提倡单一教授及设单级教授练习所应准照办文》认为当时小学在教学组织上存在流弊，"每一校多则三四十人，少亦一二十人。其中程度不齐，多至三级，少至两级，每班一级者绝少。授课者合数班为一堂，甲班授课，乙丙班默坐。小学每日授课六小时，而学生受课者，每班只得两小时"，提出补偏救弊之法，"莫如速办单级教授"，并宜于两江师范学堂内附设单级教授练习所，"以单级教授法教授教员"。这种单级教授法即为实施赫尔巴特五段教授法的复式教学编制。

中国近现代教学方法实验推广的情形主要参考著作为：熊明安、周洪宇主编《中国近现代教育实验史》，山东教育出版社2001年版。该书是研究清末和民国时期教育实验的学术著作，除绪论和结语外，分为三编23章，重点梳理中国近现代教育实验的兴起（1909—1926年）、教育实验的发展（1927—1937年）、教育实验的深入与停滞（1938—1949年）。附录有中国近现代教育实验大事记（1901—1949年）和主要参考文献。其中在上编"教育实验的兴起"中，重点探讨了赫尔巴特五段教授法实验、单级教学法实验、自学辅导法实验、分团教学法实验、设计教学法实验、道尔顿制实验、南京鼓楼幼稚园幼儿教育实验和中小学学制实验等的历史背景、历程、主要方法、影响和评价等。作者选取较著名、对中国近现代教育产生过一定影响的教育实验进行分析，并评述有代表性的教育家的教育实验思想，通过典型性素材内容，描绘中国近现代教育实验的发展图景。

四、庚款留美与清华学堂的兴办

"庚款留美"是清末三次留学运动之一，与五四运动后留法勤工俭学运动同属近代留学史的组成部分。这也可认为是一个教育事件，与清华大学的前身清华学堂属于同气连枝的关系。

（一）庚款留美

1900 年，英、美、德、法、意、奥、日、俄八个帝国主义国家组成联军入侵中国，清政府被打败，翌年签订丧权辱国的《辛丑条约》，其中规定中国须向列强付出巨额赔款：白银 4.5 亿两，加上"利息"共达 9.8 亿两。美国从中分得 8200 多万两，约合 2400 万美元。1906 年，美国伊里诺大学校长詹姆士看到当时大批中国学生留学日本十分着急，就给美国总统罗斯福写了一份"备忘录"，其中指出："为了扩展精神上的影响而花一些钱，即使从物质意义上说，也能够比用别的方法获得更多。商业追随精神上的支配，比随军旗更为可靠。"[1] 这里，詹姆士阐明了"退款办学"的目的所在。

1909 年 7 月 10 日，清政府在北京设立留美学务处，归外务部、学部共管，两部合派外务部左丞参议周自齐为总办、处务部候补主事唐国安和学部员外郎范源濂为会办；同时，在美设立留学生监督处，由容揆负责。

尽管美国及其他各国"退款兴学"包藏着他们"欲从思想上控制中国"的阴谋，但"退还庚款"总比不退要好。庚款兴学彻底打开了中国近代教育的大门，使中国的知识分子有机会到世界各地接受教育，接触新思想、新文化。靠"庚款"培育的学生很大一部分都成了那个时代的精英人物，为国家和民族做出了巨大贡献。就第一批留美学生来说，除了梅贻琦外，还有后来成为北京高等农校校长的金邦正，中国现代物理学奠基者之一胡刚复，中国现代

---

[1] 王守恂. 天津政俗沿革记：卷 10 ［M］. 金钺 1938 年刻本：31 - 32.

化学开山者张子高以及曾当选中国工程师学会会长的徐佩璜等人。清末民初赴美学习教育的学生，大多在 1914 年以后陆续回国，他们在美国大多获有各种学位，回国后，许多人担任了教育界的各种要职。而其中哥伦比亚大学师范学院（以下称哥大师院）的毕业生尤为突出，著名的如：郭秉文，1908 年赴美，1914 年回国，获哥大师院教育学博士，曾任南京高等师范学校（以下简称南高师）校长；胡适，1910 年赴美，1917 年回国，获哥大师院哲学博士，曾任北大教务长、校长、驻美大使等；蒋梦麟，1912 年入哥大师院，1917 年获博士，曾任北大校长；陶行知，1917 年回国，获政治硕士学位，"都市学务总监"，曾任南高师教授，教育科主任；陈鹤琴，1919 年回国，获哥大师院教育学硕士，曾任南高师教授，著名的学前教育家。其他供职教育界，以教学研究为职业的，为数更是不少。

（二）清华学堂

清华学堂，系因校址设在清室遗园清华园而得名。辛亥革命后改名清华学校。由于有"庚子赔款"这个历史背景，因此老一代清华师生都称自己的学校为"国耻纪念碑"。1905 年 5 月，民主革命志士章太炎于《清美同盟之利病》（载《民报》1908 年第 24 期）说得更为透彻："美之退岁币也，以助中国兴学为名，实则别有所图……果然，从 1911 年建校起，就开始了一场旷日持久的控制与反控制的斗争，一方面，一股国内外'别有所图'的势力，总想把清华拉向背离祖国利益的轨道；另一方面，立志于祖国学术与教育独立的清华师生则进行了顽强不懈的斗争。"事情是不以人们的主观意志为转移的，清华这座耻辱的纪念碑既然是建立在中华大地上，其发展自有其必然遵循的规律，事实证明，清华的发展只受祖国的命运和历史法则的支配。❶

当前清华大学论著问世传播甚多，其中最有代表性的属苏云峰著《从清华学堂到清华大学》（1911—1929 年）（上、下册），生活·读书·新知三联书店 2001 年版。该书除"自序""前言"与"结语"外，共计十章，分别论述清华学堂筹设经过与沿革，清华权力组织之变革，校长人选、贡献与继承风波，经费、校舍与设备，中美教师素质与差别待遇，学生素质与社会背景等内容，书末附录校舍平面图。作者参阅外交档案，并搜集大量有关早期清华经费、体制、师资及学生生活片段等资料，内容翔实、丰富。但其中对于早期清

---

❶ 黄延复. 梅贻琦与清华大学 [M]. 太原：山西教育出版社，1995：3.

华办学的认识，值得商榷。

此外，尚需特别指出的是，"庚款留美"教育事件主要将留学国指向美国，但清末以"庚子赔款"基金派留学生并不限于美国，尚有西欧工业强国。以下是有关例证：

《约章成案汇览》乙篇卷32（下）：1903年，端方《奏派学生前赴比国游学折》，提出"泰西各国，讲求实用教育，以为富强之基。其实业学校如工业、商业、农林、路矿，无不精研实验，各有专门。比利时国在欧洲西部，其教育、工业、技术、制造、矿业，各有专修学校"。宜在湖北各学堂中选派锦铨等8人赴德国，刘庆云等10人赴美国，萧焕烈等4人赴俄国留学，并派杨荫集等24人赴比国学习实业。

《光绪政要》卷31：1905年《学务处考试回国游学毕业生名单》，名单所列归国留学生授予科举功名，反映清末奖励留学给予科举功名地位的史实，是废科举兴学堂以后，学堂与科举之间的过渡或者权变之策，是富有智慧的设想及实践。文称："金邦平、唐宝锷给予进士出身，赏给翰林院检讨；张瑛绪、曹汝霖、钱承瑛、胡宗瀛、戢翼翚给予进士出身，按照所习学科，以主事分部学习行走；陆宗舆给予举人出身，以内阁中书用；王守善、陆世芬、王宰善、高淑琦、沈琨、林启给予举人出身，以知县分省补用。"

《学部奏咨辑要》卷2：1907年12月5日，外务部、宪政编查馆、学部、陆军部《会奏请派贵胄出洋游学折》，提出贵胄游学章程十二条，选取王公子弟及贵胄学堂高材生，游学英、美、德三国，学习政法和陆军，期限三年。其中明确规定游学生的管理及奖励措施，"平日由本国出使大臣稽查，每届学期，按其功课品行，造册报告外务部。其译员、教员，统归本国出使大臣节制"；游学生，品行不端者，"由本国出使大臣随时报告外务部调回，并请从严惩戒"；而对于始终勤奋学业有成者，"即予擢用"。

《学部奏咨辑要》卷3：1908年1月23日，宪政编查馆、学部《酌拟游学毕业生廷试录用章程》规定，凡在外国高等以上各学堂之毕业生，经学部考验合格，奉旨赏给进士、举人出身后，每年在保和殿举行廷试一次，并按廷试等第分别授以实官。对在外国留学的"医科、工科、格致科、农科大学毕业生，及各项高等实业学堂毕业者"与其他专业毕业的学生分别具体状况的差异，前者以科学见长，因此"准其仅作科学论说一篇，不必兼作经义"；评判的等级以科学和文字表达的双重指标进行判定，具体规定为三等"中文与科学并能优长者列一等，中文平妥，科学优长者列二等，科学优长未作中文卷者列三等。惟一二三各等，不必全备，如全系佳卷，不妨尽列一等；如无中文优长者，亦不妨尽置之二、三等，不必迁就"。

与此同时，清华大学校方自编的资源也须留意选用，如方惠坚、张思敬主编《清华大学志》（上、下），清华大学出版社 2001 年版。该书时限从 1911 年截至 1993 年，共 18 章，内容包括：领导体制与行政管理、院系设置、本科教学、大学生思想教育与管理、研究生教育、成人高等教育、科学研究、校办产业、实验室、教师与职工、图书档案与出版物、体育与校园文化、经费、校园建设与管理、总务后勤与医疗卫生、对外交流与合作、中国共产党清华大学组织、民主党派和群众组织等方面。该志体裁有述、纪、志、传、图（照片）、表、录，其中以志为主体，大事记以编年体为主，兼用纪事本末体。整理编撰清华大学志是对清华历史兴衰荣辱的回顾，有利于总结和研究清华大学的办学经验，为其今后的办学提供借鉴，也为我国高等教育世界化前景发挥资源启示作用。

第三节　清末留日教育运动

留日运动是近代中国历史中对社会发生多重影响的大事。留日教育是侧重于教育视角选材及活动内容分析的专业探讨，但存在主、从概念及活动的混同交叉之处，这是难免的。该专题论述需谋求教育学与历史学学科互补与结合。目前可参考的历史遗存资源也体现这种情形。

一、留日运动概述

留日运动与留美教育不同，不限于工程技术为特征的教育留学而包涵更多层次及因素，如同后期留法勤工俭学运动一样，留学的革命性特色十分鲜明，只不过是存在旧民主主义革命与新民主主义革命之别。从文献分布来看，此次留学运动来源多样而广泛。

（一）留日思潮的形成与退却

中国正式赴日留学发端于光绪二十二年（1896 年）。时由驻日公使裕庚在上海、苏州一带招募学生 13 名，于 6 月 15 日抵达日本，6 月 30 日正式办妥入学手续。人员名单包括：唐宝锷、朱忠光、胡宗瀛、戢翼翚、吕烈辉、冯阊谟、金维新、刘麟、韩春南、李清澄、王某、赵某，年龄在 18 岁至 32 岁之间。

进入 20 世纪以后，清政府需要培养新政人才，在官绅、知识界推动下，掀起一股留学热潮。从 1901 年至 1906 年，清政府推行鼓励留学政策，采取了一些奖励措施。1901 年 9 月，清政府发布派遣留学生"谕旨"："造就人才，实系当今之急务。前据江南、湖北等省选派学生出洋肄业"，各省督抚应"一律仿照办理"。

受此引导，清末开明封建大臣竭力谋划此事。《光绪朝东华续录》卷 184 载：1903 年 12 月 21 日，张百熙《奏派学生赴东西洋各国留学折》提出派遣学生赴海外留学，学习专门知识，以备将来学成回国，充任大学教习；于速成科学生中选定余棨昌、曾仪进、黄德章、史锡倬等 31 人派往日本游学，俞同奎、何育杰、周典等 16 人派往西洋各国游学，定于年内起程。

清末出洋留学分为官费、自费两种，以派往日本为主。清政府实行官费和私费并行政策，并规定私费留学生学习成绩优秀者可以转为官费留学，对贵胄子弟和官绅子弟应尽量自费留学。国内的官费、自费留日学生接踵不断，几乎每县都有青年学子联袂东渡，寻求救国真理。

1904—1909 年，留日学生达到高潮。从全国范围来看，与前一时期留学生派遣相比，留日学生不仅数量上有几十倍的增长，而且，其生源的广泛性和成分的复杂性也是前所未有的。从地域分布看，改变了早期留学生籍贯限于东南沿海各省的格局，辐射到全国各地。早期留美的 120 名幼童，广东籍 84 人，占总数之 70%，广东、浙江、江苏三个沿海省份共 113 人，占总数的 94.2%。而留日学生的分布则与此大相径庭。1904 年第 2 期《东方杂志》登载的一个调查，留学生来自全国 18 个行省，尽管东南沿海省份人数仍较多，但所占比例却下降为 40%，而边远省份如云南、贵州，内地省份如四川（含重庆）均有学生出国。又据该年《新民丛报》的统计，留日学生共 2406 人，各省之中人数最多者依次为：湖南 363 人，湖北 341 人，四川 321 人，江苏 380 人。1905—1906 年留日学生人数达 8000 人以上。留日学生按省籍统计以江苏、浙江、湖北、湖南、广东、四川等省为最多。代表的年代及留学生有：1896 年，戴翼翚；1899 年，秦力山、唐才常；1902 年，胡元倓；1904 年，杨昌济。

（二）留日运动的历史分析

教育是一定历史阶段政治、经济和文化生活的反映并对它们发生反作用。

留日热潮是与清政府推行新政，竭力兴办学堂分不开的，是与近代学堂逐步取代科举和书院的过程保持一致的。而其间大量士绅转化，西方文化大量传播，近代新知识分子群日益形成并趋于民主化和革命化，在这一进程中留日学生起着重要作用。

一批批留日归国学生，带着他们在国外学习到的近代科学技术知识和教育经验回国，积极投身文化教育事业，为宣传、组织资产阶级革命，发展民族资本主义，传播新思想、新文化起了积极作用。文化的传播必须具有载体，在传统社会这个载体就是人本身。留学生阶层的出现，为近代文化传播提供了最佳载体。留学生更直接地接触到西方文化和资产阶级政治经济学说，政治上敏锐，富有民族责任感。他们创办刊物、刊印书籍，并组织革命团体，向往法、美资产阶级革命，对新思想、新文化的传播起着特殊作用。公费留学生中选派有传统功名者，本身就是对科举缺失的一种否定，促成传统知识分子向近代新型知识分子的转化；留学生的回归，推动了近代学堂的建立和发展，使西方科学文化知识得到广泛传播，促进了成千上万青年学生的思想由封闭的传统形态逐渐转向开放的近代形态。明智者不再在科举的老路上，读经修身中颠扑竭蹶、消靡时光，开始追求新文化、新知识，要求社会变革，僵化、沉闷的传统意识到了新文化的猛烈冲击。这不仅仅是文化教育近代化的一个巨大动力，也是教育近代化的一个明显表现，影响着人们的素质乃至社会的发展。这种认识是完全适用于整体的留日运动及大多数留日学生的评价的。

清政府的初衷是维护封建统治，但结果与他们的愿望恰恰相反。在这批新知识分子中，固然有少数效忠于清王朝的鹰犬，但绝大多数留学生为宣传资产阶级的新思想、传播西方先进文化、发展民族资本主义起到了积极的作用。其中的先进分子，为宣传、组织、领导资产阶级民主革命，推翻封建专制制度做出了不可磨灭的贡献。

二、留日学生的留学活动与管理

留日学生学科专业种类与专业成长关系密切，而且对他们学成归国的职业服务发挥直接影响。不过，其间的教育学专业及师范领域分布则呈现出清末民初日本教育移植中国的某种信息。

（一）留日教育的类型

"一万年太久，只争朝夕。"毛泽东的诗句点出了留日学生及其相关社会人士的急躁心态。速成科式的培训教育堪为正规科的正规教育的并行不悖种类，便是教育培养人才急迫性的表征。与此同时，清末政府对留学教育严格管理产生了复杂的影响。

1. 速成科

日本教育家菊池大麓评述速成与正规教育之间的关系时认为，专门教育不光精求学理在实际中的应用，一面以速成之法，造就应用人才；一面应用循序渐进之法，以造就专门全才。

速成科取以应一时之急需，正科为他日久长之计，两者宜相辅而行。清末兴学中师资短缺问题突出，又无以往自身培养经验可以参照，日本明治初年以来施行的教育作为仿效物成为必然。

从光绪二十二年（1896 年）开始，中国学生正式赴日留学。1902 年京师大学堂总教习吴汝纶考察日本教育，历访日本朝野知名之士。他们一致主张目前中国教育应偏重师资的培养，提倡速成教育。1904 年，张百熙等拟订《奏定学堂章程·学务纲要》极力提倡师范教育，并力主派遣学生出洋学习师范，希望各省从速开办师范学堂。纲要公布后赴日师范生与日俱增，其中以习速成科者为大多数。如闽浙总督李兴锐遣送学生 15 人，其中 12 人习速成师范。后于魏光涛任内又派遣 40 人，其中 30 人习速成师范，10 人习完全师范。1904年，四川总督锡良选派 100 人留学日本，几乎全部习速成师范。

留日学生就读的师范学堂速成科除国文、伦理用中文课本外，其他一律采用日本师范学校国定教科书并参考教员自编讲义，湖北省学务处曾编有一套"师范教育丛编"教科书 11 册，就是先由日本人编撰而成后，由湖北省留日学生翻译印行。日本近代教育家松本龟次郎在宏文学院时代编著的《日本语教科书》和井上翠所编的《东语会话大成》都是当时各学堂的日本语教科书，宏文学院的讲义也有不少被采用为教科书。

师范、法政、警务等专业的速成科，原则上以一年为主，亦有短至 6 ~ 8月，而长至一年半的。上述情形致使 1904 年后清末兴办各地学堂教师中相当比例源于留日速成师范生。速成科与留日学生的增加几成正比例，1905—1906年，留日学生中习速成者60%。同时，日本方面为中国学生专设一年半、8 个月、6 个月毕业的速成师范科教育机构，以宏文学院为代表。1905 年 5 月，实践女学校附属中国女子留学生师范工艺速成科创办，校长为日本教育家下田歌子。日本著名的女教机构东亚女学校也附设有中国女子留学生速成师范学堂。

法政科留日学生仅次师范教育，习法政科只须由使馆介绍，亦不严加考试。日本学者梅谦次郎于 1904 年创办法政大学附设法政速成科，以 6 个月为一学期，修满三学期毕业。1909 年后日本法政大学法政速成科以及东洋大学巡警速成科纷纷创立，后因留学生减少逐渐关闭。

2. 预备教育与正式教育

留学生程度不一，中国原有教育基础及专业水平与留学国的专业教育不能对应衔接，就有必要先进入预备教育，然后转向留学所属大学的专业教育。

日本成城陆军学校于 1885 年成立，此时成为赴日习陆军学生的预备学校。1898 年该校设立留学部，至 1912 年，毕业学生共计 528 人。此外，尚有其他知名预备学校，学校名称、创办者及年代信息如下所示：法华学堂，1898 年，高楠顺次郎；弘文学院，1902 年，嘉纳五治郎；东京同文书院，1902 年，杉浦重刚。如蔡锷师从梁启超，戊戌政变后，赴上海考入南洋公学。次年赴日本留学，先入东京高等大同学校，继入横滨京亚商业学校。1900 年归国参加自立军起义，失败后再赴日本，决心投笔从戎，入成城陆军学校和士官学校。1915 年，酿成护国运动。著作有《蔡松坡先生遗集》。其他如振武学校（1903 年）、东斌学堂（1903—1904 年）等也是留日学生教育的预备学校。日本知名学府早稻田大学清国留学生部 1905 年设预科，预科 1 年，高等预科为有志进入大学部者准备。

1903 年，清政府学务大臣张之洞曾提出限制留学生资格和停派速成科学生设想。1906 年 8 月 7 日，清政府颁布《约束游学生章程》停派速成科学生，非具中学程度之学生概不咨送出洋。但实际上速成科的清冷还要在 3 ~ 4 年后，此时格局未能改观。

（二）留日学生的学科专业

速成科与正科学科专业的分布及地位并不一致，这与当时社会的观念及部门领域的个人认同度相关。大致的情形如下。

1. 武备科

1898 年，浙江巡抚派遣学生赴日本学习武备，以后湖广总督张之洞、北洋大臣袁世凯等相继派遣留日学生：1900 年 45 人，1902 年 93 人，1903 年达 200 余人。1904 年，兵部派学生 123 名入日本振武学校肄业。1900—1910 年毕业于日本陆军士官学校中国学生共 673 名，截至 1939 年，达到 1435 名。而同期从美国西点军校毕业的却只有 20 余人。陆军之外，1906 年派出第一批海军学生 70 名赴日留学。

2. 法政科

由于科举制废除后，中国人科举心态的浓郁及习尚或观念导向，法政科、政治科成为留日生优选专业。法政科留日学生 1905 年 69 人，1906 年 309 人，1908 年 400 人，呈逐年上升趋势；政治科 1907 年 264 人。统计清末留日学生肄业日本公私立大学法政科、政治科学生共计 1364 人。

3. 师范科

1904 年，张百熙等的《奏定学堂章程·学务纲要》极力提倡师范教育。在上述官费、自费学生中，学师范科的人数比例较高。不过尤其突出的是女子留学生学习该科。1902 年 6 月最早留日女学生曹丽云、陈彦安、华桂芳、胡彬夏等 8 人，1903 年 10 余人大多选学师范。奉天省自 1904 年以后每年派女学生 15 名赴日本实践女学校习师范，至 1910 年已超过 100 人。

（三）留日教育的管理

1. 留学生的资格

《约章成案汇览》乙篇卷 32（下）载：1903 年 10 月 6 日，张之洞《奏请约束鼓励出洋游学办法章程折（附章程）》，含"约束游学章程"十款，"鼓励毕业生章程"十款，"自行酌办立案章程"七款，另附录外务部咨文。此章程对留日学生的留学生活、教育活动、学习要求以及行为规范做了规定，与此同时，对学生的学业成就及归国出路和身份地位规定奖励办法，成为清末新政时期留日学生管理的基本规程，但受到一批投入民族革命运动留学生的抗议，并诱发湖南留日学生陈天华蹈海事件。

1904 年，清朝驻日本公使杨枢《奏陈兼管学务情形折》：近数年间，各省官费、自费生到东游学者，日增月盛，其中循规蹈矩、专务学业者固多，而纵性任情、好为横议者亦在所难免。此等学生，均应善为开导，使之改良，不能遽绳以法。各学校共有中国学生 1300 余人，其中学文科者 1100 余人，学武科者 200 余人，其数不为不多。并建议中国学习日本的军事教育，"宜添派学生来东，专送入陆军各学校，以期成就远大，用济时艰"。

张之洞主张"必学有初基，理已明，识已定者，始遣出洋"。清朝驻日公使杨枢提出留日资格的两项"必须"条件：须在本省学堂有五年资格者；须先有两年以上之日文日语预备者。学部 1906 年 3 月颁布《管理游学日本章程》41 条，其中提出留日生资质身份要求："长期者为中学堂以上毕业程度，通习彼国语言；速成科及法政，师范为中学与中文俱优，年二十五岁以上学界、政界有经验者。"

2. 预备教育

留日预备教育分国内和国际两类：在中国国内举办的留日预备学校主要有：上海东文学社（1898 年）、杭州日文学堂（1899 年）、泉州彰化学堂（1899 年）、天津东文学堂（1899 年）、厦门东亚学院（1900 年）、南京同文书院（1901 年）、北京东文学社（1901 年）。在日本专为中国留学生设立的预备学校主要有：日华学堂（1898 年）、宏文学院（1902 年）、东京同文书院（1902 年）、振武学校（1903 年）、东斌学堂（1903 年）、早稻田大学清国留学生部（1905 年）、实践女学校附属中国女子留学生师范工艺速成科（1905 年）。

3. 奖励和限制

清政府曾制定各种奖励和鼓励游学章程，如 1900 年后颁布《奖励官绅游历游学章程》，鼓励留学毕业生学成归国可以叙赏进士、举人等出身。同时，清末各部（学部、练兵处、邮传部）和地方及学校亦均派遣学生出洋留学。1903 年张之洞拟定《奖励游学毕业生章程》10 条。

清政府由于留学生参加革命活动，成立日本留学生留日学生监督处，并制定管理章程，禁止留学生干预政治和妄发评论。学部《酌拟游学日本章程请设专员管理折（附章程)》（1906 年 12 月 2 日）、《咨使日大臣限制留日私立大学学生入学程度及送京考试资格各办法文》（1908 年 7 月 29 日）、《奏改管理日本游学生监督处章程折》（1908 年 10 月 15 日）、《奏改订管理游日学生监督处章程折（并单)》（1910 年 12 月 20 日）等。

与此同时，日本文部省配合清政府管理要求，颁布有关《清国留学生取缔规程》，主要是取缔留学生的政治活动。

三、留日运动的教育影响

留日运动影响十分广泛，包括政治活动——辛亥革命的推动及经济、教育、文化出版、传媒等诸多领域，这里重在从教育视角分析，以体现留学日本教育的中心主题。

（一）推动清末新学制制定及修订

清末学制章程主要源于日本，有移植、仿效之说。清末新教育制度呈现日本教育模式的特色。留日运动与清末以新学制为代表的新教育紧密相关，是后者发生的一种诱因。

1. 考察学务报告

在众多留日学生负笈日本的同时，一批政府学务官员东游考察日本教育，他们写下了系列教育考察报告、参观笔记、访谈记录，成为正在兴起的学制编制及推行、反馈后修订的素材依据。其中主要报告如下。

姚锡光《东瀛学校举概》，光绪二十五年（1899 年）京师版。光绪二十四年（1898 年）在上陈张之洞日本学校大概情形的报告中介绍说明。光绪二十七年（1901 年）11 月 4 日，罗振玉奉张之洞之命赴日本考察教育，同行者有自强学堂教习陈士可（毅）、胡钧（千之）、田吴炤、左全孝、陈向咸。回国后，写成《扶桑两月记》。光绪二十八年（1902 年）吴汝纶奉张百熙之命赴日本考察学制，编纂《东游丛录》。有关日本学制及办学情形在《吴汝纶致张百熙函》《吴汝纶日本学制大纲序》，载《桐城吴先生（汝纶）尺牍》第四、《桐城吴先生文集》卷 3。光绪二十九年（1903 年），缪荃孙奉张之洞之命赴日本考察学务，同行者有徐乃昌，后整理考察内容编成《日游丛编》。光绪二十九年（1903 年）正月，日本驻江宁领事天野恭太郎通过徐乃昌函邀张謇参观日本第五次国内劝业博览会，到日本后考察各地教育和实业，后撰著《东游日记》，载《张季子九录》第 23 册。此外，尚有盛宣怀《愚斋东游日记》、文廷式《东游日记》、李宗棠《视察日本学务日记》等，均不同程度地作用于新教育的理论与实践。

2. 日本教育学书籍的翻译

我国最早出版的教育学书籍多系日本教习讲义：如松本孝次郎《新编教育学》（两江师范优级师范讲义，1902 年）；波多野贞之助讲述，颜可铸编辑《教育学原理》（湖北速成师范讲义丛编本，1904 年）；江口辰太郎《速成师范科教育学讲义》（1904—1905 年版日本宏文学院讲义）；波多野贞之助《教育学讲义》（1906 年版，日本宏文学院讲义）。

清末师范教育教育学书籍亦多由日文编译，或由日本教育学教习编写讲义，主要是英国斯宾塞尔的英国科学教育学和德国赫尔巴特派教育学。著者如立花铣三郎讲述，王国维译《教育学》（1901 年，《教育世界》刊发）；加纳友市、上田仲之助《实用新教育学》（1902 年，《教育世界》刊发）；牧濑五一郎著，王国维译《教育学教科书》（1902 年，《教育世界》刊发）；中岛半次郎著，田吴绍译《普通教育学要义》（1903 年，移山堂刊印）；中岛半次郎著，季新益译《教育学原理》（1904 年，教科书译辑社刊行）；小泉又一《教育学教科书》（1904 年，京师大学堂刊印）。

3. 日本学制和教育法规的介绍

谭汝谦《中国译日本书综合目录》载，1898 年至 1911 年翻译有关日本学制和教育法规的书籍有：1898 年，古城贞吉译，日本文部省《日本学校章程三种》，上海时务报印行；1899 年，译《日本东京大学规则考略》，京师大学堂刊印；1902 年，天津东寄学社译《日本文部省日本新学制》，天津刊行；1902 年，翁熄焘译《东京高等师范学校章程附预备科》；1902 年，泰东同文局译《日本学制大纲》，泰东书局刊印；1903 年，胡元倓、仇毅译《东京高等师范学校、日本普通学科教授细目》《中学校令施行规则》，湖北官书局刊印；1905 年，莫覃瀛、夏绍璞、陈湘俊等译《学校制度》，湖北官书局印；1906 年，程家柽译《学校制度》，京师官书局刊印；1906 年，王泰钟译《庆应义塾规则》，长沙明德学堂刊印；1908 年，上海商务印书馆编译所译《日本明治学制沿革史》，上海商务印书馆版；1910 年，奉天学务公署译《日本教育法规》，沈阳刊印；1911 年，直隶学务所译《新编日本教育法规》，京师大学堂印行。

又据顾燮光《译书经眼录》卷 3 "学校"载：陈毅译《日本中学校学科及程度》1 卷；陈毅译《日本师范学校及程度》1 卷；胡钧、樊炳清译《日本小学校令》1 卷。这些著作均由日文部省编辑。

教育是一项复杂的社会活动，学校教育也是非常有难度的系统工程，其中的教育程序及管理意义重大，需要对各个阶段要素加以规划与安排。日本上述规章的翻译介绍对于刚刚发动的清末新教育运动而言，其针对性价值是明显的。

（二）培养造就新教育管理者和教师

留日运动的历史背景、清末新教育热潮涌现以及留日速成科、正科中师范教育的高比例份额，都表明留日运动在教育管理、教学专业人员培养中的地位十分突出。清末新教育实践印证了此种态势发展。以下举证 3 个案例，以之管窥全貌。

（1）范源濂（1877—1927 年），光绪二十三年（1897 年）年底，考入湖南时务学堂，受业于梁启超、熊希龄等，接受维新变法思想。次年 9 月戊戌政变后，时务学堂被迫停办，与蔡锷等一同东渡日本，东京高等大同学校肄业。

后入东亚商业学校，再转东京高等师范学校，专攻教育，立志献身于教育事业。

1902 年毕业后，协助曹汝霖等在东京宏文学院增设速成法科（学程 1 年半）和师范科（学程半年），聘译员译述讲义，不通日语者亦可入校学习，解决了中国留学生在日本无相当学校可入的问题，国内闻风往学者众多。

1904 年回国，在长沙建议湖南当局资送女生赴日本学习师范；获准后，选录 12 人，亲自护送至东京实践女校肄业，开女子成批留学之先声。次年，归国任学部主事，主持筹创京师法政学堂，聘日本教习总理教务，兼佐校务。

1906 年创设殖边学堂，招收学生百余人，授以蒙语、满语、藏语及有关垦殖科目；同时筹办京师优级师范学堂，开中国高等师范教育独立设置之始。

1912 年 4 月，任北京临时政府教育部次长，协助总长蔡元培对封建传统教育实行改革；力主加强基础教育，充实职业教育，厉行普及教育。1917 年 11 月 30 日去职，旋与严修、张伯苓等赴美国考察教育。归国后，协助筹创南开中学大学部。巴黎和会期间，与王宠惠等组织国民外交协会，力争挽回国权。

1920 年 8 月 11 日再任教育总长，设立教育资料采集委员会，颁行《修正教育调查会规程》《修正侨民子弟回国就学规程》。次年 12 月去职。

（2）许寿裳（1883—1948 年），光绪二十五年（1899 年）入杭州求是书院肄业。1902 年官费赴日本留学，入弘文学院补习日文，与鲁迅兄弟结交。后入东京高等师范学校，与鲁迅筹创《新生》杂志，主编《浙江潮》。宣统元年（1909 年）归国，受聘为译学馆教习，旋任浙江两级师范学堂教务长，兼授心理学课程。1917 年出任江西省教育厅厅长，致力于地方教育，支持新文化运动。1928 年任国民政府大学院秘书长。著有《蔡元培传》《章炳麟传》《鲁迅的思想与生活》《鲁迅年谱》《俞樾传》《中国文字学》《考试制度述要》等。

（3）胡光炜（1872—1940 年），光绪二十三年（1897 年）入选拔贡，1902 年受湖南巡抚俞廉三选派赴日本留学，入东京宏文学院速成师范科肄业。在日期间，倾慕福泽谕吉创设庆应义塾的卓识义举，立志归国后创设私立学校，献身教育事业。1903 年 5 月，在长沙创设私立明德学堂。1909 年赴日任留日学生监督；在劝勉学生务实笃学的同时，加强留日学生严格管理。1912 年回国后将长沙明德、经正两校归并为一校，定名为湖南私立明德学校。1913 年，参与创办明德大学。

（三）翻译学校教科书与引进新教学方法

教科书与教学方法是教育要素，简称教材教法，往往与课程统称，但后者一般以教学计划形式出现。从近代新旧教育转型而言，教科书、教学方法的实验与变革均与留日学生翻译引进日本学校教育活动中的同类资源有密切关联。

1. 教科书的编译

清末民初新式学堂的教科书大部分是由留日学生翻译和改编日本学堂用的教科书。1880 年至 1904 年日文教科书译本 2204 种，其中社会科学 697 种，占 32%。留日学生根据所学专长翻译各种教科书，以供国内学校使用。我国早期编辑教科书，亦以日本通行的教科书作为参考。商务印书馆 1904 年编辑第一套有影响力教科书 "最新教科书"，即延聘日人长尾桢太郎、加藤驹二郎等学者协助。

1900 年，留日学生成立译书汇编社，社长戢翼翚，是首批 13 名留日学生之一。社员包括杨荫杭、章宗祥、曹汝霖等 14 人，以翻译大学教材为主，译有英国斯宾塞尔《教育论》、法国卢梭《教育论》等。1902 年，陆世芬等约集东京留学生组织教科书译辑社，专译中学教科书，供各省学堂采用。据《江苏》第 1 期所载有关该社刊行的教科书目中有《中等地文学》（矢津永昌）、《初等几何学教科书》（长泽龟之助）、《平面三角学》（菊池大麓）、《中等植物学》（三好学）、《新式矿物学》（胁水铁五郎）、《中等万国地理》（矢津永昌）、《代数学》（上野凌）、《中等物理教科书》（水岛久太郎）、《中等重力物学》（片山正义）等。1903 年湖南编译社成立会文学社，也以编译中等学校教科书为主要职责。

1903 年由张肇桐、叶澜、秦毓鎏、汪荣宝等组织的国学社专事编辑中小学堂教科书兼翻译西名籍为主。其中关于编辑教科书部分，在学社成立之初即拟定工作大纲和负责人。主要教科书有秦毓鎏、稽镜编译《中学读本》，秦毓鎏、稽镜编译《小学读本》，张肇桐编译《中学文典》《中学国史》，汪荣宝编译《小学国文典》《小学国史》，叶澜编译《中学本国地理志》《小学地理志》等。

2. 教学法的介绍

清末的最后数年间，教育家及进步人士配合班级授课制，陆续从日本和欧美介绍和试行二部教授法、单级教授法、蒙台梭利教授法及自学辅导主义教授法。

赫尔巴特五段教授法自 1901 年左右即已传入中国，日本留学生曾翻译大濑甚太郎著《教授法教科书》、樋口勘次郎著《统合新教授法》、山泉又一著《小学各科教授法》。

1904 年《奏定学堂章程》关于小学堂的学级编制和教授方法，即作出规定，改变传统的教学方法。1910 年，学部即通令模仿日本小学堂提倡单级复式教授法，1911 年，学部又拟订单级教授、二部教授办法。

日本在自由主义教育思想影响下兴起了大正时代的新教育运动，提倡新的教学方法，如蒙台梭利教育法、自学辅导法、分团教学法等均由日本传入中国。这些教学方法的改革与实验一直延续到民国时期。

有关清末留日运动的文献本书它处有不同呈现，这里只是加以选择叙述。《约章成案汇览》（乙篇）卷 32 "下" 光绪二十八至二十九年（1902—1903年）收入选编有关派遣留学生留学教育的奏稿，如袁世凯《奏遣派学生赴日肄业片》、赵尔巽《奏遣派学生往美、比两国学习矿业折》，故宫博物院辑《清光绪朝中日交涉史料》《清宣统朝中日交涉史料》，故宫博物院 1932 年铅印本。钟叔河 "走向世界丛书"，岳麓书社 1984—1986 年版。该书系经历报告或回忆录中有留学日本或游学日本的篇章。舒新城《近代中国留学史》，上海中华书局 1939 年 3 月版，上海文化出版社 1989 年影印本。同时，台湾学者多有参考价值的著作问世，著者如瞿立鹤《清末留学教育》，台北三民书局 1973年版；黄福庆《清末留日学生》，台北 "中央研究院" 近代史研究所集刊（34），1975 年版；林子勋《中国留学教育史》，台北华冈出版有限公司 1976年版。

日本本国学者以自身立场及所拥有资源发表相关见识，值得留意。山根幸夫《近代中国与日本》，山川出版社 1976 年版；实藤惠秀《中国留学生史谈》，东京第一书房 1981 年版；阿部洋《日中关系与文化摩擦》，东京严南堂书店1982 年版；实藤惠秀著，谭汝谦、林启彦译《中国人留学日本史》，生活·读书·新知三联书店 1982 年版；阿部洋《日中教育文化交流与摩擦》，东京第一书房 1983 年版。此外，（美）马士（H. B. Morse）著，张汇文等译《中华帝国对外关系史》（商务印书馆 1960 年版）也有专门章节探讨留日运动。

近年来本专题问世作品具代表性的是尚小明著《留日学生与清末新政》，江西教育出版社 2003 年版。全书共四部分：详尽地论述留日学生与清末筹备立宪、教育改革、新军编练、法制变革之间的渊源。在探讨留日学生与清末教育改革中，主要包括新学制、教育行政、新式学堂、师资、教学内容与方法、管理者等几方面。书末附有晚清留学生任用状况分析和六则附表。

第四节　西方教会的办学高潮

清末新政之后十年可谓清王朝"回光返照式"自省与努力摆脱危机与自强振兴的历史。与戊戌维新若干年联系，教会办学进入"黄金时期"，这种势头的惯性力至民初年间保持衡态。教会教育的高潮表现制度、组织、课程内容及办学效果诸多方面。不过，需要说明的是为了行文方便，同时顾及内容的相对完整集中，叙述时间上下间有迁移、弹性的伸缩处理。与此相应，相关资料记录应以同一专题形式，上下章节间结合、协调利用。

一、教会学校的制度化

1901 年，《辛丑条约》签订，中国门户洞开。从此，帝国主义列强抓住当时中国近代社会危机深重、工商业经济落后的弱点，利用清末兴学尚未走上轨道的时机，以教会学校学生毕业后有出路为诱饵，特别是随着殖民主义势力在华渗透扩张，帝国主义控制的海关、洋行、邮政、铁路、银行、厂矿以及领事馆等高级职员"非教会学校毕业生不收"，使教会学校"造就服从西方的知识干部的社会职能"逐步明显化，吸引学生入教会学校。为使教会学校对中国教育的发展继续保持一定的影响力，传教士放弃了在办学数量上与公立学校的竞争，他们把主要精力放在发展中高等教育和完善小学—中学—大学教育体系上来。如果说 19 世纪下半叶举办正规的教会中学和大学仅是少数传教士的痴心追求的话，那么，进入 20 世纪后，努力发展教会的中高等教育，在办学质量上争取优势，便成了多数热心于教会教育事业的基督教传教士的共识。1908年，美国政府为了缓和中国人民的反帝情绪，决定减免所得的部分"庚子赔款"，主要用于文教事业。英、法、荷诸国纷纷仿效。"庚款兴学"事件，开始了有计划地对中国进行教育文化渗透，进一步掀起了西方在华办学的热潮。这样，教会学校便更加蓬勃发展。

（一）教会小学

据统计：宣统元年（1909 年）全国小学为 51678 所，学生 153.2 万人；1912 年全国小学 86318 所，学生 2793633 人；1913 年小学增至 107287 所，学生增至 3485807 人❶，全国学校数是 1909 年的 2.1 倍，学生数是 1909 年的 2.3 倍。针对这一状况，教会规定：在既有教会小学，又有非教会小学的地方，教徒家庭的孩子必须入教会小学读书，不能入非教会小学，以这样的硬性措施来巩固教会小学的势力，扩大规模，与政府小学教育相抗衡。即使如此，从全国范围来看，教会小学在全国小学中所占比例已越来越小，对中国产生的影响也逐渐减小，为了保持教会学校的影响和教会事业的发展扩大，传教士们的办学重心从 20 世纪开始向中高等特别是高等教育倾斜，教会小学发展的步伐逐渐缓慢下来。

（二）教会中学

1900 年以后，教会中学逐渐受到资本家、富商、官僚新贵族、买办等阶层的欢迎，学校设备日渐完善，原有的教会中学得到稳固和发展，新建的教会中学不断出现。如天津中西书院、上海圣约翰大学附属中学、广州岭南大学附属中学、福州华南女子大学附属中学、杭州蕙兰中学、福建泉州培元学校、山西铭贤学校、武昌文学中学、天津中西女子中学、福州青年会中学、东吴大学第二中学校、上海麦伦书院、厦门碧澄中学和寻源中学等，皆先后成立。就策略而讲，大概美国差会注重中等与高等教育，英国差会注重中等教育。

教会中学的办学与前述洋务运动及后期民国时期的历史往往统属一体，表明教会中学的势力延续时限较长，力量强大。1914 年，国内共有教会中学 184 所，学生 12699 人。到了 1915 年，学校数目增至 260 所，学生 13369 人❷。有学者研究表明：20 世纪前 20 年是教会中等教育大发展的时期❸。

（三）教会大学

传教士认为，谁更多地掌握高等教育，谁就可输送更多的人到各个关键部门，从而也就可以更多地控制中国的前途。为此，教会采取了种种对策发展教会大学。到 20 世纪 20 年代，主要教会大学不仅已基本成型，而且开始进入发展的鼎盛时期。在这期间，教会在华所办学校的学生数占学生总数的 32%，其中初等教育为 4%，中等教育占 11%，高等教育竟高达 80% 以上❹。

---

❶ 刘英杰. 中国教育大事典 [M]. 杭州：浙江教育出版社，2001：133.
❷ 李楚材. 帝国主义侵华教育史资料：教会教育 [M]. 北京：教育科学出版社，1987：181.
❸ 张书丰. 山东教育通史：近现代卷 [M]. 济南：山东人民出版社，2001：253.
❹ 陈达译. 欧美人在中国之教育的设施 [G] //舒新城. 中国近代教育史资料：下册. 人民教育出版社，1981：1077.

1907 年，圣约翰大学校长卜舫济（Francis L. H. Pott）在庆祝基督教来华传教百年的大会上所作的报告很能说明问题。卜舫济认为，晚清兴学热潮中出现的新式学堂有三个特点：一是"洋"，无论学制教材及教学方法都搬自西方；二是重知识的传授而轻道德的培养；三是有一定程度的"反基督教性质"。他认为，无论从哪个理由讲，教会都应该大办近代学校。他再三建议要抓住时机，集中各宗教派别的办学力量，成立包括医、法、理、农、机械、教育等学科的教会大学，其规模、师资、设备各方面都应超过任何官办的高等学校。教会办的高等教育机构，有些是新建的，有些是由原来设置的教会学校改制而成。

教会在华创办教会高等教育的目的，一言以蔽之，就是要培养能够效忠于教会的领袖人物以及社会领域行业中的英才人士。传教士曾公然宣称："夫教会大学之大目的，应为训练一班教会中及社会上之领袖或传教士，或教员，或医士，或实业界，或政界，或著述界等等。"❶ 传教士所以要培植在华的领袖人物，是为了让他们占据中国的政治、经济、教育、宗教、文化卫生、学术界各个领域，攫取领导权，实现"以华治华"的侵略目的。

二、教会学校的新特点

（一）教会学校宗教性与科学性的双重变奏

宗教性与科学性离奇复合表现在教会办学诸多领域及各级学校中，但尤以教会大学最为明显。

教会大学的固有属性决定了把宗教灌输作为首要的办学导向，将宗教教育作为重点。清末民初教会大学通过宗教课程的设置和严格要求，利用各种宗教仪式熏染宗教气氛，千方百计地将学生的思想和行为导进"基督化"的案臼。

齐鲁大学、金陵大学、东吴大学、沪江大学等教会大学要求所有学生必须接受基督教义和礼仪教育，规定学生每年起码修习一门宗教课程。许多教会大学的学生被迫每天参加一至二次宗教仪式，每周参加一次祈祷会。星期日几乎全部用于宗教崇拜和宗教教育。例如，圣约翰大学每日举行早、晚两场祷告，每次 30 分钟；逢周日除两场祷告外，另于上午 10 时及下午 4 时进行正式礼

---

❶ 中华全国基督教协进会. 基督教全国大会报告书：论今日基赞教之教育状况 [M]. 上海：商务印书馆，1923：48.

拜，每次一小时半。校方规定全体学生一律参加，若有违反，即受处罚。此外，学校还强迫教徒在同学中和校外进行布道活动。学生主持主日学校，到邻近乡村讲道，分发宗教小册子；在暑期则陪传教士进行旅行布道活动。

与此同时，教会大学为增加吸引力，大力提倡科学教育。教会办学具有世俗性与职业诉求，就需提高质量，实施专业性的教育，注重"数学和西方科学"的教育。

教会大学开设了自然科学和实用技术的系列课程。多数学校以主修、副修和选科代替过去规定科目的做法，开始授予文学士和理学士学位。1893年美国公理会在直隶省通县（今北京市通州区）设立的潞河书院是燕京大学的前身之一。据《通县志》记载，潞河书院在建造了新校舍以后局面逐渐扩展开来，"凡男女入校者，教以新科学，其他学子欲求新科学者咸来请业"。1898年，在潞河书院的结业式上，据一位刚到通县的传教士清恒理（Henry King）介绍，学生演讲的题目有"强国之径——科学教育""唤醒中国之方式""力量生于逆境"等；他们还搞了一个化装表演，几个学生分别扮作地球、空气、火、雨、海洋、重力、植物和动物，由地球裁判，其余的竞相说明自己在人类的经济生活中的作用。这些演说和表演反映出学生们的知识结构和思想视野显然已经不同于中国的旧式文人。岭南大学的一大特色是注重科学教育，"凡自然科学各科目几无不齐备，而且各有实验室，实为当时在国内中外公私学校所仅见"。❶ 该校又将科学教育与基督教精神结合，"以世界实用之科学，造成中国领袖之人才，加以几分基督牺牲为人之精神，使学生不致自私自利，出则为社会国家尽力，入则负起岭南母校之责任"，此即所强调的"岭南精神"❷。

清末民初教会大学开设了一批世俗的职业性专业，在医学教育、农科教育、新闻教育等方面，发挥先导作用。这些已为中国科技史、高等教育史的学者所一再提及。当然，这种世俗性与职业性的特征是服务于西方列强在华利益的。

---

❶ 朱有瓛，高时良. 中国近代学制史料：第四辑 简又文记岭南大学之创始时期［M］. 上海：华东师范大学出版社，1987：528.

❷ 朱有瓛，高时良. 中国近代学制史料：第四辑 吴梓明记岭南大学建校之特色［M］. 上海：华东师范大学出版社，1987：564.

（二）干预中国近代新教育

1. 主持大学管理

中国举办洋学堂后，即延聘西方传教士充任洋学堂教习，这些传教士操纵各学校，支配一切行政、教学工作。如丁韪良在京师同文馆，丁家立在天津中西学堂，福开森（John Calvin Ferguson）在上海南洋公学，赫士在山东大学堂，李提摩太筹办山西大学堂。

丁韪良，字冠西，美国长老会传教士，1850 年来华，1869 年经海关税务司推荐就任京师同文馆总教习，在职 25 年。1898 年京师大学堂成立，丁韪良又被聘为总教习。

丁家立，美国公理会传教士，1882 年来华，1895 年任天津中西学堂总教习。丁家立与李鸿章等过从密切，李鸿章访问欧美时，丁家立曾充随员。1902年，袁世凯委任丁家立任保定直隶高等学堂总教习。同年，直隶省设立学务处，袁世凯又委任丁家立兼任直隶省西学督导。

福开森，美国美以美会传教士，1888 年来华，1888 年任南京汇文书院院长。1897 年任上海南洋公学监院兼江南高等学堂提调。1904 年福开森、李提摩太、卜舫济联名向上海公共租界董事会建议成立上海公共租界工部局第一华堂学校。福开森曾任张之洞、刘坤一、袁世凯顾问，1917 年至 1928 年任北洋政府总统府顾问。

赫士，美国北长老会传教士，1882 年来华，最先在山东登州协助狄考文办理文会馆，继任监督。1901 年至 1903 年应袁世凯邀请到济南创办山东大学堂。1904 年又返长老会，任青州神道学堂教员，1919 年起在山东滕县举办华北神学院。

英国传教士李提摩太在太原从事开办中西学堂活动，即为后来山西大学堂的一部分。李提摩太自任西学专斋总理，有关学堂课程、延聘教习、考选学生均由李提摩太决定。又推荐英国传教士敦崇礼（Moir Duncan）任西学专斋总教习，后由苏慧廉（W. E. Soothill）继任；聘瑞典人新常福、英国人毕善功等分任教习。课程以英文、数学、物理、化学为主，修业年限三年，要求学生毕业后能升入英国伦敦大学。

19 世纪末 20 世纪初，科举制度逐渐解体，新的教育方案开始实施，传教士以此为加强宗教渗透的良机，"要在力所能及的范围内，用各种方法掌握中国的教育改革运动使它符合纯基督教的利益"❶，并不断对清政府施加影响，鼓吹"今日中国之兴学，尤需得西方教育家为顾问"。在当时风靡全国的新政改革浪潮中，"政府官员与传教士之间的正式接触"，"得到了承认"❷。教会学校和传教士的工作在一定程度上得到了清政府的认可，来请传教士办学的人"络绎不绝"。受西方传教士影响最大的是高等教育。中国最早的四所大学都是由传教士帮助兴办和主持的。这四所大学分别是北洋大学堂、南洋公学、京师大学堂、山西大学。

2. 觊觎中国教育行政权

光绪二十一年（1895 年），李提摩太在《新政策》中提出教民立法、养民之法、安民之法、新民之法并建议中国目下应办之事：学部为人才根本，应请德人某某、美人某某总管其事（按即德人花之安和美人丁韪良），李提摩太还主张在中国组织国际共管的殖民地政权，由英美进行领导。

光绪二十三年（1897 年）林乐知在《治安新策》中建议中国办学校要"敦请英美等国之学部大臣来华掌其事，并主张把在华各教堂中所附设的院塾作为新学基础，或把中国各等学堂交在华传教士办理"。

这些传教士提出的建议即把中国教育权完全交给帝国主义的学部大臣，把办理各级教育权交给传教士。其中的著作为：郭爱理《中国和教育的自主权：新教传教士在中国教育的角色变化》，1807—1937 年，1946 年版。该书详细地记述近代中国教育权的部分转移，实质上遭到践踏与侵犯的史实。

三、教会教派的办学活动

自清末新政改革以来，美国教会对于在华举办高等教育尤为重视，旨在中国推行传教事业，并进而扩大其在华势力范围。主要教会包括：天主教会、遣使会、圣方济各沙勿略大教堂、方济会等。它们以开办学校、创建医院、出版报刊及西学译著为手段，进行传教布道，以扩大基督教在中国的影响力。

（一）天主教修会创办的教会学校

欧美天主教男修会（称传教会）和女修会（称修女会）注重在中国各地

---

❶ 顾长声. 传教士与近代中国 [M]. 上海：上海人民出版社，1981：241.
❷ （美）杰西·格·卢茨. 中国教会大学史 [M]. 曾钜生，译. 杭州：浙江教育出版社，1987：79 – 80.

设立教会学校。

教会势力在幼儿教育上比较关注，发展教会慈幼事业，即举办育婴堂、孤儿院、盲童学校、聋哑学校等。在欧美国家所属教会系统中，属于法国系统的天主教办的较大的育婴堂或孤儿院分布在上海、天津、武汉、南昌、重庆、贵阳等地，如1867年设立上海圣母院育婴堂，1885年由耶稣会传教士设立土山湾孤儿院，属于英、美国系统的天主教会所创办慈幼机关较少。

天主教修会在上海开办不少著名的教会中学，20世纪初教会中学获得较大的发展，其中主要有徐汇公学、明德女校、明德女中、上海徐汇女子中学、圣芳济书院、崇德女校。在天津有究真中学堂。

天主教修会所办大学数量则较少。1903年，天主教在上海创立震旦学院，首届学生共招收20名，1905年耶稣会派神甫南从周干涉校政，马相伯另行创办复旦公学。1908年迁入新院址，设预科3年和法政文学科（正科3年）后，又添设医科、工程科。1932年，该校改称为震旦大学，1935年设立法学院、医学院和工学院（法科工科修业年限4年，医科修业年限6年）。震旦大学的招生情况，据统计1908年招收242人，1923年招收400人，1936年招收672人，1939年招收1064人。其中1936年本科生约300名，预科生约300名。1937年设女生文科。由此可知，震旦学院学生人数逐年增加，天主教会学校组织科目逐渐完善，在华获得发展。1921年，耶稣会在天津设立天津工商大学，1933年改名天津工商学院。1925年美国天主教本笃会创议在华办理公教大学，初名辅仁社，后改名辅仁大学，设文学院、理学院和教育学院。1933年后改由圣言会管理。

天主教修会所办教会学校获得一定发展，有教会教务管理机关，负责教务，教会杂志问世，加强教会教育事业的记录和规范管理。1912年创刊的《圣教杂志》是上海徐家汇耶稣会士创办的中国天主教机关刊物，原为《益闻录》（月刊，后改为周刊)，由李杕于光绪五年（1879年）在上海创办。宣统三年（1911年）李杕逝世，更名《圣教杂志》，由潘秋麓任主编。1923年潘氏逝世，由徐宗泽接办，定为月刊，全国发行。主要刊登天主教神学、哲学、教会史文章，介绍西方文化科学知识，以及时事新闻等，记载天主教公教教育会议、教会教育事务整理和变动。

天主教在华创办大学以法国为主，目前主要论著如下：

（1）北京辅仁大学校友会编《北京辅仁大学校史（1925—1952)》，中国社会出版社 2005 年版。北京辅仁大学创建于 1925 年，前身是北京公教大学附属辅仁社，1927 年更名为私立北京辅仁大学，1931 年国民政府正式批准立案。该书共十章：概述、校务管理、院系史、辅仁名师、辅仁校友、学生运动、校园生活、附属学校、辅仁校友会、大事记等。书末附"北京辅仁大学校院系建制暨领导人名录""师生员工名录、校友会筹备委员会暨历届理事会监事会名录（1984—2005）"。作者全面展示了北京辅仁大学近 30 年的发展历程和办学风采，为高校相关研究人员提供了可供参考的资料。

（2）阎玉田著《距柝津之阳——天津工商大学》，人民出版社 2010 年版。天津工商大学是河北大学的前身，是法国天主教会于 1921 年创办的一所教会大学，自创立开始，即引进西方先进教育理念与模式，开设现代自然科学学科和社会学科，是中国近代教会高等教育的前驱和重要组成部分。全书共六章。第一章概述天津工商大学、天津工商学院和津沽大学的发展演变，论述其校训、校旗、校徽、校歌、毕业学生情况和北疆博物馆；第二章探讨天津工商大学的创建和北疆博物院的修建与特色；之后各章则分别分析天津工商大学的教学、师资队伍和科研，图书与教学试验设备，学生生活与附中，学校行政管理与反帝爱国斗争等。作者将对天津工商大学的发展作出显著贡献且具有一定社会影响的中外知名教授、学者和学校相关领导予以简要介绍，丰富教会教育史和大学校史的专业领域。

（二）基督教差会创办的教会学校

欧美各基督教会差会努力发展本教会势力，开办学校，从幼儿、小学教育到中学至大学教育，各阶段教育次第开办，成为教育中的一股势力。在近代中国，一般而言，谈及教会教育，主要是指基督教会的办学，倒过来说也一样成立。

大致来看，近代中国教会教育的发展分为四个阶段：第一阶段，自鸦片战争至北京条约签订约 20 年间（1842—1860 年），传教士在开放通商的五口和香港开办教会学堂都是小学程度。第二阶段（1860—1875 年），教会学校迅速增加仍以小学为主，但已有少量中学出现，教会学校在中国内地也逐渐开办。19 世纪 60 年代起即开始传授数学、自然科学，但这种教学属于初等教育水平。第三阶段（1875—1900 年），基督教中学明显增加，逐渐创办大学。1890 年前建立的四所教会大学，分别是：1882 年北长老会创办山东广文大学，1886 年美以美会创办北京汇文大学，1889 年公理会创办通州华北协和学院，1879 年圣公会创办上海圣约翰大学。第四阶段，自清末新政改革至五四运动

（1901—1919 年），是教会教育体制化及高潮阶段。

1. 英国差会举办的教会学校

英国差会之中英国伦敦传道会马礼逊 1818 年在马六甲创办的英华书院是在华基督教传教士在南洋设立的第一所教会学校。英国东方女子教育协进会女传教士爱尔德赛（Aldersey）1837 年在南洋为华人设立女学，五口通商后，1844 年起在宁波创办宁波女塾。伦敦会 1839 年在澳门设立了第一所西式学堂——马礼逊学堂，1842 年迁至香港继续开办。1844 年伦敦会在厦门开设英华书塾，1855 年伦敦会传教士杨格非（Griffith John）偕韦廉臣来华传教，1899 年在汉口创立博学书院（初名 London Mission College，1908 年改名为 Griffith John College），1908 年伦敦会在上海设立麦伦书院（Medhurst College）。

2. 美国差会举办的教会学校

1853 年，美长老会传教士哈巴（Happer）牧师夫人在广州开办基督教女子寄宿学校，美公理会在福州设立文山女塾，1850 年美圣公会传教士裨治文夫人、格兰德女士（Eliza Gillette）在上海设立裨文女塾，美以美会传教士麦利（R. S. Mailay）和夫人斯佩里（Sperry）在福州创办女塾，1861 年美长老会在上海设立清心女学，1881 年美圣公会在上海设立圣玛利亚女校，美监理会 1890 年在上海创办中西女塾，1897 年美南浸礼会在上海设立晏摩氏女学。此外以南京为例，1884 年美女教士华师礼等设立明德女校，1886 年美女教士沙德纳设立汇文女校；1896 年美女教士赖瑛设立金陵基督教女学院，1904 年女教士赫吉祥设立金陵来复女校。

英美差会在华新教差会教派林立，各自为政，为了争夺在华传教的有利地位，提高本教派声誉，新教各差会不仅竞相兴办学校，而且纷纷把原有学校升格为高等院校。如 1850 年英国圣公会在上海设立英华学堂（又称英华书馆，Anglo - Chinese School）。1845 年美国长老会在宁波设立崇信义塾（学校），1867 年迁至杭州改为育英义塾后又改名育英书院。1897 年差会决定办理教会大学，1911 年成立汇文大学。1849 年美国监理会在上海设立小学校后改为存养书院，1871 年扩充为博习书院（Buffington Institute），后为东吴大学前身。1864 年美国长老会在东登州设立蒙养学堂，1882 年改为文会馆（Tengchow College），为齐鲁大学的前身。1865 年美国圣公会设立培雅书院，1866 年设立度恩书院，1879 年两校进行合并扩大为上海圣约翰书院，1905 年改为圣约翰大学。

据刘广京《中国早期的基督教大学》对 1882—1910 年的在全国各地举办

教会大学进行统计，由北长老会、圣公会、卫理会、伦敦传教会、浸信（礼）会所办，北京3所，上海2所，山东1所，广东1所，江西1所，浙江1所，江苏2所，四川1所，计有12所。具体如表12-2所列。

表12-2　1882—1910年教会大学

教会大学	地址	举办年份	举办者
Tengchow College	登州	1882年	北长老会
Peking University	北京	1886年	北监理会
North China College	通州	1889年	美国董事会
St John's University	上海	1890年	圣公会
Canton Christian College	广州	1893年	北长老会
Hangchou's College	杭州	1897年	北长老会
Soochow University	苏州	1901年	卫理公会教徒
Boone University	南昌	1903年	美国圣公会美国委员会伦敦传教会
North China Union College for Women	北京	1905年	北长老会
Shanghai Baptist College	上海	1907年	浸信会
University of Nanking	南京	1909年	北长老会的卫理公会
West China Union University	成都	1910年	卫理公会，浸礼会

从表12-2中可以看出教会大学分布各地，数量众多，这些教会大学作为教会教育体系之中的顶层部分，在教会教育中发挥着影响教会教育培养方向、为社会输送人才的作用。无论是教会大学的管理模式，还是教学内容、培养方式，均开创近代中国大学教育之西方教育形式。特别是狄考文所建登州文会馆、卜舫济所建圣约翰大学在近代教育之中尤为突出。

教会大学由教会派到中国的差会负责经营，办学的方针政策与教会互为表里。教会大学是差会工作的一部分，根在外国，权在教会，以宗主国的利益为办学的出发点。为了加强西方国家对教会大学的控制，在20世纪初期，许多教会大学都在美国立案；如上海圣约翰大学1906年按照美国哥伦比亚大学条例加以改组并注册立案；苏州东吴大学1900年成立校董会，在美国田纳西州州政府立案；南京金陵大学向美国纽约州教育局及纽约州立大学立案，等等。经过这种国外"立案"，教会大学毕业生可以直接升入外国大学研究院，无需经过考试等手续；同时，教会大学还可以颁发被美国大学认可的各种学位。这样，不仅可以抬高教会大学的地位，养成学生崇外心理，而且可以对中国文化教育施加控制。西方教会还在美国设立了一个控制中国各教会大学的中心机构；"中国基督教各大学联合托事部"，其办事处就设在纽约。

基督教在华教育事业的发展及鼎盛阶段的参考文献与前述资源多有一致，但仍需强调及丰富：（美）赖德烈《基督教在华传教史》，1929 年；（美）费正清、刘广京《剑桥中国晚清史（1800—1911 年)》（上、下卷），中国社会科学出版社 1985 年版；（美）杰西·格·卢茨著，曾钜生译《中国教会大学史》，浙江教育出版社 1987 年版；李志刚《基督教早期在华传教史》，台湾商务印书馆 1989 年版；（美）卜舫济《圣约翰大学五十年 1879—1929》，上海 1929 年版；（英）李提摩太《广学会五十周年纪念特刊》，上海广学会 1938 年版；（美）A. 贝内科特《在华的传教士新闻家：林乐知及其刊物 1860—1883 年》（英文版），哥伦比亚大学出版社 1961 年版；（英）李约瑟著，何兆武等译《中国科学技术史》，北京科学出版社 1979 年版；（法）史式微《江南传教史》第二卷，上海译文出版社 1983 年版；朱有瓛、高时良主编《中国近代学制史料》第四辑，华东师范大学出版社 1993 年版；陈学恂主编《中国近代教育史教学参考资料》（下册），人民教育出版社 1987 年版；陈学恂主编《中国教育大事记》，上海教育出版社 1981 年版；熊月之《西学东渐与晚清社会》，上海人民出版社 1994 年版；中国社会科学院世界宗教研究所《中华归主》，中国社会科学出版社 1995 年版；史静寰、何晓夏《教会学校与中国教育近代化》，广东教育出版社 1995 年版；中国教育进程编委会编《中华教育历程》，北京光明日报出版社 1997 年版；樊洪业、王扬宗《西学东渐——科学在中国的传播》，湖南科学技术出版社 2000 年版；李英杰《中国教育大事典》，浙江教育出版社 2001 年版；张静庐《中国近现代出版史料》（近现代编），上海书店出版社 2003 年影印版。

中国教会教育史的著作众多，其他章节多有介绍，此处有针对性加以弥补。

（1）中国人民保卫世界和平反对美国侵略委员会北京分会编《美国侵华史料》，1951 年 4 月由人民出版社出版。该书共四部分，收录 1950 年 11 月 15 日至 12 月 26 日《人民日报》《光明日报》《进步日报》《天津日报》《大公报》《解放日报》《文汇报》《新华日报》《新华社资料》《人民清华》等报刊刊载的有关美国侵华的 31 篇文章。文章根据美国政府的文件，商人、教士、外交官的游记和报告，军人、政客的传记及回忆录，记述中国事情的专书和史学著作，以及身受美国侵略者之害的中国人的控诉材料写成。其中不乏美国侵华教育方面的重要资源。

（2）南京大学高教研究所校史编写组编《金陵大学史料集》，南京大学出版社 1989 年版。由美国教会 1910 年创办成立的金陵大学，是国内早期创办的著名大学之一，在我国近代教育史上有一定的地位和影响。全书约 50 万字，由历史沿革，学校行政管理，院、系、科设置及教学科研工作，经济与校产，宗教事业，学生自治会组织与文体活动，师生的爱国民主运动等共七章组成，书末附录"金陵大学历年大事表（1888—1952）"。该书的编撰及出版，提供教会大学史办学资源，通过充分吸收金陵大学办学的成功经验，汲取其中的历史教训为我国当代大学教育办学提供了借鉴。

（3）中国基督教大学联合董事会编"中国基督教大学史丛书"，珠海出版社 1999 年版。该书系包括燕京大学、之江大学、圣约翰大学、齐鲁大学、福建协和大学、金陵女子大学、东吴大学、华西协和大学、华中大学、华南女子文理学院在内十所基督教大学的办学历史，以西方为中心的观点阐述了基督教来华的历程和中国面对西方传教的一些改变，就教会学校历史进行叙述及分析。如蔡路得著《金陵女子大学》；文乃史著《东吴大学》；科贝特著《岭南大学》；队克勋著《之江大学》；艾德敷著《燕京大学》；斯科特著《福建协和大学》；华莱士著《华南女子文理学院》。

（4）赵厚勰著《雅礼与中国——雅礼会在华教育事业研究（1906—1951）》，山东教育出版社 2008 年版，收入"教育史学研究新视野丛书"。该书是在作者博士论文的基础上修改完成的。全书共五章，前后有引论和结语。引论叙述研究缘起和意义、已有研究成果、研究问题和方法、关键概念等。接着按章节详细论述雅礼会及其在华事业之缘起、雅礼会在华教育事业的中国化与世俗化、其教育事业的专业化——中学与大学教育、医学教育、对我国教育事业的贡献和社会影响。书末附录"主要中西人名对照表"。作者将视野集中在以往人们甚少关注的，但在中国近现代教育史发挥过相当作用的基督教重要教育机构——雅礼会，认真挖掘其对中国近代教育产生的影响，具有创新价值。

第五编

中国近代教育史
主要内容与史料（下）

第十三章 民国早期教育主要内容与史料

1912 年至 1919 年，由于武昌起义、新文化运动等重大历史事件大爆发，中国的社会性质发生巨变，从封建制转向共和制。近代教育以"改革、复辟、冲击"三部曲方式呈现。教育变革、复古及回击过程的具体内容及交织的斗争、矛盾十分复杂，文献梳理及分析有助于深化对上述问题的认识。

第一节 辛亥革命与民初教育改革

作为三部曲之一的民初教育改革是教育走向现代化的里程碑。民主共和体制下教育家的智慧表现得淋漓尽致，同时，现代教育学范畴、教育体制及精神建构曙光初照。不过，这里要特别指出的是，辛亥革命时期民主革命派的教育活动对民初教育很有影响，尤其在办学活动及教育社团方面。

《选报》1901 年 11 月创刊，蒋智由、赵祖惠主持，上海出版，共 27 期。《选报》第 21 期：1902 年 7 月 5 日登载《中国教育会章程》，1902 年 9 月 9 日登载《爱国女校开办简章》。《选报》第 50 期：1904 年 5 月 3 日登载《爱国女校章程》。其中《爱国女校开办简章》规定："本校以教育女子，增进其普通知识，激发其权利义务之观念为宗旨。"该校的学年学周课程有计划有安排；功课科目有：伦理、地理、历史、国文、数学、英文、东文、体操、卫生学、理化学大意。此外，还规定了教学组织形式及学生生活和学习的纪律管理。

全国政协文史资料委员会编《辛亥革命回忆录》（七）（文史资料出版社1963 年版）中，俞子夷的《蔡元培与光复会草创时期》第二、第三部分为"中国教育会与爱国学社""爱国女学与光复会"。其中第二部分以经历者的体验和写实的风格描述了中国教育会与爱国学社的办学业绩及民主革命斗争活动，体现了蔡元培、章太炎、蒋维乔的讲学风采，以及柳亚子、马君武、邹容等人的交往活动。作者认为爱国学社以新学教育为主，重视军事训练，崇尚反清、排满思想，成为学界宣传革命的中心阵地。"中国近代史资料丛刊"《辛亥革命》（二）（上海人民出版社 1957 年版）收入蒋维乔《中国教育会之回忆》，内容包括"教育会之倡立时期""爱国学社及爱国女学校之先后成立""教育会之全盛时期""军国民教育会致命组织""爱国学社与中国教育会之分立""中国教育会职能中衰时期"及"教育会之复兴时期"，对辛亥革命时期中国教育会的活动历程及社会影响做了翔实的记录。作者以经历者的体会和认识叙述教育会与民主革命派的办学活动，以及民主革命运动的多重关系。其中涉及蔡元培等民主教育家、爱国学士、民主派教育机构的思想及人才培养工作，丰富了清末民初的教育资源。

民国初期教育主要参考资料如下：邹容《革命军》（中华书局 1971 年版），陈天华《警世钟》《猛回头》（日本东京 1903 年版，后收入《陈天华集》，湖南人民出版社 1958 年版），秋瑾《秋瑾集》（中华书局 1960 年版），编委会编《孙中山集》（中华书局 1983 年版），汤志钧编《章太炎政论选集》（中华书局版 1977 年版），高平叔编《蔡元培全集》（中华书局 1984 年版），张枏、王忍之编《辛亥革命前十年间时论选集》（第一卷至第三卷，生活·读书·新知三联书店 1960 年版、1963 年版、1977 年版），中国史学会编"中国近代史资料丛刊"《辛亥革命》（上海人民出版社 1957 年版），全国政协文史资料委员会编《辛亥革命回忆录》（一）至（七）（中华书局 1962—1981 年版），丁守和《辛亥革命时期刊介绍》（第 1~5 集）（人民出版社 1982—1987 年版），（美）周锡瑞著、杨慎之译《改良与革命——辛亥革命在两湖》（中华书局 1982 年版）等。各地区史志办公室或政协文史编委会编辛亥革命史料选编，如《云南、贵州辛亥革命资料》（科学出版社 1959 年版），《辛亥革命在湖北史料选辑》（湖北人民出版社 1981 年版），《辛亥革命江苏地区史料》（江苏人民出版社 1961 年版），《辛亥革命浙江史料选辑》（浙江人民出版社 1981 年版），《广东辛亥革命资料》（广东人民出版社 1961 年版）。期刊所刊载的文章是民初教育改革内容的重要文本载体：《浙江潮》《江苏》《湖北学生界》《直说》《苏报》《教育公报》（1914 年至 1919 年）、《教育部行政纪要》《教育部编纂处月刊》《教育杂志》（1912 年至 1919 年）、《中华教育界》（1912 年至 1919 年）、《新青年》等。直接教育史料如《太炎教育谈》（四川观鉴庐 1920 年版）。陈宝泉《中国近代学制变迁史》（北京文化学社 1927 年版），民国教育部教育年鉴编纂委员会《第一次中国教育年鉴》（上海开明书店 1932 年版）等。教育法规文件汇编，如民国教育部总务厅文书科《教育法规汇编》（上海商务印书馆 1919 年版），丁瑧《新编普通教育法令》（中华书局 1924 年版），其中《新编普通教育法令》第二类小学教育《检定小学教员规程》（1916 年 4 月 28 日 教育部公布）；第五类社会教育通俗教育讲演所规程（1915 年 10 月 23 日 教育部）；第七类地方学务，《省视学规程》（1918 年 4 月 30 日 教育部令），《县视学规程》（1918 年 4 月 30 日 教育部令）。《教育法规汇编》第四类"学校通则"：1912 年 9 月 3 日《教育部公布学校系统令》，1912 年 9 月 28 日《教育部公布中学校令》，1914 年 2 月 20 日《教育部公布半日学校规程》。此外，还有《高等师范学校课程标准》（1913 年 3 月 27 日 教育部令）、《北京蒙藏学校章程（附补习专科和预备科课程)》（1913 年 2 月 教育部令）等。

一、《壬子癸丑学制》：资产阶级民主共和国的第一部学制

作为我国近代第一个资产阶级性质的学校制度，《壬子癸丑学制》反映了资产阶级新政治、新经济的要求，是孙中山、蔡元培指导下的民初教育改革的一项重要成果。

（一）教育改革法令的发布

1912 年 1 月 19 日，教育部颁布了第一个改造封建教育的法令——《普通教育暂行办法》共十四条，对清末封建教育进行重大改革。

教育部在发布暂行办法的同时，还颁布《普通教育暂行课程标准》和功课表，具体规定了初小、高小、中等学校和师范学校的教学科目和每周授课时数，把暂行办法的改革精神贯彻在具体的教学工作中，以保证教育政策在教学层面的执行效果。

上述教育规程属于对辛亥革命各地光复独立过程中出现教育秩序动荡、混乱的调整与稳定举措，当然也带有改弦更张的努力和除旧布新的探索。客观地说，它们也对当时教育现状的整顿、维系以及办学秩序的恢复和教育质量的保障，起到了立竿见影的效果。但是，无论是对于一个新建政权的稳定及持续巩固，还是就教育这样一项复杂、周期性长的巨大工程或宏大事业而言，仅有临时、暂行或过渡色彩的办法或规定，应该说是远远不够的。尤其是在教育宗旨、学制体系等领域，教育政策具有长期战略性指向，这就需要深化改革，加

强教育政策的全面法制化建设。

（二）《壬子癸丑学制》的制定

教育部成立以后，"深维教育行政，经纬万端，必先以规定学校系统为入手之方法"。对于学校系统和学校办学细则而言，教育部登报征集各省教育家意见，各省教育家纷纷进言献策，勾勒新学制。

1912年7月10日教育部召开临时教育会议，议决重订学制。9月3日，教育部公布《学校系统令》。规定：初小4年，为义务教育，毕业后入高小或实业学校；高小3年，毕业后入中学或师范学校或实业学校；中学4年，毕业后入大学或专门学校或高等师范学校；大学本科3年或4年毕业，预科3年；师范学校本科4年，预科1年；高等师范学校本科3年，预科1年；实业学校分甲、乙两种，各3年；专门学校本科3年或4年，预科1年。此学校系统也称为《壬子学制》。次年又陆续颁布各种学校令，补充本年公布的《学校系统令》，统称为《壬子癸丑学制》。

以下是部分引证材料。

（1）《教育杂志》第3卷第10期：教育部1912年1月19日，《教育部电各省颁发普通教育暂行办法》《教育部呈报并咨行普通教育暂行办法及课程标准》，其中"暂行办法"的主要内容如下：①"从前各项学堂，均改称为学校。监督、堂长应一律改称校长"；②"初等小学校，可以男女同校"；③"凡各种教科书，务合乎共和民国宗旨"；④"凡民间通行之教科书，其中如有尊崇满清朝廷，及旧时官制、军制等课，并避讳，抬头字样，应由各该书局自行修改"；⑤"小学读经科，一律废止"；⑥"小学手工科，应加注重"；⑦"高等小学以上体操科，应注重兵式"；⑧"初等小学算术科，自第三学年起，应兼课珠算"；⑨"中学校为普通教育，文实不必分科"；⑩"旧时奖励出身，一律废止。"

（2）《政府公报》1912年9月29日第152号：1912年9月28日《教育部公布小学校令》共分九章，分别是总纲、设置、教科及编制、设备、就学、职员、经费及学费、掌管及监督、附则。其中规定："小学教育以留意儿童身心之发育，培养国民道德之基础，并授以生活所必需之知识技能为宗旨。"小学分初等小学与高等小学，初小修业期限为4年，高小修业期限为3年，较清末缩短1年。

（3）《教育杂志》第4卷第8号：1912年9月29日《教育部公布师范教

育令》，共有十三条。规定师范学校定为省立，以造就小学教员为目的，女子师范以造就小学教员及蒙养园保姆为目的；高等师范学校定为国立，以造就中学、师范学校教员为目的，女子高等师范学校以造就女中、女师教员为目的。师范学校应附设小学校、小学教员讲习科；女师并应附设蒙养园、保姆讲习科；高等师范学校应附设小学、中学；女高师则应附设小学、女中、蒙养园。师范学校、高等师范学校学生免纳学费。

（4）《教育杂志》第 4 卷第 9 号：1912 年 10 月 22 日《教育部公布专门学校令》共十二条。规定"专门学校以教授高等学术，养成专门人才"为宗旨，设法政、医、药、农、工、商、美术、音乐、商船、外语等科。另外还有如下主要内容：① "凡私人或私法人筹集经费，依本令之规定设立专门学校，为私立专门学校"；② "专门学校学生入学之资格，须在中学校毕业或经试验有同等学力者"；③ "专门学校得设预科及研究科。"

（5）《教育杂志》第 4 卷第 9 号：1912 年 10 月 24 日《教育部公布大学令》，共二十二条。规定"大学以教授高深学术，养成硕学闳材，应国家需要"为宗旨，设文、理、法、商、医、农、工等科。大学各科的修业年限为三年或四年，预科为三年，并规定大学以文理二科为主。其他主要内容还有：① "大学设预科，其学生入学资格须在中学校毕业，或经试验有同等学力者"；② "大学各科学生入学资格，须在预科毕业或经试验有同等学力者"；③ "大学为研究学术之蕴奥，设大学院"；④ "大学院生在院研究，有新发明之学理或重要之著述，经大学评议会及该生所属某科之教授会认为合格者，得遵照学位令授以学位"；⑤ "大学设校长一人，总辖大学全部事务；各科设学长一人，主持一科事务"；⑥ "大学各科各设教授会，以教授为会员；学长可随时召集教授会自为议长。"

（6）《教育杂志》第 8 卷第 1 号：1912 年 12 月 15 日教育部《劝学所规程》，规定劝学所的任务是"辅佐县知事办理县教育行政事宜，并综核各自治区教育事务"。次年 4 月 28 日又颁布《劝学所规程施行细则》。此后各县陆续恢复劝学所。其中对劝学所所长和劝学员的资格做了要求。劝学所所长需具备下列条件之一：① "曾任高等小学校校长三年以上者"；② "曾任地方教育事务五年以上者"；③ "曾任地方教育事务五年以上者"。劝学员需具备下列条件之一：① "曾任地方教育事务二年以上者"；② "曾任国民学校或高等小学校教员二年以上者"；③ "曾在师范学校毕业者"。

(7)《教育杂志》第 5 卷第 6 ~ 7 号：1913 年 8 月 4 日《教育部公布实业学校令》十一条和《实业学校规程》六十条。《实业学校令》规定：实业学校以教授农工商业必需之知识技能为目的。学校分甲种、乙种。甲种学校施完全普通实业教育；乙种学校施简易之普通实业教育。实业学校的种类有农业学校、工业学校、商业学校、商船学校、实业补习学校等。《实业学校规程》对实业学校的编制、设备及修业年限、学科程度均做了具体规定。

(8)《教育周报》周刊，1913 年 4 月创刊，浙江教育会编辑发行。1919 年 4 月改为《教育潮》。该刊第 19 期：1913 年 9 月，范源濂刊文《论义务教育当规定于宪法》，提出"义务教育非规定于宪法，则人民公私家国之观念不易革之使新也"，"义务教育非规定于宪法，不足以增强法律之实施力也"，"义务教育非规定于宪法，不足以追先进之前踪而挽国势于将来也"。又认为"义务教育当规定于宪法"内容主要有三方面：父母及其他监护人应该担负起儿童就学的责任；公立学校应该免收学费；地方自治团体，应该筹备设学的经费，如果不充足，应该由国库补助。

(三)《壬子癸丑学制》：对清末《癸卯学制》的改革

《壬子癸丑学制》对反映半封建半殖民地政治经济要求的清末《癸卯学制》进行了重大改革。

1. 学校名称

清末学制规定学校名称为学堂，《壬子癸丑学制》将学堂名称一律改为学校。初等学堂改为初等小学校；高等学堂改为高等小学校；中学堂改为中学校；高等学堂改为专门学校；分科大学及大学选科一律改为大学，规定大学预科三年，通儒院改为大学院。将与高等小学堂平行的实业补习普通学堂、初等农工商实业学堂、艺徒学堂改为乙种实业学校、实业补习学校；与中学堂平行的初等师范学堂、中等农工商实业学堂，改为甲种实业学校和师范学校；与高等学堂平行的优级师范学堂、高级农工商实业学堂等改为高等师范学校和专门学校，其下设预科一年，其上设研究科。取消单设的大学预科、实业教员讲习所、进士馆、译学馆等；另外，将蒙养院改为蒙养园。这样一来，从学前教育到高等教育的学校名称完全改变，旧的学堂系统变为新的学校系统。

2. 修业年限

清末《癸卯学制》规定从小学到大学毕业的学习年限为 21 年，《壬子癸丑学制》改为 18 年，缩短在校学习年限 3 年。这样一改，有利于加快培养人才的周期，使学生不致把过多时间消磨在学校之中，而能早日出校为社会服务，既节省财力，又满足社会需求。

3. 课程设置

学校的课程设置是学校培养目标的具体体现。由于清末和民初学校的培养目标不同，这就决定了不能照搬清末的课程。通过将清末与民初普通学校课程设置的比较，可以得出三点结论。第一，改革封建的教学内容，把清末规定普通学校的读经讲经科彻底废止；第二，加强了知识技能科目，如图画、手工、农、工、商等课，在清末仅作加设课程或随意课，民初确定为必修课；第三，注重了实用课，如手工、数、理、化及外语，女学中的家事、缝纫等课，这对学生将来的就业均有实用价值。课程设置的改革，可以保证资产阶级教育培养目标的实现及教学质量的提高。

《壬子癸丑学制》是民初教育进步的标杆和灵魂所寄。近代学制史或教育制度史论著对此书写甚多。其实，从社会史视野考究，体现失落命运的国学教育是其中亮点。同时，还需特别指出一些地理位置偏远的地区也创办了大学教育。由于直隶保定在北洋军阀统治时期具有特殊位置，北洋系军事势力角逐以此地为中心之一，因此，军事教育达到近代历史的高峰。

（1）西北大学校史编写组编《西北大学校史稿》，西北大学出版社 1987 年版。西北大学初创于 1912 年，是西北地区成立较早的高等学府之一，由于民国前期陕西地区频繁的政治动乱，以及财力物力的限制，西北大学曾两次停办，1937 年七七事变后，平津地区部分高校迁陕组成西北联合大学，1939 年正式改名为现今的西北大学。全书共五章，系统梳理了从 1912 年到新中国成立前的西北大学变迁史，主要包括：民国前期西北大学的两次创建和停办（1912—1927）、西北大学的前身——国立西安临时大学和西北联合大学（1937. 10—1939. 8）、城固时期的国立西北大学（上）（1939. 9—1946. 6）、城固时期的国立西北大学（下）、复原后的国立西北大学（1946. 9—1949. 5）。书末附录"西北大学历史沿革图示（解放前部分）""解放前西北大学历任校长姓名、任职时间""解放前国立西北大学历届毕业学生统计表"。近代西北地区的教育历史记录素材甚少，而该书的内容及史实考订正能弥补有关匮乏。

（2）钱晏倩、金林祥主编《中国近代学制比较研究》，广东教育出版社 1996 年版，收入"中国教育近代化研究丛书"。全书共四章。第一章探讨中国近代学制产生的背景；第二章至第四章依次分析《壬寅学制》和《癸卯学制》

（1902、1904 年学制）、《壬子癸丑学制》（1912—1913 年学制）、《壬戌学制》（1922 年学制）产生背景、作用、特点和意义。附录有中国近代学制大事年表、主要参考书目。作者充分挖掘教育专史资料，力求内容充实、观点正确，并富有新意。该书的成果填补了近代学制专题著述的不足，对于中国近代学制史具有重要意义。

（3）罗检秋著，刘志琴主编《近代中国社会文化变迁录（第三卷）》，浙江人民出版社 1998 年版。该书记叙了 1912 年至 1921 年近代中国社会的文化变迁史。书中有较多反映近代中国教育的记载，如 1912 年中国教育的新纪元、颁行新学制，1913 年文庙学田充作小学经费，1914 年中小学取消读经与尊孔教育、整顿教育提倡贤妻良母、女权回落的征兆——解散女子教育院，1915 年全面推行教育复旧，军国民教育成为热点，灌输民德的通俗教育，整顿私塾风潮，注音字母开始走向社会，等等。该书从社会文化变迁的角度切入中国近代教育，视角独特，材料新颖，充分利用了当时的报刊、档案、文集、外文期刊和译著，以及各类资料汇编等，进行了具体的、分解的、实证性的研究。该书采用以编年为经，以本末为纬，以史实为本，以论说为精髓的体裁，便于表现多方位多侧面的变化和社会热点问题的起伏流动，但难有严整的组织形式，存分散之弊。

（4）桑兵著《晚清民国的国学研究》，上海古籍出版社 2001 年版，收入"晚清民国学术书系"。全书共 11 章，每章独立成篇，分别为"西学研究与西学""近代中国学术的地缘与流派""大学史学课程设置与学风转变""'五四'新文化运动的国际反响""东方考古学协会""陈寅恪与清华研究院""陈寅恪与中国近代史研究""陈垣与国际汉学界——以与伯希和的交往为中心""厦门大学国学院风波""胡适与《水经注》案探源""近代学术转承：从国学到东方学"等。该书对于解读及思考晚清民国中西文化交流、大学课程及国学演变等都具有借鉴意义。

（5）王新哲、刘志强、任方明编著《保定陆军军官学校史研究》，中国社会出版社 2005 年版。1912 年 10 月保定军校开办，1923 年 8 月停办，前后共办九期，为近代中国培养军事人才 6500 名。军校生有的成为国共两党的著名军事将领，如叶挺、赵博生、董振堂等；有的成为国民党的政府要员，白崇禧、顾祝同等；亦有一些投靠各类军阀，驰骋疆场，霸据一方。保定军校是中国近代军事教育的范本、中国近代军事将领成长的摇篮。全书共分四编，分别为保定陆军军官学校的军事教育、保定陆军军官学校部分名将传略、保定陆军军官学校毕业生在中国近现代历史上的作用、保定陆军军官学校在中国近现代史上的地位等。书末附录"保定军校大事记""保定军校旧址情况略述"。通过对保定军校史的研究，使读者清晰地认识清末民初我国军事教育的概况，确立部分军校生在推动中国近现代历史进程中，对国家统一、民族独立所作的贡献。

二、民初教育宗旨的颁布

1912 年 7 月 10 日，教育部在北京召开临时教育会议，教育界人士在从未有过的民主气氛中，对各种问题进行了热烈的讨论。出席会议的各省及华侨代表 56 人。此为中华民国成立后第一次中央教育会议，历时一个月，至 8 月 10 日闭幕，提出议案 92 件。教育总长蔡元培在开幕式上发表演说，称这次会议是全国教育改革的起点，指出"前清时代承科举余习，奖励出身，为驱诱学生之计"，其目的在于"使受教育者皆富于服从心、保守心，易受政府驾驭"，"现在此种主义，已不合用"。❶

1912 年 7 月 14 日，蔡元培辞去教育总长一职。7 月 26 日，袁世凯任命范源濂为教育总长。9 月 2 日，教育部公布民国教育宗旨为："注重道德教育，以实利教育、军国民教育辅之，更以美感教育完成其道德。"这一宗旨基本上反映了蔡元培的教育主张，对民国教育产生重要影响。

民初教育宗旨是民初进步教育界反复酝酿、集中讨论的产物。它体现了资产阶级关于人的德、智、体、美和谐发展的思想，可见其主旨与蔡元培年初提出的"五育并举"设计相近。世界观教育未被纳入，不仅因过于浪漫浮华、偏于意识精神、难于行动操作，而且与其他"四育"比较，从形式逻辑而言，不具备独立形态，不能构成并列关系。蔡元培以后也多以体育、智育、德育、美育四者并列，并统一为整体作为"健全的人格"的要素，从中也可窥见蔡元培雍容博大的学者气度。

新教育宗旨改变了清朝政府忠君、尊孔、尚公、尚武、尚实的教育宗旨，不仅表现了中华民国建国伊始民主共和思想的深入人心，反映了中国教育家以

---

❶ 高平叔. 蔡元培教育论著选：全国临时教育会议开会词 [M]. 北京：人民教育出版社，1991：15 – 16.

德育为中坚，培养新一代国民德智体美全面发展的美好追求，而且否定了君权的绝对权威和儒家思想的独尊地位。新教育宗旨的颁定，是中国教育的一大进步，是资产阶级反对封建主义旧教育的一个重大胜利。

但一些教育家认为蔡元培所论教育宗旨对工商业发展的技术人才诉求关照不足，偏向道德及美育的精神修养。

《教育杂志》第3卷第11期：1912年，陆费逵《民国教育方针当采实利主义》对蔡元培的教育宗旨观提出异议，认为公民道德、世界观、美感等五大主张偏于形而上的理念架构，而实用性和针对性不足，应该突出民国教育的重心在于实利主义，以解决中国教育空洞无实、缺乏创新的流弊。他断言："民国教育方针宜以实利主义为标帜，勤俭耐劳为学风。普通人民宜令具生活之知识技能，俊秀之士宜令备指挥监督之才，或注意于研究发明。人人有谋生之力，生活稍裕，则可以为军国民，可以为公民。其上焉者可以研究哲学，求出世间之知识，养美丽尊严之感情。"

以下著作从不同侧面体现民初教育宗旨的重要项目：

（1）阎广芬著《经商与办学——近代商人教育研究》，河北教育出版社2001年版，收入"近代教育与社会变迁丛书"。除导论外，全书共五章。第一章"近代商人的崛起"，首先概述前近代商人投资教育的原因、方式及其产生的影响，进而分析近代商人崛起的背景、群体趋向和时代特征；第二章"近代商人捐助教育的动因"，从教育与经济的互动、近代商人的内发力量和近代商人知识结构的变化三个方面对其动力机制进行阐释；第三章"近代商人的教育理念"，包括"尚富强、启民智、治身心"的教育功能观和从"治才"到"专才"的人才观，以此反映新学活动与思想理念之间的对应关系；第四章"近代商人的办学活动"，探讨近代商人参与或投入中国近代学校教育、社会教育、实业教育和教育社团等多姿多彩的教育活动；第五章"近代商人的办学特色"，论述多元化的教育捐助方式、校董会领导下的校长负责制、融入时代精神和商人风貌的校风建设以及趋时更新的教学内容和方法。作者交互运用比较法和实证方法，将商人作为窥视中国近代教育与经济互动的切入口，拓宽中国教育史的学科领域。

（2）冒荣著《科学的播火者——中国科学社述评》，南京大学出版社2002年版。全书共十章，主要阐述中国科学社的缘起、1914—1949年的中国科学社、中国科学社与《科学》月刊、中国科学社生物研究所、中国科学社与国内外科学界、中国科学社与教育和实业、中国科学社与五四运动、中国科学社与新民主主义革命、新中国成立后的科学社与历史的启示。书末附录"中国科学社历届董事会"（1915—1921 年）、"理事会（1922 年以后）成员和中国科学社 1922 年后董事会或监事会成员"。作者以评述结合的方式，一方面客观、全面和翔实地反映老一辈科学家为中国的科学事业而播火、拓荒所作出的艰辛努力和不朽的贡献；另一方面则并非孤立就事论事地反映历史，而是将中国科学社与社会各方面联系起来，评价其在国家科学事业的发展和整个社会进步中的作用和地位。

（3）聂振斌著《王国维美学思想述评》，辽宁大学出版社 2007 年版。全书共分为八部分：评介王国维的生平，概述王国维美学思想及来源，探讨王国维论美及审美范畴、审美与美育关系等方面的学说。作者通过运用个案研究法，分析王国维的《红楼梦评论》《人间词话》和《宋元戏曲考》等代表作品，综述王国维的文艺批评思想及所包含的教育与心理见解。在"审美与美育"篇中，作者探讨了王国维提倡美育的历史背景，分析审美心理和美育特点，以及美育与智育、德育的关系，对中国近代教育学理论有新的探索。该书文笔质朴、直率，不善俚语俗话，尤敢仗义执言，有较高的可信度及可读性。作者对王国维的美育思想进行较为详尽的论述，为王国维教育思想的探讨提供了有益的素材。

（4）王小静著《清末民初修身思想研究——以修身教科书为中心的考察》，人民出版社 2012 年版。该书是在作者博士论文基础上修改完成的。作者总述清末民初修身教科书的产生、初步发展、繁荣与衰落，详细论述修身教科书所蕴含的以美德为核心的个人修身思想、以孝为核心的家庭修身思想、以公德为核心的社会修身思想、以爱国为核心的国民修身思想。其中个人修身方面，包括身体、精神、私德和自立四个层面；家庭修身方面，包括幼仆之道、家长之道和治家之道三个层面；社会修身方面，包括遵守社会公义与秩序、互爱互助、谋取团体进步与社会公共事业的发展三个层面；国民修身方面，包括履行国民各种义务、爱国奉献和各尽其职三个层面。该书综合运用了教育学、历史学、社会学、统计学等多种学科的理论与方法，有效弥补现有该领域的缺憾与不足，是借助教科书反映我国古代修身文化近代德育转型的重要资源。

（5）孙玉芹著《民国时期的童子军教育》，人民出版社 2013 年版。全书共六章，体例结构设计安排得当，既有纵向勾勒，又有横向细描，全面展示了民国时期童子军教育的风采。第一章绪论，介绍童子军的科学内涵和已有研究；第二章阐述世界童子军的起源、发展及童子军教育的基本原理；第三章至第五章在分析中国童子军发展历程的基础上，探讨童子军的组织管理、训练和主要活动等；第六章选取上海市商会社会童子军团为典型进行探讨。作者选择教育学与历史学的交叉领域，打开教育史一方新天地；运用文献法、比较法、历史叙事法、个案研究法以及理论分析法等，使研究对象呈现出清晰的图景、合理的说明、深刻的思辨及有益的现实启迪。

三、学校教科书的编写

教学内容和课程设置是教育宗旨的集中体现。教科书是教学内容的物质载体和保证。清末民初的国民教育思潮也渗透到这些领域。

1912年1月，南京临时政府教育部成立以后，在教科书的管理体制上依然延续清末的"国定制"与"审定制"相结合的教科书运行模式，只是对教育目标、学制年限、课程编制及要求做了必要调整，同时，更加突出"审定制"在教科书事业中的权重比例，鼓励民间出版业参与教科书建设工程，引入市场竞争机制，反映工商业及企业管理的思想方法融入了教育办学活动之中。1912年9月3日，教育部要求各书局按章编定春秋两季入学儿童教科书，送呈教育部审查。9月13日，教育部颁布《审定教科用图书规程》14条，主要内容有：初、高等小学校及中学校教科用图书，"任人自行编辑，惟须呈请教育部审定"。所编教科用书，"应依据小学教育令、中学教育令"。"图书发行人应于图书出版前，将印本或稿本呈请教育部审定"，所送样本"由教育部将应修正者签于该图书上，发行人应即照改，并呈验核定，方作为审定图书"。凡已经审定认为合用之图书，"每册书面准载明某年月日经教育部审定字样"。并要求各省"组织图书审查会，就教育部审定图书内择定适宜之本，通告各校采用"。❶

从这个规程中我们可以看到，临时政府教育部采取民间自由编辑教科图书的方针，但并非肆意编辑，在总体上有教育宗旨、教育法令为指归，而且编写后必须由教育部作出审定，才能进入流通领域为市场所采择。这就体现了教科书编写的灵活性与严肃性的统一。编审制的确立，将民间力量编辑教科书合法

---

❶ 张静庐. 中国近现代出版史料：近代二编［M］. 上海：上海书店出版社，2003：410-413.

化、规范化，从而保证了大批高质量教科书的问世，同时也将竞争机制引入了教科书出版，这于公于私都具有积极意义。

教科书是教育学与新闻学的交叉领域，无论是作为教育教学资源的主要来源，还是出版物媒介的力量均在各自学科居主要地位。因此，教科书史近些年来格外受到重视，成果大量涌现。以下列举与此期教育相应的文本介绍。

（1）王建辉著《出版与近代文明》，河南大学出版社 2006 年版。该书是将作者的近代出版史论整理成册，包含"代自序"共 42 篇论文。该书体例及内容是经验与学术、出版史与思想文化史、微观与宏观、图与史的有机结合，如"中国出版的近代化""近代出版的群体研究"属宏观层面，"曾国藩与近代中国出版""近代中国出版史上之梁启超"则属微观层面；大量有价值图片的插入使行文更显生动活泼。"近代出版与近代教育""知识分子群体与近代报刊"等章，详细分析近代教育与近代出版之间的紧密关系，对近代教育史，尤其是教科书史有重要参考价值。

（2）李素梅著《中国乡土教材的百年嬗变及其文化功能考察》，民族出版社 2010 年版。该书是在作者博士论文的基础上修改完成的。第一章、第二章阐述乡土教材的意义、课题研究方法及概念界定，综述国内外研究现状；第三章探讨乡土教材的本体与课程结构及其与学校教育的关系；第四章分析乡土教材文化内涵与文化功能的运行原理；第五章在充分占有史料的基础上梳理我国乡土教材的百年嬗变历程，总结其发展的主要时期及高峰；第六章从空间角度论述乡土教材的文化功能；第七章乡土教材的总结与展望。作者以质性研究为范式，综合采用多种方法，以历史为视野，以现实为落脚点，在澄清相关重要概念和文献的基础上，从时间和空间两个纬度对我国乡土教材的百年嬗变进行系统梳理，对我国百年乡土教材的文化功能进行理论分析，使此书具有明显的现实意义和理论建构意义。

（3）毕苑著《建造常识：教科书与近代中国文化转型》，福建教育出版社 2010 年版。此书是在作者博士论文的基础上修改完成的。开篇是北京师范大学教授、著名历史学家郑师渠的"序"和"建造常识——近代教科书的文化价值"导言。全书共八章，传教士与教科书，阐述传教士、教会学校与教科书的渊源；近代教科书翻译欧美和翻译日本的两次浪潮；接着是汉译日本教科书与中国近代新教育的建立，分析中国近代教育观念的形成、汉译日本教科书对中国近代新教育的促进作用；接着阐述中国近代教科书的诞生、演变、发展；晚清与民国时期教科书编审制度的演变；从"修身"到"公民"——近代教科书中的国民塑形，阐述了从道德教育到公民教育的变化；斯巴达与中国——近代教科书里中国人的政体认识；花鸟虫鱼看世界——博物教科书与近代自然教育。书末附录"1877 年学校教科书委员会总干事韦廉臣向委员会提交的学校用书表""1880 年 12 月学校教科书委员会大会记录所列学校教科用书表""1890 年学校教科书委员会计划出版的中文教科书列表""1894 年中华基督教教育会执行委员皮彻博士（Dr. Pilcher）关于学校用书的纲要性设想""清末民初的汉译中小学用日本教科书（1890—1915）""民初'共和国'教科书与'新编中学共和国'教科书""民初'中华'教科书与'新制中华'教科书""杜亚泉编译校订的博物类教科书（共计 52 种）"。作者将教科书放在近代文化的大背景下系统梳理，并揭示教科书的产生与发展、教科书与中外文化的关系、教科书编审制度、教科书对国人的启蒙价值等方面论题，涉及面较广，是探讨近代教科书的重要参考资料。

（4）石鸥著《百年中国教科书论》，湖南师范大学出版社 2013 年版。全书分为上下两篇，共九章。上篇"历史的脚步"，展现教科书波澜壮阔的历史：现代教科书发展回顾、清末民初教科书的启蒙追求、根据地教科书的宣传效应、新中国教科书之回顾与反思。下篇"难忘的老课本"，依次介绍剖析了近百年具有代表性意义的教科书：中国第一套现代教科书——商务印书馆《最新教科书》，中国第一套国家统编教科书——清学部国定版教科书，中华民国第一套教科书——中华书局《中华教科书》，第一套以政体命名的教科书——商务印书馆 1912 年《共和国教科书》系列，以及新中国第一套教科书。正文之前有教科书图片 10 页。该书建立在大量的教科书实物基础上，信息资料真实可靠，兼具学科价值与学术双重意义。

（5）刘景超著《清末民初女子教科书的文化特性》，知识产权出版社 2015 年版，收入"中国教科书发展史丛书"，系在作者博士论文的基础上修改完成的。"绪论"论述基于文本的清末民初女子教科书之文化探索。正文共五章：总述清末民初女子教科书从西汉至 1922 年的变化演进；清末民初女子教科书之文化阐释，包括文化属性、文化本质与功能、文化特征；清末民初女子教科书的文化传承，包括传统的德才观、"家为国本"观、尊孔崇儒与孝道仁义观、女性性别观内容的传承与演进；清末民初女子教科书的文化创新，涉及身体观的变革、国家社会观念的渗透、"科学"与"民主"的新教育观表达、自由平等自立自强观念的涌现；清末民初女子教科书文化传承与创新的反思与启示。作者依据教科书实物，真实可靠，对民初二十多年的女子教科书进行爬梳整理，凸显其在近代文化、教育转型关键时期的历史性贡献。书中插入大量图片，图文并茂，具有较强的可读性。

（6）李新著《百年中国乡土教材研究》，知识产权出版社2015年版，收入"中国教科书发展史丛书"。该书是在作者博士论文基础上修改完成的。全书共六章：乡土教材及其基本属性，乡土教材释义、基本特点、与地方教材及校本教材的关系；传入与转型——清末的乡土教材（1898—1911年），清末乡土教材的发轫、部颁《乡土志例目》与乡土教材的短暂兴盛；探索与定型——民国时期的乡土教材（1912—1948年），民初乡土教材的沿袭与过渡、鼎盛时期、教材渐趋多样化；发展与定型，新中国成立后的活动乡土教材；百年乡土教材发展的反思，百年乡土教材的变化特征、主要成就、不足之处等；未来乡土教材发展的路径构想。最后是结语：夹缝中求生——中国乡土教材跌宕的百年。作者在挖掘大量教科书实物之后，对百年乡土教材进行系统梳理和全方位的审思，内容丰富，具有较强的学术性与研究性。

（7）石小鸥、吴小鸥著《简明中国教科书史》，知识产权出版社2015年版，收入"中国教科书史发展丛书"。全书共八章，按照时间顺序展现中国教科书史的时期历程。近代教科书的出现与发展、近代教科书的产生与繁荣、国民党南京政府时期的教科书、共产党革命根据地教科书、新中国成立初期教科书的统一与探索、"文革"教科书的变异、改革开放时期的教科书改革与探索、新世纪课程改革教科书的兴盛与竞争。在"近代教科书的出现与发展"一章中，论述西学教科书的引进、新式学堂自编教科书的出现；"现代教科书的产生与繁荣"一章中，分析现代意义教科书的产生、清末教科书及其审定制、民初教科书的多样探索、"1922年新学制"教科书的新发展。此书有意于历史与现实之间的一种宏观归纳、整体提升，在大量教科书实物的基础上，书中含有大量教科书插图，图文并茂，具有较强的专业性与可读性，是研究教科书史的重要参考资料。

（8）吴洪成、田谧、李晨等著《中国近现代教科书史论》，知识产权出版社2017年版。该书主要研究自鸦片战争爆发到新中国改革开放以后170余年教科书演变发展的历史进程、基本线索、阶段特点，并从社会、教育以及理论和实践等多个方面加以反思与阐述，以为当前现实教育教学质量的提升、科教兴国战略的推进提供历史资源与现实思考。此书内容包括：晚清、民国初期、民国后期、新中国成立直到改革开放新阶段各相关时期教科书的历史及问题分析，主要围绕学校教育制度、办学宗旨及课程的设置，对学校教科书的相关问题进行论述与建构。其中包括晚清近代新式教科书的产生与制度的建立，民国教科书的变革、发展与观念内容以及体例的更新，共产党领导革命根据地教科书的编写与实践，欧美教会办学对教科书事业的影响及作用，日本侵华战争期间在中国沦陷区推行奴化教育对教科书的规划设计及歪曲，以及新中国成立以来围绕各次教育制度、教学改革与实验而展开的教科书事业建设等丰富多彩的专题研究内容及成果。此书作为中国近现代教科书历史与理论结合论述的著作，在学术界并不多见，具有较大的学术价值和社会实际意义。

第二节　袁世凯"洪宪帝制"的复古主义教育

1912 年 4 月 1 日，孙中山正式卸任南京临时政府大总统，袁世凯窃取了辛亥革命胜利果实，在这段时间，袁世凯为了复辟帝制，利用教育阵地，推行他的尊孔读经的复古主张，为其复辟帝制制造舆论。一时间，复古主义教育逆流影响了学校教育的各个领域。

一、制定封建复古主义教育宗旨

民国成立以后，南京临时政府教育部曾明令学校废止读经，各科教科书必须符合民主共和国的教育宗旨，袁世凯上台以后，极力推行封建复古的教育，使教育经历磨难与艰辛，呈现出倒退的迹象。

1915 年初，袁世凯在《颁定教育要旨》中提出了"爱国、尚武、尚实、法孔孟、重自治、戒贪争、戒躁进"七项教育宗旨，强调教育"必于忠孝节义植其基，于知识技能求其阙"，以培养"大仁、大智、大勇之国民"。❶ 随后，袁世凯在《特定教育纲要》中要求中小学修身、国文两科"应将诚心、爱国、尽责任、重阅历之积极行为，与勿破坏、勿躁进、勿贪争之消极行为，编入德目，重量教授"，"准此以为训练"，培养学生的所谓"意志与惯性"，

---

❶ 舒新城. 中国近代教育史资料：上册 [M]. 北京：人民教育出版社，1981：245.

以便将来"涉世处事"之应用。❶ 袁世凯反民主精神的教育宗旨，要求从小就把学生培养成安分守己、不"争"不"躁"、不敢犯上作乱的顺民。民国初年的教育宗旨也使学校纳入了复辟的轨道。

在北洋政府全面推行复古教育政策的指导下，教育部下令各省设立经学会，为中小学培训经学教师；全国各书坊、印书馆印行经书、经训教材。据不完全统计，1915 年仅商务印书馆印行的读经教材，如"四书""五经""经训教科书""经训教授法"等就达 20 多种。

二、学校教育的规制

袁世凯提出改革学制。在颁布的《教育纲要》中，袁世凯提出，将初等小学改为两种："一名国民学校以符义务教育之义；一名预备学校专为升学之预备。"他认为："中国普通教育采日本单一之制，小学只有一种。在只求识字之平民子弟与有志深造之士族子弟，受同式之教育，于人情既有未顺，于教育实际亦多违碍。如施行义务教育规制以后，小学难以遍求完善，尤必因此横生阻力。是宜取法德制，分小学为二种：一国民学校，即现在之初等小学，分为多级、单级、半日各种，四年毕业，为纯受义务教育者而设，办理可以简便。一预备学校，与初小相似，四年毕业，为志在升学者而设，理须求完备，较之现行单一制颇为便利。"❷ 这一改制的目的，一是为了区别平民子弟与士族子弟应受不同等的初等教育，二是为了顺利推行义务教育，但其基本出发点，则让平民子弟只能受简单识字的初等教育，而准备升学的士族子弟则需要受完备的初等教育，其实是一种双轨制。袁世凯颁行《教育纲要》，实施复古封建教育阶段，主要是贵族等级观念加强，而且受德国双轨制的影响，突出了平民阶层的职业教育。文称："采用德国之双轨制，分初等小学为两种。一名国民小学，为义务教育。一名预备学校，办理须求完善，为有志升学者而设。中学亦分文科实科二种。盖袁氏贵族之观念甚深，因现行之小学制，以只求识字之平民子弟，与有志深造之士族子弟，受同式之教育，于人情既有未顺，于教育实际，亦多违碍。"

《教育纲要》发布不久，1915 年 7 月，教育部公布了《国民学校令》和

---

❶ 舒新城. 中国近代教育史资料：上册［M］. 北京：人民教育出版社，1981：258.
❷ 陈学恂. 中国近代教育史教学参考资料：中册［M］. 北京：人民教育出版社，1987：223.

《高等小学令》，又于 11 月颁发了《预备学校令》，1916 年 1 月 8 日公布了《国民学校令施行细则》和《高等小学校令施行细则》，把《教育纲要》规定改革初等教育的意见进一步具体化。

三、恢复尊孔读经的教育内容

袁世凯上台后，首先于 1912 年 9 月发布《尊崇伦常文》，要求全国人民遵循孝悌忠信礼义廉耻的礼法。1913 年 6 月他发布《尊孔祀孔令》，通令全国学校恢复祀孔典礼；同年 10 月，又在亲手炮制的《天坛宪法草案》中明令："国民教育，以孔子之道为修身大本。"[1] 1914 年，教育总长汤化龙上书袁世凯，提出注重道德教育，"中小学校修身或国文课程中采取经训，一以孔子之言为旨归"[2]，得到袁世凯的赏识，教育部则下令推行。同年，教育部在《整理教育方案草案》中又指出："采取经训，以保存固有之道德"；"注重训育，以孔子为模范人物"。[3] 1915 年 2 月，袁世凯颁布《特定教育纲要》，要求"各学校均应崇奉古圣贤以为师法，宜尊孔以端其基，尚孟以致其用"[4]。"中小学均加读经一科"，由教育部编入课程，"初等小学《孟子》；高等小学《论语》"，以补修身之不足。"《论语》《孟子》，与家庭社会国家之道德行为无不具备"，[5] 主张要以孔孟为代表的儒家思想作为正统思想向学生灌输，以所谓"圣贤之正理"来陶冶儿童，为其统治奠定思想基础，把尊孔复古主张纳入宪法，强迫执行。

1916 年 6 月 6 日袁世凯病逝，"洪宪帝制"宣布失败，三个月后教育部重组，以教育总长范源濂的名义对袁世凯帝制时期的《教育纲要》《预备学校令》《国民学校令》加以废止或修改，重新恢复民国初年教育改革的轨道。《政府公报》（1916 年 10 月 12 日，第 277 号）对其中的两处法令有这样的记录：《教育部令第十八号》"民国四年十一月七日大总统教令公布之《预备学校令》，兹经本部呈准废止"；《教育部令第十九号》"民国四年七月三十日大总统教令公布之《国民学校令》，兹经本部呈准修正，特公布之。第十三条删

---

[1] 陈学恂. 中国近代教育大事记 [M]. 上海：上海教育出版社，1981：247.
[2] 舒新城. 中国近代教育史资料：下册 [M]. 北京：人民教育出版社，1981：1059.
[3] 舒新城. 中国近代教育史资料：上册 [M]. 北京：人民教育出版社，1981：232.
[4] 舒新城. 中国近代教育史资料：上册 [M]. 北京：人民教育出版社，1981：256.
[5] 舒新城. 中国近代教育史资料：上册 [M]. 北京：人民教育出版社，1981：259.

去'读经'二字。第十五条删去'读经'二字。第二十六条第二项删去'及在预备学校修业四年'十字"。

以下是袁世凯"洪宪帝制"复古主义教育阶段的部分材料引论。

（1）汤华龙《对于海外留学事宜之办法（1914 年 5 月 11 日)》《政府公报》，1914 年 5 月 13 日，第 724 号。

（2）《教育杂志》第 5 卷第 4 号：1913 年 6 月 2 日，袁世凯《注重德育整饬学风令》，针对各地学校学潮蜂起，袁世凯为了控制民主运动的声浪，加强学校管理，在文中指出"教育本原，首重道德，古今中外殆有同规"，"乃考察京外各学校，其管理认真日有起色者实不多见；大都敷衍荒嬉，日趋放任，甚至托于自由平等之说，侮慢师长，蔑弃学规"。"着教育部行知京师各学校校长，并督饬各省教育司长，凡关于教育行政，一以整齐严肃为主。学生有不守学规情事，应随时斥退，以免害群而示惩儆"。

（3）《教育杂志》第 6 卷第 5 号：1914 年 7 月 11 日，袁世凯公布《修正教育部官制》十九条，规定教育部直隶于大总统，设置总务厅、普通教育司、专门教育司、社会教育司，管理教育、学艺及历象事务。教育部置总长一人、次长一人、参事三人、司长三人、视学十六人，另设秘书、主事、技正、技士等若干人。

（4）《教育公报》第 5 册，1914 年 10 月：1914 年 9 月 25 日，袁世凯《祭孔告令》主张："尊崇至圣，出于亿兆景仰之诚，绝非提倡宗教可比。"可达到的最高目标在于"语其大者，则可位天地育万物，为往圣继绝学，为万世开太平"。"中国数千年来立国根本在于道德，凡国家政治、家庭伦纪、社会风俗，无一非先圣学说发皇流衍。是以国有治乱，运有隆污，惟此孔子之道，亘古常新，与天无极。""告令"规定每年 9 月 28 日中央与各地方一律举行"祀孔典礼"。

（5）《教育公报》第 8 册，1915 年 1 月：1914 年《教育部整理教育方针草案》提出教育三要旨：一、注重自治教育，提倡民办教育；二、注重精神教育；三、注重全面教育，于学校教育外加入社会教育。据此提出整理方案三十条，其主要内容包括：①"确定义务教育年限，明白宣示，使地方知建学为对于国家之责任"；②"中小各学校修身国文教科书，采取经训，以保存固有之道德；大学院添设经学院，以发挥先哲之学说"；③"各学校宜养成学生之自动力暨共同习惯"；④"各学校官就设置性质，力求达到目的，不得徒为上级学校之预备";⑤"初等小学校教科书,于一定期限内,国定制与审定制并行";⑥"小学校设补习科,责成实行,以图国民教育之补充";⑦"师范学生采严格训育主义,俾将来克尽教师之天职";⑧"女子教育注重师范及职业,并保持严肃之风纪";⑨"大学校单科制与综合制并行";⑩"通俗的社会教育,以补充群众道德及常识为目的。"

(6)《教育公报》第二年第4期:1915年7月14日《教育部呈拟订国民学校令呈请核定公布文》、1915年7月19日《教育部呈拟订高等小学校令请核定公布文并批令》,同年7月31日,袁世凯以大总统身份批准,并以《大总统申令》的名义颁行,将初等小学校改称国民学校,废止民国元年南京临时政府教育部颁行的《小学校令》中关于初等小学、高等小学校各条。并把读经重新列为国民学校、高等小学校的必修课目。本年,教育部教科书编纂处又相应地改订了教科书编纂纲要。

(7)《教育公报》第二年第9期:1915年11月7日《大总统申令(公布预备学校令)》,规定预备学校的教育以预备升入中学为本旨,附设于中学校,修业年限分前期四年、后期三年。其中第四、第五条对课程与教科书的选用作了明确的要求,分别为:"预备学校前期之教科目,为修身、读经、国文、算术、手工、图画、唱歌、体操,女子加课缝纫。其后期之教科目,为修身、读经、国文、算术、本国历史地理、理科、手工、图画、唱歌、体操,男子加课外国语,女子加课家事";"预备学校之教科图书,须用教育部所编行或经教育部审定者。前项图书,关于同一教科目而有数种者,应由该校主任商承中学校校长择定之。"

从当前对中小学读经教育讨论及部分活动尝试情形而论,国学教育与袁氏复古教育中尊孔读经传统有显著性关联。有关的论著为李成军《近代国学教育思想研究》,复旦大学出版社2014年版。全书共7章,分别为绪论:儒学认同的危机与守护——清末国学教育思想;儒学制度设施的破坏与重建——民国初年国学教育思想;儒学合法性的解构与重构——五四运动时期的国学教育思想;儒学意识形态的瓦解与重建——国民政府时期的国学教育思想;儒学意识形态的变迁与应对——梁启超国学教育思想。该书作为主要采用文献法、比较法和个案研究法,以传统文化与现代化的关系为视角,对近代国学教育思想及其发展加以梳理,探讨国学教育思想的特点及内在关联,考察近代各阶段国学教育思想的变化,还原近代国学教育思想应对现代化问题的思考,揭示以儒学为主体的传统文化对于现代化发展的积极意义。

四、教学方法

教育理论及实践丰富而复杂，所构筑各部分在进程中的不平衡或交错多样是常见的，无论是历史还是现实中的呈现情形均如此。"洪宪帝制"复古时期的教学方法虽仍沿袭旧法，但在固守传统的同时，部分先进的教师置身教育改革与实验，有了一定的创新。

1916 年，教育部在《修订高等小学校令实施细则》中对各学科教学原则做了较为详细的规定，"教授本国历史，宜用图画、标本、地图等物，使儿童想见当时之实况，尤宜于修身所授事项联络"。"教授地理，宜先注意于乡土之观察，以引起儿童之兴味及爱乡思想，并施以地图标本、影片、理科所授事项联络，并使儿童填注暗射地图及习绘地图。""教授理科务使实地观察，或是以标本、模型、图画等，并实施简易试验。""教授农业，须与地理、理科所授事项联络，并注重实地指示，使其知识确实。""教授商业，须与国文、算术、地理、理科所授事项联络，并兼授简易之商用簿记。"❶ 综上所述，可以发现，主要的教学原则包括：加强各学科之间的联系，强调实地观察，注重实物教学等，相应地在教学方法上采取了各科联络法、实物教学法、修学旅行法等方法。例如，在使用各科联络法中，以某一科的某一教学内容为中心，把相应的课程结合起来进行。有的学校自然课讲《猪的生活》，国语课围绕着这一中心讲《三只猪的故事》，作文课以《小猪的快乐》为题，算术课计算"猪肉的买价"，美术课画"老猪和小猪"，手工课做泥"小猪"，而唱歌课有学唱"小猪争食"。❷ 各科互相联络，形式生动活泼，使儿童对"猪"的种种知识留下深刻的印象。修学旅行法主要在自然、地理等科目中应用，有时也应用于历史，让学生走出教室、走出校门，到社会中、到自然中去实地调查、参观、访问，以增长见识、增长经验、扩大视野。

随着西方新教学方法的引入，有人开始吸收新教学方法的精神，力求对旧的教法进行改造。如天民 1916 年在《教育杂志》上发表了《国文教材之处理法》一 文，力求探索符合汉语文的教学程序。他在此文里介绍了自己新的国

---

❶ 朱有瓛. 中国近代学制史料：第三辑　上册［M］. 上海：华东师范大学出版社，1990：152 – 153.

❷ 沈百英. 设计教学法演讲集［M］. 上海：商务印书馆，1931：9.

文教授法——"渐明法"。其教学程序为：复习—预习—（内容、形式）—教授（读法、意义、玩味、语法）—整理—应用。喻示了教学中将以教师的讲为主向以学生学为主的方向发展，体现了当时小学教育界整体理论水平的提高。贾丰臻从事多年修身教学，经验丰富，吸收已传入的国外先进教学理论，提出修身教学的十个方法。这些方法在 1918 年出版的《修身教授革新之研究》中有介绍。其要点可以概括为：第一，修身教授不应该专恃教科书，因为儿童是活的，教材是死的；第二，教授要有兴味，必须与其他方法结合；第三，要符合儿童的心理；第四，宜用课堂训话，因材施教；第五，应随儿童的程度和接受能力，以及偶发的事项而定，该指导的指导，该禁止的禁止，该责罚的责罚，无分积极与消极；第六，应与家庭配合；第七，当教做法，以养成习惯；第八，当教诗歌，把抽象的伦理道德以诗歌的形式表现出来；第九，当以音乐联络；第十，当运用图画遗物模型等实物，注重实物教学。注重教学方法的多样性和教学对象的变化性，体现出教学研究发展水平达到了一定高度。

第三节 新文化运动对传统教育的冲击

辛亥革命的胜利并没有撼动封建旧文化的根基，它既没有使中国真正步入民主共和社会，更没有使中国摆脱积贫积弱的状况。在教育上，辛亥革命后，南京临时政府教育部对清末封建教育制进行了改革，但由于辛亥革命后的中国仍是半殖民地半封建社会，中国教育仍旧是半殖民地半封建的性质，特别是袁世凯和北洋军阀政府的倒行逆施，使我国近代教育的发展出现了扭曲或障碍。于是，一批在不同程度上受过民主主义熏陶的爱国知识分子，开始从文化启蒙的角度探讨"中国往何处去"这一时代主题。他们以 1915 年 9 月创办的《新青年》杂志为标志，在文化教育领域开展了一场轰轰烈烈的新文化运动，在民主、科学的旗帜下，展开了对传统国粹的猛烈批判。以新文化运动的思想启蒙为先导，1919 年爆发五四运动。从此，新文化运动开始紧密地与反帝反封建的政治斗争结合起来，进入了新的高潮，在教育领域揭开了新篇章。相关历史素材作品对此进行了记述及探讨，具有思想新意。

一、激进民主主义者对复古教育的批判

由于中国民族资产阶级的软弱性，辛亥革命没有彻底完成反帝反封建的任

务，政权最后落入北洋军阀手里，只剩下"共和"之名而无"民国"之实。封建势力仍然统治着中国，并且在帝国主义支持下演出了封建复辟的丑剧，在文化教育领域里出现了复古逆流。先进知识分子、激进民主主义者以及正在成长中的早期共产主义知识分子发起了比辛亥革命更猛烈的五四运动，对封建军阀提倡的复古主义教育进行猛烈的抨击，推动着中国近代教育进入一个新时期。

（一）新教育思想的启蒙

陈独秀坚决反对袁世凯及北洋军阀政府把尊孔读经纳入国民教育之中。1916 年 1 月 15 日，他发表《一九一六年》一文，批判封建核心内容儒学，"儒家三纲之说，为一切道德、政治之大原。缘此而生金科玉律之道德名词，曰忠、曰孝、曰节。皆非推己及人之主人道德，而是以己属人之奴隶道德也"。他号召人们摆脱"奴隶之羁绊"，完成思想和个性的解放。❶

李大钊最坚决有力地反对封建复古教育。他 1916 年夏从日本回国后发表著名的《青春》一文，以感奋人心的笔触号召青年从古老历史的"积尘重压"下站立起来，"冲决过去历史之罗网，破坏陈腐学说之囹圄"，大胆向封建主义进攻，"新造民族之生命，挽回民族之青春"❷。他在《孔子与宪法》中批判"国民教育以孔子之道为修身之大本"的方针是荒诞之怪事，"孔子者，数千年前之残骸枯骨也"，如将尊孔列入宪法，"宪法将为萌芽专制之宪法"，教育则为灌输专制思想的教育。这样的宪法，这样的教育，势必为野心家所利用，成为"专制复活之先声"。❸ 李大钊上述言论的实质在于反抗封建专制政体及其传统教育的复活。

鲁迅对儒学的宣战，更是高屋建瓴。1918 年，鲁迅发表小说《狂人日记》，以崭新的艺术形式，通过一个被迫害而精神失常的知识分子的思想活动和他对所处环境的深切感受，揭露封建家族制度的弊害，猛烈抨击虚伪、冷酷的封建礼教的"吃人"本质，发出"救救孩子"的强烈呼声。1919 年 4 月，鲁迅又发表了小说《孔乙己》，通过孔乙己的悲惨命运，揭露了旧教育制度、伦理观念的腐朽与没落。

---

❶ 编委会. 独秀文存 ［M］. 合肥：安徽人民出版社，1987：35.
❷ 编委会. 李大钊选集 ［M］. 北京：人民出版社，1959：65.
❸ 编委会. 李大钊选集 ［M］. 北京：人民出版社，1959：77.

教育思想早期现代启蒙论说及努力集中反映于儿童教育观的现代转向。在该领域的代表作是陆克俭著《发现与解放——中国近代进步儿童观研究》，华中科技大学出版社 2015 年版。全书包括导论共六章七部分。导论阐述儿童及儿童观的内涵，儿童观研究现状及儿童观研究的理论与方法；第一章概述中国近代儿童观启蒙；第二章至第五章分别剖析中国近代儿童权利观、地位观、天性观和发展观；第六章评价中国近代儿童观，探讨其特点、性质、启示及对未来的展望。作者综合运用文献资料法、历史分析法、比较研究法等多种研究方法，以近代不同时期、不同职业、不同阶层、不同类型人物的儿童观文本为研究审视对象，多视角、多学科、多文本地进行研究，比较、全面、深刻地勾画了近代中国儿童观的全貌。该书资料来源广泛，包括教育家的著述、散文、杂文、回忆录、人物自传、小说、诗歌、日记、随笔、家谱、家训、家书等，形式多样，涵盖面广阔。

（二）科学教育的洗礼

五四运动对封建教育和传统伦理道德的批判，对教育的改革是有深刻影响的。传统教育在内容上依附于儒家经典，服从于伦理道德的培养，其教学形式与制度是建立在小农经济及宗法社会基础上的。经过清末民初的教学改革，传统教育制度得到了改造，近代教育制度得以确立并有所发展，但是，传统的教学内容及方法犹如不散的阴魂死死地缠着教育近代化的前进步伐。五四运动时期开展的对以儒家伦理道德为核心的传统文化教育的批判，极大地动摇了传统教育的思想根基，为教育的新发展清理了障碍，确立了以科学作为教育实验的指导思想。

陈独秀在《近代西洋教育》一文中指出："我们中国，模仿西洋办学校，已经数十年，而成效毫无。学校处数固属过少，不能普及；就是已成的学校，所教的非是中国腐旧的经史文学，就是死读几本外国文和理科教科书，也是去近代西洋教育真相真精神尚远。此等教育，有不如无，因为教的人和受教的人，都不懂得教育是什么，不过把学校毕业当作出身地步，这和从前科举有何分别呢？"❶

陶行知则主张改变教师只教书的情况，把教与学联系起来，提出"先生的责任在教学生学"，"先生教的法子必须根据学生学的法子；先生须一面教

---

❶ 编委会. 独秀文存 [M]. 合肥：安徽人民出版社，1987：107.

一面学"的教学合一的三条理由。❶ 蒋梦麟也认为"新事业需要灵活之弟子，吾国教育则重循规蹈矩；新事业需思力，吾国教育则重记忆；新事业需适应力，吾国教育则重胶固之格式；新事业需技能，吾国教育则重纸上谈兵"❷，指出了封建教育的培养目标、教育的方式方法等与正在发展的资本主义工商业极不适合。

科学教育思潮是五四运动时期非常流行的一种教育思潮。科学的教育功能包含两层意思：一是在教育、教学、治学过程中导入科学的方法论；二是把科学知识的传授学习作为学校教育的主要内容。以下引用几则材料予以说明。

（1）《科学》，1915 年 1 月创刊，中国科学社编辑出版。《科学》第 1 卷第 12 期（1915 年）载任鸿隽《科学与教育》，该文反映任鸿隽的实证主义哲学观与教育论的主要观点，认为科学应成为课程知识、研究方法以及思想观念的主流，充满理性工具与实验的精神。科学运用于社会的各个领域，建立内在因果关系和程序结构，教育也应该成为科学，建立科学的教育学。文称："要之，科学于教育上之重要，不在于物质上之智识，而在其研究事物之方法。尤不在研究事物之方法，而在其所与心能之训练。科学方法者，首分别事类，次乃辨明其关系，以发见其通律，习于是者，其心尝注重事实，执因求果，而不为感情所蔽，私见所移。所谓科学的心能者，此之谓也。此等心能，凡从事三数年自然物理科学之研究，能知科学之真精神，而不徒事记忆模仿者，皆能习得之。以此心能求学，而学术乃有进步之望。以此心能处世，而社会乃立稳固之基。此岂不胜于物质智识万万哉！吾甚望言教育者加之意也！"

（2）《教育杂志》第 10 卷第 8 号，1918 年 6 月 25 日载《全国教育会联合会职业教育进行计划案》，主要内容如下：调查及研究，"凡地方特设职业学校或职业补习学校，必先就所在地调查其何种职业"；培养师资，"于高等师范学校酌设关于职业教育之专修科"；实施职业补习教育，"各地方宜酌设职业补习学校，使小学校毕业生得入此科，专修关于职业上之知识技能"；促设女子职业学校，"现在各省女子职业学校多未设立，应由各省区从速筹设"。

（3）《教育杂志》第 11 卷第 1 号，1918 年 10 月载蒋梦麟《和平与教育》，文章认为欧战结束，协约国取得胜利，同盟国遭到挫败。日、德的法西斯和军

---

❶ 华中师范学院教育科学研究所. 陶行知全集：第一卷［M］. 长沙：湖南教育出版社，1984：89.

❷ 蒋梦麟. 职业界之人才问题为教育界所当主义者［J］. 教育与职业，1917（2）.

国主义教育受到抑制，和平主义时代进入平民主义教育，这种教育的精神和内涵在于如下三个方面："养成独立不移之精神"；"养成健全之体格"；"养成精确明晰之思考力"。在中国和平主义时代的教育改革应建立在社会发展尤其是实业振兴的背景下，包括"改良起居""修筑道路振兴时运""奖进学术"。

二、蔡元培与北京大学的改革

"思想自由，兼容并包"的办学理念，作为改造北京大学的核心灵魂，不仅在刻意经营、不断进取中披荆斩棘，冲破重重阻力，将北京大学改造成为一所真正意义上的近代大学、马克思主义传播的策源地、五四运动的摇篮，而且对于当时冲破封建思想专制，促进新思想、新文化及新教育流派与理论的传播，产生过巨大影响。

蔡元培接受德国大学的办学理念，认为大学的生命力和创新力植根于学术研究。换言之，仅重教学的大学教育，只是跛足的或残废的大学教育。因此，他在接任北大校长后，于1918年专设了文、理、法三科研究所；所内附设编译处，并开始培养研究生。1920年，又增设地质研究所。其后，北京大学文科研究所除设有编译室外，还陆续增设了"考古研究室、歌谣研究会、方言调查会、明清档案整理会等"❶。

蔡元培是中国近代重要的教育改革家，高平叔编辑了一系列文编，如《蔡元培全集》《蔡元培教育文选》《蔡元培教育论著选》（中华书局、人民教育出版社）收录蔡元培的教育思想改革活动，其中最具代表性的如：《全国临时教育会议开会词》（1912年7月10日）；《大学令》（1912年10月24日）；《在爱国女学校之演说》（1917年1月15日）；《在清华学校高等科演说词》（1917年3月29日）；《大学改制之事实及理由》（1918年1月）；《读周春岳君〈大学改制之商榷〉》（1918年4月15日）；《传略（上）》（1919年8月）；《回任北大校长在全体学生欢迎会上的演说词》（1919年9月20日）；《北大第二十二年开学式演说词》（1919年9月20日）；《何谓文化》（1920年10月27日）；《对于师范生的希望》（1921年2月24日）；《在爱丁堡中国学生会及学术研究会欢迎会演说词》（1921年5月12日）；《美育》（1930年）；《整顿北京大学的经过——在南京北大同学聚餐会演说词》（1936年2月16日）；《我

---

❶ 萧超然，等. 北京大学校史：增订本 [M]. 北京：北京大学出版社，1988：62.

在北京大学的经历》（1934 年）；《我在教育界的经验》（1937 年 12 月）等。

以下是两则材料链接：

《新青年》第 3 卷第 6 号，1917 年：蔡元培《大学改制之事实及理由》主张，中国源于日本体制的高等教育需要加以改革，应吸收德国和美国的大学体制中的合理因素，对大学类型、专业学科及相关的体制结构加以必要调整，普通大学主要为综合大学，以文理两科为主，其他学科专业适当添置和补充，而以法、医、农、公、商五科作为专门独立大学。据此，北京大学的体制应作如下调整："文理两科之扩张"；"法科独立之预备"；"商科之归并"；"工科之截止"；"预科之改革"。

《东方杂志》第 31 卷第 1 号，1934 年 1 月：蔡元培《我在北京大学的经历》追述北京大学清末民初的历史渊源，以及办学的困境，重点叙述作者任北京大学校长的改革措施及其向现代大学里程碑式的转变。他认为大学的办学重在理念的现代化和学术性、学术的自由和高水平教授的教学和研究，同时展现了北大学术名家的思想争鸣、教育成效和责任担当，体现了通才教育为主、专才教育结合的综合性大学理想，充分肯定了北京大学五四运动的历史贡献。

近年问世的大学改革论题代表作是北京大学著名教授、文史学家陈平原著《中国大学十讲》，复旦大学出版社 2008 年版。该书对以北京大学为代表的中国近代早期大学专题论辩颇有新意。全书共十篇，分别以北京大学、清华大学、中央大学、中山大学、南开大学、西南联合大学、无锡国专等为个案呈现中国大学教育图谱。附录有吴宏聪先生的《向母校告别》及相关照片。主要关注大学的个性与风采，不太涉及办学规模、经费预算以及综合实力评估等方面的具体内容。例如，书中论述北京大学"兼容并包"办学理念；在"中国大学百年"和"传统书院的现代转型"中体现作者对 20 世纪中国教育移植西洋制度的深思和抛弃书院传统的遗憾；在"不该消逝的校园风景"中认为以"雅事"与"隽语"支撑的老教授是校园里绝好的风景。作者所作非专业的中国教育史专著，却成为中国教育史领域的绝佳补充。

三、教学方法实验

新文化运动对教学具体问题也有一定效用，主要表现为科学主义教育观引领的教育价值发挥，集中表现于教育实验，尤其是教学方法实验。

（一）教育实验的早期尝试

1915 年中国开始教育测量的研究，进而推进到教育实验活动。1915 年，克雷顿（Creigton）在派尔（Pyle）指导下，在广东进行心理（包括条理记忆、机械记忆、交替比喻等内容）与身体之测验，测试 500 余人。❶ 1917 年，樊炳清首先向国人介绍了比纳——西蒙智力量表。同年，北京大学建立心理学实验室，开设心理学实验课程。次年，华尔科特（Wall Cott）任清华学校讲习期间，用推孟修正量表考试该校高等科四年级学生。嗣后又用团体智力测验，考试此级学生。受心理科学方法的影响，1917 年《京师教育报》第 28 期载有《智力测定法》。

西方教育思想的传播，并在实践中加以实验的提倡者首推陶行知、蔡元培。1917—1918 年，陶、蔡两人接连著文鼓吹教育实验。在《试验主义之教育方法》中，陶行知讲道："然近二百年来，教育界之进步，何莫非由试验而来？……吾国办学十余年，形式上虽不无可观，而教育进化之根本方法，则无人过问，故拘于古法而徒仍旧贯者有之；慕于新奇，而专事仪型者有之。否则思而不学，凭空构想，一知半解，武断从事。即不然，则朝令夕罢，偶尔尝试。……何怪乎吾国教育之不振也！故欲教育之刷新，非实行试验方法不为功。盖能试验，则能自树立；能自树立，则能发古人所未发，明今人所未明。"❷ 1918 年，身为北京大学校长的蔡元培于天津作《新教育与旧教育之歧点》讲演，也提出"治新教育者，必以实验教育学为根柢"，主张为进一步推动中国教育的发展，各地"须设实验教育之研究所"❸。

（二）教学方法的试验举要

近代教育史上的教学方法内涵及外延较广泛，不仅指教学方式、手段或技术，还包括部分与之相关的教学理念、思想和组织形式。因此，新教学方法是在西方教学理论或学说背景下传播和运用的。民初至新文化运动体现了导入近代西方教育理论及教学方法的热潮。主要情形如：公挚《斯宾塞语录》，《教育杂志》1911 年 7 月号；志厚《蒙台梭利（Montessori）女史之新教育法》，《教育杂志》第 5 卷第 1 期，1913 年 1 月；志厚《凯善西台奈之教育说》，《教

❶ 陈学恂. 中国近代教育大事记 [M]. 上海：上海教育出版社，1981：274.
❷ 四川省陶行知研究会. 陶行知全集：第一卷 [M]. 成都：四川教育出版社，1991：244 – 246.
❸ 高平叔. 蔡元培教育文选 [M]. 北京：人民教育出版社，1980：49 – 50.

育杂志》第 5 卷第 12 期，1914 年 3 月；《裴斯泰洛齐之历史及学说》，《中华教育界》1914 年 5 月号；顾树森《蒙铁梭利女史之新教育法》，《中华教育界》1914 年 7 月至 10 月；欧化《欧洲教育家之派别及学说》，《中华教育界》1914 年 7 月；《十九世纪大教育家海尔巴脱之学说》，《中华教育界》1914 年 7 月号；《模范教育家俾斯他罗齐传》，《教育公报》第 2 年第 12 期、第 3 年第 1 ～7 期，1915—1916 年；经宇《蒙台梭利教育法》，《教育杂志》第 8 卷第 7 期，1916 年；巴斯第夫人《蒙台梭利教育法演说词》，《教育杂志》第 8 卷第 11 期，1916 年；《伊美儿》（即《爱弥儿》），《教育公报》第 4 年第 2 期，1917 年；卢寿笺《托尔斯泰之家庭教育》，《中华教育界》1919 年 7 月。以下以复式教学（时称单级教授或单级编制）为例加以说明。

清末变法维新，推行新政，废科兴学，乡村小学取代了原来的学塾，于是教学组织和方法发生了转变。1901 年，东南各省选派了许多对本国教育有志向的学生，到日本的宏文师范学校去接受几个月短期的师范训练，他们回国后，就到处宣传复式教学。复式教学经江苏教育界同仁的竭力提倡，沿至民初颇引起各省人们的注意，实验推广范围及力度尤为广泛而强劲。辛亥革命后，各地教育经费的基础既经确定，而数量又较前大有增加，因而各县乡村学校的数目也跟着教育经费的增加而骤然加多，结果，那时就发生师资过度缺乏的情况。为适应这个需要，于是各地纷纷设立甲、乙两种师范讲习所，以造就将来乡村小学的师资。又因当时的乡村小学，大多是采取复式编制，更要适应这种需要起见，这种师范讲习所的教育学科中，不得不把复式教学作为最重要的课程。在此情况下，当时的师范生，无疑地就是推行、实施、研究复式教学的专业人才。所以，在当时中国的地方教育事业，复式教学自然是占着很重要的地位。[1] 至 1919 年五四运动前夕，在中国的教育研究和教育实践中，赫尔巴特五段教授法、分团教学法、自学辅导教学法以及蒙台梭利幼儿教育法都已经有了广泛影响。

以下介绍有关民国初期教育主要素材来源以及著作情形。

蒋维乔《民元以来学制之改革》，载《光华半月刊》第 5 卷第 1 期，1936 年。该文作为《清末民初教育史料》一部分，对中华民国临时政府在南京建立以来至五四运动之前，学制改革的阶段及内容进行叙述，并补充学制变化的

---

[1] 李伯棠. 复式教学研究 [M]. 北京：人民教育出版社，1984：2 - 3.

因素及力量抗衡。作者认为民初学制仍然是日本模式，其中缘由、情形为："召集东西留学生，各就所长，分别撰拟小学、中学、大学规程，每日办公六小时，绝似书局之编辑所。初时志愿甚弘，拟遍采欧美各国之长，衡以本国情形，成一最完全之学制。然当时由欧美回国之人，专习教育者绝少，不能窥见欧美立法精神，译出文件，泰半不适用。且欧美制终不适于国情，结果仍是采取日本制，而就本国实际经验，参酌定之。"

蒋维乔《民初以后之教育行政》，载《光华月刊》第 5 卷第 2 期，1936 年。该文作为《清末民初教育史料》的一部分，对辛亥革命以后中华民国临时政府教育行政组织的重组与变革进行探讨，并结合教育政策法令和教育体制观念的新旧转型加以剖析，深化中国近代教育步入民主政体以后新气象的认识。作者对民初行政办公工作的艰苦条件、教育行政部门设计中对社会教育的重视以及将县级教育行政劝学所改为教育局的缘由都做了较为明细的叙述。例如，有关社会教育问题，有如下记录："各国社会教育之发达，深信教育之责任，不仅在教育青年，须兼顾多数年长失学之成人。故草拟官制时，于普通、专门二司外，坚持设立社会教育一司。"

经亨颐《改革师范教育的意见》，载《教育潮》第 1 卷第 1 期，1919 年。作者对高等师范学校、中等师范学校的培养目标出现的混乱和偏差进行分析，重视师范教育的国民教育目标要求，以及学生培养的教育情怀和人格品质，认为师范教育层次和阶段应该谋求衔接，尤其是课程与方法，更能体现分科教育特色，课程之间的综合化和联络关系应该加强，并就师范教育的区域分布、正规体制教育预科、专修科、研究科的多种办学形式加以谋划和统一。

在上述内容及历史资源引证基础之上，以下对十余年来学界著作成果加以评价，以发挥补充或深化作用。

（1）马嘶著《20 世纪中国知识分子生活状况》，北京图书馆出版社 2003 版。全书分为中华民国时期（1912—1949 年）和中华人民共和国时期（1949 年以后）两编。第一章对北洋政府时期（1912—1927 年）的知识分子生活状况进行详细描述，分析北南两大知识群体——北京教授群和上海出版家群的特点，探讨一般知识分子的经济收入，揭示金融货币状况对知识分子生活的影响，并列举著名知识分子的生活状况（如鲁迅、胡适、王国维、顾颉刚、哈佛三杰、白马湖文人群、创造社作家群等）。作者参阅查找了大量珍贵的第一手资料，展现中国近代知识分子的孤苦悲欢；同时，为深入理解和挖掘近代知识分子的教育思想和教育活动提供宝贵材料。

（2）范铁权著《体制与观念的现代转型——中国科学社与中国的科学文化》，人民出版社 2005 年版。全书共八章，主要介绍中国科学社的历程、性质与组织结构变迁，中国科学社的科学普及、科学体制化探索，中国科学社与科学教育、学科建设以及科学文化思想，在此基础之上，揭示中国科学社在中国科学发展、中西学术文化交流中的历史地位。书末附录"中国科学社社章""中国科学社大事年表"。作者从近代中国科学文化的构建历程和中外科学文化交融的深厚而广阔背景中，探讨中国科学社的地位、影响、内部结构和文化选择，使著作具有厚重的文化底蕴。

（3）张剑著《科学社团在近代中国的命运——以中国科学社为中心》，山东教育出版社 2005 年版。中国科学社是近代中国延续时间最长、影响最为深远的综合性科学社团，它团聚数千名当时中国学术界的精英，促成并参加中国近代科学的发生发展，见证中国社会的变迁。该书运用科学社会学、历史学的理论和方法，全面梳理这一科学社团在震荡的近代中国社会中的演化及其对中国科学发展的影响；探讨中国科学发展与社会变动的关系；分析角色调适、对中国科学发展的影响，以及社员群体与领导层的社会结构与社会网络等。作者认为中国科学社在近代中国虽然影响很大，作用突出，但并没有找到一条可以健康发展的体制化道路，社团与社团之间存在畛域，没有结成统一的社会力量以制衡政府强权；社团自身的民主建设也没有遵循民主精神与程序，甚至科学"求真""怀疑一切"的理性精神没有在社会中真正生根发芽。

（4）田正平、程斯辉主编"第五届海峡两岸教育史论坛"论文集《辛亥革命与中国近代教育》，浙江大学出版社 2012 年版。2011 年 10 月在武汉大学举办"辛亥革命与中国近代教育——第五届海峡两岸教育史论坛"，来自海峡两岸的 40 多所高校的 120 多位学者参加，收到学术论文 70 余篇。该书收录了 36 篇（包括代序）论文，分为辛亥革命与中国近代教育、史观与方法、视野与问题三部分，书末附录会议论文目录。

（5）刘京京《民国时期中学生生活研究（1912—1937）》，2015 年 5 月华中师范大学博士学位论文。包括导论和余论，全书共八部分。导论介绍本书的选题缘起及研究价值、研究范围与概念界定、研究现状及研究理论与方法；正文六章，在概述近代历史变迁中的中学生基础上，着重分析民国时期中学生的学生生活、物质生活、情感生活和课外活动，最后探讨民国时期中学生及其生活对社会变迁的作用；余论对民国时期中学生生活进行反思及对学生生活史研究进行思考。作者综合运用了文献分析、教育叙事、心理分析、比较研究、个案研究等研究方法，对民国时期中学生生活进行深层次、多层面的解读。全文多处穿插图片，生动形象地展示了民国时期中学生的学生生活，具有较强的可读性。

（6）林辉锋著《马叙伦与民国教育界》，北京师范大学出版社2010年版。全书共三章，阐述马叙伦的主要教育经历，分为进入北京教育界（1913—1919年）、走向教育界的中心（1919—1926年）、疏离重返与淡出（1926—1936年）三个阶段。书末附录"'张禄'非马叙伦化名考""马叙伦非同盟会会员考""马叙伦论著目录稿"。作者充分挖掘各类相关史料，吸收已有的研究成果，着重探讨马叙伦在民国教育界的活动，主要从两个方面展开论述：一是考察马叙伦如何利用自身资源，使自己较长时间处于教育界的中心；二是从马叙伦的活动出发，透视五四运动前后至20世纪30年代教育界派系斗争的概况。

（7）姜丽静著《历史的背影——一代女知识分子的教育记忆》，教育科学出版社2012年版，收入"教育地平线丛书"。第一章对北京女子师范学校国文专修科的教育生活进行全面描述；第二章揭示程俊英、冯沅君和庐隐三位女性早期的生活故事和教育经历；第三章阐述五四运动前后北京女子高等师范学校教育情状和校园生活；第四章深度描述程俊英、冯沅君和庐隐三位女性在女高师时期发生的蜕变和心路历程；第五章详细考述三位女性知识分子走入社会之后的教育、学术生活和师友交往。作者采用生活史和口述史、心态史、教育叙事研究等研究方法，书中既有对北京女子师范学校的宏观研究，也有对三位女性知识分子的微观研究，宏观研究与微观研究相结合，全面描绘了五四运动前后女性知识分子的蜕变。全书研究方法新颖，研究视角独特，拓宽了中国近代教育史的研究视野。

第十四章　五四运动时期教育的
主要内容与史料

五四运动是充满青春热血的爱国主义运动，更是中国新民主主义运动的里程碑。而在教育史上，则是现代教育确立与体制转型的时代标志。其间的思想、制度及实验活动都走向新时代，内容之丰富、问题之复杂、争鸣之激烈，都成为教育现代走向之初的壮丽景观，亦为绚烂一幕。与此伴随而生的是文献之多样及复杂。综合分析及梳理十分困难，但又有挑战性和诱惑性！

第一节　五四运动与近代教育的转型

五四运动以后，我国文化思想界出现了十分活跃的局面，一时间，各种"新文化""新思潮"纷至沓来，广为流传。在教育领域，国外各种教育学说、理论也被当作时代的新思潮、新观念加以广泛传播，受其影响，国内形成了形形色色的教育思潮，直接推动了我国教育观念的更新和教育内容、教学方法的变革，从而使五四运动在我国近代教育发展中具有划时代的意义。

一、民主、科学与近代教育的新趋势

五四运动前后，同在北大任职的思想家陈独秀、李大钊、胡适等人，举着"科学""民主"的大旗，对传统文化发起了全面性的批判。一时间，北京大学成为五四运动的"摇篮"和"策源地"，备受中外人士关注和媒体聚焦。以《新青年》杂志为中心，形成思想文化界的新派势力群，酿成中国近现代史的思想大潮与解放运动的风口浪尖，被史家喻为直接与先秦诸子"百家争鸣"、宋代理学思想学派的论辩相媲美的三次思想高峰之一，可谓中国思想史上的"三足鼎立"之现代巨潮。每天出版的《北京大学日刊》也连续地介绍新文化

运动的进展，据统计，在一年的时间里，李大钊在自己创刊的《甲寅》杂志上发表论文 70 余篇，强烈抨击孔子和中国传统文化。陈独秀也以煽动性的语言，一次次掀起"打倒孔家店"的高潮。

胡适代表资产阶级自由主义知识分子，从激进主义者的阵营中分化出来，防止俄国布尔什维克主义的潮流，反对用马克思主义的世界观和革命论来观察和解决中国问题，主张对中国社会做一点一滴的改良。他大力宣扬美国现代教育家、进步主义教育运动代表杜威的教育哲学，如"教育即生活""学校即社会""做中学""儿童中学""兴趣或活动教学""儿童本位"等实用主义教育观，尤其是"做中学"的"思维五步法"，胡适将此称为"工具主义"或"实验主义"的方法。

"民主"与"科学"是五四运动时期教育改革的根本精神，也是学校教育改革的指导思想。这场运动中具有代表性的思想家们以"民主""科学"为武器，在对照中西方文化教育差异的基础上，提出要建立与发展适应资本主义政治、经济文化需要的新教育体制，与此相适应的有新教育的宗旨、内容、组织形式及手段方法等的确立。为此，他们介绍西方资产阶级教育学说，提倡在近代大工业生产及工商业发展的背景下兴起的实证主义、实验主义的方法论以及欧美进步主义运动所热衷宣传的测验、统计、调查等手段。这一时期整个 20 世纪 20 年代的中小学教学改革都与这种新教育的探索相伴随。

(1) 欧阳哲生著《新文化的传统——五四人物与思想研究》，广东人民出版社 2004 年版。全书共分为"五四运动的历史诠释""重新发现胡适""傅斯年的'价值重估'"三部分。书中重点探讨了蔡元培与中国现代教育体制建立的关系、胡适与北京大学的渊源、胡适对中美文化交流的贡献、傅斯年的教育思想和教育活动等。作者查阅了大量的史料，包括诗文集、日记、书信和资料集，年谱、回忆录、传记，研究著作，英文著作和报纸杂志等，对五四运动人物和教育思想重新挖掘研究，有利于人们对这段历史和这个时期的教育有一个更为清晰全面的认识。

(2) 陈平原、夏晓虹编《触摸历史——五四人物与现代中国》，北京大学出版社 2009 年版。"内容简介"对作品做了很好的详述，其中写到："本书以五四人物为经，以现代中国为纬，内容涉及五四运动的前因后果与诸多方面，通过一个个鲜活的历史人物和事件现场来透视当时的历史与社会，构成了一幅立体的五四运动的全景图。书中精选了与五四运动关系密切的 45 位人物，分为四组：'为人师表''横空出世''内外交困''众声喧哗'，采用历史照片与史料解读相结合的方式，形象生动地展示了那不同凡响的'关键时刻'，显示出编著者对历史匠心独运的架构。"❶ 在"为人师表"篇中，作者论述蔡元培、陈独秀、李大钊、胡适、钱玄同、刘半农、周作人、马寅初、马叙伦、刘师培、梁漱溟等人的教育主张及实践，有利于通过挖掘历史人物精彩细节来理解五四运动，重返那段令人神往的历史。

（3）吴小鸥著《中国近代教科书的启蒙价值》，福建教育出版社 2011 年版。该书是在作者博士论文的基础上修改完成的。全书分为发展篇、启蒙篇、审理篇三部分。发展篇论述中国近代教科书的发展演进及其影响因素；启蒙篇从科学理性启蒙、民主政治启蒙、现代伦理精神启蒙、现代商品经济启蒙、现代文明生活方式启蒙等角度阐述教科书的启蒙价值；审理篇分析教科书的"启蒙功利主义"。文末附录"清末留日学生编撰（译）部分教科书目"。作者在大量原始文献积累及分析基础上，将教科书的研究置于中国百年社会的宏观背景中，以动态、开放、系统的手法探讨问题，凸显教科书在中国近代社会的诸多价值，得出较为客观的结论。

（4）范铁权著《近代中国科学社团研究》，人民出版社 2011 年版，收入"河北大学历史学丛书"。全书分上、下两编。上编主要考察近代中国科学社团的发展概况：戊戌时期开近代科学社团创办之先河；20 世纪初是科学社团的萌芽时期；民国建立至抗战爆发是近代中国科学社团的生长与发展时期。下编分专题逐一考察近代科学社团的主要功绩：其一，科学社团对科学的传播；其二，对中国科学体制化的探索；其三，投身中国的教育改良；其四，投身科学化运动；其五，对科学社团社会关系的考察。作者在充分吸收、借鉴学术界已有研究成果的基础上，力求实现以下几个方面的目标：一是在查阅大量档案、报刊资料的基础上，分阶段、分时期全面阐述近代中国科学社团的演进历程，缕析不同时期科学社团的发展背景、状况、主要活动、特点及其历史地位；二是全面缕析诸科学社团在科学宣传与普及、科学化运动、科学体制化、教育改良等方面的突出贡献；三是揭示诸科学社团之间、科学社团与科研机构、科学社团与政府之间的关系，剖析近代科学社团发展变迁中的成败得失，

---

❶ 陈平原，夏晓虹. 触摸历史：五四人物与现代中国 [M]. 北京：北京大学出版社，2009.

揭示其发展过程中暴露出的问题。❶

（5）陈桃兰著《观念世界的教育变革：现代小说中的教育叙事研究》，中国社会科学出版社 2012 年版。需要说明的是，这里所称的现代，实为近现代。全书共六章，探讨现代小说中呈现的教育现代化历程等。第一章导论；第二章为现代小说中的教育叙事鸟瞰，分 1898—1918 年萌芽期、1919—1937 年繁荣期、1937—1949 年战乱期三个阶段介绍现代小说中的教育叙事；第三章为现代小说里的教育图景，同样分清末民初的教育、二三十年代的教育、1937—1949 年的教育三个阶段进行描绘；第四章叙述现代小说中的教师形象和学生形象；第五章阐述现代小说中蕴含的国民教育、儿童教育、女子教育等教育思想；第六章结语。书末附"中国现代教育小说年表"。该书是教育史与文学史的交叉研究，主要采用文本分析、史料考证、比较以及心理分析等研究方法，研究对象新颖独特，开拓了中国近代教育史学科研究的新领域。作者查阅了大量报纸杂志，史料翔实丰富，在整理分析原始资料的基础上撰成此书。

（6）赵娟著《中国近现代教育小说研究》，河北大学出版社 2014 年版。除绪论和结语外，全书共四章。绪论系统介绍中国近现代教育小说的研究范围和类型题材；第一章概述中国近现代教育小说的发展，分析其产生的时代背景、孕育及发展壮大；第二章描绘清末民初教育小说，首先呈现其中所反映的新教育图景，又以包天笑教育小说为个案样本，评析其教育思想；第三章论述民初至抗战前教育小说，此期的教育小说有教育启蒙的价值，同时着重分析叶圣陶的教育小说；第四章探讨抗日战争至新中国成立的教育小说，其中含有抗战教育因素，以老舍教育小说为个案进行例证；结语是该书的升华，总结教育小说对教育发展的促进作用。作者阅读了中国近现代大量的教育小说文本，参阅国内外有关的专业性刊物，并结合自己多年的教学和研究经验，具有一定的学术价值。

（7）李浩泉著《躁动的青春——民国时期北京大学的学生社团活动（1912—1949）》，华中科技大学出版社 2014 年版。全书共七章。第一章介绍问题提出、研究意义、学生社团活动研究的回顾、研究理论及研究思路与方法；第二章回顾北大学生社团活动产生的历史背景与发展轨迹；第三章至第五章依次分析北大学生社团活动的目标、方式及概况，组织结构、组织过程与组

❶ 范铁权. 近代中国科学社团研究 [M]. 北京：人民出版社，2011：11 - 12.

织控制，主体及内容；最后两章探讨北大学生社团活动的作用、影响及思考。作者综合运用组织社会学理论、叙事史学和微观史学等相关理论和历史文献、心态史学和个案研究等方法，此书更是重构民国时期北京大学学生社团活动的图景，运用大量具体、生动的实例，生动活泼地再现了民国时期北大学生社团活动的画面。

（8）应星著《新教育场域的兴起（1895—1926）》，生活·读书·新知三联书店 2017 年版。全书分为从科场场域到后科场场域（1895—1913 年的湖南）、"学术社会"的兴起（蔡元培与北京大学，1917—1923 年）、中等学校与中共革命（1922—1926 年的江西）三部分，展示从 1895 年到 1926 年的 30 多年间，新教育场域逐渐兴起的艰难历程。作者贯穿该书的中心主题是从 1895 年到 1926 年新教育场域的兴起及其所伴生的学与政的关系变迁。上篇探讨科举制度在内外交困下走到自己的终点，取代科举制度的学堂制度的孕育及成长；中篇研究蔡元培在整顿北大时所做出的可贵努力；下篇以南昌二中和南昌一师为例，学校教育固然涌现出一批投身革命洪流的志士，但也培育出了像吴有训、蔡枢衡、傅抱石这样杰出的科学家、法学家和艺术家。就此而言，作者认为，20 世纪 20 年代的学校教育尽管充满了各种分岔，但我们仍可以说"这是一个新教育场域初步成型的年代"。❶

二、新教育思潮与教育社团

新教育思潮与教育社团均以此期最为活跃，两者有交互关系，蔚为近现代教育史上色彩斑斓之观瞻。

（一）新教育思潮

正值国内教育改革的关键时刻，"欧风美雨"冲击并涤荡着中国现代教育的碑石，尤其是美国近代教育思想给五四运动前后的中国带来了最直接的影响。

五四运动前后，归国留美学生成为中国近代教育的重要推动力量。他们接纳了美国自由、平等、博爱等资产阶级思想和民主制度，感受科学、思想、文化对国家的作用，把在美国学到的新思想、新观念以及科学知识体系与中国教育改革相结合。留美学生除了在学校任职，还积极组成各个社会团体，创办刊

---

❶ 应星. 新教育场域的兴起（1895—1926）[M]. 北京：生活·读书·新知三联书店，2017：223.

物，宣传国外思想意识，进行中美教育交流，激发国人对美国教育制度的研究，组织各个团体召开会议，以提案形式为官方提供决策参考。哥伦比亚大学教授杜威于1919年5月至1921年7月来中国讲学，1920年10月12日罗素抵达中国1921年1月创办《罗素月刊》，1922年德国哲学家杜里舒（Hans Driesch）、1923年印度诗哲泰戈尔陆续访华。由于美国现代教育在国际教育界的中心地位，以及中国青年对美国实用主义哲学的追捧，使得美国进步主义教育学对中国的影响力最深。美国的民主主义教育目标得以传播，教育界人士许多醉心于美国杜威之学说，对中国学校教育以及教育政策带来了深层次的作用和影响。

在五四运动和世界教育新潮流的影响下，19世纪二三十年代的中国，教育思想活跃，涌现出各种教育思潮，如平民主义教育思潮、实用主义教育思潮、工读主义教育思潮与留法勤工俭学运动、职业教育思潮、科学教育思潮、公民教育思潮以及乡村教育思潮等。它们从不同角度提出自己的教育理念，反映了不同的教育观点和教育主张，并为教育改革提供了各种方案。平民教育思潮主张教育要平民化，教学方法要平民化，培养具有平民精神的公民。公民教育思潮兴起后，国内就有一些学校开始开设公民科，以代替以往的修身科。例如，南京高等师范附小（即后来东南大学附小），在1918年就进行公民教育试验，把公民、卫生、历史、地理四科合并为社会科进行教学。他们说："社会研究成立一种科目，排列在小学的课程表里，是我校九年以前的大胆的一种尝试。那时我们觉得小学教育应使儿童社会化，就是要使儿童了解自己和社会的关系，启发他们改良社会的思想，养成适于经营现代生活的习惯，将来做一个为国家为世界为人类忠勇服务的良好公民。当时国内小学好像还没有明白规定公民这种科目，所以我们就在原有的历史课程里，增加关于训练公民的教材，像现实社会——家庭、学校、社会、国家、国际——的组织活动。"❶

五四运动时期，伴随着新文化运动的发展和实用主义教育思潮的影响，完全意义上的科学教育思潮在全国思想界和教育界得到广泛传播。科学教育思潮是科学主义思潮在教育领域的直接体现，对中小学教学方法的实验产生了作用。中小学教学科学之光照耀教学领域，给教学方法带来重大的变革。学科内容以近代科学知识，尤其是自然科学知识为主；教学方法采用近代科学方法，

---

❶ 俞子夷. 一个小学十年努力记［M］. 北京：中华书局，1928：88-89.

如观察、实验、笔记、操作等；在教学过程中要求贯穿科学精神，处处以科学为指针，反对迷信、臆测及附会，用科学的态度与方法进行教学。这些都从理论上提高了教学方法实验的科学性。

教育学的科学化在某种程度上取决于心理学的应用及其科学水平，教育的心理学化是教育学现代发展和走向客观有效的重要部分。教育与心理两大学科的融合，促使教育心理学学科脱颖而出，并逐渐发展。有关史料表明，我国最早出现的有关教育心理学的著作是光绪末年（1908 年）由房宗岳译日本小原又一所著的《教育实用心理学》。在 20 世纪 20 年代初，廖世承开始在南京高等师范学校讲授教育心理学，并于 1924 年出版他编的《教育心理学》教科书。1926 年，陆志韦翻译出版桑代克的《教育心理学概论》；1933 年，陈德荣翻译出版盖茨（A. L. Gates）的《教育心理学》；1939 年吴绍熙等翻译出版何林渥斯（H. L. Hollingworth）的《教育心理学》。

此期新教育思潮及相关组成部分的著述文字不胜枚举，可以对照前面篇章加以丰富，此处另外举例如下。

（1）王避如编著《现代教育思潮》，上海世界书局 1933 年版。全书共七章，系统介绍流行的新教育思潮，供教育界参考。该书主要阐述现代思潮之特质、现代教育思潮之分派、主知的教育思潮、主意的教育思潮、主情的教育思潮、改造主义的教育思潮、教育思潮之根本原理。

（2）董宝良、周洪宇主编《中国近现代教育思潮与流派》，人民教育出版社 1997 年版。全书分上下两编。上编主要介绍经世致用教育思潮、洋务教育思潮、维新教育思潮、民主革命教育思潮、反复古主义教育思潮、实用主义教育思潮、三民主义教育思潮、新民主主义教育思潮；下编主要分析军国民教育思潮、美感教育思潮、职业教育思潮、教育独立思潮、平民教育思潮、科学教育思潮、工读主义教育思潮、乡村教育思潮、生产教育思潮、生活教育思潮等。该书体例结构突出重点，合理编排，上编主要为主潮及其流派，下编则为支潮及其流派。作者将有关流派人物的思想加以归纳和集中，概括性地勾勒出他们思想的共性方面，方便人们从整体上比较和把握各个教育思潮与流派之间的异同，认识和了解各个教育思潮与流派不同的历史特征与演变规律。

（3）苗春德主编《中国近代乡村教育史》，人民教育出版社 2004 年版。全书共三编 12 章。第一编主要介绍中国近代乡村教育思潮和运动产生的社会历史背景及其嬗变的历程；第二编从微观角度考察和介绍七位乡村教育家及七大乡村教育流派的教育思想、理论及实验活动；第三编分析中国近代乡村教育思潮和运动的基本特点、经验和教训，中国近代乡村教育思潮和运动的历史地位及影响，中国近代乡村教育思潮和运动与当前我国的农村教育改革。该书查阅大量第一手资料，吸收最新的研究成果，同时阐发了作者的新见解，较为全面系统地梳理中国近代乡村教育运动及实验的复杂内容，是目前中国近代乡村教育史研究较为权威的著作。

（4）姜朝晖著《民国时期教育独立思潮研究》，中国社会科学出版社 2008年版。全书共六章：第一章引言，介绍选题意义、已有研究成果、研究方法和思路；第二章至第六章按照教育独立思潮的逻辑点的时间顺序，依次分析教育独立思潮的萌芽、20 世纪 20 年代的教育独立运动、蔡元培与教育独立思潮、教育独立视野下的学界参政问题、党化教育政策下的教育主体意识；结语部分总结民国时期教育独立思潮的特点与启示。作者既从宏观上把握教育独立思潮动态的发展脉络，又从微观上进行个案例证，涵盖教育独立问题的内在逻辑和典型人物，查阅和利用了大量的报刊、档案、校史资料、文集和回忆录等，对教育独立思潮做了考实性和整体性的梳理，具有较高的史料价值和学术价值。

（二）工读主义教育思潮与留法勤工俭学运动

工读主义教育思潮与留法勤工俭学运动是紧密联系，甚至是结合的。工读主义教育思潮渊源于清末民初，到五四运动时期成为盛行的教育思潮之一，究其思想内涵有广义与狭义之分，前者是指我国 20 世纪一二十年代有关工与学、工与读、劳动与求学发生某种关系的言论主张及其实践活动；后者是指五四运动时期部分青年学生受西方社会思潮的影响，怀着善良的愿望与美好的理想，鼓吹工读教育，并从事组织团体、开展实验活动，包括留法勤工俭学与国内的工读互助团两个方面。此处按广义的理解加以思考。工读主义教育思潮的基本内容是指尚俭乐学、以工兼学、勤工俭学、工学结合，培养朴素工作与艰苦求学的精神以及工学兼营、工学并进、消灭体脑差别等思想主张及实践活动。随着历史的发展，早期马克思主义者以真理的光辉，冲破重重阻力，引领留法勤工俭学运动的航向，代表着工读主义教育思潮的发展趋势，并成为新民主主义教育的重要组成部分。

留法勤工俭学运动史料主要包括：陈真主编《中国留学教育史料》（五册），台湾编译馆 1980 年版；张允候、殷叙彝等编《留法勤工俭学运动》（一、二），上海人民出版社 1986 年版；清华大学中共党史教研组编《赴法勤工俭学运动史料》（第一、第二、第三册），北京出版社 1979 年至 1981 年版；卞孝萱辑《留法勤工俭学资料》，载《近代史资料》1955 年第 2 期；《勤工俭学运动特辑》，载《四川文史资料选辑》第 23 辑，四川人民出版社 1980 年版；《勤工俭学运动特辑》，载《天津文史资料选辑》第 15 辑，天津人民出版社 1981 年版；江天蔚著《留法勤工俭学小史》，载《文史资料选辑》第三十四辑，1963 年 3 月；（日）森时彦著、史会来等译《留法勤工俭学运动小史》（上、下），原载日本《东方学报》京都第 50 册、第 51 册，1978—1979 年，后由河南人民出版社 1985 年出版；何长工著《勤工俭学生活回忆》，工人出版社 1958 年版；陈三井主编《勤工俭学运动》，台湾正中书局 1981 年版；《中国工学运动——中国学生和学生在法国的社会和政治经验》（1913—1925），布朗大学出版社 1982 年版。

其中，《赴法勤工俭学运动史料》（第一、第二、第三册）堪为代表。该部分系由清华大学中共党史教研组编，北京出版社 1979 年版，收入"中国现代革命史资料丛刊"。第一册包括第一卷和第二卷：第一卷"概述"，综述赴法勤工俭学运动；第二卷"缘起"，包括留法俭学会、留法勤工俭学会、华法教育会，战时华工与赴法勤工俭学，工读主义、工读互助团及赴法勤工俭学等三个专题。第二册是第三卷"历程"，包括赴法勤工俭学运动的兴起、勤工俭学生赴法、勤工俭学状况、勤工俭学生与华法教育会的斗争等十几个专题；第三册包括第四卷、第五卷。第四卷为"论著"，包括勤工俭学生所写的反映马克思主义思想运动的论文、通信和调查报告；第五卷"回顾"，包括运动参加者后来写的有史料价值的回忆录。该书所收史料一般按运动过程和时间顺序编排，并尽量保持它的完整性。附录有参考性、史实考据性资料，如北洋政府的官僚和国家主义、无政府主义等派别的代表人物所写的有一定参考价值的文章等。编者除了对史料中明显的文字错误加以改正外，其余一律保持原状，不作更动。

关于留法勤工俭学运动的研究著作颇为丰富，介绍如下。

（1）中国人民政治协商会议四川省委员会文史资料研究委员会编《四川文史资料选辑（第二十三辑）》，四川人民出版社 1980 年版。全书分为"四川留法勤工俭学运动"（黄里州著）、"留法勤工俭学亲历"（李季伟遗著）、"为四川留法勤工俭学学生会上四川省政府书"（李季伟遗著）、"赵世炎生平史料"四部分，内容素材部分为撰稿人的亲身经历和见闻。作者不同程度参阅大量的原始档案、遗著、手稿、日记以及罕见的报纸刊物，为更真切认识留法勤工俭学运动提供了资料。

（2）张洪祥、王永祥编著《留法勤工俭学运动简史》，黑龙江人民出版社1982年版。书前有相关图片多幅。全书共五部分：分别介绍留法勤工俭学运动的兴起、热潮、波澜，中共旅欧支部与旅欧共青团的建立。作者对留法勤工俭学运动的经过、发展及其主要斗争活动的探讨，有助于了解中国近现代教育史上这一重大事件的真实而复杂历程。

（3）（日）森时彦著，史会来、尚信译，何长工、战景武审定《留法勤工俭学运动小史》，河南人民出版社1985年版。正文前有何长工所作"序言"。全书共四章：第一章赴法的经过，介绍留法俭学会、勤工俭学会、华法教育会、参战华工的情况；第二章寻求救国的理想，阐述留法勤工俭学会的活动和劳工神圣；第三章分裂与再生，论述勤工俭学生活、二八斗争、里昂进军；第四章共产主义运动。书末附录"留法勤工俭学运动日志"。该书是第一本由国外学者写成的关于留法勤工俭学运动的历史专著，其中引证大量资料，详述留法勤工俭学运动的兴起和发展的历史过程，对于留法勤工俭学运动研究具有重要意义。

（4）郑名桢编著《留法勤工俭学运动》，山西高校联合出版社1994年版。书前有董谦所作"序文"。该书内容共分两部分：前一部分是留法勤工俭学运动概述。为了与简史和资料汇编之类的出版物相区别，该部分除文字叙述外，还选用近百幅珍贵的历史照片和图表，力求做到图文并茂；后一部分为调查访问报告和专为此书撰写的回忆录及有关文章。该书是在展览的基础上编撰的。全书从不同侧面反映勤工俭学运动学生的学习、工作和斗争，以及旅欧党团组织活动内容的回忆录和调查报告。书前收录的近百幅珍贵的历史照片和书后辑录的各省赴法勤工俭学人名录，为研究者提供了珍贵的参考资料。

（5）鲜于浩著《留法勤工俭学运动史稿》，巴蜀书社1994年版。开篇有四川大学历史学教授隗瀛涛所作"序文"。全书共六章：留法勤工俭学热潮的兴起、留法初期的工学实践、挫折与奋勇、留法勤工俭学的继续进行、中共旅欧党组织、留法勤工俭学运动的失败与成功。作者以法国外交部档案馆所保存的巴黎华法教育会提供的材料为依据，参照当时国内有关报道，从大量史料和回忆录中，反复校勘、比较，对留法勤工俭学运动的历史做了创新性研究。

（6）保定育德中学编《百年育德（1905—2005）》，保定育德中学2006年印行。保定育德中学创办于辛亥革命前夜，作为一所私立中学，有着辉煌的历史。武昌起义爆发后，育德中学成为北方革命活动的秘密机关。留法勤工俭学运动中，育德中学率先成立了留法预备班。育德中学还是保定党组织的发源地，保定第一个党支部就建立在这里。全书共分三部分：第一部分是育德中学的学子所著的回忆母校类文章；第二部分是"育德丰碑"，即育德中学优秀学子的优秀事迹；第三部分是"育德英烈"，写育德中学优秀学子的英雄事迹。书末附录"育德中学的章程""学规""学则""校则""同学录"等文献。

（7）李春雷、史克已著《赤光——留法勤工俭学运动纪实》，河北大学出版社 2010 年版。全书共九章，分别为乡村里的"法国学堂"、大潮涌起、奔向花都、塞纳河畔的中国少年、浴火青春、炼狱、永不消逝的赤光、浪漫之都的血色浪漫、长歌当哭。该书为我国第一部全景式描写 20 世纪初叶影响中国历史进程的留法勤工俭学运动纪实文学作品，史料之扎实、历史细节之丰沛，以及重要史实之梳理、披露等方面均十分出色。

（8）葛夫平著《中法教育合作事业研究（1912—1949）》，上海书店出版社 2011 年版。全书共七章，概述并探讨留法教育运动过程，教育机构包括里昂中法大学、北京中法大学、上海中法工学院、巴黎中国学院、北京中法汉学研究所、中法教育基金委员会等。作者对中法两国所藏的档案资料做了充分的挖掘与利用，从中法教育合作事业角度探讨法国政府和民间对这场运动的态度，评价这场运动的得失与成败。里昂中法大学和北京中法大学是留法勤工俭学运动所开创的中法教育合作事业的继续和发展，亦是 20 世纪上半叶中法教育合作事业最富成果的两桩姐妹事业。巴黎中国学院和北京中法汉学研究所成立的时间和背景虽然相差很大，但同是 20 世纪中法教育中较为成功的姐妹事业。上海中法工学院是唯一一所由中法两国政府合办的学校。成立于 20 世纪 20 年代的中法教育基金委员会，是负责保管和支配法国退还庚款中用于文化教育事业基金的机构。结语部分对 20 世纪的中法教育合作事业加以总结和反思，为研究中法教育事业提供了宝贵资料。

（三）教育社团

五四运动时期主要的教育社团有直隶教育总会、湖南省教育会、教育统一会、中国教育会、北京通俗教育会、江苏省教育会、江苏教育总会、通俗教育研究会、全国教育会联合会、小学教育研究会、师范教育研究会、英文教授研究会、体育研究会、蒙铁梭利教具研究会、中华平民教育促进会、中央教育会、南京平民教育促进会、教育调查会、国语统一筹备委员会、教育法令研究会、职业教育研究会、美术研究会、幼儿教育研究会、理科教授研究会、中华职业教育社、中等教育协进社、初等教育季刊社、中华教育改进社、中华儿童教育社、实际教育调查社、中华新教育共进社、中华教育社、直隶教育研究所、山东教育研究公所、劝学所、教育讲习科、教育研究会师范讲习所等。上述社团少数建立于民初时期，但多数在五四运动时期，活动影响较大，可以看出受美国现代教育思潮的影响，此时期社团犹如雨后春笋般发展，气势磅礴。

全国教育联合会是各省教育会的联合组织，而以江苏省教育会为其核心，是传播杜威教育思想最有力的团体，建议改革教育措施。以下对有影响力教育社团从不同维度加以择要说明。

中华教育改进社，总干事陶行知，成员有南京高等师范学校的郭秉文、陶行知、陈鹤琴，北京大学的蒋梦麟、胡适，北京高等师范学校的李建勋，南开大学的张伯苓。1919年1月创办社刊《新教育》杂志，主编蒋梦麟。该刊第3期为"杜威专号"，胡适、蒋梦麟等在此专号发表传播杜威实用主义哲学及教育论文。其他教育专题探讨论文十分丰富，如《新教育》第4卷第2期，1921年刊载袁希涛《民国十年之义务教育》，对1921年中国的义务教育状况进行分析，主要列举了山西、浙江、山东、江西、广东、安徽、江苏七个省份的内容，对入学人数、经济状况、地方政府的支持力度、实施状况效果进行探讨，具有教育专题区域比较研究的意义。《新教育》第6卷第4期，1923年6月发文陈宝泉《我国义务教育之经过及进行》，对我国义务教育的历史阶段及主要规程做了梳理和介绍，认为古代中国有义务教育的萌芽，而严格意义的义务教育从清末开始，在分析整理叙述的基础上，就主要省份及京师的义务教育实施状况或成就加以重点陈述，并做了数据统计的分析，有材料资源的利用价值。

中华教育社，该社创办于1917年，其组织情况及工作设想在《教育公报》第六年第二期刊登《中华教育社组织办法》中有所记录：①"本社由江苏省教育会、北京大学、南京高等师范学校、暨南学校、中华职业教育社各教育机关发起组成"；②"本社以三年为期发行教育丛书及新教育杂志，三年满后或重组或续行或解散，临期由机关议定之"；③"预定于三年内出丛书十八册，每册约七万言。"其目略举如下：①教育心理；②教育哲学；③科学方法及精神；④东三省、黄河流域、长江流域、闽海流域之教育；⑤义务教育问题；⑥小学教育问题；⑦教育史、教育学之基本问题；⑧科学教授之基本问题；⑨自然教授之基本问题；⑩职业教育问题。

教育调查会，该会创办于 1918 年 12 月 30 日，因教育调查实际之需而建立。据《教育公报》第六年第三期所载：1918 年 12 月 30 日《教育部订定教育调查会规程》，提出教育调查会隶属于教育总长，"以调查审议教育上之重要事项为目的"。教育调查会任务是：调查和审议教育上之重要事项，向教育总长提出建议。次年 3 月 10 日，教育部聘请范源濂、蔡元培、陈宝泉、蒋梦麟等 19 人，并派部员沈步洲、张继煦等 9 人组成教育调查会。该会于 26 日在北京正式成立，举范源濂、蔡元培为正副会长。

近些年来，教育社团的著述日渐增加，主要有：

（1）张伟平著《教育会社与中国教育近代化》，浙江大学出版社 2002 年版。开篇由孙培青、董远骞分别作"序"。全书共六章：第一章绪论，界说教育会社，阐述教育近代化的含义；第二、第三章论述近代教育会社的缘起、组织建构和运作系统，是关于教育会社自身建设方面的研究；第四、第五、第六章分别评述教育会社对近代普通教育、职业教育和学制演变的贡献。该书资料来源广泛，既有各种报章、杂志、档案资料等原始资料，又有近百种研究专著和论文，是我国第一部全面系统研究教育会社与中国教育近代化关系的著作。作者以普通教育、职业教育、学制演变等方面为典型代表，客观地评述近代教育会社的影响与贡献。

（2）孙广勇著《社会转型中的中国近代教育会研究》，华中师范大学出版社 2007 年版。该书第一章介绍基督教"中国教育会"自 1890 年成立到 1899 年的活动情况，着重叙述三次"三年会议"的具体内容及其对教会教育组织化的影响；探讨基督教教育家群体借助该会试图获得中国教育变革主导权的活动。第二章对清末新政时期基督教中国教育会和中国教育界各地教育会的活动分别进行描述，重点展示二者对各自所属教育系统的作用；同时分解了教会教育与中国自办教育并存和共进局面的成因。第三章对民国前期基督教中国教育会转向重点关注教会教育的内部系统化加以思考，同时着重介绍中国教育会组织扩张力量并组成全国性系统的沉浮变化。作者坚持群体、实践与历史主义的理路，以"有一分史料说一分话"为原则，尽可能还原历史本色。

（3）王巨光著《民国教育社团与民主教育研究》，湖北人民出版社 2011

年版。全书共七章，主要介绍并剖析北京政府时期重要教育社团全国教育会联合会、中华职业教育社、中化教育改进社、中华平民教育促进会总会和江苏省教育会等的产生与活动背景、推进民主教育制度建设、发展民主教育能力、建立和维护民主教育的经济条件、开展学校民主教育活动、创新民主教育。作者采取现象学叙事研究的方式，注重历史事件叙述的完整性和具体性，努力让历史存在如其所是地显现，让整体的事实本身说话，揭明这些教育社团所兴举教育的民主教育性质，展示其民主教育活动的主要内容过程、成效，解读其对中国民主教育探索与建设的意义。

（4）于潇著《社会变革中的教育应对——民国时期全国教育会议研究》，浙江大学出版社 2015 年版。全书共七章，以全国教育会联合会这一官民混杂交织教育社团为中心，评述民国全国主要教育会议的内容及问题。"内容摘要"对各章内容有所介绍："第一章导论介绍了选题缘由及意义，综述已有研究概况，界定相关概念，讨论研究方法，并阐述了本书的写作思路。第二章至第六章从'会议过程'和'会议影响'两个维度分别考察历次全国教育会议全貌。第七章结语探讨了历次全国教育会议过程与影响的总体特征。"书末附录有"历次全国教育会议参会人员、提案及其形成策略情况表"。作者采用文献法、比较法和统计法等方法，选取对当时教育发展产生重要影响的历次会议若干主要方面进行分析，呈现历次会议过程、背景、筹备工作、参会人员、会议进程、提案讨论与颁行，重在揭示教育会议在方针、政策和实践等层面所产生的实际影响和作用。

三、国语运动与白话文教科书

五四运动反对旧道德，提倡新道德；反对旧文学，提倡新文学；反映在学校教科书上则为重申民主共和精神，反对尊孔复辟，废弃文言文，使用白话文等。

国语运动的真正兴起得益于五四运动。胡适、陈独秀提倡文学革命，主张创造一种国民的、写实的、通俗的新文学，其中，最基本的就是要改革文字，提倡白话文无疑会成为教科书形式变化的直接推动力量。

1917 年 10 月全国教育会年会议决《推行注音字母以期语言统一案》，要求教育部"速定国语标准，并设法将注音字母推行各省区，以为将来改国语之预备"❶。

1918 年 11 月，教育部正式公布了注音字母，全国一些进步学校率先编写使用新的国语教材，如北京孔德学校自编了国语读本，江苏省自行通过了《各学校用国语教授案》，开始用自编国语教材，接着，中华书局出版了一套用白话文编写的《新式教科书》，向全国发行。

1919 年 3 月，国语研究会会员增加到 9000 多人，便在原有基础上成立了一个"国语统一筹备会"，作为教育部的一个附属机关。在召开第一次大会的时候，刘复、周作人、胡适、朱希祖、钱玄同、马裕藻等提出了《国语统一进行方法》的议案，其"第三件事"即为"改编小学课本"，其他三项为：编辑国语辞典、编辑国语文法、编辑国语会话书。

在这种种尝试的推动下，1920 年 1 月 12 日，北洋政府教育部向全国各省发布训令："查吾国以文言分歧，影响所及，学校教育固感受进步迟滞之痛苦，即人事、社会亦欠具统一精神之利器。若不急使言文一致，欲图文化之发展，其道无由，本部年来对于筹备统一国语一事，既积极进行，现在全国教育界舆论趋向，又咸以国民学校国文科宜改授国语为言；体察情形，提倡国语教育实难再缓。"于是，令全国各校自本年秋季起，先将一、二年级的国语课本改为语体文（白话文）"以期收言文一致之效"❷。这是民国教育部第一个废弃文言、采用国语的法令。

关于新文学运动与语体文教科书将在后面做叙述，此处列举相关著作。

（1）陈星著《白马湖作家群》，浙江文艺出版社 1998 年版。白马湖作家群是 20 世纪 20 年代初在浙江省上虞白马湖畔春晖中学任教、生活过的以夏丏尊为首的一群可爱的作家，他们秉性温厚朴实、仁慈善良。作者主要介绍了白马湖作家群豁达的性格，他们的交流、散文、文学教育理念与实践等。附录"白马湖作家群研究资料辑要""主要参考书目"。在"白马湖作家的教育、教学理念与实践"章节中，主要阐述他们理想化的新村意识，语体文教学及写实风格，德、智、体、美、群、劳六育并重，挚诚、挚爱与"人格感化"，多样活泼的教学手段等思想及活动。

（2）李宗刚著《新式教育与五四文学的发生》，齐鲁书社 2006 年版。全

---

❶ 《教育杂志》第 9 卷第 11 号 "法令"，1917 年。

❷ 黎锦熙. 三十五年来之国语运动［G］//庄俞，贺圣鼐. 最近三十五年之中国教育：下编. 上海：商务印书馆，1931：110.

书共八章，第一章绪论，后七章分别介绍新式教育下的课程设置、科举制度废除、教师与学生、公共领域、文学小说、科学品格等与五四文学的关系。作者围绕"新式教育与五四文学"互动关系中心点，从多维度多侧面展开探索新式教育与五四文学发生的复杂关系，从新式教育与五四文学发生之间的深远而复杂的关系做出有力度的探索与阐释。作者运用现代心理学、哈贝马斯的"公共领域"范畴等多学科理论，选定新角度，展开新领域，形成新理路。其中既有宏观描述，也有微观个案剖析，论述深刻。

（3）翟瑞青著《二十世纪中国文学中的母爱主题和儿童教育》，人民出版社 2008 年版。全书分上、下两编，共 14 章。上编为母爱话语：现代性语境中的母爱阐释。下编为寻觅与建构：母爱主题的延续和流变。该书通过对不同时期大量文学作品的分析和考察，获得丰富的原始资料，总结出各个历史阶段作家如何站在现代教育的高度看待母爱主题和儿童教育问题，以及特定历史时期影响母爱教育的外在和内在的文化因素和心理基础。研究方法上，具有综合性、多元性、多角度、多维交叉等特点，运用比较研究法，把文学研究、文化学研究与教育学研究等有机地结合在一起。

（4）张心科著《清末民国儿童文学教育发展史论》，北京师范大学出版社 2011 年版。全书除绪论和结语外，共三章。第一章介绍儿童文学教育的课程与教学；第二章阐述儿童本位审美主义的儿童文学教育的课程与教学；第三章讨论国家本位民族主义儿童文学教育的课程与教学；余论分析语文学科重建与儿童文学教育的走向。作者对清末民国小学儿童文学教育发展历程做深入研究，探索当下儿童文学和语文教育中的文学教学问题，揭示儿童文学教育的走向。作者将宏大叙事与微小叙事相结合，合理把握学科立场与教育学立场的关系，具有较高的学术价值。

四、马克思主义教育学的传播

五四运动时期，作为西方文化最新成就的马克思主义传入中国，更深广地融摄西方文化及其发展的最新成就，通过对"西学"的真正消化进而与中国文化中的优秀传统相结合，创建中国的新文化。由于中国资产阶级在政治上软弱和文化上落后，因此其并未完成清算封建传统意识和译介西方文化成果的历史任务。

在俄国十月社会主义革命的影响下，不少革命的知识分子，开始研究并介绍苏联的教育理论与教育实践。李大钊、杨贤江堪称这方面的先驱者。1919
年 2 月，李大钊在《晨报》上首先提出了劳动教育问题，继而又发表《苏维
埃平民教育》《革命的俄罗斯学校和学生》等文章，向中国人民介绍苏联的教
育情况。

杨贤江与所有的中国共产党人一样，对俄国十月革命的胜利、马克思主义
在苏俄社会主义革命和建设事业及教育实践中的成功，十分欢欣鼓舞并由衷向
往。他希望把苏俄的教育引入中国，从而为中国教育和社会的发展找到出路。
在杨贤江所处的时代，当然还不可能对社会主义教育有全面的认识或成熟的经
验，但是，他认为不能像空想社会主义者那样仅仅空想未来的光明，而无科学
的根据。所以，他尽当时所能，一方面传播马克思在《共产党宣言》《哥达纲
领批判》等书中所提出的共产主义教育思想，另一方面介绍当时苏俄的教育
政策和措施。

中国马克思主义教育学史的代表作是周谷平主编，叶志坚、朱宗顺副
主编《马克思主义教育思想的中国化历程——选择·融合·发展》，浙江
大学出版社 2008 年版。该书除导论和结语外，全书共三编 12 章，主要介
绍马克思主义教育思想在近代中国的导入与传播、马克思主义教育学在中
国、马克思主义教育思想在中国的实践。该书既重视马克思主义教育思想
中国化纵向脉络的梳理，又重视其对中国教育理论构建和教育实践变革所
起的指导作用和影响。作者在研究视角和方法上注重多学科的交叉运用，
力求做到历史与逻辑、文本分析与个案研究、理论与实践、定性与定量、
史与论的有机结合。

第二节　美国现代教育家与中国新教育运动

中国近代新教育运动的肇端始发于洋务派的新教育活动，中经维新运动以
普通教育拓展为特征的兴学热潮涌现，至清末新政、宪政时期达到第一次高
潮。民初以后，新教育运动在改造中曲折前行；五四运动达到一次新高潮，可
称为新教育运动的第二阶段，持续至 20 世纪 30 年代初。因此，新教育运动的
两个阶段衔接、转换、改造和创新是明显而清晰的。不过，其中最典型的特征
是以日本的教育模式转向美国教育模式，后者是"现代教育"的概念术语加
以冠名和统称的。

一、杜威来华与美国实用主义教育学的导入

五四运动后期至 19 世纪 30 年代初，中国教育取向于美国教育模式，史称
"美国教育的引进"。这当中的教育活动及教育理论建构可以合并为中国新教
育运动。无疑，美国现代教育家联翩来华，促成了中国近代新教育运动的进
展。杜威"威名"为任要职于中国教育界及大学管理层的哥伦比亚大学弟子
群所凭借。这些高足为其师"迎来送往"，为其在各地演讲提供充分便利，而
且亲任译者整理登刊演讲词，与北洋军阀统治时期相对宽松开放的社会环境相
结合，促使以杜威为代表的实用主义教育学风靡一时。历史文献记录充分体现
了相关的理解及多元复性内容。

（一）杜威在华的教育活动

1919 年 2—3 月，美国实用主义哲学家、教育家杜威正在日本东京帝国大
学讲学，他的高足胡适与北京大学校长蔡元培、南京高等师范学校教务主任陶
行知等人商定，以北京大学、尚志学会、新学会、南京高等师范学校、江苏教
育会等单位的名义，联合聘请杜威来华讲学。杜威于 1919 年 4 月 30 日偕夫人
爱丽丝和二女儿罗茜来到了中国上海。此时正是中国五四运动的前夕。杜威在
其弟子的陪同（并任翻译）下，在江苏、浙江、直隶（河北）、奉天（辽宁）、
山东、江西、江西、湖南、湖北、福建、广州 11 省和北京、上海两市，做了
公开讲演。讲演涉及的内容很广泛，有"社会哲学与政治哲学""教育哲学"
"伦理讲演纪略""思想之派别""现代三个哲学家——詹姆士、柏格森和罗
素""平民主义的教育""平民教育的真谛""共和国的精神""真正的爱国"
"美国民治的发展""学问的新问题""现代教育的趋势"等。杜威在这些讲演
中，系统地论述他的实用主义哲学、教育思想和道德观念等，极力宣扬了他在
政治上的改良主义以及"读书救国"的主张。

（二）实用主义教育学对中国学校教育的影响

杜威的讲演，大致可分为系统的和短篇的两大类，前者共有十种，北京七
种，南京三种，后者有近百篇，具体内容已有专门资料统计。❶ 京沪各地的报
纸把他的讲辞逐日发表，各种杂志连续刊登他的各篇讲稿和介绍实用主义的文

---

❶ 黎洁华. 杜威在华活动年表：上　中　下 [J]. 华东师范大学学报（教科版），1985（1 - 3）.

章，如《新教育》杂志第 1~3 卷各期均大肆宣传杜威的哲学和教育理论，第三期出版了"杜威专号"。有的讲演经过翻译、整理，汇编出版，如杜威在北京所作七种系统讲演的前五种，曾由北京晨报社印成书，名曰《杜威五大讲演》，此书在出版后的两年中，一共再版了 14 次之多。在南京的三种讲演，则由上海泰东图书公司出版，名曰《杜威三大演讲》，还出版了北高师和南高师两校学生的听课笔记，《杜威教育哲学》连同商务印书馆其他宣传实用主义教育思想为主的书籍一起用"现代教育名著丛书"的形式，在全国范围内广泛发行。各书店介绍和翻译的关于实用主义哲学和教育学的书籍，多至不可胜数。实用主义哲学和教育学，从此在一个较长的时期中，成为旧中国教育界盛行一时的学说，它不仅影响了一般教育工作者，甚至梁启超这样的哲学与实用主义的忠实信徒，与胡适一派人有重大差别的知识界名流也表示："中国人宜以杜威哲学为底，造出一派新的哲学来。"❶

1921 年 5 月，杜威一行到广东讲学。正在担任广东教育委员会委员长职务的陈独秀亲自出面主持演讲会和介绍杜威的历史。这时，陈已是共产党筹建工作的主要负责人，在这前后他没有对杜威的思想表示什么异议。直到 1922 年 7 月《新青年》实际上已成为中国共产党领导的刊物，却有一篇随感录发表了一个意见："杜威实在没有多少好处，有之，便是他的实验方法。"罗素"他倡哲学的科学方法，开哲学的新纪元。他是晓得哲学之真意思的"。"柏格森的哲学殊多欺人之点，然而他能重行，也是不可磨灭之处。""现在要把杜威、罗素、柏格森三家之说合在一炉。吾们因此主张'切实试行'"。杜威、罗素离开中国一年后发出这样强烈的试行呼声，说明了当时马克思主义队伍中哲学思想某种程度的混乱，同时也衬托出杜威实用主义思想在当时的影响力。

作为现代西方科学主义流派的实用主义和逻辑实证主义虽于五四运动时一并介绍进来，但在社会上广为人们谈论的，却只是实用主义的思想方法和伦理哲学、教育哲学等容易理解的部分。1920 年 9 月，梁启超创立著名中外学者演讲学会，邀请英国哲学家、教育家罗素于 1920 年 10 月 12 日访华，在中国留居一年，在北京做了五次学术讲演：①数理逻辑；②物之分析；③心之分析；④哲学问题；⑤社会构造论。他还游历了中国的其他中心城市，做了几次规模宏大的讲演，国内的一些报刊也介绍了他的哲学思想。然而，就其反响来

---

❶ 佚名. 五团体公饯杜威席上之言论［N］. 晨报，1921－07－01.

说，大谈"心之分析""物之分析"与逻辑实证的罗素，远远不如大谈思想方法、伦理哲学和教育哲学的杜威。杜威学说的流行情况，已见上文。相形之下，逻辑实证主义的流行情况，便未免有些黯然。这从当时罗素学说研究会英文部的《纪事》中便可以看出。据《改造》第 3 卷第 6 号对相关情形所载："第一次开会之概况：此次到会者计有十人，对于罗素所设之问题，已作答案者仅有四人，……第三次开会之概况：此次到会，以在年假期内，到会者仅有三人，……予曰：仅两三次到会研究者皆不甚多，因为本会近来研究的学术，属于心理范围以内，唯研究哲学者对此趣味较深，但北大哲学系学生能直接对话者甚少，……此外能直接谈话者，对于心理学，多无甚兴趣。"

杜威在哥伦比亚大学的旧日学生在中国教育界居有重要位置，其中主要的有蒋梦麟、郭秉文、陶行知、陈鹤琴等人。以南京高等师范学校为中心，杜威影响从大学扩展至中、小学。杜威来华的活动及思想传播对中国教育的现代转型有持续和深刻的影响，主要表现在以下几个方面：

(1) 根据杜威的见解，重新考虑教育目的。1919 年 4 月，教育部召集教育调查会第一次会议，出席会员有教育部指聘的 60 位教育界知名人士，包括蔡元培、蒋梦麟等人，会中不满意于旧教育宗旨，认为不合民本主义潮流，提议以"养成健全人格，发展共和精神"内容为教育宗旨。同年，全国教育联合会开第五次年会通过赞成教育调查会的提议并主请教育部废止教育宗旨，宣布"养成健全人格，发挥共和精神"二语为教育本义。

(2) 新学制系统完全采取了美国制度。1922 年教育部公布《新学制系统改革令》。新学制系统采取当时美国所盛倡的"六三三制"，公布七条教育准则：①适应社会之进化；②发挥平民教育精神；③谋个性之发展；④注意国民经济力；⑤注意生活教育；⑥使教育易于普及；⑦多向各地方伸缩余地。

(3) 课程改组以儿童为中心。1922 年，全国教育联合会讨论课程改革与学制改革，会中对新学制建议第四条"儿童是教育的中心，在改革学制时必须特别注意儿童的个性差异，因此中等与高等教育必须采选课制，而对于所有小学的分班与升级班必须采弹性原则"非常关注。在 1923 年颁布，1929 年修正的《新课程纲要》中，"儿童中心主义"这一概念是特别注重的。杜威教育哲学的影响很容易从课程计划中看出。1924 年国民党《政纲》第 13 条称："促进儿童中心教育"。

(4) 教学方法采用实用主义精神。《教育杂志》1919 年第 11 期记载：全国教育会联合会第五次会议建议以杜威的主张为改革教学法的指导原则，两年后《教育杂志》又报道，1921 年，全国教育会联合会主张在小学具体推行设计教学法。

（5）以杜威在芝加哥所创设的实验学校为模范，纷纷成立实验学校。南京高等师范学校附属小学采用设计教学法，并根据儿童中心原则改组课程，该校所开展的实验具有科学性。

（6）学生自治作为德育的一种措施。1920 年，全国教育会联合会提议"学生自治实施准则"。1922 年，肯定学生自治为德育目标之一。

（7）小学采用白话文教科书。《教育公报》1925 年第 2 期记载：1920 年教育部《修正小学教育法》第 13 条、第 15 条中将国文改为国语。1925 年，教育部通令全国初级小学各科课本一律用白话文编写。

五四运动时期应邀来华讲学的国际级思想大师典范者除了杜威，还有英国哲学家、教育家罗素，印度文学家、教育家泰戈尔。但出于国内思想新潮激荡冲击、惊涛拍岸的特殊原因，与门庭若市的杜威相比，罗、泰则颇有冷清之状。此处对后两人的相关研究著作例证如下：

（1）袁刚、孙家祥、任丙强编《中国到自由之路——罗素在华讲演集》，北京大学出版社 2004 年版。全书共两部分。第一部分收录罗素讲演；第二部分包括罗素来华行程及讲演总表、对罗素来华的评价性文章。罗素是著名的教育家、思想家，1920—1921 年来中国讲学，做了近 20 个主题的演讲。但是由于罗素的身体原因，为我们留存下来的讲演并不多。编者查阅大量当时的原始报刊，辑录罗素讲演原文，汇成此书。但遗憾的是，罗素在保定和杭州的两个关于教育问题的短篇讲演未保存下来，遂未收入。该书对于传播罗素教育思想及研究罗素对中外教育交流所作出的贡献提供了宝贵的参考资料。

（2）孙宜学著《泰戈尔与中国》，广西师范大学出版社 2005 年版。该书在充分占有史料的基础上，梳理泰戈尔的思想学术在中国的传播经过，以及他本人在中国的游历和中国思想文化界对他来华的不同反应。作者在历史事实的基础上把握历史事件，见解精辟，具有较高的学术和史料价值。书末附录"中国翻译的泰戈尔作品目录（1900—1949）""中国关于泰戈尔的介绍、研究论文、著作目录（1900—1949）"。

（三）杜威来华讲演及其影响的主要参考资料

历史时期原始记录有原作、译作及中国教育家写作几个方面。

《我的教育信条》，郑宗海、曾昭森译；《学校与社会》，刘衡如译，上海中华书局1921年版；《儿童与教材》，郑宗海译，上海中华书局1922年印行；《思维术》，刘伯明译，孟宪承、俞庆棠（依据1933年修订本）译，上海中华书局1929年版，上海商务印书馆1935年再版；《教育上的兴味与努力》，张裕卿译，上海商务印书馆1923年版；《明日之学校》，朱经农、潘梓年译，上海商务印书馆1923年版；《民主主义与教育》，邹恩润译，陶行知校，上海商务印书馆1928年版；《教育科学之资源》，张岱年、丘瑾璋译，1936年；《经验与教育》，曾昭森译1940年，李相勖、阮春芳译1941年，李培囿译1942年，分别由长沙商务印书馆1940年出版、贵阳文通书局1941年出版、上海正中书局1942年出版。南京高等师范学校金海观等译《杜威教育哲学》，北京高等师范学校常道直等译《杜威平民主义与教育》，两书均由上海商务印书馆1921年出版；《杜威五大讲演集》，北京晨报社1921年版；克洛勃顿（Clopton R. W.）、吴俊升《杜威在华讲演集1919—1920》，1973年版；陶行知《介绍杜威先生的教育学说》，载《时报》1919年3月31日；胡适《杜威的教育哲学》，载《新教育》第1卷第3期"杜威专号"，1919年4月；胡适《杜威先生与中国》，载《东方杂志》第18卷第13号，1921年；杜威《新文化在中国》，1921年；巴里·凯南《杜威学说在中国的实验：民初政治与教育改革》，哈佛大学出版社1977年版。

近些年来，我国掀起新一轮基础教育课程改革及教学实验运动，对杜威及其现代教育流派的认识更加提高了其价值及地位，由此中国学者编译创作的相关论著不断问世。

（1）袁刚、孙家祥、任丙强编《民治主义与现代社会——杜威在华讲演集》，北京大学出版社2004年版。杜威在华讲演两年有余，大小演讲200余次。该书分为社会政治类、哲学类、教育类及附录四部分。书末附录收集"杜威夫人和杜威女士讲演""名家评论""杜威在华活动年表""杜威在华讲演目录"等。由于杜威当时讲演条件有限，保存下来的只有经过翻译的中文讲稿，除很少一部分在当时结集出版外，大部分都散落在《晨报》《时事新报》《民国日报》等旧刊上，给研究带来很大困难。编者历时两年，遍阅国家图书馆、北京大学图书馆的馆藏报刊，经过系统全面的梳理和编校，最终汇成该书。全书尽量保留原有的文字内容及标题层次，为有志于杜威来华教育思想和活动探索的学者提供了参考。

（2）（美）杜威著，胡适口译《杜威五大讲演》，安徽教育出版社 2005 年版。该书收录杜威来华时五次著名演讲，分别是《社会哲学与政治哲学》《教育哲学》《思想之派别》《现代的三个哲学家》《伦理讲演纪略》。附录收录杜威夫人的著名演讲《初等教育》。1998 年，《杜威在华演讲录》被北京中国文化书院评为"影响中国 20 世纪历史进程的重要文献"。

（3）单中惠、王凤玉主编《杜威在华教育讲演》，教育科学出版社 2007 年版，收入"杜威教育丛书"。该书共收录 1919 年 5 月至 1921 年 8 月杜威在中国的 61 篇讲演，分为教育哲学、社会教育、学校教育、平民教育、职业教育、大学教育、现代教育、伦理教育、学生自治和教师职责十个方面。每一部分讲演稿按讲演时间先后排列，同时在每一部分开头，编者都附有导读，进行初步的概括与归纳。需要指出的是，杜威在中国的每一次教育讲演并不是单一的，而是交叉并凸显出综合性，尤其是其在北京与南京两地著名高等师范学校所作的"教育哲学"讲演，更能体现出这种特征。

（4）元青著《杜威与中国》，人民出版社 2001 年版。全书共六章。第一章综述杜威的生平与思想；第二章考察杜威的中国之行，包括来华缘起、活动及其讲演；第三章论述杜威实用主义哲学与五四运动时期中国思想界的关系，阐明其相互之间的影响；第四章分析杜威教育理论的传播及其对中国教育改革的作用；第五章辩证梳理胡适与杜威的关系，确立胡适是杜威学说传入及贯彻践行实用主义的代表；第六章深入阐发中国教育思想界对实用主义的批判和扬弃。书末附录"主要参考文献和征引书目"。作者在充分占有史料基础上，通过对杜威中国之行及其影响的求索，反映与中国新教育运动及教学改革的历史。

（5）沈益洪编《杜威谈中国》，浙江文艺出版社 2001 年版。杜威于 1919 年 4 月 30 日至 1922 年 7 月 11 日来华访问，在中国居住了两年零两个月 12 天，发表数百次讲演，分为在北京的系列讲演和全国各地的巡回讲演。该书收录杜威的五大讲演，分别是"社会哲学与政治哲学"16 次，"教育哲学"16 次，"思想之派别"8 次，"现代的三个哲学家"3 次，"伦理讲演纪略"15 次等。另附部分评论性文章，按发表时间顺序，分为"杜威来华前""杜威在华时""杜威离华后"三部分。书末附"杜威在华活动年表"。

二、美国其他现代教育家来华与实用主义教育思潮高涨

继杜威之后，美国许多实用主义教育家相继来华。他们以各式各样新教育

流派的形式、花样翻新的名称兜售杜威实用主义教育理论，促使杜威的实用主义教育思潮渐趋高涨，对中国的社会思想及教育实践产生了深刻的渗透力。1921 年 9 月 6 日，美国教育家、哥伦比亚大学教育学院教务主任及教育史教授孟禄（P. Monroe）博士应实际教育调查社之聘来华，调查中国实际教育。至年底，孟禄到过北京、保定、太原、开封、南京、无锡、苏州、上海、杭州、南通、福州、南京、厦门、广州、济南、曲阜、天津、奉天等地。在此期间，孟禄从教育制度、教育行政、教授法及德育诸方面传播实用主义教育思想。"今日中国教育应取共和自由之教育"，"取平民主义"。他在调查报告中认为"中国教育，中学最坏"。

同年 11 月，《中华教育界》刊登陈启天《孟禄博士与中国教育》一文，提出："我们谈改革中国教育，不但宜收博士已有的教育学术，尤须采取博士研究教育的方法，才能应用无穷，推陈出新。"其中最重要的方法有二：一是"教育历史研究"，望有专家出来采用博士的历史研究法，把中国教育史"理出个头绪来，使多数人明了中国教育之变迁，才能真知中国教育的病源"。二是教育的实际研究，"希望教育界效博士的研究方法，着力对本国的实际研究"。12 月 19—21 日，实际教育调查社范源濂等在北京约集教育界人士 78 人与美国教育家孟禄开教育讨论会。与会者有各专门大学代表朱经农、李建勋等，北京中小学代表张鸿来等，各省教育界代表马叙伦、方永蒸等，教育部代表陈延龄，特邀人士熊希龄、胡适，会后由实际教育调查社出版《孟禄中国教育问题讨论集》（A Report on Education in China by Monroe），中华书局 1922 年印行。

孟禄在华期间，正值我国学制改革高潮迭起之际，1920 年在上海举行全国教育会联合会第六届年会，收到安徽、奉天等地的教育改制提案。1921 年 10 月，第七届全国教育会联合会在广州召开，孟禄发表多次讲话，直接参与了新学制的制定。其中就该次会议刚刚通过的"学制系统草案"，全面阐述了对新学制的意见。

其他尚有推士（G. R. Tuiss，1922 年来华）、麦柯尔（W. A. Mecall，1922 年来华）、帕克·赫斯特（H. Parkhurst，1925 年来华）、克伯屈（W. H. Kilpatrick，1927 年来华）等人。中华教育改进社聘请麦柯尔来华主持编选测验 TBCF。总的来说，他们都在一定程度上吸收和发展杜威的理论而形成了一套自己的学说，或者与杜威的某些思想不谋而合；在阐述各自的学说中，客观上对传播杜威的学说起到一定作用。如果说杜威在华的讲演着重宣传了实用主义教育的基本理论，那么，这些教育家则着重传播了在杜威影响下形成的各自的学说，或者某种具体的教学模式，把杜威理论具体化。《孟禄的中国教育讨论集》、推士和麦柯尔等人的智力测验和教育测量、帕克·赫斯特的道尔顿作业制和克伯屈的设计教学法都充分说明了这一点。

以下以江苏省教育会聘请的来华美国教育家为例，了解五四运动期间部分其他来华美国教育家姓名、讲演内容及职务等相关信息（见表 14 - 1）。

表 14 - 1　江苏省教育会聘请欧美教育家讲演情况（1914—1919 年）

姓名	讲演题目	职业
麦克乐	体育的历史	Y. M. C 总干事
卜舫济	民国建国与教育	上海圣约翰大学校长
傅兰雅	盲童教育的方法	上海盲童学校校长
培伦子	德国的中等教育	德文同济医工学校校长
麦顾黎	共和国的教育	普林斯顿大学教授
卫西琴	教育与能力开发	美国高等教育研究者
格勒尔	德国的初等教育	上海德文学校教员
白太洛	美国的南部教育	美国教育家
充龙	菲律宾教育	—
瑟娄（T. H. Silei）	新中国与教育	哥伦比亚大学师范学院教授
精琦（J. W. Jenks）	商业教育与商业经营	康奈尔大学教授

资料来源：《教育研究》（江苏省教育会主办）第 19 期、第 23 期、第 25 期、第 26 期、第 28 期。

美国教育家来华讲学的有关参考文献主要有：《江苏教育会之讲演会》，载《教育杂志》第 8 卷第 6 期、第 9 卷第 1 期；曾作忠、赵廷为译，许兴凯编辑，高仁山校订《柏女士讲演讨论集》，北京晨报社出版部 1915 年版；中华教育改进社《柏克赫司特女士与道尔顿制》，上海商务印书馆 1925 年版；克伯屈著，瞿菊农编辑《教育方法概论》《克伯屈讲演集》，中华教育改进社 1927 年版；麦柯尔著，杜佐周译《麦考尔教育测量法撮要》，上海民智书局 1930 年版；帕克·赫斯特著，曾作忠、赵廷伟译《道尔顿制作业》，上海商务印书馆 1924 年版。

相比较而言，孟禄来华讲学的教育技术及实际操作意义明显，但有关记录分散、零碎，难于筹集。近年来，以教育史学家周洪宇为代表，倾注心血完成了较完善的整理工作。其成果主要反映如下：

（1）周洪宇、陈竞蓉主编《旧教育与新教育的差异——孟禄在华演讲录》，安徽教育出版社 2013 年版，收入"西方著名教育家在华演讲录丛书"。孟禄是美国哥伦比亚大学师范学院教授，曾长期担任世界教育联合会会长，中华教育文化基金董事会副董事长，自 1913 年首次访问中国，截至 1941 年，孟禄共十余次来华，对中国教育、社会发展的许多方面都留下了深深的印迹。该书主要收录了孟禄 1913 年 5 月至 1937 年在中国的各类讲演、座谈及采访录等，是国内第一本公开发行的有关孟禄的演讲录，内容全面，编排精致。全书分为三个部分，首先是导读，其次是正文，最后是活动年表，有助于人们了解孟禄在华的教育活动及对中国近代教育的影响。

（2）周洪宇、陈竞蓉主编《中国最需要何种教育原则——克伯屈在华演讲录》，安徽教育出版社 2013 年版。克伯屈是 20 世纪世界著名的教育家、美国哥伦比亚大学师范学院教授、杜威实用主义教育哲学的主要阐释者。他曾应中国文教界之邀，分别于 1927 年 3 月和 1929 年 9 月两次来华讲学，是继杜威、孟禄之后又一位对中国现代教育的改革与发展产生重要影响的西方教育家。该书主要收录克伯屈 1927 年 3 月至 1929 年 10 月在华的讲演及讨论会记录。附录收录克伯屈 1917 年至 1946 年的日记选译。该书内容有助于人们了解 20 世纪中美教育关系、中国教育与世界教育关系。

三、美国现代教育学的传播与《壬戌学制》制定

中国近代史上最具有教育学、心理学专业思想性渗透及理论化结合的当属 1922 年颁发的《壬戌学制》，并且这种教育理念和价值导向是紧跟世界教育潮流的走向，进入了其中的核心或本体的内容。美国进步主义教育运动的观念文本即为现代教育学。两者的相关度是极高的。

（一）美国现代教育学的传播

美国现代教育学的传播除杜威及其他教育家来华游历讲学以外，主要得力于他的弟子们倾力支持。上述杜威在美国哥伦比亚大学师范学院培养的中国弟子回国以后，不仅发起邀请，还积极组织社团，创办刊物，宣传杜威学说。

1919 年，由江苏省教育会、北京大学、南京高等师范学校、暨南学校、中华职业教育社五个单位，共同组成了新教育共进社，出版《新教育》月刊，主编为蒋梦麟，由胡适、郭秉文、陶行知、姜琦等任编辑。该刊是杜威来华前

后宣传杜威教育理论的主要阵地。1921 年底，他们与实际教育调查社合并成立中华教育改进社，推进新教育运动。该社对新教育的认识明显受杜威思想的影响，并在行动中以此为指导。正如他们自己所说："杜威博士在我国宣传学说，告诉我们新教育是什么，新教育的途径应当怎样，而全国教育思潮为之一变，这就是新教育的运动。"又称："我们到欧美考察教育所得效果的结晶，就是中华教育改进社，将来的事业正远大哩。"❶中华教育改进社的职员表是这样的：董事部，部长为范源濂；司库为张伯苓；交际为郭秉文；董事为李建勋、熊希龄、蔡元培、袁希涛、黄炎培、汪兆铭；名誉董事为杜威、梁启超、严修、孟禄、张謇、张一麐、李石曾；主任干事为陶行知。从名单中可知留美学生占有绝对优势。以后，许多美国教育家来华都是由该社邀请的，该社在当时中国教育改革中起着举足轻重的作用。

又如，由北高师教职员和学生联合组织的平民教育社及其刊物《平民教育》"直可谓由于受杜威学说之影响"而开展各项活动。❷该社社员还于 1921 年 6 月 10 日杜威回国前夕，特为他开欢送会，又于同月 30 日刊出"杜威专号"，登载杜威及其夫人所撰《对于中国教育之希望》《小学教育之价值》，在当时产生了很大影响。

此外，应当指出的是，由江苏省教育会发起并为核心的全国教育会联合会，是传播杜威实用主义教育理论的中坚力量，并在五四运动前后以杜威思想为指导的改革教育实践中发挥着关键作用。同时，杜威一些重要弟子和进步教育派的代表人物克伯屈、波特（B. H. Bode）、康茨（G. S. Counts）、帕克等人的重要著作也经由该社的系列活动而广泛传入。杜威的一些主要教育观点，如"教育即生活""学校即社会""做中学"等，几乎成了教育界的口头禅。

五四运动时期，中国热心于介绍西方现代派教育理论，而宣传杜威的思想，实是期间的主流。传媒中宣扬实用主义教育学说的刊物，除了《新教育》《教育杂志》之外，1914 年 4 月浙江省教育会创办了《教育潮》，在沈仲九为主编，夏丏尊等人为编辑时，曾较激烈地主张民主主义教育。北京的《晨报》副刊，上海的《时事新报》副刊《学灯》、《国民日报》副刊《觉悟》等都是登载杜威讲演、宣传杜威思想的主要阵地。到 1919 年 6 月，作为学生运动的

---

❶ 汪懋祖. 中华教育改进社缘起 [J]. 新教育，1922，5（3）.
❷ 姚以齐. 本社四年来的回顾 [J]. 平民教育，1919（68 - 69）.

组成部分，单就江苏、浙江两省，就涌现了近 200 种新期刊。杜威在华期间，这些流行刊物转载了杜威的讲演，使它们广泛传播到中国的所有学术中心。上述种种，致使当时中国思想、学术界，特别是教育界的许多人沉醉于杜威实用主义教育热中。

杜威教育哲学为中国高等师范学校和大学教育系所接受，《民本主义与教育》被采用为教本或参考书。在社会人士特别是留美学生的努力下，杜威的重要教育著作几乎无一例外地被译成中文。如《民主主义与教育》《学校和社会》《儿童与课程》《我的教育信条》《明日之学校》《教育科学之资源》《我们如何思维》《教育中的道德原理》《经验主义与教育》。

（二）《壬戌学制》的制定

清末以 1904 年 1 月《癸卯学制》为标志的近代学制形成后，虽经民国初年教育改革，重新制定的《壬子癸丑学制》仍存在不少问题，如小学年限过长，中学学程过短（七四制），中等教育又太偏于普通教育，以升学为主要目标，而忽视职业技术教育。"学校的教育不完成……以攫取生计。"过于强调整齐划一而灵活性不够，"学校之种类太单简，不足谋教育多方之发展"❶；同时，该学制模仿日本和德国的痕迹较深，没有从本国实际出发，课程、教法等方面也存在诸多问题，已不适应日益发展的社会政治经济生活和生产的需要，因而孕育着一场新的改革。1919 年以后，实用主义教育思潮在中国的传播与影响逐渐达到高潮，美国的教育模式已基本上被中国教育界所接受。加上《壬子癸丑学制》存在弊端，教育界改革学制的呼声渐起。

1921 年，第七次全国教育联合会在广东召开，当时各省区教育会提出新学制草案者达十省之多。10 月 27 日下午大会将各案详细研究，议决即席组织审查会，将本案审查。以全体会员为审查员，以 27 日、28 日、29 日为审查时间。28 日审查会议之结果，以广东案较为完备，议决审查方法即以广东案为根据，与其他各案比较审查。❷经过会员的讨论与修正，以广东提案为主，议决了新学制的草案。事务所通函各省教育会、各高等教育机关等，征求意见，同时函寄全国各报馆、各教育杂志社，征求全国意见。如各省区认为可行，应

---

❶ 湖南省教育会. 改革学校系统案 [G] //璩鑫圭，唐良炎. 中国近代教育史资料汇编：学制演变. 上海：上海教育出版社，1991：836.

❷ 朱有瓛. 中国近代教育史资料汇编：教育行政机构及团体 [M] //全国教育会联合会第七次开会纪略. 上海：上海教育出版社，1993：243.

邀集相当人员，拟订各级课程草案及实施方法，提出于下届联合会，届时酌量添推各项专家。

在全国教育会联合会上，关于学制方案的审议过程充满了冲突与讨论，最终得以落实。教育部参酌两案，进行了斟酌取舍，遂成法案。教育部于1922年9月20日通过了《学制系统改革案》，并于11月1日公布实施，这就是1922年"新学制"或称《壬戌学制》。

由于课程设置及内容选择、编排是教学活动的依据，也是教育标准及价值目标得以实现的保障，因此，除了学制章程对此做相应规定之外，还组织专业的课程委员会，对学制中的相应规定加以具体化，并从类型、结构、学分比例等方面对中小学课程，尤其是初、高中学程阶段的编订方案、体例、理论及旨意等加以研究。从1922年10月至1924年5月，多次召开会议进行协商、探讨，其间又在当时最为流行的《教育杂志》《中华教育界》《新教育》等教育专业刊物开辟专栏，征求全国各层次专家学者参与讨论，集思广益，择善而从。到1924年5月，由全国教育会联合会新学制课程标准起草委员会拟定的《新学制课程标准纲要》正式刊行。纲要虽未经教育部正式颁行，但各地均有试行者，表明其实际的推广及效度十分突出。

以《壬戌学制》为中心的新教育运动史著述丰富，且提升理论思辨水平，介绍如下。

（1）张宝贵编著《杜威与中国》，河北人民出版社2001年版，收入"大师与中国丛书"。全书分为杜威在华经历、杜威在华演讲精华、中国文化界对杜威的评论三部分。书末附录"国内报刊评介杜威文章索引"。作者主要按时间顺序阐述杜威在华经历，突出其在中国新文化运动中所扮演的角色，及其地位和作用。所收录评价性文章主要来自中国报刊，注重对杜威思想的理解、发挥和运用，在此基础上展现杜威思想的传播过程及其中国思想文化界的不同反应。

（2）王彦力著《走向对话——杜威与中国教育》，教育科学出版社2008年版，收入"杜威与亚洲教育丛书"。全书除导言和结语外，共四章：杜威和他的教育思想：从美国到世界，杜威与近代中国教育（1912—1949年），杜威与新中国教育（1949—1978年），杜威与改革开放时期的中国教育（1978年至今）。在"杜威与近代中国教育"章节中，作者叙述杜威思想引入中国的过程与结果，杜威的中国之行对中国近代教育的影响。该书采用历史文献法、比较法、叙事研究法、分析法，通过分析杜威对待欧洲历史文化和教育遗产、美国社会现实和教育存在问题的态度，阐释杜威教育思想发生的变化；以此为参照，探讨在不同的历史阶段中国教育界对于杜威及其教育思想的认识变化。

（3）（美）简·杜威等著，单中惠编译《杜威传》（修订版），安徽教育出版社 2009 年版。全书共六编：杜威传记、杜威实验学校、杜威与美国教育、杜威与世界教育、杜威与中国教育、杜威生日庆典。书末附录"杜威生平年表""杜威在华活动年表"。《杜威传》原版于 1987 年，《杜威传》（修订版）除保留原来的主体资料外，又从传记角度增加许多新的内容，使该书更加充实。该书收录的文章大多出自名家之手，论述深刻。

（4）汪楚雄著《启新与拓域——中国新教育运动研究（1912—1930）》，山东教育出版社 2010 年版。全书共五章：第一章分析中国新教育运动的背景；第二章至第五章论述中国新教育运动的发轫、发展、高潮和衰退；结语探讨新教育运动的性质与特征、作用与地位、经验与教训。作者以新教育运动的历程为主线，以社会变迁、国际教育新潮、教育论争、教育社团和教育期刊等为辅线，穿插教育变革，阐释并构建新教育运动形成的原因和背景，及其在不同阶段表现出来的形态。该书运用了教育学、组织活动学等理论，提出了新教育运动与新文化运动是"同源同质异构不同步"的新见解，有利于近现代教育史的深入研究。

（5）陈竞蓉著《教育交流与社会变迁——哥伦比亚大学与现代中国教育》，华中科技大学出版社 2011 年版。全书共六章。第一章论述哥伦比亚大学对中国留学生的培养；第二章分析哥伦比亚大学的归国学子在中国文教界所居重要地位；第三章考察哥伦比亚大学知名教育家的中国之行；第四章阐述哥伦比亚大学师生对 20 世纪二三十年代中国现代教育改革的影响；第五章探讨哥伦比亚大学归国学子对中国现代教育理论发展的作用；第六章确立哥伦比亚大学对中国现代教育的历史地位。作者在"引论"中写到："本书立足于全球化的视野，通过对哥伦比亚大学知名教育家及其中国弟子们的教育活动的考察来审视该校与现代中国教育的关系。"❶ 作者主要运用历史文献法、比较研究法，并辅以统计分析法，查阅了大量史料，包括人物传记、回忆录、校史、各种报

---

❶ 陈竞蓉. 教育交流与社会变迁：哥伦比亚大学与现代中国教育 [M]. 武汉：华中科技大学出版社，2011：15.

刊、教育杂志、书信和档案等。

（6）侯怀银著《西方教育学在 20 世纪中国的传播和影响》，东北师范大学出版社 2011 年版。全书共五章，系统介绍西方教育学在中国传播的背景和原因、启动时间、传播历程、对中国教育学发展的影响及反思，最后一章论述 20 世纪在中国传播的西方教育学主要著作和影响。结束语探讨中国学者对教育学的探索，形成中国化教育学的努力。书末附录"西方教育学在 20 世纪中国传播大事记""20 世纪传入的西方教育学著作和教材""20 世纪传入的西方教育学方面的论文""20 世纪国人发表的西方教育学研究论文"。作者尽可能地查阅大量第一手资料，将其传播划分为五个阶段：以德国教育学输入为目的的传播阶段、以美国教育学输入为目的的传播阶段、以教育学建设为目的的传播阶段、以否定批判为目的的传播阶段、以教育学中国化为目的的传播阶段，系统考察西方教育学在中国的传播历程。

（7）张雁著《西方大学理念在近代中国的传入与影响》，浙江大学出版社 2009 年版。全书共七章，在概述西方大学理念传入背景的基础上，介绍德国经典大学理念与美国现代大学理念传入的过程，及其在中国本土化的实践，最后总述西方大学理念在近代中国的调适及启示。该书从中西教育交流的视角，审视、考察西方大学理念的变迁与发展及传入中国后对本土大学的影响。作者运用文献法、比较法、计量法等研究方法，对西方大学理念在中国吸收与融合过程进行分析和论证。

（8）周谷平、张雁、孙秀玲、郭晨虹著《中国近代大学的现代转型：移植、调适与发展》，浙江大学出版社 2012 年版。全书共四章，分别论述中国近代大学教学理念的转型、模式的嬗变、课程体系的演进和社会服务的拓展。作者主要探讨在中国大学的百年发展历程中西方大学理念、模式、课程和社会服务职能在中国的导入、传播和影响，及当时国内高等教育界对此做出的选择、调适及融合创新过程，力图揭示西方大学导入与中国大学变迁的互动关系及中国近代大学的转型。

第三节　现代教育实验的推行

五四运动时期的教育科学研究是以西方教育学科及其研究方法传介为前提的，但同时中国教育界人士在对教育科学研究移植及推广的前提下，发挥集体智慧及主体精神，进行民族化的努力。先进者在教育实验上艰苦开拓，取得实际办学或学科专业领域的累累硕果，其中也有时代或认识的局限以及实验者的偏差等问题。同时，新教育思潮是与西方现代教育学输入相对应的。

一、美国现代教育学在华传播与现代教育实验

杜威一生访问过许多国家：墨西哥、土耳其、日本、中国和苏联。他的著作被译成多种文字，在世界各国广泛流传，其中影响最深的是中国。他于1919 年 4 月 30 日偕夫人爱丽丝和女儿罗茜到达上海，在中国待了两年多，于1921 年 7 月离开北京回国。杜威在中国周游了 13 个省市，先后发表社会哲学与政治哲学、教育哲学、伦理学等讲演，宣传实用主义教育和社会改良主义思想。从 20 世纪 20 年代起，通过杜威来华及其教育著作在中国的广泛译述，还有其弟子们的推崇、传播和宣传，在中国形成一股强烈的教育思潮，这股教育思潮对平民教育思潮、科学教育思潮、职业教育思潮等均发生了影响。1922年麦柯尔、推士来华，指导编制心理与教育测验并指导学校搞实验；1925 年帕克·赫斯特来华作"道尔顿制"讲演；1928 年克伯屈来华讲演"设计教学法"，并参观、宣传晓庄学校实验。现代教育派的代表人物来华，对欧美现代教育学及其教育研究方法的传介有推动作用。受其影响，美国的"六三三"制以及课程、教材和教学方法被大量介绍进来，在杜威实用主义教育理论吸引下，教育界崇拜"儿童中心主义""兴趣主义中心""儿童本位""活动教学"。在教材革新上，儿童用书受到重视；儿童文学出现并被编入小学教科书；在教材内容及编辑体例上明显表现为文学化和趣味化的特征。在教学组织形式、教学方法上，提倡儿童自治，改变过去学生完全受管教的被动地位，创设了学生自治活动的环境。一时间，许多中小学校出现了"学生银行""学生商店""学生邮局""市政府"、学生新闻社等，搞所谓"学校社会化"。小学中还美化环境，布置科学场景，开发园艺场等，让学生在活动中培养责任心和自治能力。以儿童活动为中心的各种新教学方法相继传入并积极实验，如设计教学法、道尔顿制、文纳特卡制、葛雷制、德克乐利教学法等，其中尤以与课程改革更为紧密联系的设计教学法、道尔顿制对我国中小学的教育实践影响最大。在当时中国乡镇国民学校曾十分普遍地开展按杜威实用主义教育理论组织教学的改革实验。这种情形，在叶圣陶教育小说《恳亲会》《倪焕之》中有生动描述。

教育是培养人的活动，教育学的逻辑起点与最终归宿就是人性与学生的发展问题，要实现设计方案，程序内容组织管理都需要进行测评和验证。教育的针对性和实效性同样取决于实验方法和测评技术应用的信度和结果的效度。这都是心理学与教育学的科学测评问题，从这个意义上说，教育的科学化其核心在于测评技术及实验手段和方法的推行。心理与教育测验，一般是指对教育与心理现象进行定量化测定的一门学科。其中，美国"教育心理学之父"桑代克（E. L. Thorndike）作出了卓越的贡献，1904 年他发表的《心理与社会测量导论》成为测量学史上的划时代巨著。书中提出一个假说："凡存在的必有数量，既有数量即可测量。"事物的质也可以转化为量来计算。这个假说被人们奉为信条。心理与教育测验旨在追求数量化，我国引进西方测验的技术与方法，曾在师范院校和综合性大学教育、心理系科专业开设过类似的课程，取得了一系列的研究成果。

这一时期我国的测量工作者能比较正确地估计测验的效用和价值，并不满足于已有的方法和技术，而是力图改进和提高。测验及测量工作从一开始便与教育、教学工作联系起来，如有人撰文提倡用精细的测验将不同智力的儿童按程度分班，因材施教。[1] 1928 年 3 月，江西省教育厅设立儿童智力测验局，同时制定"教师评判智力标准表"和"学生学业成绩调查表"，在南昌、九江两地测验儿童 4000 余名，举行测验若干次。其目的是应用科学方法测验儿童智力，力谋发展儿童本位之教育，通过具体的测验工作，提供关于实施儿童教育之意见。这些活动极大地提高了教育的科学性和准确性，为教育实验提供了可靠的依据。

此外，这种技术和方法也运用于其他人才的鉴定与考评。1928 年，国民党于中央训练部设置测验科，组织编选标准经验，共举行两次军警各机关工作人员党义测验，还设立了"测验工作人员养成所"，专门培养从事测验的工作人员。

1931 年，在艾伟、陆志伟、陈鹤琴、肖孝嵘等人的倡议下，中国测量学会成立，1932 年《测验》杂志创刊。嗣后在全国各大学教育系和中等师范学校相继开设了教育测量学的课程，不少学者从事这门课程的教学和研究，并撰写出许多著作，如孟宪承等人合著的《测验之学理的研究》、陈选善的《教育

---

[1] 王克仁. 测量儿童智力之必要和方法 [J]. 中华教育界，1921，10（2）.

测验》、王书林的《心理与教育测量》、艾伟的《小学儿童能力测验》、孙邦正的《心理教育测验》等。在抗日战争以前，我国出版的教育与心理测量方面的书籍有20多本。从20世纪20年代至40年代末，除抗战期间外，中国的心理与教育测量工作从未间断过，并涉及广泛的领域。

二、教育实验的团体及代表人物的活动

有关教育实验团体及实验者的成就可参考的已问世流行论著较少，许多问题在查考原始记录的基础上挖掘，丰富认识。

（一）教育实验的主要团体

1. 中华教育改进社

1922年秋，中华教育改进社成立心理教育测验组，该社于1922年10月3～5日在山东济南召开首次年会。当时，心理教育测量组就曾议决：由中华教育改进社呈请教育部，通令全国大小公立学校对于心理测验及教育测验、团体或个人，经中华教育改进社或中华心理学会或同样专门学术机关介绍者，有许其自由并协助一切义务，不得故意推诿。

同时，中华教育改进社还聘美国教育测验专家麦柯尔来华帮助编制各种教育测验方案和训练有关人员。麦柯尔足迹遍布广州、上海、苏州、南京、武昌、天津、北京等地。他与各地教育专家合作完成了数十种标准测验，撰写《中国教育的科学测量》，训练两期研究人员，把我国的教育测验运动推向了高潮。

1923年，中华教育改进社对全国22个城市和11个乡镇的9.2万名小学生进行了测验，引起教育界的关注。

2. 中华职业教育社

1928年，中华职业教育社科学测验部成立，由陈选善主持，编有普通事务员测验标准一种，进行职业指导研究。此后，中华职业教育社在黄炎培率领下，以浙北、苏南部分毗邻区域进行以"大职业主义"为思想内核的职业教育乡村化实验，成为20世纪30年代中国乡村运动的一个重要流派。

3. 部分实验学校

在我国一些城市的中、小学里，继续试行道尔顿制、设计教学法、葛雷制、协动数学、分组教学实验及能力测验和教育测验。在这个时期，还出版了一些中国人自编的《教育概论》《教学法》《教育行政》《教育测验》等书籍。

1922 年中华教育改进社第一次年会上，江苏师范附小联合会代表提交《办实验小学案》，俞子夷先生曾回忆说："师范附属小学校兼带试验的性质已经是好几年前的事，但是明明白白公布要立试验小学校，却十一年里才有。"❶ 到 1925 年前后，中国出现了一批有名的实验学校：如北京的孔德学校、艺文中学；南京高师附小、东南大学附中、上海公学中学、上海中学实验小学、长沙楚怡学校、无锡竞志女中、安徽中心小学、苏州女中实验小学、奉天省立第一师范附小，等等。以这些学校为中坚，汇成了学校教学实验的潮流。❷

1923 年冬，廖世承、陈鹤琴等人组织东南大学、北京高等师范学校的教育科师生，对 22 个城市和 11 个乡镇的小学三年级至初中一年级 9.2 万名学生进行历时 3 个多月的测验。这次大规模的活动曾被各种教育刊物广泛宣传，智力与教育测验也由此趋于极盛时代。

（二）教育家从事的教育实验

这一时期从事教育实验研究的教育家主要是留学欧美的归国人员或国内高等教育机构培养的高才生，及具有科学精神与思想方法的先驱人物。其代表性的人物成就及活动难以详尽叙述，只是选择片段的资源，对其中的佼佼者加以举例。古谚称："弱水三千，只取一瓢"，"一叶知秋"，"管窥全豹"，这也正是样本与全体之间推理的可信度的反映，是教育测评与实验的思想体现。

我国最早进行教育测验编制和应用工作的是俞子夷。1918 年，俞子夷仿桑代克测验法，编造《小学国文毛笔书法量表》，内含四种量表，各年级均有标准分数，但当时并未引起教育界、心理学界的注意。1919 年，廖世承、陈鹤琴掌教南京高师，首开测验课程，并在次年用智力测验考查报名学生，此举在教育界引起较大反响，被誉为"我国学者正式介绍科学的测验法之始"。1920 年，他们合作编译了《比奈—西蒙智力测验法》《比奈—西蒙智力测验法说明书》，这是我国最早介绍"比奈—西蒙智力测验法"的著作。1924 年，陆志伟根据中国南方的测验结果发表了《订正比奈西蒙智力测验说明书》；1936 年，他和吴天敏合作，将测验范围扩大到北方，做了第二次修订。他们的研究结果表明，中国儿童的智力测验成绩显著高于欧美和日本同年龄的儿童。在此期间，廖世承编制了"团体智力测验"，陈鹤琴编制了"图形智力测验"，刘

---

❶ 董远骞，施毓英. 俞子夷教育论著选 ［M］. 北京：人民教育出版社，1991：51－52.
❷ 王策三. 教学实验论 ［M］. 北京：人民出版社，1998：121.

湛恩编制了"非文字力智力测验",均有一定影响。之后,廖世承、陈鹤琴又合著了《智力测验法》和《测验概要》。前书为我国最早的智力测验专著,后书则因其"对于测验的性质、效用、种类、智力测验的材料,实施的手续,统计的方法,图表的样式,编造测验的原理与经验,均详述无遗",而成为当时教育系学生和测量专修班学员的教科书。1921 年,费培杰将比奈量表译成中文,并在江苏、浙江二省的中小学生中进行过测验。

1922—1924 年测验运动高潮期间,陈鹤琴编写了有关测验的小册子十余种,均由商务印书馆出版,其中包括《中学默读测验两类》《小学默读测验五类》《初小默读测验两类》《小学图形智力测验说明书》《图形智力测验》等。❶ 差不多同时,廖世承编《中学国文常识测验》《中学文法测验》《混合理科测验》(与陈杰夫合编),俞子夷编《小学算术应用题测验》《小学算术混合四则测验》《昆山算术四则测验》《昆山算术应用题测验》,俞子夷、朱韵秋改编《算术练习测验》。

据《第一次中国教育年鉴》所载资料统计,此期的教育测验中,国文测验共 13 种,其中陈鹤琴编了 5 种,张耀翔编了 1 种,廖世承编了 2 种;数学测验共 6 种,廖世承与他人合编 1 种;社会科及自然科测验共 7 种,陈鹤琴编了 1 种,廖世承与他人合编 3 种;各种混合测验 2 种,查良钊编了 1 种。当时的智力测验中,团体智力测验共 4 种,廖世承、陈鹤琴各编了 1 种。美国测验学专家麦柯尔来华时评价中国当时编制的各种测验,至少都与美国水平相等,有许多地方还较美国优秀。

三、教育实验的主要类型

五四运动及以后十余年间,教育实验范围很广,类型多样,许多实验结论及水平均有相当高度和科学性水平。但直至此时,教育学界并未引起应有关注。此处,略作评价。

(一)教学方法实验

中国近代教育实验是从教学方法的实验开始的。其基本路径是:由引进外国的教学法实验转向解决教育实践问题的实验。历史时期对此论著成果较少,代表性如:廖世承《东大附中道尔顿制实验报告》,上海商务印书馆 1925 年

---

❶ 王伦信. 陈鹤琴教育思想研究 [M]. 沈阳:辽宁教育出版社,1995:71.

版；中央大学实验小学校编《一个小学十年努力记》，上海中华书局 1928 年版；白桃《教学做合一概论》，大华书局 1933 年版。

设计教学法是一种由学生决定学习目的、内容，并在自行设计的活动中获取知识和培养实际工作能力的教学模式，美国教育家克伯屈于 20 世纪初根据杜威的"从做中学"教学理论而创建。其特点为重视学生的主动性，重视引起学习动机，使教学与生活相联系，废除班级授课制，打破学科界限，舍弃传统教科书。1916 年开始介绍到中国，随即在上海、南京等地一些小学试行。首先主持该项实验的教育家俞子夷认为，此法的主要问题是学生"读书不能成诵，写字别太多，算法又缓慢错误"，而"思考、理想、欣赏、态度等"则是"设计法独特的成绩"。

（二）学制改革实验

20 世纪二三十年代，受欧美教育新思潮的影响，我国许多地区进行了学制改革实验。其中包括整个学制系统的改革实验和某个学段的学制改革实验，如南京高师附中、江苏一中等中学的选科制和分科制实验以及一些中学进行的四、二分段与六年一贯制、五年一贯制实验；或是在既定学制范围内进行局部改革的实验，开封教育实验区以一般小学二年半的时数，学完既定小学四年课程的实验。这些实验都是以改革学制为中心，力图创建一个适合中国实际需要的学制系统。1935 年，胡颜立创办四川省立实验小学，以"施行小学教育之研究""研究所得辅导地方小学教育之改进，迎头赶上世界潮流"为宗旨。该校教学中实施科学教育、生产教育及抗敌教育，以培养学生"自动、计划、研究、创造"能力；教育活动中注重锻炼体格，陶冶"互助合作、坚韧、奋斗、爱国爱群"精神；曾先后进行"国民教育设备""儿童营养疾病问题调查""儿童心理卫生""家庭教育"等 30 余项实验研究。

（三）乡村教育学校化实验

从 1926 年开始，平民教育家晏阳初将城市平民教育导入乡村，他在河北定县主持的乡村平民教育实验深受杜威实用主义方法论及欧美实验教育学思想的影响。晏阳初说，我们从事乡村教育的办法是要办一个民间实验室，深入民间去发现种种问题，研究问题，慢慢地解决问题。他根据中国农村社会的实际状况，提出了一个县为实验研究单位的基本设想，即选择其中一个县作为"大的活的实验室"，进行乡村教育的实验研究，其所取得的研究成果，可以推广到其他各县，贡献于国家社会。这是晏阳初把自然科学的研究方法运用于乡村教育实验研究中的一种独创。

（四）中小学"小问题实验"

进入 20 世纪 20 年代末期后，设计教学法、道尔顿制及葛雷制等实验虽然仍在继续，但新引进的教学法实验似只有文纳特卡制。相反，这个时期的教学实验开始转向解决实际教学问题，诸如：作文用文字批改与用符号批改的比较、铅笔字与毛笔字写字速度比较、汉字横写与竖写优劣比较、专练大字与专练小字比较，等等。1933 年罗廷光、王秀南编著的《实验教育》汇集了这类实验达 44 项，涉及外语、语文、算术、艺术四科。那个时代专家们称这类实验叫"小问题实验"，同"大单元实验"对称，按今天的习惯，似称"教学问题实验"更恰当，后者则应称"教学法实验"。教学问题实验的发展应该看作是教学实验"中国化"的成果。

对于小问题实验，当时的教育期刊有许多报道，仅《教育杂志》1927—1937 年，就发表实验报告 50 余篇。1929 年《教育杂志》发行了《实验小学教育专家》（第 21 卷第 5、6 期）专号，刊登了教育实验方面的通论 8 篇，专论 13 篇，介绍了小学各科教学实验，包括算术、社会、音乐、体育等。《中华教育界》第 23 卷第 1 期刊发"研究实验专号"，其中不乏小问题实验的篇目。有关刊物刊登的小问题实验论文，举其要者主要有：俞子夷《关于书法科学习心理之一斑》，《教育杂志》第 18 卷第 7 期；艾伟《初中国文成绩之实验研究（续）》，《教育杂志》第 19 卷第 7、8 期；李邦酥《小学旧教法中参用新教法试验方案》，《教育杂志》第 19 卷第 11 期；朱镇荪译《幼童的记忆及其实验》，《教育杂志》第 25 卷第 4 期；吴震春的《作文指导方法的指导比较实验》，《教育杂志》第 25 卷第 4 期；章益《新式考试与旧式考试的实验研究》，《教育杂志》第 25 卷第 6 期；周学章《繁简字体在学习效率上的实验》、左任侠《心理疲劳曲线的一项实验研究》，《教育杂志》第 26 卷第 1 期；萧孝嵘《儿童知觉发展的几种实验研究》，《教育杂志》第 26 卷第 1 期；杨骏如《中国的实验小学》、廖世承《东大附中举行甄别试验的经过》，《教育杂志》第 26 卷第 4 期；艾伟《战后中国之教育实验》，《教育杂志》第 32 卷第 1 期；《中文阅读心理研究之总检讨》，《教育杂志》第 32 卷第 3 期；黎锦熙《注音符号与国语教学》，《教育杂志》第 32 卷第 3 期；朱慕周《小学书法临映试验研究》，《教育杂志》第 21 卷第 5 期；高杰《算术的定期练习实验研究》，《教育杂志》第 21 卷第 6 期；敖弘德《语体文应用字汇研究报告》，《教育杂志》第 21 卷第 2 期；杨彬如《小学体育教学法的实验》，《教育杂志》第 21 卷第 6 期；陈孝禅《读物形式与阅读效率研究总结》，《教育杂志》第 32 卷第 6 期；杨继本《汉字构造在学习上之影响》，《教育杂志》第 33 卷第 4 期；曹懋唐《小学国语科个别学习实验概况》，《中华教育界》第 22 卷第 1 期；汤鸿鸶《小学算学四则能力之实验研究》，《中华教育界》第 19 卷第 7 期；邢绮庄《小学算术应用题题材之研究》，《中华教育界》第 23 期；章荣《简字的价值及应用之试验研究》，《中华教育界》第 23 卷第 1 期；汤鸿鸶《小学正书小字成绩之实验研究》，《中华教育界》第 20 卷第 8 期；王秀南《实验教育发微》，《中华教育界》第 20 卷第 8 期；孔文振《幼稚儿童阅读与写字的实验》，《中华教育界》复刊第 1 卷第 6 期；陈汉标《中文横读直读研究的总检讨》，《教育杂志》第 25 卷第 10 期；龚启昌《小学国语理解程度之研究》，《实验教育》第 1 卷第 1 期；萧孝嵘的《善于全体法与部分法的比较之一个实验研究》，《教育心理研究》第 1 卷第 4 期。限于资料，以上统计仅是关于我国教育实验报道很小的一部分，但从中不难看出，自 20 世纪 20 年代至 40 年代，我国的小问题实验曾有相当喜人的发展。❶ 相关部分著作内容评价如下。

（1）王小丁著《中美教育关系研究（1840—1927）》，四川大学出版社 2009 年版。全书共分五章，清晰地再现中美教育关系发展的五个阶段，深入、客观地揭示了中美教育关系的本质。第一章冲击与应对——美国传教士东来，介绍美国教育刚刚传入中国时产生的冲击；第二章渗透与媒介——美国在华的教会教育，通过教会教育情况阐释美国对中国教育的渗透；第三章出路与选择——留学美利坚，揭示留学生作为中美教育的桥梁推动了中国教育的近代化发展；第四章导入与传播——美国教育家与实用主义教育理论在中国，这是中美教育关系发展的成熟阶段。大批来华的美国教育家对中国教育进行规划和实验，对中国教育的各个层面都产生重大影响；第五章反思与实践——美国教育影响下的中国教育变革与创新，提出中国教育在美国影响下，掀起学习和模仿美国的高潮，出现了美国教育式的中国教育实验和实践图景。总之，作者以中美教育关系的萌芽、发展、成熟、兴盛为线索，介绍从 1840 年到 1927 年中美

❶ 吴洪成，谈龙宝. 中国现代中小学新时期教学实验述论［J］. 广西师范大学学报（社科版），2002（2）.

教育关系发展的全过程，展示了中美教育交流的方方面面，并呈现一幅色彩斑斓而又富有魅力的中外教育动态交流图景。

（2）吴洪成、张媛媛等著《中国近代中小学教学方法史论》，知识产权出版社 2016 年版。全书分 12 章，具体记录、阐发并探讨中国近代中小学教学方法曲折而生动的历史图谱，包括从传统教育教学方法向现代教育教学方法演变的轨迹、主要阶段、基本特点及发展线索，并力图概括、总结其中的规律性认识。第一章是对中国古代以私塾为代表的传统教学方法的简要历史回眸，认为以私塾为代表的古代教学方法在思想理念、组织方法以及操作手段等方面都有丰富的成果及深厚的积累，成为近代中小学教学方法的渊源之一，也为近代新式教学方法试验及推广奠定深厚土壤；第二章是对清末民国时期中小学教学方法的鸟瞰性描绘，主要梳理了这一时期中小学教学方法的基本线索及内容，并对某些节点加以聚焦与剖析；随后，分章依次重点研究典型西方教学方法在中国的传播、实验、推广、作用、局限及意义等相关内容，主要包括单级教学法、赫尔巴特五段教学法、分团教学法、自学辅导法、蒙台梭利教学法、设计教学法、道尔顿制、文纳特卡制、廉方教学法等，这是全书的主干内容，所占比例较高。传统教学方法在中国积累深厚，影响深远，对近现代乃至当代仍有参考及利用价值。同时，中小学教学方法的历史及其主要教学方法的案例分析具有丰富的、合理的思想价值及操作技术，可供当代采用和思考。

第四节　西方教会教育的调整

20 世纪最初的 20 余年间，中国社会既经历了巨大的变动，如清王朝的覆灭、民国的建立、新文化运动等，又孕育着中国共产党的成立和更大的人民革命风暴的到来。一向处在中国近代中外交涉以及政治斗争前沿的外国传教士当然敏感于时代的震荡。如何应付变化的局面，使教会学校在新的形势下得以维持和发展，成为传教士教育工作者注意的中心问题。

中华教育会于 1915 年改组，会名改为中华基督教教育会，由贾腓力（Francis Dunlap Gamewell）任总干事，他积极筹备组织各地教区教育会，最早成立的有四川、福建、广东、山东等省，专门研讨各地区教会学校的特殊问题，而全国基督教教育会则"融合各地区意见，统筹全局，拟订改进的计划"。他为了更好地配合第一次世界大战后美帝对中国的侵略政策，向北美传教会议顾问委员会要求派遣中国基督教教育调查团（China Educational Commission）来华调查教会办学状况。调查团团员中美籍 13 人、英籍 5 人，另有华籍 3 人，共 21 人，由美国基督教神学家、教育家巴顿（E. D. Barton）任团长，自 1921 年 9 月 13 日至 1922 年 1 月 24 日来华调查研究教会学校具体情形，后编有《中国基督教教育事业》报告书。目的在调查中国全部教育状况，并根据上述调查，具陈意见，指明现在中国活动之教会董事部对于华人教育事业所能尽之职能，然此举不得不顾及教育之广泛宗旨，尤其是关于人格之造就与宗教界领袖之训练两事。❶

一、教会学校的变化

（一）教会小学

据 1922 年版《中国基督教教育事业》一书统计，1921 年度有基督教初级小学 5637 所，学生 151582 名；高级小学 962 所，学生 32899 名。其中 1920—1921 年度，有天主教男子学校 3518 所，学生 8375 人；女子学校 2615 所，学生 53283 人❷。1930 年，天主教会有小学（男）197 所，学生 10389 人；女校 117 所，学生 11386 人。1948 年，公教完全小学有 407 所，初级小学 369 所，共有男生 91682 名，女生 57316 名。教会学校遍及全中国，甚至深入中国的乡村。❸

（二）教会中学

中国基督教教育调查团认为，"中学是教育系统里的中坚，在全体教育组织之中，中学是最稳固最能自立的一部分，而入基督教专门学校的多数优良学生，也皆由中学里产出的"。该团建议在华教会中学应注重质的方面，研究各项教育问题，多聘用中国人担任重要职员，增加职业科目，通力合作。20 世纪 20 年代以后，教会中学进入调整时期，尤其是"收回教育权运动"爆发后，教会学校的发展势头受到抑制，某些城市虽有缓慢的增长，但由于中国自办的学校增长较快，它所占有的比重逐步下降。据有关材料记载，截至 1929

---

❶ 中国基督教教育调查会. 中国基督教教育事业 ［M］. 上海：商务印书馆，1922：6.
❷ 刘英杰. 中国教育大事典 ［M］. 杭州：浙江教育出版社，2001：1015.
❸ 刘英杰. 中国教育大事典 ［M］. 杭州：浙江教育出版社，2001：1016.

年，教会中学共有 172 所。❶ 可以分为六种类型：高初两级的中学，所有科目皆系普通；高初两级中学，设有商科与师范科；附设于大学的中学校；"英华式"的中学，其英文程度很深；职业中学，如师范、农业等，此类学校为数很少；初级中学，并附设小学。

值得注意的是，天主教中等教育也有所发展。天主教办的中学教育在1920—1921 年度主要有专科学校（实是中等程度）、师范学校两类。前者有 61所，学生 4503 名；后者 16 所，学生 612 名。其中有名的中学如徐汇中学、圣芳济学校等。一般的天主教教育设施优越，其宗教色彩和实用学科的特征甚浓。

总体来看，在经历改革及努力后，从 20 世纪 20 年代末到抗战以前，教会中学又呈递增态势（见表 14－1）。以山东省烟台为例，1931 年时，烟台有教会中学 8 所，学生 1113 人（校均 140 人）；教会小学 19 所，学生 1972 人（校均 104 人）。仅从校均人数看，这些教会学校已具备了相当的办学规模。教会中学的学生占烟台中学生总数的 65.5%，教会小学的学生占烟台小学生总数的 42%。一位省督学视察烟台的教会学校后评论说："论经费，多半仰给外人与学生，虽不敢说怎么充裕，而来源可靠，基础稳定；论内容，办理者热心负责，教员肯努力研究，方法新颖，成绩切实，虽不能各校皆然，却也是多数的现象；论到精神，总不免笼罩着一层宗教的色彩。"❷。

表 14－1　各省基督教中学及学生数统计

省别	民国廿一年（1932 年）		民国廿二年（1933 年）		民国廿三年（1934 年）	
	学校数/所	学生数/人	学校数/所	学生数/人	学校数/所	学生数/人
江苏	40	7335	42	8406	43	9619
湖北	19	6849	24	6945	25	7478
广东	21	2394	22	3382	27	5821
福建	52	3978	52	3978	43	4324
山东	20	2827	29	3229	28	3739
浙江	20	3249	20	3089	19	3265
河北	11	1810	15	2647	14	2372

❶ 李楚材. 帝国主义侵华教育史料：教会教育 [M]. 北京：教育科学出版社，1987：183.
❷ 山东省政府教育厅. 山东省教育厅视察报告：第 2 集 [M]. 山东省政府教育厅编印，1931：223.

省别	民国廿一年（1932 年）		民国廿二年（1933 年）		民国廿三年（1934 年）	
	学校数/所	学生数/人	学校数/所	学生数/人	学校数/所	学生数/人
四川	16	1656	20	1261	18	1419
东三省	14	671	14	401	14	1353
湖南	8	1048	7	1078	9	1334
河南	5	472	4	489	4	937
安徽	7	695	7	667	7	792
山西	3	558	3	588	3	650
江西	4	554	4	595	4	617
广西	—	—	1	246	1	246
陕西	—	—	1	60	1	66
总数	240	34096	265	37061	260	44032

资料来源：刘英杰. 中国教育大事典［M］. 杭州：浙江教育出版社，2001：1017.

从中可以看出，此期各省基督教中学及学生数量呈动态变化趋势，各地发展不平衡。总的来看，沿海开风气之先，经济较为发达的省份比例较高，但内陆地区的四川（含重庆市）学校数及学生数都较为突出，这与该地区近代经济及教育发展较快有关。虽然图中有些省市资料缺乏，但能反映出 20 世纪 20 年代至抗战前教会中学的概貌。

（三）教会大学

1912 年 1 月，中华民国建立后，教会继续创办或组建一些大学。其中有：华南女子文理学院（1914 年创设于福州）、金陵女子文理学院（1915 年创设于南京）、齐鲁大学（1917 年组建于济南）、燕京大学（1919 年组建于北京）等。美国政府和垄断财团对中国的大规模文化渗透，教会大学有较大发展，有的是合并扩建，有的是新办。这些教会大学很多向美国注册立案，据统计，截至 1925 年，教会大学学生达 3500 人。

此期间出现西方新教各差会在高等教育方面加强合作，出现几个差会合办教会大学的情况。1919 年，在华的 14 所教会大学组成"中华基督教大学联合会"，其中 14 所大学学生 2017 人，常年经费 1222000 元。五四运动以后，1922 年，中国东部及中部一些大城市掀起非基督教运动，至 1924 年又发生收回教育权运动，1929 年至 1930 年除上海圣约翰大学、杭州之江大学之外，教会大学向中国政府登记注册。大多数教会大学校董会由中国代表为主，并由中国教育家或著名人士出任校长。此后，作为教会办学特征的强制性宗教课程和仪式被取消。据统计，1936 年，教会大学学生数占全国学生数 12%；1945—1949 年，这一比例上升至 15%～20%；1947 年由各教会大学在美国的董事部联合组成"美国中国教会大学联合董事会"。中华人民共和国成立后，1950 年 12 月政务院颁布《关于处理接受美国津贴的文化教育机关及宗教团体的方针的决定》。以此为标志，西方在华办学 100 余年的历史画上了句号，教会大学在华办学拉下了帷幕。

二、教会教育的主要团体机构

1915 年，中华基督教教育会最先提出建议由中外教育专家共同对中国的教育情况进行考察。不久，中华续行委办会也参加进来，双方于 1918 年 4 月共同决定"尽快推行在中国安排一次基督教教育调查"。1921 年，"调查团"成立，开展具体实地调查工作。中华基督教教育会不忘传播宗教之本，又注重从中国教育实际情况出发，成为影响中国近代教育的一支重要团体力量。新中国成立后，中华基督教教育会解散。

后期异军突起的教会团体当数中国基督教青年会。该会标榜的宗旨是："发扬基督精神，团结青年同志，养成完美人格，建设完美社会"，会训是"非以役人，乃役于人"。为此，基督教青年会开展促进学生德育、智育、体育、群育等各个方面的教育工作。青年会在德育方面开设查经班，举办宗教演讲，主日学灵修会、夏令营及退修会等。青年会在智育方面主要从事教育、出版活动，教育活动包括开设补习学校、半日学校和夜校、青年中学，重点在开展平民教育。在这种背景下，第一次世界大战后晏阳初受青年会领导和资助，推行平民教育运动。一时间，保定、曲阜、长沙、杭州、上海、北京及南京等大中城市纷纷设立平民学校，1923 年 8 月北京全国平民教育会议决定成立中华平民教育促进会，1933 年中华全国基督教协进会、青年会全国协会与中华平民教育促进会在河北定县召开平民教育运动现场会议。此外，还出版学生刊物《青年进步》《女青年报》。青年会在体育方面开设体育健身设备，如健身房、游泳池等，并组织体育竞赛，发起组织运动会。青年会在群育方面组织团员，并促成学校师生参加劳工教育、卫生保健和农村改良实验活动。

中国基督教青年会在当时吸引一批青年受众，传播基督教教义，吸收基督教教徒；同时，在青年中稳定宗教信仰，为基督教培养教会新一代接班人。中国基督教青年会虽然比中华基督教教育会规模小，但是其作用不亚于其他教会教育机构。它在文化、教育及体育等方面所产生的影响，对中国教会教育的发展发挥了推波助澜的作用。

基督教青年会记载文本多集中在创始人穆德的著述之中，如马泰士（Basil Mathews）著，张仕章译《穆德传》，上海青年协会书局 1935 年版；穆德《基督教传教的决定性时刻》，1911 年；穆德《教会学校学生运动史》，1922 年；等等。

近年来中国学者研究著作有（美）邢军著，赵晓阳译《革命之火的洗礼——美国社会福音和中国基督教青年会（1919—1937）》，上海古籍出版社 2006 年版。全书共七章。开篇是序言，主要交代了理论框架、组织主题、时间顺序、中国专有名词的译写；前两章探讨了社会福音与美国基督教青年会、中国基督教青年会的关系及其影响；后四章则按时间顺序阐述了跨文化分析（1922—1925 年）、让社会秩序基督化（1925—1931 年）、基督教国际主义的严峻考验（1931—1935 年）、从社会福音到革命福音（1934—1937 年）；最后是结论、回顾与展望。书末附录中美文化交流回顾、1900—1935 年的城市青年会、1898—1951 年在华的美国青年会干事名单、1919—1937 年全国董事委员会名单，并有人物插图四页。作者考察社会福音，揭示充满美国本土宗教所富有社会文化特征的改革思想，在 20 世纪初期被基督教青年会引进到中国，并被运用于社会环境以及它对近代历史所产生的影响，从而，为探讨研究国传教团在华教育及宗教神学活动的复杂关系提供了背景性材料。

三、教会教育图书馆的扩充

教会除了开办学校外，也将图书馆事业作为在中国传播文化的手段。教会所办基督教图书馆事业，分布范围广泛。图书馆为藏书之地，属于教育领域的一部分。教会办学及组织机构所藏书目包括图书、杂志、基督教读物，包括中文、西文的多种新版本。教会开办图书馆一方面是为了教学所用，用以培养人才和传播基督教教义；另一方面是为了将教会出版物搜集管理，用于教会事业的拓展和规范。关于教会图书馆事业的留存资料多数集中于图书馆资料的记述之中。以下就是其中的情形选要介绍。

（一）中华基督教协进会图书馆

该馆成立于1922年初，馆址圆明园路169号教会大厦内，原名中华续行委员会藏书楼，1922年5月，因协进会改组，该楼遂随之改用此名。该馆宗旨"专收集国内外基督教会报告、决议案及其他出版物等，以供协进会干事会作研究参考之用"。截至1933年，有中文书9610册，西文书7800册，英文杂志装订的150余种，中文杂志装订的88种，80%为基督教读物。采用杜威分类分编，阅览室可容20余人。❶ 中华基督教协进会之图书对促进教会事业的发展所起之作用是有目共睹的。

（二）广学会李提摩太藏书楼

该馆于1924年成立，位于上海博物院路。❷ 李提摩太是英国传教士，清同治九年（1870年）来华，曾在沪主持广学会，译介教科书，所著有《广学会年报》《时事新论》《泰西新史揽要》等，回忆录《留华四十五年记》，在当时产生了重要影响。❸ 传教士在图书馆工作中所起的作用是不容小觑的，为教会教育事业做出了较大贡献。

（三）上海徐家汇天主堂藏书楼

该藏书楼建于1847年，由耶稣会传教士创办，隶属于徐家汇天主堂耶稣会总院，是上海众多的天主教图书馆中规模较大的一所。❹ 徐家汇藏书楼所藏中文图书12万册，西文书刊8万册。中文书目之中，以地方志，包括省、府、州、县的地方志共1615部，计有19489册、42266卷。所藏书目之中，亦有中外报刊，报纸如《申报》《时报》《新闻报》《东方杂志》，还有一些宗教书籍，包括传教士的手抄本。❺ 现该场所及藏书均归入上海图书馆。

近代西方传教士在中国建立的教会图书馆，还有工部局公众图书馆、亚洲文会北中国支会图书馆、圣约翰大学图书馆、格致书院藏书楼、文华公书林等。各有关图书馆，本书上章已有介绍，此处不再举例。

教会所办图书馆作为中国近代教会教育事业的重要组成部分，为传播西学

---

❶ 马学新，曹均伟. 上海文化源流辞典［M］. 上海：上海社会科学院出版社，1992：164.

❷ 胡道静. 上海图书馆史［M］. 上海：上海市通志馆，1935.

❸ 朱文华，许道明. 上海文学志稿［M］. 上海：上海社会科学院出版社，2014：457－459.

❹ 吴晞. 图书馆史话［M］. 北京：社会科学文献出版社，2015：24.

❺ 周文骏. 图书馆学情报学词典［M］. 北京：书目文献出版社，1991：504.

提供书籍资料，同时促进教会编译事业发展，所编译书籍、教科书类目繁多，为学习西方的科学技术打下良好的知识基础。教会图书馆所藏书籍附属于或独立于学校的管理范围，由于历史风云变幻，部分遗失，留存部分被个人或者图书馆所收藏，为中国近现代图书馆事业的发展做出了贡献。

在中国近代教育的变动中，欧美传教士从各方面对中国教育施加了影响。传教士从事文化教育活动所产生的客观效果，在很大程度上与他们主观动机不相一致，许多中国人在接受了传播的西学后，并没有充当他们的代理人，而是成了外国在华侵略势力的掘墓人，这是传教士始料不及的，是与他们的主观愿望相违背的。

上述章节对教会教育已做整体考察，并结合教会学校个案加以描述。以下只对此论题做拾遗性的补充。

上海基督教会中华续行委办会《中华基督教会年鉴》，上海商务印书馆等1914年版；王卓然《中国教育一瞥录》，上海商务印书馆1923年版；中华全国基督教协进会《基督教全国大会报告书》，上海商务印书馆1923年版；教育部教育年鉴编纂委员会《第一次中国教育年鉴》（戊编·教育杂录），上海开明书店1934年版；舒新城《中国近代教育史资料》（下册），人民教育出版社1981年版；陈学恂《中国近代教育史教学参考资料》（下册），人民教育出版社1987年版；李楚材《帝国主义侵华教育史资料》，教育科学出版社1987年版；章开源、林蔚主《中西文化与教会大学》，湖北教育出版社1991年版；高时良《中国教会学校史》，湖南教育出版社1994年版；章开沅、马敏《社会转型与教会大学》，湖北教育出版社1998年版；吴梓明《基督教教育与中国社会丛书》，福建教育出版社1998年版；章开沅、马敏主编《基督教与中国近现代教育》，湖北教育出版社2000年版；刘英杰《中国教育大事典》，浙江教育出版社2001年版。

其中，顾长声《传教士与近代中国》（上海人民出版社1981年版），对教会各项工作在中国近代的历史进行了考察。李清悚、顾岳中《帝国主义在上海的教育侵略活动资料简编》（上海教育出版社1982年版），分六章梳理教会介入中国教育历程：基督教在华教育机构在上海的侵略活动、中国人民反对教会教育运动、外国教会在上海举办的高等教育、外国教会在上海举办的普通教育、外国教会在上海举办的"慈善教育"、帝国主义利用"租界"进行教育侵略等。何晓夏、史静寰《教会学校与中国教育近代化》，广东教育出版社1996

年版，从中国教育近代化的角度研究教会学校，论述教会办学的师资、组织管理、教学方法等方面的内容。吴洪成《中国教会教育史》，西南师范大学出版社 1998 年版，对近代以来教会教育在中国之发展加以介绍，并评述其办学活动的复杂性。章开沅《教会大学在中国》，河北教育出版社 2003 年版，清晰地记述教会办学历程，以及教会办高等教育的经过。章开沅、马敏主编《基督教与中国文化丛刊》第六辑，湖北教育出版社 2004 年版，收录 22 篇学术文，其中既有对基督教与中西文化的探讨，也有对过去岁月的回忆、历史的追踪以及对原始文献的珍存。

西方学者可资利用著述：盖·斯·拉托里特《在华基督教学校概况》，纽约麦米伦图书公司 1929 年版；《关于中国文化、教育与基督教的日文文献目录》，1955 年；保罗·瓦格《传教士、中国人与外交家：美国新教传教士在中国》，1958 年；德礼贤（Pasquale M. d'Elia）《中国天主教传教史》，上海商务印书馆 1934 年版；戴利亚《天主教会在中国上海》，1934 年；赖德烈（K. S. Latourette）《基督教在华传教史》，基督教知识促进协会 1929 年版；季理斐（Donald Macgillivray）《基督教差会在华一百年（1807—1907）》，上海美华图书馆 1907 年版；费正清《在华传教事业与美国》，哈佛大学出版社 1977 年版；刘广京《美国教士在华言行论丛》，1970 年。海厄特《十九世纪山东东部三个美国传教士》，1976 年；司德敷《中华归主》，中华续行委员会 1922 年版；韦斯脱《燕京大学与中西关系（1916—1952 年）》，哈佛大学 1976 年版。

此外，根据此期教会办学特点，结合出版问世的相关信息，此处列举若干著作，以拓宽认识。

（1）郝平著《无奈的结局——司徒雷登与中国》，北京大学出版社 2002 年版。开篇有侯仁之所作"序文"。全书共 12 章，按时间顺序系统阐述司徒雷登在中国的大学教育、政治外交等活动，包括决定来华传教（1876—1908 年）、在辛亥革命的硝烟中徘徊（1908—1918 年）、出任燕京大学校长（1919—1921 年）、传教中的持不同政见者（1922—1926 年）、加入一流大学的行列（1927—1937 年）、司徒雷登与燕大师生（1919—1941 年）、涉足中国政坛（1920—1937 年）、从调停人到阶下囚（1937—1945 年）、出任美国驻华大使（1945—1946 年）、劳心伤神的外交官（1946—1947 年）、无法挽回的败局（1948—1949 年）、大使生涯的终结（1949—1962 年）。书末附录"司徒雷登大事年表""燕大名人""参考书目"。作者历时三年完成，人物事件资料丰富翔实，立论实事求是，对司徒雷登的评价全面而独特，使这位颇受争议的人物跃然纸上；在审视传主同时，更反映中国近代社会及中国近代教育状况，为研究中国近代高等教育史提供了有益参考。

（2）刘家峰著《中国基督教乡村建设运动研究（1907—1950）》，天津人民出版社2008年版。开篇是章开沅所作序文。全书共七章：社会福音与世界农业传教运动、农业传教士与基督教在华早期乡村工作、挑战与回应：基督教乡村建设理念的形成与发展、中国基督教乡村建设概况、基督教乡村建设的个案研究、变动时代的基督教乡村建设，最后是结语"世俗与神圣的两难"。书末附录"外国人名汉译对照表"。作者坚持既重视世界背景又着力挖掘"中国因素"的原则，把中国基督教乡村建设运动与社会福音及世界农业传教运动联结起来，放在一个更为宽阔的时空加以观察。同时，对樊家庄、淳化镇、黎川三个乡村建设实验区进行个案挖掘，又将基督教乡建与民国乡建运动取得联系，并比较教育界乡村建设之间的关联与同异。全书既追述了农业传教士早期的乡村工作，更着力论述基督教乡村建设乃至乡村牧区理念的正式形成与发展，乃是教会对于多种中国乡村挑战的回应。

（3）肖会平著《合作与共进——基督教高等教育合作组织对华活动研究（1922—1951）》，山东教育出版社2009年版，收入"教育史学研究新视野丛书"。该书是在作者博士论文的基础上修改完成的。全书共七章，前后有"引论"和"结语"。各章内容包括：基督教高等教育合作组织的诞生、历史变迁、职能及其构成、对华服务、社会关系、历史作用等部分。作者历时5年完成，收集和整理大量原始档案，拓展中国近代教会教育组织领域，为后人在题材、资料、方法和观点等方面开展相关探求提供了新的视野和参照物。

（4）李晓晨著《近代河北乡村天主教会研究》，人民出版社2012年版。全书共五章。第一章梳理天主教在河北乡村的传入、萌芽及建立过程；第二章叙述河北乡村社会对天主教由排斥到融合的变化；第三章探讨河北乡村教会的艰难发展；第五章分析河北乡村教徒皈依天主教的动机，分理智型和实验型、神秘型和感情型、社会型和婚姻家庭型、宗教功利型和世俗功利型等方面进行解读；第五章阐述河北乡村教会的社会事业，包括教育文化、医疗卫生、社会慈善等诸多领域。书末附录"外国人名组织名称汉译名对照表""李保存神父口述资料""近代河北各教区及前身教区划分示意图"。作者突破传统史学

"吃教""仗教"的分析模式，依据宗教心理学和社会心理学的理论，把河北乡村教徒的皈依动机归为八种类型，对乡村天主教徒皈依动机做了深入细致分析，每个类型既有具体生动案例，又有综合概括。该书从区域社会史的角度，探索乡村教会史的诸多问题，揭示天主教对中国社会形成的客观影响，颇具学术价值。

第六编

中国近代教育史专题史料

第十五章　中外教育交流史

西方列强的坚船利炮打开了中国的大门，中国开始走向近代化历程。中国近代是动荡的时代，政治、经济、文化等各个方面都发生了巨大的变化，这必然对近代教育产生影响，表现为教育思想、教育制度、教育实践等都深深印刻着那个时代的烙印。中国大门被迫打开，各种思想竞相传入，文化交流日益增多。故从文化交流、教育思想交流的角度，管窥中国近代教育的发展状况，这是大多数学者研究中国近代教育的重点。

教育交流推进世界各民族文化的发展，促进人类社会全球一体化。中国自古以来就有教育交流的惯例。尤其是近代以来，主要表现在中日之间、中美之间、中欧之间以及中俄（苏）之间，留学教育和国际教育组织及会议更是最为直接的教育交流方式。因此，探讨中外教育交流的状况，能够反映近代中国的教育发展与嬗变。

第一节　中外教育交流史研究——综合类

中外教育交流综合类是相对专门类而言的，重在问题发生的背景、文化、教育交流综论及场域的呈现及其发生的历史依托。以下分类而述。

一、中外教育交流的背景

中外教育交流在近代领域发生，与古代该主题论域相比，主客体已经发生位移或倒移。这是近代西方崛起及向东方扩展，并大肆殖民侵略的结果。其中影响力量的呈现可以在美国与日本的对华战略转移和扩张图谋的图谱中获得认知信息。

（1）（美）乔纳森·斯潘塞著，曹德骏、竺一莘、周定国、朱子文译《改变中国》，三联书店 1990 年版。乔纳森·斯潘塞是美国著名的中国问题专家，他以恢宏的笔触详述西方各国从政治、经济、军事、社会、文化教育制度和生活方式，甚至人种和灵魂等方面彻底改变中国的史实。情节惊心动魄，材料翔实可靠，多为首次披露或鲜为人知的秘闻。其中，作者重点论述了"改变中国的教育制度"一章，试图把中国变成他想象中的形象，如丁韪良的教育活动历程与一门心思求功名的傅兰雅的教育及科技传播人生就是重要例证。该书从外国人的视角来看待近代西方传教士在中国的办学活动，生动地再现了近代西方传教士办学的心路历程，为近代教育史研究者提供了较多新颖的素材。

（2）资中筠著《20 世纪的美国》，生活·读书·新知三联书店 2007 年版，收入"冷眼向洋——百年风云启示录丛书"。原版为三联书店 2000 年版，新版进行部分修订。全书共十章，评述 20 世纪美国的历史进程。作者在修订版序言中谈道："我们试图以'究天人之际，通古今之变'的视野，选定美、欧、俄三大块作为人类 20 世纪发展的典型和文明体系来对待，研究其独特的发展轨迹，并深究其所以然，作初步尝试，避免陷入已经议论很多的科技、经济、军力等姑称之为'硬件的叙述，着眼于政治思潮和人文的、精神的层面，即人的智慧和力量的表现'，并尽量从'特殊'中找出一般规律。更简单地概括，就是探讨苏联何以衰，美国何以兴，俄罗斯向何处去，以及欧洲在'二战'后'两化'的特点。还有从 20 世纪国际发展总体趋势中看全球化及其悖论"❶。该书角度新颖，受到很多读者的欢迎。

（3）仇华飞著《早期中美关系研究（1784—1844）》，人民出版社 2005 年版。全书除"绪论"外共六章，以专题的形式，深入论述通商关系形成前美国与中国、中美贸易关系的形成与发展、传教士来华与中美关系、早期中美间的相互了解、早期美国在华领事馆与领事裁判权、顾盛使团来华与《中美望厦条约》等。书末附录"早期中美贸易统计资料""早期来华欧美基督教差会组织及传教士名录""裨治文为《中国丛报》撰写的主要文章"。作者查阅大量的中英文书籍及报刊，在充分吸收前人成果的基础上，提出较多新颖的观点。专题是史学问题讨论的深入，该书作为一本专题性著作，有利于中美关系史进行更为深入的思考，为研究早期中美教育交流提供了背景性参考。

（4）米庆余著《近代日本的东亚战略和政策》，人民出版社 2007 年版。

---

❶ 资中筠. 20 世纪的美国：序言［M］. 北京：生活·读书·新知三联书店，2007.

全书共七章，"序章"剖析日本的神国观念与东亚。第一章至第六章，按时间顺序，阐述日本政府在 1868 年至 1945 年间对外关系的战略和决策。作者认为，日本东亚战略和政策大致分为四个阶段："失之欧美取偿于东亚"阶段（1868—1879 年）；"大陆政策"形成与吞并朝鲜阶段（1878—1910 年）；霸占"满蒙"，在中国占据"优势地位"阶段（1911—1933 年）；蚕食华北，建立所谓"大东亚新秩序"阶段（1933—1945 年）。该书对于了解近代日本的对外关系具有一定的价值。

二、中外文化交流

文化比文明层次更高，也更为成熟。人类社会文化的延续与创造，无论是物质文化还是精神文化，不仅历史悠久，而且与教育成交互作用存在。近代中外文化交流以西学东渐为主，从教育视角而言，既是课程与观念的文化作用，也是文化传播的教育方式。

（一）中西文化交流

（1）容闳著，徐凤石、恽铁樵译《西学东渐记》，湖南人民出版社 1981 年版。该书描述洋务运动时期留美学生的派遣历程，于上海设留美学生预备学堂，凡赴美幼童先入预备学堂学习中西文字至少一年。预备学堂校长为刘开升，副校长为吴子石，并聘请英文教习三名（曾来顺、曾子睦、曾子安），中文教习三名。书中对留学生在美学习的学业成绩、课余活动，以及新旧教育的冲突、留学生管理的困惑作了如实的刻画。作者尤其是对经学家、桐城派大师曾国藩给予高度评价，而对洋务派早期领袖、北洋大臣李鸿章的思想观念和办事风格颇多微词。

（2）李约瑟著，劳陇译《四海之内——东方和西方的对话》，生活·读书·新知三联书店 1987 年版，收入"生活文化丛书"。李约瑟博士是当代英国最卓越的汉学家。抗日战争期间，受英国政府派遣，领导英中文化科学协会代表团来华工作四年。新中国成立后，先后任英中友好协会及英中了解协会会长，先后四次来华访问，为中英文化交流做出重大贡献。该书是对他 25 年来所作论文、演讲稿的选编，探讨中西大学文化之间的异同之点，阐述中国古代文化对世界哲学、科学、技术等各方面的巨大贡献及对现代文化的影响，并预测今后世界文化发展的道路。作者抒发出对中国古代文化的爱慕之情，歌颂新中国成立后取得的伟大成就，充满真挚的感情。英国《卫报》发表评论说：

"凡是热爱古代中国而不排斥现代新中国的人，都应该把这本书珍藏，反复阅读和反复思考。"

（3）朱维铮主编《基督教与近代文化》，上海人民出版社1994年版。书前有朱维铮所做代前言"基督教与近代文化"。该书收录1993年8月在上海复旦大学举行的近代中西文化交流国际学术研讨会的26篇论文，合编而成。书末附录"基督教文化研究中文论著索引（1949—1993）"，包括专著和论文资料两类。单篇论文之前"提要"，均由编者所拟。该书限收研讨会的论文论纲的文字稿，若干论文，原稿系英文，由编者或作者委托有关学者分别译成中文，对近代中国基督教历史思考提供了多维思路。

（4）何兆武著《中西文化交流史论》，中国青年出版社2001年版。全书共12部分，从宏观和微观两个方面，全面勾勒中西文化交流史。前六部分为宏观叙述，主要阐述了明清之际中西文化交流史论、明末清初西学之评介、清代前期中西文化交流、旧制度时期法国与中国文化、中国传统思维与近代科学、近代中西文化的冲撞；后六部分属微观叙述，主要探讨徐光启论、利玛窦与《中国札记》、阮元与李善兰、李约瑟《中国科学思想史》、与席文教授的通信。

（5）沈福伟著《中西文化交流史》（第二版），上海人民出版社2006年版。全书共12章。该书属"中国文化史丛书"之一的《中西文化交流史》的最新修订版，利用中外考古实物及中外文献，辅以从国内外收集的珍贵图片，从广义文化的角度，对新石器时代到目前的中西方文化由初步接触到互相交融冲撞的历史做了全面而颇有深度的介绍。新版除根据最新考古成果对初版内容作更新外，对初版缺失的19世纪以来中西文化交流的丰富内容进行了分析。

（6）王晓朝、杨熙楠主编《沟通中西文化》，广西师范大学出版社2006年版。道风汉语基督教文化研究所成立于1995年，为了纪念建所十周年，编者精选研究所近年来的16篇论文，汇辑成书，是研究中西文化的重要参考文献。

（7）吴莉苇著《中国礼仪之争——文明的张力与权力的较量》，上海古籍出版社2007年版。开篇以"历史的回放和焦点透析"作为导言，引领全书内容，颇有雄奇气势。全书共五章：为什么会有礼仪之争，阐述了利玛窦埋下的祸根、龙华民对"上帝"的执拗、托钵修士看不惯中国礼仪、紫禁城与梵蒂冈；中国祭祀礼仪的是与非，分析了上帝、祖先、孔子；奉教人士奋起捍卫传统礼仪，包括声援耶稣会士、耶儒之间的取舍、礼仪辩论的受害者；礼仪之辩还是利益之争，论述了教团冲突、教廷政策、权力意志；最后分析了康熙皇帝介入礼仪之争的过程。附录有焦点总评、深入阅读。大航海时代以来西方传教士到远东传教，这是中国文明与欧洲文明空前的一场大接触与大碰撞，而"礼仪之争"恰恰是中西文明初识时的一个重要回合！这不单纯是一个关于基督宗教的虔诚信徒们如何引导异教徒走上上帝"正确"信仰之路的问题。事实上，其所蕴涵更深层的含义在于为不同性质的文化传统间的冲突、理解、包容、吸收、融合、取代、超越等问题提供了一个生动而又深刻的案例。它更是中国近代思想史与教会教育史的一段值得深思与寻味的历史记忆。

（8）孙顺华著《基督教传播与近代青岛社会文化研究》，中国社会科学出版社 2010 年版。全书共分为五章：封闭与开放——港口城市的崛起与基督教传播；对抗与冲突——青岛开埠前的基督教传播；理解与对话——"模范殖民地"的文化盛世；吸纳与融合——教会办学与近代青岛教育；调整与适应——中国基督教的自立与本色化。该书依据地方志、地方档案馆所藏文献档案、实地调查访谈资料及数十种国内外学者的相关成果，以近代（1840—1949 年）青岛为特定区域，在梳理基督教传播进程的基础上，着重探讨基督教传播与近代青岛社会文化的关系，力图揭示异质文化间的传播规律。作者认为，基督教传播与近代青岛社会文化是一种双向互动的关系：青岛社会在留存西方基督教新文化因素的同时，也使基督教在传播过程中经历本土化的过程。

（二）中日文化交流

（1）王晓秋著《近代中日文化交流史》，中华书局 2000 年版，进入"中华近代文化史丛书"。全书分上、中、下三篇 14 章。上篇为 19 世纪 40—60 年代的中日文化交流；中篇为 19 世纪 70—90 年代的中日文化交流；下篇为 20 世纪初的中日文化交流。书末附录"近代中日文化交流大事年表"。该书的时间范围是从 1840 年鸦片战争至 1919 年五四运动。作者利用大量中日文原始文献并广泛吸收已有研究成果，在尊重基本史实的基础上，从文化史的角度，着重阐述中日文化交流的历史线索、重要人物事件及其对两国政治、经济、文化、思想发展的影响。

（2）赵德宇著《西学东渐与中日两国的对应——中日西学比较研究》，知识产权出版社 2001 年版。全书共五章，以专题形式分析日本的天主教时代、在华耶稣会的变异、西学理路、西学历程以及历史错位等论题。书末附"西洋学家译述目录""江户时代世界史地文献年表""中日西洋学史对照年表"。中日两国西洋学的历史，在时间上（16 世纪中叶至 19 世纪中叶）和内容上（学习西方文化）都有极大的相似性，但是在学习效果及对后世的影响上却表现出极大的差异。作者以此为切入点，按照时间顺序，对中日两国西洋学史的具体史实及其影响进行了深入比较，厘清西学和洋学的总体脉络，有助于深入理解中日两国的西学史，为中日教育交流史提供了参考。

三、中外教育交流

教育交流既以文化交流为母体，又以自身独特领域的个性而作用于文化交流。并且，由于教育专业化特征，又使其有别于社会其他领域的交流活动。教育概念的不同理解触动教育交流的多样性、复杂性。这里以中西与中日两大领域为平台，叙述其中的成果内容。

（一）中西教育交流

（1）丁钢著《中国教育的国际研究》，上海教育出版社 1996 年版，收入"中国文化与教育研究丛书"。全书分甲、乙、丙三篇共九章。甲篇为中国教育传统及其价值，乙篇为中国近代教育与中外教育交流，丙篇为中国当代教育与国际关系。加拿大比较教育学家露丝·海霍（中文名许美德）在序言中写道："系统地搜集国外有关中国教育的研究文献，按照历史阶段及主题加以分类，并归纳了主要的观点与发现。从中揭示了中外学者在研究结论上的不同之处与相似之处，以及中外学者所共同感兴趣的一些方面。"作者怀着学术探讨的心态将其放在中国多元的教育传统历史基础上加以阐述，同时，对国际中国教育研究做了全面而准确的梳理与把握。

（2）（加）许美德、潘乃容主编《东西方文化交流与高等教育》，南京师范大学出版社 2003 年版。开篇有西方教育学家马克·布莱所作序文、作者简介和作者所作的引论。全书共五部分（对知识的挑战、东方对科学知识的贡献、跨文化知识——有关知识传播的问题、本土知识和现代教育、中国教育的影响——过去现在未来），收录 29 位学者撰写的 25 篇论文。就文化背景而言，18 名是东方人，11 名是西方人。就性别而论，9 位是女性。作者既有众多声名显赫的大家，也有来自东西方的著名学者。论文学术风格迥异，有的推理严密，有的是以对话体裁提出问题和设想，有的设疑置难旨在引发讨论和思考。第一部分为跨文化知识这一主题设立背景，同时对当代大学的学术领域模式提出反思；第二部分从历史视角论述印度、阿拉伯和中国东方三大文明对现代科学发展的贡献；第三部分的中心主题是跨文化知识及其传播；第四部分的重点是如何继承和发展现代教育之本——扎根母土的本土知识和传统；第五部分集中反映中华文明的璀璨历史及其对世界贡献潜力的展望。

（3）田正平主编，肖朗、周谷平副主编《中外教育交流史》，广东教育出版社 2004 年版。全书分明末清初篇、晚清篇、民国篇和中华人民共和国篇四部分，共 24 章。在"晚清篇"和"民国篇"中着重梳理了近百年间中外教育交流与中国传统教育变革、教育现代化推进的关系。

（4）田正平、周谷平、徐小洲主编《教育交流与教育现代化》，浙江大学出版社 2005 年版。该书是"教育交流与教育现代化国际学术研讨会"的论文集，分特邀报告、留学生与教育现代化、教育交流与教育改革、东亚教育交流与比较四部分，共收录（包括序文和附录）35 篇论文及专题。内容具有一定深刻性与新颖性。

（5）余子侠、刘振宇、张纯著《中俄（苏）教育交流的演变》，山东教育出版社 2010 年版，收入"中外教育交流研究丛书"。全书共五章。全书将中俄（苏）教育交流史划分为五个阶段，分别为元明清及清末民初时期、民国时期、共和国初期、"文革"至苏联解体时期、苏联解体后，系列梳理了中俄（苏）教育交流的历史进程。在第一章和第二章中，详细论述清末民初的中俄教育交流、20 世纪二三十年代的留苏教育、国民政府治辖下的中苏教育交流和中国共产党领导下的中苏教育交流。中俄（苏）教育交流对中国社会产生了重要的影响，对其历史进行分析探讨，有利于更好把握我国近代教育的变迁与演进。

（6）张士伟著《近代中法教育交流史》，南开大学出版社 2014 年版。全书共六章。引言中交代了选题原因及意义、概念界定、研究现状、研究方法及主要内容。主要内容包括：法国天主教在华教育交流，总述其在华办学情况，介绍震旦大学、天津工商学院，并对其进行比较；中法民间交流活动，探讨留法勤工俭学与中法大学；中法政府组织的教育交流，包括留欧教育、里昂中法大学、中比大学，详细叙述巴黎大学中国学院的状况，分析法国教育管理体制——大学区制与大学院制在华试验；最后总结中法教育交流的特点，并进行历史评价。作者在探讨近代中法教育交流的历史轨迹，总结中国近代教育家在学习法国先进教育、建立近代教育体制过程中积累的经验的过程中，为当今中外教育交流提供了宝贵借鉴。

（二）中日教育交流

（1）汪向荣著《日本教习》，生活·读书·新知三联书店1988年版。作者收录自己撰写的有关日本教习作品，汇成此书。除前言外，共包括8篇论文，其中呈现中国和日本保存的有关日本教习的有关历史内容。该书是研究中日教育交流史最基本和最权威的参考资料之一。

（2）王智新编著《中日教育比较研究》，江苏教育出版社1996年版。全书上、下两篇共十章。上篇为中日教育制度比较研究，包括中日教育法规比较、行政比较、制度比较、财政比较、教师问题比较；下篇为中日近代教育思想比较，包括中日教育思想研究的课题与方法、近代教育思想的形成和异同。该书是作者自日本留学以来十年间学习研究的成果，参阅了保存在日本的大量书刊，为学者探讨日本教育、中日教育交流提供了重要参考。

（3）熊庆年著《十七世纪至十九世纪中叶——中日教育发展比较》，巴蜀书社1999年版。全书共分为八章。前两章对中日两国教育在两个半世纪的发展状况作总体概述；第三、第四、第五章对直接影响教育的社会控制运行机制和教育观念两大要素进行比较，其中第三章讨论中日两国在教育政策、学校体系及管理机制上的异同，第四章揭示两国传统教育观念内部的矛盾运动，第五章阐释外部西方文明的冲击给两国教育观念带来的影响；第六、第七两章从教育对象的价值观、行为方式及理想目标，分析教育发展的社会动力源；第八章是全文的总结，揭示了中国教育在近代化过程中滞后于日本的多种历史原因，并留存其他余地有待读者阅读感悟。

（4）樊国福著《近代留日学生与直隶省教育近代化研究》，河北教育出版社2016年版。全书共五章。第一章综述近代中国人留学日本的原因、发展阶段、特点等相关内容；第二、第三、第四章从区域视角，论述直隶省军事、法政及师范等专门教育类型的近代化论题，着重分析留日学生在直隶省教育近代化进程中的贡献；第五章是近代留日学生与直隶省教育近代化问题的反思。该书视角独特新颖，为中国近代留学教育专题提供了新思路。

（5）谭皓著《近代日本对华官派留学史（1871—1931）》，社会科学文献出版社2018年版，收入"东方历史学术文库"。书前有王晓秋、大里浩秋和杨晓所作序文三则。全书共五章，论述近代日本对华官派留学的背景、开端和发展，以及19世纪末20世纪初留华学生的新动向和侵华战争前留华学生派遣的走向。书末附录"近代日本对华官派留学生名录（1871—1931）""中日对照年表"。相对于近代中国人留学日本史研究，近代日本对华官派留学史研究可谓寥寥无几。作者有着"第一个吃螃蟹人"的眼光、毅力和心性，在资料取证上注重原始档案史料与日记、游记、回忆录等个人记录的互补与互证，系统梳理近代日本对华官派留学的历史脉络，同时注重个体体验的研究。该书将考订史实作为研究重点和首要任务，并在论证上注重叙事与分析的结合，从而钩沉留学史事，纠正认识错误，重建近代日本对华官派留学史。

第二节　中外教育交流史研究——专题类

中外教育交流是文化沟通与对话，但其间充满中西矛盾与抗争，甚至有西方殖民主义精神渗透以及日本奴化教育实施。专题之不同于综合，在于对教育层阶或类型的内部划分，也表现在教育交流活动中的命题建构。本书选择后者作为体例呈现。需要说明的是在中国古代直至近代，教育往往未形成专门性领域及独立部分，融合与交错其间的现象时常发生。尤其是西方学者的著作，文化涵盖教育，或教育通融文化是司空见惯的事情。鉴此，所收录作品中以"文化"作为关键词的书名便占据了相当高的比例。

一、观念与挑战

在近代中国教育变革历史中，观念的冲突是剧烈的。西方所带来的冲击引起社会各界的反应可谓轩然大波、艰辛痛苦。中国社会在深创巨痛的挑战面前应对、调整，并持续探索教育的出路。

（1）杜文凯编《清代西人见闻录》，中国人民大学出版社 1985 年版。全书分为鞑靼战纪、鞑靼旅行记、对大鞑靼的历史考察概述、准噶尔贵族侵扰西藏目击记、有关雍正与天主教的几封信、访问太平天国、咸丰三年厦门小刀会叛乱、中国商船的航海日志、清代名人传略（选）九部分。该书是对外国人向本国或教廷所写的报告，或外国人的回忆、日记、信件等内容的整理收录，其中亦包括数篇国外有关清代历史的认识成果。它的重要特色是忠实于原著，不做内容和文字上的改动，保存原汁原味。每篇开篇之前有简短的"案语，介绍作者"及"内容概要"。

（2）（美）M. G. 马森著，杨德山译《西方的中华帝国观》，时事出版社

1999 年版，收入"西方视野里的中国形象丛书"。全书分为引言、资料概览、西方的中华帝国观、闭关自守的崩溃、移民、鸦片、商业和政治利益、中国社会、语言和文学、哲学和宗教、音乐和艺术、科学及结语 13 部分，该书对作为认识主体的西方人的取舍并没有局限于名流大家，而是从群体到个体、从专家到一般人进行样本选取；在认识的客体上，涵盖性格、社会、文学、语言、哲学、宗教、科学、艺术、教育、习惯及风俗等诸多方面；在空间范围上，作者见识例证广泛，从中国到西方，从议会讲坛到市井茶坊，从领事官员居住的开放港口到传教士活动的穷乡僻壤，有助于读者对认识主体产生了一种立体感；并追根溯源，对西方对华上述认识的成因和发展做了一定程度的剖析。

（3）吴孟雪著《明清时期——欧洲人眼中的中国》，中华书局 2000 年版。全书共九部分，详尽介绍欧洲人对中国语言文字、历史、舆地、交通、科技、文献、宗教、科举与教育以及礼俗等社会文化教育评价。明清时期中国在欧洲人眼中形象由朦胧、清晰，到丰满美好，再到轻视的渐进翻转变化，值得国人深思。该书对 16—19 世纪初欧洲视阈中的中国论述丰富，其中尤以科举教育最为独特，为学者思考明清时期教育提供新视角。

（4）张国刚等著《明清传教士与欧洲汉学》，中国社会科学出版社 2001 年版，收入"中国社会历史研究丛书"。全书共六章，分别为绪论、中西贸易欣欣向荣与对中国的直观认识、耶稣会士的创作热情与中国形象的巩固、法国耶稣会士的双重使命与汉学研究格局的草创、耶稣会士的传教策略与西方对中文的研究、东正教传教士与俄国汉学。作者介绍明清时期来华西方传教士对中国的赞美，以及与之相反的种种传闻，和由此引发的欧洲 18 世纪至 19 世纪初流行的"中国热"。欧洲学者关于汉字与中国文明的长久争论，最终导致了欧洲汉学的诞生。汉学和中国的悠久历史文化曾经影响法国启蒙思想家狄德罗，《易经》又引起莱布尼茨的浓厚兴趣。

（5）何寅、许光华主编《国外汉学史》，上海外语教育出版社 2002 年版。全书分为"国外汉学的滥觞和酝酿（从古代至 18 世纪)""国外汉学的确立和发展（19—20 世纪初)""从传统'汉学'到现代'中国学'（20 世纪 20 年代以来)"三编九章，系统勾勒国外汉学研究发展的历史进程。书末附录"主要参考书目""国外主要汉学机构""国外汉学家名录"。国际汉学研究有利于弘扬和推广中国民族文化，进而促进中西文化的交流。同时，该书为中国近代教育史提供新材料，例如在"（美国）来华传教士与美国汉学"章节中，着重分析裨治文、卫三畏等传教士汉学家群体，丰富中国近代基督教史和教育交流史的认识；在"日本传统儒学的衰微与复苏"章节中，阐述维新派学者对传统儒学的批判，有裨于中国近代儒学教育的探究。

（6）徐冰著《中国近代教科书中的日本和日本人形象——交流与冲突的轨迹》，商务印书馆2014年版。该书共四章，前后有绪章和终章。首先总述中国近代教科书的形成，分析中国传统教育和传统教科书的问题、近代教育的变革与教科书的形成以及近代教科书与日本；接下来论述甲午战争前后中国人的日本认识；接着以时间为线索，剖析清朝末年、中华民国临时政府成立至南京国民政府成立、南京国民政府成立至侵华战争全面爆发、卢沟桥事变至抗战结束等时期中国近代教科书中的日本和日本人形象；最后论述中日教科书冲突、纠纷以及论战等。该书在广泛占有资料的基础上，提出近代教科书中日交流与冲突的新的学术见解，是中国近代教科书研究的重要参考资料。

二、制度的变革

基于观念的碰撞及转换，中国传统教育制度必然向近代发生转移，具体和丰富的内容已在上面详述，此处例证相关论著加以说明。

（1）（加）露丝·海荷主编，赵曙明主译《东西方大学与文化》，湖北教育出版社1996年版。该书是由"东西方大学与文化"国际学术会议的论文合编而成的论文集，共收录25篇文章。书前有译者说明、作者简介、鸣谢和序言。全书分六部分：演变中的知识观和高等教育观、科学的文化内涵、科学与文明——从历史角度的透视、国际组织和知识转移、本土文化与现代教育发展、中西文化相互影响的盛衰。第一部分收录知名伊朗学者和外交家马吉德拉尼马（Majid Rahnema）的文章，鼓动高等教育界和社会学家们"从创建大一流理论中解放出来"，进而不囿于西方正统派科学论的本土知识提出新的见解；第二部分聚焦于科学知识以及东西方社会大学所面临的抉择；第三部分探讨早期的印度数学和伊斯兰精密科学在特定的历史时期对世界科学遗产作出的贡献；第四部分为埃及和中国学者就跨文化知识的转换和移裁问题展开的讨论，如埃及女学者彼德逊（Peterson）提出社会变革中个人和组织在决定知识传递过程中的微观动力，而中国学者提供广泛外来文化和本土文化结合的例证以及知识界动力促使社会变革的历史渊源；第五部分是四位女学者就现代教育制度的抉择和制定做了不同角度的理解，阐述各自特定教育体制下继承发展本土文化问题；第六部分以中国为特定个案回顾了历史时期中国和西方文化的交融盛衰。

（2）蔡铁权、陈丽华著《渐摄与融构——中西文化交流中的中国近现代科学教育之滥觞与演进》，浙江大学出版社 2010 年版。全书共四编 22 章，系统梳理科学教育的导入（16 世纪末—19 世纪中叶）、兴起（19 世纪中叶—20 世纪初）、形成（20 世纪初—20 世纪中叶）和改革（20 世纪中叶—21 世纪初）的全过程。在科学教育兴起和形成的篇章中，着重分析师夷长技、求学出洋、变法图存、中体西用、科学社团、科教体系、科学建制、推士来华和科玄论战等内容。作者在中西文化交流的背景下，探讨中国近现代科学教育的滥觞与起源，在整体把握科学教育史的基础上，进行了一定的纵向深入。

（3）兰军著《国际教育舞台的参演——基于对国际教育组织及会议的考察》，山东教育出版社 2010 年版。全书除"绪论"和"结语"之外，共六章。在分析近现代以来国际教育组织及会议的发展概况基础上，作者重点探讨中国参与国际教育组织及会议的内部动因及条件、历史演进、行为主体及其运作方式、对外传播中国教育的基本内容，最后论述中国参与国际教育组织及会议对世界教育和国内教育产生的影响。结语部分论述了对外传播中国教育的自觉。书末附录"中国参与国际教育组织及会议大事记"。该书对中国参加国际教育组织及会议的考察大致分为民国时期和共和国时期两个阶段，其中民国阶段所占篇幅较大，例如民国时期中国参与国际教育组织及会议的历史分为萌芽期（清末至"一战"结束）、由发展到衰落期（"一战"结束至"二战"末期）、复兴期（"二战"末期至南京国民政府败走大陆）三个阶段。对教育交流史研究而言，这无疑是一个新领域与新视角，该书系统全面的阐述，有助于拓宽该领域的论题。

（4）冉春著《留学教育管理的嬗变》，山东教育出版社 2010 年版。全书共九章。第一章对晚清及民国前期留学教育管理进行述评；第二章至第六章在概述南京国民政府留学派遣政策的基础上，分析南京国民政府时期中央留学选派与地方政府留学选派，探讨南京国民政府对驻外留学的监督与日常管理及对留学生的归国管理；第七章至第九章论述了共和国时期的留学派遣政策、在外留学生管理和留学生归国管理。作者依据历史的线性发展，对近代以来中国人出国留学管理进行全程扫描和总结，厘清南京国民政府时期的留学教育历史及留学教育管理。

三、思想的转换

教育活动是思想支撑或驱使的实践活动之一种类型，传统教育向近代教育转型无不伴随思想的冲突及变动。而西方教育思想及学说的传播与作用无疑是其中的重要力量资源。

（1）冯崇义著《罗素与中国——西方思想在中国的一次经历》，生活·读书·新知三联书店 1994 年版。全书共五章：第一章概述罗素的政治信念、教育生涯和思想；第二章考察罗素访华的缘起和 1920 年 10 月至 1921 年 7 月间在中国的讲学活动；第三章评述罗素著作《中国之问题》；第四章分析罗素访华给中国社会带来的影响；第五章全书总结。书末附有"罗素旅华演讲目录""罗素著作中译本书目"。作者具体呈现罗素的生平思想和他与中国发生关系的历史过程，通过"罗素与中国"这一个案的微观审视，探索 20 世纪以来东西方文化交流的宏大认识，找寻历史表象背后的某些规律。

（2）（韩）具滋憶著《中韩近代教育思想比较研究》，北京师范大学出版社 1998 年版。全书共七章。第一章总论，介绍本课题的意义、目的、内容、方法及局限性；第二、第三、第四章在分别阐述梁启超和朴殷植教育思想的基础上，对二者的教育思想进行比较分析与评价；第五章探讨中韩两国当时共同关心的教育问题；第六章分析近代中韩两国教育思想交流及其影响；第七章结论。该书作者是我国授予外国学生的第一位教育学博士，也是韩国在中国获得的第一个博士学位。当代教育学家、北京师范大学教授顾明远在序文中写道："具滋憶这部著作，引用了中外各国的资料。资料之翔实，分析之细腻是一般论文所少见的。"❶

（3）叶隽著《另一种西学——中国现代留德学人及其对德国文化的接受》，北京大学出版社 2005 年版。全书共六章，书末附录"参考文献""西文中文名词对照表"。第一章绪论，深入分析西学东渐与德国资源、留学生的文化史意义以及中德两国思想文化关系，勾勒出比较完整而清晰的理论框架。第二章考察德国文化与马君武致用大学理念形成与实践的关系。第三章探讨宗白华文化建国理想的德国文化背景与现代文化意义。第四、第五章分别解释陈铨"民族文化观"和冯至"学院与写作"思想与德国文化的关联，突出作为德国

---

❶　具滋憶. 中韩近代教育思想比较研究 [M]. 北京：北京师范大学出版社，1998.

思想文化象征的歌德为中国留德学人提供共同的话题。第六章"结语"从理论的思考方面对全文进行梳理。作者在中德文化交流的大视野下，立足于中国近现代文化变迁，从留德学人归国后的文化贡献突出他们选择、借鉴和吸收德国资源后的本土作用，通过文学史、教育史、学术史与思想史的渗透和关联，探讨德国资源在他们观念形成中的特殊价值。

（4）陈洪捷著《德国古典大学观及其对中国的影响》（修订版），北京大学出版社 2006 年版。全书分上下两篇，共九章。上篇为德国古典大学观——从理想到现实，阐述了德国古典大学观的产生、经典文献、核心概念、在 19 世纪的影响、独特性质；下篇为德国古典大学观对中国的影响——以蔡元培在北京大学的改革为例，论述蔡元培的留德经历、蔡元培对德国大学观的接受及其文化历史背景、蔡元培改革北京大学及其对中国大学的影响。作者采用马克斯·韦伯的卡里斯玛理论解释德国古典大学观的性质和作用，同时将蔡元培的大学思想与德国古典大学观进行比较，说明德国古典大学观对蔡元培大学思想的影响。该书从历史社会学的角度，对德国古典大学观进行爬梳整理，分析其基本内涵及意义，对于以蔡元培与高等教育为聚焦的近代中外教育交流领域具有一定的参考价值。

（5）孙邦华著《西学东渐与中国近代教育变迁》，中国社会科学出版社 2012 年版，收入"教育与社会、文化变迁丛书"。全书共三章。导论叙述利玛窦奠定的文化适应策略及其意义、传播及教育、西潮冲击下的晚清士大夫的"变局观"；第一章论述近代西学东渐中的代表人物与机构，包括西学东渐中的巨擘——傅兰雅，"以西国之学广中国之学"——广学会；第二章阐发寓华西人论中国文化教育及其改革，包括儒学观、科举制度的评说、对中国传统女子教育的批判、中国近代学制改革；第三章探讨美国天主教本笃会圣文森总会院创办对北京辅仁大学、收回教育权运动语境下辅仁大学的立案与中国化问题以及辅仁大学办学特色及其启示等。

四、活动的国际化

教育的国际化标志着中国教育进入世界，与世界交融，发挥角色作用和接受国际影响。这是教育走出古代世界以后的必然出路，也是教育走向现代的重要内容。在近代中国教育活动的国际化舞台中，以美国为代表的西方和以日本代表的其他国家地区始终是重要聚汇之处，格外引人关注。

（1）钟叔河著《走向世界——近代中国知识分子考察西方的历史》，中华书局 2000 年版，收入 "中国近代文化史丛书"。开篇有文史学家钱钟书、历史学家李侃所作 "序文" 两则。全书共 23 章，书末附录 "年表""跋"。该书以近代中国知识分子为单元，介绍作者的生平、写作时代背景，并评论作者的作品所反映的思想内容。李侃在序文中写道："这本书在读者面前展示了一幅 19 世纪中叶到 20 世纪初年的中国人描绘世界的画卷，勾勒了当时走向世界的中国人物的群像。这幅图卷和这些群像反映了中国近代新旧思想、新旧文化相互斗争、相互交替的情景。"❶ 该书为研究近代中国知识分子的教育观转变与教育活动提供了宝贵资料。

（2）（日）沪友会编，杨华等译《上海东亚同文书院大旅行记录》，商务印书馆 2000 年版。东亚同文书院成立于 1901 年，以了解中国各地的风俗民情、商业以及振兴中日贸易为办学目的。每届组织一次实践及实地考察中国的大旅行，该活动作为一项传统从第一届开始，一直延续到 1944 年。在 1901 年到 1945 年，东亚同文书院的学生 5000 多人先后参与调查旅行线路 700 余条，遍及除西藏以外的中国所有省区，内容涉及地理、工业、商业、社会、经济、政治等多方面，成果除了作为毕业论文的调查报告书，还有各旅行小组的纪行《大旅行志》。该书即由《大旅行志》中精选出来的数篇文章组成，内容富于感性，引人入胜，从异国人的视角展示了近代中国的社会场景。当代著名历史学家、武汉大学教授冯天瑜在前言中谈到：参加旅行调查的日本学生观念不一，既有对中国抱亲善、友好态度的，其纪行文字充满对中华文化、中国壮丽河山的倾慕欣赏；也有固执日本军国主义妄念，或蔑视中国，或对当年苏联怀抱敌意，此类文字我们没有删除，以便于读者了解当时日本一部分人的真实观感。❷

（3）（日）薄井由著《东亚同文书院大旅行研究》，上海书店 2001 年版。全书分引言、正文、结语三部分。引言对同文书院加以描画；正文共四章，包括大旅行概述、个案举例（调查报告书）、采访毕业生记录、大旅行学生日志；结语是对大旅行的评价。作者往返于上海与日本之间，在充分占有史实基础上，撰成此书。该书既有宏观的全景描述，也有微观的个案举例，宏观与微

---

❶ 钟叔河. 走向世界：近代中国知识分子考察西方的历史：序文 [M]. 北京：中华书局，2000.

❷ （日）沪友会. 上海东亚同文书院大旅行记录：前言 [M]. 杨华，等译. 北京：商务印书馆，2000.

观相结合，生动形象地展示了东亚同文书院大旅行的全貌。

（4）钟叔河著《从东方向西方——走向世界丛书叙论集》，岳麓书社 2002 年版。该书收录 1919 年前国人亲历欧美和日本的 25 篇记述。这些著作记述翔实，态度认真，具有极大的历史价值。其中，大多记录都真实反映了教育实际状况，如容闳《西学东游记》、张德彝《随使法国记》、王涛《漫游随录》《扶桑游记》和梁启超《新大陆游记》等。这些都是中国近代教育史的宝贵资料。李一氓在序言中写到："我总觉得，搞改革的，搞近代史的，搞古籍整理的，对这套丛书，都注意得很不够。"充分肯定了这套丛书的史料及学术价值。

（5）李喜所主编《留学生与中外文化》，南开大学出版社 2005 年版。2004 年 10 月，南开大学召开"留学生与中外文化国际学术研讨会"，参加活动的有来自中国大陆、港台地区和美国、法国、日本等国对留学教育深有造诣的专家学者 120 多人，收到论文及提要 88 篇，会后又陆续收到论文 20 多篇。该书由这 54 篇论文整理编撰而成，大致涉及 7 个方面：总体考察留学生与中国社会文化的关系；分区域或单位论述留学生的特征；具体评述清末和民国时期的留学生；分国别专门论述留美生、留日生、留俄生和留法生；探讨留学生与中国现代学科发展；留学生各类代表人物；研究现状综述。这些论文在领域的选择、理念和方法的创新等方面都有明显特色，具有较高的学术价值和开拓精神。尤其对当代中国留学生的深入分析，将历史和现实结合考察，增强了史学的活力。

第十六章　中国近代区域教育史

区域教育史是教育历史地理的意义表现，对历史时间中宏观教育及微观教育发生架构与通渠的特定作用。近些年来整体区域教育史理论性著述当推吴宣德著《中国区域教育发展概况》，湖北教育出版社 2003 年版。全书共五章。前两章探讨中国文化与教育中心迁移的关系；后三章分析政治、社会结构，以及经济和人口对区域教育的影响。作者运用史学、教育学和相关学科，概括并探讨中国区域教育发展的影响因素，具有较高的学术参考价值。

当然，区域教育史领域仍有待进一步深层次开拓的空间及问题，对此加以历史文献挖掘以及已有成果综述分析，有助于这种目标的努力追求。本章讨论的是区域教育史中的近代部分。

第一节　中国近代主流区域历史与教育文献史料

区域教育是区域历史文化的组成部分，同时又有乡土教育学或民族教育学的韵味及质性。两部分思考及探讨的结合，促成现代教育功能的完善。

一、近代主流区域普通历史文献

清代后期及民国初期教育历史仍有相当比例记录在志书文献中。这类体例及内容的文献已在上面详述，此处不赘。新中国成立后各地陆续编的志书，包括教育志之类，主要聚焦当代地方史或教育史，而较少涉及古代和近代史论。不过，一些"文史资料"或其他地方志书系却能发挥补充作用。例如，上海文史馆、上海市人民政府参事室合编《上海地方史资料》，上海社会科学院出版社 1986 年版。张棡撰，俞雄选编《温州文献丛书》，上海社会科学院出版社 2003 年版。近代温州进行过四次较大规模的文献整理工作。

清同治光绪年间瑞安孙衣言汇刊《永嘉丛书》15 种 252 卷，民国四年如皋冒广生编刻《永嘉诗人祠堂丛刻》14 种 22 卷，20 世纪二三十年代永嘉黄群刻印《敬乡楼丛书》38 种 289 卷，抗战爆发前永嘉区征辑乡先哲遗著委员会抄缮地方文献 402 种、1259 卷。凡对温州地方史研究有明显史料价值，包括政治、兵事、经济、教育、实业、农田、灾异、民俗、艺文、名胜、人物、轶闻等方面，均属选入范围。全书按照时间顺序编排，其中有大量关于中国近代教育的记录。如光绪十七年"赴孙君仲容家""录曾文正家书中与诸弟课程十余则""乘轮晋杭赴省试"；光绪廿一年"赴瑞送诸门人应县试"；光绪廿三年"乡试进场"；光绪廿四年"唐学宪临郡考试""考阖属生员正场"等。

台湾地区在 20 世纪 80 年代出版过中国主要区域"现代化研究书系"，对中国近代地方社会历史，尤其区域教育史有诸多探讨。主要包括：苏云峰《中国现代化的区域研究——湖北省地区》，台北"中央研究院"近代史研究所 1981 年版；张玉法《中国现代化的区域研究——山东省地区》，台北"中央研究院"近代史研究所 1982 年版；李国祈《中国现代化的区域研究——闽、浙、台地区》，台北"中央研究院"近代史研究所 1982 年版；张朋园《中国现代化的区域研究——湖南省地区》，台北"中央研究院"近代史研究所 1983 年版；王树槐《中国现代化的区域研究——江苏省地区》，台北"中央研究院"近代史研究所 1984 年版；

许多省及地区编辑"文化志"或"文史集萃"的史志书籍，这是对传统方志书的发展或变革。例如，广东炎黄文化研究会主编《岭南文华通志》，广东人民出版社 1996 年版。该书"序言"中写道："本丛书共分 18 卷 50 册，按学术思潮、文学、艺术、教育、宗教、民俗、科学技术、饮食、家族宗族、人文景观、文化传播等专题分类，将岭南文化的基本内容尽可能全面涵括进来，体现本文化的整体性。"本书遵循"百花齐放、百家争鸣"的原则，力求史料翔实、见解独到，具有较高的学术价值。以下引证数则文献以窥其大概情形。

（1）蒋廷锡、王安国等纂修《大清一统志》，又名《嘉庆重修一统志》。康熙二十四年（1685 年）始修，成书于乾隆八年（1743 年），总计 340 卷；乾隆二十九年续修，成书于四十九年，总计 500 卷，称为乾隆《大清一统志》；嘉庆十六年（1811 年）再修，成书于道光二十二年（1842 年），总计

560 卷，称为《嘉庆重修一统志》，❶ 光绪二十三年石印本，《四部丛刊》本。该书以各直省和地方为线，介绍了各地方的政权建置、地理环境、户口田赋、职官名宦、风土物产、名胜古迹等，全面、系统地介绍了各地方状况，对于研究清代各地的社会状况有一定的价值。

（2）《中国地方志集成》编纂委员会编《中国地方志集成》，由江苏古籍出版社、上海书店出版社、巴蜀书社 1991—2002 年联合出版，先后出版方志1800 余种，便于读者查阅利用。傅振伦先生在《中国地方志集成·序言》中合计，历代方志有 9 万余种，现存旧方志至少 8000 多种，11 万卷。这些地方志隐藏着大量的地方史料，价值颇高。

（3）（美）李怀印著，岁有生、王士皓译《华北村治——晚清和民国时期的国家和乡村》，中华书局 2008 年版，收入"中国乡村社会研究丛书"。全书利用河北一些县的历史档案，主要探讨传统的乡村治理实践和 20 世纪早期的新式村政建设。作者对 1900 年以后兴学上的合作与冲突进行了较为详尽的评述，主要包括"作为'自治'项目之一的新式学堂""筹集学款""兴学语境：学堂与私塾""藉官力提倡""权势人物之间的竞争"等内容。该书提出在创建新式学堂活动上，县官、精英和村民分别起到不同作用，促使一个全新的教育体制形成，进而使民众的教育观念逐渐改变。乡民们发挥其既有的合作传统，地方精英利用其旧有的特权和从官方获得的资源，促成了新式学堂的创设和维持。该书研究重点是新式学堂创建过程中各方势力的合作和掣肘，突出了清末民初乡村"地方自治"的复杂关系。

二、近代主流区域教育专史文献

晚清地方兴学史料以黄炎培《清季各省兴学史》（载《人文月刊》第一、二卷）最为出色。其他记录多见于各省教育志、学校志及近代著名教育家传记等资料中。对此，在该书前文叙述内容的基础上，从主流区域近代兴学的视野略作延伸或补充。

（1）孙茀厚著《浙江教育史略》，浙江省教育厅出版社 1930 年版。该书分为教育行政、教育经费、初等教育、高等教育等十章，介绍自清朝创立新教育以来浙江 30 余年的教育事业发展情况。该书是浙江地域第一部教育史著作，

---

❶ 洪湛侯. 文史工具书辞典 [M]. 杭州：浙江古籍出版社，1990：647.

比较清晰地反映了自实行新教育以来浙江省教育嬗变全貌，为探讨近代浙江教育提供了重要参考。

（2）中国人民政治协商会议广东省广州市委员会文史资料研究委员会编《广州近百年教育史料》，广东人民出版社1983年12月版。全书共三部分18章，系统体现从晚清时期到建国初期广州教育的历史脉络。第一部分晚清时期，纵向梳理第二次鸦片战争时期、戊戌变法前后及从义和团到辛亥革命时期的广州教育历史；第二部分为辛亥革命后至新中国成立，在概述辛亥革命后的教育改革基础上，横向分析了此时期广州的各级各类教育发展情况。

（3）河北省政协文史资料委员会编《河北文史集粹（教育卷）》，河北人民出版社1992年版。"本书上溯晚清直隶最高学府莲池书院，下止建国前为新中国培养了大批人才的华北大学，精选半个世纪间河北省普通教育、师范教育、平民教育、留学预备教育、职业教育、革命根据地教育以及一些私立学校、教会学校的历史资源，并收入一些著名教育家、学者的办学活动及教育学说；以原始文献为主，兼有部分反映史实的整理文章。"该书较多收录近代河北的新式学校教育的回忆录，其对各类学校的创建、发展、变化及其影响等作翔实而生动的记述，具有较高的可信度。其中平民教育运动、留法勤工俭学运动和晏阳初、谢台臣、杨绳武、郑际唐等教育家、学者的资源均有采编，颇具河北特色，富有学术价值。

（4）首都图书馆、北京地方文献部主编"北京教育志丛书"，北京教育出版社1995年版。北京近代教育史料繁多，编者检索了大量地方文献和各种专著、期刊、报纸，以及官方文献和特种资料等，并依据文献的内容将其划分为四个专题，分别为教育行政、小学教育、中学教育和包含学前教育、中等师范教育、职业教育、民族教育和特殊教育的"其他"。

① 邓菊英、高莹编《北京近代教育行政史料》，全书共分为教育行政机构概况、教育行政实施计划，教育行政工作报告、教育整顿、教育经费、教材编审、教育团体及其他、法令规章和教育行政基本统计九个部分。编者查阅大量的专著、期刊、报纸以及官方文献，为探讨北京近代教育行政的学者提供了宝贵资料。

② 邓菊英、李诚编《北京近代小学教育史料》（上、下册）。该书根据文献内容及其撰写形式，划分为发展概况、课程、教学研究、训育、卫生、体育、入学及毕业、教职员、整理私塾、综合统计十部分，各部分以下再根据文

献具体内容进行详细分类。该书为有志于研究北京近代小学教育的学者提供了宝贵的第一手资料。

③ 韩朴、田红编《北京近代中学教育史料》，全书分上下两册，收录1912—1949年北京近代中学教育发展概况及教育、教学等方面的文献125万字。根据文献内容及撰写形式，分为发展概况、课程设置、教学计划、教学研究、中学卫生、中学体育、教师、招生毕业会考、各校分载和基本统计十部分，在每部分中又根据文献内容进行具体分类。

④ 田红、李诚主编《北京近代中师、职业、学前、特殊、民族教育史料》，该书是北京近代师范教育、职业教育、学前教育、特殊教育和民族教育文献的合集，约60万字。每集之下依据内容再进行详细的划分。每类下依据出版日期排列，文献均标明出处。

（5）方骏、麦肖玲、熊贤君编著《香港早期报纸教育资料选萃》，湖南人民出版社2006年版。该书收录1905—1955年香港中文报纸所载的教育资料，是官方档案重要补充。作者按照分类编年体例进行编排，分为教育政策行政法规统计、慈幼教育学前教育、小学教育、中学教育、高等教育、师范教育、职业教育、社会教育、家庭教育、特殊教育、问题儿童教育、教师学生、教育内容、教育社团、教育交流、教育人物以及教育问题与论争17类，对于了解香港教育的历史具有重要参考价值。同时，为有志于香港教育史探究者提供了宝贵的资料。

三、主要研究成果

区域教育史研究著作主要以丛书形式出版问世，以此为依托，各地教育史以当前省域、地区的单元组织形式编写，但体例结构及内容呈现方式均有相当吻合度，体现了丛书主编及编委会的共性认识。

李国钧主编"区域教育的历史研究"丛书。区域教育着重于区域文化和教育类型，本套丛书共包括7本著作，其中1本概述中国区域教育的发展，其余6本则选取典型区域社会政治、经济、社会结构、教育政策、学术传统和外来影响，探讨它们对于教育的地域分化的功能作用。该套丛书在充分掌握第一手资料、准确把握资料含义的基础上进行评论，史料翔实、论从史出。

周玉良主持"中国地方教育史研究"丛书。中国地方教育史是对中国教育史的延伸与加强，应该有新的发掘和发现。本套丛书在把握中国教育史总体脉络的基础上，尽可能展现各地区教育发展的历史过程和特点，尤其凸显其地域特色。

以下按通史、断代史及专门史三个维度对其中代表著作加以介绍。需补充说明的是：除了两套丛书之外的其他同类著作一并采入；选择文本并未能求全，而一些边疆或少数民族教育史作则置于后文阐析。

（一）区域教育通史

1. 华北地区

（1）赵宝琪、张凤民主编《天津教育史（上卷）》，天津人民出版社 2001 年版。全书共六章，详尽地记述清末至新中国成立前天津教育演变历程。全书在梳理清中期以前天津古代教育的基础上，系统论述了清代末期（1860—1911 年）天津近代教育的萌芽、兴起，北洋大学堂的建立，近代兴学的高潮，严修与南开学校体系和教会学校等；民国前期（1912—1927 年）天津近代教育发展的新阶段，五四运动、教育思潮、外国教育学说对天津近代教育的影响，南开大学的建立和张伯苓的教育思想；民国中期（1928—1936 年）天津教育行政组织的建设和学校管理的整顿，初等教育、中等教育、高等教育的发展和陈宝泉的教育活动和教育思想；民国后期（1937—1949 年）日伪统治对天津教育的摧残，天津坚持大后方办学和抗战胜利后的天津教育。最后作者集中分析了天津近代教育界的爱国民主运动。书末附录"天津教育史（上卷）大事记"。清代末期，被迫开埠的天津率先接受外来文化冲击，天津近代教育演变史就是中国近代教育演变史的缩影或最强反映，因此对其进行探讨，不仅能够突出天津近代教育史的个性特点，而且能够从微观处聚焦中国近代教育的特征，具有较大价值。

（2）阎国华、安效珍著《河北教育史（第二卷）》，河北教育出版社 2003 年版。全书共六章，主要阐述鸦片战争至新中国成立前河北教育的产生、变革和发展历史。其中，前三章重点探讨 1840 年至 1928 年河北教育的发展，主要包括："近代教育制度的始创（1840—1894）"，论述近代新教育在河北的起步和旧式科举制度的衰落；"维新运动前后河北新教育的发展（1895—1911）"，论述河北新教育体制的形成、教育行政管理的重构和各类教育体系的确立，以及李鸿章、张伯苓、袁世凯、严修的教育实践与思想；"民国建立后河北教育的嬗变（1912—1928）"，论述河北新教育制度的变革、五四运动的影响下河北各级各类教育的发展、留学运动的兴起，以及李石曾、谢台臣和李大钊的教育思想与活动。全书编排体例完整，内容丰富，评述较为客观，有助于促进区域教育史领域的探讨。

（3）刘仲华主编《北京教育史》，人民出版社 2008 年版，收入"北京专史集成"。全书共九章，论述从先秦至解放战争北京教育的历史脉络。该书侧重北京教育制度的建构及呈现，兼及教育家教育思想评述。因此多着眼于文教政策、中央官学、地方官学、私学和科举考试等方面内容。该书按照朝代分期的叙述模式，突出北京教育史自身发展的特点和内容。

（4）汤世雄主编，俞启定执行主编《北京教育史》，学苑出版社 2011 年版。全书共十章，系统勾勒从远古时期到新中国成立北京教育的历程。其中第六、第七章探讨晚清北京新式教育和北洋政府执政时期的北京教育，包括教育政策、学制、行政机构、教育经费和各级各类教育等多方面内容。该书着重考察教育制度和教育活动，较少涉及教育思想史领域的问题。开篇有 200 余幅各历史时期北京地区教育相关的图片。

2. 中南地区

（1）熊贤君主编《湖北教育史（第一卷）》，湖北教育出版社 1999 年版。全书共八章，系统记叙湖北从楚国至新中国成立前教育发展的历史脉络。第五章和第六章着重论述晚清时期和中华民国前期湖北地区的教育改革、教育行政、各级各类教育、教育活动和教育思想等，再现近代湖北教育的生动图景。作者在搜求翔实史实的基础上，又善于吸收前人成果，坚持实事求是的原则，对湖北古代、近代重要教育事件和人物做科学、客观评价，具有较强的学术性。

（2）冯象钦、刘欣森总编《湖南教育史》，岳麓书社 2002 年版。全书分古代、近代、当代三卷，系统梳理从先秦到当代湖南教育文化历史脉络。第二卷中着重探讨 1840—1949 年湖南传统教育的转型以及湖南近代教育的产生、形成和发展历史。湖南因其独特的地理环境与社会条件，近代化实质性起步较晚，呈现出自己独特的教育图景。其中既有对教育制度的叙述，也有对教育思想、教育活动的挖掘和整理。

（3）王日新、蒋笃运主编《河南教育通史（中）》，大象出版社 2004 年版。该书共五章，按照时间顺序，分别论述清代后期（1840—1911 年）、民国年间北洋政府时期（1912—1927 年）、民国年间南京国民政府时期（1927—1937 年）、抗日战争时期（1937—1945 年）和解放战争时期（1945—1949 年）

的河南教育。其中，清代后期的河南教育集中探讨河南的官学、书院、私学，废科举、兴新学的教育变革，各级各类新学系统和教育行政机构以及教育人物李时灿等；民国年间、北洋政府时期的河南教育集中探究辛亥革命中河南资产阶级革命派的教育活动，民国初年、五四运动时期、大革命期间和冯玉祥第二次主豫时期的河南教育，以及有代表性的教育人物等。作者注重篇章结构的合理安排，以写学校教育为主，同时也记述社会教育、家庭教育的发展及其影响，力求处理好学校教育与社会教化的关系。同时，该书着重突出河南地方教育个性，对全国共性东西只作为地方史的背景材料，用来加强说明或进行必要的衬托。

（4）熊贤君著《深圳教育史》，社会科学文献出版社 2010 年版。全书共四篇十章，系统论述从先秦时期至 2000 年深圳教育的历程。其中第四章着重探讨清代后期新安县的文教政策、官学、私学、教会教育和留学教育的兴起与发展；第五章重点分析中华民国时期宝安县的教育方针政策、教育行政机构和各级各类教育等。该书是当今中国四个一线城市之一深圳特区第一部教育史专著。

3. 华东地区

（1）刘海峰、庄明水著《福建教育史》，福建教育出版社 1996 年 10 月版，收入"福建思想文化史丛书"。全书共十章，系统论述从唐朝至新中国成立前福建教育的发展脉络。其中第五、第六章着重探讨清末和民国初年福建教育发生的剧变。该书较少落笔于各个时期的经济、政治和文化背景，而主要聚焦于福建教育本身历程，以展示福建教育丰富多彩的演进轨迹。

（2）章玉安著《绍兴教育史》，中华书局 2004 年版，收入"绍兴历史文化丛书"。绍兴是国务院公布的首批历史文化名城，具有与众不同的独特性。全书分为上、下两编，上编梳理绍兴古代教育发展史，下编探讨绍兴近代现代教育发展史。附录八则，简介绍兴历史上的著名人物。其中，下编共六章，论述近代现代教育制度在绍兴的实施状况及问题，并展现中小学教育、职业教育、师范教育、社会教育、著名学校、教育行政机构、教育团体、教育报刊和近现代绍兴籍著名教育家等相关内容。作者对绍兴教育历史做了比较全面的回顾及分析，有一定的学术与历史价值，同时对于今天的绍兴地方教育发展亦具有较大意义。

（3）张彬主编《浙江教育史》，浙江教育出版社 2006 年版。全书分为古代篇、近代篇和当代篇三部分，系统梳理从远古至新中国党的十一届三中全会改革开放后浙江教育的历程。近代篇中以三章篇幅论述晚清时期和北京政府、南京国民政府初期浙江教育的改革、学潮以及著名教育家的教育思想和教育实践等。

（4）陈贤忠、程艺主编《安徽教育史》，安徽教育出版社 2006 年版。全书共 18 章，记叙从远古到 21 世纪之间安徽教育的历程。其中第七、第八章着重分析晚清、民初和北洋军阀时期安徽各级各类教育制度和教育思想。该书是安徽的第一部地方教育通史，填补安徽教育史的空白，为全国区域教育史研究做出了重要贡献。

（5）陈乃林、周新国主编《江苏教育史》，江苏人民出版社 2007 年版。全书共三篇，系统梳理从远古到当代江苏教育历程。中篇以九章的篇幅系统勾勒近代江苏教育制度与教育活动，同时充分注重对江苏著名教育家教育思想的梳理和分析。

（6）张彬等著《浙江教育发展史》，杭州出版社 2008 年版，收入"浙江文化研究工程成果文库"。全书共 14 章，系统梳理浙江教育从古代至今的历程。该书依据教育专业理论，重点描述浙江近代教育形成、发展和体系化的过程，并以较大篇幅评述浙江近代著名教育家和思想家的思想学说。

（7）徐传德主编《南京教育史》，商务印书馆 2007 年版。全书共 16 章，描绘自先秦到改革开放时期南京教育的历史图景。第七、第八章着重探讨清代（鸦片战争后）和民国前期南京教育的状况；第十章分析陶行知、陈鹤琴和吴贻芳等著名教育家的教育思想与实践。该书具有较高的学术价值，成果汇集自很多著名学者的见解，可谓"成于大家"。

（8）吴一舟主编《义乌教育史》，上海人民出版社 2014 年版，收入"义乌丛书"。义乌是当今我国著名的商城，以国际商贸市场建设为特色。全书共八章，按照时间脉络，全面反映了自宋代以来至 21 世纪初义乌教育的起源、发展和兴盛。书末附录"义乌教育大事记"，方便读者了解和查阅各历史时期的重大教育事件。其中，作者着重对近现代义乌教育的状态及内容进行描绘和分析，探讨近代学制的演变、教育内容、教育管理、教育研究与督导的发展，以及初等教育、中等教育和社会教育的发展经验及问题。该书是第一部义乌地方区域教育史专著，是对区域教育史研究的补充。

4. 西南地区

（1）熊明安、徐仲林、李定开主编《四川教育史稿》，四川教育出版社1993年版。全书共八章，论述从远古至新中国成立初期四川教育的发展历程。第五章探讨清末四川教育的背景、封建教育制度的瓦解和新式教育的起步；第六章分析民国时期四川教育的背景，教育行政机构、各级教育和新教育的蓬勃发展。书后附录"四川历代儒学"及"书院名录"。

（2）蔡寿福，陶天麟主编《云南教育史》，云南教育出版社2001年版，收入"中国地方教育史研究丛书"。全书共十章，系统梳理了从远古至20世纪末云南地区教育的发展演变史，主要分为：从元谋人至海门口文化时期的教育、秦汉三国两晋南北朝时期的教育、南诏大理国时期的教育、元明清时期的教育、清末时期的教育、民国时期的教育、中华人民共和国成立后十七年的教育、"文化大革命"中的教育、拨乱反正及全面改革开放时期的教育、中华人民共和国成立后的少数民族教育等。其中，编者花较大篇幅重点论述清末和民国时期云南教育的演变历程，包括清末时期云南新式教育产生前的文化背景、新式教育制度的建立、各类新式学校的产生和此时云南教育的特点；民国时期云南教育的社会概况、教育体制的发展历程、各级各类教育的发展、留学教育、少数民族教育、学生运动、迁滇高校及其影响、教育经费的独立及其影响和对教育有杰出贡献的人物等。云南地形独特，教育发展呈现出较强的个性特点，对其进行探讨分析，极大地丰富了区域教育史的研究内容。

（3）张羽琼著《贵州古代教育史》，贵州教育出版社2002年版。该书虽署名古代教育史，但近代以来至清末的素材所占篇幅不少。全书共五章，讲述先秦至建省以前贵州地区教育发展状况以及中原文化在贵州的早期传播；明代和清代前中期贵州府州县学、书院、私学的兴起和发展，科举制度在贵州的推进及其对文化教育的影响；清末新政时期贵州教育近代化的启动等。其中，着重论述清末贵州传统教育改革的展开、教育近代化的前奏、近代教育体制的初步确立及历史影响。作者查阅了大量史书、方志、文集、笔记及少数民族文献资料，运用历史梳理与逻辑分析相结合的方法，系统描绘贵州古代教育（包括中原儒学教育和少数民族教育）在不同历史阶段的发展状况，廓清贵州古代教育发展的历史轨迹。

（4）孔令中主编《贵州教育史》，贵州教育出版社2004年版，收入"中国地方教育史研究"。全书共三编，以古代、近代和当代的顺序编排，系统描绘从远古到 21 世纪初贵州教育演变的历史图景。其中，编者重点关注清代的贵州教育（1894—1911 年）和中华民国时期的贵州教育（1912—1934 年）。清代末期，西方思想传入贵州，官府和社会各界人士近代新教育觉醒，促进传统教育向近代教育的改革，并逐渐建立较为完备的近代学校系统，教育、教学和教育行政都体现了西化的特色。中华民国时期军阀混战对贵州教育产生较大冲击，贵州教育处于停滞不前的状态，但广大教育工作者和热心教育的社会人士，以及个别有远见的地方官仍能坚持办学，使原有学校得到发展壮大，并新创了一些学校，如周恭寿与贵州模范小学、模范中学，任可澄、华之鸿与贵阳南明中学，尹笃生与省立贵阳师范学校，白铁肩与贵阳光懿女子小学，人才辈出的省立遵义三中等。贵州是云贵高原的重要省份，山川壮丽秀美，河谷峰峦叠翠，拥有富饶的自然和生态资源，而且少数民族众多，交错居住分布。因此，研究和探索贵州教育史是对区域教育史内容的重要补充，同时，对少数民族教育的调整与改革具有一定的现实价值。

（5）李定开主编，吴洪成副主编《重庆教育史》，西南师范大学出版社 2006 年版。全书分古代、近代、现代三卷，详细梳理重庆从远古至 20 世纪末的教育历程。第一、第二卷充分展示重庆新教育的产生、形成和发展。该书在体例上采用了断代与专题相结合的形式，内容丰富，史实清晰，论证合理，既注重全国态势，又突出地方特色，值得学者品味。

（6）涂文涛主编《四川教育史》（上），四川教育出版社 2007 年版，收入"中国地方教育史研究"。全书分为古代卷、近代卷和当代卷三卷，系统叙述从先秦到 20 世纪末四川教育演变的历史轨迹。其中，近代卷共七章，按照时间顺序梳理晚清时期、民国初年、五四运动及民国前期、军阀统治时期、抗战时期和解放战争时期的四川近现代教育的发展历程。晚清时期近代教育在四川诞生并获得初步发展，此时教会教育成长迅速，创立华西协和大学。民国初年四川开始进行教育改革，形成各级各类教育系统。之后，五四运动的浪潮席卷四川，四川又一次进行教育改革，完善教育系统，同时留法勤工俭学运动在四川如火如荼地展开。这一时期出现较多有代表性的教育实践家和思想家，如恽代英与川南师范、吴玉章与成都高师、卢作孚的早期教育实践等。四川，号称"天府之国"，李冰治水、文翁兴学交相辉映，文化灿烂，人杰地灵。研究、探索和编撰源远流长的四川教育史，尤其是近代教育的转型与变革，有助于丰富区域教育史的研究内容，也对当代四川教育的深化改革具有一定的现实价值。

5. 西北地区

（1）傅九大主编《甘肃教育史》，甘肃人民出版社 2002 年版。全书共三编 11 章，描述从远古时期到改革开放时期甘肃教育的发展历程。第五章和第六章着重探讨清朝晚期和民国前期的甘肃教育制度、教育思想和教育活动。该书以中国社会背景为依据，又着力保持地方教育特色，具有较高的科学性与可读性。

（2）刘新科、刘兰香著《西安教育史》，西安出版社 2005 年版，收入"古都西安——丛书"。全书共九章，系统梳理从原始社会至民国时期西安教育的发展历史。第九章在分析清末民国时期西安近代教育文化背景的基础上，探讨西安近代小学教育、中学教育、高等教育、师范教育、职业教育和著名的教育家，描绘近代西安教育的图谱。此书是探讨近代西安教育的重要资料。

（3）杜小明主编《青海教育史》，青海人民出版社 2006 年版，收入"中国地方教育史研究丛书"。全书分为青海的古代教育、近现代教育和当代教育三编，系统描绘了青海教育发展的广阔图景。在"青海的近现代教育"中，编者在概述社会历史背景、经济基础、主要特点和历程的基础上，分成鸦片战争至辛亥革命时期、民国元年至青海建省前、青海建省到抗日战争爆发前、抗日战争及解放战争时期四个阶段梳理青海近现代教育发展史，探究清末的官办儒学教育和私塾、技艺教育、寺院与经堂教育、现代教育体制建立、现代教育体制完善和民族教育的发展等传统教育向现代教育转型的历程及主要问题。书末附录办学章程和简章四则。全书资料翔实，体例得当，结构严谨，文字流畅，为认识和了解青海民族教育全貌提供了一部高质量的教育信史。

6. 港澳地区

（1）刘羡冰著《澳门教育史》（第二版），人民教育出版社 2002 年版。全书共七章。在回顾澳门 400 余年教育史脉络的基础上，以专题的形式分析澳门高等教育、中等初等教育、专科教育、妇女教育、多元化教育、教师队伍和教育团体等诸多内容。澳门教育史料零碎分散，该书将其整理成册，以供后人参考和补充。

（2）张伟保主编《澳门教育史论文集》（第一辑），中国社会科学出版社 2009 年版，收入"澳门教育史研究丛书"。开篇是张伟保、单文经所作的"序文""外文文献与澳门教育史"。全书共收录 12 篇论文，内容包括澳门教育发展历程、澳门教育史有贡献的教育名家、澳门师范教育和童子军教育。该论文集前两篇"澳门教育史研究述略""澳门教育史研究现况与展望"描述澳门教育的起步、发展、现状与展望；后面几篇对为澳门教育作出贡献的著名教育家进行了剖析，包括范礼安、马礼逊、陈道根、梁披云、邝秉仁、杜岚、陈既诒等；最后两篇"澳门圣若瑟教区中学的师范课程""从培正学校看民国时期广东的童子军活动"，论述澳门独具特色的师范教育和童子军教育。该书是第一本以澳门教育史为对象的学术论文集。

（3）方骏、熊贤君主编《香港教育史》，湖南人民出版社 2010 年版。全书共八章：第一章系统梳理英国统治前至香港回归后十年香港教育的历程。第二章至第四章重点论述 1841—1941 年香港的教育政策、教育行政机构、官立学校、私立学校和各级各类教育历史的演变及主要内容。书末附录"香港教育大事记"。该书涉及时限范围广泛，涵盖前近代、近代、现代和当代四个时期，是迄今为止最完整的一部香港教育史。

（4）郑振伟主编《澳门教育史论文集》（第二辑），中国社会科学出版社 2012 年版，收入"澳门教育史研究丛书"。全书共收录 16 篇论文，内容包括澳门中西教育、学校和人物地方教育、杂志和教材等。澳门位于近代中西文化汇集处，该书前两篇文章"澳门早期西式教育概述（1550—1800）""澳门中式教育及新式教育的兴起"，分别论述澳门的中式、西式教育。第三篇"港澳传统与新式学校古建筑初探"则从校舍设施及环境探索中西式教育在港澳两地的变迁。其后各篇论文，有以学校为主线的整理，如马礼逊学堂、连胜仿林联合学院、利宵中学、培正学校、妇联学校、高美士中葡中学；有以人物为主线的探讨，如马礼逊、梁彦明、黄启明、黄健、林显富等。最后两篇"一本杂志，一个时代——《澳门新教育》杂志诞生记""语文与时代——新中国成立初期澳门濠江中学语文教材之分析研究"，分别评述《澳门新教育》杂志和濠江中学的语文教材。正如作者在"后记"中所言："本书所收录论文，选题广泛，涉及澳门教育的人物、事件、机构和教材等宏观和微观问题，论点皆建基于坚实的文献和访谈资料，再就论题做深入的考察与分析，言之有据。"❶

（二）区域教育断代史

（1）张彬著《从浙江看中国教育近代化》，广东教育出版社 1996 年版，收入"中国教育近代化研究丛书"。全书共五章，前两章叙述近代浙江兴学的基础

---

❶　郑振伟. 澳门教育史论文集：第二辑 后记 [M]. 北京：中国社会科学出版社，2012.

和发动，后三章展现浙江教育近代化的起步、推进和形成体系。书末附录"浙江近代教育大事年表""重要史料文献举要"。该书下限截至20世纪20年代末，因竺可桢办浙江大学、金海观办湘湖乡村师范对浙江和全国的影响较大，故也列入讨论范围。该书既有纵向勾勒，又有横向的细致分析，系统梳理浙江教育近代化的历史全景，内容翔实，体例结构完整，具有较强的学术价值。

（2）董宝良、熊贤君著《从湖北看中国教育近代化》，广东教育出版社1996年版，收入"中国教育近代化研究丛书"。该书除"绪论"外，共分八章，以湖北教育近代化的基础、发轫、推进、拓展以及湖北教育近代化的推进者、推进措施、示范启迪的逻辑顺序，纵横交错，描绘出一幅湖北教育近代化生机勃发、轰轰烈烈的瑰丽景观。书末附录"湖北教育近代化大事年表""主要参考书目"。湖北教育近代化酝酿准备时间长，兴起推进势头猛，高潮时期辐射面广而深刻，对其的研究具有典型性与代表性。

（3）刘正伟著《督抚与士绅——江苏教育近代化研究》，河北教育出版社2001年版，收入"近代教育与社会变迁丛书"。全书共六章，第一章概论江苏传统教育的兴盛和道、咸之际江苏传统教育的衰败；第二章论述江苏教育近代化起步（1861—1897年）的原因、特点、不足和上海广方言馆、格致书院、南菁书院和江南水师学堂；第三章探讨江苏教育近代化的开展（1898—1911年），集中论述江苏新式教育格局的形成、两江师范学堂、地方自治运动、清末江苏义务教育和实业教育；第四章和第五章研究江苏教育近代化推进（1912—1927年）的背景、近代教育理论的传播、社会教育、中等教育和东南大学；第六章运用个案研究法分析江苏省教育会。书目附录"江苏教育近代化大事年表"。作者从推进江苏教育近代化的主体力量督抚与士绅入手，以江苏教育近代化进程为经，以各个时期有代表性的教育近代化主题与内容的转换为纬，对每一个时期教育做深入考察与剖析，有助于推动区域社会阶层与教育发展的线性关系思考。

（4）赵承福主编《山东教育通史》（近现代卷），山东人民出版社2001年版。全书共七章，勾勒从清末到新中国成立之前山东教育的发展脉络。作者在"序言"中写到："近现代卷重在阐述山东教育工作者在一系列政治变革中对教育规律的认识过程。"❶该书既注重对山东近现代教育制度线索的梳理，又

---

❶ 赵承福. 山东教育通史：近现代卷 序言［M］. 青岛：山东人民出版社，2001.

留心与教育密切相关的重要教育事件与教育人物思想的剖析，对探讨山东教育的历史价值具有重要意义。

（5）陈科美主编、金林祥副主编《上海近代教育史（1843—1949）》，上海教育出版社 2003 年版。全书共十章。第一章至第八章分析开埠前至解放战争时期的上海教育；第九章和第十章分别探讨上海的租界教育和教会教育。书末有"附录""上海近代教育大事记""上海新旧校名对照表""主要参考文献"。该书体例既按历史发展分章叙述，又有专题论述；内容兼顾理论与实践交错结合，全面勾勒上海近代教育历史图景，揭示其在中国教育近代化过程中的地位与作用。其中第四章《清末新政时期的上海教育》中专节探讨江苏教育总会，给予该会较高的评价，认为该会"以促进新教育发展为宗旨"，热心联络教育界，积极创办学校以实践新教育，大力开展新教育研究活动，协助新教育的健康发展，从而有力地推动了中国教育近代化的进程。作者在"绪论"中写道："坚持上海地方特点，着重反映近代教育发展中具有上海地方特点的重要的人和事。"[1] 坚持以区域为中心，保持区域特色，这是值得其他区域教育史论者借鉴的。

（6）马镛著《外力冲击与上海教育》，湖北教育出版社 2003 年版。全书共五章。第一章概述近代上海政治、经济和文化的巨变；第二、第三、第四章分析教会教育和外国教育思想对近代上海教育的冲击及其效应；第五章阐述上海学校体系、教育管理体制、教育内容和教学方法等的近代化。作者在导论中写道："对外来教育从抵抗、仿效、引进、实验到融合，反映了上海人对外来教育冲击的态度变化，也反映了上海教育近代化的基本轨迹。"

（7）曹立前著《晚清山东新式教育》，山东文艺出版社 2004 年版，收入"齐鲁历史文化丛书"。全书共三章。前两章阐述晚清新式学堂的发轫与全面发展；第三章探讨晚清山东的教会学堂。该书线索清晰，内容翔实，系统梳理晚清山东新式教育的历程，具有较大的学术价值。同时，作者力图文本表述，可读性强，最大限度地把学术成果通俗化，使学术走向民间。

（8）申国昌著《守本与开新——阎锡山与山西教育》，山东教育出版社 2008 年版。全书除"引论"和"结语"外，共六章。在探讨阎锡山兴办山西教育动因的基础上，着重分析阎锡山在山西兴办的义务教育、独特教育体系、

---

[1]　陈科美. 上海近代教育史（1843—1949）绪论 [M]. 上海：上海教育出版社，2003.

职业教育和社会教育，最后论述阎锡山兴办山西教育的特点、性质和启示。作者从民国时期"地方军阀办教育"这一特殊现象入手，拓展区域教育史领域，为后人思考地方军阀办教育现象提供重要参考。

（9）王金霞著《河北与中国教育早期现代化》，河北人民出版社 2009 年版。全书共八章，以专题构成篇章，主要包括中国教育早期现代化问题综述、河北教育早期现代化分期、河北教育早期现代化分类、河北教育早期现代化历史人物、河北教育早期现代化模式比较等方面内容。作者综合运用历史主义、系统科学、比较和量化统计相结合等多种方法，"在充分吸收借鉴已有研究成果的基础上，通过广泛搜集晚清、民国的报刊杂志和地方史志等素材，多层次展示河北早期现代教育萌生、构建与拓展的曲折进程，总结河北教育早期现代化的特征及独有模式，概括河北在中国教育早期现代化史上的地位及贡献"。

（10）赵清明著《山西大学与山西近代教育》，高等教育出版社 2011 年版。全书共六章。第一章概述 19 世纪末 20 世纪初山西教育的总体情况；第二章分析山西大学（堂）的建立和发展；第三章至第六章探讨山西大学（堂）的留学生对山西近代教育的影响，山西大学（堂）对山西近代高等教育、山西近代中小学教育和山西近代教育机构的影响。作者查阅山西乃至全国其他省市的图书馆、档案馆，挖掘大量相关资源，保证该书的翔实性及论证的周延逻辑，初步构建大学与所在地区教育发展关系的分析框架。

（11）赵颖霞著《近代保定文化教育史论》，吉林大学出版社 2015 年版。全书分近代保定政治文化、书院教育、留学教育、军事教育、师范教育、中小学国学教育六部分。保定历史文化与历史教育源远流长、内容丰富，作者深入研究近代保定各种类型教育和代表性教育历史事件、人物及成就，在一定程度上反映了保定文化、教育的历程与成就。如在"近代保定书院教育专题研究"章节中，介绍莲池书院的创建及其兴盛、办学特色及其创新、几位著名院长的教育学术成就以及晚清学风之变等方面内容；在"近代保定军事教育专题研究"章节中，探讨保定陆军军官学校与中国近代军事教育、蒋百里与保定陆军军官学校等论题。

（三）区域教育专史

（1）中国人民政治协商会议浙江省委员会文史资料委员会编《浙江近代著名学校和教育家》（浙江文史资料选辑第四十五辑），浙江人民出版社 1991 年版。全书共分为学校教育和教育家两部分，学校部分按照时间分地区，先公立后私立排列；人物部分按生前先后为序。该书共收录大专院校 9 所，中学及师范 21 所，著名教育家 24 人。人物多选在浙江省兴办教育的浙籍教育家，部分原籍虽非浙江，但与浙江教育关系密切的教育家，或没有在浙江办学但对全国教育界有影响的浙籍人物。该书收录的文章极具代表性和典型性，便于读者欣赏品味。

（2）沈雨梧著《浙江师范教育》，天津古籍出版社 2002 年版。全书共五章。第一章至第三章探讨浙江师范教育从 20 世纪诞生到跨世纪时期的发展历程；第四、第五章分析浙江师范教育的学会组织、学校及名师。书末附录"浙江省中等师范教育百年大事记""主要参考书目"。其中第一章着重分析近代浙江师范教育历史脉络和关键人物对浙江师范教育所作出的贡献。该书制作和利用 30 余幅图表，通过这些图表可以准确地观察浙江师范教育的发展态势。作者查阅浙江各地的教育志，各县、地、市志，各师范院校的档案和校史，中国台湾地区高师院校的有关图书等，经过翔实的考证，使观点和结论更具科学性与说服力。

（3）栾开政主编《山东高等教育发展史（1840—2000）》，山东教育出版社 2003 年版。全书共 14 章，全面叙述 1840—2000 年间山东高等教育发展的曲折历程。书末附录"山东高等学校选介""1949—2000 年间山东普通高等学校基本情况"。山东高等教育富有特色的发展历史，是中国高等教育的缩影。

（4）张彬等著《浙江教育家和中国近代教育》，浙江大学出版社 2008 年版。全书共六章。第一章综述学贯中西的浙江教育家群体；第二章至第六章探讨浙江教育家对中国近代教育的贡献，包括铸造中国大学的现代雏形、摸索中等教育的改革实践、开创中国幼稚教育的先河、推动教育出版事业的进步、促进现代教育理论的传播等诸多方面。作者在查阅大量的年谱、传记、日记、书信、教育论著及全集和充分吸收前人成果的基础上，清晰地描绘浙江教育家与中国近代教育的关系图景。该书采用综合分析的方法，对浙江教育家的作用进行分类探讨，找出共性并突出特色。

（5）楼世洲著《职业教育与工业化——近代工业化进程中江浙沪职业教育考察》，学林出版社 2008 年版。全书共五章。第一章分析近代职业教育嬗变的路径；第二、第三、第四章分别论述浙江、江苏、上海的近代工业化进程与特点；第五章讨论职业教育与工业化的互动关系。这是该书贯彻始终的主线，主要表现在三个方面：技术教育形式的转移、传统师徒制的演变、职业教育与城市化进程的关系。作者运用经济史研究中的因素论方法，选取江浙沪为对象，以时间为序列揭示客观性，以区域为特征分析相关性，以主题为核心展示逻辑性，力求使相关论题探析更为全面而深刻。

（6）于珍著《近代上海同乡组织与移民教育》，社会科学文献出版社 2009 年版。全书共六章，在介绍近代上海同乡组织的背景、会员制度、组织建构和经济制度的基础上，从纵向对近代上海同乡组织的办学历程做了系统勾勒；从横向对近代上海同乡组织的移民子弟教育、成人移民教育加以讨论与分析，并作出历史的反思与启示。作者敢为人先，率先对同乡组织兴办移民教育史进行挖掘和整理，打开了中国近代移民教育史的新门户。作者在查阅上海图书馆所保存的同乡组织自办期刊、年度报告、纪念刊、征信录和档案等基础上，充分吸收前人的成果，系统梳理了近代上海同乡组织与移民教育的全貌。

（7）张道森著《浙江近现代美术教育史》，浙江人民美术出版社 2009 年版。全书共五章，系统记叙浙江近现代美术教育从 1840 年至 2000 年的历程。作者将浙江近现代美术教育放在全国政治环境的大背景下加以考察，探究各个时期的美术教育现象、形式、美术思想，并揭示其与社会政治的内在关系。该书突出浙江近现代美术教育在地方文化市场、美术人才培养等方面形成的独特地域特色。

（8）陈星著《近代浙江学校艺术教育的发轫》，团结出版社 2010 年版。全书共二篇四章。上篇为近代浙江学校艺术教育发轫，论述从浙江官立两级师范学堂到浙江省立第一师范学校的历程，是近代浙江学校艺术教育发轫的标志；下篇为浙江省立第一师范学校艺术教育的传承与历史影响，着重探讨上海专科师范学校、中华美育会、春晖中学、立达学园和从民国浙江省立第一师范学校到杭州与师范大学的变迁。作者在清末民初教育事业发展的背景下审视近代中国学校艺术教育状况，以实证主义方法为近代浙江学校艺术教育定位，并以比较的视角概述浙江省立两级师范学校艺术教育的特点、成就和地位。同时，阐发百年艺术教育历史的传承与弘扬，以期确立传统与开拓艺术教育道路走向。

（9）吴民祥著《浙江近代女子教育史》，杭州出版社 2010 年版。全书除"绪论"外，共五章，主要采用"现代化理论"范式、群体和个案相结合的方法，按时间顺序系统呈现浙江女子教育的历史脉络。作者在梳理浙江近代女子普通教育、师范教育、职业教育、高等教育、留学教育、教会女子教育的基础上，分析形成各阶段女子教育特点的社会文化背景，阐释浙江近代女子教育对妇女思想启蒙、个性解放及人力资源开发所发挥的作用，由此揭示接受新式教育的浙江女子对近代中国社会进步的历史贡献。

（10）周东华著《民国浙江基督教教育研究——以"身份建构"与"本色之路"为视角》，中国社会科学出版社 2011 年版，收入"民国浙江史研究丛书"。全书分为八章，分别为：绪论；"外国人"，条约体系与清季民初浙江基督教教育的身份建构；"立案"与浙江基督教教育"国民"资格的获得；争当"国民"，浙江基督教女学生的国族认同与实践；抗日战争与浙江基督教教育的"国民"品性的呈现；公共领域中之"国民"责任，民国浙江基督教社会公益教育探析；奋进的"国民"，战后浙江基督教教育的复员与重建；"新民主主义下的人民"，浙江基督教教育的消亡与新生。作者围绕上述主题设计，对北京市档案馆、北京大学图书馆、国家图书馆以及浙江各地的档案馆和图书馆进行了地毯式的"搜索"，获得了大量原始档案，并充分加以利用，从而保证了该书写作论据的扎实与厚重，成为民国浙江基督教教育史的上乘之作。

（11）南钢著《上海家庭教育的近代变迁》，山西教育出版社 2010 年版。全书共六章：开埠前上海的家庭教育状况、近代上海社会与家庭变迁、家庭教育观念的近代变革、家庭教育实践的近代变迁、社会变迁视野中的家庭教育实践、家庭教育近代变迁的理论探索。书末附录"民国年间家庭教育著作（含编译）目录（1912—1949 年）"。作者以历史学、社会学及教育学多学科理论为基础，综合采用历史研究法、理论分析法、个案分析法和比较法，分析了近代上海城市家庭教育所发生的转型性变化，以及这种变化所带来的影响和意义，作为区域家庭教育变迁早期成果具有一定的借鉴意义。

（12）李涛著《浙江近代乡村教育史》，杭州出版社 2009 年版，收入"浙江历史文化专题史系列丛书"。除"绪论"和"结语"外，全书共六章。第一章至第五章分析清末至解放战争时期浙江乡村教育发展的历史脉络；第六章反思浙江近代乡村教育变革的特点、经验教训及历史启迪。书末附录"浙江近代乡村教育大事记"。作者以跨教育学、历史学、政治学和文化学视角，搜集近代浙江报刊、档案、名校校史、教育家传记及笔记、名人回忆录、村镇方志、小说、民谣以及通过对 20 位乡村教师的访谈获得的口述文字，对官方、民间力量及革命型政权三种势力对浙江乡村教育近代化的影响作深刻探讨及分析。

（13）杨和平著《浙江近现代音乐教育家群体研究》，上海教育出版社2012年版，收入"浙江文化研究工程成果文库"。全书除"绪论"和"余论"之外，共九章。作者以浙江近现代音乐教育家群体为探讨视角，揭示群体生成的文化生态环境、构成谱系特征、音乐教育思想背景、传世作品及组织形式，叙述美育倡导者蔡元培、音乐教育启蒙者李叔同，音乐教育继承者吴梦非、刘质平、丰子恺，音乐教育的承续者钱君匋、邱望湘、陈啸空、沈秉廉、缪天瑞、俞绂棠、裘梦痕等的生命轨迹，阐释他们的音乐教育思想及音乐创作。

（14）朱煜著《民众教育馆与基层社会现代化改造（1928—1937）——以江苏为中心》，社会科学文献出版社2012年版。全书除绪论和余论外，共五章。第一章概述江苏民众教育馆的历史阶段、组织人事和运行机制；第二章至第四章阐释江苏民众教育馆的作用，分别为改良民众文化、改善民众生计、塑造公民观念；第五章分析江苏民众教育馆社会改造的实效；余论探讨江苏民众教育馆社会改造的模式。作者将历史主义的方法论和现代化理论相结合，充分挖掘档案、报刊、专著、地方志、文史资料等文献，较为全面地考察江苏民众教育馆对基层社会的现代化改造活动，开创区域社会教育探讨的先例。

（15）黄宝权著《家族教育与文化传承——江州"义门陈"家族教育活动》，华中科技大学出版社2016年版。全书（包括导论和结语）共七部分。导论介绍了"义门"和"义门陈"现象、选题缘起、研究现状意义及思路和方法等；第一章概述江州"义门陈"家族源流及其独特家族文化的形成与特征；第二章至第五章依次从背景概况、教育活动、作用与影响等方面分析江州"义门陈"家族东佳书院教育活动、族谱教育活动、家法教育活动和家训教育活动；结语总结江州"义门陈"家族教育活动的意义。作者运用历史文献分析法，并灵活采用西方新文化史学和教育活动史的相关理论，从家族教育和文化传承入手，深入探讨家族教育和乡村治理在社会的推行与实施，对家族教育领域的研究具有一定的创新。

（16）吴小鸥著《启蒙之光——浙江知识分子与中国近现代教科书发展》，浙江工商大学出版社2016年版。该书总述浙江知识分子及其地域文化传统，以浙江知识分子为单元，选取典型人物的教科书活动进行详细阐述，其中包括19世纪中后期在墨海图书馆、美华书馆翻译西学教科书的李善兰、谢洪赍；20世纪初至20世纪20年代，即中国现代教科书发展"黄金二十年"，在民间编辑出版教科书过程中奏出华彩乐章的张元济、蔡元培、杜亚泉、陆费逵等；

20 世纪 30—40 年代周建人、丰子恺、张其昀、朱家骅、陈立夫等在教科书史中的作用。书末附录"六十位浙江知识分子编撰出版教科书概览"。关于该书的立意及设想，正如作者在"前言"中所言：该书坚守"研究教科书必须见到书（实物和文献史料）的治学原则，立足于大量教科书文本与史料分析，采取系统分析和重点深入研究相结合的思路，选取不同历史时期对中小学教科书影响最为突出的 11 位浙江知识分子展开专题研究，尝试勾勒出浙江知识分子在近现代中小学教科书编撰出版思想、制度、内容、体例等方面发挥的关键作用，凸显他们实现从'有限的启蒙'（开官智）到'普遍的启蒙'（开民智）的历史性贡献"。❶

第二节　边疆与少数民族教育史料

我国地域辽阔，与许多国家接壤。边疆民族问题由来已久。从清朝开始边疆冲突及融合连续不断，民族问题突出，不过清朝几次平定叛乱，斗争冲突得到扼制或平息。民国初期问题稍微得到缓解，但仍然战事不断。作为边疆民族问题的相关文献是需要留意的，如《伊蒙问题》（宣统二年铅印）、顾维钧《西藏问题》（民国年间铅印）均为边疆民族问题探讨者所参考。教育是边疆历史的组成部分，且具有特定的文化传承、知识学习及道德培育功能。边疆教育素材的根源与挖掘不能因其地处边陲而被边缘化。

我国是由多民族组成的统一国家，共有包括汉族在内的 56 个民族。正是各民族间的团结协作，促进了社会的现代化道路不断宽广，民族教育发展繁荣。各民族有着鲜明的特色，同时也表现出共同的特点。从历史进程来看，对中国民族做出区域性总览的要数梁启超所著《中国历史上民族之研究》（上海商务印书馆 1926 年版）。该书就民族与种族、民族与国民之义做出解释，认为民族皆自诸夏，少数民族共分为五个部分，即蒙古族、突厥族、东胡族、氐羌族、蛮越族，而其间又发生不同流派的流变，有的被同化或者走向消亡。各民族众多流派间的分布、服饰、言语、宗教、教育等构成，则为少数民族史的重要内容。近年本专题文献以赵令志编著《中国民族历史文献学》（中央民族大

---

❶ 吴小鸥. 启蒙之光：浙江知识分子与中国近现代教科书发展 前言 [M]. 杭州：浙江工商大学出版社，2016.

学出版社 2006 年版）最具代表性。该书对于满、蒙、傣、彝族民族语言文字、宗教道德、社会风俗及医学教育内容加以整理，为学者所广泛试用。

一、边疆教育专史文献

边疆民族地区近代教育专史文献分布可分为两类：一为普通教育专史文献，二为边疆专门教育文献。两者相较，当以后者为主。普通教育史文献中关于边疆教育记录在当前流行的中国近代教育史、中华民国教育史、清代至民国档案史等史料类中皆有呈现，可参考其章节所列的相应内容。边疆教育史专门文献来源主要在抗日战争爆发后民族危机深重背景下编辑而成。

（1）《清帝谕八旗子弟注重学习骑射、清语》《陆军贵胄学堂试办章程》，光绪三十一年（1907 年），载刘锦藻《清朝续文献通考》第二册卷 95 "学校二、十二"，上海商务印书馆万有文库本。《学部咨宪政编查馆准满蒙文高等学堂咨送章程文》并附《满蒙文高等学堂章程》，载《大清教育新法令》第六册第六编，上海商务印书馆版。

（2）刘曼卿编《边疆教育》，上海商务印书馆 1937 年版。全书共分三篇：导论、概况、计划。计划篇提出建设性意见：理论的原则、地方教育行政的改进、教育经费的规划、师资的培养、初等教育、中等教育、社会教育、女子教育、蒙藏回教育和结论等。该书是较早系统论述边疆民族教育的专著，在充分占有史料的基础上，作者揭示边疆教育问题的最大根源在于 "病态过深"，❶并对如何补救进行阐述。该书的特色明显，边疆教育是研究者的重要参考。

（3）教育部蒙藏教育司编印《边疆教育法令汇编》，1941 年版。该书收录民国时期有关边疆教育各类政府文件，尤以抗战时期居多，如《教育部边疆教育委员会章程》（1940 年 5 月 8 日 教育部修正公布）、《边远区域劝学暂行办法》（1940 年 7 月 27 日 教育部公布）、《边地教育视导应特别注意事项》（1941 年 4 月 教育部通令）等。

（4）教育部蒙藏教育司编《边疆教育概况》，重庆国民政府教育部 1943 年版。全书分四编 16 章，8 万多字，分别为边疆教育概论、边疆教育行政、边疆教育事业及边疆教育问题等。"边疆教育概论" 篇中记述边疆与边疆教育、边疆教育对象、方针；"边疆教育行政" 篇论述行政机构、视导与考察、

---

❶ 刘曼卿. 边疆教育 [M]. 北京：商务印书馆, 1937.

边地青年指导与待遇、读物编译与问题研究；"边疆教育事业"篇阐述边疆社会教育、初等教育、中等教育、调整边疆教育事业刍议，以及少数民族聚居较多的 14 个省的教育状况。其中关于边疆教育概况记叙占全书的 3/10。❶ 编者在大量史料基础上，进行实地考察，提供较为丰富的访谈素材。该书全面系统介绍边疆教育，权威性较强。

（5）曹树勋著《边疆教育新论》，重庆正中书局 1945 年版。该书对边疆教育问题作出新的解释和说明。边疆教育问题篇论述边疆教育的先决条件，以及民族、语文及宗教问题等对教育的影响，边疆教育方法的改进等。❷

（6）汪洪亮、王晓安、任羽中、匡国鑫、康涛编《民国时期边疆教育文选》，黄山书社 2010 年版。该书收录民国时期有关边疆教育论文 20 余篇，其中既有理论探讨，又有具体政策方略，以及边疆教育的课程设置、教材编撰、师资培养、生源保证、就业去向各项章程。该书作者包括当时主管边疆教育的行政官员、关注边疆教育的知名学者和在边疆施教的教育家。该书的内容及价值恰如编者在序中所述："文章广泛涉及民国边疆教育的历史与现实、理论与方法，同时也多将边疆教育放在民族国家构建、抗战建国、民族复兴的大的政治语境之中，将边疆教育置于尊重多元文化、促进民族融合、推动边疆地区经济社会发展的基础之上，因此颇有重读的必要。"❸

二、边疆教育史主要研究成果

边疆教育专门史成果比较突出的在东北地区，以辽宁省高校学者撰著力量突出，堪为代表，其次是西南地区的广西、云南和贵州等省区。以下仍以出版年代顺序排列于后。

（1）朴奎灿等著《延边朝鲜族教育史稿》，吉林教育出版社 1989 年版，收入"中国少数民族文库"。延边朝鲜族毗邻朝鲜，在我国边疆地理中有特殊的地位。该地区教育事业有着浓郁的民族特色。全书共六章，依照历史阶段较为系统地梳理"九·一八"事变前至 20 世纪末期延边朝鲜族教育发展史，总结历史经验，并深入探究了民族教育发展中的各种问题。其中，"九·一八"

---

❶ 国家民族事务委员会教育司. 新时期民族教育工作手册［M］. 北京：中央民族学院出版社，1991：338.

❷ 曹树勋. 边疆教育新论［M］. 重庆：正中书局，1945.

❸ 汪洪亮，等. 民国时期边疆教育文选：序［M］. 合肥：黄山书社，2010.

事变前的延边朝鲜族教育主要论述朝鲜族的迁入和开发、书堂（私塾）教育、朝鲜族反日私立学校教育的兴起和发展、各方势力经办的朝鲜族学校教育等内容，对近代东北边疆教育历史有特殊的价值。作者利用大量的朝鲜文、汉文、日文历史文献和档案资料，精心整理和分析，使得作品的学术价值和可信度大为增加。该书对正在集中力量进行社会主义教育现代化建设的东北民族地区具有重要参考价值。

（2）齐红深著《满族的教育文化》，辽宁大学出版社1993年初版。全书共15章。第一章概述满族的历史与教育文化；第二章至第五章论述肃慎、挹娄、勿吉、靺鞨、渤海族和女真族的教育文化；第六、第七章分析满族共同体形成时期的教育文化和清代满族统治者的民族文教政策；第八章至第十四章探讨自清代到新中国成立满族教育文化，其中包括学校教育、私学、科举、教育思想和教育改革等；第十五章阐述满族教育文化的历史启示。其中第十二、第十三章论述鸦片战争后满族教育的改革（包括新式学校、实学教育和仕学馆的兴办和兴起等），民国时期满族教育的教育政策、贵族教育、满文文字改革等。全书既有对满族教育文化的横向分析，又有对其的纵向勾勒，清晰明了地梳理满族的教育文化史。作者运用文化学的理论和方法研究满族的教育，揭示满族教育的文化形态及其发展变化历程。

（3）陶增骈主编《东北民族教育史》，辽宁大学出版社1994年版，收入"中国少数民族教育史丛书""东北教育史研究丛书"。全书共三编17章，以少数民族为单位，论述东北各个少数民族的教育发展历程，详细分析东北各个少数民族近代教育的艰难转型及办学状况，填补了东北少数民族教育史成果的空白。

（4）杨新益、梁精华、赵纯心编著《广西教育史——从汉代到清末》，广西师范大学出版社1997年版。全书共八章，梳理从西汉至清末广西教育的发展脉络。最后一章重点探讨清末广西的兴学运动。该书作者历时7年完成，采用断代史体例进行论述，便于前后朝代的教育比较，尤其是对大量的史料加以严格筛选、鉴别及考证，具有较高学术价值。

（5）李喜平主编《辽宁教育史》，辽海出版社1998年版。全书共十章，系统梳理辽宁教育从起源到东北解放战争时期的发展历程。编者在"序言"中写道："本书从教育文化学的视角上，研究、观察辽宁教育的历史过程，不仅恰当地描述了辽宁教育与全国教育的联系与区别，突出了辽宁教育在各个历史条件下的地方特点，还深刻地揭示了辽宁地区教育发展的历史经验和教训。"❶ 作为辽宁省第一部教育史专著，作者坚持以史实为依据、史论结合、论从史出的原则，注意把握辽宁教育史的系统性和完整性，突出了辽宁教育的边疆民族性特点。

（6）王贵忠著《东北职业教育史——从远古到民国》，辽宁大学出版社1999年版，收入"东北教育史研究丛书"。全书除绪论外，共12章，系统梳理了从远古至民国职业教育的发展史。其中，作者用一半的篇幅论述清末民国时期东北职业教育的演变，包括清末东北职业教育学校的兴起、民国初期辽宁省职业教育、民国初期吉林省职业教育、民国初期黑龙江省职业教育、民国初期东省特别区职业教育、东北交通职业教育和东北教育家的职业教育思想。该书搜集原始档案、回忆录、见闻录、年鉴、地方志、教育当局公布的学校教育统计表等，使用历史文献方法，考究史实，力求还原真相。该书的出版开拓了东北区域史研究领域，开拓了中国教育史研究领域，填补了全国教育史中关于东北教育史以及东北职业教育史研究的空白。

（7）刘兆伟、马立武、王凤玉编著《东北高等教育史》，辽宁大学出版社2000年版。全书共三篇14章，叙述东北高等教育的历史演变。中篇详细探讨近现代东北高等教育的产生、发展和伪满洲国的高等教育概况。该书充实了中国地方高等教育史的学术成果。

（8）姜树卿、单雪丽主编《黑龙江教育史》，黑龙江人民出版社2002年版。全书共16章，系统梳理从原始时期至改革开放时期黑龙江教育的发展历程。其中的第六章至第八章重点探讨清代末期、民国初年和抗战沦陷时期黑龙江教育的曲折历程。作为黑龙江省首部教育通史，拓展了该区域教育史的领域，填补了我国北部边疆教育成果的空白。

三、少数民族教育史主要研究成果

新中国成立后有关民族教育著作做专门研究的并不多见。20世纪末，一套少数民族教育研究的系列丛书为研究少数民族教育史提供了重要参考。此丛书共编有四卷。因其涉及民族较多，国家民委认为："它填补了我们少数民族教育史研究的空白。"其发掘各民族古今教育史料，因无现成系统史料，不少

---

❶ 李喜平. 辽宁教育史［M］. 沈阳：辽海出版社，1998.

皆属"抢救"性发掘所得,系统爬梳民族教育史的若干理论问题。书中论述了民族教育的含义、分类、民族教育史的分期断代、地区分布,以及民族教育史的地位等;构建了全国少数民族教育史的总框架,解决了各族教育的历史分期,以及它们之间如何对应关照而统一的问题。❶ 以下就此对相关著作加以述介。

（1）李瑛著《鄂伦春族教育史稿》,吉林教育出版社 1987 年版。全书共17 章,以原始档案和其他历史文献为依据,对新中国成立前鄂伦春族的教育发展概貌及其规律做了系统的探索,具体介绍了在没有学校教育以前,家庭言传身教的教育方式,以及民族学校的兴趣、发展、办学特点等。该书是第一部少数民族教育史著作,作者做了大胆尝试,并为探讨中国近代少数民族教育史提供了先例。

（2）朱解琳著《藏族近现代教育史略》,青海人民出版社 1990 年版。全书分为上、下两编,共 12 章。上编为近代时期（1840—1919 年）,内容包括鸦片战争后的藏族社会和教育状况、西藏和甘青藏区近代教育的产生和发展、清末的康区藏族教育、藏传佛教的寺院教育以及帝国主义对藏族地区的文化侵略;下编为现代时期（1919—1949 年）,内容包括北洋政府和国民政府时期民族教育的实施方针及藏区教育行政机构的沿革、各级各类教育的实施、编译教材、划拨经费和文化教育研究活动的开展、寺院教育和佛教对藏族文化教育的影响、帝国主义对藏区文化的侵略以及红军长征在藏区的教育活动和陕甘宁边区对藏族干部的培养教育等。❷书末附录"四川藏文学堂章程""打箭炉关学师范传习所简章""教育部公布蒙藏学校章程""打箭炉直隶厅教育会简章""拉卜楞藏民文化促进会组织章程""青海省推进蒙藏教育实施办法"。该书是第一部藏族教育史专著。

（3）中国少数民族教育史编委会编,韩达主编《中国少数民族教育史》,由广东教育出版社、云南教育出版社、广西教育出版社 1998 年联合出版。第一卷主要探讨回族、维吾尔族、朝鲜族、满族、哈萨克族、东乡族、达斡尔族、羌族、保安族、裕固族等民族教育史;第二卷主要梳理及分析蒙古族、藏族、彝族、白族、傣族、纳西族、基诺族等民族教育史;第三卷主要记录及思

❶ 北京市社会科学界联合会. 北京社会科学年鉴 [M]. 北京:北京出版社,2000:324.

❷ 朱解琳. 藏族近现代教育史略 [M]. 西宁:青海人民出版社,1990.

考壮族、布依族、瑶族、土家族、黎族、高山族、仫佬族、毛南族、京族等民族教育史;❶ 第四卷主要探究哈尼族、傈僳族、佤族、拉祜族、景颇族、布朗族、阿昌族、普米族、怒族、德昂族、独龙族等民族教育史。

（4）李良品、彭福荣、崔莉著《乌江流域民族地区教育发展史》，重庆出版社2010年版。乌江流域崇山峻岭，江河奔腾，地势险要，是贵州、重庆和四川交界的众多少数民族聚居地区。全书分为乌江流域民族地区古代教育、近现代教育和当代教育三编。书末附有各个时期各类教育情况统计表。其中，在"近现代教育"编中，作者详尽介绍了乌江流域民族地区近现代教育的生态环境、发展脉络、各级各类的教育状况，尤其对该地区宗教教育、社会教育、学校教育制度的建立和推行以及师资结构和待遇等问题做了分析。该书运用多学科的理论和方法，提出"少数民族地区教育是多元一体教育"的观点，对于民族教育学和教育史学的学科发展有一定的启示作用。

（5）吴定初、张传燧、朱晟利著《羌族教育发展史》，商务印书馆2011年版。该书大体以时间为序，全面系统地论述从古羌人到2010年羌族教育演变、发展的历史过程。除绪论外，全书共十章。其中，第五章重点探讨"清末民国时期的羌族教育"，主要分析羌族近现代学校教育的产生与发展、教会教育与社会教育以及红军在羌区的革命教育活动。该书既注重考据，又注重辞章，力图引发人们对少数民族教育历史的独特思考。

近代少数民族教育史作为中国近代教育史不可或缺的组成部分，一方面与自身民族的流变消亡密切相关，另一方面因民族语言文字教育的原因，成为教育历史的独特之处，随着少数民族历史文献出版的逐步增多，将受到学者更多关注。

---

❶ 《中国少数民族教育史》编委会. 中国少数民族教育史（第1~3卷）［M］. 广州：广东教育出版社、云南教育出版社、广西教育出版社联合出版，1998.

第十七章　学科教育、课程与教学方法史

学科教育是依学科课程或科目为主线而设计的教育论题，在当今教育界甚为流行。历史上又将这种设计视为分科教育。其实，今天的语文、数学、物理、历史等学科教育便是典型，而大文科或大理科则是学科群的范畴，一般少有论及。依托于学科教育基础实施教学规划及操作行为，便是课程与教学方法。不过，这样广阔图谱内容的历史变迁及文献整理绝非本章所能涵括，而只能择要叙述。

第一节　学科教育史

鸦片战争的炮声轰开了清王朝闭关锁国的大门，震醒了一大批忧国忧民的仁人志士。为了救国救民，不少知识分子开始认真研究西方与日本的教育和科学技术。19世纪60年代以后，买办化的封建官僚统治集团发起洋务运动，兴办洋务教育，在客观上或多或少地推动了中国同西方的教育交流。例如，当时官费派遣留学生赴国外留学，使中国的少数知识分子真正面对较为先进的西方世界，也为考察、了解及介绍西方的教育提供了可能。洋务派参照西方学校模式兴办的一些新式学堂，对于西方教育课程与教育体制在中国的传播和移植起到了一定的积极作用。

据史料记载，中国近代西方教学课程计划及方法实验肇始于1862年清政府开办同文馆。曾任同文馆总教习的英国人丁韪良博士在其1907年所著《同文馆记》中明确称办同文馆是一种实验，并说道："做这开办同文馆的实验……是很可惊叹的。""同文馆这个实验的成绩"，"中国的当局对它已经很

满意了。"❶ 应该说，1860 年清政府开办同文馆确实是一次尝试，它第一次采用西方模式办学。自此以后，学科教育的现代化历程不断充实及成长。

一、教育学史

1895 年中日甲午战争失败后，中国的民族危机空前加重。康有为、梁启超等人掀起了改良主义的维新思潮。他们通过在各地举办新式学堂等活动，大力宣传国外教育的新思想、新理论，一方面提出"废科举、兴学堂"的口号，另一方面又主张按照西方的模式改造中国的教育制度，把中国的教育分为幼儿教育、小学教育、中学教育和大学教育四个阶段。在此背景下，国内先后出现一些介绍外国教育制度和思想的著述和翻译作品。严复翻译英国 19 世纪教育家斯宾塞所著《劝学篇》（亦译为《教育论》），白作霖翻译日本著作《各国教育制度》。西方教育理论著作大量输入中国，在 1900 年以后，留日学生翻译著述的功绩最大；中国各级各类学堂延聘外籍教师任教，有很多著译和讲义；国内出版教育刊物著译文章；还有派员游历考察外国教育的调查、报告、带回的书籍经由多种渠道散播开来。目前对早期翻译日本及欧洲的教育理论书籍，已有学者做了专门细致的整理。值得特别提及的是，1900 年创办的《教育世界》杂志曾以较多的篇幅，刊载文章介绍德、法、美、英、日等国学校教育情况。

1902 年京师大学堂师范院课程计划首先设教育学课程，其内容涉及教育宗旨、教育原理、学校管理等。1904 年 1 月，《奏定学堂章程》规定教育学是高等学堂文科选修科，优级师范、普通师范及简易师范学堂均应设教育学课程，内容除上述板块外，又增加教育制度及教学法。1912—1913 年《壬子癸丑学制》继承了清末学制的相关方案，教育学被列为师范学校及教师培训的必修课。除了教育学课程外，同时开辟教育史、学校卫生、教育法令及教育实习等课程。

最早在我国出现的教育学大都来自日本，而当时日本的教育学是从德国学来的赫尔巴特教育学。20 世纪前后，西方一些著名教育家的学说和著作，也大多假手日本介绍到中国来。除此之外，夸美纽斯、卢梭、洛克、斯宾塞、裴斯泰洛齐、福禄培尔、赫尔巴特等人的传记、学说和著作，也在各种刊物上出

---

❶ 朱有瓛. 中国近代学制史资料：第一辑　上册［M］. 上海：华东师范大学出版社，1985：161 – 164.

现，尤其是我国最早创办的教育杂志《教育世界》，做了较为系统和全面的介绍，在当时具有很大的影响。另有大量介绍欧美教育学说流派、教育制度及教育现状的文章和著作，主要通过日本翻译过来。❶ 举其要者，如姚锡光撰《东瀛学校举概》1 卷，光绪戊戌年（1898 年）刻印。李宗棠撰《考察日本学校记》1 卷，光绪年间铅印本。吴汝纶撰《东游丛录》1 册，明治三十五年十月，日本东京三省堂书店印行。罗振玉撰《扶桑两月记》1 卷，光绪壬寅年（1902 年）教育世界社印。缪荃孙撰《日游汇编》1 卷，光绪年间铅印本。王景禧撰《日游笔记》一函，光绪甲辰年（1904 年）冬月学印局铅印本。以下在此概述基础上进一步考察。

（一）清末民初教育学著作

这里的教育学著作指当时学界创作或翻译的教育学主题作品，当前学者的中国教育学史论著对其中的种类及特点等问题多有论及。近年来，对旧中国的教育学科做了梳理及总结，代表作有瞿葆奎、郑金洲主编，特约编辑为徐玉珍、李玉珠的《20 世纪中国教育名著丛编》。本丛书主要选编了 20 世纪经过50 年以上时间检验、水平较高、影响较大、领学科风骚的著作。透过这些著作，展现 20 世纪中国教育学者的学术智慧，盘点中国教育科学的世纪历程。当然，其他未入编论著各有其价值及风格。以下仅就清末民初国内流行教育学译著作品略加简介，对五四运动的同类著作可以参考下面所述内容。

1. 日译教育学著作

立花铣三郎原著，王国维译《教育学》（译者注：以德国教育家留额氏所著书为本）；牧濑五一郎著，王国维译《教育学教科书》；熊谷五郎原著《大教育学》（译者注：以德国威尔曼所著书为本）；吉田熊次著《新教育学讲义》。以上均载《教育世界》1901 年版。《垤氏实践教育学》《格氏特殊教育学》均为京师大学堂 1903 年版。越智直安、东辰巳郎著，张肇桐译《实用教育学》（译者注：以英国斯宾塞氏所著书为参照本），上海文明书局 1904 年版。尺秀三郎、中岛半次郎著，季新益译《教育学原理》，教科书译辑社 1904年版。波多野贞之助讲述，颜可铸编辑《教育学原理》，湖北官书处"速成师范讲义丛编" 1904 年版。大濑甚太郎著，刘本植、周之冕译《新编教育学教科书》，上海商务印书馆 1906 年版。小泉又一著《教育学教科书》，北京华新

---

❶ 胡德海. 教育学原理［M］. 兰州：甘肃教育出版社，1998：124 – 125.

书局 1904 年版。植山荣次著《教育统论》，直隶学务局 1903 年印行。植山荣次著，陈宪镕、许家惺译《女子教育学》，群学社 1909 年版。

2. 中国学者编著教育学著作

缪文功著《最新教育学教科书》，上海文明书局 1906 年版；《教育学》（初级师范教科书），上海商务印书馆 1906 年版；秦毓均著《教育学》，中国图书公司 1908 年版；蒋维乔著《教育学》，上海商务印书馆 1909 年版；吴馨著《简明实用教育学》，上海中华书局 1910 年版；周维城著《实用教育学教科书》，北京女子师范学校 1913 年版；刘以钟著《新制教育学——中华师范学校教科书》，中华书局 1914 年版；何乐益著《教育学》，广学会版；《教育学》（师范学校教科书），顾倬译，上海商务印书馆 1914 年版；张子和著《大教育学》，上海商务印书 1914 年版；彭清鹏著《实际教育学》，上海中华书局 1914 年版；宋嘉钊著《讲习适用教育学教科书》，上海中华书局 1914 年版；韩定生编纂，《新体教育学讲义》，上海商务印书馆 1918 年版；王凤歧著《教育学》，上海商务印书馆版。

（二）教育学学科史主要著作

学科史是学科的历史之意，故教育学学科史一般属当代学者所撰，是对历史上这类作品及成就的挖掘与构建。

（1）董远骞著《中国教学论史》，人民教育出版社 1998 年版。全书分上、下两篇，共 16 章。第一章绪论，探讨中国教学论史的研究对象、研究方法及重要意义；上篇为中国教学论发展简史，论述从中国古代至 20 世纪 80 年代末90 年代初教学论的演进；下篇为中国教学论问题史，包括教学原则、教学艺术观、成绩考核等十章内容。该书在充分掌握历史资料的基础上，运用正确的观点与方法对教学论问题进行分析及反思。

（2）张传燧著《中国教学论史纲》，湖南教育出版社 1999 年版。全书共12 章。前 5 章探讨中国教学论史的各个问题，包括已有研究综述、发展分期及特点、与中国传统文化的关系、理论基础、中国教学论基本范畴等；后 7 章以专题的形式，分别论述教学目的论、教学内容论、教学过程论、教学原则论、教学模式论、教学评价论、教学艺术论等相关内容。书末附录"作者已发表的有关中国教学论史论文目录"。该书是研究教学论史的重要成果。

（3）金林祥主编《20 世纪中国教育学科的发展与反思》，上海教育出版社 2000 年版，收入"教育学科元研究丛书"。全书共六章，主要内容包括 20

世纪前中国教育思想概览、中国教育学科体系初现（1901—1919 年）、中国教育学科体系的构建（1919—1949 年）、中国教育学科体系的演变（1949—1966年）、中国教育学科体系的破坏（1966—1976 年）以及中国教育学科体系的发展（1976 年至今）。作者在尽可能占有第一手资料的基础上，对历史资料进行全面客观分析，梳理中国教育学科体系的历程，揭示教育学科发展的经验和教训。

（4）郑金洲、瞿葆奎著《中国教育学百年》，教育科学出版社 2002 年版。全书共七章，书末附"中国教育系科百年"。作为第一部描述中国教育学百年发展历史的著作，作者以元教育的眼光，透视我国教育学发展百年的状况，将教育学百年走过的历程划分为教育学的引入（1900—1919 年）、教育学的草创（1919—1949 年）、教育学的改造与"苏化"（1949—1956 年）、教育学的中国化（1957—1966 年）、教育学的复归与前进（1976—2000 年）六个历史时期，对每一历史时期教育学的基本范畴、概念、命题、论争的主要问题等进行介绍和分析，并在此基础上进一步探讨中国教育学的历史脉络以及逻辑轨迹。该书以逝去的百年为经，以教育学为纬，描绘一幅 20 世纪中国教育学的宏伟画卷，对于教育理论工作者认识自身所从事或涉及的学科领域——教育学的过去、现在以及未来发展趋向有着重要借鉴价值。

（5）侯怀银等著《20 世纪中国教育学发展问题研究》，北京师范大学出版社 2011 年版。该书共七章，分别为 20 世纪中国教育学发展的基本历程、教育学在 20 世纪中国的引进及其影响、20 世纪教育学中国化的探索、20 世纪中国教育学科学化的探索、20 世纪中国教育学学科独立性的探讨、20 世纪中国教育学学科体系的构建、中国教育学的未来发展趋势探析。书末附录"20 世纪中国教育学发展大事记"。作者尽可能多地立足于当代中国教育学实际，对20 世纪中国教育学的问题进行考察，具体对 20 世纪中国教育学研究者所进行过的教育学中国化探索、教育学科学化探索、教育学学科独立性探讨和教育学学科体系构建等进行比较全面而又深入、系统的梳理与反思，揭示 20 世纪中国教育学发展过程中存在的问题、经验、教训和启示，展望了 21 世纪中国教育学的趋势。

（6）项建英著《近代中国大学教育学科研究》，华东师范大学出版社 2012年版，收入"大学教育研究系列丛书"。全书除绪论外，共七章。第一章总述近代中国大学教育学科发展的历史背景；第二、第三、第四、第五章分别论述近代高等师范教育学科、近代国立综合性大学教育学科、近代教会大学教育学科、近代私立大学教育学科、独立教育学院和独立师范专科学校教育学科的历史及主要问题；第七章阐述近代中国大学教育学科的历史地位。作者采用文献法、个案法及比较法等，主要从师资状况、课程设置、教学方法、人才培养、学术研究等方面对近代中国大学教育学科进行讨论，期间广泛搜求文献，去粗取精、去伪存真，最终撰成此书。

（7）王珉著《中国近代教育管理学科研究》，上海教育出版社 2013 年版。除绪论和余论外，全书共五章：西学东渐中的学科酝酿（1862—1900 年）、"以日为师" 风气下的学科诞生（1901—1915 年）、转向美国后的学科初兴（1916—1926 年）、立足本土的学科自觉（1927—1937 年）、面临危机时的学科沉淀（1938—1949 年）。作者采用以 "年代为纲，专题为目" 的写作体例。"考虑在当前学科史研究的起步阶段，从整体上把握中国教育管理学科近代发展的时间脉络是基本的和必要的，先准备好这个知识基础，以后再进行专题研究会比较合适。"❶ 该书从学科知识发展和学科制度建设的角度，梳理中国近代教育管理学科产生和发展的五个阶段及其特征，提出教育管理学科建设专业化、本土化、科学化和自主性的命题。

二、学科教育史

与上述教育学学科相比较，以下是中小学教学大纲（学科课程标准）的具体学科教育问题探讨，既有历史，也包括原理及方法。本书按主题内容分类选择，但对于部分大学学科教育史著述也作评价，以反映学科教育史全貌。

（一）基础学科教育史

1. 语文

（1）郑国民著《从文言文教学到白话文教学——我国近现代语文教育的变革历程》，北京师范大学出版社 2000 年版。全书共四章。第一章从现代教育的目的、内容、方法、普及教育思想的发展等方面，分析现代教育对文言文和白话文教学的选择；第二章分历史时期介绍文言文到白话文教学的演变轨迹；第三、第四章分别阐述语文教科书和语文教学方法的变革历程。作者主要从教育理论、法令、教科书和教学方法的角度，对我国近现代语文教育历史及问题

---

❶ 王珉. 中国近代教育管理学科研究 [M]. 上海：上海教育出版社，2013：23.

史进行探讨，系统梳理从文言文教学到白话文教学的转型、论争及趋势，具有较高的学术价值。

（2）李杏保、顾黄初著《中国现代语文教育史》，四川教育出版社 2000 年版，收入"中国语文教育丛书"。全书共八章，系统勾勒清末民初至 20 世纪 90 年代中国语文教育的发展历史。全书内容重点在中学语文教育，也兼顾小学。前三章详尽阐述清末民初社会大变革背景下语文教育发端、五四运动背景下国语教育的蓬勃兴起、20 世纪 30 年代国语国文课程教材教法的深入，其中既有宏观的历史铺陈，也有对黎锦熙《新著国语教学法》、王森然《中学国文教学概要》以及梁启超与叶圣陶早期作文教学的微观研究。该书在充分尊重史实的基础上，注意到语文教育史与教育史的联系与区别，展现近现代语文教育史的独特魅力。

（3）王松泉、王柏勋、王静义主编《中国语文教育史简编》，社会科学文献出版社 2002 年版，收入"语文教育理论素养丛书"。全书分为古代语文教育期、近代语文教育期、现代语文教育期三部分。其中第二编"近代语文教育期"重点探讨文学设科期和国语、国文期的轨迹、内容和基本经验。该书由全国 40 多所高师院校和科研单位 50 多位语文教育工作者协作完成。作者对语文教育史的分期，强调"自身规律""社会关联""注重特征"和"远粗近细"等原则，具有较强的学术价值和实践意义。

（4）耿红卫著《革故与鼎新——科学主义视野下的中国近现代语文教育改革研究》，山东教育出版社 2008 年版，收入"教育史学研究新视野丛书"。全书除引论和结语外，共六章。第一章概述科学主义对中国近现代语文教育的影响；第二章至第六章分别探讨语文教育目标、语文教学内容、语文教学方法、语文考试、语文教育研究方式等科学化的历史脉络；结语部分分析中国近现代语文教育科学化改革的主要成就及其教训和启示。作者采用历史文献法、比较法以及个案分析法，从科学主义的视角来分析中国近现代语文教育的改革问题，弥补这方面的不足，有一定的创新性。

2. 数学

（1）魏庚人主编《中国中学数学教育史》（第一卷），人民教育出版社 1987 年初版。全书共六章，系统梳理从晚清至新中国成立前中学数学教育的发展脉络，是第一部有关数学教育史方面的专著。魏庚人亲身经历了该书所囊括的大半岁月时间，在增强所述内容真实性的同时，也有助于学者加深对这一时期数学教育的认识。

（2）马忠林、王鸿钧、孙宏安、王玉阁著《数学教育史》（新版），广西教育出版社 2001 年版。全书分两部分。第一部分为中国数学教育史，论述从中国古代至新中国成立后的数学教育发展历程，内容充实、材料丰富，历朝历代的数学教育内容均有涉及；第二部分为外国数学教育史，阐述从外国古代至20 世纪 90 年代数学教育的发展历程，因受史料限制，多论及欧美等发达国家，对发展中国家较少谈及。对该文结构及构思，如作者在"前言"中自述："本书为探讨数学教育发展的来龙去脉及其变化规律，先从社会、政治、经济发展的大环境中略述教育的基本状态，然后才深入展开对数学教育的研究，力求既能再现历史的原貌，又能纲举目张，给读者提供比较、研究、改革、发展数学教育的历史素材和参考资料。"❶

（3）李兆华主编《中国近代数学教育史稿》，山东教育出版社 2005 年版，是第一部中国近代数学教育史主题的著作。全书共六章。第一章概述中国近代数学教育的演变；第二章至第五章阐述洋务学堂、书院、教会学校及新式学堂的数学教育；第六章探讨社会数学教育，即民间的数学知识传播及实践。作者坚持史料与观点不应存在失误、层次与条理力求简单明确的原则，从数学教育的普及与制度、数学知识的传播两个方面较为系统地梳理晚清数学教育近代化的过程，具有较强的学术性与可读性。

3. 英语

（1）朱红梅著《社会变革与语言教育——民国时期学校英语教育研究》，华中科技大学出版社 2011 年版。全书共六章。第一、第二章梳理中国早期学校英语教育的萌芽、产生和近代转型，以及民国时期学校英语教育的发展历程；第三章以南开大学、北京大学和圣约翰大学的英语教育为典型案；第四、第五、第六章分析民国时期学校英语教育的基本特点、历史作用和经验启示。作者运用文献分析法、个案研究法和理论分析法，宏观概述与微观描摹相结合，系统再现民国时期学校英语教育的历史图景。

（2）孙广平著《晚清英语教科书发展研究》，中国社会科学出版社 2016 年版。全书除"绪论"和"结语"之外，分三部分共六章。第一部分为萌芽期，介绍鸦片战争（1840 年）前英语学习读物在中国的出现；第二部分为发

---

❶ 马忠林，等. 数学教育史（新版）［M］. 南宁：广西教育出版社，2001：3.

展篇，阐述甲午战争前（1840—1894 年）西人所编英语教科书和国人自编英语教科书；第三部分是成熟篇，论述甲午战争后西方英语教科书在中国的流传、从日本引入的教科书和国人自编英语教科书；结语部分探讨晚清英语教科书的发展特点及其与晚清对外关系的联系。作者通过各种途径搜集晚清英语教科书的原本及复制本，共 70 余种 100 余册，奠定了扎实的素材基础。该书以跨学科研究的视角，运用历史学、教育学、语言学及文化学，对晚清英语教科书进行了全面的分析。

4. 化学、物理

（1）张家治、张培富、李三虎、张镇著《化学教育史》，广西教育出版社1996 年版。该书力求对化学教育的孕育、萌芽、发展和繁荣的历史做出系统的阐述，重点阐明各个时期先进国家化学教育的形式、内容、发展状况以及各个时期化学教育的特点，以资借鉴。作者专门对中国的化学教育史加以探讨，并专设一章介绍中外著名化学教育家在化学教育上的功绩。书本附录"化学教育史大事摘引"，便于把握包括中国在内的世界化学教育历史线索。

（2）骆炳贤主编《中国物理学史大系——物理教育史》，湖南教育出版社2001 年版。全书共五章，系统地论述从古代至改革开放后的中国物理教育史，着重分析中国物理教育变革的原因和各个时期物理教育的指导思想、教育目的、课程设置、教学大纲、课程教材、教学理论和教学方法等领域的演进过程。作者采取"对事不对人"和"叙事又叙人"的原则，着重展现对物理教育作出杰出贡献的人物。该书在充分占有史料的基础上，史论结合、脉络清晰、厚今薄古、简明扼要，思想性与科学性统一、理论性和应用性统一，具有较强的学术性与实用性。

5. 地理、历史

（1）郭双林著《西潮激荡下的晚清地理学》，北京大学出版社 2000 年版。该书所论地理学，主要包括自然地理学、人文地理学、历史地理学及地图学等，不涉及地名学和方志学。全书共六章，从文化史的角度，系统考察嘉道之际（19 世纪 20 年代）至清朝灭亡（1911 年）西方地理学在中国的传播，中国传统地理学的发展、变化，近代科学地理学的产生及影响，从而厘清地理学在晚清新旧文化交替中所起的作用及其所处的地位，以便更好地把握民族文化在晚清的发展脉络。作者在强调西方近代地理学对中国影响的同时，突出中国传统地理学的特点。该书以晚清地理学为研究对象，填补了中国地理学史晚清段的薄弱，使中国地理学史学科更为丰富。

（2）邹振环著《晚清西方地理学在中国——以 1815 年至 1911 年西方地理学译著的传播与影响为中心》，上海古籍出版社 2000 年版。该书开篇为周振鹤教授所作《一度作为先行学科的地理学》和"引言"。全书共六章：明末清初地理学汉文西学与新知识点的引入、19 世纪西方传教士作为主译者绘制的地理学知识线、戊戌到辛亥近代西方地理学思想与知识体系的输入、晚清地理学文献中中西方自然地理学新词、清末的地理学教育与近代地理学教科书的编撰及清末地理学共同体的形成与近代中国地理学的学术转型。书末附录"晚清西方地理学译著知见录""晚清中国人编撰的地理学教科书书目""晚清地理学译著与教科书出版年代分类统计表""引用文献"。作者深入挖掘文献资源，展现 1815 年至 1911 年西方地理学在中国传播的程度和效果。在"清末的地理学教育与近代地理学教科书的编撰"一章中，阐述教会学校中的地理学教育、清末近代学制变迁和地理学教育体系的确立、清末民营出版地理学教科书的编撰、清末乡土地理教科书与民族自尊自信意识的重铸等。该书是研究近代地理学学科与地理学教科书史的重要历史文献。

（3）陈尔寿著《中国学校地理教育史略》，人民教育出版社 2013 年版。陈尔寿是我国著名的地理教育家，一生为地理教育事业，尤其是地理教材编写而奋斗。该书开篇有多幅有关学校地理教育的图片，增强读者对学校地理教育变化的感性认识。全书共四部分，第一和第二部分是作者对百年来中小学和高等学校地理教育概述；第三部分是作者的学生，包括地理教育、天文、地学等方面的专家学者，对该书作者地理教育思想和业绩的评议；第四部分收录"中国地理教育大事记（1839—1999）""我国高等学校地理学科院系分布"。该书系统反映清末至 20 世纪末 100 年间我国中小学和高等学校地理教育变迁的历史。

（4）邹振环著《西方传教士与晚清西史东渐——以 1815 至 1900 年西方历史译著的传播与影响为中心》，上海古籍出版社 2007 年版。该书是在作者博士论文的基础上修改完成。全书共十章，前后有"绪论"和"结语"。主要内容有：米怜与《察世俗每月统记传》，麦都思与《东西史记和合》，"外国史"与"万国史"——马礼逊父子的《外国史略》和郭实腊的《古今万国纲鉴》，裨治文与《美理哥合省国志略》，慕维廉的《大英国志》与晚清中国人，林乐知与《四裔编年表》，傅兰雅与《防海新论》，谢卫楼的《万国通鉴》与晚清史书，艾约瑟及其输入的西方古典史学与《西学启蒙十六种》，李提摩太与《泰西新史揽要》；"世纪史"的新内容与新形势。书末附录"晚清（1822—1900）历史译著提要""晚清（1822—1900）历史译著分类统计表"。作者将研究点聚焦在晚清西方史学译著在中国的传播及其对中国史学的影响这一层面；采用"专题史"形式，对史料进行全新的挖掘与突破；在方法上立足于实证技术，并借鉴"阅读史"与"译介史"的相关理论，具有开创性与新颖性。

（二）其他专业学科教育史

此处的学科教育史论著以专业分类及内容方法为主，故大多属高等专门或专业教育。但由于教育的综合化及繁复性，故同样也有交织中小学教育论著的情况。

1. 文史艺术类

（1）姚全兴著《中国现代美育思想述评》，湖北教育出版社 1989 年版。全书共 20 章。作者宏观上介绍中国现代美育思想的发展历程；从微观上对与美育相关的人物进行述评。该书是第一部探索中国现代美育思想的著作。该书引用素材广泛，具有较大的思想及学术价值。

（2）李建新著《中国新闻教育史论》，新华出版社 2003 年版。全书共九部分：中国现代史的开篇与新闻教育在中国出现的历史必然性、中国新旧文化的更替与新闻教育的创立、中国政权的暂时统一与新闻教育的初步发展、中国新政权的建立与新闻教育的调整发展、中国"文化大革命"的风暴与新闻教育的灾难、中国政局的拨乱反正与新闻教育的复苏及热潮、邓小平南方视察与中国新闻教育的繁荣、跨入新世纪与中国新闻教育发展的新机遇以及台湾香港澳门的新闻教育。该书以新闻教育自身的发展变化为出发点，同时把新闻教育与政治背景有机地结合起来，步步推进，层层剥笋，由微见著，鞭辟入里。作者通过多种渠道挖掘原始的第一手资料，对史料进行考证甄别，并且加以系统利用，使该书具有较高的史料价值。该书涉及新闻学和教育学两个方面，具有较高的理论价值。

（3）陈瑞林著《20 世纪中国美术教育历史研究》，清华大学出版社 2006 年版。全书共八章：中国美术教育的先声、20 世纪初年的中国美术教育、20 世纪前期留学热潮与美术教育、私立美术学校出现、公立美术学校的美术教育、抗战时期及胜利后的美术教育、新中国的美术教育、新世纪中国美术教育。该书系统梳理20世纪中国美术教育的历史脉络，内容丰富翔实，立论平实公允，将文献、图像的引证或呈现和理论阐述相结合，具有较强的学术意义，对于中国近代教育史、中国近代美术史学科开拓具有一定的参考价值。

（4）刘晨著《民国时期艺术教育期刊与艺术教育发展》，团结出版社2010年版。全书共五章：民国时期艺术教育期刊述评、民国时期艺术教育期刊发展、民国时期艺术教育期刊与艺术教育发展、个案考察和专题研究、民国时期艺术教育期刊目录。民国时期艺术教育期刊是近现代艺术教育诞生和发展过程中极为重要，且精彩纷呈的组成部分，也是中国近现代艺术教育史一个不可或缺和独特的内容。作者在文献学和传播学的视野下，以定性分析和定量统计方法考察民国时期中国艺术教育期刊的轨迹进程；从期刊载体视角选取一次思潮、一个学校、一种展览会、一个人物作为实证，解读和探讨艺术教育期刊与艺术教育之间的关系；并首次梳理完成比较完整的"民国时期艺术教育期刊名录"。

（5）许晓明著《中国近代新闻教育发展史研究（1912—1949）》，河北人民出版社2016年版。全书共七章，第一章概述中国近代新闻教育的产生背景；第二章至第五章描绘中国近代新闻教育的历史发展图景，分为雏形期（1912—1920年）、创立期（1921—1927年）、繁荣期（1928—1949年）三个阶段；第六章对燕京大学新闻系、复旦大学新闻学系进行个案研究；第七章反思中国近代新闻教育。作者采用文献研究法、历史研究法、个案研究法，依据近代新闻教育自身特点进行分期，并从教育学的角度对其进行解读，如新闻教育的目标、课程、教学、师生关系、组织管理及教育考评等多个方面所作评述体现教育学的专业性。中国近代新闻教育史是教育史领域的薄弱地带，该书的梳理及考析具有开创性意义。

2. 理工类

（1）朱潮主编《中外医学教育史》，上海医科大学出版社1988年版。全书分为中国医学教育史和外国医学教育史两编。"中国医学教育史"部分分为古代、近代、现代三编；"外国医学教育史"部分则在各个时期选择数个有代表性的国家进行分析，以突出重点。作者系统地梳理了中外医学教育的历史脉络，是医学教育学者的基础阅读书目。

（2）包平著《二十世纪中国农业教育变迁研究》，中国三峡出版社2007年版。全书共六章，以百年来不同类的农业教育思想、农业教育制度、农业教育实施状况等为对象，阐述中国现代农业教育肇始阶段的国际、国内背景；尝试对 20 世纪 100 年间中国农业教育进行时段分期，并从教育思想与教育制度、教育规模与人才培养、专业与课程设置、师资队伍、科研与推广体系、学术交流与合作等方面，分别论述他们的演变过程。在此基础上，作者结合国际国内环境，从政治社会、经济、科技、教育自身发展等多元复杂结构讨论中国农业教育变迁的动因与相互关系；通过比较借鉴美欧、日本等国家农业教育的成功经验，汲取中国百年农业教育的教训，结合我国社会经济的转型特点展望未来农业教育的方向。

（3）慕景强著《西医往事——民国西医教育的本土化之路》，中国协和医科大学出版社 2010 年版。全书分三篇 11 章。第一篇按时间的顺序，系统梳理民国西医教育的历史进程，分为滥觞、曲折、自强、创伤四个阶段；第二篇从空间的维度，对民国西医教育的类型进行分析，包括教会（医学教育）、国立（医学教育）、私立（医学教育）三部分；第三篇从个案的角度，介绍民国西医教育的典型代表，包括协和——民国西医精英教育的典范、东北医学教育往事等精彩内容。作者对民国西医教育的教师和学生进行交流访谈，收集鲜活的口述记忆，在方法论上有所创新。

（4）时赟著《中国高等农业教育近代化研究（1897—1937）》，中国文史出版社 2012 年版。全书共七章。第一章绪论介绍选题的意义、研究现状、研究方法和研究的思路与内容等；第二章分析中国高等农业教育近代化起步的社会背景和动因；第三章梳理中国高等农业教育近代化的历史进程；第四章按专题分析高等农业教育制度和农业教育思想的演变，农科留学教育与高等农业教育近代化；第五章以个案形式论述直隶农务学堂与中国农业教育近代化；第六章探讨近代中国高等农业教育为"三农"服务的探索与实践；第七章概述中国高等农业教育近代化的结论和启示。该书既有整体系统勾勒，又有细致描述，呈现中国高等农业教育近代化的历史图景，尤其对近代农业教育思想、教育制度、留学生教育、直隶高等农务学堂的发展过程等进行了专业化思考，弥补了以往该领域研究成果的不足，具有较强的创新性。

第二节　课程史

课程是学校教学工作的资源及计划方案，作为内容材料发挥出教学主体间互动交流功能，以实现教学目标。晚清从鸦片战争直到清末新政，课程从传统科举教育方案逐渐转向学堂知识专业教育，但系统、体系化课程整体建构则始于新学制为中心的清末新教育制度推行。清末民初以后，教育的改革和嬗变无不包含课程的风雨历程。以下就清末民初学制规定学校课程计划加以叙述，并择要介绍著作内容。

一、清末民初课程计划引证

这里的课程计划资源多体现历史上课程规程或政策本身，属原始文献。这些内容在上面相关教育文献书籍中有具体文本素材及名称。此处拟从教育政策文体名角度选择清末民初资源予以呈现。

（一）小学课程计划

《初等小学堂科目程度及每星期教授时刻表》《高等小学堂科目程度及每星期教授时刻表》，载《奏定学堂章程》光绪二十九年（1903年）；《女子初等小学堂各学科四年间每星期教授时刻表》《女子高等小学堂各学科四年间每星期教授时刻表》，载《奏定女子小学堂章程》，光绪三十三年（1907年）；《初等小学堂各学科教授程度及每周教授时数表》《学部奏准改订初高两等小学堂章程》，载《大清法规大全续编》卷四，宣统元年（1910年）；《初等小学校各学年教授程度及每周教授时数表》《高等小学校各学年教授程度及每周教授时数表》《教育部订定小学校教则及课程表文》，载《中华民国教育新法令》第三册，1912年；《国民学校各学年教授程度及每周教授时数表》《教育部公布国民学校令施行细则》，载《教育公报》第2年第12期，1916年；《高等小学校各学年教授程度及每周教授时数表》《教育部公布高等小学校令施行细则》，载《教育杂志》第8卷第11号，1916年。

（二）中学课程计划

《中学堂各学科程度及每星期教授时刻表》，载《奏定学堂章程》，光绪二十九年（1903年）；《学部奏变通中学堂课程分为文科实科》，载《大清宣统新法令》第4册，宣统元年（1909年）；《中学校各学年各学科目每周教授时数表》《女子中学校各学年各学科目每周教授时数表》《教育部公布中学校令施行规则》，载《教育杂志》第4卷第10号，1912年。

（三）高等学校课程计划

《大学堂各分科大学科目》《高等学堂各学科程度及每星期授课业时刻

表》，载《奏定学堂章程》，光绪二十九年（1903年）；《教育部公布大学校规程》，载《教育杂志》第5卷第1号，1913年。

（四）师范学校课程计划

《初级师范学堂各科目程度及每星期时刻表》《优级师范学堂公共科学科程度及每星期授业时刻表》《优级师范学堂各类学科程度及每星期授业时刻表》，载《奏定学堂章程》，光绪二十九年（1903年）；《优级师范预科及本科科目表》《学部订定优级师范选科简章》，载《大清教育新法令》第五编第四册，光绪三十二年（1906年）；《学部奏定女子师范学堂章程》《女子师范学堂各学科四年间每星期授课时刻表》，载《大清光绪新法令》第73册，光绪三十三年（1907年）；《教育部公布师范学校规程》《师范学校预科、本科、第一部、第二部各学科目每周授课时数表》，载《教育公报》第二年第十二期，《教育法令选》（下），1912年；《教育部公布师范学校课程标准》《教育部公布高等师范学校课程标准》，载《教育杂志》第5卷第2号，《教育部编纂处月刊》第1卷第3册，1912—1913年。

以上只是清末新学制颁行以来部分教学计划文件，更多的规章内容限于篇幅此处省略。需要说明的是上述相关文献史料内容可作做一步查寻参考。

二、课程史著作举要

中国近代课程史属近代教育史分支，不只限于学科课程，还有其他课程类型，如活动课程、综合课程、主题设计课程、联络课程以及问题导向课程等，从中体现课程与教学组织及方法是结合的。陈侠《近代中国小学课程演变史》（上海商务印书馆1944年版）一书最具代表性，对这些课程类型及内容有不同程度反映。以下就其他代表性论著加以举要。

（一）通论著作

（1）盛朗西著《小学课程沿革》，上海中华书局原版，福建教育出版社2008年再版。全书共十部分，分别为三十年来小学教学科目沿革一览表，从修身科说到公民训练科，从读经、字课、作文、习字等科说到国语科；从算学科说到算术科；从史学、舆地等科说到社会科；从格致科说到自然科，从体操科说到体育科、卫生科，从图画科说到美术科，从手工科说到劳作科，从乐歌科说到音乐科。特约编辑徐玉珍在"前言"中做这样的评价："全书的内容框架结构如此清晰，线索如此明了，语言如此朴实；史料翔实，视角独特，对课程乃至教育领域的研究有着重要的史料价值；从书内的历史沿革看书外的世态变迁，我们不得不承认，学校教什么的问题绝不是一个中性的问题，教育的政治工具价值既是现实的，也是历史的。"❶

（2）杨玉厚主编《中国课程变革研究》，陕西人民教育出版社 1993 年版。全书分为中国古代、近代、当代课程研究三个部分，对我国课程改革的各个历史阶段从不同的侧面进行了分析，为我国课程史提供了重要参考资料。

（3）吕达著《中国近代课程史论》，人民教育出版社 1994 年版。全书以我国近代学制的建立为界标，分为上、下两篇。上篇为我国近代学制建立前课程演变的概况——兼论我国近代普通中学课程的渊源；下篇为我国近代学制建立后普通中学课程的沿革；最后论述中国近代课程的历史经验和启示。书末附录"1922 年新学制后普通中学课程发展史略"，"新中国成立后普通中学课程发展概述"。该书素材丰富翔实，作者对中国近代课程做深入细致分析，精辟论述近代各个时期的教育家的课程理论，开拓了我国近代课程史研究的新领域。已故教育史学家、浙江大学教授陈学恂在"序言"中予以高度评价："（本书）对我国近代普通中学课程的渊源与沿革，在研究方法上改变了过去单纯列举史实而不加分析的缺点，注重宏观的研究，把近代普通中学课程的变革放到一定历史条件下进行考察，既注意纵向的比较，也重视横向的比较；并运用辩证的观点，论证近代普通中学课程统整与分化的关系，说明课程各种模式结构的关系，剖析课程实践与课程理论的关系。"❷

（二）专论著作

（1）赵承福、郭齐家、班华主编《中国小学各科教学史丛书》，记录小学各科教学实践与教学理论艰难曲折的历程，是一幅传递精神文明的历史画卷。该丛书在搜集大量有关中国小学各科教学历史文献的基础上，通过审慎地考察、鉴别和整理，不仅从宏观上把握小学各科教学发生、发展、演变的历史轨迹，也在微观上对各科教学的一些重要问题进行分析。该丛书共四部著作，具有极大的学术价值与现实转化意义。

---

❶ 盛朗西. 小学课程沿革：前言 ［M］. 福州：福建教育出版社，2008.

❷ 吕达. 中国近代课程史论 ［M］. 北京：人民教育出版社，1994.

① 林治金主编《中国小学语文教学史》，山东教育出版社 1995 年 6 月版。全书共十章，论述从氏族社会时期至 2000 年中国小学语文教学发展的历史进程。其中第七、第八章着重分析 1840 年至 1920 年和 1920 年至 1949 年的小学语文教学，既有纵向梳理，又有横向的人物评述。该书按照社会发展史划分历史时期，便于读者在把握中国社会背景的基础上阅读和理解。

② 王权主编《中国小学数学教学史》，山东教育出版社 1995 年版。全书共七章，梳理从上古至 2000 年中国小学数学教学的发展历程和演变规律。第二、第三章着重梳理 1840—1927 年小学数学教学的历史脉络。作者在充分挖掘文献资源史的基础上，对各个历史时期的小学数学教学制度、内容及有关重要人物的数学教学思想以及彼时彼地的课程、教材、教法等的实施状况进行详尽考察和探讨。

③ 高谦民主编《中国小学思想品德教学史》，山东教育出版社 1995 年版。全书共 11 章，勾勒从先秦至改革开放以后中国小学思想品德教学的发展历程和演变特征。其中第五、第六章重点探讨鸦片战争至北洋政府时期小学思想品德教学的内容、制度及思想。该书拓宽中国教育史和中国德育史的学科领域，具有重要的教育学及伦理学价值。

④ 田正平主编《中国小学常识教学史》，山东教育出版社 1996 年版。全书共九章，系统探讨从古代至改革开放后中国小学常识教学发展历程和演变特征。第二、第三章着重描述 1840—1927 年小学常识教学的发展脉络，其中既有制度的分析，又有课程设置和实践活动的阐述。该书是我国第一部内容较为全面且富有深刻内涵的小学常识教学史。

（2）郑航著《中国近代德育课程史》，人民教育出版社 2004 年版，收入"中国近代教育专题史论丛"。全书共七章，前五章按照清末、民初、五四运动以后的顺序阐述德育课程的历史变革，后两章论述近代文化变迁与德育课程的关系和近代德育课程对当代德育思想和实践的启示。作者将德育课程置于近代文化变迁的背景之下，注意考察文化变迁对德育课程目标演进、课程形态更迭和课程内容变化诸方面的影响；同时又十分注重 1902—1927 年德育课程自身的内在轨迹，分析教育者如何将各学制阶段的教育目标转化为具体的课程形态，课程内容落实到具体的教学科目和教学活动之中。当代教育史学家、北京师范大学教育学部郭齐家教授在"序言"中评价本书："对本领域的文献资料的发掘和掌握比较充分；秉承实证方法，重视纵横比较；研究内容较为新颖，

并取得了一些具有创造性的研究成果。"❶

（3）王春燕著《中国学前课程百年发展与变革的历史研究》，教育科学出版社 2004 年版。该书共五部分：模仿日本模式的清末民初学前课程（1903—1918 年）；旧中国学前课程本土化、科学化的探索（1919—1948 年），20 世纪 20、30 年代的学前课程变革与发展；新中国学前课程的变革与发展（1949—1965 年）；中国学前课程的进一步发展与完善（1976—2003 年），20 世纪 80 年代以来学前课程的变革与发展；中国学前课程百年发展与变革的规律与思考。作者采用文献法、访谈法、现象学方法，以中国学前课程百年变革为重心，分析学前课程变革的社会背景、直接动因、指导思想、课程内容与特点，从不同变革时期学前课程价值取向、儿童教育观、课程观、课程方法论、学前课程计划、学前课程法规等方面的比较中凸显学前课程变革深层次的内容。❷该书为丰富学前教育课程研究作出了有益的贡献。

（4）黄书光著《变革与创新：中国中小学德育演进的文化审视》，山东教育出版社 2007 年版。全书共五章：第一章为中国中小学德育改革的内在逻辑与制度变迁，按时间顺序梳理从清末民初至共和国时期中小学德育历史线索；第二章从臣民到公民：德育目标的现代建构，分析德育目标现代建构的原因、过程及意义；第三、第四章价值观念变迁与德育课程教学的深层透视，主要论述清末民初至国民政府统治时期，中小学德育制度思想的诸多论题；第五章分析全球化时代的多元文化环境对当代中国德育的要求。作者在引言中呈现了相关写作方法的体验性概述："至于研究视角与方法，本人一贯坚持史料为先、史论结合，力求做到历史叙事与逻辑分析、宏观把握与微观透视、理论反思与实践考察的有机统一，并努力从文化哲学层面进行学理提升。"❸

第三节　教学方法史

教学方法是教学活动中教师和学生为了协作完成教学任务，实现教学目标，而运用的一切手段、方式及途径的总和。由传统科举教育教学方法到现代教育活动中的另一番情形的确立，经历了近代的探索与经验总结。其中，清末

---

❶ 郑航. 中国近代德育课程史：序言 [M]. 北京：人民教育出版社，2004.

❷ 王春燕. 中国学前课程百年发展与变革的历史研究 [M]. 北京：教育科学出版社，2004.

❸ 黄书光. 变革与创新：中国中小学德育演进的文化审视 [M]. 济南：山东教育出版社，2007：2.

新政时期，教学理论及教学方法往往直接源于西方，如（美）韦廉臣《泰西教法》（一、二、三、四），分期刊载于《申报》1889年11月13日、19日、24日、12月3日。但在20世纪初清末新教育改革至20世纪二三十年代新教育运动最为剧烈的历史时期则有不同，这30年左右时间大约可平均分为两段，每段15年。前15年以日本影响为主；后15年则导入美国现代教育。

有关清末民国时期教学方法论著很多，比较综合性的如钟天纬《教授心法》，上海一新书局本；钟天纬《蒙学镜》六卷，上海一新书局本；黄庆澄《训蒙捷径》四卷，算学报馆本；一些中国教育史著作，如周予同《中国现代教育史》（上海良友图书公司1948年版）的相关章节、陈青之著《中国教育史》（上海中华书局1934年版）"近代中国教学法的发展"部分均有论及。

其他如《第一次中国教育年鉴》"戊编 教育研究概况""教育实验和教育测验法""中国教育实验史的演进""中国教育测验史略"有关记录颇有价值。廖世承、陈鹤琴著《测验概要》（上海商务印书馆），唐湛声、薛凌翰《小学各科成绩考查法》（上海中华书局1926年版），俞子夷著《测验统计术》（上海中华书局1933年版），俞子夷《现代我国小学教学法演变史——一个回忆简录》（1962年）等，均是探讨近代教学方法有意义的资料。

一、赫尔巴脱派五段教授法

清末有关赫尔巴脱派阶段教授法的理论和实际大都源自日本。著作译介主要有：大瀬甚太郎、汤本武比古的《教授学》（1901年）、《司脱伊（Stoy）秩耳列尔（Ziller）莱因（Rein）氏之教育学》（1901年）、《费尔巴尔图（即海尔巴脱）派之教育》（1901年）、《海尔巴脱派之兴味论、品性陶冶论》（1904年）；此外在《教育世界》还登载了长谷川彦《教授原理》（1905年），富永岩太郎《大教授法》（1907年）。

日本教授法论著译成中文者其中所述近代教学法理论及应用甚多：大瀬甚太郎《教授法教科书》，上海文明书局1907年版；樋口勘次郎著，董瑞椿译，《统合新教授法》，南洋公学1903年版；小泉又一著，王用舟编译，《小学各科教授法》，京师五道庙售书处1908年刊；汤本武比古著，罗振玉译，《教授学》，明治二十七年（1894年）原版，载《教育世界》1901年第12-14期；东基吉著，沈纮译，《小学教授法》，载《教育丛书》第二集，1902年；新井博次著《二部教授论》，载《教育世界》1902年；田口义治编《小学校教授学及管理法纲目》，上海会文堂本 1902 年；日本东京高等师范附属小学校编纂，胡元炎、仇毅编译，《日本普通学科教授细目》（上、中、下三卷），1903 年翔鸾社洋装本。

在翻译、传播日本教育学的同时，国内学者独立探讨教学方法问题开始着手，初显成效。例如，沈世杓《莱茵氏之五段教授法》，载《教育杂志》第 2 卷第 9 号，1910 年；孙元瀛《初等小学国文教授案》，载《教育杂志》第 1 卷第 4 期，1909 年；白作霖《日本小学教则》，上海商务印书馆 1911 年版。

二、单级教授法与二部教授法

单级教授法、二部教授法最早亦自日本输入，通过派员赴日实地考察东京高师附小、东京女高师附小等校实际教学情况，回国以后传播，并加以试验。由江苏教育会筹办，开设单级教授练习所，介绍教学经验，先后共举办两届。前来培训学员来自全国多省市教育管理人员及教师，讲习研讨材料主要取材于日本黑田定治（东京女高师附小）和朝仓政行（东京高师附小）等教学法著作。

两种教学法中，对我国学校教育发生实际影响更大的是单级教授法。但教育专业期刊登载这种教学方法的专业论文并不多见，可见，此种教学法引起学界关注，但理论探讨不明显，有关问题的思考是通过著作形式出现的。孙世庆《二部教授法》第一编第三节"二部教授法之沿革"（上海商务印书馆 1915 年版）称："宣统二年（1910 年）十二月学部奏改分年筹备事宜，将单级教授及二部教授办法始列入宣统三年筹备单内，是为吾国二部教授见于教育法令之始，至翌年闰六月十一日始拟定单级教授及二部教授办法各二章。江苏第一师范学校附属小学于民国二年九月十日特设半日式二部教授以谋教育之进步。"侯鸿鉴《最新式七个年单级教授法》（上海商务印书馆版）之"单级小学之沿革"称："光绪三十四年（1908 年）有赴日本专门考察之人（团长杨保恒，团员周维城、俞子夷）返国后始有单级教授讲习所之设，继而传播各省，均有单级学校之设置。"代表性论文如刘可大《单级教授例》，载《教育杂志》第 4 卷第 4 号，1912 年 7 月。范善祥《一周间之单级教授》，载《教育杂志》第 6 卷第 1 期，1914 年 1 月。侯鸿鉴《四十年来江苏教育之回顾》，载《江苏教育》第 1 卷第 9、10 期，1932 年。作者在文中介绍江苏省立第一师范学校附属小学实施单级及二部教授法的具体情况。顾硕《复式单级教授法》（上海商务印书馆版），杨保恒、周维城《单级教授法实用》《单级教授法》（江苏省教育会版），以上均为该两种教学方法思索提供可信教材。以下举实例引证说明。

《江苏教育总会咨呈江督筹设单级教授练习所文》《江苏教育总会单级教授练习所简章》（载《教育杂志》第1年第5期）记录：清宣统元年（1909年）8月，江苏教育总会专门成立单项教授练习所。该会曾派杨保恒、俞子夷、周维城等赴日本考察单级教授法，即将回国，故推定杨保恒为主任，旨在传授单级教授法。并请宁苏提学使司通饬各厅州县劝学所及教育会，保送年在20～30岁，已有初级师范学堂或师范传习所毕业文凭，曾任教员已有经验的合格教员1名到所学习，定额80名，学习期限20星期，课程有单级教授法，实习教授等。参考日本里田定治《单项教授及训练》、加纳友市《六个年级之单项学校》等材料。

《教育杂志》第3卷第8号，宣统三年（1911年）《学部奏拟订单级教授、二部教授办法折》：内容包括单级教授办法二章七条，二部教授办法二章八条。"凡初等小学合年级不同之学生编为一级，由一教员授课者为单级教授"，"凡举初等小学全堂学生或某某班学生于一日内分作前后两部，由一教员继续教授者，为二部教授"。还对单级教授、二部教授的组织方式，学生编排，教师教学及学生协助等问题做了说明，体现国民教育背景下经费、设施的缺乏与新教育出路之间的思考与对策。

国内教育界学者系统探讨该两种教学方法较晚，时间延缓20年以后，以下述著作为主：

（1）阴景曙著《二部教学》，上海黎明书局1935年版。开篇有刘百川"序"、郭人"全序"和编者"序"。全书共11章：第一章综论，论述二部教学法的意义、功能、便利、价值；后10章分别详细探讨二部教学法的种类，编制，设计，时间问题，日课表问题，实际问题，与新教学、与儿童训练、与自动指导、与家庭教育的关系等。

（2）李晓农、李伯棠编《单级教学法》，上海商务印书馆1948年版。全书共14章，分别详细分析学校编制、儿童的席次、教科配合、日课表、教案、各科作业簿表、课外作业、成绩处理及考察方法、教具、儿童助手、自动作业、教室管理、教学过程实例。作者对单级教学法叙述详细，注重实际，实用价值较高。

三、福禄培尔幼稚园教授法、蒙台梭利教授法

光绪二十年（1894 年）上海务本女塾附设幼稚舍成立，1905 年上海城东女塾幼稚舍成立。务本女塾又于 1906 年派遣吴朱哲女士前往日本保姆养成所学习，年后回国，创办保姆传习所于上海公共幼稚会，学生 36 人，同时，北京京师第一蒙养院也创办保姆传习班，广州设立保姆养成所。幼稚教育研究会 1917 年在上海成立。中国早期从事幼稚教育事业的教育家有吴朱哲、陈鸿璧、张美真、张雪门、陈鹤琴等。清末《奏定蒙养院及家庭教育法合一章程》模仿日本，清末明初学前教育机构盛行的是福禄培尔幼稚园教授法，但稍后也有试验或采用蒙台梭利教授法的情形出现。有关论著依据介绍如下：

（日）东基吉《幼稚园保育法》，载《教育世界》1901 年；（日）关信三《恩物图说》，上海务本女塾 1906 年版；陈鸿璧《幼稚恩物教授法》2 卷，上海国光书局 1917 年版，上海商务印书馆代售；张景良、吴家振《保育法》，上海公立幼稚舍《保姆传习所讲义初集》，均由中国图书公司 1909 年出版；（日）今西嘉藏著，但焘译《蒙台梭利教育法》，上海商务印书馆 1914 年版；高凤谦《〈蒙台梭利教育法〉序言》，载《教育杂志》第 6 卷第 8 期，1914年；《江苏省教育会召开蒙台梭利教具研究会》，载《中华教育界》第 4 卷第 4 期，1915 年 4 月；张雪门《蒙台梭利及其教育法》，上海中华书局；经宇《蒙台梭利教育法》，载《教育杂志》第 8 卷第 7 期，1916 年；巴斯第夫人《蒙台梭利教育法演说词》，载《教育杂志》第 8 卷第 11 期，1916 年；舒新城《中国幼稚教育小史》，陈鸿璧《幼稚教育之历史》，载《教育杂志》第 19 卷第 2 号"幼稚教育专号"，1922 年；张宗麟《幼稚园的演变史》，上海商务印书馆 1934 年版；周竞中《幼稚教育史》，上海商务印书馆 1939 年版。

四、自学辅导法

日本明治末年（约 1910 年），各师范学校附属小学改革旧教学方法，提倡自学主义的新教学方法，明治四十三年（1910 年）出版《全国附属小学校新研究》，东京帝国大学谷本富提倡自学辅导法，东京高等师范樋口长市讲演自学教育论。中国早期翻译日本有关学生自学自习与教师辅导讲解协作的教育著作，同时也介绍美国麦加利（F. A. Macway）的新教授法。

有关自学辅导法主要参考论著如下：（日）樋口勘次郎著，董瑞椿译《统

合新教授法》，明治三十二年（1898 年）初版，上海文明书局 1903 年本。（美）麦加利，罗氏译《儿童自力研究之启导法》，湖南图书编译局 1915 年发行；范善祥《自习主义复式教授法》，上海商务印书馆 1915 年版；朱元善《自学自习法》，上海商务印书馆 1916 年版；天民《自学主义教授法》《自学辅导之书法教授》，载《教育杂志》第 11 卷第 3 - 4 期，1919 年；（日）冈千贺卫《自学辅导新教授法》、陶行知《学生自治问题之研究》，载《新教育》第 2 卷第 2 期，1919 年；陆柏廷《东大南高附中学生自治经过的情形》，载《中等教育》第 2 卷第 2 号，1923 年；《东大附小公仆会——学生自治会组织的大概》，载《教师之友》第 78 期，1925 年。

五、分团教授法

日本明治三十年（1897 年）后开始倡导新教育运动。兵库县明石女子师范学校教谕兼附小主事及川平治提倡儿童本位的分团式教授法，曾撰著《分团式动的教育法》，1912 年版，东京弘道馆。1915 年左右，明石女子师范附属小学实施分团式动的教育法，参观者每年达万人以上。中国最早介绍分团式动教育法主要从日文教育书报编译，以后又介绍美国分团式教育法。上海尚公小学实验分团教授法取材日本学者斋藤讲采、清水其吾合编相关著作理论及技术手段。在此基础上，天民，即朱元善于 1918 年出版《分团教授之实际》一书。

分团教授法论著的参考文献主要包括天心《分团式动的分团教授之实际》，载《教育杂志》第 10 卷第 9、10 号，1916 年朱元善《分团教授之实际》，上海商务印书馆 1917 年版；吕云彪《分团教授精义》，上海商务印书馆 1919 年版；《分团式的作文教授》，载《中华教育界》1914 年 4 月号，1918 年；《分团式算术练习问题》，载《教育杂志》第 10 卷第 2 号，1918 年；祝其乐《分团教学与自动作业》，载《中华教育界》第 12 卷第 1 期，1923 年；天民《分团式动的教育法》，载《教育杂志》第 8 卷第 1 号。

六、设计教学法

设计教学法的基本内容及传播实验情况前文已述，不再赘述。有关文献可参考：杨保恒、黄炎培《实用主义小学教育法》，上海国光书局 1914 年版；沈百英《江苏一师附小设计教学法实施报告》，载《教育杂志》第 14 卷第 1 ~

4 号；《南高、东大、暨南附小实施设计教学的一例》，载《教师之友》第 21、22 号，1922 年；俞子夷《南京高师附属小学校设计教学法实施报告》，载《教育彙刊》第 4 集，1922 年；唐绍言、薛志鸿编译《设计教学法辑要》，上海商务印书馆 1923 年版；俞子夷《设计教学法之理论和实践》，中国出版公司 1924 年版。

其中以唐绍言、薛鸿志编译《教学设计法辑要》一书最具代表性。全书共九章，分别为设计法的论理；设计法的需要；第一、第二、第三年级教法示范；第五年级优级班教法示范；测量实验设计法的报告；幼年儿童俱乐部的组织；考察儿童程度的报告。

近代教育家俞子夷是设计教学法实验的代表，从他的教育活动中能反映其中的试行情形。董远骞、董毅青编著《俞子夷教育实践研究》（浙江教育出版社 2008 年版）是该领域的代表作。书前有俞子夷相关图片多幅。全书共上、下两编 17 章。上编为"传奇的人生"，突出论述俞子夷一生的求学、教学经历，回顾这位教育家的成长过程；下编为"半个世纪的算术教学研究"，重点分析了俞子夷算术教学的背景、教材、教学法、算术测验设计教学法实验等，最后生动地阐述《教算一得》的故事、"珠联合笔"的故事和算术教学研究的思想方法。书末附录"俞子夷生平与教育论著简表"。俞子夷，又名旨一、逎秉，江苏吴县人，著名教育家，在同时代享有很高的赞誉。作者不重情节渲染，强调内容的客观性、真实性和科学性；秉持尊重史实、为教育实验传承及弘扬服务的原则，对大量史实进行甄别、整理，全面还原俞子夷的教育实践图景。

七、道尔顿制

道尔顿制于 1922 年 6 月从美国传入中国，1922 年 10 月开始试验。道尔顿学校的教育理念与方法，即道尔顿教育计划，是一种培养人才的行之有效的教学组织方式，对我国的教育改革具有较大的借鉴作用。主要参考文献如下：

曾作忠等译《道尔顿制教育》，上海商务印书馆 1924 年；舒新城《道尔顿制研究集》，上海中华书局；舒新城《中国之道尔顿制》，载《教育与人生》第 30 期，1924 年 5 月 12 日；薛鸿志《教育杂志》第 14 卷第 11 号"道尔顿制专号"，1922 年 11 月；《江苏一女师附小试行道尔顿制概况》，载《教师之友》第 53～54、57 期，1923 年；《道尔顿制教学施行之概况调查》，载《中华教育界》第 15 卷第 5 期，1925 年；《北京艺文中学试验道尔顿制的几个事实》，载《新教育译论》第 1 卷第 25、26 期，1926 年；廖世承《东大附中实施道尔顿制概况》，载《教育彙刊》第 2 卷第 1 期，1924 年 3 月；（美）帕克·赫斯特著，陈金芳、赵钰琳译，武锡申审校《道尔顿教育计划》，北京大学出版社 2005 年版。

以上有关教学方法的著作近年来可考且有影响者列举如下：

（1）徐珍编著《中外教学法演进》，群言出版社 1996 年版。开篇是当代教育学专家邹有华所作"序文"。全书共三部分。第一部分绪论，阐释教学法的意义、古代教学法、新教学法及教学法的分类与分期；第二部分探讨教学法的演进过程；第三部分结论，论述教学法的倡导、应用实施及发展趋势。特载邹有华所作的"1949 年后教育科学的发展"和卢雪梅所作的"六个当代学习理论的摘述"两篇文章。书末附录"孔子五段教授法""国外教育家来华访问纪事""程序教学教材示例""常用教学法的教学活动举例"四则。该书第二部分是重点，阐述从早期的五段教学法，程序、协作、探究和电视等具有代表性的各种教学法，研讨我国推行新教育以来小学教学法的嬗变。该书作为我国第一部研究教学法史的专著，可为工作在一线的青年教师提供实际操作资源，又是教学法史的重要参考资料。

（2）高天明著《20 世纪我国中小学教学方法变革》，广东教育出版社 2006 年版。全书分上、中、下三编，上编以 20 世纪我国教学方法的演进为线索，重点就二三十年代教学方法实验进行历史的剖析；中编对 20 世纪 50 年代以来教学方法改革进行回顾与分析；下编就教学方法的若干理论问题加以探讨，包括影响教学方法的相关因素、教学方法的特点、教学方法的矛盾及问题以及教学方法体系的科学化等。作者在"绪论"中谈到："从影响现当代教学方法的产生及变革的历史文化背景着手，运用历史比较的方法，着重考察教学方法产生及发展的历史特性；以人的发展为中心，着重考察教学方法的人文特征。"❶ 该书主要探讨教学方法的形成与发展，研究对象是能够代表一个特定时期的教学方法并在其方法特征上能够体现教学法意义的，因此地域观念在本书并不突出。该书是研究教学方法史的重要资料。

（3）龚启昌著《中学普通教学法》，上海商务印书馆 1946 年版，福建教

---

❶ 高天明. 20 世纪我国中小学教学方法变革 [M]. 广州：广东教育出版社，2006：19.

育出版社 2011 年再版。该书特约编辑、华东师范大学教育学院杨小微在"前言"中讲到："全书由绪论和 4 个单元组成，单元下设章节，共 15 章，绪论主要讨论学习、教学、教学方法和'教学法'等基本概念和教学原则、中学教育目的与功能、中学教育目标等原理性内容；四个单元分别阐述了'教室的管理'，'教学的技术'（主要是制订计划、制订功课、课堂发问、实物说明等传统意义上的技术），'教学的方法'和'教学的评估'这些方面的内容。这本书的写作基于作者多年讲授'普通教学法'学程的讲稿，而讲稿的编撰，主要参考博辛（Bossing）的《中学新教学法》。本书十分重视教学的学习理论基础，但又不简单采择心理学研究的现成结论，主张以综合的、全程的视角认识'学习'的意蕴，避免教学中单一的知识授受偏向。"❶ 这段表述大体能反映该书的内容及特色。该书原为民国时期师范学院"普通教学法"课程的教材。

---

❶　龚启昌. 中学普通教学法：编者前言［M］. 福州：福建教育出版社，2011.

第十八章　教科书史

　　教科书从专业学理上而言是课程的文本载体或教学内容的课本转向。但在教育史上，却涉及教育学属性之外的社会其他领域复杂问题，诸如文化思想、知识传播、价值导向、伦理建构、技术理论、科学精神以及人文情怀等诸多方面，是政治、经济、文化与教育交融结合的核心命题汇聚之处。以下就近代教科书史的相关问题加以概述，对上文所述教科书问题起补阙之功。

　　近代新式教科书发端于洋务运动时期西方教会传教士的"学校教科书委员会"（益智书会），近代教会编译教科书机构主要有：美华书馆、登州文会馆、广学会、益智书会、汉口圣教书会、青年会、科学会、圣公书会等。

　　近代教科书部编译时代开创于清末学部编译图书局的成立。该局名称及人员职务：京师大学堂编译书局编局总纂李希圣，译局总纂严复；学部编译图书局局长袁嘉谷，编译员王国维、高步瀛。民国以后沿袭清末机构设计，成立教育部教科书编纂审查会。会长及主干人员分别有陈宏清，许寿裳、陈向咸、黎锦熙、毛邦伟。清末民国早期国内教科书官办、民营出版机构：文明书局、中华书局、商务印书馆、直隶学务处、舆地学会、南洋公学、湖北官书局、山西大学堂、南洋官书局、教科书译报社、学部编译图书局、金粟斋、作新社、中国图书公司、湖南图书编译局。

　　中国近代教科书参考文献的整体状况描述如下：

　　舒新城《教科书提要》211 种，其中蒙学、小学修身 29 种，蒙学、小学国文、国语 47 种，小学算术 27 种，蒙学、小学格致博物 37 种，蒙学、小学史地 16 种，小学经学及体育、音乐、图画、手工等 14 种，中学、大学、师范学校教科书讲义 41 种。舒新城《教会教科书提要》173 种，其中数学 22 种、格致 45 种、史地学 48 种以及土山湾徐汇中学教科书 58 种。

　　梁启超《西学书目表》"读西学书法"，光绪二十二年（1896 年）；沈桐生《东西学书录》2 册，光绪二十三年（1897 年）读有用书斋刊本 2 册；谭汝谦《中国译日本书综合目录（教育类）》，1897 年；黄庆澄《中西普通书目表》1 卷，算学报馆 1898 年刻；徐维则《东西学书录》3 册，光绪二十五年（1899 年）；徐维则、顾燮光《东西学书录》3 卷，光绪二十八年（1902 年）；沈兆祎《新学书目提要》4 卷，上海通雅书局 1903 年刊本；王景沂《科学书目提要初编》1 卷，北洋官书局 1903 年排本；《江南制造局译印图书目录》"学务类"；陈洙《江南制造局译书提要》2 卷，上海江南制造局宣统元年（1909 年）铅印本；张一鹏《普通教科书目提要》1 卷，北洋官书局重校本；许家惺《寻常小学书目初编》1 卷，上海群学社；通雅斋同人《新学书目提要》，光绪二十九年（1903 年）；京师大学堂《暂定各学堂应用书目》，京师大学堂颁行，浙江官书局 1903 年重刊；学部编译图书局《学部编译已成、未成书目表》，载《学部官报》卷 99～100 "附录"，1907 年；学部《第一次审定高等小学暂用书目凡例附书目表》72 册，1907 年；学部《第一次审定中学堂、初级师范学堂暂用书目凡例附书目表》120 册，1908 年。

顾燮光《译书经略录》，上海书店 1927 年版；袁嘉谷《学部编译图书局初等小学国文教科书序》，载《卧雪堂文集》卷 6；郑鹤声《三十年来（1904—1934）中央政府对于编审教科图书之检讨》，载《教育杂志》第 25 卷第 7 号，1935 年；郑鹤声《八十年来官办编译事业之检讨》，载《说文月刊》第 4 卷；《教科书之发刊概况（1868—1918）》，载《第一次中国教育年鉴》第 3 编 "上"，上海开明书店 1934 年版；朱士嘉《官书局书目汇编》，1933 年；吴研因《清末以来我国小学教科书概观》，载《中华教育界》第 23 卷第 11 期，1936 年；周昌寿《译刊科学书籍考略》，载《张菊生先生七十生日纪念论文集》，1937 年 1 月；《教科书以前的童蒙读物》（清末至 1911 年，语文、算术、常识、技能类教科书沿革和书目），载《中华书局图书馆基本教育图书教具展览目录》，上海中华书局 1947 年版。

以上教科书资料信息是笔者从多种书籍或期刊所载内容中爬梳整理出来的，可以作为中国近代教科书史探讨之参考。其中肯定有差误，待以后补正。

第一节　晚清早期的教科书

教科书是近代以来的教育专业化术语，传统科举教育的读本包括蒙学、经学及其各类典籍。教科书由古代典籍向近代课程教材发生转型，这是艰难痛苦而有重要意义的。而其起步及初见成效均出现在晚清早期的维新运动发生之前夜。

一、传统蒙学教材的改编

近代以来一些开明知识分子，以传统蒙学教材的形式，吸收并反映西学内容，编写了一些小学教科书。张志公《传统语文教育初探》附录《蒙学书目稿》（上海教育出版社 1962 年版），此书后又收录于《张志公文集》中。按照张著的分类，将蒙学书分为 21 类。分别是古佚蒙书、急就篇、千字文（附开蒙要训）、百家姓、三字经、杂字、小学和"类小学"、韵语知识读物（训诫类）、兔园策、蒙求和"类蒙求"（掌故类）、咏史诗、蒙求和"类蒙求"（历史类）、蒙求和"类蒙求"（各科知识类）、蒙求和"类蒙求"（其他）、散文故事、千家诗、神童诗及其他、对类及其他、蒙用文字声韵语法书、蒙用工具书、古文选本、丛书。顾燮光等《译书经眼录》（杭州金佳石好楼 1935 年印行）卷 8 "幼学类"对传统蒙学教材做了溯源及探究，并讨论近代转变背景及内容。

（一）童蒙读物的改编

江衡《学计韵言》1 卷，光绪二十二年（1896 年）牖蒙丛编本，又一溉斋本黄焱秋《群经蒙求歌略》1 卷，光绪戊戌（1898 年）石印本；刘树屏《澄衷蒙学堂字课图说》，光绪二十七年（1901 年）澄衷学堂版；张士瀛《地球韵言》2 卷光绪二十七年（1901 年）杞庐刊本，又光绪戊戌聚珍本、会稽徐氏重刊本；刘法曾、潘维汉《外史蒙求》，光绪二十八年（1902 年）；江翰《时务三字经》，光绪二十八年（1902 年）；《西学三字经》，光绪二十九年（1903 年）水立堂刊本，又启蒙通俗报本；汪恩绶《增续浅说时务三字经》，光绪三十一年（1905 年）醉六堂刊本；黄庆澄《时务蒙求》1 卷及问答 1 卷，算学报馆本；叶澜、叶瀚《地理歌略》1 卷，便蒙丛书本；叶澜、叶瀚《地球歌略》1 卷，自刻本；张一牖《地理学歌》蒙丛编本，苏州中西小学堂本；叶澜、叶瀚《天文歌略》1 卷，便蒙丛书本；徐继高《算学歌略》，光绪刊本，便蒙丛书本；叶澜《植物学歌诀》，便蒙丛书本；叶澜《动物学歌诀》，便蒙丛书本；张一鹏《普通学歌诀》，江南普通学堂刊本；黄庆澄《西学蒙求问答》（1 卷），《蒙书考》著录，算学报馆本；李固松《算雅》1 卷，湘学报本；黄芝《舆地韵言》，黔阳陈氏木刻本；袁桐《西国历史歌》，镜今书局排印本；龚榭《中西星宿歌》，牖蒙丛编本；陈虬《利济教经答问》1卷，利济报本。

（二）白话教科书的试编

近代以地方性白话文改编小学教材起步于珠江三角洲的珠澳地区。代表人物陈子褒，名荣衮，号耐庵，别号妇孺之仆，广东新会人，近代教育家。他终生从事小学教育，致力于小学教育方法的改良和小学教材的编辑，他是近代编写通俗小学教科书的创始人。从1895年到1921年先后编写各种初级课本40余种，如《妇孺须知》二卷（1895年）、《妇孺三字书》四卷（1900年）、《妇孺女儿三字书》一卷（1900年）、《妇孺新读本》八卷（1900—1903年）、七级字课（一、二、三、四、五种）（1903—1909年）等。陈子褒著有《教育遗议》（1953年广州出版，台湾文海出版有限公司再次印行），早在光绪二十六年（1900年）即发表《论训蒙宜用浅白读本》，光绪三十三年（1907年）又发表《论初等小学读本》，并著三字书、四字书、五字书，《七级字课说略》（1912年）、《小学琐言》等书。1900年，陈子褒《论训蒙宜用浅白读本》，主张小学教材一定要用浅近白话编写。文章比较了传统蒙学教育与欧美近代小学教育关于语言文字与阅读作文的异同，认为开发民智、提高国民素质、引进西方近代课程都需要将文言文教学进行改革，以浅近生动活泼的国文作为教学的主要资源，达到教学"开智所以储其用"，让学生"使之不以为苦，又不虚耗岁月"。

陈荣衮著有《幼稚》15卷，光绪二十四年（1898年）广州刻本；澳门蒙学书塾陈子褒1899年试编白话教科书《小学一得》《七级字课》，载《陈子褒教育遗议》，中华书局1960年版。

后人评议论文有沈玉清《改良教育前驱者——陈子褒先生》，载《教育杂志》第31卷第6期，1941年6月。

此外，近代开风气之先的沪杭地区也出现此类尝试，主要成就是1906年，上海程宗启编纂白话教科书《蒙学论说实在易》4册，书中较集中反映了与民主政治相关的课文。杭州人施崇恩编订《绘图四书速成新体白话读本》就是其中佼佼者。该书纯用白话解释，且附有图说，作为蒙学修身教科书和读经科之用，被当时许多小学堂采用，影响颇大，印刷了20余版。据统计，彪蒙书室历年出版的各种以白话编写的小学教科书不少于75种。

二、传教士编译的教科书

基督教传教士所编教科书以基督教义教科书、科学教科书、语言教科书为主。

由于教会学校的增多与扩大，迫切需要解决教学方面的教科书问题。美国北长老会传教士狄考文于 1864 年在山东登州建立文会馆，即自编教科书供学生使用，先后刊印《笔算数学》（1872 年）、《代数备旨》（1891 年）、《形学备旨》（1883 年）等书。其他传教士如傅兰雅、伟烈亚力、潘慎文、艾约瑟、谢卫楼、林乐知等在中国科学家李善兰、华蘅芳、徐寿等协助下，也编译了很多教科书。1877 年在华新传教士第一届大会决议组成益智书会（即学校教科书委员会），计划编辑两套学校教科书，一套供初等学校使用，一套供高等学校使用，包括数学、天文、测量、地质、化学、动植物、历史、地理、语文、音乐等科目，规定以基督教立场编辑课本，并用浅易的文言撰写。自 1877 年至 1890 年 13 年间审定可供学校使用的书籍 48 种，计 115 册（见《基督教在华传教士大会记录》，第 716 - 717 页，1890 年，傅兰雅报告）。

西方传教士是近代教科书译疏出版的重要力量，美华书馆、墨海书馆、益教书会都在教科书史占据一定历史地位。举例如下：合信撰《博物新编》，墨海书馆咸丰三年（1855 年）版；罗密士（Elias Loomis）撰，伟烈亚力、李善兰合译《代微积拾级》18 卷，墨海书局 1859 年版；胡威立撰，李善兰、艾约瑟译《重学》20 卷，金陵刻本 1859 年；傅兰雅《化学须知》1 卷，格致认知初集本；傅兰雅《化学易知》2 卷，益智书会本；傅兰雅《化学分原》《化学考质》，江南制造局本；《格致须知》——《动物须知》《植物须知》，江南制造局本；卜舫济《启悟要津》（又名《格致西学启蒙》）1 卷，上海排印本；艾约瑟（Joseph Edkins）《化学启蒙》1 卷，西学启蒙本；罗斯古原著，林乐知、郑昌棪译述《化学启蒙》1 卷，江南制造局刻；慕维廉撰《地理全志》，墨海书馆 1853 年版；玛高温、华蘅芳撰《地学浅释》，江南制造局本；嘉约翰著，何瞭然译《化学初阶》2 卷，博济医局本；马礼逊撰《外国史略》，谢卫楼撰《万国通览》；伟烈亚力《谈天》；英慕维廉撰《地理全志》；嘉约翰（John G. Kerr）撰，何瞭然译《化学初阶》2 卷，广州博济医局本 1870 年版；华里司撰，傅兰雅、华蘅芳译《代数学》25 卷，江南制造局 1873 年版；赫士《天文揭要》，1890 年；邹立文、刘永锡译《形学备旨》，美华书馆 1885 年刻本；邹立文等译《代数备旨》，美华书馆铅印本 1891 年版；狄考文撰，邹立文译《笔算数学》，益智书局本 1892 年版；潘慎文撰，谢洪赉校录《八线备旨》《代形合参》，美华书馆 1893 年；福开森撰，李天相译《化学新编》1册，金陵汇文书院 1896 年印本；赫士撰《光学揭要》1898 年，《热学揭要》1897 年；赫士《天文初阶》，美华书馆 1899 年版；李提摩太撰《电学纪要》，1899 年；丁韪良《格物测算》8 册；丁韪良《格物入门》，1898 年，京师大学堂重增版 7 卷；徐维则《东西学书录》卷 3 化学第 15，光绪二十五年（1899 年）；丁韪良《性学举隅》，1904 年，广学会；范震亚译《代数备旨》下卷，会文编辑社 1902 年；慕华德撰《慕尔氏代数学》，1906 年；德佩里《训蒙要诀》，华西圣教书会 1912 年版；《幼学初阶》1 册，香港文裕堂刻本；《初学阶梯》3 册，香港文裕堂刻本；《蒙学浅谈》，广学会本。

西方传教士编译教科书的活动动机复杂，甚至不乏宗教利益和殖民意图，但是在客观上对中国近代教育贡献突出。有关史料引证叙述已见于前面数章相关内容，此处不再赘述。

第二节　国人编译教科书活动

中国学者自编教科书的出现当在维新运动时期，这不仅是对西学及世界认识的飞跃，更是对于之前教科书编译活动中传教士扮演主要角色的依附性地位的突破。

一、早期中国学者自编教科书

（一）蒙学类新编

1897 年，上海南洋公学外院陈懋治、杜嗣程、沈庆鸿编《蒙学读本》三册卷一卷二两课，载舒新城《近代中国教育史料》第二册第 243－251 页。同年，南洋公学《〈蒙学读本〉初编编辑大意》《〈蒙学读本〉二编编辑大意》表述了其编辑设计思想。南洋公学的蒙学读本是近代中国人自编教科书的发端，突破了传教士编译教科书、知识界翻译教科书的格局。《蒙学读本》一编、二编的"编辑大意"内容的选材既有传统的优秀范文，更引进西学的学科知识内容，两者交错融合，排列和组织的体例结构遵循认识顺序和个人心理能力。字词句意、篇章联系和作文写作训练循环编排、交替上升，注重教学的循序性、差异性以及学生的普遍发展阶段原则，使《蒙学读本》在小学教育中发生影响，持续近十余年。

1898 年，无锡三等学堂俞复、丁宝书、杜嗣程、吴朓等编《蒙学读本》七册，上海文澜书局。1901 年，无锡三等公学堂《〈蒙学读本〉编辑大意》，记述著名学堂——无锡三等公学堂，新教育训练的教师编写教科书的设计规划，使该学堂编的《蒙学读本》与南洋公学的《蒙学读本》齐名，但比较而言，无锡版《蒙学读本》内容程度较高，国学的成分相对浓厚，但有关教学原理的思想体现突出。

1899 年，苏州崇辨蒙学陆基（雨庵）等编辑《小学读本》，载《皇朝蓄艾文编》卷 16 学校 3。

（二）国文类教科书

清末兴学中国文教科书所选大多为"应用的古文"，其高者亦未能超出古文辞类纂等书之旨趣与范围。民国初年内容较为扩大，高年级略选经籍，尤取法于"经史百家杂钞"，又稍选入诗歌。1919 年五四运动以后，语体文始得在学校课本中占有相当之地位，即使选择古文亦渐具文艺眼光与变通国故迎合潮流的头脑。

图文教科书代表作有林纾《中学国文读本》八册，光绪三十四年（1908 年）五月初版，武进（今江苏省常州市）许国英重订版，上海商务印书馆 1913 年版。吴曾祺《中学国文教科书》四册，光绪三十四年（1908 年）五月初版，1913 年武进许国英重订版，上海商务印书馆 1913 年版。武进许国英编"共和国教科书"《国文读本》四册，评注九册，上海商务印书馆 1913 年版。谢蒙、谢无量编《新制国文教本》四册，评注九册，上海中华书局 1914 年版。刘家向、刘翰良、黎锦熙编《中等学校国文读本》四册，详释二册，长沙宏文社 1914 年版。吴研因编《新式国文教科书》（初等小学校用），中华书局版。沈量一《新中学教科书 初级古文读本》三册，上海中华书局 1923 年初版，1928 年重版。

此类材料详见：蒋维乔《编辑小学教科书之回忆 1897—1905》，载《出版讯刊》第 156 号，1935 年；黎锦熙《中等学校国文选本目录提要》，载《新教育评论》第 3 卷第 11，12 号。

（三）英语、数学教科书

中国人自编英语、数学两类教科书较为稀少，当以翻译或编译欧美学校同类教科书为主。同时，本书其他篇章有不同形式叙述，介绍了相关素材，可以参考。此处例举以清末为主教科书书目，加以说明。

（1）英语教科书：子卿编纂《华英通语》，咸丰十年（1860年）重订本；唐廷枢撰《英语集全》6卷，同治元年（1862年）广州纬经堂刊本；汪凤藻撰《英文举隅》，光绪五年（1879年）京师同文馆刊本；杨少坪辑译《英字指南》6册，求志草堂本，美华书馆1879年印；张德彝撰《英文话规》，光绪二十一年（1895年）清稿本；严复撰《英文汉诂》，上海商务印书馆光绪三十年（1904年版）；周越然等撰《英字切音》《英字读音》《初级英语读音教科书》《英文启蒙读本》《国民英语入门》《新学制英语教科书》《新法英语教科书》《现代英语教科书》《英语会话公式》《中等英语会话》《初级英文法教科书》《英文作文易解》《英文作文要略》《英语模范读本》，以上诸书均由上海商务印书馆1914—1922年出版。唐宝锷、戢翼翚著《东语正规》，作新社光绪二十六年（1900年）版；丁福保《东文典问答》，上海文明书局，光绪二十七年（1901年）版。

（2）数学教科书：丁福保撰《算学书目提要》，1899年版；顾鼎铭撰《笔算数学细草》3册，光绪三十一年（1905年）石印本；朱世增撰《笔算数学题草圆解》8册，上海1906年石印本；徐锡麟撰《代数备旨全草》，浙绍特别书局1903年编译本；那夏礼撰《心算启蒙》，上海美华书馆光绪十二年（1886年）铅印版；温华德撰《八线拾级》，上海美华书馆1904年版；《代数备旨评草》4卷，科学编辑书局1905年版；寿孝天撰《形学备旨全草》，上海会文学社1905年石印本；《最新形学备旨全草》6册，科学编辑书局版；张贡九《笔算数学全草》6册，上海文明书局光绪三十二年（1906年）版；刘鹏振撰《八线备旨习题详草》8卷，绍兴1906年石印本；刘光照编译《形学拾级》，美华书馆1906年版，赖莫撰《算学捷径》，1916年版；赫永襄撰《初等实用数学》，汉口圣教书局1920年版；《代微积拾级详草》，上海文明书局本。

二、留日学生编译教科书

留日学生编译教科书作为留日运动的主要部分，有独特教育学及思想史意义。

留日学生教科书编译组织以教科书译辑社为主。1901年后由留日学生陆世芬等组织教科书译辑社，以专译中等学校教科书为使命。1901年7月《译书汇编》刊登广告，统计翻译中等教科书共 23 种，如长泽龟之助《初等几何学教科书》、菊池大麓《平面三角学》、三好学《中等植物学》、矢津永昌《中等万国地理》、水岛久太郎《中等物理教科书》、本多光太郎《物理学教科书》以及吉田彦六郎《中等最新化学教科书》等。1903 年，由叶澜、张肇桐等组织的国学社也以编辑中小学堂教科书，兼翻译东西名籍为主。

留日学生翻译和介绍的日本教科书情况举要如下，以丰富前文的相关内容。

（一）理科类教科书

由于许多教科书匆忙上市采选为学堂试用，又匆忙下架，另选它书，还有纷纭动荡的历史原因，原版教科书很难找见。笔者多渠道搜索，根据详略情况分别呈现。

木村骏吉编、樊炳清译《新编小物理学》，教育世界社"科学丛书本"1903 年版；吉田彦六郎编，何燏时译《中等最新化学教科书》，教科书译辑社1904 年版；长泽龟之助著，松坪叔子译《初等代数教科书》，长沙湖南作民译社 1906 年版；长泽龟之助著，言涣彰译《代数学教科书》，上海群益书社1906 年版；长泽龟之助著，余恒译《新代数学教科书》，上海东亚公司 1908年版；上野清编《大代数学讲义》，商务印书馆 1908 年版；三好学著，杜亚泉译《新撰植物学教科书》，上海商务印书馆 1908 年版。

水岛久太郎编，陈榥译《中等物理教科书》，教科书译辑社版；本多光太郎编，陈榥译《物理学教科书》，教科书译辑社；五岛清太郎编，樊炳清译《普通动物学》，教育世界社；藤井健次郎编、樊炳清译《近世博物学教科书》"科学丛书本"，教育世界社；松村任三编、樊炳清译《中等植物教科书》，教科书译辑社；三好学编《中等植物学教科书》，教科书译辑社；依田雄甫编《最新万国形势指掌全图五洲图考》，教科书译辑社；上野清编《代数学》，教科书译辑社；中村五六编《世界地理志》3 册，金粟斋刻本。

野口保兴编《中外大地志》；橱田保熙编《世界地理志》；掘田璋左右编《外国地理讲义》；西师意编《算数教科书》《代数学教科书》；长泽龟之助编《初等几何学教科书》（原名《几何学初步教科书》）；菊池大麓、泽田吾一合编《平面三角学》（原名《初等平面三角法》）、《初等几何学教科书》，藤泽利喜太郎编《数学教授法讲义》《算术教科书》《算术小教科书》《初等代数学教科书》，菊池大麓编《几何》，泽田吾一编《三角》；田中矢德编《算术教科书》《代数教科书》《几何教科书》等。

（二）文史类教科书

让人惊异万分，甚至迷惑不解的是留日学生编译日本教科书的学科类别中理科门类远远超出文史门类。其中的缘由是复杂的，恐怕教科书市场需求的杠杆因素力量最大。但正如上述同样理由，可查证眉目清晰者不多，只能分别举例示之：

市村瓒次郎编，陈毅译《支那史要》4 册，广智书局刻本；矢津昌永，吴启孙译《改正世界地理学》，上海文明书局 1903 年版；神谷市郎《中学地文教科书》，教科书译辑社 1906 年版；小川银次郎、佐原汤介编，樊炳清译《西洋史要》二册，金粟斋刻本；箕作元八、峰岸米造编《泰西通史》4 册，文明书局版；矢津昌永著，陶客译《高等地理》《日本明治地理》，上海商务印书馆版；矢津昌永著，樊炳清译《万国地志》3 册，成都志吉堂 1903 年版；矢津昌永编《中等万国地理》，教科书译辑社版；神谷市郎《中学地文教科书》，教科书译辑社版。

上述相关具体内容有些可进一步参考前面曾多次引用实藤惠秀著、谭汝谦等译《中国人日本留学史》第三、第四章"留日学生之译书与中国教科书"以及实藤惠秀著《中译日文书目录》（国际文化振兴会 1945 年版）。

第三节　近代教科书编审制度

教科书编审制属于教科书管理问题。国定制、审定制对教科书国家意志及教育目标要求是共同的，但围绕教科书问题，中央与地方及私人的权力及地位上存在差异。所以争论核心在于教科书权力是集权还是放权，教科书的编纂及发行是国家统一，还是地方自由弹性发挥。以下对相关内容依据文献加以解析。

一、清末关于编译教科书的意见

（一）国定制

教科书制度持国定制意见如：张百熙《筹备京师大学堂情形折》光绪二十八年（1902 年），载《光绪政要》卷 28；《京师大学堂暂定各学堂应用书目》，光绪二十九年（1903 年）京师大学堂颁行，浙江官书局重刊。

（二）审定制

教科书编审持审定制意见如：《学部头等咨议官汤京卿、汤寿潜呈学部学务管见十二则》，载《东方杂志》第 4 卷第 2 期，光绪三十三年（1907 年）；庄俞《论审查教科图书》，载《教育杂志》第 4 卷第 4 号，1912 年。

（三）国定制与审定制并用

教科书编审制国家与审定两者合一意见如：张之洞等《奏定大学堂章程》，载《奏定学堂章程》光绪二十九年（1903 年）；《学务纲要·教科书应颁发》，载光绪三十二年（1906 年）；严复《论小学教科书亟宜审定》，载《东方杂志》第 3 卷第 6 期；严复《论编审小学教科书之意见》，载《中外日报》1906 年 3 月 24 日。

二、清末民国早期政府编审教科书状况

（一）清末政府编审教科书

光绪二十八年（1902），《京师大学堂编书处章程》，载盛宣怀《奏陈南洋公学翻译诸书纲要》光绪二十八年（1902 年），载《光绪政要》卷 27；袁嘉毂《学部编译图书局初等小学国文教科书序跋》，载《卧雪堂文集》卷 8；学部《编辑国民必读课本简易识字课本大概情形》，载舒新城《近代中国教育史料》第二册；郑鹤声《清末民初对于民众读物编审之经过》，光绪三十二年（1906 年）学部《教科书审定办法》，载《东方杂志》第 3 卷第 8 期；江梦梅《前清学部编书状况》，载张静庐辑注《中国近代出版史料》（初编）。该文所呈现的图谱既有国定制的国家机构统一编审教科书，也有各地编写教科书，政府设立专门机构审定教科书。例如，光绪二十六年（1900 年），南洋公学译书院聘张元济为主任译印东西方教育、政治、经济各书。此处南洋公学等机构编译东西方学科教科书就需经学部审定，才能流通、发行。柳诒徵《江楚编译书局编译教科书状况》，载《江苏省立国学图书馆第三年刊》，国学书局本。该文对江楚编译书局在南京的活动情况，即与国学图书馆的关系加以梳理，从中体现清末官书局既是传统官方译书、藏书机构的一部分，同时也承担传播印行西学书籍包括教科书的部分职责。

近年的代表性著作是张运君著《晚清书报检查制度研究》（社会科学文献

出版社 2011 年版），是在作者博士论文的基础上修改完成的。绪论介绍研究综述、选题缘由、选题意义、研究方法、材料基础与该书结构。正文详细论述晚清政府对一般教科书、报刊的检查及审定。第三章讨论晚清政府对教科书的审定，详细论述教科书审定制度的形成、宗旨、原因、机构、人员、范围、程序、措施、效果与特点。最后进行总结，并附有各类表格资料。作者引证了丰富的档案、报纸杂志、时人日记、文集，梳理晚清政府对教科书审定制度，剖析其社会影响和历史作用，并在此基础上提出晚清政府对教科书的审定确立了比较完备的制度，具有开创性的意义。该书弥补了学界研究的不足，具有重要的学术价值。

（二）民国早期政府编审教科书

民国早期教科书管理制度继承清末传统，只是将教科书工作的重心由统一编纂转向对各地教科书的审查把控。例举相关资料如下：

教育部《审定教科用图书规程》，载《教育部编纂处月刊》第 1 卷第 6 册"法令"；《教育部批准上海书业商会将旧存各教科图书改正应用》（1912 年 9 月），载《教育杂志》第 3 卷第 11 期，1912 年；《教育部通告小学教科书编纂办法》，载《教育杂志》第 4 卷第 8 期，1912 年；教育部《修正审定教科用图书规程》，载《教育杂志》第 5 卷第 12 期；教育部《教科书编纂纲要审查会规则教授要目编纂规程》，载《教育杂志》第 6 卷第 4、第 5 期，1914 年；《教育部修正审查教科书规程》，载《教育杂志》第 8 卷第 6 期，1915 年；教育部《第一次重行审定教科书书目》，载《教育杂志》第 10 卷第 5 期，1918 年；郑鹤声《三十年来（1904—1934）中央政府对于编审教科图书之检讨》，载《教育杂志》第 25 卷第 7 号；郑鹤声《八十年来官办编译事业之拾辑》，载《说文月刊》第 4 卷"吴稚晖八十大庆纪念专号"。以下就其中素材加以引证：

（1）江梦梅《现行教科书制度与前清之比较》，载《中华教育界》1914 年 1 月号。该文对清末学部编译图书局所编教科书的社会影响及其消极反映做了描述，指出部编教科书体制上的问题，导致教育实际作用的低落，必须引起反省。文称："不知教育为何物，持笔乱改；每有原稿尚佳，一经校勘，反不适用者矣。校勘之后，尚须呈堂官，较校勘者辈分愈老，顽固愈甚，一经动笔，更不知与教育原理如何悖谬。然以堂官之威严，何人敢与对抗？彼所改者，无论如何，皆必颁行。科学为彼辈所不解，不敢轻于下笔，故笑柄尚鲜。

修身、国文、历史、地理，彼辈自命高明，最喜改窜，故笑柄最多。"

（2）陆费逵《论中国教科书史书》，载张静庐辑注《中国近代出版史料》（初编）。这是作者于 1925 年 12 月回复舒新城询问教科书史的信，该文对清末民初商务印书馆、中国图书公司、中华书局所编的主要教科书及其市场竞争关系做了刻画，从中体现教科书编写的政体变革与学制改革的复杂关系。作为新教育的重要元素，教科书与教育实践有着紧密的关系。

三、民营出版业编译教科书

如果用"半壁江山"来形容民营出版业教科书贡献是低估的。换言之，近代教科书的历史大半部分是以商务印书馆与中华书局为代表的民营机构书写。以下对该两家清末学制以来教科书活动加以简述，可补充上编的相关部分信息。

（一）商务印书馆

1902—1904 年，上海商务印书馆发行"最新教科书"，由张元济等编辑"最新"修身、国文、算术、历史、地理、格致等教科书。其中由张元济、高凤谦、蒋维乔等编《最新国文教科书》（上海商务印书馆 1902 年版）最具代表性。1909 年商务印书馆新编小学教科书，编者有高凤谦、戴克敦、沈颐、陆费逵、庄俞、蒋维乔、吴曾祺、谢观（文史方面）、杜亚泉、王季烈（理科方面）。高凤谦、庄俞、沈颐、陆费逵《简明国文教科书》，宣统元年（1909 年）出版，武进、沈颐等民国元年（1912 年）订正。1912 年商务印书馆编辑出版《共和国小学教科书》，《教育杂志》第 4 卷第 1 号（1912 年）载《商务印书馆编辑共和国小学教科书缘起》，同刊第 6 卷第 2 号（1914 年）载《编辑小学教科书之商榷》。商务印书馆又于 1915 年出版"民国教科书"、1916 年出版"实用教科书"以及 1922—1924 年的"新学制教科书"，如顾颉刚、叶绍钧、范祥善、吴研因、周予同编《新学制国语教科书》（六册），商务印书馆1923 年版；吴研因编《新学制国语教科书》（初小 8 册，高小 4 册），商务印书馆 1924 年版。

（二）中华书局

沈颐、陆费逵、戴克敦编"新制中华小学教科书"，包括修身、国文、历史等学科教科书，上海中华书局 1913 年版。1913 年 10 月，中华书局出版

"新编国民教育教科书"。自 1914 年起，中华书局的"中华女子教科书"陆续出版，包括女子初等小学及国民学校用《修身》《国文》《算术》《缝纫》教科书 4 种（1915 年 7 月，初等小学改为国民学校），《修身》《国文》《算术》各 8 册，《缝纫》1 册，共 25 册。其中《修身》《国文》《算术》均有配套的教授书各 8 册，共 24 册；女子高等小学用《修身》4 册、《国文》6 册、《算术》3 册，《家事》2 册，共 15 册，其中《修身》《国文》《算术》均配备相应的教授书，《修身》4 册、《国文》6 册、《算术》3 册、共 13 册；中学校、师范学校用《家事》教科书 1 种 2 册；此外还有《女子尺牍》2 册。《中华女子教科书》按照课程标准成套编写与出版，并配备成套的教学参考书。其中著名的有沈颐、董文编，范源濂校《中华女子国文教科书》（国民学校用），钱巩编《中华女子国文教授书》（国民学校用），沈颐、范源濂、杨喆编《中华女子国文教科书》（高等学校用），杨喆编《中华女子国文教授书》（高等小学用），李步青编《中华女子修身教科书》（初等小学校用），方钧编《中华女子修身教授书》（高等小学校用），沈颐、董文编，范源濂阅《中华女子修身教科书》（国民学校用），董文、钱巩编《中华女子修身教授书》（国民学校用），顾树森编《中华女子算术教科书》（初等小学校用），沈煦编《中华女子算术教授书》（初等小学校用），顾树森编《中华女子算术教科书》（高等小学校用），《中华女子算术教授法》（高等小学校用）以及《女子家事教科书》《新制家事教本》《缝纫教科书》等。1915 年 11 月，中华书局出版"新式国民学校教科书"，《中华教育界》1916 年第 6 卷第 11 号，载《中华书局新式教科书编辑总案》。

除了商务印书馆和中华书局之外，中国图书公司、世界书局以及民智书局等出版机构均加入教科书市场的输入及竞争行列。如 1906 年，张謇、曾少卿等在上海组织中国图书公司，聘沈恩孚为编辑所长，出版教科书中以高小史地最有名。

（三）相关史料介绍及引证

（1）庄俞《清季兴学与最新教科书》《民国成立与共和教科书》《国语运动与新法教科书》，载商务印书馆编《最近三十五年之中国教育·三十五年来之商务印书馆》，上海商务印书馆 1931 年版。作者主要论述教科书与清末新学运动的互动关系，清末学制颁布实施以后，商务印书馆编译《最新教科书》，标志着国人编写新教育教科书进入相对成熟阶段。文称："我国自甲午战后，上下奋兴图存。光绪二十八年七月颁布学堂章程，是为中国规定学制之始也。有志教育之士，亟亟兴学。无如学校骤盛，教材殊感缺乏，遂有蒙学课本诸书之试编；但不按学制，不详教法，于具体工具犹多遗憾。商务印书馆编译所首先按照学期制度编辑修身、国文、算术、历史、地理、格致诸种，每种每学期一册，复按课另编教授法，定名为《最新教科书》，此实开中国学校用书之新纪录。当时张元济、高梦旦、蒋维乔、庄俞、杜亚泉诸君围坐一桌，构思属笔，每一课成，互相研究，互相删改，必至多数以为可用而后止。《最新国文》第一册初版发行，三日而罄，其需要情形可以想见。自此扩大编纂，小学而外，凡中学师范、女子各教科书，络绎出版，教学之风，为之一变。"

（2）蒋维乔《编辑小学教科书之回忆（1897—1905）》，载《出版周刊》第 156 号，1935 年。该文对清末新学堂以后小学教科书包括国文、修身、数学、物理、外语等学科，摆脱蒙学教材体系，建立近代教科书格式结构的阶段及主要范本进行描述，以商务印书馆等民营出版机构为代表的主要教科书，如《最新教科书》，对其内容和编写原则进行剖析，体现民间教科书市场在新教育市场的活力和作用。

（3）中国出版工作者协会编《我与开明》，中国青年出版社 1985 年版。该书是开明书店创建 60 周年的纪念文集，书前有书影、历史照片、手迹影印等 6 页，文中登载文章作者照片。正文 62 篇，或追忆与开明的深厚情谊，或缅怀逝去的开明人物，或总结开明的出版经验。书末附"开明出版物""重印后记"等四篇，以及唐锡光《开明的历程》一文。该书文章作者大多为与开明书店发生过联系的资深编辑及作家。文章编排体例独特，体例设计分为三类：第一类 30 篇，按照作者姓氏拼音排序；第二类 16 篇，按照被怀念者姓氏拼音排序；第三类 16 篇，按照文章内容依次排序。选文作者从不同维度展现近代开明书店的教科书组织、出版情况，活动业绩及人物形象富有情感性及人性化，为挖掘参与开明书店及近代教育的工作提供了宝贵的素材。

（4）中华书局编辑部编《回忆中华书局》，中华书局 2001 年版。全书分为上、下编：上编为纪念中华书局成立七十周年而作，收录 42 篇文章，描述新中国成立前中华书局的情况，附录陆费逵《中华书局二十年之回顾》、金兆梓《我在中华书局的三十年》以及《解放前中华书局创办人和负责人小传》；下编为纪念中华书局成立七十五周年而作，收文 37 篇，描述新中国成立后至"文化大革命"期间中华书局的情况。上编所收文章的作者皆为曾在中华书局工作，或与中华书局有着密切关系的一些老先生，它们从不同侧面和角度记述中华书局的人与事。该书在回忆中华书局情况的同时，也从一个侧面反映了中国近代出版界、教育界的情况，有助于中国近代教科书史的史实参考。

（5）冯春龙著《中国近代十大出版家》，广陵书社出版社 2005 年版。该书主要记叙张元济、陆费逵、王云五、章锡琛、叶圣陶、邹韬奋、胡愈之、张静庐、徐调孚及赵家璧等中国近代十位著名出版家从事出版事业的背景、事迹、贡献及影响。作者查阅了大量的珍贵档案文献，更与部分出版家本人及亲友取得联系，获得许多口述及文字资料，不仅有助于拓展对近代出版业的认识，而且将推进近代教科书的资源利用和挖掘。

（6）周其厚著《中华书局与近代文化》，中华书局 2007 年版。该书是在作者博士论文的基础上修改完成的。开篇是龚书铎先生所作"书序"。全书共四章：介绍中华书局的创立与发展；中华书局与近代教育（上）分析中华书局与近代教育思潮以及国语运动的关系；中华书局与近代教育（下）阐述中华书局近代教科书的渊源、与商务的教科书竞争以及所出版的工具书；最后总述中华书局与中西文化、传播近代西学、承继传统文化、发展近代学术的关系。作者将中华书局置于近代社会剧变和文化发展的大背景下，围绕着政治变革、教育转型、中西文化冲突和交流、社会思潮的变迁等问题，深入探讨中华书局与近代文化及新教育变迁之间的渊源。该书对于中国近代文化与近代教科书史的探讨有重要的参考价值。

（7）俞筱尧著，沈芝盈编《书林随缘录》（增订本），中华书局 2007 年版。这是一本关于近现代出版史实和人物研究的文集。金冲及作序，收录 55 篇文章，大致按出版企业的历史先后加以编排，如辛亥革命时期诞生的中华书局、"九·一八"事变后建立的新知书店、解放战争后期的生活·新知·读书三联书店以及在新中国建立以后成立的文物出版社。俞筱尧在这些单位都工作过，论文写作依据亲身经历，再加辛勤采访，查阅第一档案文献，因而选材丰富可信，论述严密。通过对一些人和事的回忆与研究，大致反映了辛亥革命以后我国编辑出版界的概貌，勾勒出这一时期编辑出版业与教育发展的关系。❶一些文章记叙中国近代教科书的史实，实为中国近代出版与教育联系的重要交集。

---

❶　范军. 中国出版文化史研究书录 1978—2009［M］. 郑州：河南大学出版社，2011：410.

（8）覃兵、胡蓉著《近代中华书局——理科教科书文本研究》，光明日报出版社 2016 年版。该书共五章：总述近代中华书局与理科教科书的经纬交错，以历史事件为单元，详细论述民国初期新思潮涌动、新学制改革、新课程标准与修正课程标准时期四个阶段中华书局理科教科书的概况。作者采用内容分析法，从中华书局理科教科书的时代要求、发展变动、内容特点及社会影响等方面加以阐释。该书主要从理科教科书的内容选择、模块结构分类、编排方式、语言表达、插图、版式风格等角度切入，探索其教育性与教学性的价值，进而导引出其对近代国民的现代性启蒙、科学技术知识的培养、价值观与世界观塑造等方面的作用，书中多处附有插图，使内容更生动活泼，有利于加深读者的体会与领悟。

第四节　教科书体裁及内容的讨论

五四运动对于文学、教育两大学科领域震动是非常大的。提倡学校读经和废止读经的斗争、废止学校读经科及汉字简化的讨论，拼音、生字、课文及练习的设计、白话文与文言文优劣的探索与改国文为国语的变动等，均是清末民国早期教科书有关体裁内容等诸多论题的尖锐表现，对现当代教科书，乃至思想文化产生重大影响。其中"文学化"与"鸟言兽语"问题更是当今一些对古籍回归留恋者的愁肠心结。以下就其中部分内容加以叙述。

一、读经存废问题的争议

经典，又称国学元典，是传统文化典籍的代表。但在近代社会改革的洪流中，随着传统教育的衰落而逐渐下降，甚至到了被人旁落的境地。然而，对经学价值认识始终存在争议，而且其中民初在教育改革与复辟中态度迥异。不过，新文化运动以后，读经讲经始终如秋后黄花，一去不复返。经学的部分课程以传承优秀传统文化思想的方式，通过国文（国语）、历史、修身、公民等课程得以保存和实施。

（一）尊经、读经的主张

尊经、读经的临近概念是尊孔及纲常伦理。对此，清末的教育方针"中体西用"及教育宗旨"五条十字"均能反映其捍卫的旨意；而针对以孙中山为代表的民主革命派的批驳主张，更有守旧者辩护提出意见。民初，蔡元培主持教育改革不齬是对读经教育的严厉打击，而袁氏帝制时期的读经热潮又甚嚣尘上。相关文献举例如下：

《拟设国粹学堂启并章程》，载《国粹学报》，1907 年；汤化龙《饬京内外各学校中小学修身及国文教科书采取经训务以孔子之言为旨归》，载《教育部公报》第 1 册，1914 年；袁世凯《颁布国民学校令、高等小学令 高等小学恢复读经科目》，1915 年；《教育部遵核叶德辉等请变通读经办法》，载《教育杂志》第 8 卷第 5 期 "读经问题专号"，1916 年；黎锦熙《为反对设 "读经科" 及中学废止国语事上教育总长呈文》，载舒新城《近代中国教育史料》第三册，上海中华书局 1928 年版。

（二）废止读经科的规定

顾实《论小学读经之谬》，载《教育杂志》第 1 年第 4、第 5 号，1909 年；《教育部公布普通教育暂行办法和暂行课程标准》，1912 年；《教育部公布中学校令》（中学废除读经讲经科目），1912 年；《教育部公布大学令取消大学经学科》，1912 年。

1914—1916 年 6 月两年多的时间内，尊孔读经作为复古教育逆流重要部分达到高潮。1915 年，陈独秀创办《新青年》，与李大钊、鲁迅、吴虞等一道站在激进民主主义立场，举起 "科学" "民主" 大旗，对复古主义的尊孔读经活动加以有力抨击。袁世凯帝制复辟失败。1916 年 10 月，新任教育总长范源濂提出，按照民初教育精神整顿教育，教育部通令废止读经。

二、文言文与语体文的争论

汉字简化和汉语拼音（官话字母）方案是白语文运动的前驱，直接启动后期语体文教科书的到来。有关资源有：王照《北京官话字母义塾》（1903 年），在大佛寺开办 "官话字母第一号义塾"（1906 年），《拼音对文〈三字经〉、拼音对文〈百家姓〉》，载《官话字母义塾丛刊》，1903 年刊；劳乃宣《江宁简字半日学堂师范班开学演说文》，1905 年；刘照藜《成都简字师范学堂》，1906 年；劳乃宣等《简字研究会启并章程》，1910 年。

近年来代表作为于锦恩著《民国注音字母政策史论》，中华书局 2007 年版。该书是在作者博士论文的基础上修改完成的，共六章。绪论介绍了选题依据、民国注音字母概况、方法设计及框架。作者在主体第四章中论述注音字母的制定颁布过程、注音字母和母语统一；阐释师资培训、中小学注音字母教学、传声媒介以及注音字母和识字教育；探讨注音识字政策制定依据、政策措施及推行不力的原因等。该书的思路方法及价值诚如"序文"中所言："这部书从语言规划、公共政策、学校与平民教育、社会心理、文化历史等角度，以言论结合的方式，多侧面审视，全面系统地讨论了民国注音字母制定和推行的过程。语言规划是体现民族利益和国家意志的政府行为。作者讲述民国时期有关政策措施时，与解放区、新中国成立后的有关政府行为进行对照，既使论述有历史纵深感，又增强了这项研究的现实意义。"❶ 该书为思考民国注音字母提供重要的参考。

　　文言文与白话文（语体文）是学校教科书问题及体裁形式在教育转型过程中的重要方面。尽管其活动高地出现于五四运动时期，但是在清末民初就已经正式拉开帷幕。五四运动时期的白话文教科书时代是教科书史上一次里程碑式的革命，相关文献记录较多：《中央教育会议决统一国语办法案》，载《教育杂志》第 3 卷第 7 期，1911 年；《全国教育联合会议决请定国语标准并推行注音字母以期语言统一案》，载《教育杂志》第 9 卷第 11 期，1917 年；《北京大学白话与文言问题争论》，载舒新城《近代中国教育史料》第三册；黎锦熙《记国语统一筹备会》，载《教育公报》第 6 年第 9～10 期，1919 年；《国语统一筹备委员会议决谋国语统一，请将小学国文科改授国语科》，载《教育公报》第 6 年第 9、10 期，1919 年；《长沙小学国文研究会讨论小学用文言白话文问题》，载《中华教育界》第 9 卷，1920 年；《教育部公布修正国民学校令及施行细则》，载《教育公报》第 7 年第 2 期，1920 年 1 月；吴研因《国语教科书编辑的历史》，南京师范学院教育系油印本（内部资料）；陈伯吹《小学语文教科书的演进》，载《申报》1946 年 9 月；吴研因编《国语新读本》（初小 8 册、高小 4 册），世界书局 1931 年版，1933 年修订，1934 年再版发行；沈仲九编《初级中学国语文读本》（六册），民智书局 1922 年版。以下举证有关历史记载及当代著述文本，以加深印象：

　　（1）吴研因：《清末以来我国小学教科书概观》，载《中华教育界》第 23 卷第 11 期，1936 年 5 月。吴研因作为近现代小学教育家，亲自参与多部小学教科书的编写，对近现代小学教科书的变革深有体会。该文追述清末小学堂以来，学制和课程的编辑出版活动，尤其肯定以商务印书馆为代表的民营出版社的作

---

❶ 于锦恩. 民国注音字母政策史论［M］. 北京：中华书局，2007.

用，认为教科书的标志性因素集中表现在"白话文崛起""儿童文化抬头""教材分量逐渐增加"，其中对儿童文学进入教科书体系板块做了生动而翔实的披露。"民十左右又有人提倡儿童文学，他们以为儿童一样爱好文学、需要文学，我们应当把儿童文学给予儿童，因此儿童文学的高潮就大涨起来。所谓新学制的小学国语课程就把'儿童文学'做了中心。各书坊的国语教科书，例如商务的新学制、中华的新教材新教育、世界的新学制……就也拿儿童文学作标榜，采入了物话、寓言、笑话、自然故事、生活故事、传说历史故事、儿歌、民歌，等等。"

（2）谭彼岸著《晚清的白话文运动》，湖北人民出版社 1956 年版。全书共分三部分。第一部分探讨晚清白话文运动的几个先驱者；第二部分分析白话报纸、白话教科书和文学等白话文推行的情况；第三部分论述胡适"文学改良刍议"的思想特性。晚清白话文运动是五四运动白话文的前驱，研究晚清白话文运动，有利于更为深入地理解五四运动和当时的社会文学、语性转型及教育影响，更为教育、文化工作者提供资料。

（3）钟叔河笺释《周作人丰子恺儿童杂事诗图释》，中华书局 1999 年版，2000 年再版。该书收录周作人创作的 72 首《儿童杂事诗》，丰子恺先生配图。一位散文高手，一位书画名家，两人的合作可谓珠联璧合。作者对该书的解读重在从亦诗亦画中分析出民俗学和儿童教育学的多种意义。编者为中国近代语文教育的体裁方式探索提供宝贵资源。

（4）曹而云著《白话文体与现代性——以胡适的白话文理论为个案》，上海三联书店 2006 年版。该书是在作者博士论文的基础上修改完成的。全书共三篇八章。上篇为"五四"白话文运动发生论，阐述"五四"白话文运动的"知识考古"与白话文体的身份认同；中篇为胡适白话文理论研究的几种模式："引申说""正名说""文化断裂说""文化变革说"；下篇为白话文体与现代性，分析胡适的白话文理论与现代性、传统性、语言问题、文学问题的渊源，最后剖析胡适的人格论。孙绍振在序中的评述颇有见地："本书没有将研究局限于对胡适研究的具体学术论争做出就事论事的表态，或者作事后诸葛亮的裁判，而是把胡适当作一个经典的历史现象（或者文本），纵观其在不同历史时期被反复解读的历程。作者不但系统梳理了大量的历史文献，而且将这些

学术资源放在历史的天平上做出逻辑和历史的统一分析。"❶

三、中国近代教科书著作征引

尽管教科书史作品上文已从不同层面剖析，并加以例证，但此处似有必要从教科书史的综合性及影响力两个维度选择性评价其代表作的内容及其他，以此作为总结。

（1）汪家熔著《民族魂——教科书变迁》，商务印书馆 2008 年版。开篇是吴道弘所作"序：民族魂——教科书变迁"。全书分为上下两编，上编为晚清教科书，下编为民国教科书。上编主要介绍对教育及教科书的认识、非学制教育读本、《壬寅学制》后新式基础教育课本、《癸卯学制》后新式基础教育课本、废除科举后学校课本、结合国情的借鉴、三套有影响的教科书、国文教科书、修身教科书、商务印书馆两位重要人物；下编主要叙述陆费逵和中华书局的诞生、民元的两套课本、课程标准开始主导教科书、常识科课程标准及教科书、语文科课程标准及教科书、常识社会科课程标准及教科书、出版家王云五等。作者秉承"研究出版史个案，必须见到书（实物和文献史料）"的治学原则，深入挖掘了大量稀见文献，并爬疏整理进行探究，得出很多惊喜的结论，为近代教科书史提供了有价值的资源。该书取名《民族魂》，源自作者看到了在一个世纪里不同时代几代身份、意识多元的教科书编撰者撰写教科书的同一精神。

（2）石鸥、吴小鸥著《中国近现代教科书史（上、下）》，湖南教育出版社 2012 年版。全书分为上下两册，上册时间从 1840 年至 1949 年，下册时间从 1949 年至 2010 年。上册分为七章，以时间顺序梳理、记录教科书的历程：教科书的引进（1840—1896 年），介绍引进的途径和最早的教科书；近现代教科书的开端（1897—1911 年），描述学堂教科书、书坊教科书和第一套现代意义的教科书；现代教科书的定型（1912—1927 年），透视民初和新学制背景下的多样教科书；教科书审定制度的确立和特色教科书（1903—1927 年），论述教审制度变迁与特色教科书；教科书模式化时期（1927—1937 年），分析党化教育和课程标准背景下的教科书；国统区和沦陷区的教科书（1937—1949 年），呈现国统区、汪伪国民政府、伪满洲国的教科书；共产党领导的根据地

---

❶ 曹而云. 白话文体与现代性：以胡适的白话文理论为个案 [M]. 上海：上海三联书店，2006.

教科书（1927—1949 年），综述为苏区教科书、抗战时期根据地教科书、解放区教科书。下册以时间顺序介绍了新中国成立之后教科书的变迁。该书借助教科书实物探索近现代教科书史，具有重要的实证价值。

（3）李金航著《中国近代大学教科书发展历程研究》，2013 年 9 月苏州大学博士学位论文。该文除绪论外，共六章。第一章概述中国近代教会大学教科书的编审思想、制度、体系内容及编制等；第二章至第四章按时间顺序探讨晚清时期（1895—1912 年）、民国初期（1912—1927 年）、南京国民政府时期大学教科书的编审思想、编审制度、内容体系结构、特点和影响等；第五章论述中国近代大学教科书对近代社会的作用；第六章分析中国近代大学教科书发展历程的启示。作者在写作中查阅了大量教育、历史等学科文献：中国近代发行的期刊官报、教育史与校史专著、教育出版机构自身出版史的回顾等。该文主要采用了文献研究法和个案研究方法，宏观研究与微观描述相结合，较为系统地勾勒了中国近代大学教科书的发展脉络和历史图景，填补了近代大学教科书研究的空白，具有较高的学术价值。

（4）吴小鸥著《复兴之路——百年中国教科书与社会变革》，中国社会科学出版社 2015 年版。全书以时间为隐线，描述百年来中国教科书与社会变革，其分为四个阶段，第一阶段为 1840—1926 年：救亡图存与教科书变革，主要论述了清末民初教科书现代性启蒙作用；第二阶段为 1927—1949 年：烽火岁月与教科书强化，主要从党化教科书、国立编译馆统整教科书和革命根据地教科书三方面进行分析；第三阶段为 1950—1976 年：国家意志与教科书使命，探讨了这个时期教科书强烈的时代性；第四阶段为 1977 年至今：科教兴国与教科书现代化，分析教科书为中国现代化服务的使命。每一章之后附专栏，聚焦该时期教科书的某个问题进行探讨。作者揭示了百年来中国教科书承载着不同时代的希望与梦想，为实现中华民族的伟大复兴发挥重要的启蒙力量，并且具有重要的教育学及历史、文献学价值。

后　记

中国近代教育史料学主要探讨中国近代教育史学科相关的文献资源、历史变迁、文献种类分布、主要内容及相应的知识文化、典籍特点风格以及教育史研究中具体操作应用的理论和实践。它的板块构成不限于教育学自身，而广泛涉及历史文化、社会经济、民族风俗以及哲学政治、文学艺术等多个领域。因此，编者要从中选择采编相关素材颇为不易，尤其是与教育问题沟通联系加以解读和分析，更是具有风险和挑战。这种难度系数超出了我们预先的设想，在完成写作的过程中曾多次想放弃，但又觉得与出版社的协商规划难以更改，只能勉力为之，诚惶诚恐。现在交出了一份自认并不成熟，甚至是有些粗糙的答卷。或许存在的问题会很多，但相信我们的努力会有一定的价值。学科专业探索过程本身是延续的，可以不断地完善和进展，这大概是足以让我们内心释然的一种解释吧。

本书的设想源于主持者在三十多年前求学浙江大学教育学院陈学恂、璩鑫圭两位先生的讲授和引导，他们的部分授课记录，在本书中有某些不同程度的体现。作为受教陈学恂先生六年的及门弟子而言，本书的探索和文本呈现是一种纪念、追思，也有弘扬、发挥与延绵的意义。在此，对两位先生的仙逝深表缅怀之情。学人千古，风范永存。

本书的内容、体例、结构和文本创作主要由我领衔完成，但由于工程量浩大，本人的身体、年龄以及精力都无力过多承担，于是吸收了几位所指导的博士、硕士研究生参与其间，以减轻负荷和压力。因为在指导研究生、教学和其他科研工作饱和的状态下，只能挤占休息和业余时间来进行此项艰巨的工作，在这种情形下，没有协助力量的支持是无法完成的。参加者都是我培养的研究生，一方面是学习训练的方式；另一方面也能促进她们的专业成长和提高效率。这种模式在德国称为习明纳，是中国古代书院教学的显著特征，而在当前又可称为探究性教学，或以问题为取向的创新性学习，应该是符合教育学原理和当今教育思潮的。

以下有必要对本书的写作参与者加以介绍。除了我之外，她们分别是：岳五妹（河北大学教育学院教育史博士研究生）、宋娜娜（河北大学教育学院教育史硕士研究生）、张珍珍（河北大学教育学院教育史博士研究生）。她们在我的组织和研究过程中积极探索，主动配合，踊跃完成相应的任务，付出了很多辛劳。可以这样认为，没有她们如此热忱的态度和大量的投入付出，就没有本书的问世。由此可见，本书是师生合作、共同努力完成的一项成果。

最后，非常感谢知识产权出版社支持该书的出版，这是对学术研究的充分肯定和支持。尤其是责任编辑江宜玲女士在编辑过程中付出诸多辛劳，她严谨扎实、耐心细致的品格风范非常让人感动，将鼓励我们以后的学术人生和工作生涯更好地提升和发展。同时，感谢河北大学教育学院院长宋耀武教授、副院长朱文富教授给予本书立项经费的支持，并将本书列入河北大学部省共建"燕赵文化学科群"的项目之中。这在学术著作出版困难的市场大潮中更显难得和珍贵。我们心存感激，将以更大的努力去工作和学习，以不辜负上述各方面的期待和支持。

吴洪成

2020 年 6 月 20 日于保定河北大学主楼 607 教科所办公室